다양한 예제로 학습하는
데이터 구조와 알고리즘
for Java

DATA STRUCTURES AND ALGORITHMS MADE EASY : JAVA

Copyright ⓒ 2012

All rights reserved. No part of this book may be reproduced in any form or by any electronic of mechanical means, including information storage and retrieval systems, without written permission from the publisher or author.

These rights were given only to Insight Publishing Co. through Agency-One, Seoul to translate, publish and sell the said works in book form limited to trade editions only in the Korean language throughout the world subject to the terms and conditions of this Agreement.

Korean Translation Copyright ⓒ 2014

The Korean edition was published by arrangement with Narasimha Karumanchi through Agency-One, Seoul.

이 책의 한국어판 저작권은 에이전시 원을 통해 저작권자와의 독점 계약으로 인사이트에 있습니다.
저작권법에 의해 한국 내에서 보호를 받는 저작물이므로 무단전재와 무단복제를 금합니다.

다양한 예제로 학습하는 데이터 구조와 알고리즘 for Java : 문제 해결법부터 개선법까지

초판 1쇄 발행 2014년 2월 22일 **3쇄 발행** 2016년 11월 24일 **지은이** 나라심하 카루만치 **옮긴이** 전계도, 전형일 **펴낸이** 한기성 **펴낸곳** 인사이트 **제작·관리** 박미경 **후가공** 이지앤비 **용지** 월드페이퍼 **인쇄** 현문인쇄 **제본** 자현제책 **등록번호** 제10-2313호 **등록일자** 2002년 2월 19일 **주소** 서울시 마포구 잔다리로 119 석우빌딩 3층 **전화** 02-322-5143 **팩스** 02-3143-5579 **블로그** http://blog.insightbook.co.kr **이메일** insight@insightbook.co.kr **ISBN** 978-89-6626-059-1 13000 책값은 뒤표지에 있습니다. 잘못 만들어진 책은 바꾸어 드립니다. 이 책의 정오표는 http://www.insightbook.co.kr에서 확인하실 수 있습니다. 이 도서의 국립중앙도서관 출판예정도서목록(CIP)은 서지정보유통지원시스템 홈페이지(http://seoji.nl.go.kr)와 국가자료공동목록시스템(http://www.nl.go.kr/kolisnet)에서 이용하실 수 있습니다.(CIP제어번호: CIP2014003272)

Data Structures and Algorithms Made Easy for Java

다양한 예제로 학습하는
데이터 구조와 알고리즘
for Java

나라심하 카루만치 지음 | 전계도 · 전형일 옮김

— 다양한 예제로 학습하는

차례

역자 서문 xiii
서문 xv
감사의 글 xvii

1장 소개   1

1.1 변수 1
1.2 데이터형 2
1.3 데이터 구조 3
1.4 추상 데이터형 4
1.5 알고리즘이란 무엇인가? 5
1.6 왜 알고리즘을 분석하는가? 5
1.7 알고리즘 정렬의 목적 6
1.8 수행 시간 분석이란 무엇인가? 6
1.9 어떻게 알고리즘을 비교하는가? 6
1.10 증가율이란 무엇인가? 7
1.11 많이 사용되는 증가율 7
1.12 분석의 종류 9
1.13 점근적 표기법 10
1.14 빅-오 표기법 10
1.15 오메가 표기법 13
1.16 세타 표기법 14
1.17 중요 사항 15
1.18 왜 점근적 분석이라고 불리는가? 16
1.19 점근적 분석 가이드라인 16

1.20 각 표기법의 특성 18
1.21 자주 사용되는 로그 함수와 급수 19
1.22 분할 정복을 위한 마스터 정리 20
1.23 분할 정복 마스터 정리 연습문제 20
1.24 차감 정복 점화식을 위한 마스터 정리 23
1.25 차감 정복 마스터 정리의 변형 23
1.26 상각 분석 23
1.27 상각 분석 연습문제 24

2장 재귀와 백트래킹   41

2.1 소개 41
2.2 재귀란 무엇인가? 41
2.3 왜 재귀를 사용하는가? 42
2.4 재귀 함수의 형식 42
2.5 재귀와 메모리(시각화) 43
2.6 재귀와 반복 비교 44
2.7 재귀에 대한 참고 사항 45
2.8 재귀 알고리즘의 예 45
2.9 재귀 연습문제 46
2.10 백트래킹은 무엇인가? 47
2.11 백트래킹 알고리즘의 예 47
2.12 백트래킹 연습문제 48

3장 연결 리스트   51

3.1 연결 리스트란 무엇인가? 51
3.2 연결 리스트 ADT 52
3.3 왜 연결 리스트를 사용하는가? 52
3.4 배열 개요 52
3.5 연결 리스트와 배열 그리고 동적 배열의 비교 55
3.6 단일 연결 리스트 55
3.7 이중 연결 리스트 63

3.8 원형 연결 리스트 70
3.9 메모리-효율적인 이중 연결 리스트 78
3.10 연결 리스트 연습문제 81

4장 스택　　　　　　　　　　　　　　　　　107

4.1 스택이란 무엇인가? 107
4.2 스택은 어떻게 사용되는가? 108
4.3 스택 ADT 108
4.4 예외들 109
4.5 스택의 적용 사례 109
4.6 스택의 구현 110
4.7 각 구현 방법의 비교 116
4.8 스택 연습문제 117

5장 큐　　　　　　　　　　　　　　　　　　149

5.1 큐란 무엇인가? 149
5.2 큐는 어떻게 사용되는가? 150
5.3 큐 ADT 150
5.4 예외들 151
5.5 큐의 적용 사례들 151
5.6 큐의 구현 151
5.7 큐 연습문제 158

6장 트리　　　　　　　　　　　　　　　　　165

6.1 트리란 무엇인가? 165
6.2 용어 설명 166
6.3 이진 트리 167
6.4 이진 트리 탐색 171
6.5 범용 트리(N항 트리) 203

6.6 스레드 이진 트리 탐색 213
6.7 수식 트리 222
6.8 XOR 트리 225
6.9 이진 검색 트리 227
6.10 균형 이진 검색 트리 249
6.11 AVL 트리 250
6.12 기타 트리의 변형들 263

7장 우선순위 큐와 힙   269

7.1 우선순위 큐란 무엇인가? 269
7.2 우선순위 큐 ADT 270
7.3 우선순위 큐의 적용 270
7.4 우선순위 큐의 구현 271
7.5 힙과 이진 힙 273
7.6 이진 힙 274
7.7 우선순위 큐와 힙 연습문제 283

8장 분리집합 ADT   299

8.1 소개 299
8.2 동치 관계와 동치 류 299
8.3 부분집합 ADT 301
8.4 적용 사례 301
8.5 분리집합 ADT 구현에서의 타협점들 301
8.6 빠른 UNION 구현(느린 FIND) 303
8.7 빠른 UNION 구현(빠른 FIND) 307
8.8 경로 압축 310
8.9 요약 311
8.10 분리집합 연습문제 312

9장 그래프 알고리즘　　　315

- 9.1 소개 315
- 9.2 용어 315
- 9.3 그래프의 적용 사례 320
- 9.4 그래프의 표현 320
- 9.5 그래프 탐색 324
- 9.6 위상 정렬 335
- 9.7 최단 경로 알고리즘 337
- 9.8 최소 신장 트리 346
- 9.9 그래프 알고리즘 연습문제 353

10장 정렬　　　387

- 10.1 정렬은 무엇인가? 387
- 10.2 왜 정렬하는가? 387
- 10.3 분류 387
- 10.4 다른 분류 389
- 10.5 버블 정렬 389
- 10.6 선택 정렬 391
- 10.7 삽입 정렬 392
- 10.8 쉘 정렬 395
- 10.9 병합 정렬 397
- 10.10 힙 정렬 399
- 10.11 퀵 정렬 400
- 10.12 트리 정렬 404
- 10.13 정렬 알고리즘 비교 405
- 10.14 선형 정렬 알고리즘 405
- 10.15 계수 정렬 406
- 10.16 버킷 정렬 407
- 10.17 기수 정렬 407
- 10.18 위상 정렬 408
- 10.19 외부 정렬 409
- 10.20 정렬 연습문제 410

11장 검색   427

    11.1 검색은 무엇인가? 427
    11.2 왜 검색을 하는가? 427
    11.3 검색의 종류 428
    11.4 심볼 테이블과 해싱 430
    11.5 문자열 검색 알고리즘 431
    11.6 검색 연습문제 431

12장 선택 알고리즘   467

    12.1 선택 알고리즘은 무엇인가? 467
    12.2 정렬에 의한 선택 467
    12.3 분할에 기반한 선택 알고리즘 468
    12.4 선형 선택 알고리즘 - 중간값의 중간값 알고리즘 468
    12.5 정렬된 순서에서 K개의 작은 항목들을 찾기 468
    12.6 선택 알고리즘 연습문제 468

13장 심볼 테이블   485

    13.1 소개 485
    13.2 심볼 테이블이란 무엇인가? 486
    13.3 심볼 테이블의 구현 486
    13.4 심볼 테이블 구현의 비교 488

14장 해싱   489

    14.1 해싱이란 무엇인가? 489
    14.2 왜 해싱을 하는가? 489
    14.3 해시 테이블 ADT 489
    14.4 해싱을 이해하기 490
    14.5 해싱의 구성 요소 492
    14.6 해시 테이블 492

14.7 해시 함수 492
14.8 적재율 493
14.9 충돌 494
14.10 충돌 해결 기법들 494
14.11 분리 체인법 494
14.12 개방 번지화 495
14.13 충돌 해결 기법의 비교 498
14.14 어떻게 해싱이 $O(1)$ 복잡도를 갖는가? 499
14.15 해싱 기법들 499
14.16 어떤 해시 테이블이 적합하지 않은가의 문제 500
14.17 해싱 연습문제 500

15장 문자열 알고리즘　　　　　　　　　　515

15.1 소개 515
15.2 문자열 매칭 알고리즘 516
15.3 브루트-포스 기법 516
15.4 라빈-카프 문자열 매칭 알고리즘 517
15.5 유한 오토마타 문자열 매칭 519
15.6 KMP 알고리즘 521
15.7 보이어-무어 알고리즘 526
15.8 문자열 저장을 위한 데이터 구조 527
15.9 문자열을 위한 해시 테이블 527
15.10 문자열을 위한 이진 검색 트리 528
15.11 트라이 528
15.12 삼진 검색 트리 532
15.13 접미어 트리 538
15.14 문자열 연습문제 543

16장 알고리즘 디자인 기법　　　　　　　　555

16.1 소개 555
16.2 분류 555
16.3 구현 기법에 의한 분류 556

16.4 디자인 기법에 의한 분류 557
16.5 기타 분류 558

17장 탐욕 알고리즘　　　　　　　　　　　　　　561

17.1 소개 561
17.2 탐욕 전략 561
17.3 탐욕 알고리즘의 항목 562
17.4 탐욕 알고리즘이 항상 동작하는가? 562
17.5 탐욕 기법의 장점과 단점 562
17.6 탐욕 기법의 적용 사례 563
17.7 탐욕 기법 이해하기 563
17.8 탐욕 알고리즘 연습문제 568

18장 분할 정복 알고리즘　　　　　　　　　　　　581

18.1 소개 581
18.2 분할 정복 전략이란 무엇인가? 581
18.3 분할 정복이 언제나 성공하는가? 582
18.4 분할 정복 시각화 582
18.5 분할 정복 이해하기 583
18.6 마스터 정리 585
18.7 분할 정복의 적용 사례 585
18.8 분할 정복 연습문제 586

19장 동적 계획법　　　　　　　　　　　　　　　607

19.1 소개 607
19.2 동적 계획법 전략이란 무엇인가? 607
19.3 동적 계획법 전략의 속성들? 608
19.4 동적 계획법이 어떤 문제라도 풀 수 있는가? 608
19.5 동적 계획법 접근 608

19.6 동적 계획법 알고리즘의 예 609
19.7 동적 계획법 이해하기 610
19.8 동적 계획법 연습문제 619

20장 복잡도 클래스   667

20.1 소개 667
20.2 다항적/지수적 시간 668
20.3 결정 문제란 무엇인가? 668
20.4 결정 절차 669
20.5 복잡도 클래스란 무엇인가? 669
20.6 복잡도 클래스의 종류 669
20.7 환원 673
20.8 복잡도 클래스 연습문제 678

21장 기타 개념들   683

21.1 소개 683
21.2 비트 연산 프로그래밍 공략 683
21.3 기타 프로그래밍 연습문제 691

참고 도서 694
찾아보기 697

역자 서문

영어를 공부할 때 배우는 숙어 중에 '아무리 강조해도 지나치지 않는다'라는 표현이 있다. 컴퓨터 프로그래밍에서 데이터 구조와 알고리즘의 중요성이야말로 '아무리 강조해도 지나치지 않는다'라는 말에 적합한 것 같다. 이 책은 바로 이 중요한 데이터 구조와 알고리즘을 무척 간결한 설명과 많은 연습문제를 통해 짧은 시간에 익힐 수 있게 해준다.

몇 년 전 한 미국 회사의 취업 면접 중에 이 책에서 설명하는 알고리즘 중 하나에 대한 질문을 받은 적이 있는데, 그때 제대로 대답하지 못해서 무척이나 아쉬웠던 기억이 난다. 저자가 서문에서 이야기하듯이 알고리즘은 면접 시에 흔히 등장하는 주제이다. 면접을 앞두고 이 책을 다시 한 번 읽어본다면 많은 도움을 얻을 수 있으리라. 또한 이 책을 번역하면서 학창시절로 돌아가 다시 강의실에 앉아 있는 듯한 경험을 할 수 있었다. 어렴풋이 기억나던 개념들이 다시 정립되고, 새로운 정보들도 얻을 수 있었다. 독자 여러분이 데이터 구조와 알고리즘에 대해 이미 잘 알고 있다면, 이 책을 통해 다시 한 번 기억을 되새길 수 있을 것이다.

좋은 책을 골라서 번역, 출판의 과정에서 매우 꼼꼼하게 수고하신 인사이트 관계자 여러분과 퇴근 후 저녁 시간에 번역 작업을 할 수 있도록 배려해주고 격려를 아끼지 않은 아내에게 고마움을 전한다.

전계도

역자 서문

알고리즘은 솔직히 쉽다고 말할 수 없는 학문이지만, 언제나 전산 전공자가 필수적으로 학습해야 하는 분야로 꼽히는 이유는 어렵게 배우더라도 쓸모가 많기 때문입니다. 운동 선수가 꾸준히 기초 체력을 단련해야 하듯이 프로그래머도 알고리즘을 잘 이해하여 기본 소양을 쌓아야 한다고 생각합니다. 물론 알고리즘은 상당 기간 배워야 빛을 발하지만, 잘 익혀 두면 코드를 이해하는 능력은 물론이고 전반적인 사고 능력도 향상됩니다. 많은 IT 회사에서 입사 시험에 알고리즘 테스트를 하는 이유도 알고리즘이 그만큼 중요하기 때문입니다.

이 책은 많은 예제와 문제를 접할 수 있도록 구성되어 유용합니다. 각 예제는 의사 코드와 자바 코드 기반으로 서술되어 있는데, 저자의 주 언어가 C이다 보니 자바 개발자가 보기에는 조금 생소한 방식으로 작성된 코드도 볼 수 있습니다. 하지만 원문을 최대한 살리는 것이 저자의 의도를 정확하게 표현할 수 있을 거라고 생각하여 오류가 없도록 변경하는 방식으로 번역을 진행했습니다. 이 책을 자바 학습서가 아닌 알고리즘 학습서라는 것에 포커스를 맞추면 더 많은 것을 얻을 수 있을 거라고 생각합니다.

관심 있는 주제를 번역할 수 있게 도와주신 인사이트 출판사 분들께 감사드립니다.

전형일

서문

독자들에게

잠깐만! 많은 사람들이 서문을 읽지 않는다는 것을 알고 있다. 하지만 최소한 이 책의 서문은 읽어보라고 강력히 추천하고 싶다. 이 서문은 일반적인 서문과는 뭔가 다르다.

이 책의 주 목적은 데이터 구조와 알고리즘을 정리하고, 증명하는 것이 아니다. 나는 문제의 해법을 다양한 단계의 복잡도를 통해 개선시키는 방향을 따랐다(각 문제에 다양한 해법이 있음을 볼 것이다). 기본적으로, 가능한 해법들을 열거하는 것이다. 이 접근법을 통해 새로운 문제를 만나게 되더라도 가능한 모든 해법에 대해 생각할 수 있게 해줄 것이다.

또 이 책은 면접이나 시험, 입시 준비를 위해 매우 유용하다. 취업을 희망하는 사람이 이 책을 잘 이해한다면, 면접관을 깜짝 놀라게 할 것이라고 확신한다.

이 책은 공학 학사와 석사 과정에 있는 학생들에게도 매우 유용하다. 모든 장에는 이론과 그에 관련된 문제들이 상당히 많이 수록되어 있다. 대략 총 700개의 알고리즘 문제들이 해답과 함께 제공된다.

컴퓨터 과학/정보 기술 시험을 준비하는 학생이 이 책을 읽는다면, 이 책을 통해 시험에서 요구되는 주제들을 아주 자세하게 배울 수 있다. 이 책을 쓰는 동안, 이런 종류의 시험을 준비하는 학생들을 돕기 위해 특별히 신경을 썼다.

모든 장에서 이론에 집중하는 것보다 문제와 문제를 분석하는 데에 더 중점을 두었음을 알 수 있을 것이다. 각 장의 가장 앞부분에서 필요한 기본적인 이론이 제시되고 문제들이 이어진다. 많은 문제에서 다양한 복잡도를 가진 다양한 해법이 제공된다. 브루트-포스(Brute-Force) 해법으로 시작해서 가능한 최적의 해법을 향해 점진적으로 나아간다. 각 문제에서 알고리즘이 얼마나 많은 시간이 걸리고 얼마나 많은 메모리를 사용하는지 이해하기 위해 노력할 것이다. 이 책의 모든 주제를 다 이해하기 위해 처음부터 끝까지 읽어 보는 것을 추천한다.

오류를 줄이기 위해 여러 번 검토했음에도 불구하고 사소한 오탈자가 있을 수 있다. 이런 오탈자가 발견되면 www.CareerMonk.com에 업데이트가 될 것이다. 수정 사항이나 새로운 문제와 해법들을 발견하기 위해 이 사이트를 지속적으로 들러주기 바란다. 또한 소중한 제안 사항은 Info@CareerMonk.com으로 보내주기 바란다.

나라심하 카루만치(Narasimha Karumanchi)
엠-테크(M-Tech), IIT 봄베이
커리어몽크닷컴(CareerMonk.com) 설립자

감사의 글

람 모한 물라푸디, 내가 IIT 봄베이에서 공부할 때 알고리즘과 그 디자인의 그 디자인의 중요성을 처음으로 알려준 분이다.

기리쉬 P. 세라프 교수(베가야나 시스템즈 설립자, IIT 봄베이), 내가 IIT 봄베이에서 지낼 때 격려해 주신 것에 감사한다.

밤시 크리슈나(멘터 그래픽스, IIT 칸푸르), 칼랴니 투말라(자이링크스, IIT 카라푸르), Ch. S. R. K 프라사드(Mic 일렉트로닉스 Ltd, R&D 차장). 아닐 바트(마이크로소프트, IIT 루르키), 키쇼르 쿠마 진카(IIT 봄베이), 원고를 살펴보고 코드를 테스트하고 가치 있는 조언을 해주셨다.

친타팔리 쇼반 바부 교수(IIT 하이데라바드), 메담 슈리니바스 라오 교수(JNTU, 하이데라바드)는 귀중한 시간을 들여 책을 살펴보고 조언과 격려를 주셨다.

키란 & 라슈미(TheGATEMATE.com 설립자), 교육센터에서 데이터 구조와 알고리즘을 가르칠 수 있게 해주셨다. 덕분에 이 책이 시작되었다.

내 친구들, 동료들 그리고 독자들이 이 책의 품질에 큰 영향을 끼쳤다. 도움과 조언을 주신 여러분 모두에게 감사한다.

마지막으로, 공부하는 동안 나와 내 가족들을 도와주신 군터 비카스 대학의 이사들, Y.V. 고팔 크리슈나 무르티 교수와 아윱 칸 교수(에이스 엔지니어링 아카데미), T.R.C.보세(APTransco의 전 이사), Ch.벤카테슈와라 라오(VNR 비가나나로티(엔지니어링 대학), 하이데라바드), Ch.벤카트 나라쉐야(IPS), 야라파티네니 락슈마아(만치칼루, 구와나자라)와 우리가 잘되기를 기원해준 모든 분에게 감사하고 싶다.

나라심하 카루만치(Narasimha Karumanchi)
엠-테크(M-Tech), IIT 봄베이
커리어몽크닷컴(CareerMonk.com) 설립자

1장

Data Structures and Algorithms Made Easy for JAVA

소개

이 장에서는 알고리즘 분석의 중요성과 주요 개념들, 관련된 사항 등을 설명하고 가능한 한 많은 문제를 풀어보고자 한다. 먼저 알고리즘의 기본 요소들과 분석의 중요성을 이해하는 데 집중하다가 다양한 개념들을 사용해 알고리즘을 분석해본 후 마지막으로 문제들을 풀어보겠다. 이 장을 마치고 나면 여러분은 어떤 알고리즘(특히 재귀 함수라면)이 주어지더라도 그 복잡도를 알아낼 수 있을 것이다.

1.1 변수

변수의 정의에 대해 살펴보기 전에 익숙한 수학 방정식을 통해 알아보자. 우리 모두는 어린 시절부터 많은 수학방정식을 풀어봤다. 예를 들어 아래와 같은 방정식을 보자.

$x^2 + 2y - 2 = 1$

위 방정식을 어디에 쓸지는 신경 쓸 필요가 없다. 여기서 우리가 알아야 할 것은 이 방정식에는 이름들(x와 y)이 있고 그 이름에는 각기 값(데이터)이 담겨 있다는 것이다. 즉 그 이름들(x와 y)이 데이터를 표현하는 저장소이다. 마찬가지로 컴퓨터 과학에서는 데이터를 저장할 무언가가 필요한데, 변수가 바로 그 역할을 한다.

1.2 데이터형

앞의 방정식에서 변수 x와 y는 10, 20 등과 같은 정수 값이나 0.23, 5.5 등과 같은 실수 값, 혹은 0이나 1과 같은 값을 가질 수 있다. 방정식을 풀기 위해서는 그 변수들이 가질 수 있는 값의 종류를 지정해야 하는데 컴퓨터 과학에서는 이것을 데이터형이라고 부른다.

프로그래밍 언어에서 데이터형은 미리 정해진 특성을 가진 값들의 집합이다. 데이터형은 정수, 부동 소수점 숫자, 문자, 문자열 등이 있다. 컴퓨터 메모리는 0과 1로 가득 차 있다. 어떤 문제를 풀기 위해 프로그램을 작성할 때 0과 1로만 답을 제시하기가 무척 어렵기 때문에 사용자를 돕기 위해 프로그래밍 언어와 컴파일러는 데이터형을 제공한다.

예를 들어 정수는 2바이트(실제 값은 컴파일러에 따라 다를 수 있다), 실수는 4바이트를 차지한다. 이 말은 결국 메모리에서는 2바이트(16비트)를 붙여서 정수라고 부른다는 것이다. 마찬가지로 4바이트(32비트)를 붙여 실수라고 부른다. 데이터형은 크게 나누어 두 가지 종류가 있다.

- 시스템 정의 데이터형(원시 데이터형이라고도 불린다)
- 사용자 정의 데이터형

시스템 정의 데이터형

시스템에 의해 정의된 데이터형으로 원시 데이터형이라고도 부른다. 많은 프로그래밍 언어에서 제공되는 원시 데이터형에는 int, float, char, double, bool 등이 있다.

각각의 원시 데이터형에 할당된 비트 수는 프로그래밍 언어, 컴파일러 그리고 운영체제에 따라 다르다. 같은 원시 데이터형이라고 해도 언어마다 다른 크기를 사용한다. 데이터형의 크기에 따라 최대로 표현할 수 있는 값의 범위(도메인)도 달라진다. 예를 들어 int는 2바이트나 4바이트를 사용할 수 있다. 2바이트

(16비트)를 사용할 경우에는 최대로 표현할 수 있는 값의 범위가 -32,768부터 +32,767(-2^{15}부터 $2^{15}-1$)이 된다. 4바이트(32비트)를 사용할 경우에는 최대로 표현할 수 있는 값의 범위가 -2,147,483,648부터 +2,147,483,647(-2^{31}부터 $2^{31}-1$)이 된다. 다른 데이터형도 마찬가지다.

사용자 정의 데이터형

시스템 정의 데이터형으로 충분하지 않을 때 대부분의 프로그래밍 언어는 사용자가 직접 데이터형을 정의할 수 있게 해준다. 이를 사용자 정의 데이터형이라고 한다. 사용자 정의 데이터형의 좋은 예는 C/C++의 구조체와 Java의 클래스이다.

예를 들어 다음 예제에서는 여러 개의 시스템 정의 데이터형을 합쳐서 사용자 정의 데이터형을 하나 만들고 newType이라는 이름을 붙였다. 이렇게 하면 컴퓨터 메모리를 더 유연하고 편하게 사용할 수 있다.

```
public class newType {
    public int data1;
    public int data 2;
    private float data3;
    ...
    private char data;
    // 연산자
}
```

1.3 데이터 구조

앞의 논의에 이어서, 변수에 데이터를 담았다면 그 데이터를 이용해서 문제를 풀기 위한 기법이 필요해진다. 데이터 구조는 효율적으로 데이터를 사용하기 위해 컴퓨터에 데이터를 저장하고 정리하는 특별한 방법이다. 즉 데이터 구조란 데이터를 정리하고 저장하는 데 특화된 체제이다. 일반적인 데이터 구조에는 배열, 파일, 연결 리스트, 스택, 큐, 트리, 그래프 등이 있다.

항목을 정리하는 방법에 따라 데이터 구조는 두 가지 종류로 나뉜다.

1) 선형 데이터 구조: 항목들이 순차적 차례에 따라 접근되지만 순차적으로 저장되어야 하는 것은 아니다(예를 들어 연결 리스트의 경우처럼).
   예: 연결 리스트, 스택, 큐
2) 비선형 데이터 구조: 항목들이 비선형의 차례로 저장/접근된다.
   예: 트리, 그래프

1.4 추상 데이터형

흔히 ADT라고 부르는 추상 데이터형(Abstract Data Type)을 정의하기 전에 시스템 정의 데이터형을 바라보는 다른 관점에 대해 생각해보자. 우리는 모든 원시 데이터형(int, float 등)이 덧셈, 뺄셈 등의 기본 연산을 지원한다는 걸 이미 알고 있다. 시스템이 원시 데이터형에 대한 구현을 제공하는데, 사용자 정의 데이터형에서는 우리가 연산을 정의해야 한다. 이러한 연산은 실제 그것들을 사용할 때 구현될 수 있다. 즉 보통의 사용자 정의 데이터형은 연산과 함께 정의된다. 문제를 푸는 과정을 단순화시키기 위해 데이터 구조와 연산을 합쳐 놓은 것을 추상 데이터형이라고 하는데, ADT는 두 부분으로 구성된다.

1. 데이터의 선언
2. 연산의 선언

주로 사용되는 ADT에는 연결 리스트, 스택, 큐, 우선순위 큐, 이진 트리, 딕셔너리, 서로 소 집합(Union과 Find), 해시 테이블, 그래프 등 다수가 있다. 예를 들어 스택은 데이터를 데이터 구조에 저장할 때 LIFO(Last-In-First-Out, 후입선출) 방식을 사용한다. 스택에 가장 나중에 집어넣은 항목이 제일 먼저 꺼내지는 항목이 되는 것이다. 스택에서 주로 사용되는 연산에는 스택 만들기, 스택에 항목 집어넣기, 스택에서 항목 꺼내기, 스택의 맨 위에 있는 항목 찾기, 스택 안의 항목 개수 찾기 등이 있다.

ADT를 정의할 때는 구체적인 구현은 신경 쓰지 않아도 된다. 실제 사용할 때 구현이 중요하다. 사용 용도에 따라 그에 알맞는 ADT들이 쓰이며 몇몇 ADT는 특정 용도에 최적화되어 있다. 이 책이 끝날 때까지 많은 ADT들이 소개될 것이고, 여러분은 어떤 데이터 구조가 해결할 문제에 적합한지 잘 알게 될 것이다.

1.5 알고리즘이란 무엇인가?

오믈렛을 만드는 과정에 대해 생각해보자. 오믈렛을 만들기 위한 일반적인 과정은 다음과 같다.

1) 프라이팬을 준비한다
2) 기름을 준비한다
   a. 기름이 있는가?
      i. 있을 경우, 프라이팬에 붓는다.
      ii. 없을 경우, 기름을 살 것인가?
         1. 살 거면 가서 사온다.
         2. 안 살거면 여기서 끝낸다.
3) 스토브를 켠다. ...

우리가 한 것은, 주어진 문제(오믈렛 만들기)에 대해 풀기 위한 단계별 과정을 제시한 것이다. 알고리즘을 다음과 같이 정의할 수 있다.

알고리즘은 주어진 문제를 풀기 위한 단계별 지시사항들이다.

> 참고
> 알고리즘의 각 단계를 모두 증명할 필요는 없다.

1.6 왜 알고리즘을 분석하는가?

도시 A에서 도시 B로 가는 데에는 여러 가지 방법이 있다. 비행기를 타거나 버스, 기차 혹은 자전거를 탈 수도 있다. 어떤 것이 가능하고 편리한지에 따라 자신에게 맞는 방법을 선택한다. 이와 같이 컴퓨터 과학에서도 한 가지 문제를 푸는 데 여러 가지 알고리즘이 있을 수 있다(예를 들어 정렬 알고리즘엔 삽입 정렬, 선택 정렬, 퀵 정렬 등 다수가 있다). 알고리즘 분석은 시간과 공간적으로 어느 것이 가장 효율적인지 알 수 있게 해준다.

1.7 알고리즘 정렬의 목적

알고리즘 정렬의 목적은 알고리즘(혹은 해법)을 비교하는 것인데, 주로 수행 시간으로 비교하지만 다른 요인들로 비교할 때도 있다(예를 들어 메모리, 개발자의 수고 등).

1.8 수행 시간 분석이란 무엇인가?

문제의 크기(입력의 크기)가 증가함에 따라 처리 시간이 얼마나 증가하는지를 분석하는 것이다. 입력 크기는 입력되는 항목의 개수인데 문제의 종류에 따라 입력의 종류도 달라진다. 일반적으로 다음과 같은 종류의 입력들을 볼 수 있다.

- 배열의 크기
- 다항식의 차수
- 행렬의 항목 개수
- 이진으로 표현된 입력의 비트 수
- 그래프에서의 정점과 간선

1.9 어떻게 알고리즘을 비교하는가?

알고리즘을 비교하기 위해 몇 가지 객관적인 기준을 정의해두자.

실행 시간? 컴퓨터에 따라 실행 시간이 달라지기 때문에 좋은 기준이 아니다.
실행된 구문의 수? 프로그래밍 언어나 프로그래머의 스타일에 따라 구문의 수가 달라지므로 좋은 기준이 아니다.
이상적인 해법? 주어진 알고리즘의 수행 시간을 입력 크기 n에 따른 함수 $f(n)$

으로 표현하고 수행 시간에 따라 이 함수들을 비교한다고 생각해보자. 이러한 비교는 기계의 속도나 프로그래밍 스타일 등에 무관할 것이다.

1.10 증가율이란 무엇인가?

함수의 연산에서 입력하는 값에 따라 수행 시간이 증가하는데, 이 비율을 증가율이라고 한다. 자동차와 자전거를 사기 위해 상점에 갔다고 가정해보자. 친구가 뭘 사러 왔냐고 묻는다면 보통 차를 사러 왔다고 할 것이다. 왜냐하면 차의 비용이 자전거의 비용과 비교해서 훨씬 크기 때문이다(자전거의 비용을 자동차의 비용과 비교하여 근사치를 구하므로).

총 비용 = 자동차의 비용 + 자전거의 비용

총 비용 ~ 자동차의 비용(근사치)

앞의 예에서 자동차의 가격과 자전거의 가격을 함수의 항으로 표현할 때 주어진 함수에서 차수가 낮은 항들은 상대적으로 덜 중요하므로 (입력 크기 n이 아주 클 경우) 무시할 수 있다. 다음 예에서 n^4, $2n^2$, $100n$, 500을 어떤 함수에서 각각의 비용이라 할 때 근사치는 n^4가 된다. n^4가 가장 큰 증가율을 갖기 때문이다.

$$n^4 + 2n^2 + 100n + 500 \approx n^4$$

1.11 많이 사용되는 증가율

다음은 이후에 사용될 증가율들의 목록이다.

시간 복잡도	명칭	예
1	상수형	연결 리스트의 맨 앞에 항목 추가하기
$logn$	로그형	정렬된 배열에서 항목 찾기
n	선형	정렬되지 않은 배열에서 항목 찾기
$nlogn$	선형로그형	n개의 항목을 분할 정복 방식으로 병합 정렬하기

— 다양한 예제로 학습하는

시간 복잡도	명칭	예
n^2	2차형	그래프에서 두 개의 정점 간의 최단 거리 구하기
n^3	3차형	행렬 계산하기
2^n	지수형	하노이의 탑 문제

다음 그림은 다양한 증가율 사이의 관계를 보여준다.

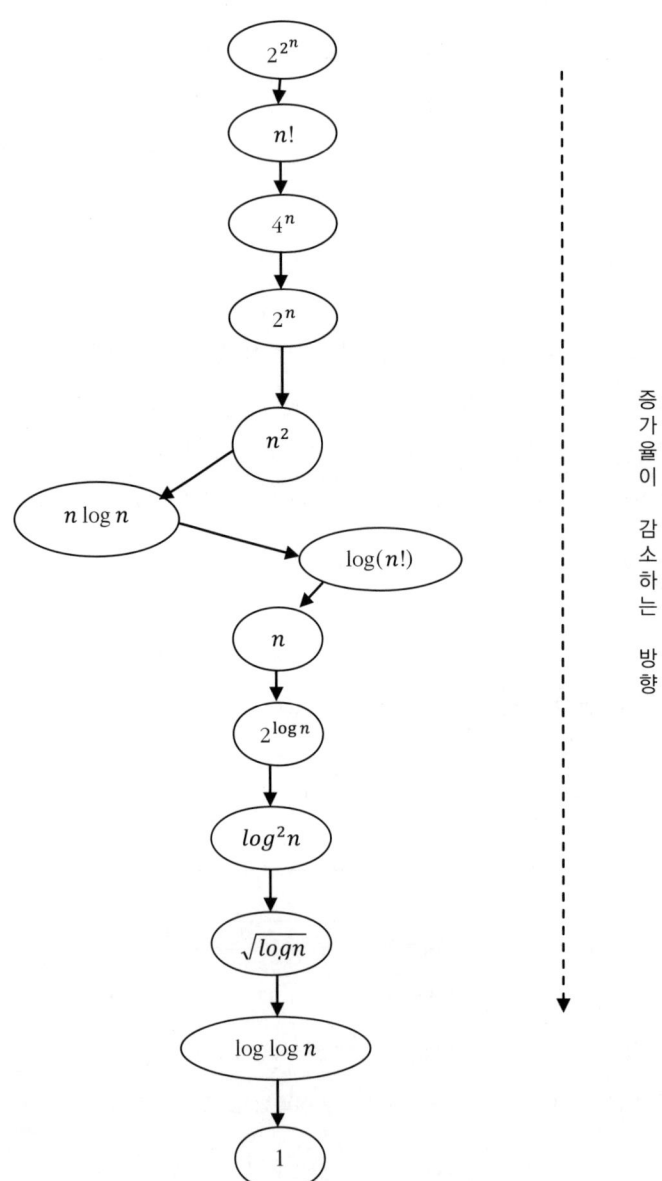

1.12 분석의 종류

주어진 알고리즘을 분석하기 위해서는 어떤 입력에 대해 더 적은 시간이 걸리고(잘 수행되고), 어떤 입력에서 더 오랜 시간이 걸리는지 알아야 한다. 이미 알고리즘이 수식의 형태로 표현될 수 있다는 것을 살펴보았다. 그 말은 알고리즘을 여러 개의 수식으로 표현한다는 말이다. 가장 적은 시간이 걸릴 경우의 수식과 가장 많은 시간이 걸릴 경우의 수식으로 보통 앞의 것을 최선의 경우, 뒤의 것을 최악의 경우라고 부른다. 알고리즘을 분석하기 위해 점근적(asymptotic) 분석/표기법의 기초를 이루는 일종의 문법이 필요하다. 세 가지 종류의 분석이 있다.

- **최악의 경우**
  - 알고리즘이 오래 걸리는 경우이다.
  - 알고리즘이 느리게 수행되도록 하는 것을 입력으로 한다.
- **최선의 경우**
  - 알고리즘이 제일 적은 시간이 걸리게 하는 경우이다.
  - 알고리즘이 가장 빨리 수행되도록 하는 것을 입력으로 한다.
- **평균의 경우**
  - 알고리즘의 예상 수행 시간을 제시한다.
  - 입력이 무작위라고 가정한다.
    하한 시간 ≤ 평균 시간 ≤ 상한 시간

주어진 알고리즘에 대해 최선, 최악, 평균의 경우를 수식으로 표현할 수 있다. 예를 들어 $f(n)$이 알고리즘을 표현하는 함수라고 하자.

$f(n) = n^2 + 500$, 최악의 경우
$f(n) = n + 100n + 500$, 최선의 경우

비슷하게, 평균의 경우에 대해서도 표현할 수 있다. 이 경우 수식은 알고리즘이 평균적인 수행 시간(혹은 메모리)을 사용하는 입력을 정의한다.

1.13 점근적 표기법

최선, 평균, 최악의 경우에 대한 수식이 있을 때, 이 세 개의 경우 모두에 대해 상한과 하한을 찾아야 한다. 이러한 상한과 하한을 표현하기 위해 필요한 문법을 알아보자. 주어진 알고리즘이 함수 $f(n)$의 형태로 표현된다고 하자.

1.14 빅-오 표기법

이 표기법은 주어진 함수에서 엄밀한(tight) 상한을 찾게 해준다. 일반적으로 $f(n) = O(g(n))$으로 표현된다. 이것은 n의 값이 클 때, $f(n)$의 상한이 $g(n)$이라는 말이다. 예를 들어 $f(n) = n^4 + 100n^2 + 10n + 50$이 주어진 알고리즘이라면 n^4가 $g(n)$이다. 즉 n의 값이 클 때 $f(n)$에서 최대의 증가율이 $g(n)$이라는 것이다.

빅-오 표기법의 정의는 다음과 같다.

$O(g(n)) = \{f(n): n \geq n_0$인 모든 n에 대해 $0 \leq f(n) \leq cg(n)$을 만족하는 양의 상수 c와 n_0이 존재한다$\}$

$g(n)$은 $f(n)$의 엄밀한 점근적 상한이다. 여기서 우리의 목적은 주어진 알고리즘의 증가율 $f(n)$과 크거나 같은 최소의 증가율 $g(n)$을 찾는 것이다.

일반적으로 n이 작을 때는 생략한다. 즉 n이 작을 때의 증가율은 중요하지 않다는 것이다. 다음 페이지의 그래프에서 n_0이 우리가 주어진 알고리즘의 증가율을 고려하기 시작해야 하는 지점이다. n_0 밑의 증가율은 다를 수 있다.

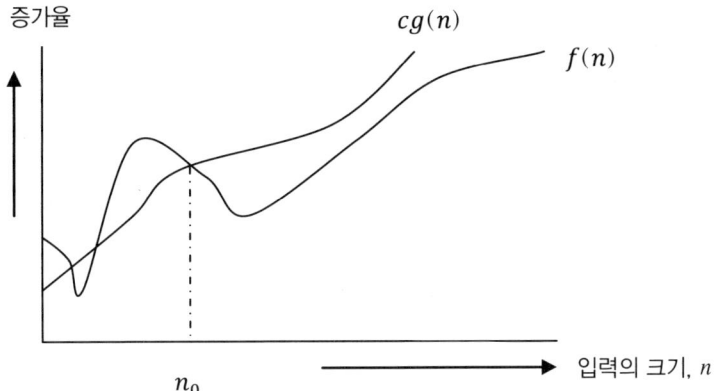

빅-오 시각화

$O(g(n))$은 $g(n)$의 증가율보다 작거나 같은 함수들의 집합이다. 예를 들어 $O(n^2)$에는 $O(1)$, $O(n)$, $O(nlogn)$ 등이 포함된다.

> **참고**
>
> n의 값이 클 때의 알고리즘만 분석한다. 이 말은 n_0보다 작을 때의 증가율은 중요하지 않다는 것이다.

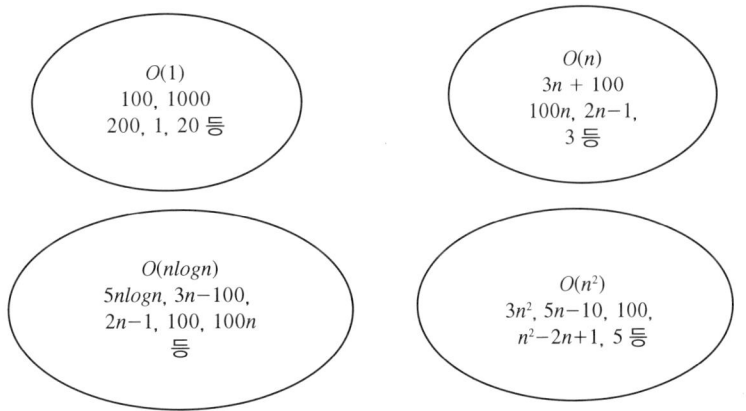

빅-오 예제

예제-1 $f(n) = 3n + 8$의 상한을 구하라.

해답: $n \geq 8$인 모든 n에 대하여 $3n + 8 \leq 4n$이다.

따라서 $3n + 8 = O(n)$이며 $c = 4$, $n_0 = 8$이다.

예제-2 $f(n) = n^2 + 1$의 상한을 구하라.

해답: $n \geq 1$인 모든 n에 대하여 $n^2 + 1 \leq 2n^2$이다.

따라서 $n^2 + 1 = O(n)$이며 $c = 1$, $n_0 = 1$이다.

예제-3 $f(n) = n^4 + 100n^2 + 50$의 상한을 구하라.

해답: $n \geq 11$인 모든 n에 대하여 $n^4 + 100n^2 + 50 \leq 2n^4$이다.

따라서 $n^4 + 100n^2 + 50 = O(n^4)$이며 $c = 2$, $n_0 = 11$이다.

예제-4 $f(n) = 2n^3 - 2n^2$의 상한을 구하라.

해답: $n \geq 1$인 모든 n에 대하여 $2n^3 - 2n^2 \leq 2n^3$이다.

따라서 $2n^3 - 2n^2 = O(n^3)$이며 $c = 2$, $n_0 = 1$이다.

예제-5 $f(n) = n$의 상한을 구하라.

해답: $n \geq 1$인 모든 n에 대하여 $n \leq n^2$이다.

따라서 $n = O(n^2)$이며 $c = 1$, $n_0 = 1$이다.

예제-6 $f(n) = 410$의 상한을 구하라.

해답: $n \geq 1$인 모든 n에 대하여 $410 \leq 410$이다.

따라서 $410 = O(1)$이며 $c = 1$, $n_0 = 1$이다.

유일성이 없음

점근적 상한을 증명하는 유일한 n_0과 c의 값은 없다. $100n + 5 = O(n^2)$의 경우를 살펴보자. 이 함수에서는 다음과 같은 다양한 n_0과 c의 값의 사용이 가능하다.

해답1: $n \geq 5$인 모든 n에 대하여 $100n + 5 \leq 100n + n = 101n \leq 101n^2$이므로 $n_0 = 5$와 $c = 101$이 해답이 된다.

해답2: $n \geq 1$인 모든 n에 대하여 $100n + 5 \leq 100n + 5n = 105n \leq 105n^2$이므로 $n_0 = 1$과 $c = 105$ 역시 해답이 된다.

1.15 오메가 표기법

빅-오 표기법과 비슷한데, 이 표기법은 주어진 알고리즘에 대해 엄밀한 하한을 찾게 해주며 $f(n) = \Omega(g(n))$으로 표현된다. 이는 n의 값이 클 때, $f(n)$의 엄밀한 하한이 $g(n)$이라는 말이다. 예를 들어 $f(n) = 100n^2 + 10n + 50$이라면, $g(n) = \Omega(n^2)$이다.

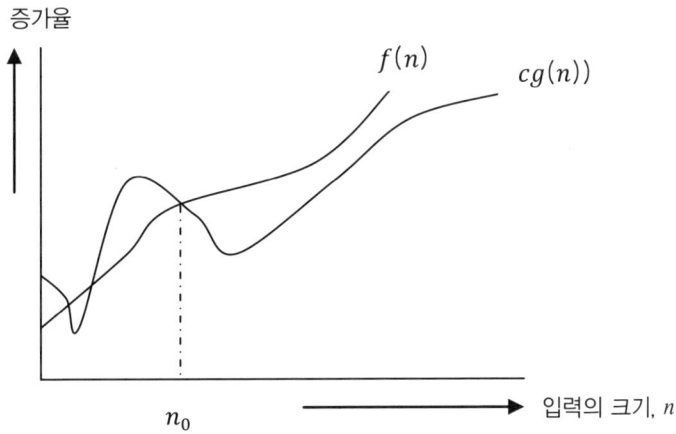

오메가(Ω) 표기법은 다음과 같이 정의될 수 있다. $\Omega(g(n)) = \{f(n): n \geq n_0$인 모든 n에 대해 $0 \leq cg(n) \leq f(n)$을 만족하는 양의 상수 c와 n_0이 존재한다$\}$. $g(n)$은 $f(n)$의 엄밀한 점근적 하한이다. 우리의 목적은 주어진 알고리즘의 증가율 $f(n)$과 작거나 같은 최대의 증가율 $g(n)$을 찾는 것이다.

오메가 예제

예제-1 $f(n) = 5n^2$의 하한을 구하라.

해답: 다음과 같은 조건을 만족시키는 c, n_0이 존재한다. $0 \leq cn \leq 5n^2 \Rightarrow cn \leq 5n^2 \Rightarrow c = 1$ 그리고 $n_0 = 1$, 따라서 $5n^2 = \Omega(n)$이며 $c = 1, n_0 = 1$이다.

예제-2 $f(n) = 100n + 5 \neq \Omega(n^2)$을 증명하라.

해답: 다음과 같은 조건을 만족시키는 c, n_0이 존재한다고 가정하자.

$0 \leq cn^2 \leq 100n + 5$

$n \geq 1$인 임의의 n에 대해 $100n + 5 \leq 100n + 5n = 105n$

$cn^2 \leq 105n \Rightarrow n(cn - 105) \leq 0$

n이 양수이므로 $\Rightarrow cn - 105 \leq 0 \Rightarrow n \leq 105/c$

$\Rightarrow n$이 어떤 상수보다 작을 수 없으므로 모순이 된다.

예제-3 $n! = \Omega(2^n), n^3 = \Omega(n^2), n = \Omega(\log n)$이다.

1.16 세타 표기법

이 표기법은 주어진 함수 (알고리즘)의 상한과 하한이 같은지 아닌지를 결정한다. 알고리즘의 평균 수행 시간은 항상 하한과 상한 사이에 존재한다. 만약 상한(O)과 하한(Ω)이 같다면 세타(Θ) 표기법 역시 같은 증가율을 갖게 된다. 예를 들어 $f(n) = 10n + n$의 경우를 살펴보자. 엄밀한 상한 $g(n)$은 $O(n)$이고, 최선의 경우의 증가율은 $g(n) = O(n)$이다. 이 경우 최선의 경우와 최악의 경우의 증가율이 같다. 결과적으로 평균의 경우도 역시 같아진다. 주어진 함수(알고리즘)에 대해 O와 Ω의 증가율(상, 하한)이 같지 않다면, Θ의 증가율도 같지 않을 수 있다.

이제 세타 표기법의 정의를 생각해보자. $\Theta(g(n)) = \{f(n): n \geq n_0$인 모든 n에 대해 $0 \leq c1g(n) \leq f(n) \leq c2g(n)$을 만족하는 양의 상수 c_1, c_2와 n_0이 존재한다$\}$. $g(n)$은 $f(n)$의 점근적으로 엄밀한 한계이다. $\Theta(g(n))$은 $g(n)$과 같은 차수의 증가율이 같은 함수의 집합이다.

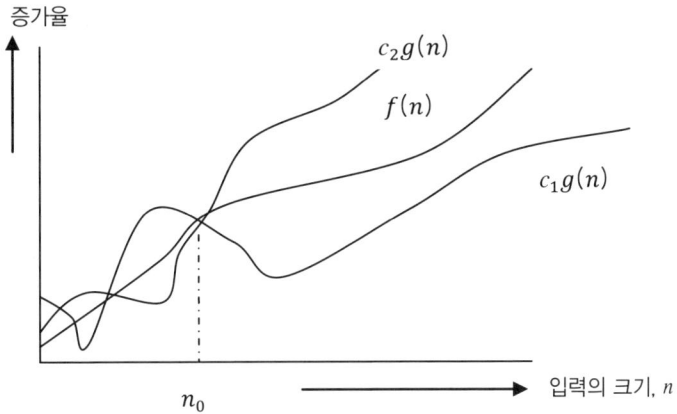

세타 예제

예제-1 $f(n) = \frac{n^2}{2} - \frac{n}{2}$의 Θ 한계를 구하라.

해답: $n \geq 1$인 모든 n에 대하여 $\frac{n^2}{5} \leq \frac{n^2}{2} - \frac{n}{2} \leq n^2$이다.

따라서 $\frac{n^2}{2} - \frac{n}{2} = \Theta(n^2)$이며 $c_1 = 1/5$, $c_2 = 1$이고 $n_0 = 1$이다.

예제-2 $n \neq \Theta(n^2)$임을 증명하라.

해답: $c_1 n^2 \leq n \leq c_2 n^2 \Rightarrow n \leq 1/c_1$일 때만 참이다.

따라서 $n \neq \Theta(n^2)$이다.

예제-3 $6n^3 \neq \Theta(n^2)$임을 증명하라.

해답: $c_1 n^2 \leq 6n^3 \leq c_2 n^2 \Rightarrow n \leq c_2/6$일 때만 참이다.

따라서 $6n^3 \neq \Theta(n^2)$이다.

예제-4 $n \neq \Theta(log n)$임을 증명하라.

해답: $c_1 log n \leq n \leq c_2 log n \Rightarrow n \geq n_0$인 임의의 n에 대하여 $c_2 \geq \frac{n}{log n}$는 불가능하다.

1.17 중요 사항

최선의 경우, 최악의 경우, 평균의 경우를 분석할 때 상한(O), 하한(Ω), 평균 수행 시간(Θ)를 구하려 한다. 앞의 예에서 알 수 있듯이, 주어진 함수(알고리즘)이 상한(O)와 하한(Ω)을 가진다고 해서 평균 수행 시간(Θ)이 항상 가능한 것은 아니라는 것이 분명하다. 예를 들어 어떤 알고리즘의 최선의 경우를 논의한다면 상한(O)과 하한(Ω)과 평균 수행 시간(Θ)을 구하려 하는 것이다. 이 장의 나머지 부분에서는 상한(O)에 집중할 텐데 왜냐하면 알고리즘의 하한(Ω)을 아는 것은 실용적으로 중요하지 않으며 상한 (O)와 하한(Ω)이 같을 경우에는 세타 표기법을 사용하기 때문이다.

1.18 왜 점근적 분석이라고 불리는가?

최악의 경우, 최선의 경우와 평균의 경우의 세 개념의 설명에서 쉽게 이해할 수 있는 것은, 모든 경우에 주어진 함수 $f(n)$에 대하여 n의 값이 클 경우에 $f(n)$에 근접한 다른 함수 $g(n)$을 찾으려고 한다는 것이다. 이 말은, $g(n)$은 n의 값이 클 경우에 $f(n)$에 근접한 또 하나의 곡선이라는 뜻이다. 수학에서 이러한 곡선을 점근적 곡선이라고 부른다. 다른 말로 하면, $g(n)$이 $f(n)$의 점근적 곡선이다. 이 때문에 알고리즘 분석을 점근적 분석이라고 하는 것이다.

1.19 점근적 분석 가이드라인

알고리즘의 수행 시간을 계산하는 데 도움이 되는 몇 가지 일반적인 규칙이 있다.

1) **루프**: 루프의 수행 시간은 루프 안의 구문들의 수행 시간(조건문 수행 시간 포함해서) 곱하기 반복 횟수가 최대 값이 된다.

```
// n번 수행
for(i=1; i<=n; i++)
    m = m + 2; // 일정한 시간, c
```

전체 시간 = 상수 $c \times n = cn = O(n)$.

2) **중복 루프**: 안쪽에서 바깥쪽 순서로 분석한다. 전체 수행 시간은 각각의 루프의 수행 시간을 곱해서 구한다.

```
// 바깥 루프는 n번 수행
for(i=1; i<=n; i++) {
    // 안쪽 루프 n번 수행
    for(j=1; j<=n; j++)
        k = k+1; // 일정한 시간
}
```

전체 시간 = $c \times n \times n = cn^2 = O(n^2)$

3) **연속된 구문들**: 각 구문의 복잡도를 더한다.

```
x = x +1; // 일정한 시간
// n번 수행
for(i=1; i<=n; i++)
    m = m + 2; // 일정한 시간
// 바깥 루프 n번 수행
for(i=1; i<=n; i++) {
    // 안쪽 루프 n번 수행
    for(j=1; j<=n; j++)
        k = k+1; // 일정한 시간
}
```

전체 시간 = $c_0 + c_1 n + c_2 n^2 = O(n^2)$

4) **If-then-else 구문**: 최악의 경우 수행 시간은 조건문 수행 시간에 then 부분 또는 else 부분 중에 더 오래 걸리는 쪽 시간을 더한 경우이다.

```
// 조건문: 상수
if(length()==0) {
    return false; // then 부분 : 상수
}
else { // else 부분: (상수 + 상수) * n
    for(int n=0; n<length(); n++) {
        // 또 다른 if: 상수 + 상수 (else 부분 없음)
        if(!list[n].equals(otherList.list[n]))
            // 상수
            return false;
    }
}
```

전체 시간 = $c_0 + c_1 + (c_2 + c_3) * n = O(n)$

5) **로그형 복잡도**: 어떤 알고리즘의 문제의 크기를 일부(보통은 1/2)를 줄이는

데 일정한 시간이 걸린다면 $O(logn)$이다. 한 예로 다음과 같은 프로그램을 살펴보자.

```
for(i=1; i<=n;)
    i = i*2;
```

잘 살펴보면, i의 값이 매번 두 배가 된다. 처음에 $i = 1$이고, 그 다음에 $i = 2$, 계속 해서 $i = 4, 8$ 등이다. 루프가 k번 수행된다고 가정해보자. k번째 단계엔 $2^i = n$이 되고 루프를 빠져나온다. 양쪽에 로그를 취하면 다음과 같이 된다.

$log(2^i) = logn$

$ilog2 = logn$

$i = logn$ // 2를 베이스로 한다고 가정하면

전체 시간 = $O(logn)$

> **참고**
> 이와 비슷하게 다음 경우에도 최악의 경우 증가율이 $O(logn)$이 된다.

```
for(i=n; i<=1;)
    i = i/2;
```

또 다른 예: 이진 검색(n페이지의 사전에서 단어 찾기)

- 사전의 중앙을 찾는다
- 단어가 중앙의 왼쪽인가? 오른쪽인가?
- 왼쪽이나 오른쪽 부분을 가지고 단어를 찾을 때까지 앞의 과정을 반복한다.

1.20 각 표기법의 특성

- 이행성(Transitivity): $f(n) = \Theta(g(n))$이고, $g(n) = \Theta(h(n))$이면 $\Rightarrow f(n) = \Theta(h(n))$이다. O와 Ω에 대해서도 성립

- 반사성(Reflexivity): $f(n) = \Theta(f(n))$이다. O와 Ω에 대해서도 성립
- 대칭성(Symmetry): $g(n) = \Theta(f(n))$일 경우에만 (iff, if and only if) $f(n) = \Theta(g(n))$이다.
- 전치 대칭성(Transpose symmetry): $g(n) = \Omega(f(n))$일 경우에만 (iff, if and only if) $f(n) = O(g(n))$이다.

1.21 자주 사용되는 로그 함수와 급수

로그 함수

$$\log x^y = y \log x$$
$$\log xy = \log x + \log y$$
$$\log \log n = \log(\log n)$$
$$a^{\log_b^x} = x^{\log_b^a}$$
$$\log n = \log_{10}^n$$
$$\log^k n = (\log n)^k$$
$$\log \frac{x}{y} = \log x - \log y$$
$$\log_b^x = \frac{\log_a^x}{\log_a^b}$$

등차급수

$$\sum_{k=1}^{n} k = 1 + 2 + \cdots + n = \frac{n(n+1)}{2}$$

등비급수

$$\sum_{k=0}^{n} x^k = 1 + x + x^2 \cdots + x^n = \frac{x^{n+1} - 1}{x - 1} \quad (x \neq 1)$$

조화급수

$$\sum_{k=1}^{n} \frac{1}{k} = 1 + \frac{1}{2} + \cdots + \frac{1}{n} \approx \log n$$

기타 중요한 공식들

$$\sum_{k=1}^{n} \log k \approx n \log n$$
$$\sum_{k=1}^{n} k^p = 1^p + 2^p + \cdots + n^p \approx \frac{1}{p+1} n^{p+1}$$

1.22 분할 정복을 위한 마스터 정리

모든 분할 정복 알고리즘(18장에서)은 문제를 원래 문제의 일부인 하위 문제들로 나누어 풀고 나서 추가적인 작업을 수행해 최종 해답을 계산한다. 예를 들어 병합 정렬 알고리즘(자세한 설명은 10장 참고)은 원래의 절반 크기인 두 개의 하위 문제에 대해 수행되고 나서 $O(n)$의 추가 적용을 통해 병합한다. 이때의 수행 시간 방정식은 다음과 같다.

$$T(n) = 2T(\frac{n}{2}) + O(n)$$

분할 정복 알고리즘의 수행 시간을 계산하기 위해 다음의 정리(Theorem)가 사용될 수 있다. 주어진 프로그램(알고리즘)에 대해 먼저 문제의 재귀적 관계를 찾는다. 재귀 관계식이 다음의 형태를 지닌다면 문제를 다 풀지 않고도 바로 해답을 구할 수 있다.

재귀 관계식이 $T(n) = aT(\frac{n}{b}) + \Theta(n^k \log^p n)$의 형태로 $a \geq 1, b > 1, k \geq 0$ 이며 p가 실수라면 다음과 같다.

마스터 정리 1. $a > b^k$이면 $T(n) = \Theta(n^{\log_b^a})$

마스터 정리 2. $a = b^k$일 경우

  a. $p > -1$이면 $T(n) = \Theta(n^{\log_b^a} \log^{p+1} n)$

  b. $p = -1$이면 $T(n) = \Theta(n^{\log_b^a} \log \log n)$

  c. $p < -1$이면 $T(n) = \Theta(n^{\log_b^a})$

마스터 정리 3. $a < b^k$일 경우

  a. $p \geq 0$이면 $T(n) = \Theta(n^k \log^p n)$

  b. $p < 0$이면 $T(n) = O(n^k)$

1.23 분할 정복 마스터 정리 연습문제

다음의 재귀 관계식에 대해 마스터 정리로 풀 수 있을 경우의 수행 시간 $T(n)$ 수식을 구하라. 마스터 정리로 풀 수 없는 경우가 있다면 찾아서 표시하라.

문제-1 $T(n) = 3T(n/2) + n^2$

해답: $T(n) = 3T(n/2) + n^2 \Rightarrow T(n) = \Theta(n^2)$ (마스터 정리 3.a의 경우 적용)

문제-2 $T(n) = 4T(n/2) + n^2$

해답: $T(n) = 4T(n/2) + n^2 \Rightarrow T(n) = \Theta(n^2 log n)$ (마스터 정리 2.a의 경우 적용)

문제-3 $T(n) = T(n/2) + 2^n$

해답: $T(n) = T(n/2) + n^2 \Rightarrow \Theta(2^n)$ (마스터 정리 3.a의 경우 적용)

문제-4 $T(n) = 2^n T(n/2) + n^n$

해답: $T(n) = 2^n T(n/2) + n^n \Rightarrow$ (a가 상수가 아니므로) 적용할 수 없음

문제-5 $T(n) = 16T(n/4) + n$

해답: $T(n) = 16T(n/4) + n \Rightarrow T(n) = \Theta(n^2)$ (마스터 정리 1의 경우 적용)

문제-6 $T(n) = 2T(n/2) + n log n$

해답: $T(n) = 2T(n/2) + n log n \Rightarrow T(n) = \Theta(n log^2 n)$ (마스터 정리 2.a의 경우 적용)

문제-7 $T(n) = 2T(n/2) + n/log n$

해답: $T(n) = 2T(n/2) + n/log n \Rightarrow T(n) = \Theta(n log log n)$ (마스터 정리 2.b의 경우 적용)

문제-8 $T(n) = 2T(n/4) + n^{0.51}$

해답: $T(n) = 2T(n/4) + n^{0.51} \Rightarrow T(n) = O(n^{0.51})$ (마스터 정리 3.b의 경우 적용)

문제-9 $T(n) = 0.5T(n/2) + 1/n$

해답: $T(n) = 0.5T(n/2) + 1/n \Rightarrow T$ (a < 1이므로) 적용할 수 없음

문제-10 $T(n) = 6T(n/3) + n^2 log n$

해답: $T(n) = 6T(n/3) + n^2 log n \Rightarrow T(n) = \Theta(n^2 log n)$ (마스터 정리 3.a의 경우 적용)

― 다양한 예제로 학습하는

문제-11 $T(n) = 64T(n/8) - n^2 \log n$
해답: $T(n) = 64T(n/8) - n^2 \log n \Rightarrow$ (함수가 양이 아니므로) 적용할 수 없음

문제-12 $T(n) = 7T(n/3) + n^2$
해답: $T(n) = 7T(n/3) + n^2 \Rightarrow T(n) = \Theta(n^2)$ (마스터 정리 3.a의 경우 적용)

문제-13 $T(n) = 4T(n/2) + \log n$
해답: $T(n) = 4T(n/2) + \log n \Rightarrow T(n) = \Theta(n^2)$ (마스터 정리 1의 경우 적용)

문제-14 $T(n) = 16T(n/4) + n!$
해답: $T(n) = 16T(n/4) + n! \Rightarrow T(n) = \Theta(n!)$ (마스터 정리 3.a의 경우 적용)

문제-15 $T(n) = \sqrt{2}T(n/2) + \log n$
해답: $T(n) = \sqrt{2}T(n/2) + \log n \Rightarrow T(n) = \Theta(\sqrt{n})$ (마스터 정리 1의 경우 적용)

문제-16 $T(n) = 3T(n/2) + n$
해답: $T(n) = 3T(n/2) + n \Rightarrow T(n) = \Theta(n^{\log 3})$ (마스터 정리 1의 경우 적용)

문제-17 $T(n) = 3T(n/3) + \sqrt{n}$
해답: $T(n) = 3T(n/3) + \sqrt{n} \Rightarrow T(n) = \Theta(n)$ (마스터 정리 1의 경우 적용)

문제-18 $T(n) = 4T(n/2) + cn$
해답: $T(n) = 4T(n/2) + cn \Rightarrow T(n) = \Theta(n^2)$ (마스터 정리 1의 경우 적용)

문제-19 $T(n) = 3T(n/4) + n \log n$
해답: $T(n) = 3T(n/4) + n \log n \Rightarrow T(n) = \Theta(n \log n)$ (마스터 정리 3.a의 경우 적용)

문제-20 $T(n) = 3T(n/3) + n/2$
해답: $T(n) = 3T(n/3) + n/2 \Rightarrow T(n) = \Theta(n \log n)$ (마스터 정리 2.a의 경우 적용)

1.24 차감 정복 점화식을 위한 마스터 정리

양수 n에 대해 정의된 함수 $T(n)$이 어떤 상수 c, a > 0, b > 0, k ≥ 0과 함수 $f(n)$에서 다음과 같은 속성을 갖는다고 하자.

$$T(n) = \begin{cases} c, & \text{if } n \leq 1 \\ aT(n-b) + f(n), & \text{if } n > 1 \end{cases}$$

$f(n)$이 $O(n^k)$ 안에 있다면

$$T(n) = \begin{cases} O(n^k), & \text{if } a < 1 \\ O(n^{k+1}), & \text{if } a = 1 \\ O\left(n^k a^{\frac{n}{b}}\right), & \text{if } a > 1 \end{cases}$$

1.25 차감 정복 마스터 정리의 변형

$0 < \alpha < 1$이며 $\beta > 0$인 상수 α, β에 대해 $T(n) = T(\alpha n) + T((1-\alpha)n) + \beta n$의 해답은 $O(nlogn)$이다.

1.26 상각 분석

상각 분석은 작업 시퀀스의 시간평균화된 수행 시간을 계산하는 것을 말한다. 상각 분석은 데이터 값의 분포에 대해 어떤 가정도 하지 않으므로 데이터가 '나쁘지 않다'고 가정(예를 들어 어떤 정렬 알고리즘은 대부분의 입력에 대해 '평균적으로' 잘 수행되지만 특정 입력에는 매우 느릴 수 있음)하는 평균 경우 분석과는 다르다. 즉 상각 분석은 개별 작업이 아닌, 작업 시퀀스에 대한 최악의 경우 분석이다.

상각 분석을 하는 이유는 어떤 기법의 수행 시간을 더 잘 이해하기 위해서이다. 표준적인 최악의 경우 분석은 지나치게 부정적인 결과를 제시하기 때문이다. 상각 분석은, 대부분의 작업은 단순하지만 몇몇 작업이 시간이 많이 걸리는 작업으로 구성된 작업 시퀀스의 분석에 주로 이용된다. 시간이 많이 걸리는 작업의 빈도가 특별히 낮다는 것을 증명할 수만 있다면, 단순한 작업의 수행 시간으로 이런 작업의 시간을 커버하고 단순한 작업의 한계만 계산할 수 있다.

일반적인 접근 방법은 작업 시퀀스의 각 작업에 가공의 비용을 할당하는데, 이 가공의 비용의 총합이 시퀀스의 실제 비용의 총합을 넘지 않도록 하는 것이다. 이 가공의 비용이 작업의 상각 비용이라고 불린다. 수행 시간을 분석하려면 바로 이 상각 비용을 이해해야 전체적인 수행 시간을 이해하는 바른 방법이다. 하지만 여전히 특정 작업은 더 오랜 시간이 걸릴 수 있기 때문에 이것이 시퀀스의 각각의 작업의 한계를 계산하는 방법은 아니라는 점을 명심해야 한다.

시퀀스의 한 이벤트가 이후 이벤트의 비용에 영향을 끼칠 때 다음과 같은 특징이 있다.

- 하나의 특정 작업이 매우 비쌀 수 있다.
- 하지만 이 작업 때문이 만들어 놓은 데이터 구조 상태 때문에 다음 작업들이 더 쉽게 수행될 수도 있다.

예: 구성 요소의 배열로부터 k번째로 작은 구성 요소를 찾는 경우를 생각해 보자. 정렬을 사용해서 이 문제를 풀 수 있다. 주어진 배열을 정렬한 다음 k번째 구성 요소를 리턴하면 된다. 정렬을 수행하는 비용(비교를 기반으로 정렬하는 알고리즘을 사용한다고 가정할 때)은 $O(nlogn)$이다. 이러한 선택을 n번 수행한다면, 각 선택의 평균 비용은 $O(nlogn/n) = O(logn)$이다. 이는 한 번 정렬하는 것이 이후의 작업들의 복잡도를 감소시킨다는 것을 분명히 보여준다.

1.27 상각 분석 연습문제

> **참고**
> 다음의 문제들에서 $O(n)$, $O(logn)$, $O(loglogn)$ 등의 다른 복잡도를 나타내는 경우를 이해하도록 해보자.

문제-21 아래 점화식의 복잡도를 구하라.

$$T(n) = \begin{cases} 3T(n-1), if\ n > 0, \\ 1, \qquad\quad \text{외...} \end{cases}$$

해답: 이 함수를 대치를 통해 풀어보자.

$T(n) = 3T(n-1)$

$T(n) = 3(3T(n-2)) = 3^2 T(n-2)$

$T(n) = 3^2(3T(n-3))$

.
.

$T(n) = 3^n T(n-n) = 3^n T(0) = 3^n$

이것은 이 함수의 복잡도가 $O(3^n)$임을 분명히 보여준다.

> **참고**
> 이 문제에 대하여 차감 정복 마스터 정리를 사용할 수 있다.

문제-22 아래 점화식의 복잡도를 구하라.

$$T(n) = \begin{cases} 2T(n-1) - 1, & \text{if } n > 0, \\ 1, & \text{외…} \end{cases}$$

해답: 대치를 통해 풀어보자.

$T(n) = 2T(n-1) - 1$

$T(n) = 2(2T(n-2) - 1) - 1 = 2^2 T(n-2) - 2 - 1$

$T(n) = 2^2(2T(n-3) - 2 - 1) - 1 = 2^3 T(n-4) - 2^2 - 2^1 - 2^0$

$T(n) = 2^n(2T(n-n) - 2^{n-1} - 2^{n-2} - 2^{n-3} \ldots 2^2 - 2^1 - 2^0$

$T(n) = 2^n - (2^n - 1)[2^{n-1} + 2^{n-2} + \ldots + 2^0 = 2^n]$

$T(n) = 1$

따라서 복잡도는 $O(1)$이다. 점화식이 지수형으로 보이지만 점화식의 답은 다른 결과임에 주의하라.

문제-23 다음 함수의 수행 시간은 무엇인가?

```
void Function(int n) {
    int i = 1, s = 1;
    while(s <= n) {
        i++;
        s = s+i;
```

```
            System.out.println("*");
        }
}
```

해답:

```
void Function (int n) {
    int i=1, s=1;
    // s가 1이 아니라 i의 비율로 증가한다
    while(s <= n) {
        i++;
        s= s+i;
        System.out.println("*");
    }
}
```

's'항을 $s_i = s_{i-1} + i$의 관계로 정의할 수 있다. 'i'의 값은 매 반복마다 1씩 증가한다. i번째 수행 때 's'에 저장된 값은 'i'까지의 양의 정수의 합이다. 프로그램의 전체 반복 횟수를 k라고 한다면 while 루프는 다음 경우에 종료한다.

$1 + 2 + ... + k = \frac{k(k+1)}{2} > n \Rightarrow k\ O(\sqrt{n})$

문제-24 다음 함수의 복잡도를 구하라.

```
void Function(int n) {
    int i, count =0;
    for(i=1; i*i<=n; i++)
        count++;
}
```

해답:

```
void Function(int n) {
    int i, count = 0;
    for(i=1; i*i<=n; i++)
        count++;
}
```

앞의 함수에서 루프는 다음의 경우에 종료한다.

if $i^2 \leq n \Rightarrow T(n) = O(\sqrt{n})$. 문제-23을 푸는 방식과 같다.

문제-25 다음 프로그램의 복잡도는 무엇인가?

```
void Function(int n) {
    int i, j, k, count = 0;
    for(i=n/2; i<=n; i++)
        for(j=1; j + n/2<=n; j= j++)
            for(k=1; k<=n; k= k * 2)
                count++;
}
```

해답: 다음 함수의 주석을 참고하자.

```
void Function(int n) {
    int i, j, k, count = 0;
    // 바깥 루프는 n/2번 수행된다
    for(i=n/2; i<=n; i++)
        // 중간 루프는 n/2번 수행된다
        for(j=1; j + n/2<=n; j= j++)
            // 안쪽 루프는 logn번 수행된다
            for(k=1; k<=n; k= k * 2)
                count++;
}
```

앞의 함수의 복잡도는 $O(n^2 logn)$이다.

문제-26 다음 프로그램의 복잡도는 무엇인가?

```
void Function(int n) {
    int i, j, k, count = 0;
    for(i=n/2; i<=n; i++)
        for(j=1; j<=n; j= 2 * j)
            for(k=1; k<=n; k= k * 2)
                count++;
}
```
해답: 다음 함수의 주석을 참고하자.

```
void Function(int n) {
    int i, j, k, count = 0;
    // 바깥 루프는 n/2번 수행된다
    for(i=n/2; i<=n; i++)
        // 중간 루프는 logn번 수행된다
        for(j=1; j<=n; j=2*j)
            // 안쪽 루프는 logn번 수행된다
            for(k=1; k<=n; k=k*2)
                count++;
}
```

앞의 함수의 복잡도는 $O(n\log^2 n)$이다.

문제-27 다음 프로그램의 복잡도를 구하라.

```java
Function(int n) {
    if(n == 1) return;
    for(int i = 1; i <= n; i++) {
        for(int j = 1; j <= n; j++) {
            System.out.println("*");
            break;
        }
    }
}
```

해답: 다음 함수의 주석을 참고하자.

```java
Function(int n) {
    // 일정한 시간
    if(n == 1) return;
    // 바깥 루프는 n번 수행된다
    for(int i = 1; i <= n; i++) {
        // 안쪽 루프는 break 구문 때문에 한 번만 수행된다
        for(int j = 1; j <= n; j++) {
            System.out.println("*");
            break;
        }
    }
}
```

위 함수의 복잡도는 $O(n)$이다. 안쪽 루프가 n에 의해 한계를 갖지만 break 구문 때문에 한 번만 수행된다.

문제-28 다음 함수의 수행 시간 $T(n)$에 대해 재귀적 함수를 작성하라. 반복적인 기법을 사용해서 $T(n) = \Theta(n^3)$임을 증명하라.

```java
Function(int n) {
    if(n == 1) return;
    for(int i = 1; i <= n; i++)
        for(int j = 1; j <= n; j++)
            System.out.println("*");
    Function(n-3);
}
```

해답: 다음 함수의 주석을 참고하자.

```
Function(int n) {
    // 일정한 시간
    if(n == 1) return;
        // 바깥 루프는 n번 수행된다
        for(int i = 1; i <= n; i++)
            // 안쪽 루프는 n번 수행된다
            for(int j = 1; j <= n; j++)
                // 일정한 시간
                System.out.println("*");
                Function(n-3);
}
```

이 코드의 점화식은 $c > 0$인 상수 c에 대해 $T(n) = T(n - 3) + cn^2$이다. 왜냐하면 매번 호출될 때마다 n^2개의 별표를 프린트한 후 $n - 3$을 가지고 자신을 재귀적으로 호출한다. 반복적인 기법을 사용하면 $T(n) = T(n - 3) + cn^2$을 얻고, 차감 정복 마스터 정리를 사용하면 $T(n) = \Theta(n^3)$을 얻는다.

문제-29 점화식 $T(n) = 2T(\frac{n}{2}) + n\log n$의 Θ 한계를 구하라.

해답: 분할 정복 마스터 정리를 사용하면 $O(n\log^2 n)$을 얻는다.

문제-30 점화식 $T(n) = T(\frac{n}{2}) + T(\frac{n}{4}) + T(\frac{n}{8}) + n$의 Θ 한계를 구하라.

해답: 점화식 방정식을 대치하면 상수 k에 대해 $T(n) \leq c1 * \frac{n}{2} + c2 * \frac{n}{4} + c3 * \frac{n}{8} + cn \leq k * n$을 얻는다. 이것은 분명히 $\Theta(n)$이다.

문제-31 점화식 $T(n) = T(\lceil n/2 \rceil) + 7$의 Θ 한계를 구하라.

해답: 마스터 정리를 사용하면 $\Theta(\log n)$을 얻는다.

문제-32 다음 코드의 수행 시간이 $\Omega(\log n)$ 아래임을 증명하라.

```
void Read(int n) {
    int k = 1;
    while(k < n)
        k = 3*k;
}
```

해답: while 루프는 'k'의 값이 'n'의 값보다 크거나 같을 때 종료된다. 매번 반복될 때마다 'k'의 값은 3배씩 늘어난다. 총 반복 횟수가 i라면 'k'는 i번 반복 뒤에 3^i의 값을 갖는다. 루프는 i번 반복 뒤에 종료되고, 이때 $3^i \geq n \leftrightarrow i \geq \log_3 n$이므로 $i = \Omega(\log n)$이다.

문제-33 다음의 점화식을 풀어라.

$$T(n) = \begin{cases} 1, & if\ n = 1 \\ T(n-1) + n(n-1), & if\ n \geq 2 \end{cases}$$

해답: 반복에 의해

$$T(n) = T(n-2) + (n-1)(n-2) + n(n-1)$$
$$\cdots$$
$$T(n) = T(1) + \sum_{i=1}^{n} i(i-1)$$
$$T(n) = T(1) + \sum_{i=1}^{n} i^2 - \sum_{i=1}^{n} i$$
$$T(n) = 1 + \frac{n((n+1)(2n+1)}{6} - \frac{n(n+1)}{2}$$
$$T(n) = \Theta(n^3)$$

참고
이 문제에 차감 정복 마스터 정리를 사용할 수 있다.

문제-34 다음 프로그램을 분석하라.

```
Fib[n]
if(n==0) then return 0
else if(n==1) then return 1
else return Fib[n-1]+Fib[n-2]
```

해답: 이 프로그램의 수행 시간에 대한 점화식은 $T(n) = T(n-1) + T(n-2) + c$이다. $T(n)$에 두 개의 재귀 호출이 있어 이진 트리임을 알 수 있다. 각각의 재귀 호출은 $n-1$과 $n-2$를 가지고 프로그램을 다시 호출하므로 재귀 트리의 깊이는 $O(n)$이 된다. 포화 이진 트리이므로 n 깊이의 노드

개수는 2^n이 되고 각각의 노드는 상수 항을 위해 적어도 $O(1)$의 수행 시간을 갖는다. 따라서 수행 시간은 n의 지수형이므로 $O(2^n)$이 된다.

문제-35 다음 프로그램의 수행 시간은?

```
Function(n) {
    for(int i = 1; i <= n; i++)
        for(int j = 1; j <= n; j+ = i)
            System.out.println("*");;
}
```

해답: 다음 함수의 주석을 참고하자.

```
Function(n) {
    // 이 루프는 n번 수행된다.
    for(int i = 1; i <= n; i++)
        // 이 루프는 j번 수행되는데 j는 i의 증가율로 증가한다
        for(int j = 1; j <= n; j+ = i)
            System.out.println("*");;
}
```

앞의 코드에서 안쪽 루프는 각각의 i의 값에 대해 n/i번 수행된다. 수행 시간은 $n \times (\sum_{i=1}^{n} n/i) = O(nlogn)$이다.

문제-36 $\sum_{i=1}^{n} logi$의 복잡도는 무엇인가?

해답: 로그 함수의 속성을 사용하면, $logxy = logx + logy$이므로 문제를 다음과 같이 바꿀 수 있다.

$$\sum_{i=1}^{n} logi = log1 + log2 + \ldots + logn = log(1 \times 2 \times \ldots \times n)$$
$$= log(n!) \leq log(n^n) \leq nlogn$$

이것은 시간 복잡도가 $O(nlogn)$임을 보여준다.

문제-37 n의 값을 입력으로 받았을 때 다음 재귀 함수의 수행 시간은 무엇인가? 먼저 점화식을 쓰고 그 다음에 복잡도를 구하라.

```
Function(int n) {
    if(n <= 1) return;
    for(int i=1; i <= 3; i++)
        f(⌈n/3⌉);
}
```

해답: 다음 함수의 주석을 보자.

```
Function(int n) {
    // 일정한 시간
    if(n <= 1) return;
    // 이 루프는 n/3의 값을 가진 재귀 루프로 수행된다
    for(int i=1; i <= 3; i++)
        f(⌈n/3⌉);
}
```

점근적 분석을 위해 $k \geq 1$인 모든 정수 k에 대해 $k = \lceil k \rceil$라고 가정할 수 있다. 이 코드의 점화식은 $T(n) = 3T(\frac{n}{3}) + \Theta(1)$이다. 마스터 정리를 사용하면, $T(n) = \Theta(n)$을 얻는다.

문제-38 n의 값을 입력으로 받았을 때 다음 재귀 함수의 수행 시간은 무엇인가? 먼저 점화식을 쓰고 귀납법으로 해답을 보여라.

```
Function(int n) {
    if(n <= 1) return;
    for(int i=1; i <= 3; i++)
        Function(n - 1).
}
```

해답: 다음 함수의 주석을 보자.

```
Function(int n) {
    // 일정한 시간
    if(n <= 1) return;
    // 이 루프는 n-1의 값을 가지고 세 번 재귀 호출된다
    for(int i=1; i <= 3; i++)
        Function(n - 1).
}
```

if 구문은 일정한 시간($O(1)$)이 걸린다. for 루프에서 부가적 시간은 무시하고 재귀적으로 호출되는 세 번만 계산한다. 그러면 다음과 같은 복잡도 점화식을 얻는다.

$T(n) = c$, if $n \leq 1$;
$= c + 3T(n-1)$, if $n > 1$

차감 정복 마스터 정리를 사용하면, $T(n) = \Theta(3^n)$을 얻는다.

문제-39 다음 코드에서 수행 시간 $T(n)$의 점화식을 구하라.

```
Function(int n) {
    if(n <= 1) return;
    for(int i = 1; i < n; i++)
        System.out.println("*");
    Function(0.8n);
}
```

해답: 다음 함수의 주석을 보자.

```
Function(int n) {
    if(n <= 1)  return;
    // 일정한 시간
    // 이 루프는 일정한 시간의 루프가 n번 수행된다
    for(int i = 1; i < n; i++)
        System.out.println("*");
    // 0.8n으로 재귀 호출한다
    Function(0.8n);
}
```

이 코드의 점화식은 $T(n) = T(.8n) + O(n) = T(4/5n) + O(n) = 4/5T(n) + O(n)$이다. 마스터 정리를 적용하면, $T(n) = O(n)$을 얻는다.

문제-40 점화식 $T(n) = 2T(\sqrt{n}) + \log n$의 복잡도를 구하라.

해답: 주어진 점화식은 마스터 정리를 사용할 수 있는 형태가 아니다. $n = 2^m$이라고 가정해서 마스터 정리를 사용할 수 있는 형태로 변환시켜 보자. 양변에 로그를 취하면, $\log n = m \log 2 \Rightarrow m = \log n$이 된다. 이제 주어진 함수는 다음과 같은 식으로 표현된다.

$$T(n) = T(2^m) = 2T(\sqrt{2^m}) + m = 2T(2^{\frac{m}{2}}) + m$$

이제 $S(m) = T(2^m) \Rightarrow S(\frac{m}{2}) = T(2^{\frac{m}{2}}) \Rightarrow S(m) = 2S(\frac{m}{2}) + m$ 이라고 가정하자. 마스터 정리를 사용하면, $S(m) = O(m\log m)$이 된다. $m = \log n$으로 다시 치환하면, $T(n) = S(\log n) = O((\log n)\log\log n)$이 된다.

문제-41 점화식 $T(n) = T(\sqrt{n}) + 1$의 복잡도를 구하라.

해답: 문제-40의 해법을 이용하면 $S(m) = S(\frac{m}{2}) + 1$이다. 마스터 정리를 사용하면, $S(m) = O(\log m)$이 된다. $m = \log n$으로 치환하면, $T(n) = S(\log n) = O(\log\log n)$이다.

문제-42 점화식 $T(n) = 2T(\sqrt{n}) + 1$의 복잡도를 구하라.

해답: 문제-40의 논리를 적용하면, $S(m) = 2S(\frac{m}{2}) + 1$이 된다. 마스터 정리를 사용하면, $S(m) = O(m^{\log_2 2}) = O(m)$이고, $m = \log n$으로 치환하면, $T(n) = O(\log n)$이 된다.

문제-43 다음 함수의 복잡도를 구하라.

```
int Function(int n) {
    if(n <= 2) return 1;
    else
        return (Function (floor(sqrt(n))) + 1);
}
```

해답: 다음 함수의 주석을 보자.

```
int Function (int n) {
    // 일정한 시간
    if(n <= 2) return 1;
    else
        // √n + 1번 수행된다
        return (Function (floor(sqrt(n))) + 1);
}
```

앞의 코드에 대하여 재귀 함수는 $T(n) = T(\sqrt{n}) + 1$로 주어진다. 이는 문제-41과 같다.

문제-44 다음 의사코드(psuedocode)의 수행 시간을 n에 대한 함수로 분석하라.

```
void Function(int n) {
    if(n < 2) return;
    else counter = 0;
    for i=1 to 8 do
        Function(n/2);
    for i=1 to n³ do
        counter = counter + 1;
}
```

해답: 다음 의사코드의 주석을 참고하고 함수(n)의 수행 시간을 $T(n)$이라 하자.

```
void Function(int n) {
    if(n < 2) return;
    // 일정한 시간
    else counter = 0;
    // 이 루프는 수행될 때마다 n의 값을 반으로 나누며 8번 수행된다
    for i=1 to 8 do
        Function(n/2);
    // 이 루프는 일정한 시간 루프로 n³번 수행된다
    for i=1 to n³ do
        counter = counter + 1;
}
```

$T(n)$은 다음과 같이 정의될 수 있다.

$T(n) = 1$ if $n < 2$,

$\quad\quad = 8T(\frac{n}{2}) + n^3 + 1$ 외..

마스터 정리를 사용하면 $T(n) = \Theta(n^{\log_2 8} \log n) = \Theta(n^3 \log n)$이 된다.

문제-45 다음 의사코드의 복잡도를 구하라.

```
temp = 1
repeat
    for i = 1 to n
        temp = temp + 1;
    n = n/2;
until n <= 1
```

해답: 다음 의사코드의 주석을 보자.

```
        temp = 1
        // 일정한 시간
        repeat
            // 이 루프는 n번 수행된다
            for i = 1 to n
                temp = temp + 1;
// n/2의 값으로 재귀 호출된다
            n = n/2;
        until n <= 1
```

이 함수의 점화식은 $T(n) = T(\frac{n}{2}) + n$이다. 마스터 정리를 사용하면 $T(n) = O(n)$을 얻는다.

문제-46 다음 프로그램의 수행 시간은?

```
Function(int n) {
    for(int i = 1; i <= n; i++)
        for(int j = 1; j <= n; j *= 2)
            System.out.println("*");
}
```

해답: 다음 함수의 주석을 보자.

```
Function(int n) {
    for(int i = 1; i <= n; i++)
    // 이 루프는 n번 수행된다
    // 로그 함수 가이드라인에 따르면 이 루프는 logn번 수행된다.
        for(int j = 1; j <= n; j *= 2)
            System.out.println("*");;
}
```

위 프로그램의 복잡도는 $O(nlogn)$이다.

문제-47 다음 프로그램의 수행 시간은?

```
Function(int n) {
    for(int i = 1; i <= n/3; i++)
        for(int j = 1; j <= n; j += 4)
            System.out.println("*");
}
```

해답: 다음 함수의 주석을 보자.

```
Function(int n) {
```

```
            // 이 루프는 n/3번 수행된다
            for(int i = 1; i <= n/3; i++)
                // 이 루프는 n/4번 수행된다
                for(int j = 1; j <= n; j += 4)
                    System.out.println("*");
        }
```

이 프로그램의 시간 복잡도는 $O(n^2)$이다.

문제-48 다음 함수의 복잡도를 구하라.

```
        void Function(int n) {
            if(n <= 1) return;
            if(n > 1) {
                System.out.println("*");
                Function(n/2);
                Function(n/2);
            }
        }
```

해답: 다음 함수의 주석을 보자.

```
        void Function(int n) {
            // 일정한 시간
            if(n <= 1) return;
            if(n > 1) {
                // 일정한 시간
                System.out.println("*");
                // n/2값으로 재귀 호출
                Function(n/2);
                Function(n/2);
            }
        }
```

이 함수의 점화식은 $T(n) = 2T(\frac{n}{2}) + 1$이다. 마스터 정리를 사용하면, $T(n) = O(n)$을 얻는다.

문제-49 다음 함수의 복잡도를 구하라.

```
        Function(int n) {
            int i = 1;
            while (i < n) {
                int j = n;
```

```
            while(j > 0)
                j = j/2;
            i = 2*i;
        } // i
    }
```

해답:

```
Function(int n) {
    int i = 1;
    while (i < n) {
        int j = n;
        while(j > 0)
            j = j/2;
        // logn 코드
        i = 2*i;
    // logn번 수행
    } // i
}
```

시간 복잡도는 $O(logn * logn) = O(log^2 n)$

문제-50 $O(n)$이 n 차수일 때 $\Sigma_{1 \le k \le n} = O(n)$은?

(A) $O(n)$ (B) $O(n^2)$ (C) $O(n^3)$ (D) $O(3n^2)$ (E) $O(1.5n^2)$

해답: (B) $\Sigma_{1 \le k \le n} = O(n) = O \Sigma_{1 \le k \le n} 1 = O(n^2)$

문제-51 다음의 세 가지 보기 중 맞는 것은?

I. $(n + k)^m = (n^m)$ k와 m이 상수일 때 II. $2^{n+1} = O(2^n)$ III. $2^{2n+1} = O(2^n)$

(A) I와 II   (B) I와 III   (C) II와 III   (D) I, II 그리고 III

해답: (A). I와 II

문제-52 다음의 함수들을 보자.

$f(n) = 2^n$ $g(n) = n!$ $h(n) = n^{logn}$

$f(n), g(n), h(n)$에 대한 점근적 특성에 대한 다음 설명 중 옳은 것은?

(A) $f(n) = O(g(n)); g(n) = O(h(n))$ (B) $f(n) = W(g(n)); g(n) = O(h(n))$

(C) $g(n) = O(f(n)); h(n) = O(f(n))$ (D) $h(n) = O(f(n)); g(n) = W(f(n))$

해답: (D). 증가율에 따르면 $h(n) < f(n) < g(n)$ ($g(n)$은 점근적으로 $f(n)$보다 크고 $f(n)$은 점근적으로 $h(n)$보다 크다). 주어진 3개의 함수에 로그를

취하면 이 순서를 쉽게 구할 수 있다. $lognlogn < n < log(n!)$. 참고로 $log(n!) = O(nlogn)$이다.

문제-53 다음 코드를 보자.

```
int j=1, n;
while(j <= n)
    j = j*2;
```

$n > 0$인 임의의 n에 대해 루프가 수행될 때 조건문이 몇 번 계산되는가?
(A) $\text{ceil}(log\frac{n}{2}) + 1$ (B) n (C) $\text{ceil}(log\frac{n}{2})$ (D) $\text{floor}(log\frac{n}{2}) + 1$

해답: (a). 루프가 k번 수행된다고 하자. k번째 수행 뒤에 j의 값은 2^k이다. 양변에 로그를 취하면 $k = logn2$가 된다. 루프를 빠져 나오기 위해 한 번 더 조건문을 계산하므로 답은 $\text{ceil}(logn2) + 1$이다.

문제-54 다음 코드를 보자. n을 입력으로 받을 때 for 루프가 수행되는 횟수를 $T(n)$이라 할 때 다음 중 옳은 것은?

```
int IsPrime(int n){
    for(int i=2; i<=sqrt(n); i++)
    if(n%i == 0){
        System.out.println("Not Prime");
        return 0;
    }
    return 1;
}
```

(A) $T(n) = O(\sqrt{n})$ and $T(n) = \Omega(\sqrt{n})$ (B) $T(n) = O(\sqrt{n})$ and $T(n) = \Omega(1)$
(C) $T(n) = O(n)$ and $T(n) = \Omega(\sqrt{n})$ (D) 위 보기에 없음

해답: (B). 빅-오 표기법은 알고리즘의 엄밀한 상한을 표현하고 빅-오메가 표기법은 알고리즘의 엄밀한 하한을 표현한다. 문제의 for 루프는 최대 $\sqrt{n}$번 수행되고 최소 1번 수행된다. 그러므로 $T(n) = O(\sqrt{n})$, $T(n) = \Omega(1)$이다.

문제-55 다음 C 함수에서 $n \geq m$이라 하자. 이 함수에 의해 몇 번의 재귀 호출이 이뤄지는가?

```
int gcd(n,m){
    if(n%m == 0) return m;
    n = n%m;
    return gcd(m,n);
}
```

(A) $\Theta(log\frac{n}{2})$ (B) $\Omega(n)$ (C) $\Theta(log_2 log\frac{n}{2})$ (D) $\Theta(n)$

해답: 보기 중 정답이 없다. 빅-오 표기법은 알고리즘의 엄밀한 상한을 표현하고, 빅-오메가 표기법은 알고리즘의 엄밀한 하한을 표현한다. $m = 2$일 때 $n = 2^i$인 모든 n에 대해 수행 시간은 $\Omega(1)$이므로 앞의 보기 모두와 모순이 된다.

문제-56 $T(n) = 2T(n/2) + n$, $T(0) = T(1) = 1$이라고 하자. 다음 보기 중 틀린 것은?

(A) $T(n) = O(n^2)$ (B) $T(n) = \Theta(nlogn)$

(C) $T(n) = \Omega(n^2)$ (D) $T(n) = O(nlogn)$

해답: (C). 빅-오 표기법은 알고리즘의 엄밀한 상한을 표현하고 빅-오메가 표기법은 알고리즘의 엄밀한 하한을 표현한다. 마스터 정리에 의하면, $T(n) = \Theta(nlogn)$이다. 이것은 엄밀한 하한과 엄밀한 상한이 같다는 것을 뜻한다. 즉 주어진 점화식에 대해 $O(nlogn)$과 $\Omega(nlogn)$이 모두 맞다. 따라서 보기 (C)가 틀렸다.

2장

Data Structures and Algorithms Made Easy for JAVA

재귀와 백트래킹

2.1 소개

이 장에서는, 거의 모든 장에서 다루어질 중요한 개념인 '재귀'와 그에 관련된 '백트래킹(Backtracking)'을 살펴볼 것이다.

2.2 재귀란 무엇인가?

자기 자신을 호출하는 함수를 재귀적이라고 부른다. 재귀적 방법은 자신의 복사본을 호출하여 더 작은 문제를 풀게함으로써 문제를 해결한다. 이를 재귀 단계라고 부른다. 재귀 단계는 더 많은 수의 재귀 단계를 만들 수 있다. 중요한 것은 재귀가 확실히 종료하게 해야 한다는 점이다. 매 단계마다 함수는 원본 문제보다 조금 더 단순한 문제를 가지고 자기 자신을 호출한다. 작은 문제의 서열은 결국 기본 경우(base case)로 수렴해야 한다.

2.3 왜 재귀를 사용하는가?

재귀는 수학으로부터 빌려온 유용한 기법이다. 재귀 코드는 반복 코드보다 짧고 작성하기 쉽다. 일반적으로 루프는 컴파일되거나 인터프리트될 때 재귀 함수로 바뀐다. 재귀는 비슷한 하위 작업으로 정의될 수 있는 작업에 특히 유용하다. 예를 들어 정렬, 검색 그리고 탐색(traversal) 문제들이 간단한 재귀 해법으로 해결된다.

2.4 재귀 함수의 형식

재귀 함수는 하위 작업을 수행하도록 자기 자신을 호출하여 작업을 수행한다. 어느 단계에 이르러서는, 자기 자신을 호출하지 않고도 수행할 수 있는 하위 작업을 수행한다. 이렇게 함수가 재귀 호출하지 않는 것을 기본 경우(base case)라고 하고, 함수가 자기 자신을 호출해서 하위 작업을 수행하는 것을 재귀 경우라고 한다. 모든 재귀 함수는 다음의 형식으로 쓰여질 수 있다.

```
if (기본 경우인지 테스트)
    return 기본 경우 값
else if (또 다른 기본 경우 테스트)
    return 다른 기본 경우 값
// 재귀 경우
else
    return (어떤 작업) 그런 다음 (재귀 호출)
```

팩토리얼 함수를 예제로 살펴보자. $n!$은 n과 1 사이의 모든 정수의 곱이다. 재귀적 팩토리얼의 정의는 다음과 같다.

$n! = 1,$ $n = 0$일 경우
$n! = n * (n - 1)!$ $n > 0$일 경우

이 정의는 쉽게 재귀적으로 구현 가능하다. 여기서 문제는 $n!$의 값을 구하는 것이고, 하위 문제는 $(n - 1)!$의 값을 구하는 것이다. n이 1보다 큰 재귀 경우에

는 함수는 (n - 1)!의 값을 구하기 위해 자기 자신을 호출하여 그 결과를 *n*에 곱한다. *n*이 0이거나 1인 기본 경우에는, 함수는 1을 리턴한다. 구현된 함수는 다음과 같다.

```
// 양의 정수의 팩토리얼을 계산한다
int Fact(int n) {
    // 기본 경우 : 0이나 1의 팩토리얼은 1이다
    if (n == 1)
        return 1;
    else if (n == 0)
        return 1;
// 재귀 경우 : (n - 1) 팩토리얼에 n을 곱한다
    else
        return n*Fact(n – 1);
}
```

2.5 재귀와 메모리(시각화)

재귀 호출될 때마다 메서드의 복사본(실제로는 변수만)이 메모리에 만들어진다. 메서드가 종료할 때(즉 어떤 데이터를 리턴할 때), 리턴하는 메서드의 복사본은 메모리에서 삭제된다. 재귀 해법은 쉬워 보이지만 시각화와 추적에는 시간이 걸린다. 좀 더 잘 이해하기 위해 다음 예를 살펴보자.

```
int Print(int n) {    // 1에서 n까지의 숫자를 거꾸로 출력한다
    if(n == 0)    // 이것이 종료하는 기본 경우이다
        return 0;
    else {
        System.out.println(n);
        return Print(n-1);    // 자기 자신을 재귀적으로 다시 호출한다
    }
}
```

이 예에서 *n* = 4의 값으로 Print 함수를 호출하면 메모리 할당은 다음과 같이 표현할 수 있다.

— 다양한 예제로 학습하는

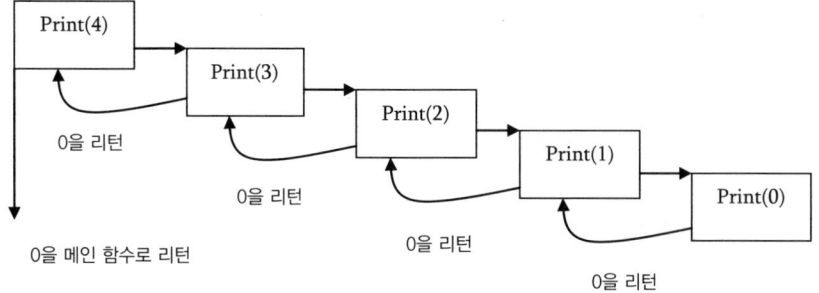

이제, 팩토리얼 함수를 살펴보자. $n = 4$일 때, 팩토리얼 함수는 다음과 같이 표현할 수 있다.

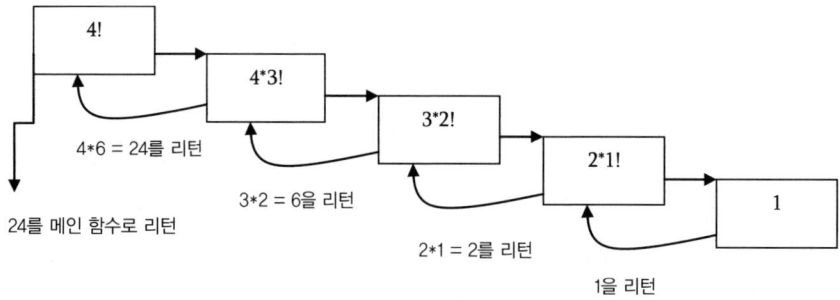

2.6 재귀와 반복 비교

재귀에 대해 논의할 때 떠오르는 기본적인 질문은 재귀와 반복 중 어느 것이 더 나은가 하는 것이다. 이 질문의 답은 무엇을 하려고 하는지에 따라 다르다. 일반적으로 재귀적 접근은 우리가 풀려고 하는 문제를 반영한다. 재귀적 접근은 어려운 문제를 쉽게 풀 수 있게 해준다. 하지만 재귀는 매번 수행하는 재귀 호출에 부가적인 요소들이 추가된다(스택 공간 등이 필요하다).

재귀

- 기본 경우에 도달하면 종료한다.
- 각 재귀 호출은 스택 프레임(즉 메모리)에 부가 공간을 필요로 한다.
- 무한 재귀에 들어가게 되면 메모리 용량을 초과해서 스택 오버플로우를 초래하게 된다.

- 어떤 문제들의 해답은 재귀적인 수식으로 만들기 쉽다.

반복
- 조건이 거짓이 될 때 종료한다.
- 각 반복이 부가 공간을 필요로 하지 않는다.
- 무한 루프는 추가 메모리가 필요하지 않으므로 무한히 반복된다.
- 반복적 해법은 재귀적 해법에 비해 간단하지 않을 때가 있다.

2.7 재귀에 대한 참고 사항

- 재귀적 알고리즘에는 두 가지 경우, 재귀적 경우과 기본 경우가 있다.
- 모든 재귀 함수는 기본 경우에 종료해야 한다.
- 일반적으로 반복 해법이 재귀 해법보다 효율적이다(재귀 호출에 따른 부가적인 메모리 요구 때문).
- 재귀 알고리즘은 스택을 이용해서 재귀 호출 없이 구현될 수 있지만 보통 문제를 더 일으키기 때문에 유용하지 못하다. 이 말은 재귀적으로 풀 수 있는 문제는 반복적으로 풀 수도 있다는 이야기이다.
- 어떤 문제들의 경우엔 눈에 띄는 반복적 알고리즘이 없을 수도 있다.
- 어떤 문제는 재귀적 해법이 최적이고, 어떤 문제는 그렇지 않다.

2.8 재귀 알고리즘의 예

- 피보나치 수열, 팩토리얼 구하기
- 병합 정렬, 퀵 정렬
- 이진 검색
- 트리 탐색, 중위(InOrder), 전위(PreOrder), 후위(PostOrder) 등 여러 트리 문제들
- 그래프 탐색, 깊이 우선 탐색(Depth First Search, DFS)와 너비 우선 탐색(Breadth First Search, BFS)

- 동적 계획법(Dynamic Programming)의 예
- 분할 정복 알고리즘
- 하노이의 탑
- 백트래킹 알고리즘(다음 절에서 살펴볼 것이다)

2.9 재귀 연습문제

재귀 관련 연습문제를 이 장에서는 조금만 살펴보고 나머지는 이후 다른 장에서 더 학습할 것이다. 이 책을 끝낼 무렵이면 재귀와 관련된 많은 연습문제를 풀어보게 될 것이다.

문제-1 하노이의 탑 퍼즐에 대해 논의하라.

해답: 하노이의 탑은 수학 퍼즐이다. 세 개의 막대(혹은 말뚝 혹은 탑)과 여기에 쌓여질 서로 다른 크기의 원반들로 구성되어 있다. 퍼즐이 시작될 때는 원반들이 한 막대에 크기가 작은 것부터 큰 순서로, 제일 위에 제일 작은 원반이 있는 원뿔 형태로 쌓여 있다. 퍼즐의 목적은 전체 원반을 다른 막대로 다음의 규칙을 지키면서 옮기는 것이다.
- 한 번에 하나의 원반만 옮길 수 있다.
- 옮길 때마다 한 막대의 맨 앞의 원반을 다른 막대에 이미 놓여 있는 원반 위로 옮기게 된다.
- 자기보다 작은 원반 위로는 옮길 수 없다.

알고리즘
- 맨 앞의 $n-1$개의 원반을 처음 탑에서 보조 탑으로 옮긴다
- 처음 막대의 n번째 원반을 목표 탑으로 옮긴다.
- 중간 탑의 $n-1$개의 원반을 목표 탑으로 옮긴다.
- 처음 탑으로부터 중간 탑으로 $n-1$개의 원반을 옮기는 문제는 또 다른 하노이의 탑 문제로 생각될 수 있다. 3개의 원반을 가진 하노이의 탑 문제를 풀게 되면 원반의 수와 상관없이 알고리즘을 풀 수 있다.

```
void TowersOfHanoi(int n, char frompeg, char topeg, char auxpeg) {
    /* 원반이 하나이면, 옮기고 리턴한다 */
    if(n == 1) {
        System.out.println("Move disk 1 from peg " + frompeg +
            " to peg " + topeg);
        return;
    }
    /* 앞의 n - 1개 원반을 C를 보조탑으로 이용해서 A에서 B로 옮긴다 */
    TowersOfHanoi(n - 1,frompeg,auxpeg,topeg);
    /* 나머지 원반을 A에서 C로 옮긴다 */
    System.out.println("Move disk from peg" + frompeg + " to peg "
        + topeg);

    /* n - 1개 원반을 A를 보조탑으로 이용해서 B에서 C로 옮긴다 */
    TowersOfHanoi(n - 1, auxpeg, topeg, frompeg);
}
```

2.10 백트래킹은 무엇인가?

백트래킹은 분할 정복을 이용한 완전 검색(Exhaustive Search) 기법이다.

- 어떤 경우에는 문제를 푸는 최선의 알고리즘이 모든 경우의 수를 다 살펴보는 것이다.
- 이 방법은 항상 느리지만 도움이 될 수 있는 표준적인 도구들이 있다.
  예) 도구: 기본 오브젝트를 생성하는 알고리즘들, 예를 들어 이진 문자열(n-비트 문자열에 대해 2^n 확률), 치환($n!$), 조합($n!/r!(n-r)!$), 일반화된 문자열(길이가 n인 k-ary 문자열은 k^n 확률) 등
- 백트래킹은 가지치기를 이용해 완전 검색을 빠르게 한다.

2.11 백트래킹 알고리즘의 예

- 이진 문자열: 모든 이진 문자열 만들기
- k-ary 문자열 만들기
- 배낭 채우기 문제(Knapsack Problem)
- 문자열 일반화(Generalized Strings)
- 해밀턴 사이클(9장 참고)
- 그래프 색칠 문제

2.12 백트래킹 연습문제

문제-2 n비트의 모든 문자열을 생성하라. $A[0..n-1]$는 크기 n인 배열이라고 가정하라.

해답:

```
void Binary(int n) {
    if(n < 1)
        System.out.println(A);   // 배열 A가 전역 변수라고 가정한다
    else {
        A[n - 1] = 0;
        Binary(n - 1);
        A[n - 1] = 1;
        Binary(n - 1);
    }
}
```

binary(n)의 수행 시간을 $T(n)$이라고 하자. printf 함수가 $O(1)$의 시간이 걸린다고 가정하자.

$$T(n) = \begin{cases} c, & if\ n < 0 \\ 2T(n-1) + d, & 외.. \end{cases}$$

차감 분석 마스터 정리를 사용하면, $T(n) = O(2^n)$이다. 이것은 비트 문자열 생성 알고리즘이 최적화되었다는 말이다.

문제-3 $0 ... k-1$ 사이에서 고른 길이가 n인 모든 문자열을 생성하라.

해답: 현재의 k-ary 문자열을 배열 $A[0..n-1]$에 저장한다고 가정하자. 함수 k-string(n,k)를 호출한다.

```
void k-string(int n, int k){
    // 길이가 n인 모든 k-ary 문자열을 처리한다
    if(n < 1){
        System.out.println(A);  // 배열 A가 전역 변수라고 가정한다.
    }else{
        for(int j = 0; j < k; j++) {
            A[n-1] = j;
            k-string(n - 1, k);
        }
    }
}
```

k-string(n)의 수행 시간을 $T(n)$이라 하자. 그러면 다음과 같다.

$$T(n) = \begin{cases} c, & if\ n < 0 \\ kT(n-1) + d, & 외.. \end{cases}$$

차감 분석 마스터 정리를 사용하면, $T(n) = O(k^n)$이다.

> **참고**
> 더 많은 연습문제는 15장을 참고하자.

3장

Data Structures and Algorithms Made Easy for JAVA

연결 리스트

3.1 연결 리스트란 무엇인가?

연결 리스트(Linked Lists)는 데이터의 집합을 저장하기 위해 사용되는 데이터 구조인데, 다음과 같은 속성을 갖는다.

- 연속되는 항목들이 포인터로 연결된다.
- 마지막 항목은 NULL을 포인트한다.
- 프로그램이 수행되는 동안 크기가 커지거나 작아질 수 있다.
- (시스템 메모리가 허용하는 한) 필요한 만큼 길어질 수 있다.
- 메모리 공간을 낭비하지 않는다(하지만 포인터를 위한 추가의 메모리를 필요로 한다).

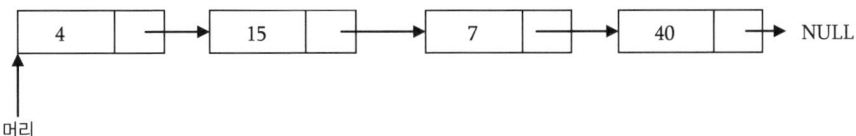
머리

3.2 연결 리스트 ADT

다음의 연산이 연결 리스트를 추상 데이터형, 즉 ADT(Abstract Data Type)가 되도록 한다.

연결 리스트의 주요 연산들
- 삽입: 항목을 리스트에 추가한다.
- 삭제: 지정된 위치의 항목을 리스트로부터 삭제하며 리턴한다.

연결 리스트의 보조적 연산들
- 리스트 삭제: 리스트의 모든 항목을 삭제한다(리스트도 삭제).
- 개수 세기: 리스트의 항목의 개수를 리턴한다.
- 리스트의 n번째 항목 찾기 등

3.3 왜 연결 리스트를 사용하는가?

연결 리스트와 같은 기능을 하는 많은 다른 데이터 구조들이 있다. 연결 리스트에 대해 더 논의하기 전에 연결 리스트와 배열의 차이점을 이해하는 것이 중요하다. 연결 리스트와 배열 모두 데이터 집합을 저장하기 위해 사용된다. 이 둘이 같은 목적으로 사용되므로 둘의 용도를 구분해야 할 필요가 있다. 즉 어떤 경우에 배열이 적합하고 어떤 경우에 연결 리스트가 적합한가 하는 것이다.

3.4 배열 개요

배열의 항목을 저장하기 위해 메모리 블록 하나가 할당된다. 배열의 항목은 특정 항목의 인덱스를 첨자로 사용하여 일정한 시간으로 접근할 수 있다.

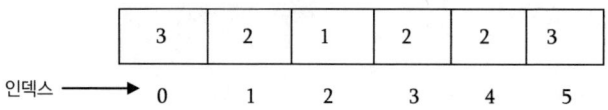

배열의 항목에 접근하는 데 왜 일정한 시간이 걸리는가?

배열의 항목에 접근하기 위해서는 항목의 주소가 배열의 기본 주소로부터의 오프셋으로 계산된다. 처음에 데이터형에 따른 항목의 크기가 계산되고, 그것이 항목의 인덱스에 곱해져서 오프셋이 된다.

이 과정에 한 번의 곱셈과 한 번의 덧셈이 필요하다. 이 두 연산이 일정한 시간이 걸리므로 배열 접근은 일정한 시간으로 수행된다고 할 수 있다.

배열의 장점

- 간단하고 사용하기 쉽다.
- 항목에의 접근이 더 빠르다(일정한 시간이 걸리는 접근).

배열의 단점

- **고정된 크기:** 배열의 크기는 정적이다(사용하기 전에 배열의 크기를 지정해야 한다).
- **한 블록의 할당:** 처음에 배열을 할당할 때 전체 배열을 위한 메모리를 얻지 못할 때도 있다(배열 크기가 클 경우).
- **복잡한 위치 기반의 삽입:** 주어진 위치에 항목을 삽입하려면 기존의 항목들을 이동해야 할 수 있다. 이렇게 해야 원하는 위치에 새 항목을 추가할 자리가 생긴다. 만약 새 항목을 추가할 자리가 가장 앞이면 다른 항목들의 이동 연산이 더욱 오래 걸리게 된다.

동적 배열

동적 배열(또는 확장 가능 배열, 크기 변경 가능 배열, 동적 테이블, 배열 리스트 등으로 불린다)은 랜덤 접근하는, 크기가 변하는 리스트 데이터 구조로 새로운 항목들이 추가되거나 삭제될 수 있다.

동적 배열을 구현하는 한 가지 간단한 법은 처음에 일정한 고정된 크기의 배열로 시작하는 것이다. 이 배열이 가득 차면, 원래 배열의 두 배 크기의 새 배열을 만든다. 마찬가지로 배열의 항목의 수가 절반 이하가 되면 배열 크기를 반으로 줄인다.

> **참고**
> 동적 배열의 구현은 4, 5, 14장에서 살펴볼 것이다.

연결 리스트의 장점

연결 리스트에도 장점과 단점이 있다. 연결 리스트의 장점은 일정한 시간으로 확장 가능하다는 것이다. 배열을 만들기 위해서는 특정한 숫자의 항목을 위해 메모리를 할당해야만 한다. 배열에 항목을 추가하기 위해서는 새 배열을 만들어 원래 배열에서 새 배열로 항목들을 복사해야 한다. 그런데 이 방법은 시간이 오래 걸린다.

이것을 막기 위해 처음에 많은 공간을 할당할 수도 있다. 하지만 이렇게 하면 필요한 것보다 더 많이 할당하게 되어 메모리를 낭비하게 된다. 이때 연결 리스트를 사용하면 하나의 항목을 위한 공간으로 시작해서 복사나 재할당 없이 새 항목을 쉽게 추가할 수 있다.

연결 리스트의 문제점(단점)

연결 리스트에도 몇 가지 문제점이 있다. 연결 리스트의 가장 주된 단점은 개별 항목에 접근하는 접근 시간이 길다는 것이다. 배열은 랜덤 접근이 가능하므로 배열의 항목에 접근하는 데 $O(1)$의 시간이 걸린다. 연결 리스트는 리스트의 항목에 접근하는 데 최악의 경우 $O(n)$의 시간이 걸린다. 접근 시간에 있어서 배열의 또 다른 장점은 메모리 안에서의 특수한 지역성이다. 배열은 연속된 메모리 블록으로 정의되므로 배열의 항목들은 물리적으로 근처에 위치한다. 이것은 현대의 CPU 캐싱 기법에 매우 유리하다.

비록 저장 공간의 동적 할당이 큰 장점이긴 하지만 데이터의 저장과 인출에 더해지는 부담이 큰 차이를 만든다. 때로 연결 리스트는 변경하기가 어렵다. 마지막 항목이 삭제되면, 가장 끝에서 하나 전의 항목의 포인터가 NULL을 가리키도록 변경되어야만 한다. 이 말은, 이 끝에서 하나 전의 항목을 찾아 그 포인터가 NULL을 가리키게 하기 위해 리스트가 탐색되어야 한다는 것이다. 마지막으로 연결 리스트에서는 추가적인 참조 포인터를 위한 메모리 공간이 낭비된다.

3.5 연결 리스트와 배열 그리고 동적 배열의 비교

항목	연결 리스트	배열	동적 배열
인덱싱	$O(n)$	$O(1)$	$O(1)$
가장 앞에 추가/삭제	$O(1)$	-	$O(n)$
가장 끝에 추가/삭제	$O(n)$	-	배열이 다 차지 않았을 경우에는 $O(1)$ 배열이 다 찼을 경우에는 $O(n)$
중간에 추가/삭제	$O(n)$	-	$O(n)$
낭비되는 공간	$O(n)$	0	$O(n)$

3.6 단일 연결 리스트

일반적으로 '연결 리스트'는 단일 연결 리스트를 의미한다. 이 리스트는 다음 노드를 가리키는 '다음(next)' 포인터를 가진 노드들의 집합으로 이루어진다. 마지막 노드는 NULL을 가리켜 리스트의 마지막임을 나타낸다.

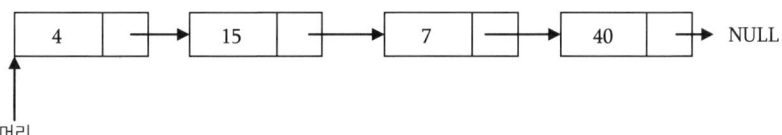

정수를 저장하는 연결 리스트는 다음과 같이 선언된다.

```
public class ListNode {
    private int data;
    private ListNode next;
    public ListNode(int data){
        this.data = data;
    }
    public void setData(int data){
        this.data = data;
    }
    public int getData(){
        return data;
    }
    public void setNext(ListNode next){
        this.next = next;
```

```
        }
        public ListNode getNext(){
            return this.next;
        }
    }
```

리스트의 기본 연산

- 리스트 탐색하기
- 리스트에 항목 삽입하기
- 리스트에서 항목 삭제하기

리스트 탐색하기

'머리' 노드 포인터가 리스트의 첫 번째 노드를 가리킨다고 가정하자. 리스트를 탐색하기 위해 다음을 수행한다.

- 포인터를 따라간다.
- 탐색하면서 노드의 값을 표시한다(또는 개수를 계산).
- '다음' 포인터가 NULL을 가리키면 멈춘다.

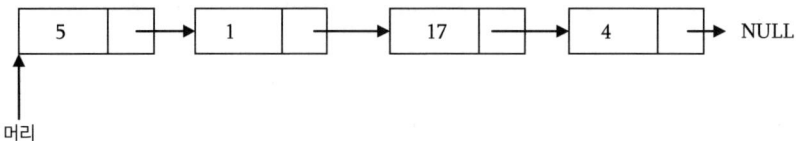

ListLength() 함수는 연결 리스트를 입력받아 리스트의 노드 개수를 계산한다. 그런 다음 예제에 출력 코드를 추가하여 리스트 데이터를 결과로 얻을 수 있다.

```
    int ListLength(ListNode headNode) {
        int length = 0;
        ListNode currentNode = headNode;
        while(currentNode != null){
            length++;
            currentNode = currentNode.getNext();
        }
        return length;
    }
```

시간 복잡도: 크기가 n인 전체 리스트를 스캔하는 데 $O(n)$

공간 복잡도: 하나의 임시 변수를 만드는 데 $O(1)$

단일 연결 리스트의 삽입

단일 연결 리스트에 삽입하는 경우는 세 가지가 있다.

- 새 노드를 '머리' 노드 포인터 앞(가장 처음)에 삽입하기
- 새 노드를 리스트 가장 끝에 삽입하기
- 새 노드를 리스트의 중간(랜덤한 위치)에 삽입하기

> 참고
> 연결 리스트의 어떤 위치 p에 새 항목을 추가할 때 추가 뒤의 새 노드의 포지션을 p라고 하자.

단일 연결 리스트의 가장 처음에 노드 삽입하기

이 경우에 새 노드는 현재의 '머리' 노드 앞에 삽입된다. 오직 한 개의 '다음' 포인터(새 노드의 '다음' 포인터)만 수정되고 나면, 두 단계에 걸쳐 수행될 수 있다.

- 새 노드의 '다음' 포인터를 현재의 '머리'를 가리키도록 업데이트

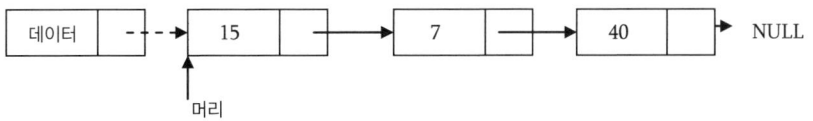

- '머리' 노드 포인터가 새 노드를 가리키도록 업데이트

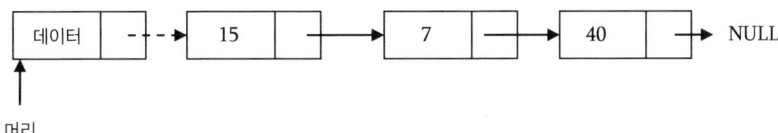

단일 연결 리스트의 가장 끝에 노드 삽입하기

이 경우에는, 두 개의 '다음' 포인터를 수정해야 한다(마지막 노드의 '다음' 포인터와 새 노드의 '다음' 포인터).

· 새 노드의 '다음' 포인터는 NULL을 가리킨다.

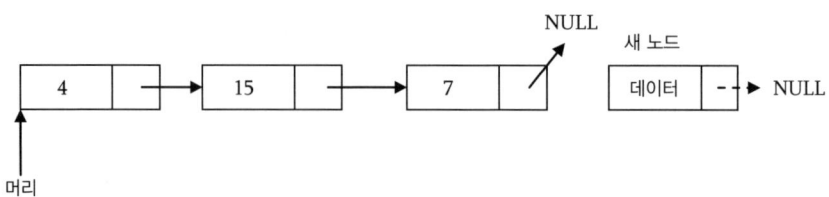

· 마지막 노드의 '다음' 포인터는 새 노드를 가리킨다.

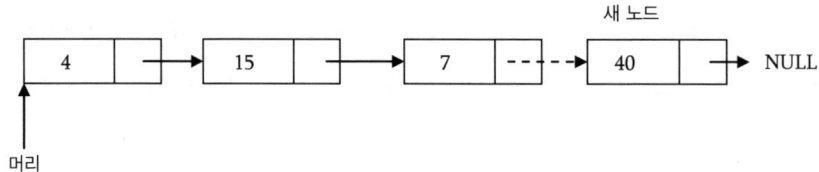

단일 연결 리스트의 중간에 노드 삽입하기

새 노드를 삽입하기 원하는 위치가 주어졌다고 가정하자. 이 경우에도 역시, 두 개의 '다음' 포인터를 수정해야 한다.

· 6번째 위치에 항목을 추가하려면 5번째 위치에서 멈춰야 한다. 즉 다섯 개의 노드를 진행한 뒤 새 노드를 삽입하는 것이다. 간단한 설명을 위해, 5번째 노드를 '위치(position)' 노드라고 부르도록 하자. 새 노드는 우리가 이 노드를 추가하기 원하는 '위치' 노드의 다음 노드를 가리키게 된다.

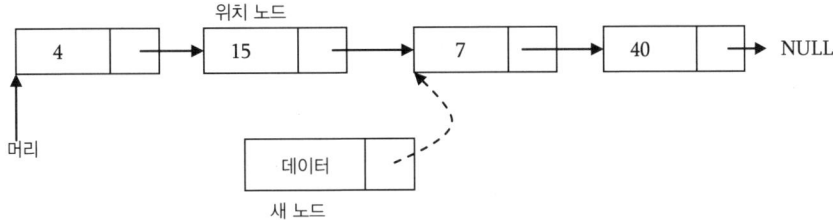

- '위치' 노드의 '다음' 포인터는 새 노드를 가리키게 된다.

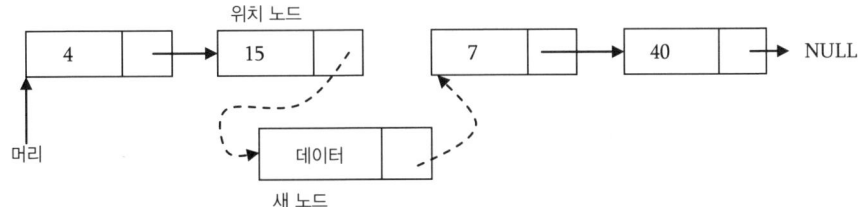

```
ListNode InsertInLinkedList (ListNode headNode, ListNode
nodeToInsert, int position) {
    if(headNode == null)  // 최초로 설정
        return nodeToInsert;
    int size = ListLength(headNode);
    if(position > size+1 || position < 1){
        System.out.println("Position of node to insert is invalid.
The valid inputs are 1 to " + (size+1));
        return headNode;
    }
    if(position == 1){   // 첫 노드를 삽입한다
        nodeToInsert.setNext(headNode);
        return nodeToInsert;
    } else{   // 중간과 끝에 노드를 삽입한다
        ListNode previousNode = headNode;
        int count = 1;
        while(count < position-1){
            previousNode = previousNode.getNext();
            count++;
        }
        ListNode currentNode = previousNode.getNext();
        nodeToInsert.setNext(currentNode);
        previousNode.setNext(nodeToInsert);
    }
    return headNode;
}
```

> 참고
> 삽입 연산의 세 가지 경우를 각각 따로 구현할 수도 있다.

시간 복잡도: 최악의 경우에 노드를 리스트의 가장 끝에 추가해야 하므로 $O(n)$

공간 복잡도: 한 개의 임시 변수만을 생성하므로 $O(1)$

단일 연결 리스트의 노드 삭제

삽입 연산과 마찬가지로 삭제에도 세 가지 경우가 있다.

- 첫 번째 노드 삭제하기
- 마지막 노드 삭제하기
- 중간의 노드 삭제하기

단일 연결 리스트의 첫 번째 노드 삭제하기

첫 번째 노드 (현재의 '머리' 노드)가 리스트로부터 삭제된다. 다음과 같이 두 단계로 진행된다.

- 임시 노드를 만들어 '머리' 노드 포인터와 같은 노드를 가리키게 한다.

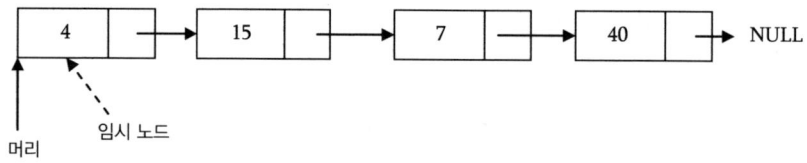

- 이제, '머리' 노드 포인터를 다음 노드로 옮기고 임시 노드를 삭제한다.

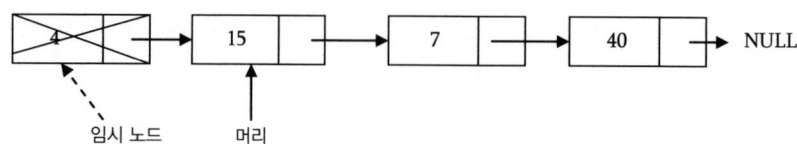

단일 연결 리스트에서 마지막 노드 삭제하기

이 경우에는, 마지막 노드가 리스트로부터 삭제된다. 이 연산은 첫 번째 노드를 삭제하는 것보다 조금 까다로운데, 마지막 노드 하나 전 노드를 먼저 찾아야 하기 때문이다. 이 연산은 다음의 세 단계로 진행된다.

- 리스트를 탐색하면서 하나 전 노드의 주소도 저장한다. 리스트의 가장 끝에 도달했을 때 마지막 노드를 가리키는 포인터와 마지막 노드 하나 전 노드를 가리키는 포인터, 두 개의 포인터를 갖고 있게 된다.

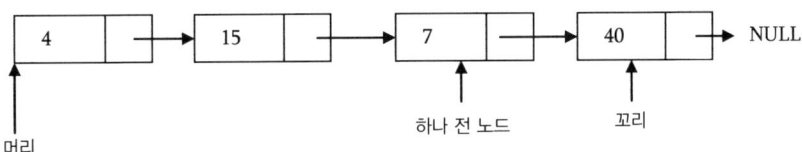

- 마지막 노드 하나 전 노드의 '다음' 포인터를 NULL을 가리키도록 업데이트한다.

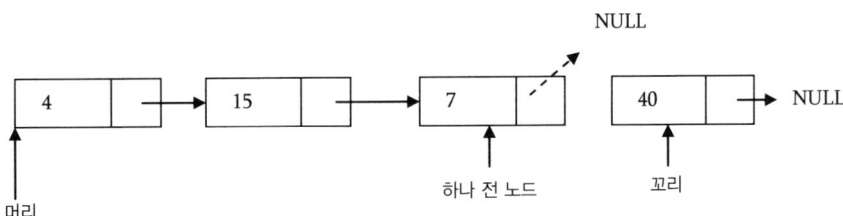

- 마지막 노드를 제거한다.

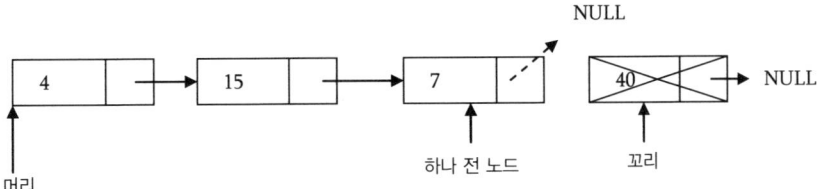

단일 연결 리스트에서 중간 노드 삭제하기

이 경우에는, 삭제될 노드가 항상 두 개의 노드 사이에 위치하고, 머리와 '꼬리' 노드는 업데이트되지 않는다. 삭제 과정은 다음 두 단계로 진행된다.

· 앞의 경우와 비슷하게, 리스트를 탐색하면서 하나 전의 노드도 저장한다. 삭제할 노드를 찾았을 때 하나 전 노드의 '다음' 포인터를 삭제할 노드의 '다음' 포인터의 값으로 바꾼다.

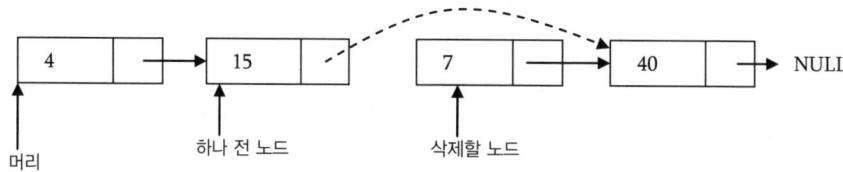

· 삭제할 현재 노드를 제거한다.

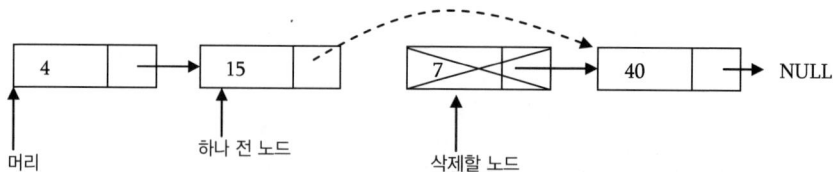

```
ListNode DeleteNodeFromLinkedList(ListNode headNode, int position){
    int size = getLinkedListLength(headNode);
    if(position > size || position < 1){
        System.out.println("Position of node to delete is invalid.
            The valid inputs are 1 to " + size);
        return headNode;
    }
    if(position == 1){ // 리스트 가장 앞에서 삭제
        ListNode currentNode = headNode.getNext();
        headNode = null;
        return currentNode;
    } else{ // 끝에 닿을 때까지 내부에서 노드 삭제
        ListNode previousNode = headNode;
        int count = 1;
        while(count < position - 1){
            previousNode = previousNode.getNext();
            count++;
        }
        ListNode currentNode = previousNode.getNext();
```

```
            previousNode.setNext(currentNode.getNext());
            currentNode = null;
        }
        return headNode;
}
```

시간 복잡도: $O(n)$. 최악의 경우에 리스트 맨 마지막의 노드를 삭제해야 할 수도 있다.

공간 복잡도: $O(1)$. 하나의 임시 변수만 생성하기 때문이다.

단일 연결 리스트 삭제하기

현재 노드의 값을 임시 변수에 저장하고 현재 노드의 메모리 할당을 해제(free)하면 된다. 현재 노드의 메모리 할당을 해제한 뒤에 임시 변수의 값을 이용해 다음 노드로 이동한 뒤 전체 노드에서 이 과정을 반복한다.

```
void DeleteLinkedList(ListNode head) {
    ListNode auxilaryNode, iterator = head;
    while (iterator != null) {
        auxilaryNode = iterator.getNext();
        iterator = null; // 자바에서 이 부분은 가비지 컬렉터에 의해 관리됨
        iterator = auxilaryNode; // 실제로 중요하지 않은 구현
    }
}
```

시간 복잡도: 전체 크기 n인 리스트를 모두 탐색하므로 $O(n)$

공간 복잡도: 하나의 임시 변수만을 만들기 때문에 $O(1)$

3.7 이중 연결 리스트

이중 연결 리스트(혹은 양방향 연결 리스트라고도 함)의 장점은 리스트의 특정 노드로부터 양방향으로 탐색할 수 있다는 것이다. 단일 연결 리스트의 노드는 바로 전 노드를 가리키는 포인터를 모르면 삭제할 수 없다. 하지만 이중 연결 리스트에서는 이전 노드의 주소를 모르더라도 노드를 삭제할 수 있다(왜냐하면 각 노드는 이전 노드를 가리키는 포인터가 있어서 리스트를 거꾸로 탐색할 수 있기 때문이다). 이중 연결 리스트의 단점은 다음과 같다.

- 각 노드가 포인터를 하나 씩 더 필요로 하기 때문에 저장 공간이 더 필요하다.
- 삽입, 삭제 연산이 조금 더 오래 걸린다(포인터 연산이 더 많아져서이다).

그럼 이번에는 이중 연결 리스트의 연산들을 구현해보자. 단일 연결 리스트의 연산들을 이해한다면 이중 연결 리스트의 연산도 매우 쉬울 것이다. 정수를 저장하는 이중 연결 리스트는 다음과 같이 선언된다.

```java
public class DLLNode {
    private int data;
    private DLLNode next;
    private DLLNode previous;
    public DLLNode(int data){
        this.data = data;
    }
    public void setData(int data){
        this.data = data;
    }
    public int getData(){
        return data;
    }
    public void setNext(DLLNode next){
        this.next = next;
    }
    public DLLNode getNext(){
        return this.next;
    }
    public void setPrevious(DLLNode previous){
        this.previous = previous;
    }
    public DLLNode getPrevious(){
        return this.previous;
    }
}
```

이중 연결 리스트의 삽입

이중 연결 리스트에 삽입하는 경우는 (단일 연결 리스트와 마찬가지로) 세 가지가 있다.

- 새 노드를 '머리' 노드 포인터 앞에 삽입하기
- 새 노드를 리스트 가장 끝에 삽입하기
- 새 노드를 리스트 중간에 삽입하기

이중 연결 리스트의 가장 앞에 노드 삽입하기

이 경우에 새 노드는 '머리' 노드 앞에 삽입된다. '이전(previous)' 포인터와 '다음(next)' 포인터가 수정되어야 하며 이것은 다음 두 단계로 진행된다.

- 새 노드의 '다음' 포인터가 현재의 '머리' 노드를 가리키도록 아래 그림의 점선을 업데이트하고 새 노드의 '이전' 포인터는 NULL을 가리키게 한다.

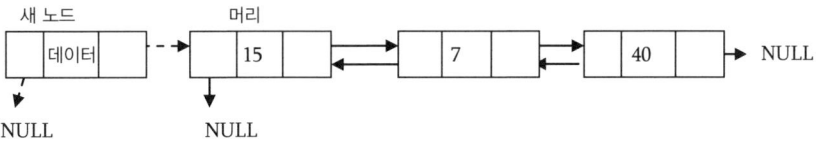

- '머리' 노드의 '이전' 포인터가 새 노드를 가리키게 하고 새 노드를 '머리' 노드가 되게 한다.

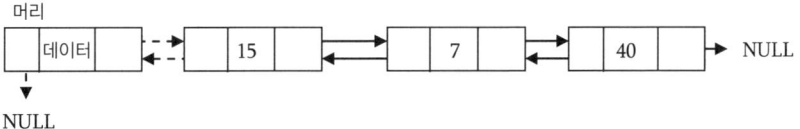

이중 연결 리스트의 가장 끝에 노드 삽입하기

이 경우에 리스트를 끝까지 탐색한 다음 새 노드를 삽입한다.

- 새 노드의 '다음' 포인터가 NULL을 가리키게 하고 '이전' 포인터가 리스트의 맨 마지막 노드를 가리키게 한다.

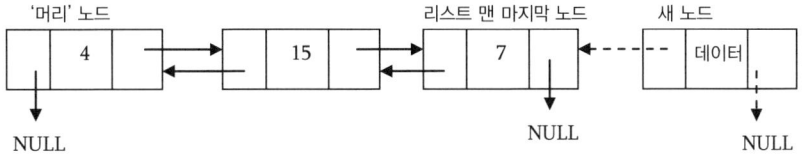

- 리스트 맨 마지막 노드의 '다음' 포인터가 새 노드를 가리키게 한다.

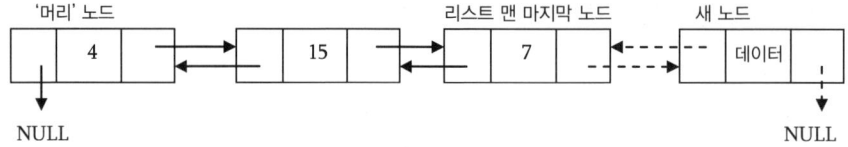

이중 연결 리스트의 중간에 노드 삽입하기

단일 연결 리스트 때 논의했듯이 노드를 추가할 위치까지 리스트를 탐색한 뒤에 새 노드를 삽입한다.

· 새 노드의 '다음' 포인터가 우리가 새 노드를 삽입하려고 하는 '위치' 노드의 다음 노드를 가리키게 한다. 또한 새 노드의 '이전' 포인터가 '위치' 노드를 가리키게 한다.

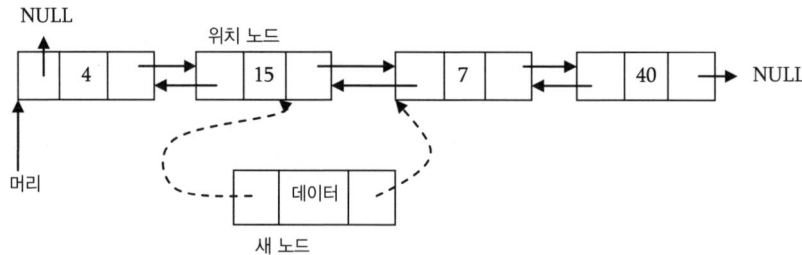

· '위치' 노드의 '다음' 포인터가 새 노드를 가리키게 하고 '위치' 노드 다음 노드의 '이전' 포인터도 새 노드를 가리키게 한다.

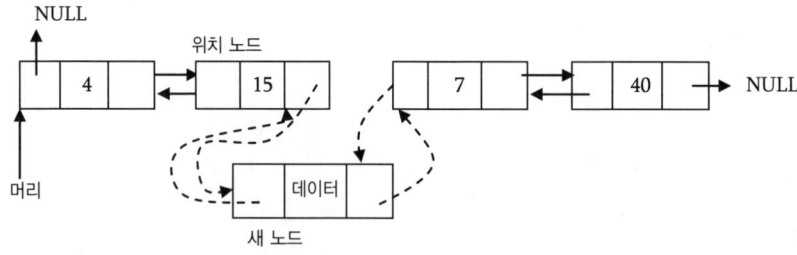

```
DLLNode DLLInsert(DLLNode headNode, DLLNode nodeToInsert, int
    position){
    if(headNode == null) // 시작 부분에 삽입한다
        return nodeToInsert;
```

```java
        int size = getDLLLength(headNode);
        if(position > size+1 || position < 1){
            System.out.println("Position of nodeToInsert is invalid. "
                + "The valid inputs are 1 to " + (size+1));
            return headNode;
        }
        if(position == 1){ // 머리 부분에 노드를 삽입한다
            nodeToInsert.setNext(headNode);
            headNode.setPrevious(nodeToInsert);
            return nodeToInsert;
        }else{ // 끝이 될 때까지 중간에 노드를 삽입한다
            DLLNode previousNode = headNode;
            int count = 1;
            while(count < position-1){
                previousNode = previousNode.getNext();
                count++;
            }
            DLLNode currentNode = previousNode.getNext();
            nodeToInsert.setNext(currentNode);
            if(currentNode != null)
                currentNode.setPrevious(nodeToInsert);
            previousNode.setNext(nodeToInsert);
            nodeToInsert.setPrevious(previousNode);
        }
        return headNode;
    }
```

시간 복잡도: $O(n)$. 최악의 경우에 리스트 가장 끝에 노드를 삽입해야 한다.

공간 복잡도: $O(1)$. 하나의 임시 변수만 생성하기 때문이다.

이중 연결 리스트의 노드 삭제

단일 연결 리스트의 노드 삭제와 유사하게 여기도 세 가지 경우가 있다.

- 첫 번째 노드 삭제하기
- 마지막 노드 삭제하기
- 중간 노드 삭제하기

이중 연결 리스트의 첫 번째 노드 삭제하기

이 경우에는, 첫 번째 노드(현재의 '머리' 노드)가 리스트로부터 삭제되는데, 다음의 두 단계로 진행된다.

- 임시 노드를 만들어 '머리' 노드 포인터와 같은 노드를 가리키게 한다.

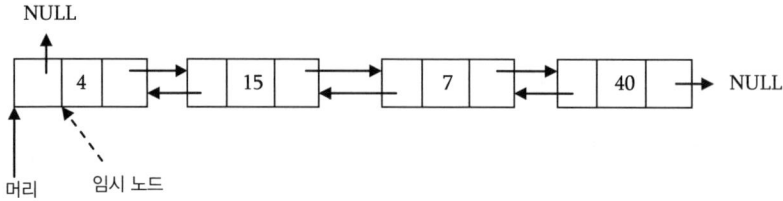

- 이제, '머리' 노드 포인터를 다음 노드로 옮기고 '머리' 노드의 '이전' 포인터를 NULL을 가리키게 한다. 그런 다음 임시 노드를 삭제한다.

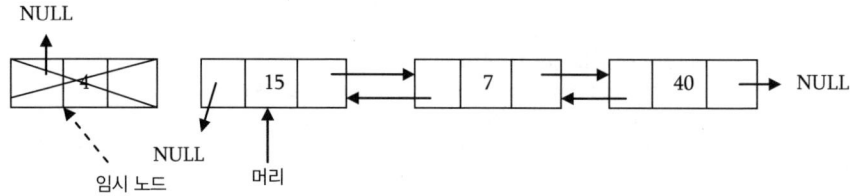

이중 연결 리스트의 마지막 노드 삭제하기

이 연산은 첫 번째 노드를 삭제하는 것보다 조금 까다롭다. 왜냐하면 알고리즘이 '꼬리' 노드 하나 전의 노드를 찾아야 하기 때문이다. 다음의 세 단계로 진행된다.

- 리스트의 끝까지 탐색한다. 리스트의 끝에 도달했을 때는 마지막 노드의 '이전' 포인터로 마지막 노드 하나 전 노드를 알 수 있다.

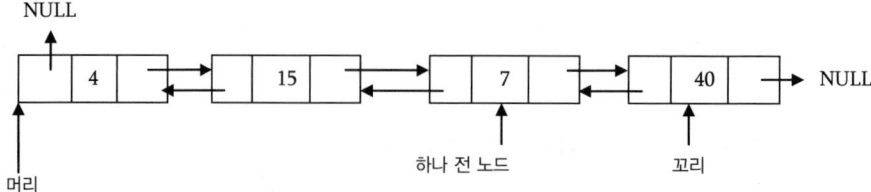

- 마지막 노드 하나 전 노드의 '다음' 포인터를 NULL을 가리키게 한다.

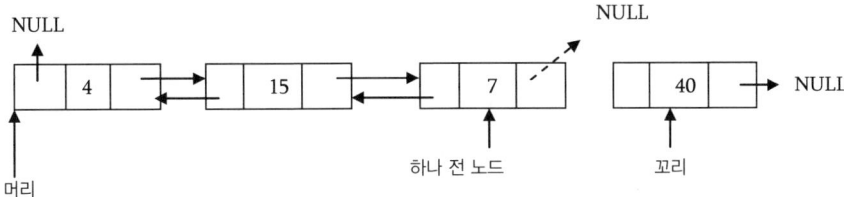

- 마지막 노드를 제거한다.

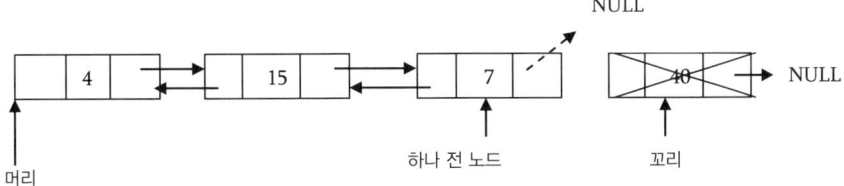

이중 연결 리스트에서 중간 노드 삭제하기

이 경우에 삭제될 노드는 항상 두 노드 사이에 위치하게 된다. 이 경우에 '머리'와 '꼬리' 노드는 업데이트되지 않는다. 삭제는 다음과 같이 두 단계로 진행된다.

- 앞의 경우와 유사하게 삭제할 노드를 찾을 때까지 리스트를 탐색한다. 삭제할 노드를 찾으면 삭제할 노드 하나 전 노드의 '다음' 포인터를 삭제할 노드 다음 노드를 가리키도록 한다. 그리고 삭제할 노드 다음 노드의 '이전' 포인터를 삭제할 노드 하나 전 노드를 가리키도록 한다.

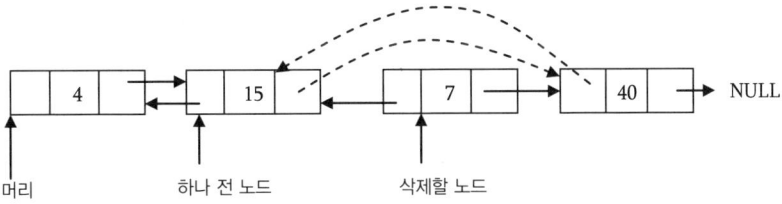

- 현재 삭제할 노드를 제거한다.

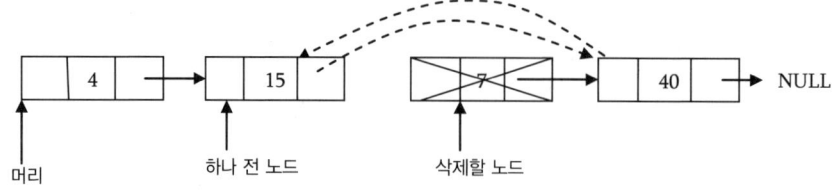

머리   하나 전 노드   삭제할 노드

```java
DLLNode DLLDelete(DLLNode headNode, int position){
    int size = getDLLLength(headNode);
    // 위치가 주어진 연결 리스트의 사이즈보다 클 경우 폐기한다
    if(position > size || position < 1){
        System.out.println("Position of node to delete is invalid.
           The valid inputs are 1 to " + size);
        return headNode;
    }
    if(position == 1){ // 시작 노드를 삭제
        DLLNode currentNode = headNode.getNext();
        headNode = null;
        currentNode.setPrevious(null);
        return currentNode;
    } else{ // 끝이 될 때까지 내부의 노드를 삭제
        DLLNode previousNode = headNode;
        int count = 1;
        while(count < position-1){
            previousNode = previousNode.getNext();
            count++;
        }
        DLLNode currentNode = previousNode.getNext();
        DLLNode laterNode = currentNode.getNext();
        previousNode.setNext(laterNode);
        if(laterNode != null)
            // 마지막 노드가 NULL이 아닐 경우엔 이전 노드를 NULL로 설정
            laterNode.setPrevious(previousNode);
        currentNode = null;
    }
    return headNode;
}
```

시간 복잡도: 크기 n인 리스트 전체를 탐색하므로 $O(n)$

공간 복잡도: 하나의 임시 변수만을 만들기 때문에 $O(1)$

3.8 원형 연결 리스트

단일 연결 리스트와 이중 연결 리스트에서는 NULL을 가리키는지를 보아 리스트의 끝임을 알 수 있다. 하지만 원형 연결 리스트에는 끝이 없다. 그러므로 원

형 연결 리스트를 탐색할 때는 주의하지 않으면 무한히 돌게 된다. 원형 연결 리스트에서는 모든 노드에 뒤따르는 노드가 있다. 단일 연결 리스트와 달리 원형 연결 리스트에는 NULL 포인터를 가진 노드가 없다. 원형 연결 리스트는 경우에 따라 무척 유용하다.

예를 들어 여러 프로세스가 같은 컴퓨터 자원(CPU)을 동일한 시간 동안 사용해야 한다면, 어떤 프로세스도 다른 프로세스보다 더 많이 자원에 접근하면 안 된다(라운드 로빈 알고리즘).

원형 연결 리스트의 노드 개수 세기

원형 연결 리스트에서는 '머리' 노드를 사용하여 항목에 접근한다(단일 연결 리스트나 이중 연결 리스트의 '머리' 노드와 유사하다).

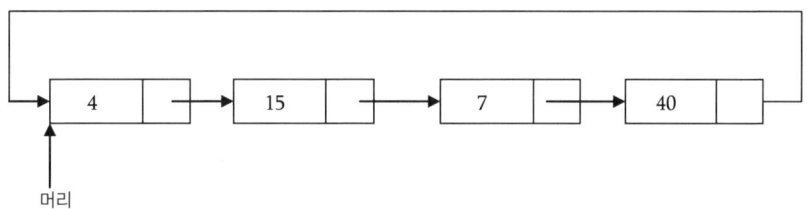

원형 연결 리스트는 '머리'라고 표시된 노드를 이용해서 접근 가능하다. 노드의 개수를 세려면 '머리'라고 표시된 노드로부터 시작해서 '현재(current)'라는 임시 노드를 하나 사용하여 '현재' 노드가 시작점인 '머리'에 도달할 때까지 탐색한다. 리스트가 비었다면 '머리'가 NULL이고, 이 경우 개수 = 0이다. 그렇지 않다면, '현재' 포인터를 첫 번째 노드에 두고 '현재' 포인터가 시작점 노드에 도달할 때까지 계속 개수를 센다.

```
int CircularListLength(CLLNode headNode){
    int length = 0;
    CLLNode currentNode = headNode;
    while(currentNode != null){
        length++;
        currentNode = currentNode.getNext();
        if(currentNode == headNode)
            break;
    }
    return length;
}
```

시간 복잡도: $O(n)$, 크기 n인 전체 리스트를 탐색

공간 복잡도: $O(1)$, 하나의 임시 변수만을 생성

원형 연결 리스트의 내용 프린트하기

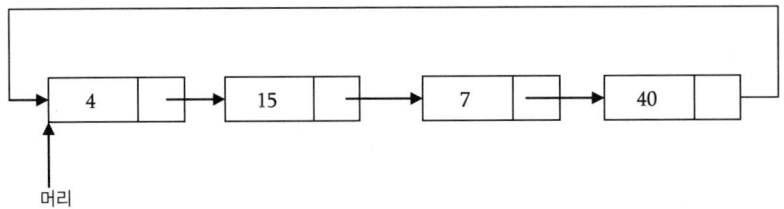

여기서는 리스트가 '머리' 노드를 통해 접근된다고 가정한다. 모든 노드가 원형으로 배치되어 있기 때문에, 리스트의 '꼬리' 노드는 '머리' 노드 옆 노드가 된다. '머리' 노드부터 시작해서 노드의 값을 프린트한다고 가정해보자. 값을 프린트하고 다음 노드로 이동하고 다시 프린트하기를 '머리' 노드에 다시 도달할 때까지 계속 한다.

```
void PrintCircularListData(CLLNode headNode){
    CLLNode CLLNode = headNode;
    while(CLLNode != null){
        System.out.print(CLLNode.getData()+"->");
        CLLNode = CLLNode.getNext();
        if(CLLNode == headNode) break;
    }
    System.out.println("(" + CLLNode.getData() + ")headNode");
}
```

시간 복잡도: $O(n)$, 크기 n인 전체 리스트를 탐색

공간 복잡도: $O(1)$, 하나의 임시 변수만을 생성

원형 연결 리스트의 가장 끝에 노드 삽입하기

'데이터'를 값으로 갖는 노드를 '머리' 노드로 시작되는 원형 연결 리스트의 맨 끝에 추가해보자. 새 노드는 (리스트의 맨 마지막 노드인) '꼬리' 노드 바로 다음에 위치되는데, 이 말은 '꼬리' 노드와 가장 처음 노드 사이에 삽입된다는 것이다.

- 새 노드를 만들어 '다음' 포인터를 일단 자기 자신을 가리키게 한다.

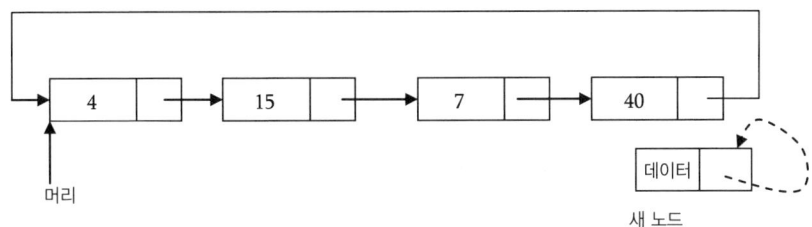

- 새 노드의 '다음' 포인터가 '머리' 노드를 가리키게 한 다음, '꼬리' 노드까지 리스트를 탐색한다. 이 말은 원형 연결 리스트에서는 다음 노드가 '머리' 노드인 노드에서 멈춰야 한다는 것이다.

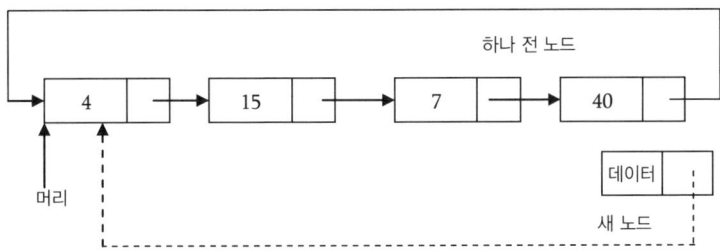

- '머리' 노드 이전 노드의 '다음' 포인터가 새 노드를 가리키도록 업데이트를 하면 다음과 같은 리스트를 얻게 된다.

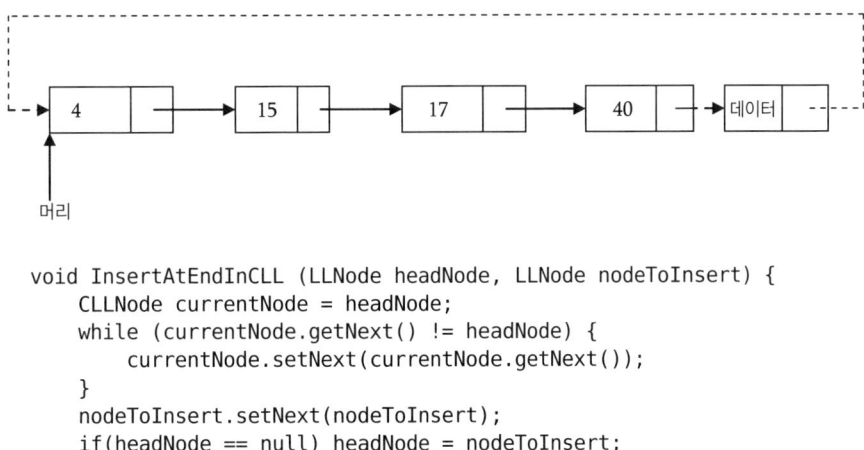

```
void InsertAtEndInCLL (LLNode headNode, LLNode nodeToInsert) {
    CLLNode currentNode = headNode;
    while (currentNode.getNext() != headNode) {
        currentNode.setNext(currentNode.getNext());
    }
    nodeToInsert.setNext(nodeToInsert);
    if(headNode == null) headNode = nodeToInsert;
```

```
        else {
            nodeToInsert.setNext(headNode);
            currentNode.setNext(nodeToInsert);
        }
    }
```

시간 복잡도: $O(n)$, 크기 n인 전체 리스트를 탐색

공간 복잡도: $O(1)$, 하나의 임시 변수만을 생성

원형 연결 리스트의 가장 처음에 노드 삽입하기

원형 연결 리스트의 가장 끝에 노드를 삽입하는 것과 가장 처음에 노드를 삽입하는 것의 오직 한 가지 차이는 새 노드를 삽입한 뒤에 '머리' 포인터를 업데이트해야 한다는 것이다. 이는 다음과 같은 단계로 진행된다.

- 새 노드를 만들어 '다음' 포인터를 일단 자기 자신을 가리키게 한다.

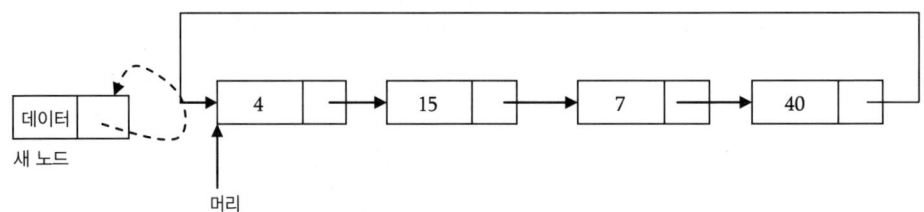

- 새 노드의 '다음' 포인터가 '머리' 노드를 가리키게 한 다음, '꼬리' 노드까지 리스트를 탐색한다. 이 말은 원형 연결 리스트에서는 다음 노드가 '머리' 노드인 노드에서 멈춰야 한다는 것이다.

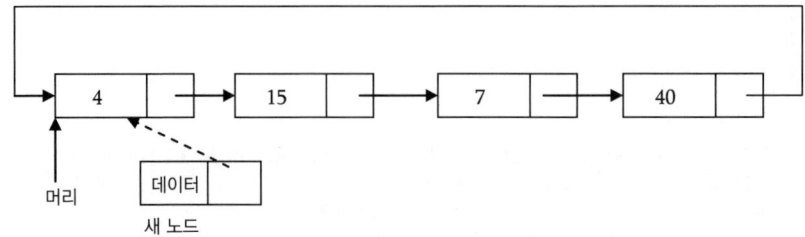

- '머리' 노드 이전 노드의 '다음' 포인터가 새 노드를 가리키도록 업데이트한다.

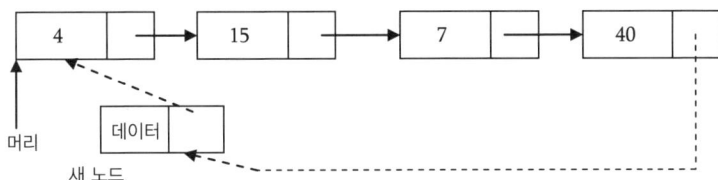

- 새 노드를 '머리' 노드가 되게 한다.

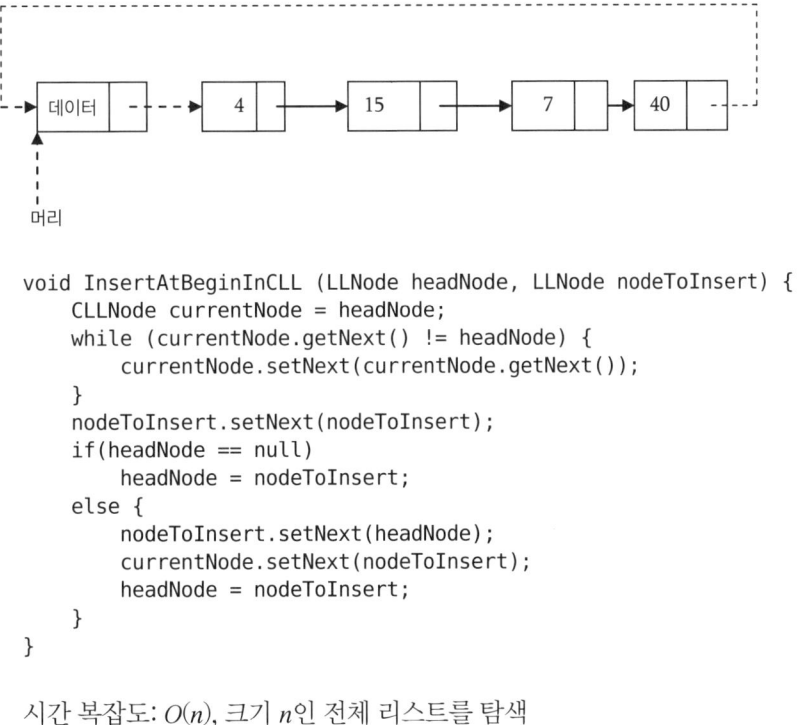

```
void InsertAtBeginInCLL (LLNode headNode, LLNode nodeToInsert) {
    CLLNode currentNode = headNode;
    while (currentNode.getNext() != headNode) {
        currentNode.setNext(currentNode.getNext());
    }
    nodeToInsert.setNext(nodeToInsert);
    if(headNode == null)
        headNode = nodeToInsert;
    else {
        nodeToInsert.setNext(headNode);
        currentNode.setNext(nodeToInsert);
        headNode = nodeToInsert;
    }
}
```

시간 복잡도: $O(n)$, 크기 n인 전체 리스트를 탐색

공간 복잡도: $O(1)$, 하나의 임시 변수만을 생성

원형 연결 리스트의 마지막 노드 삭제하기

리스트의 마지막 노드 하나 전 노드까지 탐색한다. 이 노드를 '꼬리' 노드라고 하고 '다음' 포인터가 첫 번째 노드를 가리키게 한다. 다음 페이지의 리스트 예제를 보자. 만약 마지막 노드 40을 삭제하려면, 노드 7에 닿을 때까지 리스트를 탐색해야 한다. 노드 7의 '다음' 포인터가 노드 60을 가리키게 하고 이 노드를 pTail이라고 이름 붙인다.

- 리스트를 탐색하며 마지막 노드와 그 전 노드를 찾는다.

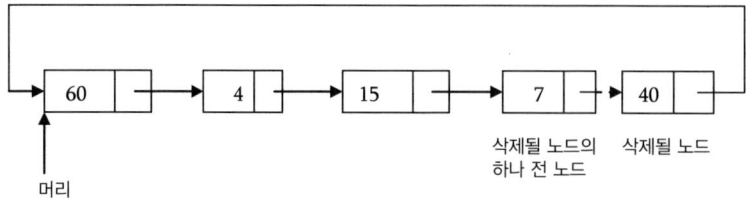

삭제될 노드의 하나 전 노드   삭제될 노드

- 마지막 노드 하나 전 노드의 '다음' 포인터가 '머리' 노드를 가리키게 한다.

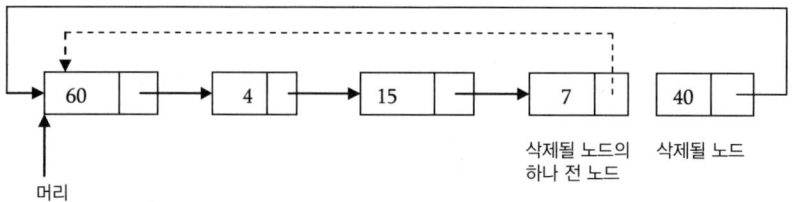

- 마지막 노드를 제거한다.

```
void DeleteLastNodeFromCLL (CLLNode head) {
    CLLNode temp = head;
    CLLNode currentNode = head;
    if(head == null) {
        System.out.println("List Empty");
        return;
    }
    while (currentNode.getNext() != headNode) {
        temp = currentNode;
        currentNode = currentNode.getNext();
    }
    currentNode = null;
    return;
}
```

시간 복잡도: 크기 n인 전체 리스트를 탐색하므로 $O(n)$

공간 복잡도: 하나의 임시 변수만을 생성하므로 $O(1)$

원형 연결 리스트의 첫 번째 노드 삭제하기

첫 번째 노드를 삭제하려면 '꼬리' 노드의 '다음' 포인터의 값을 첫 번째 노드의 '다음' 포인터 값으로 바꿔주기만 하면 된다.

- 리스트를 탐색하여 '꼬리' 노드를 찾는다. '꼬리' 노드는 우리가 삭제할 '머리' 노드의 하나 전 노드이다.

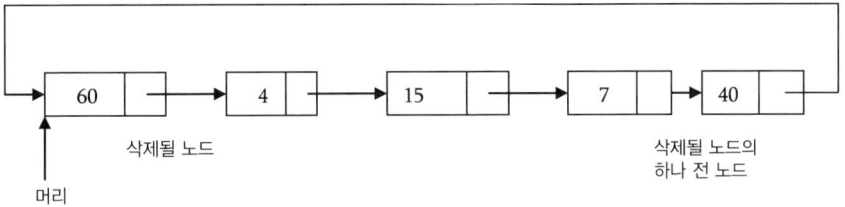

- '머리' 노드를 가리키는 임시 포인터를 만든다. 또한 (다음 페이지의 그림처럼) '꼬리' 노드의 '다음' 포인터가 '머리' 노드의 다음 노드를 가리키게 한다.

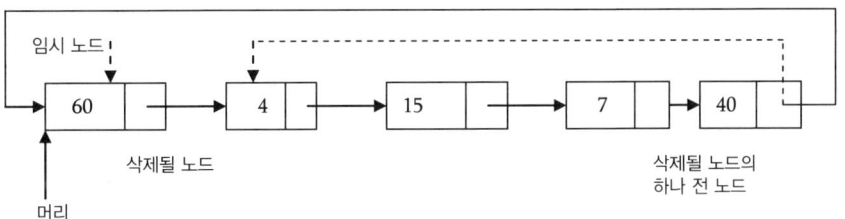

- 이제, '머리' 포인터를 다음 노드로 옮긴다. 임시 포인터가 가리키는 노드를 제거한다.

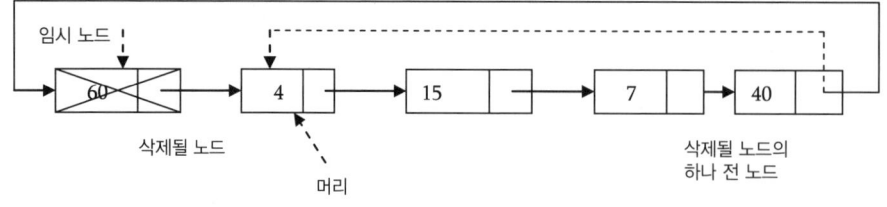

```
void DeleteFrontNodeFromCLL(CLLNode head) {
    CLLNode temp = head;
    CLLNode current = head;
    if(head == null) {
        System.out.println("List Empty");
        return;
    }
    while (current.getNext() != head)
        current.setNext(current.getNext());
    current.setNext(head.getNext());
    head = head.getNext();
    temp = null;
    return;
}
```

시간 복잡도: $O(n)$, 크기 n인 전체 리스트를 탐색

공간 복잡도: $O(1)$, 하나의 임시 변수만을 생성

원형 연결 리스트의 적용

원형 연결 리스트는 컴퓨터의 컴퓨팅 자원을 관리하는 데 사용된다. 또한 스택과 큐를 구현하기 위해 원형 연결 리스트를 사용할 수도 있다.

3.9 메모리-효율적인 이중 연결 리스트

일반적인 구현에서는 리스트의 다음 항목을 가리키는 선행 포인터와 이전 항목을 가리키는 후행 포인터를 가지고 있어야 한다. 즉 이중 연결 리스트의 항목은 다음과 같이 데이터와 함께 다음 노드를 가리키는 포인터와 이전 노드를 가리키는 포인터로 구성된다.

일반적인 노드 정의

```
class DLLNode {
    private int data;
    private DLLNode next;
    private DLLNode previous;
    .........
}
```

최근에 한 저널을 통해 삽입, 탐색, 제거 연산이 가능한 이중 연결 리스트 ADT의 새로운 구현 방법이 제안되었다. 이 구현은 포인터 차이를 기반으로 하고, 각 노드는 오직 하나의 포인터만을 사용하여 리스트를 앞이나 뒤로 탐색한다.

새로운 노드 정의

```
public class ListNode {
    private int data;
    private ListNode ptrdiff;
    .........
}
```

ptrdiff 포인터는 다음 노드를 가리키는 포인터와 이전 노드를 가리키는 포인터의 차이를 갖고 있다. 포인터 차이는 배타적 논리합(Exclusive OR, ⊕) 연산을 사용해서 계산된다.

 ptrdiff = 이전 노드를 가리키는 포인터 ⊕ 다음 노드를 가리키는 포인터

시작 노드('머리' 노드)의 ptrdiff는 NULL과 다음 노드 ('머리' 노드의 다음 노드)의 ⊕ 결과이다. 이와 유사하게 마지막 노드의 ptridff는 이전 노드(마지막 노드의 이전 노드)와 NULL의 ⊕ 결과이다. 예를 들어 다음과 같은 연결 리스트를 생각해보자.

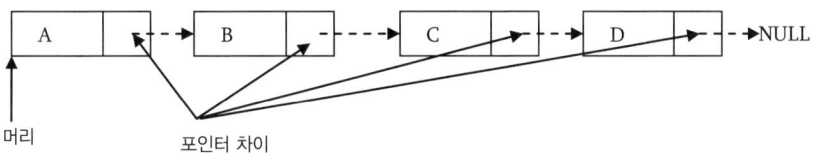

앞의 예에서 다음 내용을 알 수 있다.

· A의 '다음' 포인터: NULL ⊕ B
· B의 '다음' 포인터: A ⊕ C
· C의 '다음' 포인터: B ⊕ D
· D의 '다음' 포인터: C ⊕ NULL

어떻게 이것이 가능한가?
이 질문에 대한 답을 찾기 위해 ⊕의 속성을 생각해보자.

$X \oplus X = 0$
$X \oplus 0 = X$
$X \oplus Y = Y \oplus X$ (대칭성)
$(X \oplus Y) \oplus Z = X \oplus (Y \oplus Z)$ (전이성)

앞의 예에서, 우리가 노드 C에 있는데 B로 이동하고 싶다고 가정하자. C의 ptrdiff는 B ⊕ D임을 알고 있다. B로 이동하고 싶다면, C의 ptrdiff와 D에 ⊕를 수행하면 된다. 이것은 다음과 같이 설명된다.

(B ⊕ D) ⊕ D = B (D ⊕ D = 0이므로)

만약 D로 이동하고 싶다면, C의 ptrdiff와 B에 ⊕를 적용하면 D를 알 수 있다.

(B ⊕ D) ⊕ B = D (B ⊕ B = 0이므로)

앞의 논의에서 하나의 포인터만을 사용하여 리스트의 앞이나 뒤로 이동할 수 있다는 것을 알 수 있다. 이중 연결 리스트의 메모리-효율적인 구현은 시간 효율성을 아주 많이 잃지 않고도 실현 가능하다.

3.10 연결 리스트 연습문제

문제-1 연결 리스트를 사용해서 스택을 구현하라.
해답: 4장을 참고하자.

문제-2 연결 리스트의 끝에서 n번째 노드를 찾아보자.
해답: **브루트-포스(Brute-Force) 기법**: 첫 번째 노드부터 시작해서 그 노드 뒤로 몇 개의 노드가 있는지 개수를 센다. 노드의 개수가 < $n - 1$이면 '리스트에 노드의 개수가 부족하다'라고, 리턴한다. 노드의 개수가 > $n - 1$이면 다음 노드로 진행한다. 현재 노드 다음의 노드 개수가 $n - 1$일 때까지 이 과정을 반복한다.
시간 복잡도: $O(n^2)$, 매 노드에 대하여 현재 노드 이후의 노드 개수를 스캔하기 때문
공간 복잡도: $O(1)$

문제-3 문제-2의 복잡도를 개선할 수 있는가?
해답: 그렇다. 해시 테이블을 이용하면 된다. 예를 들어 다음 리스트를 보자.

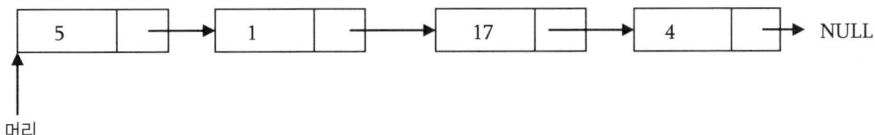

머리

〈노드의 위치, 노드의 주소〉를 항목으로 하는 해시 테이블을 만든다. 즉 키(key)는 노드의 위치이고, 그 값은 그 노드의 주소가 된다.

리스트에서의 위치	노드의 주소
1	노드 5의 주소
2	노드 1의 주소
3	노드 17의 주소
4	노드 4의 주소

해시 테이블을 생성하기 위해 전체 노드를 탐색하는 동안 리스트의 길이를 알 수 있게 된다. 리스트의 길이가 M이라고 하자. 연결 리스트의 끝에서 n번째 노드를 찾으려면 리스트의 가장 처음으로부터 $M - n + 1$번째 노드를 찾으면 된다. 리스트의 길이를 이미 알고 있기 때문에 해시 테이블에서 $M - n + 1$을 키로 하는 값을 리턴하기만 하면 된다.

시간 복잡도: 해시 테이블을 생성하는 시간이다. 즉 $T(m) = O(m)$

공간 복잡도: $O(m)$이다. 크기 m인 해시 테이블을 만들어야 하기 때문이다.

문제-4 해시 테이블을 만들지 않고도 문제-3의 방식으로 문제-2를 풀 수 있는가?

해답: 그렇다. 문제-3의 해답을 살펴보면, 실제로는 연결 리스트의 크기를 구하는 것이다. 즉 연결 리스트의 크기를 구하기 위해 해시 테이블을 사용하는 것이다. 연결 리스트의 크기는 단지 '머리' 노드에서 시작해서 리스트를 탐색하기만 하면 얻을 수 있다. 해시 테이블 없이도 리스트의 길이를 구할 수 있다. 길이를 구한 뒤, $M - n + 1$을 계산하고 한 번 더 탐색하면 처음으로부터 $M - n + 1$번째 노드를 찾을 수 있다. 이 방법은 두 번의 탐색을 필요로 한다. 한 번은 리스트의 길이를 구하기 위해, 다른 한 번은 처음으로부터 $M - n + 1$번째 노드를 찾기 위해서이다.

시간 복잡도: 길이를 구하는 시간 + 처음으로부터 $M - n + 1$번째 노드를 찾는 시간. 즉 $T(n) = O(n) + O(n) \approx O(n)$

공간 복잡도: $O(1)$. 해시 테이블을 만들 필요가 없기 때문

문제-5 문제-2를 한 번의 탐색으로 풀 수 있는가?

해답: 그렇다. 효율적인 접근법은 두 개의 포인터 pNthNode와 pTemp를 사용하는 것이다. 처음엔 두 포인터 모두 리스트의 '머리' 노드를 가리킨다. pTemp 포인터가 n번 움직인 다음에 pNthNode가 움직이기 시작

한다. 그런 다음 pTemp 포인터가 리스트의 끝에 닿을 때까지 두 포인터가 함께 움직인다. 결과적으로 pNthNode 포인터는 리스트의 끝으로부터 n번째 노드를 가리키게 된다.

> **참고**
> 두 포인터 모두 항상 한 번에 한 노드씩 움직인다.

```java
ListNode NthNodeFromEnd(ListNode head , int NthNode) {
    ListNode pTemp = null, pNthNode = null;
    int count = 0;
    for(pTemp = head; pTemp!= null;) {
        count++;
        if(NthNode - count == 0)
            pNthNode = head;
        else if(NthNode - count > 0)
            pNthNode = pNthNode.getNext();
        pTemp = pTemp.getNext();
    }
    if(pNthNode)
        return pNthNode;
    return null;
}
```

시간 복잡도: $O(n)$

공간 복잡도: $O(1)$

문제-6 주어진 연결 리스트가 NULL로 끝나는지 아니면 사이클(Cycle)을 이루는지 검사하라.

해답: **브루트-포스 접근법:** 예를 들어 루프를 갖고 있는 다음의 연결 리스트를 살펴보자. 이 리스트와 평범한 연결 리스트의 차이점은 이 리스트엔 '다음' 포인터의 값이 같은 두 개의 노드가 있다는 점이다. 평범한 단일 연결 리스트(루프가 없는)에서는 각각의 노드의 '다음' 포인터 값이 고유하다. 즉 '다음' 포인터의 값이 반복해서 나타나면 루프가 있다는 것을 알 수 있다.

— 다양한 예제로 학습하는

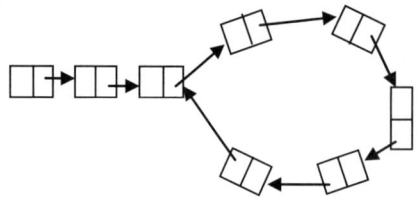

간단하게 브루트-포스 방식으로 이 문제를 풀면, 첫 번째 노드부터 시작해서 나머지 노드의 '다음' 포인터 값이 이 첫 번째 노드의 주소와 같은지를 살펴본다. 같은 값을 가진 노드가 있다면 그 노드가 이 노드를 가리키고 있는 것이고 루프가 존재한다라고 말할 수 있다. 이 과정을 연결 리스트의 모든 노드에서 수행한다.

이 방법이 통하는가? 알고리즘에 따르면 우리는 '다음' 포인터의 주소를 검사한다. 하지만 연결 리스트의 끝을 어떻게 찾을 수 있는가(무한 루프에 빠지지 않고서)? 이는 문제-7에서 살펴본다.

> **참고**
> 루프 속의 노드로부터 시작한다면 루프의 크기에 따라 통할 수도 있다.

문제-7 해싱(Hasing) 기법으로 문제-6을 풀 수 있는가?

해답: 그렇다. 해시 테이블을 사용하면 이 문제를 풀 수 있다.

알고리즘

- 연결 리스트를 하나씩 탐색한다.
- 노드의 주소가 해시 테이블에 있는지 없는지 검사한다.
- 주소가 해시 테이블에 있으면 이미 방문한 노드를 다시 방문한다는 뜻이다. 이것은 주어진 연결 리스트에 루프가 존재할 때만 가능하다.
- 노드의 주소가 해시 테이블에 없다면 노드 주소를 해시 테이블에 추가한다.
- 연결 리스트의 끝에 도달하거나 루프를 발견할 때까지 이 과정을 계속한다.

시간 복잡도: 연결 리스트를 탐색하므로 $O(n)$. 주어진 리스트를 오직 한 번만 탐색하게 된다.

공간 복잡도: 해시 테이블을 만들기 때문에 $O(n)$

문제-8 문제-6을 정렬(Sorting) 기법으로 풀 수 있는가?

해답: 아니다. 정렬에 기반한 다음 알고리즘을 살펴보자. 그러면 왜 이 알고리즘이 실패하는지 알 수 있다.

알고리즘

- 연결 리스트를 하나씩 탐색하면서 모든 '다음' 포인터의 값을 어떤 배열에 넣는다.
- '다음' 포인터의 값을 갖고 있는 배열을 정렬한다.
- 만약 연결 리스트에 루프가 있다면 두 개의 노드의 '다음' 포인터가 같은 노드를 가리킬 것이다.
- 정렬 뒤에 리스트에 루프가 있다면 '다음' 포인터의 값이 같은 노드들이 정렬된 배열 안에 나란히 있을 것이다.
- 정렬된 배열에 그런 쌍이 존재하면 이 연결 리스트에 루프가 있다고 말할 수 있다.

시간 복잡도: '다음' 포인터 배열을 정렬하기 때문에 $O(nlogn)$

공간 복잡도: '다음' 포인트 배열을 만들기 때문에 $O(n)$

위 알고리즘의 문제점은? 앞의 알고리즘은 연결 리스트의 길이를 구할 수 있을 때에만 동작한다. 하지만 리스트에 루프가 있으면 무한 루프에 빠지게 된다. 이런 이유로 이 알고리즘은 실패한다.

문제-9 문제-6을 $O(n)$으로 풀 수 있는가?

해답: 그렇다.

효율적인 (메모리 적게 쓰는) 접근법: 이 문제는 플로이드(Floyd)에 의해 해결되었다. 이 해법은 플로이드 사이클 찾기 알고리즘이라고 한다. 이 알고리즘은 연결 리스트를 탐색할 때 서로 다른 속도로 움직이는 두 개의 포인터를 사용한다. 일단 이 포인터들이 루프에 들어가면 이 둘은 만나게 되어 있고 그래서 루프가 있다는 것이 밝혀진다. 이 알고리즘이 동작하는 이유는 더 빨리 움직이는 포인터가 더 늦게 움직이는 포인터와 같은 위치를 가리킬 수 있는 경우는 전체 리스트 혹은 리스트의 부분이 사이클을 이루었을 때 뿐이기 때문이다.

― 다양한 예제로 학습하는

거북이와 토끼가 경기장에서 달린다고 생각해보자. 루프 안에서 뛰고 있다면 더 빨리 달리는 토끼가 거북이를 따라잡을 것이다. 예를 들어 다음의 예를 살펴보면서 플로이드 알고리즘을 적용해보자. 다음 다이어그램에서 최종 단계 이후에 두 포인터가 루프의 시작점은 아닐지라도 루프 안의 어느 지점에서 만나게 된다는 것을 볼 수 있다.

> **참고**
> slowPtr(거북이)는 한 번에 하나의 포인터를 이동하고, fastPtr(토끼)는 한 번에 두 개씩 이동한다.

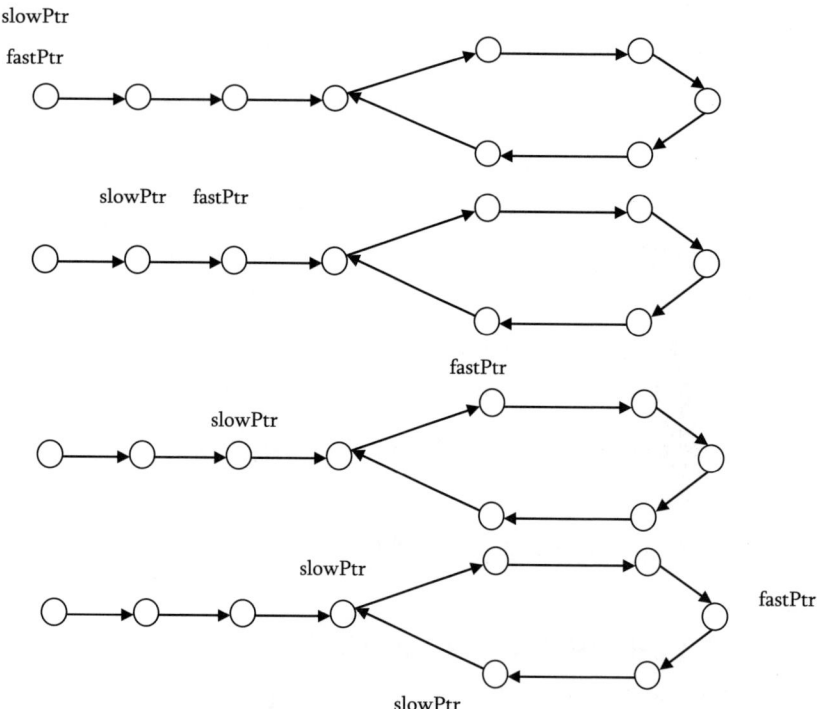

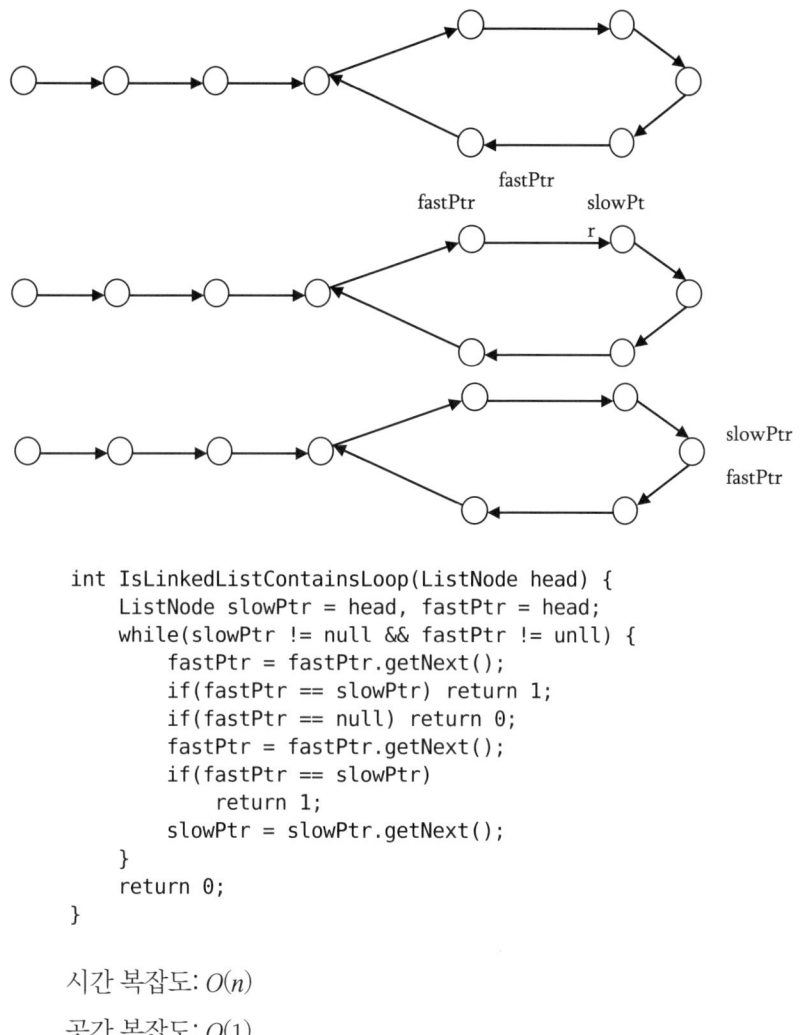

```
int IsLinkedListContainsLoop(ListNode head) {
    ListNode slowPtr = head, fastPtr = head;
    while(slowPtr != null && fastPtr != unll) {
        fastPtr = fastPtr.getNext();
        if(fastPtr == slowPtr) return 1;
        if(fastPtr == null) return 0;
        fastPtr = fastPtr.getNext();
        if(fastPtr == slowPtr)
            return 1;
        slowPtr = slowPtr.getNext();
    }
    return 0;
}
```

시간 복잡도: $O(n)$

공간 복잡도: $O(1)$

문제-10 연결 리스트 L의 첫 번째 항목에 대한 포인터가 주어졌다. L에 대해 두 가지 가능성이 있다. 사이클 없이 끝나든지(뱀), 마지막 항목이 리스트의 앞쪽 항목을 다시 가리키든지(달팽이). 주어진 리스트 L이 뱀인지 달팽이인지 검사하는 알고리즘을 작성하라.

해답: 문제-6과 동일하다.

문제-11 주어진 연결 리스트가 NULL로 끝나는지 아닌지를 검사하라. 사이클이 있다면 루프의 시작 노드를 찾아라.

해답: 이 문제에 대한 해답은 이전 해답(문제-9)의 확장이다. 연결 리스트 안의 루프를 발견한 뒤, slowPtr 값을 연결 리스트의 '머리'를 가리키도록 초기화한다. 그 다음부터는 slowPtr와 fastPtr 모두 한 번에 한 노드씩 움직인다. 이 두 포인터가 만나는 지점이 루프의 시작점이다. 일반적으로 이 기법을 사용해서 루프를 제거한다.

```
int FindBeginofLoop(ListNode head) {
    ListNode slowPtr = head, fastPtr = head;
    int loopExists = 0;
    while(slowPtr != null && fastPtr != null) {
        fastPtr = fastPtr.getNext();
        if(fastPtr == slowPtr) {
            loopExists = 1;
            break;
        }
        if(fastPtr == null)
            loopExists = 0;
        fastPtr = fastPtr.getNext();
        if(fastPtr == slowPtr) {
            loopExists = 1;
            break;
        }
        slowPtr = slowPtr.getNext();
    }
    if(loopExists) {
        slowPtr = head;
        while(slowPtr != fastPtr) {
            fastPtr = fastPtr.getNext();
            slowPtr = slowPtr.getNext();
        }
        return slowPtr;
    }
    return null;
}
```

시간 복잡도: $O(n)$

공간 복잡도: $O(1)$

문제-12 앞의 논의에서 거북이와 토끼가 만난다는 것이 루프의 존재를 입증한다는 것을 보았다. 하지만 토끼는 그 처음 만난 위치에서, 거북이는 연결 리스트의 시작점에서 같은 속도로 움직이게 하는 것으로 어떻게 사이클의 시작점에서 만나게 할 수 있는가?

해답: 이 문제는 수 이론(Number Theory)의 정수이다. 플로이드 사이클 찾기 알고리즘에서 거북이와 토끼는 L이 루프의 길이라고 할 때 $n \times L$의 위치에서 만난다. 또한, 거북이와 토끼의 속도 차이 때문에 거북이는 리스트의 가장 처음과 토끼의 위치의 중간점에 위치한다. 따라서 거북이는 시작점으로부터 $n \times L$만큼 떨어져 있게 된다.

이제 거북이의 위치와 리스트의 가장 처음으로부터 두 포인터를 한 번에 한 노드씩 움직이면 두 포인터가 루프에 들어서자마자 만난다는 것을 알 수 있다. 몇 번의 루프 길이만큼 차이가 나지만, 둘 다 $n \times L$의 위치에 있기 때문이다. 둘 중 하나는 이미 루프 안에 있었으므로 다른 하나를 한 번에 한 노드씩 루프에 들어설 때까지 움직이면 다른 하나는 항상 $n \times L$만큼 떨어져 있게 된다.

문제-13 플로이드 사이클 찾기 알고리즘에서 한 번에 1개와 2개씩 움직이는 대신 2개와 3개씩 움직여도 동작하는가?

해답: 그렇다. 하지만 복잡도가 증가할 것이다. 예를 만들어서 추적해보자.

문제-14 주어진 연결 리스트가 NULL로 끝나는지 아닌지 검사해보자. 사이클이 있다면 루프의 길이를 구하라.

해답: 이 해답 역시 기본적인 사이클 검사 문제의 확장이다. 연결 리스트에서 루프를 찾은 뒤에 slowPtr의 위치를 fastPtr의 위치로 초기화시킨다. slowPtr은 제자리에 있고 fastPtr은 다시 slowPtr을 만날 때까지 계속 움직인다. fatPtr을 움직이면서 1씩 증가하는 카운터 변수를 이용한다.

```java
int FindLoopLength(ListNode head) {
    ListNode slowPtr = head, fastPtr = head;
    int loopExists = 0, counter = 0;
    while(slowPtr != null && fastPtr != null) {
        fastPtr = fastPtr.getNext();
        if(fastPtr == slowPtr) loopExists = 1;
        if(fastPtr == null) loopExists = 0;
        fastPtr = fastPtr.getNext();
```

```
            if(fastPtr == slowPtr)
                loopExists = 1;
            slowPtr = slowPtr.getNext();
        }
        if(loopExists) {
            fastPtr = fastPtr.getNext();
            while(slowPtr != fastPtr) {
                fastPtr = fastPtr.getNext();
                counter++;
            }
            return counter;
        }
        return 0; // 루프가 존재하지 않을 경우
}
```

시간 복잡도: $O(n)$

공간 복잡도: $O(1)$

문제-15 정렬된 연결 리스트에 노드를 삽입하라.

해답: 리스트를 탐색하면서 항목이 추가될 위치를 찾아 삽입한다.

```
ListNode InsertInSortedList(ListNode head, ListNode newNode)
{
    ListNode current = head;
    if(!head) return newNode;
    // 새 노드의 값보다 큰 항목을 찾을 때까지 리스트를 탐색한다
    while(current!= null && current.getData() < newNode.
       getData()){
         temp = current;
         current = current.getNext();
    }
    // 새 노드를 큰 항목 바로 전에 추가한다
    newNode.setNext(current);
    temp.setNext(newNode);
    return head;
}
```

시간 복잡도: $O(n)$

공간 복잡도: $O(1)$

문제-16 단일 연결 리스트를 뒤집어라.

해답:

```
// 반복 버전
ListNode ReverseList(ListNode head ){
    ListNode temp = null, nextNode = null;
    while(head) {
    nextNode = head.getNext();
        head.setNext(temp);
        temp = head;
        head = nextNode;
    }
    return temp;
}
```

시간 복잡도: $O(n)$

공간 복잡도: $O(1)$

문제-17 두 개의 단일 연결 리스트가 있는데 어느 지점에서는 두 리스트가 교차해서 하나의 단일 연결 리스트가 된다고 가정하자. 각 리스트의 '머리'인 시작 포인터는 알려져 있지만 교차하는 노드는 알려져 있지 않다. 또한, 각 리스트의 교차점 이전까지의 노드 수 역시 알려져 있지 않으며, 두 리스트의 노드 수가 다를 수 있다. List1은 교차점 전에 n 노드가 있고 List2는 교차점 이전에 m 노드가 있는데 $m = n$일 수도, $m < n$이거나 $m > n$일 수도 있다. 이 합쳐지는 지점을 찾는 알고리즘을 작성하라.

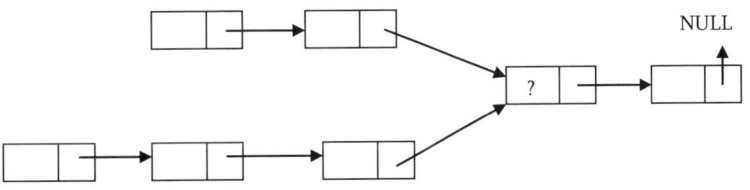

해답: **브루트-포스 접근 방법:** 한 리스트의 모든 노드 포인터에 대하여 두 번째 리스트의 모든 노드 포인터를 비교해서 같은 노드 포인터를 찾으면, 이것이 교차하는 노드이다. 하지만 이 경우의 시간 복잡도는 $O(mn)$이어서 무척 높다.

시간 복잡도: $O(mn)$

공간 복잡도: $O(1)$

문제-18 문제-17을 정렬 기법으로 풀 수 있는가?

해답: 아니다. 정렬에 기반한 다음 알고리즘을 살펴보고, 왜 이 알고리즘이 실패하는지 보자.

알고리즘
- 첫 번째 리스트의 포인터들을 어떤 배열에 담아 정렬한다.
- 두 번째 리스트의 포인터들을 어떤 배열에 담아 정렬한다.
- 정렬이 끝난 뒤, 첫 번째 정렬된 배열에 대해 하나, 두 번째 정렬된 배열에 하나 이렇게 두 개의 인덱스를 사용한다.
- 인덱스 위치의 값을 비교하기 시작해서 적은 값을 가진 쪽 인덱스를 증가시킨다(값이 같지 않을 때만 증가시킨다).
- 어느 지점이든지, 두 인덱스의 값이 같으면 그 두 노드가 같은 노드를 가리키는 것이므로 이 노드를 리턴한다.

시간 복잡도: 리스트를 정렬하는 시간 + 검색하는 시간(비교를 위해) = $O(mlogm) + O(nlogn) + O(m + n)$. 최대의 값을 주는 경우를 고려해야 한다.

공간 복잡도: $O(1)$

위 알고리즘의 문제점은? 있다. 이 알고리즘에서 우리는 두 리스트의 모든 노드 포인터를 저장하여 정렬한다. 하지만 반복되는 항목이 여럿 있을 수 있다는 사실을 잊었다. 이것은 교차점 이후로는 두 리스트의 모든 노드 포인터가 같기 때문이다. 이 알고리즘은 오직 한 경우에만 동작하는데, 그것은 두 리스트의 마지막 노드에서 교차할 때이다.

문제-19 문제-17을 해시 테이블을 사용하여 풀 수 있는가?

해답: 그렇다.

알고리즘
- 더 적은 수의 노드를 가진 리스트를 선택한다(두 리스트의 길이를 미리 알지 못한다면 아무거나 무작위로 선택한다).
- 이제, 다른 리스트를 탐색하면서 각 노드 포인터에 대해 같은 노드 포인터가 해시 테이블에 있는지 없는지를 검사한다.

- 만약 교차하는 지점이 있다면 해시 테이블에서 반드시 찾게 되어 있다.

시간 복잡도: 해시 테이블을 만드는 시간 + 두 번째 리스트를 탐색하는 시간 = $O(m) + O(n)$(또는 $O(n) + O(m)$, 어떤 리스트로 해시 테이블을 만드는지에 따라). 하지만 이 두 경우 모두 시간 복잡도는 같다.

공간 복잡도: $O(n)$ 또는 $O(m)$

문제-20 스택을 이용하여 문제-17을 풀 수 있는가?

해답: 그렇다.

알고리즘
- 두 개의 스택을 만든다. 첫 번째 리스트에 대하여 하나, 두 번째 리스트에 대하여 또 하나.
- 첫 번째 리스트를 탐색하며 모든 노드 주소를 첫 번째 스택에 푸시한다.
- 두 번째 리스트를 탐색하며 모든 노드 주소를 두 번째 스택에 푸시한다.
- 이제 두 스택엔 해당 리스트의 주소들이 저장되어 있다.
- 이제 두 스택의 탑(top) 노드 주소를 비교한다.
- 이 둘이 같다면, 두 스택의 탑 항목을 팝(pop)하고 임시 변수에 저장한다(두 노드 주소가 같은 노드이므로 하나의 임시 변수만 있으면 된다).
- 이 과정을 스택의 탑 노드 주소가 같지 않을 때까지 반복한다.
- 이 지점이 두 리스트가 하나의 리스트로 합쳐지는 지점이다.
- 임시 변수의 값을 리턴한다.

시간 복잡도: 두 리스트 모두 탐색하므로 $O(m + n)$

공간 복잡도: 두 리스트에 대하여 두 개의 스택을 만들기 때문에 $O(m + n)$

문제-21 문제-17을 푸는 다른 방법이 있는가?

해답: 그렇다. 배열에서 '첫 번째 반복되는 숫자 찾기' 기법을 사용한다(알고리즘은 11장을 참고하자).

알고리즘
- 배열 A를 만들어 두 리스트의 모든 '다음' 포인터를 저장한다.
- 배열에서 첫 번째 반복되는 항목을 찾는다(알고리즘은 11장을 참고).
- 첫 번째로 반복되는 숫자가 두 리스트가 합쳐지는 지점이다.

시간 복잡도: $O(m + n)$

공간 복잡도: $O(m + n)$

문제-22 문제-17에 대한 또 다른 해법을 생각할 수 있는가?

해답: 그렇다. 정렬과 검색 기법을 합치면 복잡도를 줄일 수 있다.

알고리즘
- 배열 A를 만들어 첫 번째 리스트의 모든 '다음' 포인터를 저장한다.
- 배열 항목을 정렬한다.
- 그런 다음, 두 번째 리스트의 각 항목에 대하여 정렬된 배열에서 검색한다($O(logn)$인 이진 검색을 사용한다고 가정하자).
- 우리가 두 번째 리스트를 하나씩 탐색하므로 배열에서 처음으로 발견되는 반복되는 항목이 바로 합쳐지는 지점이다.

시간 복잡도: 정렬에 필요한 시간 + 검색에 필요한 시간
$$= O(Max(mlogm, nlogn))$$

공간 복잡도: $O(Max(m, n))$

문제-23 문제-17의 복잡도를 개선할 수 있는가?

해답: 그렇다.

효율적인 접근 방법
- 두 리스트의 길이 (L1과 L2)를 구한다.
  - $O(n) + O(m) = O(Max(m, n))$
- 길이의 차 d를 취한다. - $O(1)$
- 더 긴 리스트에서 d만큼 움직인다. - $O(d)$

- 다음 노드가 같을 때까지 두 리스트를 동시에 탐색한다.
  - $O(Max(m, n))$
- 총 시간 복잡도 = $O(Max(m, n))$
- 공간 복잡도 = $O(1)$

```java
ListNode FindIntersectingNode(ListNode list1, ListNode
  list2) {
    int L1=0, L2=0, diff=0;
    ListNode head1 = list1, head2 = list2;
    while(head1!= null) {
        L1++;
        head1 = head1.getNext();
    }
    while(head2!= null) {
        L2++;
        head2 = head2.getNext();
    }
    diff = L1 - L2;
    if(L1 < L2) {
        head1 = list2;
        head2 = list1;
        diff = L2 - L1;
    }
    for(int i = 0; i < diff; i++)
        head1 = head1.getNext();
    while(head1 != null && head2 != null) {
        if(head1 == head2)
            return head1.getData();
        head1= head1.getNext();
        head2= head2.getNext();
    }
    return null;
}
```

문제-24 연결 리스트의 중간점을 어떻게 찾을 수 있는가?

해답: **브루트-포스 접근법:** 각 노드에 대해 연결 리스트에 몇 개의 노드가 있는지 세고 그것이 중간인지 검사한다.

시간 복잡도: $O(n^2)$

공간 복잡도: $O(1)$

문제-25 문제-24의 복잡도를 개선할 수 있는가?

해답: 그렇다.

알고리즘

- 리스트를 탐색하며 리스트 길이를 구한다.
- 길이를 구한 뒤, 다시 리스트를 탐색하며 시작점으로부터 $n/2$ 떨어진 노드를 찾는다.

시간 복잡도: 리스트 길이를 구하는 시간 + 중간 노드를 찾는 시간
$$= O(n) + O(n) \approx O(n)$$

공간 복잡도: $O(1)$

문제-26 해시 테이블을 이용해서 문제-24를 풀 수 있는가?

해답: 그렇다. 문제-3과 같은 방식으로 풀 수 있다.

시간 복잡도: 해시 테이블을 만드는 시간. 그러므로 $T(n) = O(n)$

공간 복잡도: 크기 n인 해시 테이블을 만들어야 하므로 $O(n)$

문제-27 문제-24를 한 번의 탐색으로 풀 수 있는가?

해답: **효율적인 접근**: 두 개의 포인터를 사용한다. 한 포인터를 두 번째 포인터의 두 배의 속도로 움직인다. 첫 번째 포인터가 리스트 끝에 다다랐을 때 두 번째 포인터는 중간 노드를 가리킬 것이다.

> **참고**
> 리스트의 개수가 짝수라면, 중간 노드는 $[n/2]$일 것이다.

```
ListNode FindMiddle(ListNode head) {
    ListNode ptr1x, ptr2x;
    ptr1x = ptr2x = head;
    int i=0;
    // '꼬리'에 도달할 때까지 반복한다
    // (마지막 노드의 '다음' 포인터 값이 null)
    while(ptr1x.getNext() != null) {
        if(i == 0) {
            ptr1x = ptr1x.getNext();
            // 첫 번째 포인터만 증가시킨다
            i = 1;
        }
        else if(i == 1) {
            ptr1x = ptr1x.getNext();
            // 두 포인터 모두 증가시킨다
            ptr2x = ptr2x.getNext();
```

```
                    i = 0;
            }
        }
        return ptr2x;  // 이제 중간 노드를 가리키는 ptr2를 리턴한다
}
```

시간 복잡도: $O(n)$

공간 복잡도: $O(1)$

문제-28 연결 리스트를 끝부터 시작해서 표시하려면 어떻게 해야 하는가?

해답: 연결 리스트의 끝에 도달할 때까지 재귀적으로 탐색한다. 돌아오면서 항목을 출력한다.

```
// 이 함수는 연결 리스트를 끝으로부터 출력할 것이다
void PrintListFromEnd(ListNode head) {
    if(!head) return;
    PrintListFromEnd(head.getNext());
    System.out.println(head.getData());
}
```

시간 복잡도: $O(n)$

공간 복잡도: 스택을 위해 $O(n)$

문제-29 주어진 연결 리스트의 길이가 짝수인지 홀수인지 검사하라.

해답: $2x$ 포인터를 사용하라. 포인터를 $2x$(한 번에 두 노드씩)의 속도로 움직이게 한다. 리스트 맨 끝에서 길이가 짝수이면 포인터는 NULL이 될 것이고, 홀수라면 포인터는 마지막 노드를 가리킬 것이다.

```
int IsLinkedListLengthEven(ListNode listHead) {
    while(listHead != null && listHead.getNext())
        listHead = listHead.getNext().getNext();
    if(!listHead) return 0;
    return 1;
}
```

시간 복잡도: $O(\lceil n/2 \rceil) \approx O(n)$

공간 복잡도: $O(1)$

문제-30 연결 리스트의 '머리' 포인터가 k번째 항목을 가리키고 있다면 k번째 항목 이전의 항목들은 어떻게 얻을 수 있는가?

해답: 메모리 효율적인 연결 리스트(XOR 연결 리스트)를 사용한다.

문제-31 두 개의 정렬된 연결 리스트를 병합하여 세 번째 정렬된 리스트를 만들어야 한다.

해답:

```
ListNode MergeList(ListNode a, ListNode b) {
    ListNode result = null;
    if(a==null) return b;
    if(b==null) return a;
    if(a.getData() <= b.getData()) {
        result = a;
        result.setNext(MergeList(a.getNext(), b));
    }
    else {
        result = b;
        result.setNext(MergeList(b.getNext(), a));
    }
    return result;
}
```

시간 복잡도: $O(n+m)$, n과 m은 두 리스트의 길이

문제-32 주어진 연결 리스트의 항목을 쌍 단위로 뒤집어라. 만약 $1 \rightarrow 2 \rightarrow 3 \rightarrow 4 \rightarrow X$인 연결 리스트가 주어진다면 함수를 수행한뒤 $2 \rightarrow 1 \rightarrow 4 \rightarrow 3 \rightarrow X$가 되어야 한다.

해답:

```
// 재귀적인 버전
void ReversePairRecursive(ListNode head) {
    ListNode temp, header;
    if(head == null || head.getNext() == null)
        return; // 리스트가 비었거나 1개의 항목만 있을 경우
    // 첫 번째 쌍을 뒤집는다
    temp = head.getNext();
    head.setNext(temp.getNext());
    temp.setNext(head);
    // 리스트의 나머지에 대하여 이 방법을 재귀적으로 사용한다
    ReversePairRecursive(head.getNext());
}
/* 반복적인 버전 */
```

```
void ReversePairIterative(ListNode head) {
    ListNode temp, temp2, current = head;
    while(current != null && current.getNext() != null) {
        // 쌍을 뒤바꾼다
        temp = current.getNext();
        temp2 = temp.getNext();
        temp.setNext(current);
        current.setNext(temp2);
        // 현재 포인터를 진행시킨다
        if(current)
            current = current.getNext();
    }
}
```

시간 복잡도: $O(n)$

공간 복잡도: $O(1)$

문제-33 주어진 이진 트리를 이중 연결 리스트로 변환하라.

해답: 6장을 참고하자.

문제-34 연결 리스트를 어떻게 정렬하는가?

해답: 10장을 참고하자.

문제-35 두 개의 연결 리스트를 이어 붙이려 할 때 다음 중 어떤 것이 $O(1)$ 복잡도인가?

　　1) 단일 연결 리스트

　　2) 이중 연결 리스트

　　3) 원형 이중 연결 리스트

해답: 원형 이중 연결 리스트. 왜냐하면 단일 연결 리스트와 이중 연결 리스트의 경우에는 첫 번째 리스트의 끝까지 탐색한 다음 두 번째 리스트를 추가해야 하기 때문이다. 하지만 원형 이중 연결 리스트의 경우엔 리스트를 탐색할 필요가 없다.

문제-36 원형 연결 리스트를 두 개의 같은 길이의 리스트로 분할하라. 만약 리스트 안의 노드의 개수가 홀수라면 첫 번째 리스트를 두 번째 리스트보다 한 개 더 많게 만들어라.

해답:

알고리즘

- 플로이드 사이클 찾기 알고리즘을 이용하여 원형 연결 리스트의 중간 포인터와 마지막 포인터를 저장하라.
- 두 번째 절반을 원형으로 만들어라.
- 첫 번째 절반을 원형으로 만들어라.
- 두 연결 리스트의 '머리' 노드를 설정하라.

예로, 다음과 같은 원형 리스트를 생각해보자.

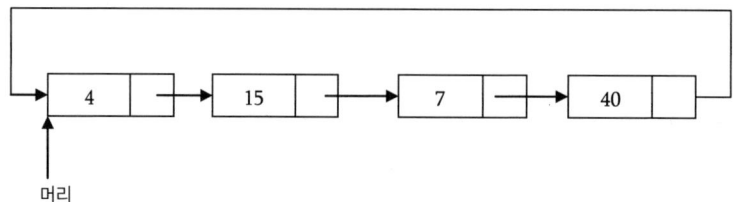

분할 뒤에는 위의 리스트가 다음 그림처럼 될 것이다.

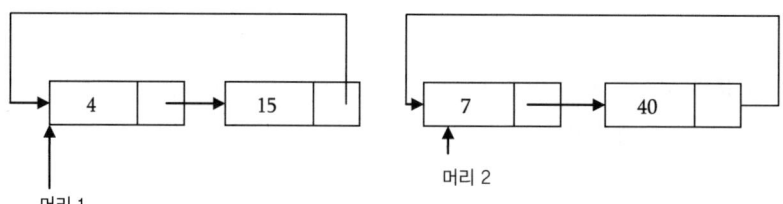

```
void SplitList(ListNode head, ListNode head1, ListNode head2) {
    ListNode slowPtr = head, fastPtr = head;
    if(head == null) return;
    /* 원형 리스트에 홀수 개의 노드가 있다면, fastPtr.getNext()가 '머리'가
       되고 짝수라면 fastPtr.getNext().getNext()가 '머리'가 된다 */
        while(fastPtr.getNext() != head && fastPtr.
           getNext().getNext() != head) {
             fastPtr = fastPtr.getNext().getNext();
             slowPtr = slowPtr.getNext();
        }
        /* 리스트에 짝수 개의 항목이 있으면 fastPtr을 움직인다 */
        if(fastPtr.getNext().getNext() == head)
            fastPtr = fastPtr.getNext();
```

```
                /* 첫 번째 절반의 '머리' 포인터를 설정한다 */
                head1 = head;
                /* 두 번째 절반의 '머리' 포인터를 설정한다 */
                if(head.getNext() != head)
                    head2 = slowPtr.getNext();
                /* 두 번째 절반을 원형으로 만든다 */
                fastPtr.setNext(slowPtr.getNext());
                /* 첫 번째 절반을 원형으로 만든다 */
            slowPtr.setNext(head);
        }
```

시간 복잡도: $O(n)$

공간 복잡도: $O(1)$

문제-37 연결 리스트가 회문(palindrome)인지 아닌지 어떻게 검사하는가?

해답:

알고리즘

1. 연결 리스트의 중간점을 찾는다.
2. 두 번째 절반을 뒤집는다.
3. 첫 번째 절반과 두 번째 절반을 비교한다.
4. 두 번째 절반을 다시 뒤집어 첫 번째 절반에 붙여서 원래의 리스트를 다시 만든다.

시간 복잡도: $O(n)$

공간 복잡도: $O(1)$

문제-38 연결 리스트의 인접한 요소를 교환하자.

해답:

```java
void ExchangeAdjacentNodes(ListNode head) {
    ListNode curNode, temp, nextNode;
    curNode = head;
    if(!curNode || ! curNode.getNext()) return;
    head = curNode.getNext();
    while(curNode && curNode.getNext()) {
        nextNode = curNode.getNext();
        curNode.setNext(nextNode.getNext());
        temp = curNode.getNext();
        nextNode.setNext(cur);
        if(temp && temp.getNext())
            curNode.setNext(curNode.getNext().getNext());
```

```
            curNode = temp;
        }
}
```

시간 복잡도: $O(n)$

공간 복잡도: $O(1)$

문제-39 $K > 0$인 K의 값이 주어졌을 때 리스트에서 K개의 노드씩 뒤집어라.

예: 입력: 1 2 3 4 5 6 7 8 9 10 K 값에 따른 다양한 출력

K = 2일 때: 2 1 4 3 6 5 8 7 10 9

K = 3일 때: 3 2 1 6 5 4 9 8 7 10

K = 4일 때: 4 3 2 1 8 7 6 5 9 10

해답:

알고리즘 연결 리스트의 노드 바꾸기의 확장이다.

1) 남은 리스트에 K개의 노드가 있는지 검사한다.

    a. 그렇다면 $K + 1$번째 노드의 포인터를 구한다

    b. 아니라면 리턴한다.

2) 첫 번째 K 노드를 뒤집는다.

3) 마지막 노드(뒤집어진 다음)의 '다음' 포인터를 $K + 1$번째 노드를 가리키게 한다.

4) $K + 1$번째 노드로 이동한다.

5) 1번 단계로 간다.

6) 가능하다면 첫 번째 K 노드의 $K - 1$ 노드가 새로운 '머리' 노드가 된다. 그렇지 않으면 원래 '머리' 노드를 리턴한다.

```
ListNode GetKPlusOneThNode(int K, ListNode head) {
    ListNode Kth;
    int i;
    if(head != null) return head;
    for(int i=0, Kth=head; Kth != null && (i < K); i++,
        Kth=Kth.getNext());
    if(i==K && Kth!=null)
        return Kth;
    return head.getNext();
}
int HasKnodes(ListNode head, int K) {
```

```
            int i;
            for(i=0; head != null && (i < K); i++, head=head.
               getNext());
            if(i == K)
                return 1;
            return 0;
    }
    ListNode ReverseBlockOfK-nodesInLinkedList(ListNode
        head, int K) {
            ListNode temp, next, cur = head, newHead;
            if(K==0 || K==1)
                return head;
            if(HasKnodes(cur, K-1))
                newHead = GetKPlusOneThNode(K-1, cur);
            else newHead = head;
            while(cur != null && HasKnodes(cur, K)) {
                // 아래 단계를 관리한다
                temp = GetKPlusOneThNode(K, cur);
                int i=0;
                while(i<K) {
                    next = cur.getNext();
                    cur.setNext(temp);
                    temp = cur;
                    cur = next;
                    i++;
                }
            }
            return newHead;
    }
```

문제-40 연결 리스트가 $O(1)$ 접근 시간을 갖는 것이 가능한가?

해답: 그렇다. 연결 리스트를 만들면서 해시 테이블에 저장한다. n개의 항목에 대해 모든 항목을 해시 테이블에 담아야 하므로 $O(n)$의 전처리 시간이 필요하다. 어느 항목이든지 읽으려면 일정한 시간 $O(1)$이 필요하고 n개의 항목을 읽으려면 $n * 1$ 단위 시간 = n 단위 시간이 필요하다. 그러므로 분할 상환 분석(Amortized Analysis)을 사용하면 항목 접근이 $O(1)$ 시간 안에 이루어진다고 말할 수 있다.

시간 복잡도: $O(1)$ [분할 상환적]

공간 복잡도: 해시 테이블 때문에 $O(n)$

문제-41 요세푸스 써클(Josephus Circle): N명의 사람들이 리더를 뽑기로 결정했는데 동그랗게 서서 매 M번째 사람을 제외하고 제외되는 사람이 생길 때마다 점점 가깝게 서는 방식으로 하기로 했다. 어떤 사람이 끝까지 남는지(즉 순위 1이 되는지) 구하라.

해답: 입력이 N개의 노드를 가진 원형 연결 리스트이며 각 노드에 숫자(1부터 N까지)가 매겨져 있다고 하자. '머리' 노드는 숫자 1을 데이터로 가지고 있다.

```
ListNode GetJosephusPosition(int N, int M) {
    ListNode p, q;
    // 모든 선수를 포함하는 원형 연결 리스트를 생성한다
    p.setData(1);
    q = p;
    for(int i = 2; i <= N; ++i) {
        p = p.getNext();
        p.setData(i);
    }
    p.setNext(q);
    // 마지막 노드가 첫 번째 노드를 가리키게 하여 원형 연결 리스트를 닫는다
    // 한 명 이상의 선수가 있으면 매 M번째 선수를 제거한다
    for(int count = N; count > 1; --count) {
        for(int i = 0; i < M - 1; ++i)
            p = p.getNext();
        p.setNext(p.getNext().getNext());
        // 제거된 선수를 원형 연결 리스트로부터 삭제한다
    }
    System.out.println("Last player left standing (Josephus
        Position) is " + p.getData());
}
```

문제-42 데이터와 '다음' 포인터, 그리고 리스트 안의 임의의 노드를 가리키는 랜덤 포인터를 가진 연결 리스트가 주어졌을 때 이 리스트를 복제하는 알고리즘을 구하라.

해답: 해시 테이블을 사용하여 새로 생성된 노드와 리스트 안의 노드를 연결시킬 수 있다.

알고리즘

- 원본 리스트를 탐색하며 매 노드 X에 대하여 X의 데이터를 갖는 새 노드 Y를 생성하고 (X, Y)의 쌍을 X를 키로 사용하여 해시 테이블에 저장한다. 이번에 탐색하는 동안에는 $Y \to$ next와 $Y \to$ random을 NULL로 두고 다음 번 스캔에서 고치는 것에 주의하라.

- 이제 원본 리스트의 각각의 노드 X에 대해 사본 Y가 해시 테이블에 저장되어 있다. 이제 원본 리스트를 다시 탐색하면서 포인터를 지정하여 새 리스트를 만든다.

```java
ListNode Clone(ListNode head){
    ListNode X = head, Y;
    Map<ListNode, ListNode> HT = new HashMap<ListNode, ListNode>();
    while(X != null) {
        Y = new ListNode();
        Y.setData(X.getData());
        Y.setNext(null);
        Y.setRandom(null);
        HT.put(X, Y);
        X = X.getNext();
    }
    X = head;
    while(X != null) {
        // X에 해당하는 노드 Y를 해시 테이블로부터 찾는다
        Y = HT.get(X);
        Y.setNext(HT.get(X.getNext()));
        Y.setRandom(HT.get(X.getRandom()));
        X = X.getNext();
    }
    // 새 리스트의 '머리' 노드인 노드 Y를 리턴한다
    return HT.get(head);
}
```

시간 복잡도: $O(n)$

공간 복잡도: $O(n)$

4장

Data Structures and Algorithms Made Easy for JAVA

스택

4.1 스택이란 무엇인가?

스택(Stack)은 데이터를 저장하기 위해 사용되는 (연결 리스트와 유사한) 간단한 데이터 구조이다. 스택에서는 데이터가 도착하는 순서가 중요하다. 카페테리아 쌓여 있는 접시들이 스택의 좋은 예이다. 접시들은 설거지가 된 후에 스택에 하나씩 추가된다. 이후 접시가 필요하면, 스택 맨 위의 것부터 가져간다. 결국 스택에 가장 처음 놓인 접시가 제일 마지막에 쓰인다.

정의: 스택은 삽입과 삭제가 한쪽 끝에서 이루어지는, 순서가 매겨진 리스트이다. 이 끝을 탑(top)이라고 부른다. 제일 마지막에 추가된 항목이 제일 먼저 삭제된다. 그러므로 후입선출(Last In First Out, LIFO) 혹은, 선입후출(First In Last Out, FILO) 리스트라고 불린다.

스택이 가질 수 있는 두 가지 변화에 대한 특별한 이름이 있다. 스택에 항목이 삽입될 때, 이것을 푸시(push)라고 부르고, 항목이 스택으로부터 삭제되는 것을 팝(pop)이라고 부른다. 빈 스택으로부터 항목을 팝하려는 것을 언더플로우(underflow)라고 하고, 가득 찬 스택에 항목을 푸시하려는 것을 오버플로우

(overflow)라고 하는데, 일반적으로 이런 경우는 예외처리한다. 스택은 다음 그림처럼 동작한다.

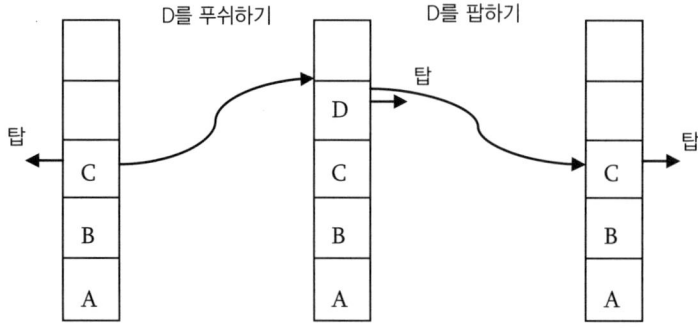

4.2 스택은 어떻게 사용되는가?

사무실에서 일하는 날을 생각해보자. 한 개발자가 장기 프로젝트를 위한 작업을 하고 있다고 가정하자. 그런데 매니저가 개발자에게 더 중요한 새 업무를 할당했다. 개발자는 장기 프로젝트를 잠시 접어두고 새 업무를 위한 작업을 시작한다. 그때 전화가 울리면, 즉시 받아야 하므로 이것이 제일 높은 우선순위가 된다. 개발자는 현재의 업무를 대기 목록에 넣고 전화를 받는다. 전화가 끝나면 전화 때문에 미뤄놓았던 새 업무를 대기 목록에서 꺼내 다시 진행한다. 다른 전화가 오면 앞서와 같이 우선순위를 바꿔 진행하고, 새 업무를 마친다. 그런 다음 개발자는 장기 프로젝트를 다시 꺼내 작업을 시작한다.

4.3 스택 ADT

다음의 연산들이 스택을 ADT가 되도록 한다. 쉽게 이해하기 위해 데이터는 정수형이라고 가정하자.

스택의 주요 연산들
- Puse(int data): 데이터를 스택에 넣는다.
- int Pop(): 스택에 제일 마지막에 추가된 항목을 스택으로부터 삭제하고 리턴한다.

스택의 보조적 연산들
- int Top(): 스택에 마지막에 추가된 항목을 삭제하지 않고 리턴한다.
- int Size(): 스택에 저장된 항목의 개수를 리턴한다.
- int IsEmptyStack(): 스택에 항목이 저장되어 있는지 아닌지를 확인한다.
- int IsFullStack(): 스택이 가득 찼는지 아닌지를 확인한다.

4.4 예외들

어떤 연산을 수행하려고 시도할 때 가끔 예외라고 불리는 오류 상황이 발생할 수가 있다. 예외는 수행될 수 없는 연산에 의해 '던져진(thrown)'다고 표현된다. 스택 ADT에서는 스택에 비어 있을 경우 팝, 탑 연산이 수행될 수 없다. 빈 스택에 대하여 팝(혹은 탑)연산을 수행하려고 하면 예외가 발생한다. 가득 찬 스택에 항목을 푸시하려고 할 때도 예외가 발생한다.

4.5 스택의 적용 사례

다음은 스택의 적용 사례들이다.

직접적인 적용 사례
- 괄호 짝맞추기
- 인픽스(Infix)를 포스트픽스(Postfix)로 변환하기
- 포스트픽스 수식 계산하기
- 함수 호출 구현하기(재귀 포함해서)
- 스팬(span) 찾기(주식 시장에서 스팬 찾기, 4.7절의 문제들을 참고)

- 웹 브라우저에서 방문한 페이지 기록 관리하기(예: 뒤로가기 버튼)
- 텍스트 에디터에서 작업 취소(Undo) 과정
- HTML과 XML에서 태그(Tag) 짝맞추기

간접적인 적용 사례
- 다른 알고리즘을 위한 부가적인 데이터 구조(예: 트리 탐색 알고리즘)
- 다른 데이터 구조의 구성 요소(예: 큐(Queue) 흉내내기, 5장 참고)

4.6 스택의 구현

스택 ADT를 구현하는 여러 가지 방법이 있는데, 다음은 제일 많이 사용되는 방법들이다.

- 간단한 배열에 기반한 구현
- 동적 배열에 기반한 구현
- 연결 리스트 구현

간단한 배열 구현

이렇게 스택 ADT를 구현할 때는 하나의 배열이 사용된다. 배열에 항목을 왼쪽에서 오른쪽으로 추가하면서 변수 하나를 사용하여 탑 항목의 인덱스를 추적한다.

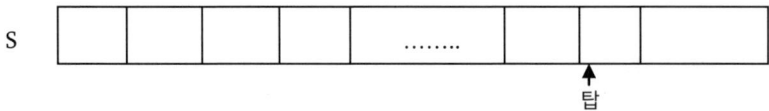

스택 항목을 저장하는 배열은 가득 찰 수도 있다. 이 경우, 푸시 연산은 '꽉찬 스택 예외'를 발생시킨다. 유사하게 빈 스택으로부터 항목을 삭제하려고 하면 '빈 스택 예외'를 발생시킨다.

```java
public class ArrayStack{
    private int top;
    private int capacity;
    private int[] array;
    public ArrayStack(){
        capacity = 1;
        array= new int[capacity];
        top = -1;
    }
    public boolean isEmpty(){
        /* 이 조건이 참이면 1이 리턴되고 아니면 0이 리턴된다 */
        return (top == -1);
    }
    public int isStackFull(){
        // 이 조건이 참이면 1이 리턴되고 아니면 0이 리턴된다
        return (top == capacity - 1); // 혹은 return (top == array.length);
    }
    public void push(int data){
        if(isStackFull()) System.out.println("Stack Overflow");
        else /* 'top'을 1씩 증가시키고 데이터를 'top' 위치에 저장한다 */
            array[++top]= data;
    }
    public int pop(){
        if(isEmpty()){ /* top == - 1은 스택이 비었음을 뜻한다 */
            System.out.println("Stack is Empty");
            return 0;
        }
        else return (array[top--]);
    }
    public void deleteStack(){
        top = -1;
    }
}
```

성능과 한계

성능

스택 안의 항목의 개수를 n이라고 하자. 이 구현의 스택 연산 복잡도는 다음과 같다.

공간 복잡도(n번의 푸시 연산에 대하여)	$O(n)$
Push()의 시간 복잡도	$O(1)$
Pop()의 시간 복잡도	$O(1)$
Size()의 시간 복잡도	$O(1)$

이어짐

IsEmptyStack()의 시간 복잡도	$O(1)$
IsFullStack()의 시간 복잡도	$O(1)$
DeleteStack()의 시간 복잡도	$O(1)$

한계

스택 크기의 최대 값이 미리 정해져야 하고 바뀔 수 없다. 꽉 찬 스택에 새 항목을 푸시하려 하면 이 구현에만 관련된 예외가 발생한다.

동적 배열 구현

먼저, 우리가 어떻게 간단한 배열에 기반한 스택을 구현했는지 살펴보자. 우리는 top이라는 인덱스 변수를 써서 스택에 가장 최근에 추가된 항목의 인덱스를 가리키게 했다. 항목을 추가(혹은 푸시)하려면 top 인덱스를 증가시키고 새 항목을 그 인덱스 자리에 넣는다. 유사하게 항목을 삭제(혹은 팝)하려면, top 인덱스의 항목을 취하고 top 인덱스를 감소시킨다. 우리는 top의 값을 -1로 두어 빈 스택을 나타낸다. 여전히 해결해야 할 문제는 고정된 크기의 배열 스택의 모든 항목이 다 찼을 때 어떻게 처리하는가이다.

첫 번째 시도

스택이 가득 찰 때마다 배열의 크기를 1씩 증가시키면 어떨까?

- Push(): S[]의 크기를 1 증가
- Pop(): S[]의 크기를 1 감소

이 접근 방법의 문제점?

이 방식으로 배열 크기를 증가시키는 것은 비용이 너무 크다. 이유를 살펴보자. 예를 들어 $n = 1$일 때 새 항목을 푸시하려면, 크기가 2인 새로운 배열을 만들고 이전 배열의 모든 항목을 새 배열로 복사한 후 맨 뒤에 새 항목을 추가해야 한다. $n = 2$일 경우 새 항목을 푸시하려면, 크기가 3인 새 배열을 만들어 이전 배열의 모든 항목을 복사한 후 맨 뒤에 새 항목을 추가해야 한다.

유사하게 $n = n - 1$일 때 새 항목을 푸시하려면, 크기가 n인 새 배열을 만들어 이전 배열의 모든 항목을 새 배열로 복사한 후 맨 뒤에 새 항목을 추가해야 한다. n번의 푸시 이후에 전체 시간 $T(n0)$ (복사 연산의 횟수)은 $1 + 2 + ... + n \approx O(n^2)$에 비례한다.

다른 접근 방법: 반복적인 두 배 확장

배열 두 배 확장 기법을 사용하여 복잡도를 개선해보자. 배열이 가득 차면, 크기가 2배인 새 배열을 만들어 항목들을 복사한다. 이 방법에서는 n개의 항목을 푸시할 때 n (n^2이 아닌)에 비례하는 시간이 걸린다.

간단하게 가장 처음에 $n = 1$에서 시작해서, $n = 32$일 때까지 계속한다고 하자. 즉 1, 2, 4, 8. 16일 때 두 배로 만든다는 것이다. 이를 분석하는 다른 방법은, $n = 1$일 때 새 항목을 추가(푸시)하려면 현재 배열의 크기를 두 배로 만들고 모든 항목을 이전 배열에서 새 배열로 복사하는 것이다.

$n = 1$일 때 한 번의 복사를 하고, $n = 2$일 때 두 번의 복사를 하고, $n = 4$일 때 네 번의 복사를 하는 식이다. $n = 32$가 될 때면 복사 연산의 총합은 $1 + 2 + 4 + 8 + 16 = 31$이고, 이것은 대략 $2n(32)$와 비슷하다. 자세히 관찰하면, 두 배로 만드는 연산을 $log n$번 하는 것을 알 수 있다.

이제 n번의 푸시 연산에 배열 크기를 두 배로 만드는 것을 $log n$번 수행하면, $log n$ 항을 갖는다. n번의 푸시 연산의 전체 시간 $T(n)$은 연산의 횟수에 비례한다.

$$1 + 2 + 4 + 8 ... + \frac{n}{4} + \frac{n}{2} + n = n + \frac{n}{2} + \frac{n}{4} + \frac{n}{8} ... + 4 + 2 + 1$$
$$= n\left(1 + \frac{1}{2} + \frac{1}{4} + \frac{1}{8} ... + \frac{4}{n} + \frac{2}{n} + \frac{1}{n}\right)$$
$$= n(2) \approx 2n = O(n)$$

$T(n)$은 $O(n)$이고 푸시 연산의 상각(amortized) 시간은 $O(1)$이다.

```java
public class DynArrayStack{
    private int top;
    private int capacity;
    private int[] array;
    public DynArrayStack(){
```

```java
            capacity = 1;
            array= new int[capacity];
                top = -1;
        }
        public boolean isEmpty(){
            // 조건이 참이면 1이 리턴되고 아니면 0이 리턴된다
            return (top == -1);
        }
        public int isStackFull(){
            // 조건이 참이면 1이 리턴되고 아니면 0이 리턴된다
            return (top == capacity - 1); // 혹은 return (top == array.length);
        }
        public void push(int data){
            if(isStackFull())
                doubleStack();
            array[++top]= data;
        }
        private void doubleStack(){
            int newArray[] = new int[capacity*2];
            System.arraycopy(array, 0, newArray, 0, capacity);
            capacity = capacity*2;
            array = newArray;
        }
        public int pop() {
            if(isEmpty()) System.out.println("Stack Overflow");
            else return (array[top--]);
        }
        public void deleteStack(){
            top = -1;
        }
    }
```

성능

스택 안의 항목의 개수를 n이라고 하자. 이 구현 방식에서 각 연산의 복잡도는 다음과 같다.

공간 복잡도(n번의 푸시 연산에 대하여)	$O(n)$
CreateStack()의 시간 복잡도	$O(1)$
Push()의 시간 복잡도	$O(1)$ (평균)
Pop()의 시간 복잡도	$O(1)$
Top()의 시간 복잡도	$O(1)$

이어짐

IsEmptyStack()의 시간 복잡도	$O(1)$
IsFullStack()의 시간 복잡도	$O(1)$
DeleteStack()의 시간 복잡도	$O(1)$

참고
두 배 확장을 너무 많이 하면 메모리 오버플로우 예외가 발생될 수 있다.

연결 리스트 구현

스택을 구현하는 또 다른 방법은 연결 리스트를 사용하는 것이다. 푸시 연산은 리스트의 맨 앞에 항목을 삽입하는 것으로 구현된다. 팝 연산은 리스트 가장 처음 노드(header/top 노드)를 삭제하는 것으로 구현된다.

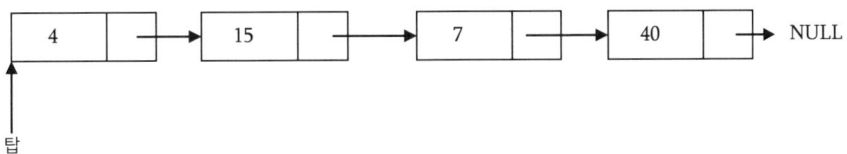

```java
public class LLStack extends Stack{
    private LLNode headNode;
    public LLStack(){
        this.headNode = new LLNode(null);
    }
    public void Push(int data){
        if(headNode == null){
            headNode = new LLNode(data);
        }else if(headNode.getData() == null){
            headNode.setData(data);
        }else{
            LLNode llNode = new LLNode(data);
            llNode.setNext(headNode);
            headNode = llNode;
        }
    }
    public int top(){
        if(headNode == null) return null;
        else return headNode.getData();
    }
    public int pop(){
        if(headNode == null){
            throw new EmptyStackException("Stack empty");
        }else{
            int data = headNode.getData();
            headNode = headNode.getNext();
```

```
            return data;
        }
    }
    public boolean isEmpty(){
        if(headNode == null) return true;
        else return false;
    }
    public void deleteStack(){
        headNode = null;
    }
}
```

성능

스택 안의 항목의 개수를 n이라고 하자. 이 구현 방식에서 각 연산의 복잡도는 다음과 같다.

공간 복잡도(n번의 푸시 연산에 대하여)	$O(n)$
CreateStack()의 시간 복잡도	$O(1)$
Push()의 시간 복잡도	$O(1)$ (평균)
Pop()의 시간 복잡도	$O(1)$
Top()의 시간 복잡도	$O(1)$
IsEmptyStack()의 시간 복잡도	$O(1)$
DeleteStack()의 시간 복잡도	$O(n)$

4.7 각 구현 방법의 비교

점진적 증가 기법과 두 배 확장 기법의 비교

점진적 증가 기법과 두 배 확장 기법을 비교하기 위해 n번의 푸시 연산을 수행하는 데 필요한 전체 시간 $T(n)$을 분석한다. 크기가 1인 배열로 표현되는 빈 스택으로 시작한다. 푸시 연산의 상각 시간은 n번의 푸시 연산의 평균 시간이다. 즉 $T(n)/n$이다.

점진적 증가 기법

푸시 연산의 상각 시간(각 연산별 평균 시간)은 $O(n)$이다. $[O(n^2)/n]$

두 배 확장 기법

이 방법에서는, 푸시 연산의 상각 시간이 $O(1)$이다. $[O(n)/n]$

> 참고
>
> 풀이는 바로 아래 부분을 참고하자.

배열 구현과 연결 리스트 구현의 비교

배열 구현
- 연산의 수행에는 일정한 시간이 걸린다.
- 가끔 비용이 큰 두 배 확장 연산을 수행한다.
- (빈 스택으로부터 시작하는) n번의 연산의 상각하는 n에 비례하는 시간이 걸린다.

연결 리스트 구현
- 부드럽게 커지고 작아진다.
- 모든 연산에 일정한 시간 $O(1)$이 걸린다.
- 모든 연산에 레퍼런스를 다루기 위한 부가적인 공간과 시간이 필요하다.

4.8 스택 연습문제

문제-1 스택이 어떻게 괄호 짝 맞추기에 사용될 수 있는지 알아보자.

해답: 주어진 수식의 괄호 짝이 맞는지 검사하는 데 스택이 사용될 수 있다. 이 알고리즘은 컴파일러에서 매우 유용하다. 파서는 한 번에 한 글자씩 읽어 들인다. 만약 그 글자가 (, {나 [와 같은 여는 경계 문자이면 스택에 저장됨), }나]와 같은 닫는 경계 문자가 나오면 스택에서 팝한다. 그 다음에 이 열린 경계 문자와 닫힌 경계 문자가 비교된다. 만약 둘이 짝이 맞는다면, 문자열의 파싱이 계속 된다. 둘이 짝이 맞지 않으면, 파서는 그 행에 오류가 있음을 알게 된다. 스택에 기반한 선형 시간 $O(n)$ 알고리즘은 다음과 같다.

알고리즘

a) 스택을 만든다.

b) while(입력의 끝이 아니면) {

  1) 읽은 글자가 짝을 맞춰야 하는 기호가 아니라면 무시한다.

  2) 글자가 (, {, [와 같은 여는 기호이면 스택에 푸시한다.

  3) 글자가), },]와 같은 닫는 기호일 때, 스택이 비었다면 오류를 보고한다. 그렇지 않다면 스택에서 팝한다.

  4) 팝한 기호가 여는 기호에 맞는 짝이 아니라면 오류를 보고한다.

  }

c) 입력의 끝에 스택이 비어 있지 않다면 오류를 보고한다.

예:

예	유효?	설명
(A+B)+(C-D)	그렇다	이 수식의 괄호는 짝이 맞는다.
((A+B)+(C-D)	아니다	닫는 괄호 하나가 부족하다.
((A+B)+[C-D])	그렇다	여는 괄호와 바로 이어지는 닫는 괄호가 짝이 맞는다
((A+B)+[C-D]}	아니다	마지막 닫는 괄호가 처음 여는 괄호와 짝이 맞지 않는다.

알고리즘을 추적하기 위해 입력이 ()(()[()])라고 가정하자.

입력 기호, A[i]	연산	스택	출력
(	푸시 (	(	
)	팝 ((와 A[i]가 짝이 맞는가? 그렇다.		
(	푸시 (	(	
(	푸시 (	((	
)	팝 ((와 A[i]가 짝이 맞는가? 그렇다.	(	

이어짐

입력 기호, A[i]	연산	스택	출력
[	무시 [	([	
(	무시 (	([(	
)	팝 ((와 A[i]가 짝이 맞는가? 그렇다.	([	
]	팝 [[와 A[i]가 짝이 맞는가? 그렇다.	(	
)	팝 ((와 A[i]가 짝이 맞는가? 그렇다.		
	스택이 비었는가? 그렇다.		TRUE

시간 복잡도: 입력을 한 번만 읽어 들이므로 $O(n)$

공간 복잡도: 스택을 위해 $O(n)$

문제-2 스택을 이용하여 인픽스를 포스트픽스로 변환하는 알고리즘을 논하라.

해답: 이 알고리즘을 알아보기 전에 인픽스, 프리픽스(prefix), 포스트픽스 수식의 정의를 살펴보자.

인픽스: 인픽스 수식은 한 개의 글자나 연산자 앞에 하나의 인픽스 문자열이 있고, 그 뒤에 또 다른 인픽스 문자열이 있는 것이다.

A

A+B

(A+B)+(C-D)

프리픽스: 프리픽스 수식은 한 개의 글자나 연산자 뒤에 두 개의 프리픽스 문자열이 오는 것이다. 하나의 변수보다 긴 모든 프리픽스 문자열은 연산자 하나와 첫 번째 피연산자와 두 번째 피연산자로 구성된다.

A

+AB

++AB-CD

포스트픽스: 포스트픽스 수식(또는 '역 폴란드 표기법')은 한 개의 글자나 연산자 앞에 두 개의 포스트픽스 문자열이 있는 것이다. 하나의 변수보다 긴 모든 포스트픽스 문자열은 첫 번째 피연산자와 두 번째 피연산자, 그리고 그 뒤에 연산자 하나로 구성된다.

A

AB+

AB+CD-+

프리픽스와 포스트픽스 표기법은 수학 구문을 괄호없이 표기하는 방법이다. n이 배열 내의 항목 개수일 때, 포스트픽스와 프리픽스 수식을 계산하는 시간은 $O(n)$이다.

인픽스	프리픽스	포스트픽스
A+B	+AB	AB+
A+B-C	-+ABC	AB+C-
(A+B)*C-D	-*+ABCD	AB+C*D-

이제 알고리즘의 연산을 알아보자. 인픽스 수식에서 연산자 우선순위는 괄호를 쓰지 않으면 암시적(implicit)이다. 그러므로 인픽스를 포스트픽스로 변환하는 알고리즘을 만들고자 하면, 알고리즘 내부에서 쓰일 연산자 우선순위를 정의해야 한다. 다음 표에 우선순위와 연산자 사이의 연산 순서(계산하는 차례)가 있다.

토큰	연산자	우선순위	연산 순서
() [] → .	함수 호출 배열 항목 구조체(struct)나 공용체(union) 멤버	17	왼쪽에서 오른쪽
-- ++	증가, 감소	16	왼쪽에서 오른쪽

이어짐

토큰	연산자	우선순위	연산 순서
-- ++ ! - - + & * sizeof	감소, 증가 논리 부정 연산자 1의 보수 단항(unary) 빼기 혹은 더하기 연산자 주소 혹은 간접 연산자 크기 (바이트 단위)	15	오른쪽에서 왼쪽
(유형)	형 변환(type cast)	14	오른쪽에서 왼쪽
* / %	곱셈 연산자	13	왼쪽에서 오른쪽
+ -	이항(binary) 더하기 혹은 빼기	12	왼쪽에서 오른쪽
<< >>	이동 연산자(shift)	11	왼쪽에서 오른쪽
> >= < <=	비교 연산자	10	왼쪽에서 오른쪽
== !=	동치 연산자(equality)	9	왼쪽에서 오른쪽

이어서

&	비트 논리곱 연산자 (bitwise and)	8	왼쪽에서 오른쪽
^	비트 배타적 논리합 (bitwise xor)	7	왼쪽에서 오른쪽
|	비트 논리합 연산자 (bitwise or)	6	왼쪽에서 오른쪽
&&	논리곱 연산자	5	왼쪽에서 오른쪽
||	논리합 연산자	4	왼쪽에서 오른쪽
? :	조건 연산자	3	오른쪽에서 왼쪽
= += -= /= *= %= <<= >>= &= ^=	대입 연산자	2	오른쪽에서 왼쪽
,	콤마(comma) 연산자	1	왼쪽에서 오른쪽

중요한 속성

- 인픽스 수식 2 + 3 * 4와 포스트픽스로 변환된 2 3 4 * +를 살펴보자. 인픽스와 포스트픽스 사이에 숫자(혹은 피연산자)의 순서가 바뀌지 않았음에 주목하라. 두 경우 모두 2 3 4이다. 하지만 연산자 *와 +의 순서는 바뀌었다.
- 인픽스 수식을 포스트픽스 수식으로 변환하는 데에는 스택 한 개면 충분하다. 이 알고리즘에서 우리가 사용하는 스택은 연산자의 순서를 인픽스에서 포스트픽스로 변환하는 데 쓰일 것이다. 우리가 사용할 스택에는 연산자들과 여는 괄호 '('만 저장될 것이다. 포스트픽스 수식엔 괄호가 없기 때문에 포스트픽스 출력에는 괄호를 출력하면 안된다.

알고리즘

a) 스택을 만든다.
b) for 각각의 글자 t in 입력 스트림 {
    if (t가 피연산자)
       t 출력
    else if(t가 오른쪽 괄호) {
       왼쪽 괄호가 팝될 때까지 토큰을 팝하면서 출력(왼쪽 괄호는 출력 하지 않음)
    }
    else { // t가 연산자이거나 왼쪽 괄호일 때
       t보다 낮은 우선순위가 나오거나 왼쪽 괄호가 나오거나 스택이 빌 때까지 팝하면서 출력
       푸시 t
    }
}
c) 스택이 빌 때까지 팝하면서 출력

더 잘 이해할 수 있도록 예제 A * B - (C + D) + E를 추적해보자.

입력 문자	스택 연산	스택	포스트픽스 출력
A		비었음	A
*	푸시	*	A
B		*	AB
-	검사하고 푸시	-	AB*
(	푸시	-(	AB*
C		-(	AB*C
+	검사하고 푸시	-(+	AB*C
D		-(+	AB*CD
)	'('까지 팝해서 출력	-	AB*CD+
+	검사하고 푸시	+	AB*CD+-
E		+	AB*CD+-E
입력 끝	빌 때까지 팝		AB*CD+-E+

문제-3 n개의 항목을 갖는 배열에서 몇 가지 스택의 순열이 가능한가?

해답: n개의 항목의 스택의 순열의 수는 카탈란 수이다. 그리고 이는 19장 동적 계획법에서 다룬다.

문제-4 스택을 이용해서 포스트픽스 연산을 수행하는 방법을 알아보자.

해답:

알고리즘

1. 포스트픽스 문자열을 왼쪽에서 오른쪽으로 읽어 들인다.
2. 빈 스택을 초기화시킨다.
3. 모든 글자들이 읽힐 때까지 다음 4, 5단계를 반복한다.
4. 읽혀진 글자가 피연산자이면 스택으로 푸시한다.
5. 읽혀진 글자가 연산자이고 이 연산자가 단항 연산자이면 스택으로부터 한 개의 항목을 팝한다. 연산자가 이항 연산자이면 두 개의 항

목을 팝한다. 항목들을 팝한 뒤에 이 항목들에 대하여 연산자를 적용한다. 이 연산 결과 retVal을 다시 스택에 푸시한다.
6. 모든 글자가 읽혀진 다음엔 스택에 하나의 항목만 남을 것이다.
7. 스택의 맨 위에 있는 항목을 결과로 리턴한다.

예: 앞의 알고리즘이 어떻게 동작하는지 예를 사용해서 살펴보자. 주어진 포스트픽스 문자열이 123*+5-라고 하자. 가장 처음에 스택은 비어 있다. 이제, 처음 세 글자 피연산자인 1, 2, 3이 읽히는데, 이 숫자들은 순서대로 스택에 푸시된다.

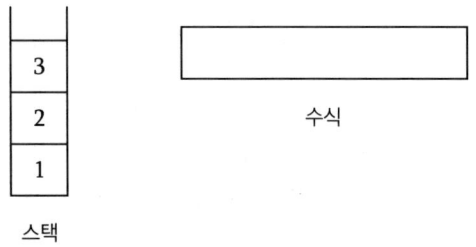

읽혀진 다음 글자는 연산자인 "*"이다. 그러므로 스택 위로부터 두 개의 항목을 팝해서 "*" 연산을 수행한다. 먼저 팝된 항목이 두 번째 피연산자가 된다.

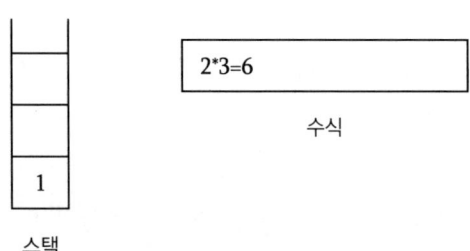

이 수식 (2*3)의 계산된 값 (6)이 다시 스택으로 푸시된다.

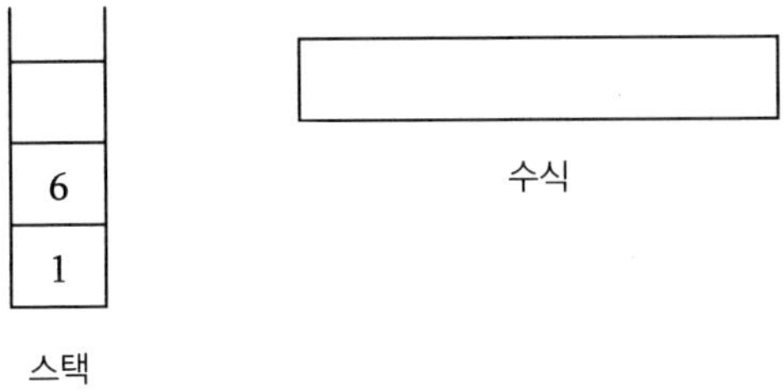

6
1

스택

수식

다음에 읽혀진 글자는 연산자 "+"이다. 스택 위로부터 두 개의 항목을 팝해서 "+" 연산을 수행한다. 먼저 팝된 항목이 두 번째 피연산자이다.

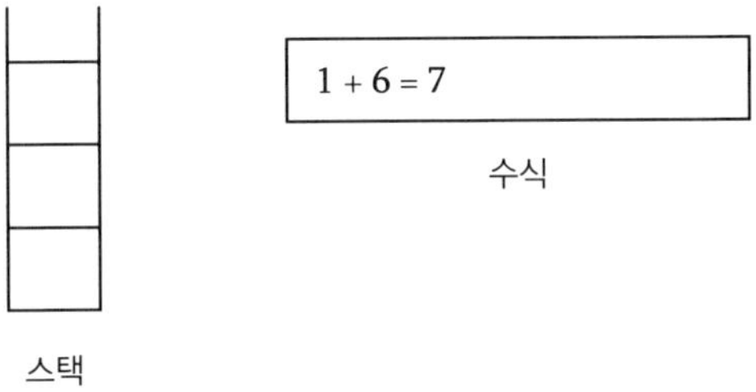

스택

수식: 1 + 6 = 7

이 수식 (1+6)의 계산된 값 (7)이 다시 스택에 푸시된다.

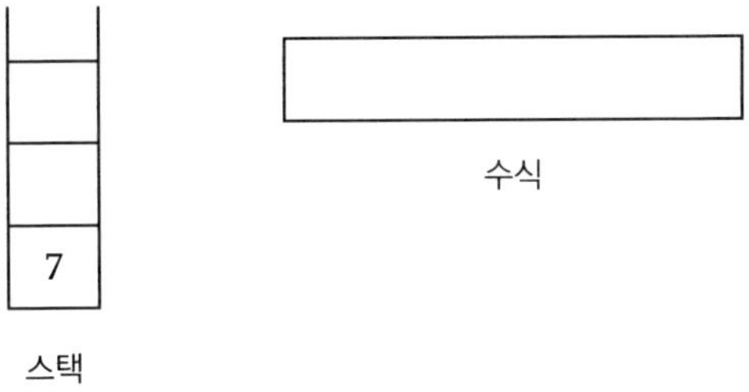

7

스택

수식

다음에 읽혀진 글자는 "5"이고, 스택에 푸시된다.

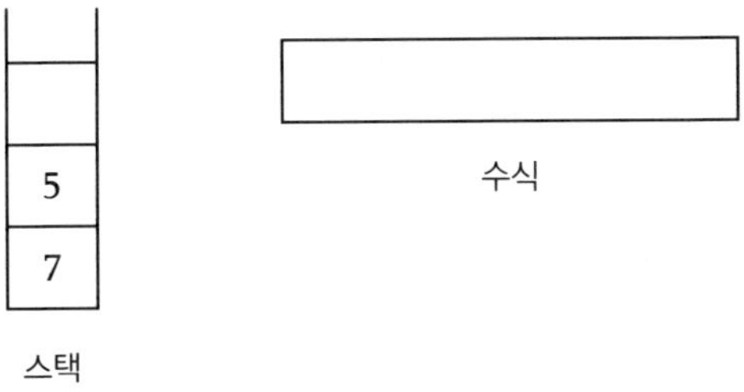

5
7

스택

수식

다음에 읽혀진 글자는 연산자 "-"이다. 그러므로 스택 위로부터 두 개의 항목을 팝해서 "-" 연산을 수행한다. 먼저 팝된 항목이 두 번째 피연산자이다.

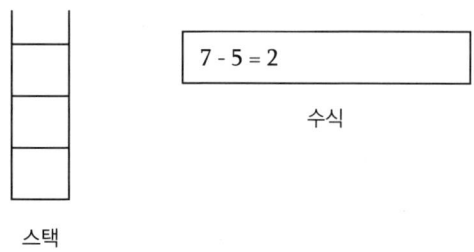

이 수식 (7-5)의 계산된 값 (2)가 다시 스택에 푸시된다.

이제 모든 글자가 읽혀졌으므로 스택에 남아 있는 항목(스택에는 한 개의 항목만 있을 것이다)이 리턴된다. 최종 결과는 다음과 같다.

· 포스트픽스 문자열: 123*+5-
· 결과: 2

문제-5 인픽스 수식을 스택을 사용해서 (포스트픽스로 변환하지 않고) 한 번에 계산할 수 있는가?

해답: 두 개의 스택을 사용하면 인픽스 수식을 포스트픽스로 변환하지 않고 한 번에 계산할 수 있다.

알고리즘

1) 빈 연산자 스택을 만든다.
2) 빈 피연산자 스택을 만든다.

3) 입력 문자열의 각 토큰에 대하여 (오른쪽에서 왼쪽으로 읽으며)
   a. 토큰이 피연산자이면 피연산자 스택에 넣는다.
   b. 토큰이 연산자이면
      i 연산자 스택이 비었거나 제일 앞의 연산자가 토큰보다 우선순위가 낮다면
         - 연산자 스택에 넣는다.
      ii 연산자 스택이 비어 있지 않고 제일 앞의 연산자가 토큰보다 우선순위가 높다면
         - 연산자 스택의 제일 앞의 연산자를 팝한다.
         - 피연산자 스택에서 피연산자를 두 개 팝한다.
         - 첫 번째 팝한 피연산자를 왼쪽, 두 번째 팝한 피연산자를 오른쪽에 삼아 연산을 수행한 뒤 다시 피연산자 스택에 넣는다.
         - 토큰 연산자를 연산자 스택에 넣는다
4) 연산자 스택이 비어 있지 않는 동안 연산자를 팝하고 피연산자를 두 개 팝해서 첫 번째 팝한 피연산자를 왼쪽, 두 번째 팝한 피연산자를 오른쪽에 삼아 연산을 수행한 뒤 다시 피연산자 스택에 넣는다.
5) 피연산자 스택으로부터 결과를 팝한다.

문제-6 GetMinimum()이 $O(1)$이 되도록 스택을 디자인하는 방법은?

해답: 스택의 모든 값의 최소 값을 저장하는 스택을 하나 더 만든다. 이 스택에서는 모든 항목이 그 아래 항목보다 값이 작아야 한다. 편의를 위해 이 보조적 스택을 min 스택이라고 하자.

주 스택으로부터 팝할 때 min 스택에서도 팝해야 한다. 주 스택에 푸시할 때는 새 항목과 현재의 최소 값 중에 작은 것을 min 스택에 푸시한다. 어떤 시점에서든지 최소 값을 구하기 원하면 min 스택의 제일 앞의 항목을 리턴하면 된다. 예를 들어 가장 처음에 2, 6, 4, 1, 5를 푸시했다고 하자. 알고리즘에 의하면 min 스택은 다음과 같을 것이다.

Main 스택	Min 스택
5 → top	1 → top
1	1
4	2
6	2
2	2

두 번 팝한 다음엔 이렇게 된다.

Main 스택	Min 스택
4 → top	2 → top
6	2
2	2

앞의 논의에 따라 푸시, 팝, GetMinimum() 연산을 구현해보자.

```
public class AdvancedStack extends Stack{
    private Stack elementStack = new LLStack();
    private Stack minStack = new LLStack();
    public void push(int data){
        elementStack.push(data);
        if(minStack.isEmpty() || (Integer)minStack.top() >=
            (Integer)data){
            minStack.push(data);
        }else{
            minStack.push(minStack.top());
        }
    }
    public int pop(){
        if(elementStack.isEmpty()) return null;
        minStack.pop();
        return elementStack.pop();
    }
    public int getMinimum(){
        return minStack.top();
    }
    public int top(){
        return elementStack.top();
    }
```

```java
        public boolean isEmpty(){
            return elementStack.isEmpty();
        }
    }
```

시간 복잡도: $O(1)$

공간 복잡도: min 스택을 위해 $O(n)$. 새 최소 값이나 이와 같은 값이 잘 나오지 않는다면 이 알고리즘은 공간을 더 잘 활용하도록 개선될 수 있다.

문제-7 문제-6의 공간 복잡도를 개선할 수 있는가?

해답: 그렇다. 앞의 접근 방식의 문제점은 매번 주 스택에 푸시할 때마다 min 스택에도 (새 항목이거나 현재의 최소 값을) 또 푸시한다는 것이다. 즉 스택에 중복된 최소 값을 푸시하게 된다.

이제, 공간 복잡도를 개선하기 위해 앞의 알고리즘을 수정해보자. 여전히 min 스택이 사용되지만, 주 스택으로부터 팝하는 값이 같을 때만 min 스택으로부터 팝한다. 그리고 주 스택에 푸시되는 값이 현재의 최소 값보다 작거나 같을 때만 min 스택에 푸시한다. 이 수정된 알고리즘에서도 현재의 최소 값을 알려면 min 스택의 최상위 항목을 리턴하면 된다. 예를 들어 앞에서와 같이 2, 6, 4, 1, 5를 푸시한 상태에서 1을 다시 푸시해보자.

Main 스택	Min 스택
1 → top	
5	
1	
4	1 → top
6	1
2	2

앞의 스택에서 팝을 하면 1 == 1이므로 두 스택 모두에서 팝한다. 결과는 다음과 같다.

Main 스택	Min 스택
5 → top	
1	
4	
6	1 → top
2	2

다시 팝을 하면 5 > 1이므로 주 스택에서만 팝한다.

Main 스택	Min 스택
1 → top	
4	
6	1 → top
2	2

다시 팝을 하면 1 == 1이므로 두 스택 모두에서 팝한다.

Main 스택	Min 스택
4 → top	
6	
2	2 → top

> **참고**
> 차이점은 푸시와 팝 연산에만 있다.

```java
public class AdvancedStack extends Stack{
    private Stack elementStack = new LLStack();
    private Stack minStack = new LLStack();
    public void Push(int data){
        elementStack.push(data);
        if(minStack.isEmpty() || (Integer)minStack.top() >=
           (Integer)data){
            minStack.push(data);
        }
    }
    public int Pop(){
        if(elementStack.isEmpty())
            return null;
        Integer minTop = (Integer) minStack.top();
        Integer elementTop = (Integer) elementStack.top();
        if(minTop.intValue() == elementTop.intValue())
            minStack.pop();
        return elementStack.pop();
    }
    public int GetMinimum(){
        return minStack.top();
    }
    public int Top(){
        return elementStack.top();
    }
    public boolean isEmpty(){
        return elementStack.isEmpty();
    }
}
```

시간 복잡도: $O(1)$

공간 복잡도: min 스택을 위해 $O(n)$. 새 최소 값이나 이와 같은 값이 잘 나오지 않는다면 이 알고리즘은 공간을 훨씬 더 잘 활용한다.

문제-8 a와 b로 구성된 문자열이 있다. 이 문자열엔 특별한 문자 X가 있어서 문자열의 중앙을 표시한다(예: ababa...ababXbabab...baaa). 이 문자열이 회문(palindrome)인지 아닌지 검사하라.

해답: 이것은 간단한 알고리즘이다. 두 개의 인덱스를, 하나는 문자열 처음, 다른 하나는 문자열 끝부터 사용한다. 매번 두 인덱스가 가리키는 값이 같은지 다른지 살펴본다. 두 값이 다르다면 주어진 문자열은 회문이 아니다. 두 값이 같다면 왼쪽 인덱스는 증가, 오른쪽 인덱스는 감소시킨다. 이 과정을 두 인덱스가 중앙(X)에서 만나거나 문자열이 회문이 아님이 밝혀질 때까지 반복한다.

```
int isPalindrome(String inputStr) {
    int i=0, j = inputStr.length;
    while(i < j && A[i] == A[j]) {
        i++;
        j--;
    }
    if(i < j) {
        System.out.println("Not a Palindrome");
        return 0;
    } else {
        System.out.println("Palindrome");
        return 1;
    }
}
```

시간 복잡도: $O(n)$

공간 복잡도: $O(1)$

문제-9 문제-8에서 입력이 단일 연결 리스트라면 어떻게 리스트가 회문인지 아닌지 검사할 수 있는가? 즉 이 경우 뒤로 움직이는 것이 불가능하다.

해답: 3장 연결 리스트를 참고하자.

문제-10 문제-8을 스택을 사용하여 풀 수 있는가?

해답: 그렇다.

알고리즘

- X를 만날 때까지 리스트를 탐색한다.
- 탐색하면서 (X까지의) 모든 항목을 스택에 넣는다.
- 리스트의 두 번째 절반에 대하여 각 항목을 스택의 최상위 항목과 비교한다. 둘이 같다면 스택을 팝하고 리스트의 다음 항목으로 진행한다.
- 둘이 같지 않다면 주어진 문자열은 회문이 아니다.
- 스택이 비거나 문자열이 회문이 아니라고 밝혀질 때까지 반복한다.

```
boolean isPalindrome(String inputStr){
    char inputChar[] = inputStr.toCharArray();
    Stack s = new LLStack();
    int i=0;
    while(inputChar[i] != 'X'){
        s.push(inputChar[i]);
        i++;
    }
    i++;
    while(i<inputChar.length){
        if(s.isEmpty()) return false;
        if(inputChar[i] != ((Character)s.pop()).charValue())
            return false;
        i++;
    }
    return true;
}
```

시간 복잡도: $O(n)$

공간 복잡도: $O(n/2) \approx O(n)$

문제-11 스택 연산(푸시와 팝)만을 사용하여 주어진 스택의 모든 항목의 순서를 뒤집으려면 어떻게 해야 하는가?

해답:

알고리즘

- 스택이 빌 때까지 모든 항목을 팝한다.
- 재귀과정에서 위로 돌아오는 단계마다 그 항목을 스택의 밑에 넣는다.

```
public class StackReversal {
    public static void reverseStack(Stack stack){
        if(stack.isEmpty()) return;
        int temp = stack.pop();
        reverseStack(stack);
        insertAtBottom(stack, temp);
    }
    private static void insertAtBottom(Stack stack , int data){
        if(stack.isEmpty()){
            stack.push(data);
            return;
        }
        int temp = stack.pop();
```

```
            insertAtBottom(stack, data);
            stack.push(temp);
        }
}
```

시간 복잡도: $O(n^2)$

공간 복잡도: 재귀적 스택 때문에 $O(n)$

문제-12 스택 두 개를 사용해서 큐를 효율적으로 구현하는 법을 알아보자. 큐 연산의 수행 시간을 분석하라.

해답: 5장을 참고하자.

문제-13 두 개의 큐를 사용해서 스택을 효율적으로 구현하는 법을 알아보자. 스택 연산의 수행 시간을 분석하라.

해답: 5장을 참고하자.

문제-14 배열 하나로 스택 두 개를 구현하려면 어떻게 해야 하는가? 배열의 모든 공간이 사용되기 전에는 예외가 발생해선 안 된다.

해답:

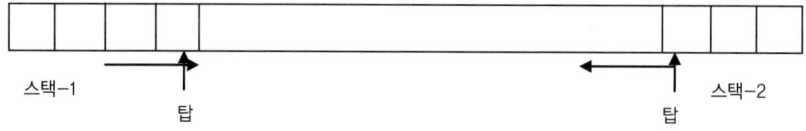

알고리즘

- 하나는 왼쪽 끝, 다른 하나는 오른쪽 끝에서 시작하는 두 개의 인덱스를 사용한다.
- 왼쪽 인덱스는 첫 번째 스택의 동작을 따라가고, 오른쪽 인덱스는 두 번째 스택의 동작을 따라간다.
- 첫 번째 스택에 항목을 푸시하려면 왼쪽 인덱스 쪽에 항목을 추가한다.

- 이와 유사하게 두 번째 스택에 항목을 푸시하려면 오른쪽 인덱스 쪽에 항목을 추가한다.
- 첫 번째 스택은 오른쪽으로 자라고 두 번째 스택은 왼쪽으로 자란다.

양쪽 스택 모두에 푸시하고 팝할 때 시간 복잡도는 $O(1)$이며, 공간 복잡도는 $O(1)$이다.

```java
public class ArrayWithTwoStacks{
    private int[] dataArray;
    private int size;
    private int topOne;
    private int topTwo;
    public ArrayWithTwoStacks(int size){
        if(size<2) throw new IllegalStateException("size < 2
            is no persmissible");
        dataArray = new int[size];
        this.size = size;
        topOne = -1;
        topTwo = size;
    }
    public void push(int stackId, int data){
        if(topTwo == topOne+1) throw new
            StackOverflowException("Array is full");
        if(stackId == 1){
            dataArray[++topOne] = data;
        }else if(stackId == 2){
            dataArray[--topTwo] = data;
        }else return;
    }
    public int pop(int stackId){
        if(stackId == 1){
            if(topOne == -1) throw new
                EmptyStackException("First Stack is Empty");
            int toPop = dataArray[topOne];
            dataArray[topOne--] = null;
            return toPop;
        }else if(stackId == 2){
            if(topTwo == this.size) throw new
                EmptyStackException("Second Stack is Empty");
            int toPop = dataArray[topTwo];
            dataArray[topTwo++] = null;
            return toPop;
        }else return null;
    }
    public int top(int stackId){
        if(stackId == 1){
            if(topOne == -1) throw new
```

```
                    EmptyStackException("First Stack is Empty");
                return dataArray[topOne];
            }else if(stackId == 2){
                if(topTwo == this.size)
                    throw new EmptyStackException("Second Stack
                        is Empty");
                return dataArray[topTwo];
            }else return null;
        }
        public boolean isEmpty(int stackId){
            if(stackId == 1){
                return topOne == -1;
            }else if(stackId == 2){
                return topTwo == this.size;
            }else return true;
        }
    }
```

문제-15 한 배열 안의 3 스택: 하나의 배열 안에 스택 3개를 어떻게 구현하는가?

해답: 이 문제는 여러 풀이법이 있다. 다음은 가능한 방법 중 한 가지이며 배열에 빈 공간이 있는 한 동작한다.

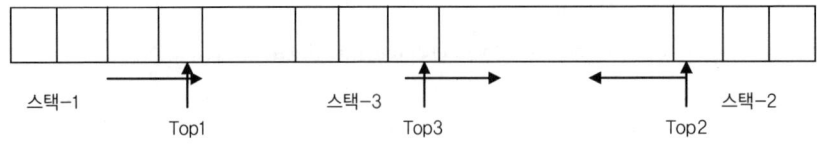

세 개의 스택을 구현하기 위해 다음의 정보를 유지한다.

- 첫 번째 스택의 인덱스(Top1): 이것은 첫 번째 스택의 크기를 가리킨다.
- 두 번째 스택의 인덱스(Top2): 이것은 두 번째 스택의 크기를 가리킨다.
- 세 번째 스택의 시작 인덱스(세 번째 스택의 기본 주소)
- 세 번째 스택의 탑 인덱스(Top3)

이제, 이 구현에서의 푸시와 팝 연산을 정의해보자.

푸시

- 첫 번째 스택에 푸시하려면 이 새 항목이 세 번째 스택 영역을 침범하는지 확인해야 한다. 만약 그렇다면, 세 번째 스택을 위쪽으로 이동시켜야 한다. 새 항목은 (start1 + Top1)에 삽입된다.
- 두 번째 스택에 푸시하려면 이 새 항목이 세 번째 스택 영역을 침범하는지 확인해야 한다. 만약 그렇다면, 세 번째 스택을 아래쪽으로 이동시켜야 한다. 새 항목은 (start2 - Top2)에 삽입된다.
- 세 번째 스택에 푸시하려면 이 새 항목이 두 번째 스택 영역을 침범하는지 확인해야 한다. 만약 그렇다면, 세 번째 스택을 아래쪽으로 이동시키고 다시 푸시를 시도한다. 새 항목은 (start3 + Top3)에 삽입된다.

시간 복잡도: 세 번째 스택을 조정해야 할 수 있기 때문에 $O(n)$

공간 복잡도: $O(1)$

팝: 팝할 때는 스택을 이동시킬 필요가 없고 적절한 스택의 크기만 줄이면 된다.

시간 복잡도: $O(1)$

공간 복잡도: $O(1)$

한 가지 구현 방법:

```java
public class ArrayWithThreeStacks {
    private int[] dataArray;
    private int size, topOne, topTwo, baseThree, topThree;
    public ArrayWithThreeStacks(int size){
        if(size<3) throw new IllegalStateException("Size < 3 is no persmissible");
        dataArray = new int[size];
        this.size = size;
        topOne = -1;
        topTwo = size;
        baseThree = size/2;
        topThree = baseThree;
    }
    public void push(int stackId, int data){
```

```
            if(stackId == 1){
                if(topOne+1 == baseThree){
                    if(stack3IsRightShiftable()){
                        shiftStack3ToRight();
                        dataArray[++topOne] = data;
                    }else throw new StackOverflowException("Stack1
                        has reached max limit");
                }else dataArray[++topOne] = data;
            }else if(stackId == 2){
                if(topTwo-1 == topThree){
                    if(stack3IsLeftShiftable()){
                        shiftStack3ToLeft();
                        dataArray[--topTwo] = data;
                    }else throw new StackOverflowException("Stack2
                        has reached max limit");
                }else dataArray[--topTwo] = data;
            }else if(stackId == 3){
                if(topTwo-1 == topThree){
                    if(stack3IsLeftShiftable()){
                        shiftStack3ToLeft();
                        dataArray[++topThree] = data;
                    }else throw new StackOverflowException("Stack3
                        has reached max limit");
                }else dataArray[++topThree] = data;
            }else return;
        }
        public int pop(int stackId){
            if(stackId == 1){
                if(topOne == -1) throw new
                    EmptyStackException("First Stack is Empty");
                    int toPop = dataArray[topOne];
                    dataArray[topOne--] = null;
                    return toPop;
            }else if(stackId == 2){
                if(topTwo == this.size) throw new
                    EmptyStackException("Second Stack is
                    Empty");
                    int toPop = dataArray[topTwo];
                    dataArray[topTwo++] = null;
                    return toPop;
            }else if(stackId == 3){
                if(topThree == this.size &&
                    dataArray[topThree] == null)
                throw new EmptyStackException("Third Stack
                    is Empty");
                int toPop = dataArray[topThree];
                if(topThree > baseThree)
                    dataArray[topThree--] = null;
                if(topThree == baseThree)
                    dataArray[topThree] = null;
                return toPop;
            }else return null;
```

```java
            }
            public int top(int stackId){
                    if(stackId == 1){
                    if(topOne == -1) throw new
                        EmptyStackException("First Stack is Empty");
                    return dataArray[topOne];
                }else if(stackId == 2){
                    if(topTwo == this.size)
                        throw new EmptyStackException("Second Stack is
                            Empty");
                    return dataArray[topTwo];
                }else if(stackId == 3){
                    if(topThree == baseThree && dataArray[baseThree]
                        == null)
                        throw new EmptyStackException("Third Stack is
                            Empty");
                    return dataArray[topThree];
                }else return null;
            }
            public boolean isEmpty(int stackId){
                if(stackId == 1){
                    return topOne == -1;
                }else if(stackId == 2){
                    return topTwo == this.size;
                }else if(stackId == 3){
                    return (topThree == baseThree) &&
                        (dataArray[baseThree] == null);
                }else return true;
            }
            private void shiftStack3ToLeft() {
                for(int i=baseThree-1; i<=topThree-1;i++){
                    dataArray[i] = dataArray[i+1];
                }
                dataArray[topThree--] = null;
                baseThree--;
            }
            private boolean stack3IsLeftShiftable() {
                if(topOne+1 < baseThree){
                    return true;
                }
                return false;
            }
            private void shiftStack3ToRight() {
                for(int i=topThree+1; i>=baseThree+1;i--){
                    dataArray[i] = dataArray[i-1];
                }
                dataArray[baseThree++] = null;
                topThree++;
            }
            private boolean stack3IsRightShiftable() {
                if(topThree+1 < topTwo){
                    return true;
```

```
        }
        return false;
    }
}
```

문제-16 문제-15에서 가운데 스택을 구현하는 다른 방법이 있는가?

해답: 그렇다. (오른쪽으로 자라는) 왼쪽 스택이나 (왼쪽으로 자라는) 오른쪽 스택이 가운데 스택과 충돌하면 가운데 스택을 움직여 공간을 만들어야 한다. 가운데 스택에 푸시할 때 오른쪽 스택과 충돌하는 경우에도 똑같이 해야 한다. 이 문제(이동 횟수)를 풀려면 푸시 방법을 수정해서 가운데 스택의 다른 쪽에 항목이 추가될 수 있게 할 수 있다 (예를 들어 짝수 항목은 왼쪽, 홀수 항목은 오른쪽에 추가되도록). 이 방법은 가운데 스택이 중앙에 균형 잡히게 할 수 있지만 자신이 자라거나 다른 스택이 자라서 왼쪽이나 오른쪽 스택과 충돌하면 역시 이동시켜야 한다.

만약 세 스택이 서로 다른 속도로 자라거나 줄어들고 서로 다른 평균 크기를 갖는다면 세 스택의 초기 위치를 최적화시킬 수 있다. 예를 들어 한 스택이 별로 바뀌지 않는다고 하자. 이 스택을 왼쪽에 놓으면 가운데 스택이 푸시되면서 서로를 향해 자라가는 가운데 스택과 오른쪽 스택 사이에 공간을 두게 된다. 그 둘이 충돌한다면 배열에 빈 공간이 없을 때일 가능성이 높다. 시간 복잡도에는 변화가 없지만 평균 이동 횟수는 감소하게 된다.

문제-17 한 배열 안의 여러 개(m개)의 스택: 문제-15와 유사하게 한 배열 안에 m 개의 스택을 구현하려면 어떻게 해야 하는가?

해답: 배열 인덱스가 1에서 n까지라고 하자. 문제-15의 논의와 유사하게 한 배열 안에 m개의 스택을 구현하려면 배열을 m개의 부분으로(아래 그림처럼) 나눈다. 각 부분의 크기는 n/m이다.

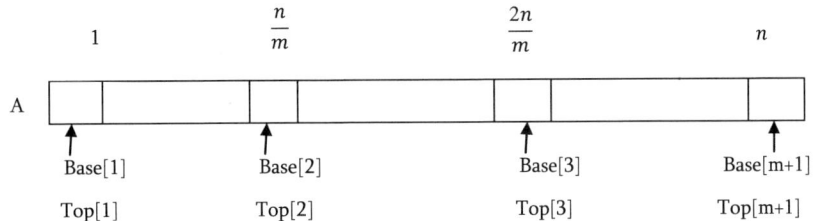

앞의 그림에서 첫 번째 스택이 인덱스 1에서 시작하는 것을 볼 수 있고(시작 인덱스는 Base[1]에 저장된다), 두 번째 스택은 인덱스 n/m에서 시작(시작 인덱스는 Base[2]에 저장), 세 번째 스택은 인덱스 $2n/m$에서 시작(시작 인덱스는 Base[3])하는 것을 볼 수 있다. Base 배열과 유사하게 Top 배열에는 각 스택의 탑 인덱스가 저장된다. 정리하면 다음과 같다.

- $1 <= i <= m$인 Top[i]는 스택 i의 최상위 항목을 가리킨다.
- Base[i] == Top[i]라면 스택 i가 비었다는 뜻이다.
- Top[i] == Base[i+1]이라면 스택 i가 가득 찼다는 뜻이다.
- 가장 처음엔, $1 <= i <= m$에 대해 Base[i] = Top[i] = $\frac{n}{m}(i - 1)$이다.
- i번째 스택은 Base[i]+1으로부터 Base[i+1] 쪽으로 자란다.

*i*번째 스택에 푸시하기

1) *i*번째 스택에 푸시하려면 *i*번째 스택의 탑이 Base[i+1]을 가리키는지(이 경우엔 *i*번째 스택이 가득찼다는 뜻) 검사해야 한다. 즉 새 항목을 추가할 때 *i*번째 스택이 *i* + 1번째 스택에 충돌하는지 확인해야 한다는 뜻이다. 만약 그렇다면, *i* + 1번째 스택을 *m*번째 스택 방향인 오른쪽으로 옮겨야 한다. 새 항목은 (Base[i] + Top[i]) 위치에 삽입된다.

2) 오른쪽으로 옮기는 것이 불가능하다면 1에서 *i* - 1번째 스택을 왼쪽으로 옮겨야 한다.

3) 두 가지 모두 불가능할 경우엔 모든 스택이 가득 찬 것이다.

```
void Push(int StackID, int data) {
    if(Top[i] == Base[i+1])
        Print i^th Stack is full and does the necessary action
(shifting);
    Top[i] = Top[i]+1;
    A[Top[i]] = data;
}
```

시간 복잡도: 스택들을 조절해야 할 수도 있기 때문에 $O(n)$

공간 복잡도: $O(1)$

i번째 스택에서 팝하기: 팝할 때는 스택을 옮길 필요는 없고 적절한 스택의 크기를 줄이기만 하면 된다. 스택이 빈 경우만 검사하면 된다.

```
int Pop(int StackID) {
    if(Top[i] == Base[i])
        Print i^th Stack is empty;
    return   A[Top[i]--];
}
```

시간 복잡도: $O(1)$

공간 복잡도: $O(1)$

문제-18 정수가 저장되는 빈 스택이 하나 있다. 숫자 1, 2, 3, 4, 5, 6이 왼쪽에서 오른쪽의 순서로 이 스택에 푸시되어 있다고 하자. S는 푸시를, X는 팝 연산을 뜻한다고 하자. 이 숫자들이 325641(출력)이나 154623으로 재배열될 수 있는가? 만약 재배열이 가능하다면 연산 문자열을 제시하라.

해답: SSSXXSSXSXXX는 325641을 출력한다. 154623은 출력될 수 없다. 2는 3 전에 푸시되었으므로 3이 출력된 다음에만 출력될 수 있다.

문제-19 두 개의 단일 연결 리스트가 있는데 어느 지점에서는 두 리스트가 교차해서 하나의 단일 연결 리스트가 된다고 가정하자. 각 리스트의 '머리' 즉 시작 포인터는 알려져 있지만 교차하는 노드는 알려져 있지 않다. 또한 각 리스트의 교차점 이전까지의 노드 수 역시 알려져 있지 않으며, 두 리스트의 노드 수가 다를 수 있다. List1은 교차점 전에 n 노드가 있고 List2는 교차점 이전에 m 노드가 있는데 m = n일 수도, m < n 이거나 m > n일 수도 있다. 이 합쳐지는 지점을 스택을 사용해서 찾을 수 있는가?

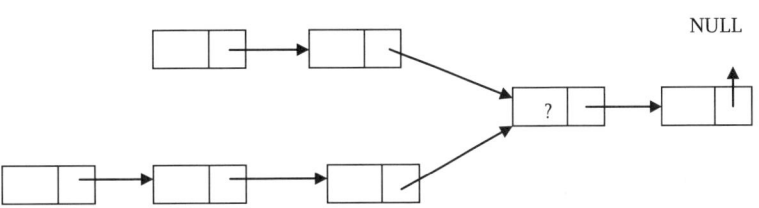

해답: 그렇다. 알고리즘은 3장을 참고하자.

문제-20 이 장의 앞부분에서 동적 배열을 이용한 스택 구현을 위해 반복적인 두 배 확장 기법을 사용했다. 같은 문제에 대하여 새 배열을 두 배가 아닌 n + K의 크기로 만들 경우 복잡도는 어떻게 되는가?

해답: 초기 스택 크기가 0이라고 가정하고, K = 10이라고 하자. 새 항목을 추가하기 위해 크기가 0 + 10 = 10인 새 배열을 만든다. 유사하게 10개의 항목 이후에는 크기가 10 + 10 = 20인 새 배열을 만든다. 이 과정이 30, 40...의 경우에 반복된다. 즉 주어진 n에 대해 새 배열을, $\frac{n}{10}, \frac{n}{20}, \frac{n}{30}, \frac{n}{40}$ ...일 때 만든다. 복사 연산의 총 횟수는 다음과 같다.

$$= \frac{n}{10} + \frac{n}{20} + \frac{n}{30} + \cdots 1 = \frac{n}{10}(\frac{1}{1} + \frac{1}{2} + \frac{1}{3} + \ldots \frac{1}{n}) = \frac{n}{10}\log n \approx O(n\log n)$$

n번 푸시 연산을 수행하면, 각 연산의 비용은 $O(\log n)$이다.

문제-21 S가 푸시 연산, X가 팝 연산을 나타낸다고 하자. n개의 S와 n개의 X로 구성된 문자열이 주어졌고 스택은 처음엔 비어 있었다. 주어진 문자열 S의 연산이 가능한지 아닌지 검사하는 규칙을 만들자.

해답: 길이가 2n인 주어진 문자열에 대해 주어진 문자의 연산이 스택에 대해 허용 가능한지 아닌지를 알아보려 한다. 제한이 있는 연산은 팝인데 스택이 빈 경우엔 이루어질 수 없기 때문이다. 그러므로 왼쪽에서 오른쪽으로 문자열을 탐색하는 동안 어떤 팝 연산 전에도 스택이 비

어 있지 않아야, 즉 S의 개수가 항상 X의 개수보다 크거나 같아야 한다. 따라서 조건은 문자열을 처리하는 어떤 단계에서든지 푸시 연산(S)의 개수가 팝 연산(X)의 개수보다 커야만 한다.

문제-22 스팬(Span) 찾기: 주어진 배열 A에 대해 $A[i]$의 스팬 $S[i]$는 $A[j] <= A[i]$인, $A[i]$ 직전에 있는 연속된 항목 $A[j]$의 최대 개수이다.

해답:

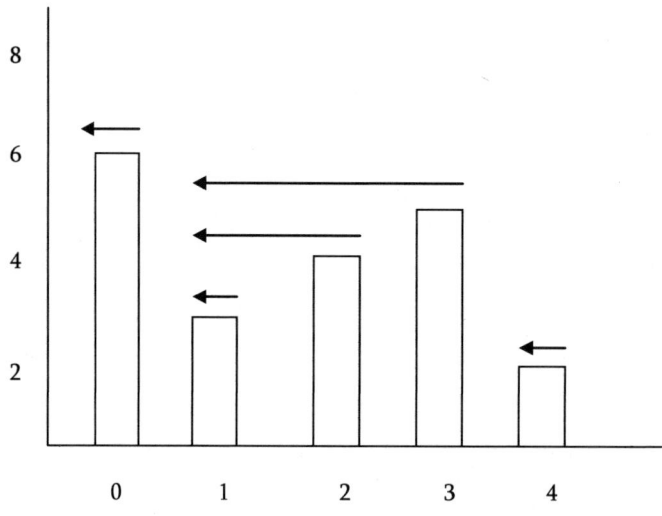

Day: Index i	Input Array A[i]	S[i]: Span of A[i]
0	6	1
1	3	1
2	4	2
3	5	3
4	2	1

이 문제는 흔히 주식시장에서 정점을 찾을 때 사용하는데, 특히 스팬은 재무 분석에서 많이 응용된다(예를 들어 52주 연속 상한가인 주식). 어떤 날의 스팬 i는 주가가 i일 때의 가격보다 작거나 같은(오늘까지의) 연속된 날의 최대 수이다. 예를 들어 앞의 표와 다이어그램을 살

펴보자. 이 그림에서 화살표는 스팬의 길이를 나타낸다. 이제 스팬을 찾는 알고리즘에 집중하자. 한 가지 간단한 방법은 매일 현재 가격보다 낮은 주가의 연속된 날이 며칠인지 검사하는 것이다.

알고리즘

```java
int[] FindingSpans(int[] inputArray){
    int[] spans = new int[inputArray.length];
    for(int i=0;i<inputArray.length;i++){
        int span = 1;
        int j=i-1;
        while(j>=0 && inputArray[j]<=inputArray[j+1]){
            span++;
            j--;
        }
        spans[i] = span;
    }
    return spans;
}
```

시간 복잡도: $O(n^2)$

공간 복잡도: $O(1)$

문제-23 문제-22의 복잡도를 개선할 수 있는가?

해답: 앞의 예제에서, i일의 스팬 $S[i]$는 주가가 i일의 가격보다 큰, i에 가장 가까운 날을 알면 쉽게 계산될 수 있다. 그런 날을 P라고 하자. 그런 날이 존재한다면 스팬은 이제 $S[i] = i - P$로 정의된다.

알고리즘

```java
int[] FindingSpans(int[] inputArray){
    int[] spans = new int[inputArray.length];
    Stack stack = new LLStack();
    int p = 0;
    for(int i=0;i<inputArray.length;i++){
        while (!stack.isEmpty() && inputArray[i] > inputArray[(Integer) stack.top()])
            stack.pop();
        if(stack.isEmpty())
            p = -1;
        else p = (Integer) stack.top();
        spans[i] = i - p;
        stack.push(i);
    }
    return spans;
}
```

시간 복잡도: 배열의 각 인덱스는 정확히 한 번 스택에 푸시되고 스택으로부터 최대 한 번 팝된다. while 루프의 구문이 최대 n번 수행된다. 이 알고리즘에 중첩된 루프가 있지만 내부 루프가 n번만 수행되므로 (예를 하나 추적하면서 내부 루프가 몇 번이나 성공하는지 보자) 시간 복잡도는 $O(n)$이다.

공간 복잡도: 스택을 위해 $O(n)$

문제-24 히스토그램(Histogram) 다음 가장 큰 사각형: 히스토그램은 공통의 기준선으로 정렬된 사각형의 순열로 구성된 다각형이다. 여기서는 모든 사각형의 너비가 같고 높이만 다르다고 가정하자. 예를 들어 왼쪽의 그림은 너비가 1, 높이 3, 2, 5, 6, 1, 4, 4인 사각형으로 구성된 히스토그램이라고 하자. 문제는 (너비가 1이라고 할 때) 사각형의 높이로 구성된 배열이 주어지면, 가장 큰 사각형을 찾아야 한다는 것이다. 주어진 예에서 가장 큰 사각형은 공유된 부분이다.

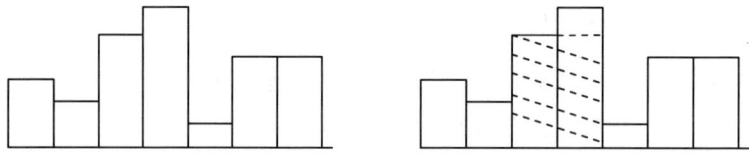

해답: 불완전한 하위 문제들의 스택을 이용한 선형 검색: 이 문제를 푸는 여러 가지 방법이 있다. 저지(Judge)는 스택에 기반한 훌륭한 알고리즘을 제시했다. 항목들을 왼쪽에서 오른쪽 순서로 처리하며 시작되었지만 끝나지 않은 하위 히스토그램에 대한 정보를 담는 스택을 관리한다.

스택이 비었다면, 항목을 스택에 푸시하여 새로운 하위 문제를 시작한다. 그렇지 않다면, 항목을 스택의 최상위 항목과 비교한다. 새 항목이 더 크다면 다시 푸시한다. 새 항목이 같으면 생략한다. 이렇게 계속 진행하면서 새 항목이 더 작다면, 스택의 최상위 항목에 맞게 최대 영역을 업데이트하여 최상위 하위 문제를 끝낸다. 그런 다음, 최상위 항목을 버리고 현재의 새 항목에 대해 이 과정을 반복한다. 이렇게 하면 모든 하위 문제들은 스택이 비거나 최상위 항목이 새 항목보다 작거나 같을 때까지 위에서 설명한 동작을 하면서 종료된다. 모든 항목이 처리되었지만 스택이 여전히 비어 있다면 현재의 최상위 항목에 맞게 최대 영역을 업데이트하여 남아 있는 하위 문제를 종료한다.

```java
public class StackItem {
    public int height;
    public int index;
}
int MaxRectangleArea(int A[], int n){
    long maxArea = 0;
    if(A == null || A.length == 0)
        return maxArea;
    Stack<StackItem> S = new Stack<StackItem>();
    S.push(new StackItem(Integer.MIN_VALUE, -1));
    for(int i = 0; i <= n; i++) {
        StackItem cur = new StackItem((i < n ? A[i] :
            Integer.MIN_VALUE), i);
        if(cur.height > S.top().height) {
            S.push(cur);
            continue;
        }
        while(S.size() > 1) {
            StackItem prev = S.top();
            long area = (i - prev.index) * prev.height;
            if(area > maxArea) {
                maxArea = area;
            }
            prev.height = cur.height;
            if(prev.height > S.get(S.size() - 2).height) {
                break;
            }
            S.pop();
        }
    }
    return maxArea;
}
```

모든 항목은 최대 한 번 푸시되고 팝되며, 함수의 매 단계에서 최소 한 개의 항목이 푸시되거나 팝된다. 결정하고 업데이트하는 작업의 시간이 상수이므로 알고리즘의 복잡도는 상환 분석에 의해 $O(n)$이고, 공간 복잡도는 스택을 위해 $O(n)$이다.

문제-25 오름차순으로 스택을 정렬하기 위한 알고리즘을 알아보자. 스택을 구현 방법에 관해 어떤 가정도 하지 않는다.

해답:

```
public class StackSorter {
    public static Stack sort(Stack s) {
        LLStack r = new LLStack();
        while(!s.isEmpty()) {
            int tmp = (Integer) s.pop();
            while(!r.isEmpty() && (Integer) r.top() > tmp) {
                s.push(r.pop());
            }
            r.push(tmp);
        }
        return r;
    }
}
```

시간 복잡도: $O(n^2)$

공간 복잡도: 스택을 위해 $O(n)$

5장

Data Structures and Algorithms Made Easy for JAVA

큐

5.1 큐란 무엇인가?

큐(Queue)는 (연결 리스트와 스택과 유사하게) 데이터를 저장하는 데이터 구조이다. 큐에서는 데이터가 도착하는 순서가 중요하다. 일반적으로 큐는 사람들이나 물건들이 한 줄로 서서 차례를 기다리는 것과 비슷하다.

정의: 큐는 데이터의 삽입이 한쪽 끝(뒤, rear)에서 이루어지고 삭제는 다른 쪽 끝(앞, front)에서 이루어지는 정렬된 리스트이다. 가장 처음 삽입된 항목이 맨 먼저 삭제된다. 그러므로 선입선출(FIFO, First In First Out)이나 후입후출(LILO, Last in Last out) 리스트라고 불린다.

스택에서처럼 큐는 두 가지 동작의 종류가 있다. 항목이 큐에 삽입될 때, 인큐(EnQueue)라고 하고, 항목이 큐로부터 제거될 때, 디큐(DeQueue)라고 한다. 빈 큐로부터 디큐하려고 하는 것을 언더플로우(underflow)라고 부르고, 꽉 찬 큐에 항목을 인큐하려고 하는 것을 오버플로우(overflow)라고 하는데, 일반적으로 예외로 처리된다. 다음 그림은 인큐와 디큐를 포함한 큐의 구조이다.

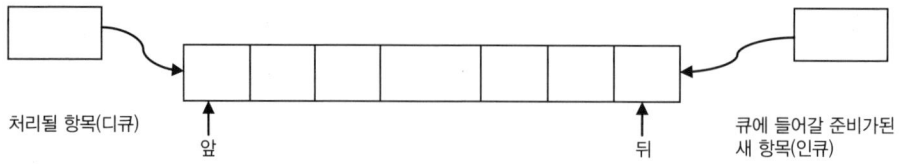

처리될 항목(디큐)　앞　　　　　　　　뒤　큐에 들어갈 준비가된 새 항목(인큐)

5.2 큐는 어떻게 사용되는가?

큐의 개념은 흔히 예약 접수대의 줄로 설명할 수 있다. 이미 사람들이 대기하고 있는 예약 접수대에 여러분도 줄을 선다고 가정하자. 그럼 일단 줄의 맨 끝에 위치해야 한다. (큐의 기본 동작에 따라) 줄의 가장 앞에 있는 사람이 가장 먼저 접수할 사람이며, 한 사람씩 접수를 하며 줄을 빠져 나갈 것이다. 그렇게 접수한 사람들이 빠져 나가며(큐가 조정되면서), 순서에 따라 줄에 서 있는 사람들이 앞쪽으로 움직인다. 이렇게 우리 앞에 있는 사람들이 모두 접수를 마치면, 마침내 우리가 서 있는 위치가 가장 앞이 되어 접수(큐에서 나감)를 할 수 있다.

큐는 데이터의 순서를 유지해야 할 필요가 있는 경우에 매우 유용하다.

5.3 큐 ADT

다음의 연산들이 큐 ADT이다. 큐에 하는 삽입과 삭제는 선입선출(FIFO) 개념을 반드시 따라야 한다. 이해를 돕기 위해 항목은 정수라고 가정하자.

큐의 주된 연산들
- EnQueue(int data): 큐의 가장 끝에 항목을 삽입한다.
- int DeQueue(): 큐의 가장 앞의 항목을 제거하고 리턴한다.

큐의 보조 연산들
- int Front(): 큐의 가장 앞에 있는 항목을 제거하지 않고 리턴한다.
- int QueueSize(): 저장된 항목의 개수를 리턴한다.
- int IsEmptyQueue(): 저장된 항목이 없는지를 나타낸다.

5.4 예외들

다른 ADT들과 유사하게 빈 큐에 대하여 디큐하려고 시도하면 '빈 큐 예외(Empty Queue Exception)'가 발생하고, 꽉 찬 큐에 인큐하려고 하면 '꽉찬 큐 예외(Full Queue Exceptoin)'가 발생한다.

5.5 큐의 적용 사례들

다음은 큐가 사용되는 적용 사례들이다.

직접적인 적용 사례들
- (우선순위가 같은) 시스템 예약 작업 도착 순서대로 처리하기(예: 프린트 큐)
- 매표소의 줄이나 또는 먼저 온 순서대로 서비스를 받는 실제 세계 상황을 시뮬레이션하기 위해 큐가 사용된다.
- 멀티프로그래밍
- 비동기적 데이터 전송(파일 입출력, 파이프, 소켓)
- 고객 센터에서 고객의 대기 시간
- 수퍼마켓에서 계산대 점원 수 결정하기

간접적인 적용 사례들
- 알고리즘을 위한 보조적 데이터 구조
- 다른 데이터 구조의 구성 요소

5.6 큐의 구현

(스택과 유사하게) 큐를 구현하는 데에도 많은 방법이 있으며 다음은 흔하게 사용되는 방법들이다.

- 간단한 원형 배열에 기초한 구현
- 동적 원형 배열에 기초한 구현
- 연결 리스트 구현

왜 원형 배열인가?

먼저, 스택에서 사용했던 것처럼 단순한 배열을 사용할 수 있는지 살펴보자. 여러분은 큐의 삽입은 한쪽 끝에서, 삭제는 다른 쪽 끝에서 이루어진다는 것을 알고 있다. 그런데 몇 번의 삽입과 삭제 연산 뒤에 다음 그림과 같은 상황에 처하는 경우가 많다. 즉 배열의 앞쪽 공간이 낭비되는 현상이다. 그러므로 기본 배열로 큐를 구현하는 것은 좋지 않다.

이 문제는 원형 배열로 해결할 수 있는데, 원형 배열은 마지막 항목과 첫 번째 항목이 연결되는 형태이다. 이를 이용하여 앞쪽에 빈 공간이 있으면 뒤(rear) 포인터가 다음 빈 공간으로 쉽게 이동할 수 있다.

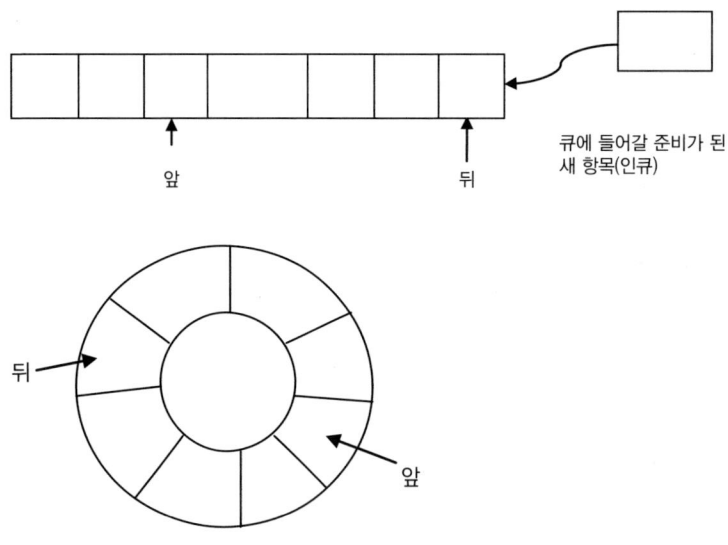

> **참고**
>
> 간단한 원형 배열이나 동적 원형 배열 구현은 스택 배열 구현과 무척 유사하다. 자세한 내용은 4장을 참고하자.

간단한 원형 배열 구현

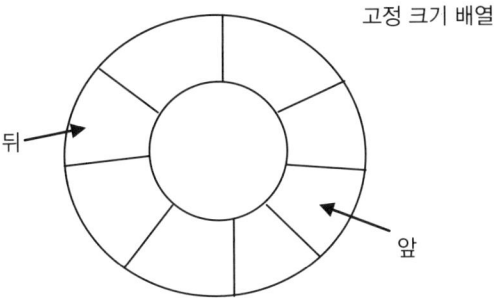

앞의 그림에서 볼 수 있는, 큐 ADT의 구현 예에서는 배열을 하나 사용한다. 이 배열에서 항목을 원형으로 추가하고, 두 개의 변수를 사용하여 첫 항목과 끝 항목을 가리킨다. 일반적으로 앞이 첫 항목을 가리키는 데 사용되고 뒤가 큐의 끝 항목을 가리키기 위해 사용된다. 큐 항목을 저장하는 배열은 가득 찰 수 있다. 이럴 때 인큐 연산이 '꽉찬 큐 예외'를 발생시킨다. 비슷하게, 빈 큐로부터 항목을 삭제하려면 '빈 큐 예외'를 발생시킨다.

> **참고**
> 가장 처음에, 앞과 뒤 포인터 모두 -1을 가리키게 하여 큐가 비었다는 것을 알린다.

```java
public class ArrayQueue {
    private int front;
    private int rear;
    private int capacity;
    private int [] array;
    private ArrayQueue(int size){
        capacity = size;
        front = -1;
        rear = -1;
        array = new int [size];
    }
    public static ArrayQueue createQueue(int size){
        return new ArrayQueue(size);
    }
    public boolean isEmpty(){
        return (front == -1);
    }
    public boolean isFull(){
        return ((rear+1)%capacity == front);
```

```
        }
        public int getQueueSize(){
            return((capacity-front+rear+1)%capacity);
        }
        public void enQueue(int data){
            if(isFull()){
                throw new QueueOverflowException("Queue Overflow");
            }else{
                rear = (rear+1)%capacity;
                array[rear] = data;
                if(front == -1){
                    front = rear;
                }
            }
        }
        public int deQueue(){
            int data = null;
            if(isEmpty()){
                throw new EmptyQueueException("Queue Empty");
            }else{
                data = array[front];
                if(front == rear){
                    front = rear-1;
                }else{
                    front = (front+1)%capacity;
                }
            }
            return data;
        }
    }
```

성능과 한계

성능

n이 큐 안의 항목 개수라고 하자.

공간 복잡도(n번의 인큐 연산에 대하여)	$O(n)$
enQueue()의 시간 복잡도	$O(1)$
deQueue()의 시간 복잡도	$O(n)$
isEmpty()의 시간 복잡도	$O(1)$
isFull()의 시간 복잡도	$O(1)$
getQueueSize()의 시간 복잡도	$O(1)$

한계

큐의 최대 크기가 미리 정해져야 하고 바뀔 수 없다. 꽉 찬 큐에 항목을 인큐하려고 하면, 이 구현에만 관련된 예외가 발생한다.

동적 원형 배열 구현

```java
public class DynArrayQueue extends Queue{
    private int front;
    private int rear;
    private int capacity;
    private int[] array;
    private DynArrayQueue(){
        capacity = 1;
        front = -1;
        rear = -1;
        array = new int[1];
    }
    public static DynArrayQueue createDynArrayQueue(){
        return new DynArrayQueue();
    }
    public boolean isEmpty(){
        return (front == -1);
    }
    private boolean isFull(){
        return ((rear+1)%capacity == front);
    }
    public int getQueueSize(){
        if(front == -1) return 0;
        int size = (capacity-front+rear+1)%capacity;
        if(size == 0) {
            return capacity;
        }else return size;
    }
    private void resizeQueue(){
        int initCapacity = capacity;
        capacity*=2;
        int[] oldArray = array;
        array = new int[this.capacity];
        for(int i=0;i<oldArray.length;i++){
            array[i] = oldArray[i];
        }
        if(rear<front){
            for(int i=0;i<front;i++){
                array[i+initCapacity] = this.array[i];
                array[i] = null;
            }
            rear = rear + initCapacity;
        }
    }
```

```
        public void enQueue(int data){
            if(isFull()) resizeQueue();
            rear = (rear+1)%capacity;
            array[rear] = data;
            if(front == -1) front = rear;
        }
        public int deQueue(){
            int data = null;
            if(isEmpty()) throw new EmptyQueueException("Queue Empty");
            else{ data = array[front];
                if(front == rear) front = rear = -1;
                else front = (front+1)%capacity;
            }
            return data;
        }
    }
```

성능

n이 큐 안의 항목의 개수라고 하자.

공간 복잡도(n번의 인큐 연산에 대하여)	$O(n)$
enQueue()의 시간 복잡도	$O(1)$ (평균)
deQueue()의 시간 복잡도	$O(1)$
getQueueSize()의 시간 복잡도	$O(1)$
isEmpty()의 시간 복잡도	$O(1)$
isFull()의 시간 복잡도	$O(1)$

연결 리스트 구현

큐를 구현하는 또 다른 방법은 연결 리스트를 사용하는 것이다. 인큐 연산은 리스트의 맨 끝에 항목을 삽입하여 구현한다. 디큐 연산은 리스트의 가장 앞에서 항목을 삭제하여 구현한다.

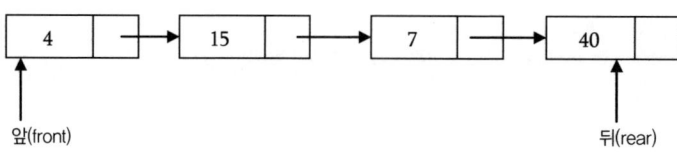

앞(front)   뒤(rear)

```java
public class LLQueue extends Queue {
    private LLNode frontNode; // headNode에 해당
    private LLNode rearNode; // lastNode에 해당
    private LLQueue(){
        this.frontNode = null;
        this.rearNode = null;
    }
    public static LLQueue createQueue(){
        return new LLQueue();
    }
    public boolean isEmpty(){
        return (frontNode == null);
    }
    public void enQueue(int data){
        LLNode newNode = new LLNode(data);
        if(rearNode != null) {
            rearNode.setNext(newNode);
        }
        rearNode = newNode;
        if(frontNode == null) {
            frontNode = rearNode;
        }
    }
    public int deQueue(){
        int data = null;
        if(isEmpty()){
            throw new EmptyQueueException("Queue Empty");
        }else{
            data = frontNode.getData();
            frontNode = frontNode.getNext();
        }
        return data;
    }
}
```

성능

n이 큐 안의 항목의 개수라고 하면, 다음과 같다.

공간 복잡도(n번의 인큐 연산에 대하여)	$O(n)$
enQueue()의 시간 복잡도	$O(1)$ (평균)
deQueue()의 시간 복잡도	$O(1)$
isEmpty()의 시간 복잡도	$O(1)$
deleteQueue()의 시간 복잡도	$O(1)$

각 구현의 비교

> 참고
> 이는 스택의 경우와 매우 비슷하다. 4장을 참고하자.

5.7 큐 연습문제

문제-1 큐인 Q의 항목들의 순서를 뒤집는 알고리즘을 제시하라. 큐에 액세스할 때 큐 ADT의 함수들만을 이용해야 한다.

해답:

```
public class QueueReversal {
    public static Queue reverseQueue(Queue queue){
        Stack stack = new LLStack();
        while(!queue.isEmpty()){
            stack.push(queue.deQueue());
        }
        while(!stack.isEmpty()){
            queue.enQueue(stack.pop());
        }
        return queue;
    }
}
```

시간 복잡도: $O(n)$

문제-2 두 개의 스택으로 큐를 구현하려면 어떻게 하는가?

해답: S1과 S2가 이 큐의 구현에 사용될 스택이라고 하자. 우리가 해야 할 일은 EnQueue와 DeQueue 연산을 정의하는 것이다.

enQueue 알고리즘

- 스택 S1에 푸시한다.

시간 복잡도: $O(1)$

DeQueue 알고리즘

- 스택 S2가 비어 있지 않다면 S2로부터 팝해서 항목을 리턴한다.
- 스택 S2가 비어 있으면 S1의 모든 항목을 S2로 이동시킨 뒤 S2의 최상위 항목을 팝해서 리턴한다(코드를 최적화하려면 S1으로부터 S2

까지 $n - 1$개의 항목만 이동시킨 다음에 S1의 n번째 항목을 팝해서 리턴한다).

· 스택 S1도 비었으면 에러를 발생시킨다.

시간 복잡도: 이 알고리즘에서 스택 S2가 비지 않았으면 복잡도는 $O(1)$이다. 스택 S2가 비었다면 항목들을 S1에서 S2로 이동시켜야 한다. 하지만 주의깊게 관찰하면 이동되는 항목의 수와 S2로부터 팝되는 항목의 수가 같다. 이 평균 때문에 팝 연산의 복잡도는 $O(1)$이다.

팝 연산의 상각 복잡도는 $O(1)$이다.

```java
public class QueueWithTwoStacks {
    Stack stack1;
    Stack stack2;
    public QueueWithTwoStacks(){
        stack1 = new LLStack();
        stack2 = new LLStack();
    }
    // 기본적인 구현
    public boolean isEmpty(){
        if(stack2.isEmpty()){
            while(!stack1.isEmpty()){
                stack2.push(stack1.pop());
            }
        }
        return stack2.isEmpty();
    }
    public void enQueue(Object data){
        stack1.push(data);
    }
    public Object deQueue(){
        if(!stack2.isEmpty()){
            return stack2.pop();
        }else{ while(!stack1.isEmpty()){
            stack2.push(stack1.pop());
        }
        return stack2.pop();
        }
    }
}
```

문제-3 두 개의 큐를 사용해서 효율적으로 스택을 구현하고, 또 스택 연산의 수행 시간을 분석하라.

해답: Q1과 Q2가 스택 구현을 위해 사용될 큐라고 하자. 우리가 해야 할 일은 스택의 푸시와 팝 연산을 구현하는 것이다.

아래 알고리즘에서 하나의 큐는 항상 비어 있어야 한다.

푸시 연산 알고리즘: 두 큐 중 비어 있지 않은 쪽에 항목을 푸시한다.
· Q1이 비었는지 아닌지 검사한다. Q1이 비었다면 항목을 Q2로 인큐 (EnQueue)를 한다.
· 그렇지 않으면 항목을 Q1으로 인큐한다.
시간 복잡도: $O(1)$

팝 연산 알고리즘: n - 1개의 항목을 다른 큐로 옮기고 마지막 항목을 삭제하여 팝한다.
· Q1이 비지 않았으면 n - 1개의 항목을 Q1에서 Q2로 옮기고 나서 Q1의 마지막 항목을 디큐(DeQueue)해서 리턴한다.
· Q2가 비지 않았으면 n - 1개의 항목을 Q2에서 Q1으로 옮기고 나서 Q2의 마지막 항목을 디큐해서 리턴한다.
시간 복잡도: 매번 팝 연산이 수행될 때마다 모든 항목을 한 큐에서 다른 큐로 옮기므로 팝 연산의 수행 시간은 $O(n)$이다.

```
public class StackWithTwoQueues{
    LLQueue queue1;
    LLQueue queue2;
    public StackWithTwoQueues(){
        queue1 = new LLQueue();
        queue1 = new LLQueue();
    }
    public void push(int data){
        if(queue1.isEmpty())
            queue2.enQueue(data);
        else queue1.enQueue(data);
    }
    public int Pop() {
        int i, size;
        if(isEmpty(S?Q2)) {
            size = queue1.getQueueSize();
            i = 0;
            while(i < size-1) {
                queue2.enQueue(queue1.deQueue());
                i++;
            }
            return queue.deQueue();
```

```
        } else { size = queue2.getQueueSize();
            while(i < size-1) {
                queue1.enQueue(queue2.deQueue());
                i++;
            }
            return queue2.deQueue();
        }
    }
}
```

문제-4 **움직이는 창의 최대 합**: 배열 A[]에 크기가 w인 창이 있어서 배열의 맨 왼쪽으로부터 오른쪽으로 움직인다고 하자. 창 안의 w개의 숫자만 볼 수 있다고 가정하자. 창은 매번 한 개씩 오른쪽으로 움직인다. 예를 들어 배열이 [1 3 -1 -3 5 3 6 7]이고 w가 3이면 다음 표와 같다.

창의 위치	최대 값
[1 3 -1] -3 5 3 6 7	3
1 [3 -1 -3] 5 3 6 7	3
1 3 [-1 -3 5] 3 6 7	5
1 3 -1 [-3 5 3] 6 7	5
1 3 -1 -3 [5 3 6] 7	6
1 3 -1 -3 5 [3 6 7]	7

입력: 긴 배열 A[], 창의 크기 w

출력: B[i]가 A[i]에서 A[i+w-1]까지의 최대 값인 배열 B[]

요구사항: B[i]를 구하는 최적화된 방법을 찾아라.

해답: 이 문제는 (양쪽 끝에서 삽입과 삭제가 가능한) 이중 큐(double ended queue)를 사용하여 풀 수 있다. 알고리즘은 7장을 참고하자.

문제-5 n개의 항목을 가진 큐 Q가 주어졌을 때, 이 항목들을 (처음엔 빈) 스택 S로 옮겨서 Q의 맨 앞 항목이 스택의 최상위에 위치하고 다른 항목들의 순서가 보존되도록 하라. 큐의 인큐와 디큐 연산, 스택의 푸시와 팝 연산을 사용하고 일정한 크기의 추가 공간만을 사용하여 이 작업을 수행하는 효율적인 $O(n)$ 알고리즘을 설명하라.

해답: 큐의 항목들이 $a_1, a_2 ... a_n$이라고 하자. 모든 항목을 디큐해서 스택에 푸시하면 맨 위에 a_n이 있고 맨 밑에 a_1이 있게 된다. 디큐와 푸시 연산이 일정한 시간만을 소요하므로 이는 $O(n)$ 시간에 수행될 수 있다. 이제 큐는 비었다. 스택에서 모든 항목을 팝해서 큐에 넣으면 a_1이 스택의 맨 위에 있게 되는데, 이 역시 $O(n)$ 시간에 수행된다. 빅-오 연산에서 상수항은 무시할 수 있기 때문에 이 과정은 $O(n)$ 시간에 수행된다. 여기서 필요한 추가 공간은 항목 한 개를 저장하기 충분한 임시공간이면 된다.

문제-6 원형 배열 $A[0... n - 1]$에 front와 rear가 정의된 큐가 만들어져 있다. 배열 안에 항목을 저장할 $n - 1$개의 공간이 있다고 가정하자(나머지 한 개의 항목은 꽉 찼는지 비었는지의 상태를 알기 위해 사용된다). 큐안의 항목의 개수를 나타내는 공식을 rear, front, n을 사용하여 작성하라.

해답: 이 큐에 대해 잘 이해하기 위해 다음 그림을 참고하자.

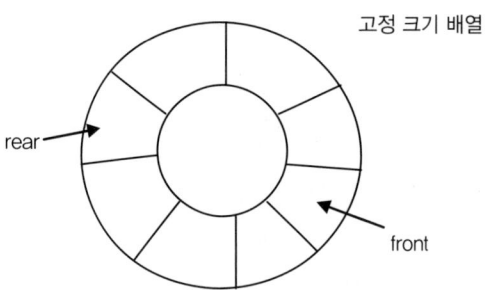

- 큐의 rear는 front로부터 시계방향의 위치에 있다.
- 항목을 인큐하려면 rear를 시계방향으로 한 번 움직이고 그 자리에 항목을 적는다.
- 디큐하려면 front를 시계방향으로 한 번 움직인다.

- 인큐하고 디큐함에 따라 큐 자체도 시계방향으로 움직인다.
- 큐가 비었는지 꽉 찼는지 점검한다.
- 가능한 상황들을 분석(그림을 그려가며 가장 처음에 front와 rear가 어디 있는지, 조금 찼을 때 꽉 찼을 때 어디 있는지 살펴보자)하면, 다음과 같은 공식을 얻을 수 있다.

$$\text{항목의 개수} = \begin{cases} rear - front + 1 & \text{rear == front이면} \\ rear - front + n & \text{그 외의 경우} \end{cases}$$

6장

Data Structures and Algorithms Made Easy for JAVA

트리

6.1 트리란 무엇인가?

트리(Tree)는 연결 리스트와 유사한 데이터 구조이다. 하지만 각 노드가 선형적으로 다른 노드를 가리키는 게 아니라 각 노드가 여러 개의 노드를 가리킨다. 트리는 비선형적 데이터 구조의 한 예이다. 트리 구조는 구조의 계층적 속성을 그래프의 형태로 나타내는 방법이다.

트리 ADT(Abstract Data Type, 추상 데이터형)에서 항목의 순서는 중요하지 않지만, 만일 순서 정보가 필요하다면 연결 리스트나 스택, 큐 등과 같은 선형 데이터 구조를 사용할 수 있다.

6.2 용어 설명

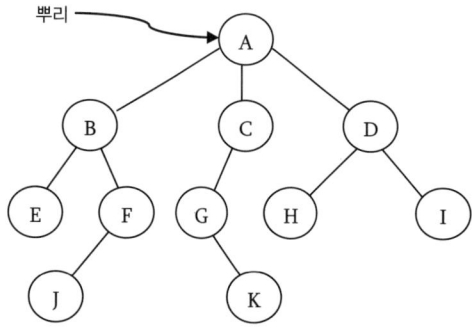

- 트리의 뿌리(root)는 부모가 없는 노드이다. 트리에는 최대 한 개의 뿌리 노드가 있을 수 있다(그림에서 노드 A).
- 간선(edge)은 부모로부터 자식에게 이어지는 연결 선을 뜻한다(위 그림에서의 모든 연결 선).
- 자식이 없는 노드를 잎(leaf) 노드라고 한다(E, J, K, H와 I).
- 같은 부모를 가진 자식들을 형제(siblings)라고 한다(B, C, D는 A를 부모로 하는 형제 노드들이고 E, F는 B를 부모로 하는 형제 노드들이다).
- 뿌리 노드로부터 노드 q에 이르는 경로에 노드 p가 있으면 노드 p를 노드 q의 조상(ancestor) 노드라고 한다. 노드 q는 노드 p의 자손(descendant) 노드이다. 예를 들어 A, C, G는 K의 조상 노드들이다.
- 주어진 깊이의 모든 노드의 집합을 그 트리의 레벨이라고 한다 (B, C, D는 같은 레벨이다). 뿌리 노드는 레벨 0에 있다.

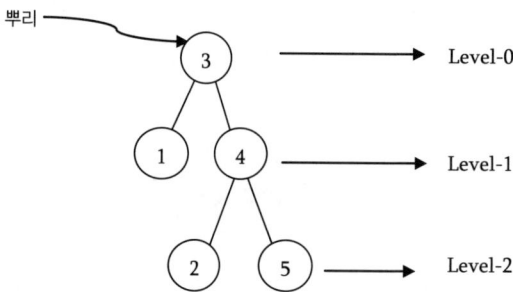

- 노드의 깊이는 뿌리로부터 그 노드까지의 경로의 길이이다(G의 깊이는 2, A-C-G).
- 노드의 높이는 그 노드로부터 가장 깊은 노드까지의 경로의 길이이다. 트리의 높이는 뿌리로부터 가장 깊은 노드까지의 경로의 길이이다. 오직 한 개의 노드(뿌리)만 있는 (뿌리가 있는) 트리는 높이가 0이다. 앞의 예에서, B의 높이는 2이다(B-F-J).
- 트리의 높이는 트리의 모든 노드의 높이 중 최대 값이고 트리의 깊이는 트리의 모든 노드의 깊이의 최대 값이다. 주어진 트리에 대해 높이와 깊이는 같은 값을 가진다. 하지만 각각의 노드에서의 값은 다를 수 있다.
- 노드의 크기는 자기 자신을 포함하여 그 노드가 가진 자손의 수이다(부속 트리인 C의 크기는 3이다).
- 트리의 모든 노드가 오직 한 개의 자식만을 가질 때 (잎 노드를 제외하고) 이 트리를 경사(skew) 트리라고 한다. 모든 노드가 왼쪽 자식만을 가지면 왼쪽 경사 트리라고 한다. 마찬가지로 모든 노드가 오른쪽 자식만을 가지면 오른쪽 경사 트리라고 한다.

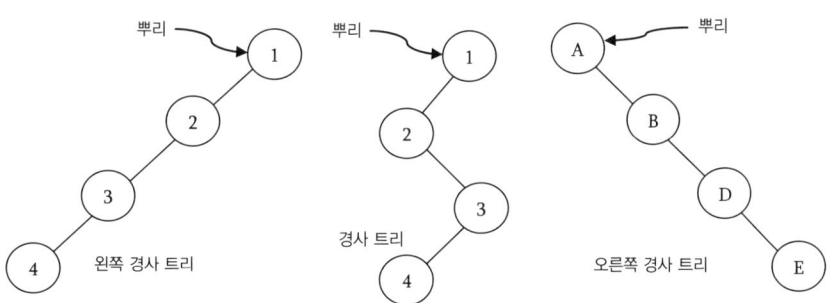

6.3 이진 트리

각 노드가 자식이 없거나, 한 개 혹은 두 개의 자식을 가질 때 이진 트리라고 한다. 빈 트리 역시 유효한 이진 트리이다. 이진 트리는 뿌리와 왼쪽 부속 트리, 오른쪽 부속 트리라고 불리는 두 개의 분리된 이진 트리로 구성되어 있다고 볼 수 있다.

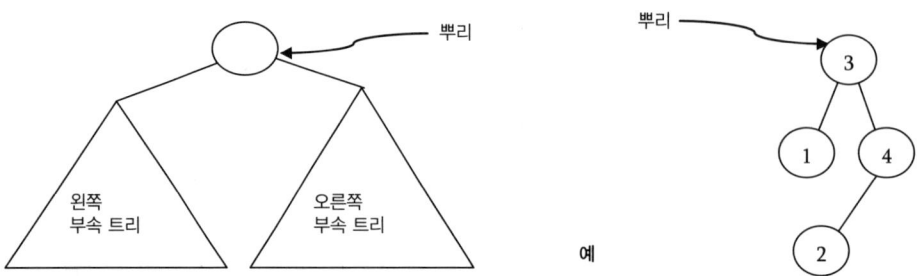

일반적인 이진 트리

예

이진 트리의 종류

엄격한 이진 트리: 모든 노드가 두 개의 자식을 가지거나 자식이 없을 때 엄격한(strict) 이진 트리라고 한다.

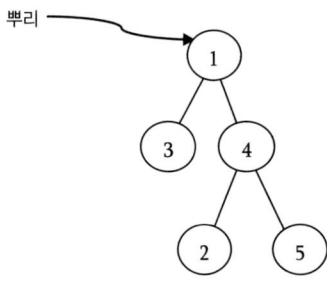

포화 이진 트리: 모든 노드가 두 개의 자식을 가지고 잎 노드가 같은 레벨에 있을 때 포화(Full) 이진 트리라고 한다.

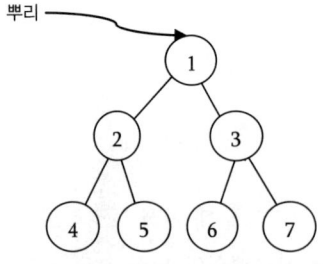

완전 이진 트리: 완전 이진 트리를 정의하기 전에, 이진 트리의 높이가 h라고 하자. 완전(Complete) 이진 트리에서는 뿌리부터 시작해서 각 노드에 번호를 매기면(뿌리 노드가 1이라고 하자), 1부터 시작해서 트리 안의 노드 수까지의 완

전한 순열을 얻는다. 탐색할 때 NULL 포인터에게도 숫자를 매겨야 한다. 모든 잎 노드가 높이 h나 $h - 1$에 있고 순열에서 빠진 숫자가 없을 때 완전 이진 트리라고 한다.

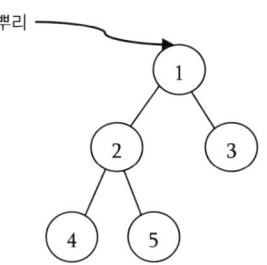

이진 트리의 속성

다음의 속성에 대해 트리의 높이가 h라고 가정하자. 또한 뿌리 노드는 깊이 0에 있다고 하자.

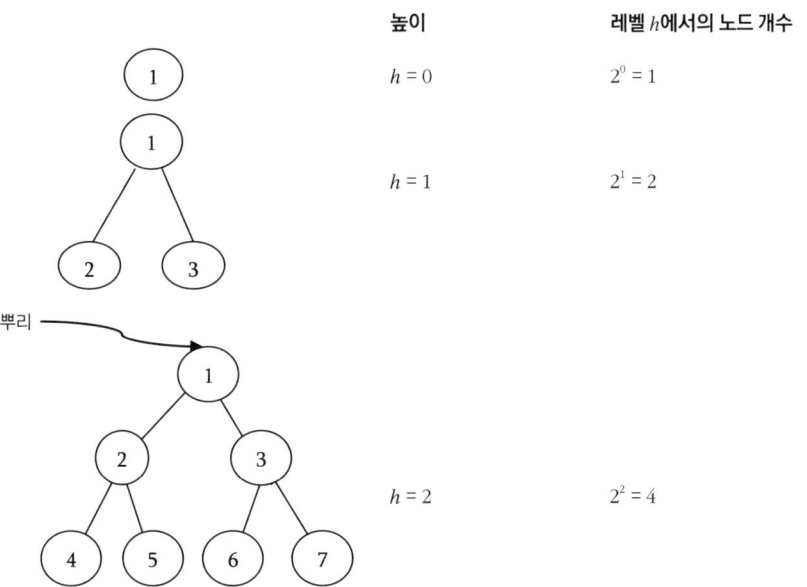

	높이	레벨 h에서의 노드 개수
	$h = 0$	$2^0 = 1$
	$h = 1$	$2^1 = 2$
	$h = 2$	$2^2 = 4$

위 도표로부터 다음의 속성을 추론할 수 있다.

- 포화 이진 트리의 노드 개수 n은 $2^{h+1} - 1$이다. 모두 h 레벨이 있기 때문에 각 레벨의 노드를 다 더해야 한다($2^0 + 2^1 + 2^2 + \cdots + 2^h = 2^{h+1} - 1$).
- 완전 이진 트리의 노드 개수 n은 2^h(최소 값)과 $2^{h+1} - 1$(최대 값) 사이에 있다. 더 자세한 정보는 7장을 참고하자.
- 포화 이진 트리의 잎의 개수는 2^h이다.
- n개의 노드를 가진 완전 이진 트리의 NULL 연결(낭비된 포인터)의 개수는 $n + 1$이다.

이진 트리의 구조

이제 이진 트리의 구조를 정의해보자. 예를 들어 노드의 데이터가 정수라고 하자. 다음 그림은 왼쪽과 오른쪽 자식을 가리키는 두 연결을 가진 데이터 필드로, (데이터를 포함한) 노드를 표현한 것이다.

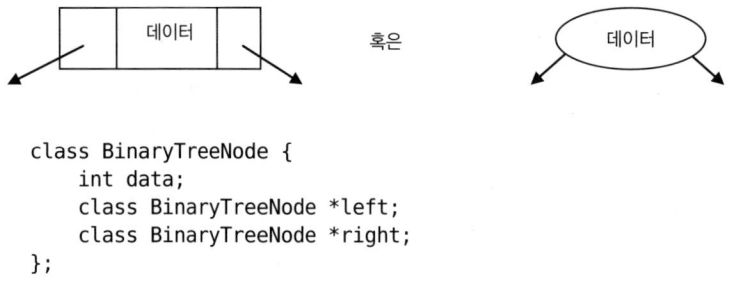

```
class BinaryTreeNode {
    int data;
    class BinaryTreeNode *left;
    class BinaryTreeNode *right;
};
```

참고

트리에서 항상 부모에서 자식으로 흐른다고 가정하기 때문에 화살표를 꼭 그릴 필요가 없다. 결국 다음 두 표현은 같다고 할 수 있다.

이진 트리의 연산

기본 연산

- 트리에 항목 삽입하기
- 트리로부터 항목 삭제하기
- 항목 검색하기
- 트리 탐색하기

부가적 연산

- 트리의 크기 구하기
- 트리의 높이 구하기
- 최대의 합을 가진 레벨 찾기
- 주어진 노드 쌍에 대해 최소 공통 조상(LCA, least common ancestor) 찾기 등

이진 트리의 적용 사례들

다음은 이진 트리의 적용 사례들이다.

- 수식 트리는 컴파일러에서 사용된다.
- 데이터 압축 알고리즘에서 허프만(Huffman) 코딩 트리가 사용된다.
- 이진 검색 트리(BST, Binary Search Tree)는 항목들의 집합에 대해 검색, 삽입, 삭제를 평균 $O(logn)$으로 지원한다.
- 우선순위 큐(PQ, Priority Queue)는 항목들의 집합에 대해 검색과 최소 값(혹은 최대 값) 삭제를 (최악의 경우에) 로그 시간으로 지원한다.

6.4 이진 트리 탐색

트리를 처리하기 위해서는 트리를 탐색하는 방법이 필요한데, 이제부터 알아보겠다. 트리의 모든 노드를 방문하는 과정을 트리 탐색(Tree Traversal)이라 한다. 각 노드는 오직 한 번씩 처리되지만 한 번 이상 방문될 수도 있다. (연결 리스트나 스택, 큐 등과 같은) 선형 데이터 구조에서 이미 살펴 보았듯이 항목들이 순차적으로 방문된다. 그러나 트리 구조에서는 여러 가지 방법이 있다.

   트리 탐색은 트리를 검색과 기본적인 동작이 같지만, 탐색의 목적은 특정한 순서로 트리 안을 움직이는 것이다. 또한 탐색에서는 모든 노드가 처리되지만 검색에서는 찾는 노드가 발견되면 멈춘다.

탐색 가능성

이진 트리의 뿌리부터 시작해서 모든 노드를 탐색하는 데는 세 가지 단계가 있는데, 이 단계들의 수행 순서에 따라 탐색 유형이 달라진다. 이 단계들은 현재 노드에 대해 어떤 작업 수행하기(노드를 '방문'한다고 하고 'D'라고 표기한다), 왼쪽 자식 노드 탐색하기('L'이라고 표기한다), 그리고 오른쪽 자식 노드 탐색하기('R'이라고 표기한다)이다. 이 과정은 재귀적 방법으로 쉽게 표현할 수 있는데, 다음과 같은 여섯 가지 가능성이 있다.

1. *LDR*: 왼쪽 부속 트리를 처리하고, 현재 노드의 데이터를 처리하고, 오른쪽 부속 트리를 처리한다.
2. *LRD*: 왼쪽 부속 트리를 처리하고, 오른쪽 부속 트리를 처리하고, 현재 노드의 데이터를 처리한다.
3. *DLR*: 현재 노드의 데이터를 처리하고, 왼쪽 부속 트리를 처리하고, 오른쪽 부속 트리를 처리한다.
4. *DRL*: 현재 노드의 데이터를 처리하고, 오른쪽 부속 트리를 처리하고, 왼쪽 부속 트리를 처리한다.
5. *RDL*: 오른쪽 부속 트리를 처리하고, 현재 노드의 데이터를 처리하고, 왼쪽 부속 트리를 처리한다.
6. *RDL*: 오른쪽 부속 트리를 처리하고, 현재 노드의 데이터를 처리하고, 왼쪽 부속 트리를 처리한다.

탐색 분류하기

이 요소들이 처리되는 순서가 특정한 탐색 기법을 정의하게 된다. 현재 노드가 처리되는 순서에 따라 분류가 된다. 즉 현재 노드(D)에 의해 분류하는데, D가 가운데에 온다면 D의 왼쪽에 L이 오거나 R이 오거나 상관없다. 비슷하게, D의 오른쪽에 L이 오거나 R이 오거나 상관없다. 이런 특성 때문에 모두 여섯 가지 가능성이 다음의 세 가지로 줄어든다.

- 전위(Preorder) 탐색(*DLR*)
- 중위(Inorder) 탐색(*LDR*)
- 후위(Postorder) 탐색(*LRD*)

앞의 순서와 상관없는 또 다른 탐색 기법이 하나 더 있다.

- 레벨 순서 탐색(Level Order Traversal): 이 기법은 너비 우선 탐색(Breadth First Traversal, 그래프 알고리즘의 BFS)의 영향을 받은 것이다.

이후에는 다음 그림을 기반으로 설명할 것이다.

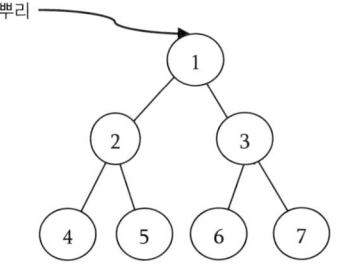

전위 탐색

전위 탐색에서 각 노드의 탐색은 부속 트리를 탐색하기 전에 처리된다. 이는 가장 이해하기 쉬운 탐색 방법이지만, 각 노드가 부속 트리 전에 처리되더라도 몇몇 정보는 탐색이 트리의 다음 순서로 이동하는 동안 유지되어야 한다는 것은 기억하자. 앞의 예에서, 1이 먼저 처리되고 나서 왼쪽 부속 트리, 오른쪽 부속 트리 순서로 처리된다. 그러므로 왼쪽 부속 트리의 탐색을 끝냈을 때 오른쪽 부속 트리를 처리해야 한다. 왼쪽 부속 트리 처리 후 오른쪽 부속 트리로 이동하려면 뿌리의 정보가 유지되어야 한다. 이런 정보를 위한 ADT는 당연히 스택인데, 스택의 LIFO 구조 때문에 오른쪽 부속 트리에 대한 정보를 역순으로 얻는 것이 가능하다.

전위 탐색은 다음과 같이 정의된다.

- 뿌리를 방문한다.
- 전위 탐색으로 왼쪽 부속 트리를 탐색한다.
- 전위 탐색으로 오른쪽 부속 트리를 탐색한다.

앞의 트리의 노드는 1 2 4 5 3 6 7의 순서로 방문된다.

```
void PreOrder(BinaryTreeNode root){
    if(root != null) {
        System.out.println(root.getData());
        PreOrder(root.getLeft());
        PreOrder(root.getRight());
    }
}
```

시간 복잡도: $O(n)$

공간 복잡도: $O(n)$

비재귀적 전위 탐색

재귀적 방법에서는 왼쪽 부속 트리를 끝냈을 때 오른쪽 부속 트리로 갈 수 있도록 현재 노드를 기억시키기 위한 스택이 필요 없었다. 이를 재현하려면, 먼저 현재 노드를 처리한 뒤 왼쪽 부속 트리로 가기 전에 현재 노드를 스택에 저장한다. 왼쪽 부속 트리 처리가 끝난 뒤 항목을 팝해서 오른쪽 부속 트리로 이동한다. 이 과정을 스택이 비지 않는 동안 계속한다.

```
void PreOrderNonRecursive(BinaryTreeNode root){
    if(root == null) return null;
    LLStack S = new LLStack();
    while(true){
        while(root != null){
            System.out.println(root.getData());
            S.push(root);
            root = root.getLeft();
        }
        if(S.isEmpty())
            break;
        root = (BinaryTreeNode) S.pop();
        root = root.getRight();
    }
    return;
}
```

시간 복잡도: $O(n)$

공간 복잡도: $O(n)$

중위 탐색

중위 탐색에서는 뿌리 노드가 부속 트리 사이에 방문된다. 중위 탐색은 다음과 같이 정의된다.

- 왼쪽 부속 트리를 중위 탐색으로 탐색한다.
- 뿌리 노드를 방문한다.
- 오른쪽 부속 트리를 중위 탐색으로 탐색한다.

앞의 트리 노드는 4 2 5 1 6 3 7의 순서로 방문된다.

```
void InOrder(BinaryTreeNode root){
    if(root !=null) {
        InOrder(root.getLeft());
        System.out.println(root.getData());
        InOrder(root.getRight);
    }
}
```

시간 복잡도: $O(n)$

공간 복잡도: $O(n)$

비재귀적 중위 탐색

중위 탐색의 비재귀적 방법은 전위 탐색과 아주 유사하다. 한 가지 차이점은 왼쪽 부속 트리로 가기 전에 노드를 처리하는 대신에 팝한 뒤(왼쪽 부속 트리 처리가 끝난 뒤) 노드를 처리하는 것이다.

```
void InOrderNonRecursive(BinaryTreeNode root ){
    if(root == null) return null;
    LLStack S = new LLStack();
    while(true){
        while(root != null){
            S.push(root);
            root = root.getLeft();
```

```
            }
            if(stack.isEmpty())
                break;
            root = (BinaryTreeNode) S.pop();
            System.out.println(root.getData());
            root = root.getRight();
        }
        return;
    }
```

시간 복잡도: $O(n)$

공간 복잡도: $O(n)$

후위 탐색

후위 탐색에서 뿌리 노드는 양쪽 부속 트리 뒤에 방문된다. 후위 탐색은 다음과 같이 정의된다.

- 왼쪽 부속 트리를 후위 탐색으로 탐색한다.
- 오른쪽 부속 트리를 후위 탐색으로 탐색한다.
- 뿌리 노드를 방문한다.

앞의 트리 노드들은 4 5 2 6 7 3 1의 순서로 방문된다.

```
void PostOrder(BinaryTreeNode root){
    if(root) {
        PostOrder(root.getLeft());
        PostOrder(root.getRight());
        System.out.println(root.getData());
    }
}
```

시간 복잡도: $O(n)$

공간 복잡도: $O(n)$

비재귀적 후위 탐색

전위 탐색이나 중위 탐색에서는 스택 항목을 팝한 뒤에 같은 점을 다시 방문할 필요가 없었다. 그러나 후위 탐색에서는 각 노드가 두 번씩 방문된다. 즉 왼쪽 부속 트리를 처리한 뒤에 현재 노드를 방문하고, 또 오른쪽 부속 트리를 처리한 뒤에 같은 현재 노드를 다시 방문한다는 것이다. 노드는 두 번째 방문 때에만 처리되어야 한다. 여기서 문제는 우리가 왼쪽 부속 트리를 끝내고 온 것인지 오른쪽 부속 트리를 끝내고 온 것인지 어떻게 구분하는가 하는 점이다.

이 문제의 답은 스택으로부터 항목을 팝한 뒤에 이 항목과 스택의 최상위 항목의 오른쪽이 같은지 검사하는 것이다. 이 둘이 같다면 왼쪽 부속 트리와 오른쪽 부속 트리 처리를 마친 것이다. 이 경우 스택을 한 번 더 팝한 뒤 데이터를 출력한다.

```java
void PostOrderNonRecursive(BinaryTreeNode root) {
    LLStack S = new LLStack();
    while(1) {
        if(root != null) {
            S.push(root);
            root = root.getLeft();
        }
        else {
            if(S.isEmpty()) {
                System.out.println("Stack is Empty");
                return;
            }
            else
                if(S.top().getRight() == null) {
                    root = S.pop();
                    System.out.println(root.getData());
                    while (!S.isEmpty() && root == S.top().
                        getRight()) {
                        root = S.pop();
                        System.out.println(root.getData());
                    }
                }

                if(!S.isEmpty())
                    root = S.top().getRight();
                else root = null;
        }
    }
    S.deleteStack();
}
```

시간 복잡도: $O(n)$

공간 복잡도: $O(n)$

레벨 순서 탐색

레벨 순서 탐색은 다음과 같이 정의된다.

- 뿌리 노드를 방문한다.
- 레벨 l을 방문하는 동안 레벨 $l + 1$의 모든 항목을 큐에 저장한다.
- 다음 레벨로 가서 그 레벨의 모든 노드를 방문한다.
- 이 과정을 모든 레벨이 끝날 때까지 반복한다.

앞의 트리의 노드들은 1 2 3 4 5 6 7의 순서로 방문된다.

```
void LevelOrder(BinaryTreeNode root){
    BinaryTreeNode temp;
    LLQueue Q = new LLQueue();
    if(!root)
        return;
    Q.enQueue(root);
    while(!Q.isEmpty()) {
        temp = Q.deQueue();
        // 현재 노드를 처리한다
        System.out.println(temp.getData());
        if(temp.getLeft())
            Q.enQueue(temp.getLeft());
        if(temp.getRight())
            Q.enQueue(temp.getRight());
    }
    Q.deleteQueue();
}
```

시간 복잡도: $O(n)$

공간 복잡도: 최악의 경우에 마지막 레벨의 모든 항목이 순차적으로 큐에 있을 수 있기 때문에 $O(n)$

이진 트리 연습문제

문제-1 이진 트리의 항목 중에 최대 값을 찾는 알고리즘을 구하라.

해답: 이 문제를 푸는 간단한 방법은 왼쪽 부속 트리에서 가장 큰 값을 찾고, 오른쪽 부속 트리에서 가장 큰 값을 찾은 뒤 이것들과 뿌리 노드의 데이터를 비교해서 최대 값을 선택하는 것이다. 재귀적 방법으로 쉽게 구현될 수 있다.

```
int FindMax(struct BinaryTreeNode *root) {
    int root_val, left, right, max = INT_MIN;
    if(root !=null) {
        root_val = root->data;
        left = FindMax(root->left);
        right = FindMax(root->right);
        // 세 값 중의 최대 값을 찾는다
        if(left > right)
            max = left;
        else   max = right;
        if(root_val > max)
            max = root_val;
    }
    return max;
}
```

시간 복잡도: $O(n)$

공간 복잡도: $O(n)$

문제-2 재귀 없이 이진 트리의 항목 중에 최대 값을 찾는 알고리즘을 구하라.

해답: 레벨 순서 탐색을 사용한다. 항목의 데이터가 삭제될 때 그 값을 관찰한다.

```
int FindMaxUsingLevelOrder(BinaryTreeNode root){
    BinaryTreeNode temp;
    int max = INT_MIN;
    LLQueue Q = new LLQueue();
    Q.enQueue(root);
    while(!Q.isEmpty()) {
        temp = Q.deQueue();
        // 세 값 중의 최대 값
        if(max < temp.getData())
            max = temp.getData();
        if(temp.getLeft())
            Q.enQueue(temp.getLeft());
        if(temp.getRight())
            Q.enQueue(temp.getRight());
    }
    Q.deleteQueue();
    return max;
}
```

시간 복잡도: $O(n)$

공간 복잡도: $O(n)$

문제-3 이진 트리 안의 항목을 검색하는 알고리즘을 구하라.

해답: 주어진 이진 트리에서 구하는 데이터가 있는 노드가 발견되면 참(true)을 리턴한다. 재귀적으로 트리 아래로 내려가면서 각 노드의 데이터와 비교해서 왼쪽이나 오른쪽 가지를 선택한다.

```
Boolean FindInBinaryTreeUsingRecursion(BinaryTreeNode root,
int data) {
    Boolean temp;
    // == 트리가 비었을 경우 데이터가 없으므로 거짓(false)을 리턴한다
    if(root == null)
        return false;
    else { // 여기서 발견되었는지 확인
        if(data == root.getData())
        return true;
    else { // 그렇지 않으면 적절한 부속 트리에 재귀적으로
        // 내려간다
        temp = FindInBinaryTreeUsingRecursion
            (root.getLeft(), data);
        if(temp != true)
            return temp;
        else return(FindInBinaryTreeUsingRecursion
            (root.getRight(), data));
        }
    }
    return 0;
}
```

시간 복잡도: $O(n)$

공간 복잡도: $O(n)$

문제-4 재귀 없이 이진 트리 안의 항목을 검색하는 알고리즘을 구하라.

해답: 레벨 순서 탐색을 사용해서 이 문제를 풀 수 있다. 레벨 순서 탐색에서 고쳐야 할 오직 한 가지 사항은 데이터를 출력하는 대신에 노드 데이터가 찾고 있는 항목과 같은지 검사하는 것이다.

```
Boolean SearchUsingLevelOrder(BinaryTreeNode root, int data)
{
    BinaryTreeNode temp;
    LLQueue Q = new LLQueue();
    if(!root) return -1;
    Q.enQueue(root);
    while(!Q.isEmpty()) {
```

```
            temp = Q.deQueue();
            // 여기서 발견되었는지 확인
            if(data == root.getData())
                return true;
            if(temp.getLeft())
                Q.enQueue(temp.getLeft());
            if(temp.getRight())
                Q.enQueue(temp.getRight());
        }
        Q.deleteQueue();
        return false;
}
```

시간 복잡도: $O(n)$

공간 복잡도: $O(n)$

문제-5 이진 트리에 항목을 삽입하는 알고리즘을 구하라.

해답: 주어진 트리가 이진 트리이므로 원하는 곳 어디에든지 새 항목을 삽입할 수 있다. 새 항목을 삽입하기 위해서는 레벨 순서 탐색을 사용하여 왼쪽이나 오른쪽 자식이 NULL인 노드를 찾아 삽입하면 된다.

```java
void InsertInBinaryTree(BinaryTreeNode root, int data){
    LLQueue Q = new LLQueue();
    BinaryTreeNode temp;
    BinaryTreeNode newNode = new BinaryTreeNode();
    newNode.setLeft(null);
    newNode.setRight(null);
    if(!newNode) {
            System.out.println("Memory Error");
            return;
    }
    if(!root) {
        root = newNode;
        return;
    }
    Q.enQueue(root);
    while(!Q.isEmpty()) {
        temp = Q.deQueue();
        if(temp.getLeft())
            Q.enQueue(temp.getLeft());
        else {
            temp.setLeft(newNode);
            Q.deleteQueue();
            return;
        }
        if(temp.getRight())
```

```
            Q.enQueue(temp.getRight());
        else {
            tempsetRight(newNode);
            Q.deleteQueue();
            return;
        }
    }
    Q.deleteQueue();
}
```

시간 복잡도: $O(n)$

공간 복잡도: $O(n)$

문제-6 이진 트리의 크기를 구하는 알고리즘을 알아보자.

해답: 왼쪽과 오른쪽 부속 트리의 크기를 재귀적으로 구해 1을 더해서 (현재 노드의) 부모 노드에게 리턴한다.

```
// 트리 안의 노드 수를 계산한다
int SizeOfBinaryTree(struct BinaryTreeNode *root) {
    if(root==null)
        return 0;
    else return(SizeOfBinaryTree(root->left) + 1 +
        SizeOfBinaryTree(root->right));
}
```

시간 복잡도: $O(n)$

공간 복잡도: $O(n)$

문제-7 문제-6을 재귀 없이 풀 수 있는가?

해답: 그렇다. 레벨 순서 탐색을 사용하면 된다.

```
int SizeofBTUsingLevelOrder(BinaryTreeNode root) {
    BinaryTreeNode temp;
    LLQueue Q = new LLQueue();
    int count = 0;
    if(!root) return 0;
    Q.enQueue(root);
    while(!Q.isEmpty()) {
        temp = Q.deQueue();
        count++;
        if(temp.getLeft())
            Q.enQueue(temp.getLeft());
```

```
                if(temp.getRight())
                    Q.enQueue(temp.getRight());
            }
            Q.deleteQueue();
            return count;
        }
```

시간 복잡도: $O(n)$

공간 복잡도: $O(n)$

문제-8 트리를 삭제하는 알고리즘을 알아보자.

해답: 트리를 삭제하기 위해서는 트리의 모든 노드를 탐색하여 하나씩 삭제해야 한다. 그렇다면 중위, 전위, 후위 탐색이나 레벨 순서 탐색 중 무엇을 사용해야 하는가?

부모 노드를 삭제하기 전에 자식 노드들을 먼저 삭제해야 한다. 후위 탐색은 정렬할 필요 없이 동작하므로 바로 사용할 수 있다. 다른 탐색의 경우엔 공간 복잡도 추가로 트리를 삭제할 수 있다. 다음의 트리는 4, 5, 2, 3, 1의 순서로 삭제된다.

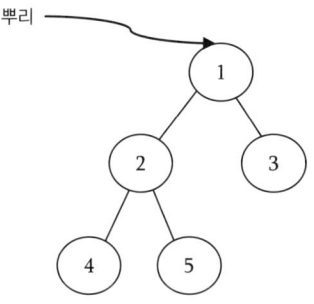

```
void LevelOrderTraversalInReverse(BinaryTreeNode root) {
    LLQueue Q = new LLQueue();
    LLStack S = new LLStack();
    BinaryTreeNode temp;
    if(!root) return;
    Q.enQueue(root);
    while(!Q.isEmpty()) {
        temp = Q.deQueue();
        if(temp.getRight())
            Q.enQueue(temp.getRight());
        if(temp.getLeft())
```

```
            Q.enQueue(temp.getLeft());
        S.push(temp);
    }
    while(!S.isEmpty())
        System.out.println(S.pop().getData());
}
```

시간 복잡도: $O(n)$

공간 복잡도: $O(n)$

문제-9 레벨 순서 데이터를 역순으로 출력하는 알고리즘을 알아보자. 예를 들어 다음 트리의 출력은 4 5 6 7 2 3 1이다.

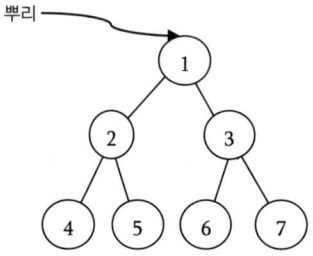

해답:

```
void DeleteBinaryTree(BinaryTreeNode root) {
    if(root == null)
    return;
    /* 먼저 양쪽 부속 트리 모두 삭제한다 */
    DeleteBinaryTree(root.getLeft());
    DeleteBinaryTree(root.getRight());
    // 부속 트리 삭제 후에만 현재 노드를 삭제한다
    root = null; // 자바에서 이는 가비지 컬렉터가 관리한다
}
```

시간 복잡도: $O(n)$

공간 복잡도: $O(n)$

문제-10 이진 트리의 높이(혹은 깊이)를 구하는 알고리즘을 알아보자.

해답: 왼쪽과 오른쪽 부속 트리의 높이를 재귀적으로 계산해서 두 자식 각각의 높이에 1을 더한 값 중 최대 값을 해당 노드의 높이라 할당한다. 트리의 전위 탐색(그래프 알고리즘의 DFS)와 유사하다.

```
int HeightOfBinaryTree(struct BinaryTreeNode * root){
    int leftheight, rightheight;
    if(root == null)
        return 0;
    else {
        /* 각 부속 트리의 깊이를 계산한다 */
        leftheight = HeightOfBinaryTree(root->left);
        rightheight = HeightOfBinaryTree(root->right);
        if(leftheight > rightheight)
            return(leftheight + 1);
        else
            return(rightheight + 1);
    }
}
```

시간 복잡도: $O(n)$

공간 복잡도: $O(n)$

문제-11 문제-10을 재귀 없이 풀 수 있는가?

해답: 그렇다. 레벨 순서 탐색을 사용한다. 그래프 알고리즘의 BFS와 유사하다. 레벨의 끝은 NULL에 의해 검사된다.

```
int FindHeightofBinaryTree(BinaryTreeNode root) {
    int level=1;
    LLQueue Q = new LLQueue();
    if(!root) return 0;
    Q.enQueue(root);
    // 첫 번째 레벨의 끝
    Q.enQueue(null);
    while(!Q.isEmpty()) {
        root=Q.deQueue();
        // 현재 레벨 종료
        if(root==null) {
            // 다음 레벨을 위한 마커 추가
            if(!Q.isEmpty())
                Q.enQueue(null);
                level++;
        }
        else { if(root.getLeft())
            Q.enQueue( root.getLeft());
            if(root.getRight())
                Q.enQueue(root.getRight());
        }
    }
    return level;
}
```

시간 복잡도: $O(n)$

공간 복잡도: $O(n)$

문제-12 이진 트리의 가장 깊은 노드를 찾는 알고리즘을 알아보자.

해답:

```
BinaryTreeNode DeepestNodeinBinaryTree(BinaryTreeNode root)
{
    BinaryTreeNode temp;
    LLQueue Q = new LLQueue();
    if(!root) return null;
    Q.enQueue(root);
    while(!Q.isEmpty()) {
        temp = Q.deQueue();
        if(temp.getLeft())
            Q.enQueue(temp.getLeft());
        if(temp.getRight())
            Q.enQueue(temp.getRight());
    }
    Q.deleteQueue();
    return temp;
}
```

시간 복잡도: $O(n)$

공간 복잡도: $O(n)$

문제-13 트리로부터 항목을 삭제하는 알고리즘을 알아보자.

해답: 이진 트리에서 노드를 삭제하는 것은 다음과 같이 구현될 수 있다.

- 삭제하기 원하는 노드를 찾는다.
- 트리에서 가장 깊은 노드를 찾는다.
- 가장 깊은 노드의 데이터와 삭제할 노드의 데이터를 바꾼다.
- 가장 깊은 노드를 삭제한다.

문제-14 재귀를 사용하지 않고 이진 트리 안의 잎 노드들의 개수를 구하는 알고리즘을 알아보자.

해답: 왼쪽과 오른쪽이 모두 NULL인 노드를 잎 노드라고 한다.

```
void NumberOfLeavesInBTusingLevelOrder(BinaryTreeNode root)
{
    BinaryTreeNode temp;
    LLQueue Q = new LLQueue();
    int count = 0;
    if(!root)
        return 0;
    Q.enQueue(root);
    while(!Q.isEmpty()) {
        temp = Q.deQueue();
        if(!temp.getLeft() && !temp.getRight())
            count++;
        else { if(temp.getLeft())
            Q.enQueue(temp.getLeft());
            if(temp.getRight())
            Q.enQueue(temp.getRight());
        }
    }
    Q.deleteQueue();
    return count;
}
```

시간 복잡도: $O(n)$

공간 복잡도: $O(n)$

문제-15 재귀를 사용하지 않고 이진 트리 안의 포화 노드들의 개수를 구하는 알고리즘을 알아보자.

해답: 왼쪽과 오른쪽 자식 노드가 모두 있는 노드를 포화 노드라고 한다.

```
void NumberOfFullNodesInBTusingLevelOrder(BinaryTreeNode root) {
    BinaryTreeNode temp;
    LLQueue Q = new LLQueue();
    int count = 0;
    if(!root)
        return 0;
    Q.enQueue(root);
    while(!Q.isEmpty()) {
        temp = Q.deQueue();
        if(temp.getLeft() && temp.getRight())
            count++;
        if(temp.getLeft())
            Q.enQueue(temp.getLeft());
        if(temp.getRight())
            Q.enQueue(temp.getRight());
    }
```

```
            Q.deleteQueue();
            return count;
    }
```

시간 복잡도: $O(n)$

공간 복잡도: $O(n)$

문제-16 재귀를 사용하지 않고 이진 트리 안의 반포화(half) 노드(자식이 하나 뿐인 노드)의 개수를 구하는 알고리즘을 알아보자.

해답: 왼쪽이나 오른쪽 자식 노드 하나만 있는 노드를 반포화 노드라고 한다.

```
void NumberOfHalfNodesInBTusingLevelOrder(BinaryTreeNode root) {
    BinaryTreeNode temp;
    LLQueue Q = new LLQueue();
    int count = 0;
    if(!root) return 0;
    Q.enQueue(root);
    while(!Q.isEmpty()) {
        temp = Q.deQueue();
        // 두 개의 temp->left, temp->right 대신에 이 조건을 사용할 수 있다
        if(!temp.getLeft() && temp.getRight() ||
                temp.getLeft() && !temp.getRight())
            count++;
        if(temp.getLeft())
            Q.enQueue(temp.getLeft());
        if(temp.getRight())
            Q.enQueue(temp.getRight());
    }
    Q.deleteQueue();
    return count;
}
```

시간 복잡도: $O(n)$

공간 복잡도: $O(n)$

문제-17 주어진 두 개의 이진 트리가 구조적으로 똑같다면 참(true)을 리턴하라.

해답:

알고리즘

· 두 트리 모두 NULL이면 참을 리턴한다.

- 두 트리 모두 NULL이 아니라면 데이터를 비교하고 재귀적으로 왼쪽과 오른쪽 부속 트리 구조를 검사한다.

```java
// 구조적으로 동일하면 참을 리턴한다
Boolean AreStructurullySameTrees(BinaryTreeNode root1,
BinaryTreeNode root2) {
    // 둘 다 비었으면 -> 1
    if(root1==NULL && root2==null)
        return true;
    if(root1==NULL || root2==null)
        return false;
    // 둘 다 비지 않았으면 -> 둘을 비교
    return(root1.getData() == root2.getData() &&
        AreStructurullySameTrees(root1.getLeft(), root2.
            getLeft()) &&
        AreStructurullySameTrees(root1.getRight(), root2.
            getRight()));
}
```

시간 복잡도: $O(n)$

재귀 스택을 위해 공간 복잡도: $O(n)$

문제-18 이진 트리의 지름을 구하는 알고리즘을 알아보자. 트리의 지름(때로는 너비(width)라고도 불림)은 트리 안에서 두 잎 노드 사이의 길이가 가장 길 때의 노드 개수이다.

해답: 트리의 지름을 구하기 위해 먼저 왼쪽 부속 트리의 지름을 계산하고 오른쪽 부속 트리의 지름을 재귀적을 계산한다. 이 두 값 중에 최대 값에 현재 레벨(+1)을 더해 보낸다.

```java
// 지름은 클래스의 정적 변수라고 가정한다
int DiameterOfTree(BinaryTreeNode root, int diameter) {
    int left, right;
    if(!root) return 0;
    left = DiameterOfTree(root.getLeft(), diameter);
    right = DiameterOfTree(root.getRight(), diameter);
    if(left + right > diameter)
        diameter = left + right;
    return Math.max(left, right)+1;
}
```

시간 복잡도: $O(n)$

공간 복잡도: $O(n)$

문제-19 이진 트리에서 합이 제일 큰 레벨을 찾는 알고리즘을 구하라.

해답: 레벨의 개수를 구하는 방식과 유사하다. 한 가지 다른 점은, 합을 계속 저장해야 한다는 것이다.

```
int FindLevelwithMaxSum(BinaryTreeNode root) {
    BinaryTreeNode temp;
    int level=0, maxLevel=0;
    LLQueue Q = new LLQueue();
    int currentSum = 0, maxSum = 0;
    if(!root) return 0;
    Q.enQueue(root);
    Q.enQueue(null); // 첫 번째 레벨의 끝
    while(!Q.isEmpty()) {
        temp =Q.deQueue();
        // 현재 레벨이 끝나면 합을 비교한다
        if(temp == null) {
            if(currentSum> maxSum) {
                maxSum = currentSum;
                maxLevel = level;
            }
            currentSum = 0;
            // 다음 레벨의 끝을 나타내는 표지를 큐의 끝에 추가한다
            if(!Q.isEmpty())
                Q.enQueue(null);
            level++;
        }
        else { currentSum += temp.getData();
            if(temp.getLeft())
                temp.enQueue(temp.getLeft());
            if(root.getRight())
                temp.enQueue(temp.getRight());
        }
    }
    return maxLevel;
}
```

시간 복잡도: $O(n)$

공간 복잡도: $O(n)$

문제-20 주어진 이진 트리에 대해 뿌리에서 잎까지의 모든 경로를 출력하라.

해답: 다음 코드의 주석을 참고하자.

```java
public void printPaths() {
    int[] path = new int[256];
    printPaths(node, path, 0);
}
private void printPaths(BinaryTreeNode node, int[] path, int pathLen) {
    if(node==null) return;
    // 이 노드를 경로 배열에 추가한다
    path[pathLen] = node.getData();
    pathLen++;
    // 잎 노드이므로 여기까지 오는 경로를 출력한다
    if(node.getLeft()==NULL && node.getRight()==null) {
        printArray(path, pathLen);
    }
    else { // 아니라면 두 부속 트리를 모두 시도한다
        printPaths(node.getLeft(), path, pathLen);
        printPaths(node.getRight(), path, pathLen);
    }
}
private void printArray(int[] ints, int len) {
    for(int i=0; i<len; i++) {
        System.out.print(ints[i] + " ");
    }
    System.out.println();
}
```

시간 복잡도: $O(n)$

공간 복잡도: 재귀 스택을 위해 $O(n)$

문제-21 주어진 합을 가지는 경로가 존재하는지 검사하는 알고리즘을 알아보자. 즉 주어진 합에 대해 뿌리로부터 어느 노드로든지 경로가 존재하는지 검사하라.

해답: 이 문제를 위한 전략은 자식 노드에 대해 재귀적으로 호출하기 전에 주어진 합으로부터 현재 노드의 값을 빼서 트리 끝에 도달했을 때 이 합이 0이 되는지 검사한다.

```java
public boolean hasPathSum(int sum) {
    return(hasPathSum(root, sum));
}
boolean hasPathSum(BinaryTreeNode node, int sum) {
    // 트리 끝에 도달했고 sum==0이면 참을 리턴한다
    if (node == null)
        return (sum == 0);
    else { // 그렇지 않으면 양쪽 부속 트리 모두 검사한다
```

```
            int subSum = sum - node.getData();
            return(hasPathSum(node.getLeft(), subSum) ||
                hasPathSum(node.getRight(), subSum));
        }
    }
```

시간 복잡도: $O(n)$

공간 복잡도: $O(n)$

문제-22 이진 트리의 모든 항목의 합을 구하는 알고리즘을 알아보자.

해답: 재귀적으로 왼쪽 부속 트리의 합을 구하고, 오른쪽 부속 트리의 합을 구해 현재 노드의 데이터에 더한다.

```
int Add(BinaryTreeNode root) {
    if(root == null) return 0;
    else return(root.getData() + Add(root.getLeft()) +
        Add(root.getRight()));
}
```

시간 복잡도: $O(n)$

공간 복잡도: $O(n)$

문제-23 문제-22를 재귀 없이 풀 수 있는가?

해답: 레벨 순서 탐색을 약간 변형해서 사용할 수 있다. 매번 큐로부터 항목을 삭제한 뒤, 노드의 데이터 값을 sum 변수에 추가한다.

```
int SumofBTusingLevelOrder(BinaryTreeNode root){
    BinaryTreeNode temp;
    LLQueue Q = new LLQueue();
    int sum = 0;
    if(!root)
        return 0;
    Q.enQueue(root);
    while(!Q.isEmpty()) {
        temp = Q.deQueue();
        sum += temp.getData();
        if(temp.getLeft())
            Q.enQueue(temp.getLeft());
        if(temp.getRight())
            Q.enQueue(temp.getRight());
    }
```

```
        Q.deleteQueue();
        return sum;
}
```

시간 복잡도: $O(n)$

공간 복잡도: $O(n)$

문제-24 트리를 대칭형으로 변환시키는 알고리즘을 알아보자. 트리의 대칭형은 모든 잎이 아닌 노드의 왼쪽, 오른쪽 자식들이 뒤바뀐 트리이다.

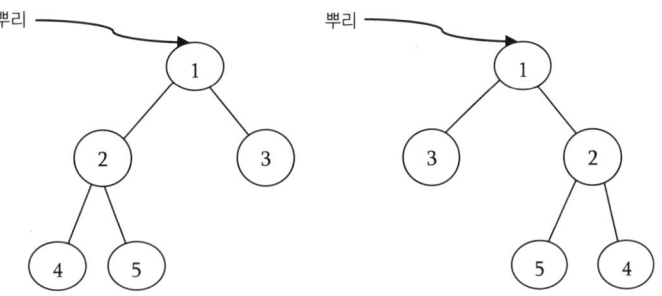

해답:

```
BinaryTreeNode MirrorOfBinaryTree(BinaryTreeNode root) {
    BinaryTreeNode temp;
    if(root) {
        MirrorOfBinaryTree(root.getLeft());
        MirrorOfBinaryTree(root.getRight());
        /* 이 노드의 포인터를 뒤바꾼다 */
        temp = root.getLeft();
        root.setLeft(root.getRight());
        root.setRight(temp);
    }
    return root;
}
```

시간 복잡도: $O(n)$

공간 복잡도: $O(n)$

문제-25 주어진 두 개의 트리에 대해 서로가 대칭형인지 아닌지 검사하는 알고리즘을 알아보자.

해답:

```
int AreMirrors(BinaryTreeNode root1, BinaryTreeNode root2) {
    if(root1 == null && root2 == null)
        return 1;
    if(root1 == null || root2 == null)
        return 0;
    if(root1.getData() != root2.getData())
        return 0;
    else return(AreMirrors(root1.getLeft(), root2.getRight()) &&
        AreMirrors(root1.getRight(), root2.getLeft()));
}
```

시간 복잡도: $O(n)$

공간 복잡도: $O(n)$

문제-26 주어진 중위, 전위 탐색 결과로부터 이진 트리를 만드는 알고리즘을 알아보자.

해답: 다음 탐색 결과를 생각해보자.

중위 순열 : D B E A F C

전위 순열 : A B D E C F

전위 순열에서, 가장 왼쪽의 항목은 트리의 뿌리 노드를 가리킨다. 따라서 주어진 순열에서 'A'가 뿌리 노드이다. 중위 순열에서 'A'를 찾으면 'A' 왼쪽의 모든 항목은 왼쪽 부속 트리에 속하고 'A' 오른쪽의 모든 항목은 오른쪽 부속 트리에 속한다는 것을 알 수 있다. 따라서 다음 그림과 같은 구조를 갖는다.

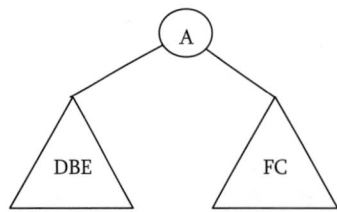

앞의 과정을 재귀적으로 수행하면 다음 트리를 얻는다.

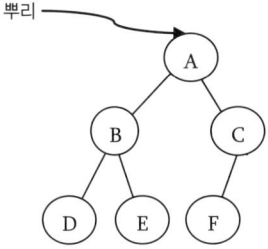

알고리즘: BuildTree()

1. 전위 순열에서 항목을 하나 선택한다. 재귀 호출에서 다음 항목을 선택하기 위해 전위 순열의 인덱스 변수의 값을 하나 증가시킨다 (아래 코드에서 preIndex).
2. 선택된 항목과 같은 데이터를 갖는 새 트리 노드(newNode)를 만든다.
3. 선택된 항목의 인덱스를 중위 순열에서 찾는다. 이 인덱스를 inIndex라고 한다.
4. inIndex 앞쪽의 항목들에 대하여 BuildBinaryTree를 호출하고 만들어진 트리를 newNode의 왼쪽 부속 트리가 되게 한다.
5. inIndex 뒤쪽의 항목들에 대하여 BuildBinaryTree를 호출하고 만들어진 트리를 newNode의 오른쪽 부속 트리가 되게 한다.
6. newNode를 리턴한다.

```
BinaryTreeNode BuildBinaryTree(int inOrder[], int preOrder[], int inStrt, int inEnd) {
    static int preIndex = 0;
    BinaryTreeNode newNode = new BinaryTreeNode();
    if(inStrt > inEnd) return null;
    if(!newNode) {
        System.out.println("Memory Error");
        return;
    }
    // 전위 탐색으로부터 preIndex를 사용하여 현재 노드를 선택한다
    newNode.setData(preOrder[preIndex]);
    preIndex++;
    if(inStrt == inEnd) /* 이 노드에 자식이 없으면 리턴한다 */
        return newNode;
    /* 그렇지 않으면 이 노드의 인덱스를 중위 탐색으로부터 찾는다 */
    int inIndex = Search(inOrder, inStrt, inEnd, newNode.
        getData());
```

```
            /* 중위 탐색의 인덱스를 사용하여 왼쪽, 오른쪽 부속 트리를 생성한다 */
            newNode.setLeft(BuildBinaryTree(inOrder, preOrder,
                inStrt, inIndex-1));
            newNode.setRight(BuildBinaryTree(inOrder, preOrder,
                inIndex+1, inEnd));
            return newNode;
        }
```

시간 복잡도: $O(n)$

공간 복잡도: $O(n)$

문제-27 두 개의 탐색 순열이 주어진다면 이진 트리를 유일하게 만들 수 있는가?

해답: 어떤 탐색이 주어지냐에 따라 다르다. 둘 중 하나의 탐색 기법이 중위라면 이진 트리를 유일하게 만들 수 있지만 그렇지 않으면 안 된다. 그러므로 다음의 조합이 유일한 트리를 만들 수 있게 한다.

· 중위와 전위
· 중위와 후위
· 중위와 레벨 순서

다음의 조합으로는 유일한 트리를 만들 수 없다.

· 후위와 전위
· 전위와 레벨 순서
· 후위와 레벨 순서

예를 들어 다음 트리들에 대해 전위, 레벨 순서, 후위 탐색이 같다.

전위 탐색 = AB   후위 탐색 = BA   레벨 순서 탐색 = AB

그러므로 심지어 세 개(전위, 레벨 순서, 후위)가 주어져도 트리를 유일하게 만들 수 없다.

문제-28 이진 트리에서 어떤 노드의 모든 조상들을 출력하는 알고리즘을 알아보자. 다음 트리에서 7의 조상들은 1 3 7이다.

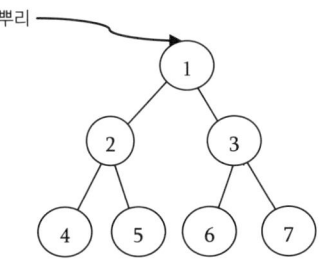

해답: 이 트리의 깊이 우선 검색(DFS)에서 다음의 재귀적 방법을 사용해 조상들을 출력할 수 있다.

```
int PrintAllAncestors(BinaryTreeNode root, BinaryTreeNode node){
    if(root == null)
        return 0;
    if(root.getLeft() == node || root.getRight() == node ||
    PrintAllAncestors(root.getLeft(), node) ||
       PrintAllAncestors(root.getRight(), node)) {
        System.out.println(root.getData());
        return 1;
    }
    return 0;
}
```

시간 복잡도: $O(n)$

공간 복잡도: 재귀를 위해 $O(n)$

문제-29 이진 트리에서 두 노드의 최소 공통 조상(LCA)을 찾는 알고리즘을 알아보자.

해답:

```
BinaryTreeNode LCA(BinaryTreeNode root, BinaryTreeNode α,
BinaryTreeNode β) {
    BinaryTreeNode left, right;
    if(root == null)
        return root;
    if(root == α || root == β)
        return root;
    left = LCA(root.getLeft(), α, β );
    right = LCA(root.getRight(), α, β );
    if(left && right) return root;
    else return(left? left: right)
}
```

시간 복잡도: $O(n)$

공간 복잡도: 재귀를 위해 $O(n)$

문제-30 지그재그 트리 탐색: 이진 트리를 지그재그 순서로 탐색하는 알고리즘을 알아보자. 예를 들어 다음 예제 트리의 결과는 1 3 2 4 5 6 7이다.

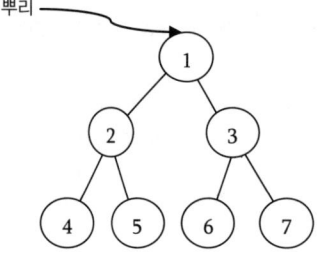

해답: 이 문제는 두 개의 스택을 사용하면 쉽게 풀 수 있다. 두 개의 스택이 currentLevel과 nextLevel이라고 하자. 현재 레벨의 순서를 추적하기 위한 (왼쪽에서 오른쪽인지 오른쪽에서 왼쪽인지) 변수가 하나 더 필요하다.

currentLevel 스택으로부터 팝해서 노드의 값을 출력한다. 현재 레벨의 순서가 왼쪽에서 오른쪽일 때마다 노드의 왼쪽 자식, 그리고 오른쪽 자식을 nextLevel 스택에 푸시한다. 스택은 후입선출의 구조이므로 다음번에 노드들이 nextLevel에서 팝이 될 때 역순이 된다. 반면에 현재 레벨의 순서가 오른쪽에서 왼쪽일 때는 노드의 오른쪽 자식을 먼저 푸시하고, 그 다음에 왼쪽 자식을 푸시한다. 마지막으로 각 레벨이 끝날 때마다 이 두 스택을 뒤바꾼다(즉 currentLevel이 빌 때).

```java
void ZigZagTraversal(BinaryTreeNode root) {
    BinaryTreeNode temp;
    int leftToRight = 1;
    if(!root) return;
    Stack currentLevel currentLevel = new CreateStack(),
        nextLevel = new CreateStack();
    Push(currentLevel, root);
    while(!isEmpty(currentLevel)) {
        temp = Pop(currentLevel);
    if(temp) {
        System.out.println(temp.getData());
        if(leftToRight) {
            if(temp.getLeft())
                Push(nextLevel, temp.getLeft());
            if(temp.getRight())
                Push(nextLevel, temp.getRight());
        } else {
        if(temp.getRight())
            Push(nextLevel, temp.getRight());
        if(temp.getLeft())
            Push(nextLevel, temp.getLeft());
        }
    }
    if(isEmpty(currentLevel)) {
        leftToRight = 1-leftToRight;
        swap(currentLevel, nextLevel);
        }
    }
}
```

시간 복잡도: $O(n)$

공간 복잡도: 두 개의 스택을 위한 공간 = $O(n) + O(n) = O(n)$

문제-31 이진 트리의 세로 합을 구하는 알고리즘을 알아보자. 예를 들어 다음 트리는 다섯 개의 세로 선을 갖는다.

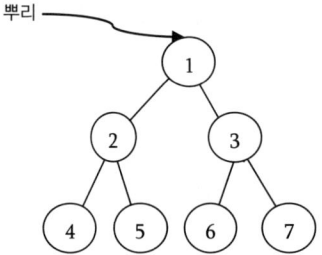

세로-1: 노드-4 -〉 세로 합 4

세로-2: 노드-2 -〉 세로 합 2

세로-3: 노드-1, 5, 6 -〉 세로 합 1 + 5 + 6 = 12

세로-4: 노드-3 -〉 세로 합 3

세로-5: 노드-7 -〉 세로 합 7

결과 출력: 4 2 12 3 7

해답: 중위 탐색을 하면서 열을 해시한다. 뿌리(root)가 0열이라는 뜻으로 VerticalSumInBinaryTree(root, 0)을 호출한다. 탐색을 하면서 열을 해시해서 그 값을 root → data만큼 증가시킨다.

```
void VerticalSumInBinaryTree(BinaryTreeNode root, int
   column) {
    if(root==null) return;
    VerticalSumInBinaryTree(root.getLeft(), column-1);
    // 해시 테이블의 구현은 14장을 참고하자
    Hash[column] += root.getData();
    VerticalSumInBinaryTree(root.getRight(), column+1);
}
VerticalSumInBinaryTree(root, 0);
Print Hash;
```

문제-32 n개의 노드를 가진 이진 트리의 종류는 최대 얼마인가?

해답: 예를 들어 3개의 노드를 가진(n = 3) 트리를 생각해보자. 최대 다섯 개의 트리 조합이 가능하다(즉 23 - 3 = 5).

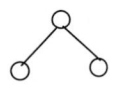 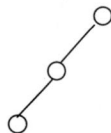 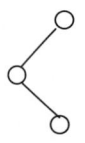 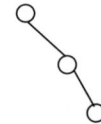 

일반적으로 n개의 노드가 있으면 $2^n - n$개의 서로 다른 트리가 존재한다.

문제-33 잎 노드는 'L'이라고 표시되고, 중간 노드는 'I'라고 표시되는 특별한 속성을 가진 트리가 주어진다. 또한 각 노드에는 0개 혹은 두 개의 자식 노드가 있다. 이 트리에 대한 전위 탐색이 주어질 때 이 트리를 생성하라.

예: 주어진 전위 문자열 -> ILILL

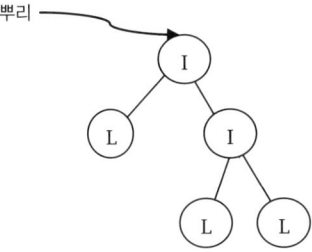

해답: 먼저, 어떻게 전위 탐색이 배치되는지 살펴봐야 한다. 전위 탐색은 먼저 뿌리 노드를 놓고 다음에 왼쪽 부속 트리를 전위 탐색하고, 그 다음에 오른쪽 부속 트리를 전위 탐색한다. 일반적인 경우에 전위 탐색만으로 언제 왼쪽 부속 트리가 끝나고 오른쪽 부속 트리가 시작하는지 알 수 없다. 모든 노드가 두 개의 자식 노드를 갖거나 자식이 없으므로 어떤 노드가 존재하면 그 형제 노드도 반드시 존재한다고 할 수 있다. 그러므로 매번 부속 트리를 계산할 때마다 형제 부속 트리도 계산해야 한다.

두 번째로, 입력 문자열에서 'L'을 만날 때마다 그것이 잎 노드이므로 해당 부속 트리를 거기서 멈출 수 있다. 이 'L' 노드 다음엔 (부모 노드의 왼쪽 자식인) 형제 부속 트리가 시작된다. 만약 'L' 노드가 부모 노드의 오른쪽 자식이라면 상위 계층으로 올라가서 계산할 다음 부속 트리를 찾아야 한다. 이 불변성을 알아두면 언제 부속 트리가 끝나고 다음이 시작되는지 쉽게 알 수 있다. 즉 어떤 시작 노드가 주어지더라도 이 노드로부터 자라나는 부속 트리를 쉽게 완성할 수 있다. 서로 다른 부속 트리에 대해 정확한 시작 노드를 넘겨주는 것에만 주의를 기울이면 된다.

```
BinaryTreeNode BuildTreeFromPreOrder(char[] A, int i) {
    if(A == null) // 경계 조건
        return null;
    BinaryTreeNode newNode = new BinaryTreeNode();
    newNode.setData(A[i]);
    newNode.setLeft(null);
    newNode.setRight(null);
    if(A[i] == 'L') // 잎 노드에 도달하면 리턴한다
        return newNode;
    i = i + 1; // 왼쪽 부속 트리를 만든다
    newNode.setLeft(BuildTreeFromPreOrder(A, i));
    i = i + 1; // 오른쪽 부속 트리를 만든다
    newNode.setRight(BuildTreeFromPreOrder(A, i));
    return newNode;
}
```

시간 복잡도: $O(n)$

문제-34 이진 트리와 세 개의 포인터(left, right, nextSibling)가 주어졌을 때 초기값이 NULL인 nextSibling 포인터들의 값을 채우는 알고리즘을 구하라.

해답: 간단한 큐를 사용할 수 있다(문제-11의 해답과 유사). 이진 트리의 구조가 다음과 같다고 하자.

```
void FillNextSiblings(BinaryTreeNode root) {
    LLQueue Q = new LLQueue();
    BinaryTreeNode temp;
    if(!root) return 0;
    Q.enQueue(root);
    Q.enQueue(null);
    while(!Q.isEmpty()) {
        root=Q.deQueue();
        // 현재 레벨 완료
        if(root==null) {
            // 다음 레벨을 위한 또 다른 표지를 넣는다
            if(!Q.isEmpty())
                Q.enQueue(null);
        }
        else { temp.setNextSibling(Q.getFront());
```

```
                if(root.getLeft())
                    Q.enQueue(root.getLeft());
                if(root.getRight())
                    Q.enQueue(root.getRight());
            }
        }
    }
```

시간 복잡도: $O(n)$

공간 복잡도: $O(n)$

문제-35 문제-34를 푸는 다른 방법이 있는가?

해답: 비결은 값이 채워진 nextSibling 포인터들을 다시 사용하는 것이다. 앞에서 말했듯이, 한 단계만 더 있으면 된다. left와 right을 재귀 함수에게 보내기 전에 오른쪽 자식 노드의 nextSibling을 현재 노드의 nextSibling의 왼쪽 자식 노드에 연결시킨다. 이것이 동작하려면 현재 노드의 nextSibling 값이 채워져야 한다.

```
void FillNextSiblings(BinaryTreeNode root) {
    if(!root) return;
    if(root.getLeft())
        root.getLeft().setNextSibling(root.getRight());
    if(root.getRight())
        if(root.getNextSibling())
            root.getRight().setNextSibling(root.
                getNextSibling().getLeft());
        else root.getRight().setNextSibling(null);
    FillNextSiblings(root.getLeft());
    FillNextSiblings(root.getRight());
}
```

시간 복잡도: $O(n)$

6.5 범용 트리(N항 트리)

이제까지는 각 노드가 최대 두 개의 자식 노드만을 지닌 상태에서 두 개의 포인터로 쉽게 표현할 수 있는 이진 트리만 살펴보았다. 하지만 각 노드에 여러 개의 자식 노드들이 있고 한 노드가 몇 개의 자식 노드를 가지는지 알 수 없을 때 이런 트리는 어떻게 표현할 것인가? 다음 트리를 살펴보자.

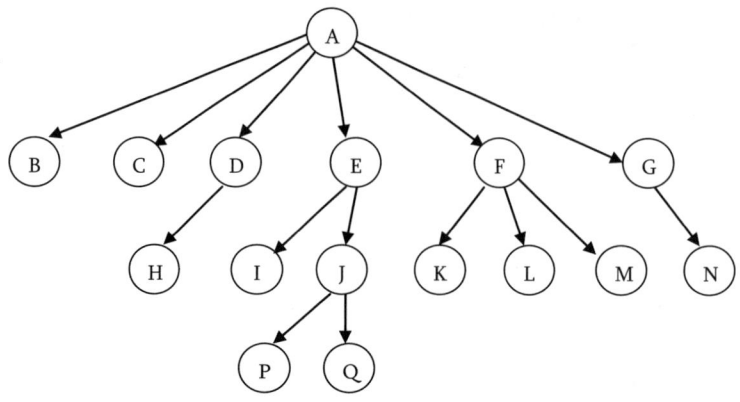

이런 트리는 어떻게 표현할 수 있는가? 트리에는 자식 노드가 6개, 3개, 2개, 1개인 노드들이 있고 자식이 없는 노드(잎 노드)들도 있다. 이 트리를 표현하기 위해서는 최악의 경우(6개의 자식)를 고려해서 각 노드의 자식 포인터를 할당해야 한다. 이를 코드로 표현하면 다음과 같다.

```
public class TreeNode {
    public int data;
    public TreeNode firstChild;
    public TreeNode secondChild;
    public TreeNode thirdChild;
    public TreeNode fourthChild;
    public TreeNode fifthChild;
    public TreeNode sixthChild;
    .....
}
```

이 코드에서는 모든 포인터를 다 사용하지 않으므로 메모리 낭비가 많아진다. 또한 각 노드의 자식 노드 개수를 미리 알 수도 없다는 문제도 있다. 이 문제를 풀기 위해서는 낭비를 최소화하고 자식 노드의 개수에 제한 없이 표현할 수 있는 방법이 필요하다.

범용 트리의 표현

우리의 목적은 트리의 모든 노드에 닿는 것이므로 해법은 다음과 같다.

- 각 노드에서 부모가 같은 노드(형제 노드)들을 왼쪽에서 오른쪽으로 연결한다.

- 첫 번째 자식을 제외한 나머지 노드와의 연결을 삭제한다.

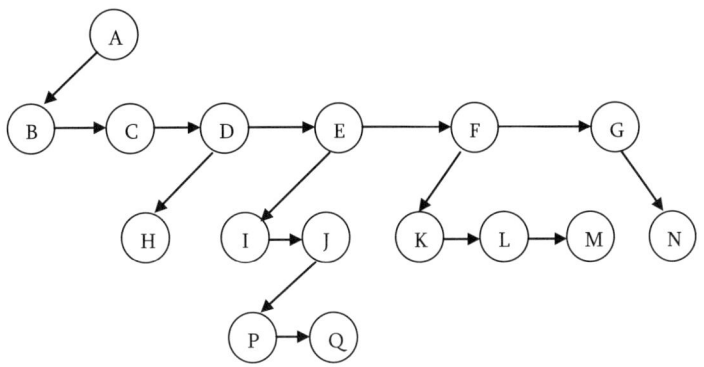

앞의 문장이 뜻하는 것은 자식 노드들 사이에 연결이 있으면 부모로부터 모든 자식 노드들까지의 연결이 필요 없다는 것이다. 이것은 부모 노드의 첫 번째 자식 노드로부터 다른 모든 항목을 탐색할 수 있기 때문이다. 그러므로 부모와 첫 번째 자식 노드 사이에 연결이 있고 같은 부모를 가진 모든 노드가 연결되어 있다면 문제가 해결된다. 이러한 표현을 때로 첫 번째 자식/다음 형제 표현이라고도 한다. 앞의 그림이 범용 트리의 첫 번째 자식/다음 형제 표현이다. 이 트리의 실제 표현은 다음과 같다.

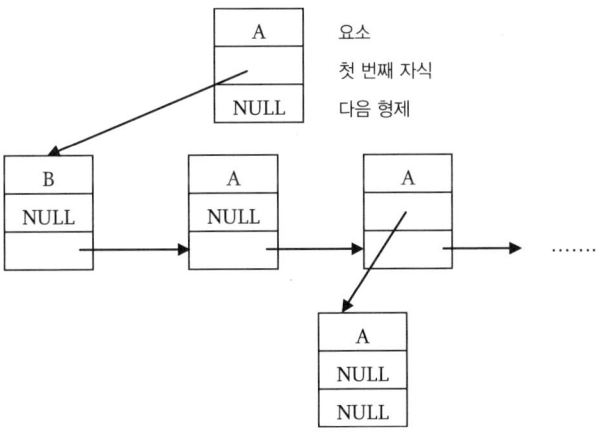

이 논의에 기초한 범용 트리의 노드 정의는 다음과 같다.

```
public class TreeNode {
    public int data;
    public TreeNode firstChild;
    public TreeNode nextSibling;
    public int getData() {
        return data;
    }
    public void setData(int data) {
        this.data = data;
    }
    public BinaryTreeNode getFirstChild() {
        return firstChild;
    }
    public void setFirstChild(BinaryTreeNode firstChild) {
        this.firstChild = firstChild;
    }
    public BinaryTreeNode getNextSibling() {
        return nextSibling;
    }
    public void setNextSibling(BinaryTreeNode nextSibling) {
        his.nextSibling = nextSibling;
    }
}
```

참고

어떤 범용 트리라도 이진 트리로 표현할 수 있기 때문에 실무에서는 이진 트리만 사용한다.

범용 트리 문제

문제-36 주어진 트리에 대해 모든 항목의 합을 구하는 알고리즘을 알아보자.

해답: 해법은 간단한 이진 트리의 경우와 유사하다. 즉 전체 리스트를 탐색하면서 값을 계속 더하는 것이다. 레벨 순서 탐색이나 간단한 재귀를 사용할 수 있다.

```
int FindSum(TreeNode root) {
    if(!root) return 0;
    return root.getData() + FindSum(root.getFirstChild()) +
        FindSum(root.getNextSibling());
}
```

시간 복잡도: $O(n)$

공간 복잡도: (스택 공간을 생각하지 않는다면) $O(1)$. 그렇지 않다면 $O(n)$

> 참고
>
> 이진 트리에서 살펴봤던 문제들은 다 범용 트리에도 적용이 가능하다. left, right 포인터 대신에 firstChild, nextSibling 포인터를 사용하기만 하면 된다.

문제-37 4항 트리(각 노드가 최대 4개의 자식을 가질 수 있는)에 대하여 100개의 노드를 가진 트리의 최대 높이가 무엇인가? 한 개의 노드의 높이는 0이라고 가정하라.

해답: 4항 트리에서 각 노드는 0에서 4개의 자식을 가질 수 있고 최대 높이를 구하려면 각 부모에 하나의 자식만 있다고 가정하면 된다. 100개의 노드에서 가능한 최대 높이는 99이다. 적어도 하나의 노드가 4개의 자식을 가져야 한다면, 한 개의 노드만 4개의 자식을 갖게 하고 나머지 노드는 모두 1개의 자식을 갖게 하면 된다. 이 경우에 가능한 최대 높이는 96이다. 유사하게 n개의 노드에 대하여 가능한 최대 높이는 $n - 4$이다.

문제-38 4항 트리(각 노드가 최대 4개의 자식을 가질 수 있는)에 대하여 n개의 노드를 가진 최소 높이는 얼마인가?

해답: 앞의 논의와 유사하게 최소 높이를 구하려면 모든 노드에 최대 자식 노드(이 경우 4)를 갖게 하면 된다. 이제 주어진 높이에 대해 최대 노드 개수를 설명하는 다음 표를 보자.

높이, h	높이에서의 최대 노드 수 $h = 4^h$	전체 노드 수 $h = \frac{4^{h+1} - 1}{3}$
0	1	1
1	4	1+4
2	4×4	$1+4 \times 4$
3	$4 \times 4 \times 4$	$1+4 \times 4+4 \times 4 \times 4$

주어진 높이 h에 대해 가능한 최대 노드 수는 $\frac{4^{h+1} - 1}{3}$ 이다. 최소 높이를 구하려면, 양쪽에 log를 취한다.

$$n = \frac{4^{h+1}-1}{3} \Rightarrow 4^{h+1} = 3n + 1 \Rightarrow (h+1)log4 = \log(3n+1)$$
$$\Rightarrow h + 1 = \log_4(3n+1) \Rightarrow h = \log_4(3n+1) - 1$$

문제-39 $P[i]$가 i번째 노드의 부모 노드를 뜻하는 부모 배열 P가 주어졌을 때 (뿌리 노드의 부모는 -1로 나타낸다고 가정) 트리의 높이 혹은 깊이를 구하는 알고리즘을 알아보자.

해답: 예를 들어 P가 다음과 같다고 가정하자.

-1	0	1	6	6	0	0	2	7
0	1	2	3	4	5	6	7	8

그럴 경우 해당 트리는 다음 그림과 같다.

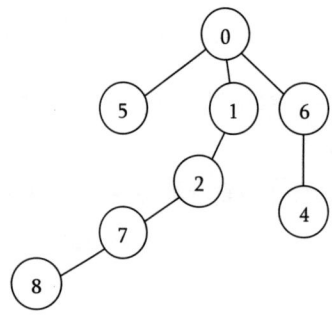

문제의 정의에서 주어진 배열은 부모 배열을 나타낸다. 즉 그 배열의 트리를 찾아서 깊이를 구해야 하는데, 주어진 트리의 깊이는 4이다. 우리가 주의깊게 관찰한다면, 각 노드에서 시작해서 -1에 닿을 때까지 부모 노드로 계속 올라가면서 각 노드 중 최대 깊이를 추적하면 된다는 것을 알 수 있다.

```
int FindDepthInGenericTree(int P[], int n) {
    int maxDepth =-1, currentDepth =-1, j;
    for(int i = 0; i < n; i++) {
        currentDepth = 0; j = i;
        while(P[j] != -1) {
            currentDepth++; j = P[j];
        }
```

```
        if(currentDepth > maxDepth)
            maxDepth = currentDepth;
    }
    return maxDepth;
}
```

시간 복잡도: $O(n^2)$. 경사 트리의 경우는 같은 값을 다시 계산해야 한다.

공간 복잡도: $O(1)$

> **참고**
>
> 이전에 계산한 노드의 깊이를 해시 테이블이나 다른 배열에 저장함으로써 이 코드를 최적화할 수 있다. 이렇게 하면 시간 복잡도는 감소하나 추가 공간이 필요하다.

문제-40 범용 트리의 주어진 노드의 형제 노드의 수를 세는 알고리즘을 알아보자.

해답: 이 트리가 첫 번째 자식/다음 형제 방법으로 표시되므로 트리 구조는 다음과 같다.

```
int SiblingsCount(TreeNode current) {
    int count = 0;
    while(current) {
        count++;
        current = current.getNextSibling();
    }
    reutrn count;
}
```

시간 복잡도: $O(n)$

공간 복잡도: $O(1)$

문제-41 주어진 두 개의 트리가 있을 때, 이 두 트리가 동형(isomorphic)인지 아닌지 어떻게 검사하는가?

해답: 두 개의 이진 트리 roo1과 root2가 같은 구조를 가질 때 동형이라고 한다. 각 노드의 값은 동형성을 판단할 때 영향을 끼치지 않는다. 다음 도표에서 가운데 트리는 양쪽 트리의 동형이 아니지만 오른쪽 트리는 왼쪽 트리와 동형이다.

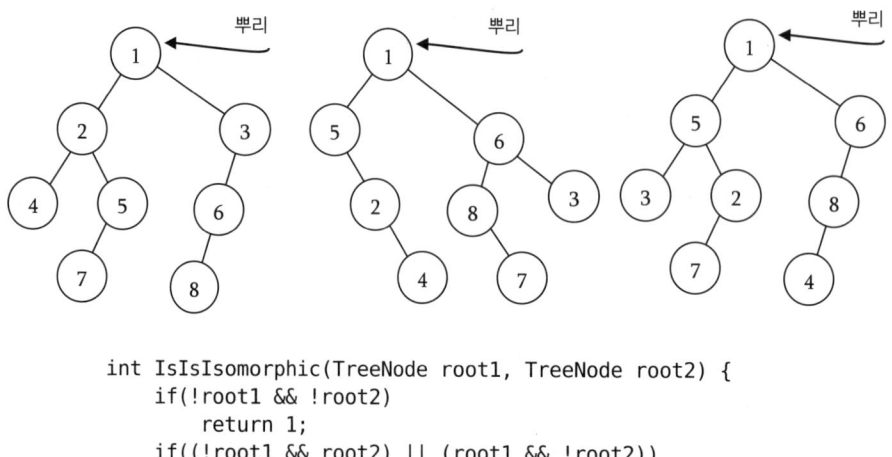

```
int IsIsomorphic(TreeNode root1, TreeNode root2) {
    if(!root1 && !root2)
        return 1;
    if((!root1 && root2) || (root1 && !root2))
        return 0;
    return (IsIsomorphic(root1.getLeft(), root2.getLeft())
        && IsIsomorphic(root1.getRight(), root2.getRight()));
}
```

시간 복잡도: $O(n)$

공간 복잡도: $O(n)$

문제-42 주어진 두 개의 트리가 있을 때, 이 두 트리가 준-동형(quasi-isomorphic)인지 아닌지 어떻게 검사하는가?

해답:

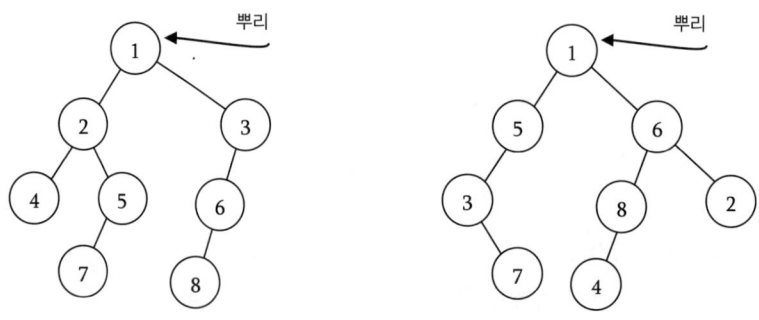

두 개의 이진 트리 roo1과 root2가 root1의 몇 노드들의 왼쪽, 오른쪽 자식 노드를 뒤바꾸면 root2로 변할 때 준-동형이라고 한다. 각 노드의 값은 동형성을 판단할 때 중요하지 않고 형태만이 중요하다. 위 그림의 트리는 왼쪽 트리의 자식 노드들을 뒤바꾸면 오른쪽 트리가 되기 때문에 준-동형이다.

```
int QuasiIsomorphic(TreeNode root1, TreeNode root2) {
    if(!root1 && !root2)
        return true;
    if((!root1 && root2) || (root1 && !root2))
        return false;
    return (QuasiIsomorphic(root1.getLeft(), root2.getLeft()) &&
        QuasiIsomorphic(root1.getRight(), root2.getRight()) ||
        QuasiIsomorphic(root1.getRight(), root2.getLeft()) &&
        QuasiIsomorphic(root1.getLeft(), root2.getRight()));
}
```

시간 복잡도: $O(n)$

공간 복잡도: $O(n)$

문제-43 범용 트리의 주어진 노드에 대해 그 노드의 자식 노드 개수를 세는 알고리즘을 알아보자.

해답: 이 트리가 첫 번째 자식/다음 형제 방법으로 표시되므로 트리 구조는 다음과 같다.

```
int ChildCount(TreeNode current) {
    int count = 0;
    current = current.getFirstChild();
    while(current) {
        count++;
        current = current.getNextSibling();
    }
    reutrn count;
}
```

시간 복잡도: $O(n)$

공간 복잡도: $O(1)$

문제-44 포화 k항 트리는 모든 노드가 0개 혹은 k개의 자식 노드를 가지는 트리이다. 포화 k항 트리의 전위 탐색 결과 배열이 주어졌을 때, 포화 k항 트리를 구성하는 알고리즘을 알아보자.

해답: k항 트리에서 i번째 노드의 자식들은 $k * i + 1$에서 $k * i + k$이다. 다음 예는 포화 3항 트리이다.

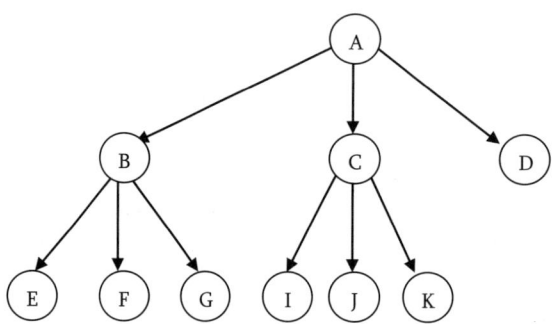

그림에서 보듯이, 전위 탐색에서는 왼쪽 부속 트리가 처리되고 뿌리 노드까지 탐색한 후에 오른쪽 부속 트리로 이동한다. 이 때문에, 포화 k항 트리를 구성하려면 이전에 생성된 노드에 상관없이 노드를 계속 만들기만 하면 된다. 이 방법으로 하나의 전역(global) 인덱스를 사용해서 재귀적으로 트리를 만들 수 있다. k항 트리의 선언은 다음과 같다.

```
public class K-aryTreeNode {
    public int data;
    public K-aryTreeNode[] child;
    public K-aryTreeNode(int k){
        child = new K-aryTreeNode[k];
    }
    public void setData(int dataInput){
        data = dataInput;
    }
    public int getChild(){
        return data;
    }
    public void setChild(int i, K-aryTreeNode childNode){
        child[i]= childNode;
    }
    public K-aryTreeNode getChild(int i){
        return child[i];
    }
    ...
}
```

```
int Ind = 0;
K-aryTreeNode BuildK-aryTree(int A[], int n, int k) {
    if(n <= 0)
        return null;
    K-aryTreeNode newNode = new K-aryTreeNode(k);
    if(!newNode) {
        System.out.println("Memory Error");
        return;
    }
    newNode.setData(A[Ind]);
    for(int i = 0; i<k; i++) {
        if(k * Ind + i <n) {
            Ind++;
            newNode.setChild(BuildK-aryTree(A, n, k,Ind));
        }
        else newNode.setChild(null);
    }
    return newNode;
}
```

시간 복잡도: n이 전위 배열의 크기일 때 $O(n)$. 우리가 순차적으로 움직이면서 이미 생성된 노드를 다시 방문하지 않기 때문이다.

6.6 스레드 이진 트리 탐색

앞에서 우리는 전위, 중위, 후위 이진 트리 탐색은 스택을 사용하고 레벨 순서 탐색은 큐를 보조 데이터 구조로 사용한다는 것을 보았다. 이 절에서는 스택이나 큐 모두 사용하지 않는 새로운 탐색 알고리즘을 살펴볼 것이다. 이러한 탐색 알고리즘은 스레드 이진 트리 탐색 혹은 스택/큐 없는 탐색이라고 불린다.

일반적인 이진 트리 탐색의 문제점들
- 스택이나 큐를 위해 필요한 저장 공간이 크다.
- 이진 트리의 포인터 중 대부분이 NULL이다. 예를 들어 n개의 노드를 가진 이진 트리에는 $n + 1$개의 NULL 포인터가 있고 이것들은 낭비되는 것이다.

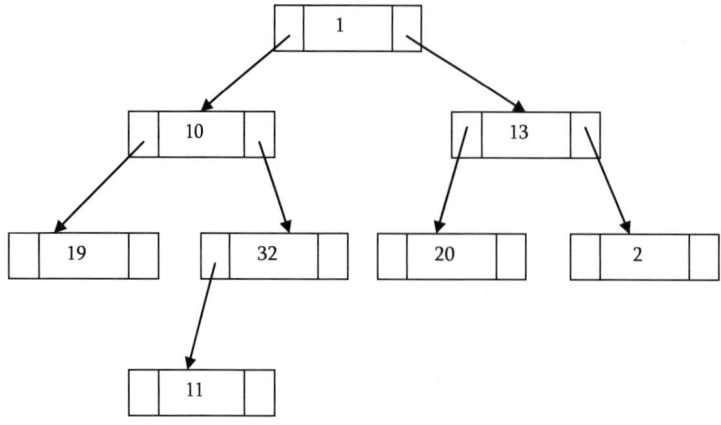

- 주어진 노드의 후임(successor) 노드(전위, 중위, 후위 탐색 시의 후임 노드)를 찾기가 힘들다.

스레드 이진 트리를 사용하는 동기

이 문제를 풀기 위한 한 가지 방법은 NULL 포인터에 뭔가 유용한 정보를 저장하는 것이다. 이전의 탐색을 주의깊게 살펴보면 스택/큐가 필요한 이유는 왼쪽 부속 트리 처리가 끝난 뒤 오른쪽 부속 트리로 이동하기 위해 현재 위치를 저장해야만 하기 때문이다. 우리가 유용한 정보를 NULL 포인터에 저장한다면 이런 정보를 스택/큐에 저장할 필요가 없다. NULL 포인터에 이런 정보를 저장한 이진 트리를 스레드 이진 트리라고 부른다. 앞의 논의로부터 NULL 포인터에 중요한 정보를 저장하기로 했다고 하자. 다음 질문은 무엇을 저장할 것인가이다.

일반적으로는 전임/후임 정보가 저장될 것이다. 즉 전위 탐색을 다룬다면 주어진 노드에 대해 왼쪽 NULL 포인터는 전임 정보를, 오른쪽 NULL 포인터는 후임 정보를 담게 하는 것이다. 이때 사용하는 포인터가 스레드이다.

스레드 이진 트리 구분하기

유용한 정보를 두 NULL 포인터 모두에 저장하는가 아니면 하나에만 저장하는가에 따라 구분된다.

- 전임 정보를 왼쪽 NULL 포인터에만 저장하는 이진 트리를 왼쪽 스레드 이진 트리라고 한다.
- 후임 정보를 오른쪽 NULL 포인터에만 저장하는 이진 트리를 오른쪽 스레드 이진 트리라고 한다.
- 두 NULL 포인터 모두에 정보를 저장하는 이진 트리를 완전 스레드 이진 트리 혹은 그냥 스레드 이진 트리라고 한다.

> **참고**
> 이후에는 (완전) 스레드 이진 트리만 다룰 것이다.

스레드 이진 트리의 종류

스레드 이진 트리를 표현하는 세 가지 방법이 있다.

- 전위 스레드 이진 트리: 왼쪽 NULL 포인터에는 전위 전임 정보가 저장되고, 오른쪽 NULL 포인터에는 전위 후임 정보가 저장된다.
- 중위 스레드 이진 트리: 왼쪽 NULL 포인터에는 중위 전임 정보가 저장되고, 오른쪽 NULL 포인터에는 중위 후임 정보가 저장된다.
- 후위 스레드 이진 트리: 왼쪽 NULL 포인터에는 후위 전임 정보가 저장되고, 오른쪽 NULL 포인터에는 후위 후임 정보가 저장된다.

> **참고**
> 각 사용법이 유사하므로, 이후에는 중위 스레드 이진 트리만 이용하여 설명할 것이다.

스레드 이진 트리의 구조

트리를 검사하는 프로그램이라면 일반적으로 왼쪽/오른쪽 포인터와 스레드를 구분할 수 있어야 한다. 이를 위해 각 노드에 두 개의 항목을 추가로 넣어서, 스레드 이진 트리의 노드는 다음과 같은 형태를 취한다.

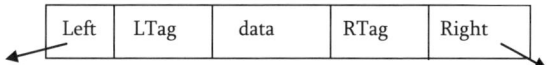

```
public class ThreadedBinaryTreeNode {
    public ThreadedBinaryTreeNode left;
    public int LTag;
    public int data;
    public int RTag;
    public ThreadedBinaryTreeNode right;
    .....
}
```

이진 트리와 스레드 이진 트리의 구조 차이점

	일반적인 이진 트리	스레드 이진 트리
if LTag == 0	NULL	왼쪽 포인터는 중위 전임 노드를 가리킴
if LTag == 1	왼쪽 포인터는 왼쪽 자식을 가리킴	왼쪽 포인터는 왼쪽 자식을 가리킴
if RTag == 0	NULL	오른쪽 포인터는 중위 후임 노드를 가리킴
if RTag == 1	오른쪽 포인터는 오른쪽 자식을 가리킴	오른쪽 포인터는 오른쪽 자식을 가리킴

참고
유사하게 전위/후위의 차이점도 정의할 수 있다.

예를 들어 중위 스레드 이진 트리의 형태로 트리를 표현해보자. 다음 그림은 중위 스레드 이진 트리가 어떠한 구조인지 보여준다. 점선으로 된 화살표는 스레드를 나타낸다. 제일 왼쪽 노드(2)의 왼쪽 포인터와 제일 오른쪽 노드(31)의 오른쪽 포인터는 그냥 걸려만 있는 것을 볼 수 있다.

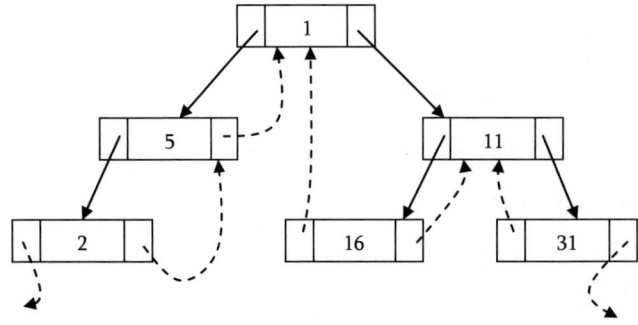

제일 왼쪽 포인터와 제일 오른쪽 포인터는 무엇을 가리켜야 하는가?

스레드 이진 트리를 표현할 때 빈 트리에도 (가리키는 노드가 존재하도록) 더미 노드를 설정해 두면 편리하다. 다음 그림을 보면, 더미 노드의 오른쪽 태그는 1 이면서 오른쪽 포인터가 자신을가리키는 것을 볼 수 있다.

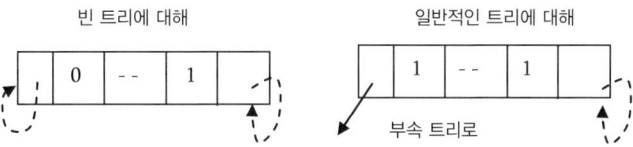

이 개념을 사용하면 앞서 나온 트리는 다음과 같이 표현된다.

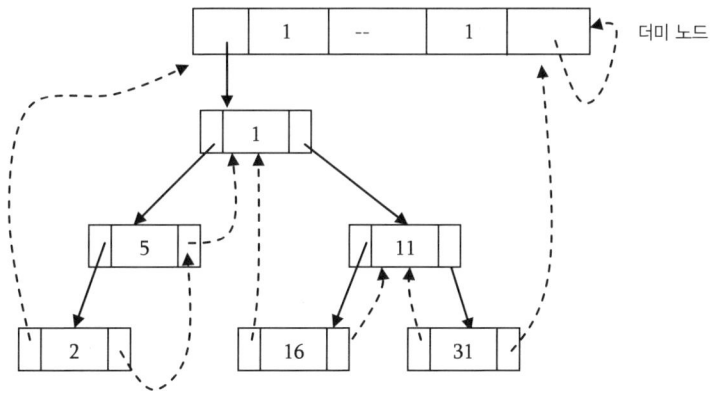

중위 스레드 이진 트리에서 중위 후임 노드 찾기

스택을 사용하지 않고 중위 후임 노드를 찾으려 사용하는 노드를 P라고 하자.

전략: P에 오른쪽 부속 트리가 없다면 P의 오른쪽 자식 노드를 리턴한다. 만약 P에게 오른쪽 부속 트리가 있다면 그 노드의 왼쪽 부속 트리에 P를 포함하는 가장 가까운 노드의 왼쪽 자식 노드를 리턴한다.

```
ThreadedBinaryTreeNode InorderSuccessor(ThreadedBinaryTreeNode P)
{
    ThreadedBinaryTreeNode Position;
    if(P.RTag == 0)
        return P.getRight();
    else { Position = P.getRight();
        while(Position.getLTag() == 1)
            Position = Position.getLeft();
    return Position;
    }
}
```

시간 복잡도: $O(n)$

공간 복잡도: $O(1)$

중위 스레드 이진 트리에서 중위 탐색하기

더미 노드에서 시작해서 다시 더미 노드에 닿을 때까지 InorderSuccessor()를 호출하여 모든 노드를 방문할 수 있다.

```
void InorderTraversal(ThreadedBinaryTreeNode root) {
    ThreadedBinaryTreeNode P = InorderSuccessor(root);
    while(P != root) {
        P = InorderSuccessor(P);
        System.out.println(P.getData());
    }
}
```

다른 방법:

```
void InorderTraversal(ThreadedBinaryTreeNode root) {
    ThreadedBinaryTreeNode P = root;
    while(1) {
        P = InorderSuccessor(P);
        if(P == root) return;
        System.out.println(P.getData());
    }
}
```

시간 복잡도: $O(n)$

공간 복잡도: $O(1)$

중위 스레드 이진 트리에서 전위 후임 노드 찾기

전략: P에 왼쪽 부속 트리가 있다면 P의 왼쪽 자식 노드를 리턴한다. 만약 P에게 왼쪽 부속 트리가 없다면 그 노드의 오른쪽 부속 트리에 P를 포함하는 가장 가까운 노드의 오른쪽 자식 노드를 리턴한다.

```
ThreadedBinaryTreeNode PreorderSuccessor(ThreadedBinaryTreeNode P)
{
    ThreadedBinaryTreeNode Position;
    if(P.getLTag() == 1) return P.getLeft();
    else { Position = P;
        while(Position.getRTag() == 0)
            Position = Position.getRight();
        return Position.getRight();
    }
}
```

시간 복잡도: $O(n)$

공간 복잡도: $O(1)$

중위 스레드 이진 트리에서 전위 탐색하기

중위 탐색과 유사하게 더미 노드에서 시작해서 다시 더미 노드에 닿을 때까지 PreorderSuccessor()를 호출하여 모든 노드를 방문할 수 있다.

```
void PreorderTraversal(ThreadedBinaryTreeNode root) {
    ThreadedBinaryTreeNode P;
    P = PreorderSuccessor(root);
    while(P != root) {
        P = PreorderSuccessor(P);
        System.out.println(P.getData());
    }
}
```

다른 방법:

```
void PreorderTraversal(ThreadedBinaryTreeNode root) {
    ThreadedBinaryTreeNode P = root;
    while(1) {
        P = PreorderSuccessor(P);
        if(P == root) return;
        System.out.println(P.getData());
    }
}
```

시간 복잡도: $O(n)$

공간 복잡도: $O(1)$

> **참고**
> 스레드 이진 트리의 중위, 전위 후임 노드 찾기가 쉽다는 것이 분명하다. 하지만 스택을 이용하지 않고 후위 후임 노드 찾기는 매우 어렵다.

중위 스레드 이진 트리에 노드 삽입하기

예를 들어 P와 Q 노드가 있는데 Q를 P의 오른쪽에 추가하려 한다고 하자. 이 때 두 경우가 있다.

- P 노드에 오른쪽 자식이 없을 경우 Q를 P에 추가하고 Q 노드의 왼쪽, 오른쪽 포인터만 바꾸면 된다.

- P 노드에 오른쪽 자식(R이라고 하자)이 있는 경우 R의 왼쪽 부속 트리를 탐색해서 제일 왼쪽 노드를 찾아 그 노드(S)의 왼쪽 포인터를 (다음 페이지의 그림처럼) 바꿔야 한다.

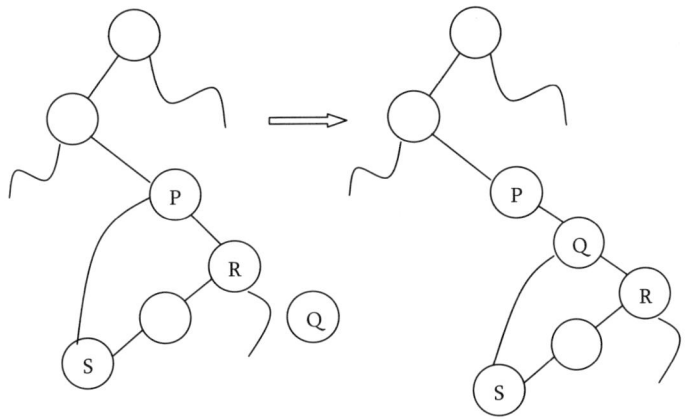

```
ThreadedBinaryTreeNode Temp;
    Q.setRight(P.getRight());
    Q.setRTag(P.getRTag());
    Q.setLeft(P);
    Q.setLTag(0);
    P.setRight(Q);
    P.setRTag( 1);
    if(Q.getRTag() == 1) { // 두 번째 경우
        Temp = Q.getRight();
        while(Temp.getLTag())
            Temp = Temp.getLeft();
        Temp.setLeft(Q);
    }
}
```

시간 복잡도: $O(n)$

공간 복잡도: $O(1)$

스레드 이진 트리 연습문제

문제-45 주어진 이진 트리(스레드가 아닌)에서 전위 후임 노드를 어떻게 찾을 수 있는가?

해답: 이 문제를 풀기 위해 부가적인 스택 S가 필요하다. 처음 호출될 때의 파라미터 노드는 트리의 머리를 가리키는 포인터이고 그 다음부터는 NULL이다. 마지막으로 이 함수를 호출했을 때의 노드의 후임 노드를 구하는 것이므로 스택 S의 내용과 마지막으로 방문했던 노드를 가리키는 포인터 P가 보존되어야 하는 것이 중요하기 때문에 둘 다 정적 변수로 선언된다.

```
// 스레드가 아닌 이진 트리의 전위 후임 노드 찾기
BinaryTreeNode PreorderSuccssor(BinaryTreeNode node) {
    static BinaryTreeNode P;
    LLStack S = new LLStack();
    if(node != null) P = node;
    if(P.getLeft() != null) {
        S.push(P);
        P = P.getLeft();
    }
    else { while(P.getRight() = null)
        P = S.pop();
        P = P.getRight();
    }
    return P;
}
```

문제-46 주어진 이진 트리(스레드가 아닌)에서 중위 후임 노드를 어떻게 찾을 수 있는가?

해답: 다음과 같이 중위 후임 노드를 찾을 수 있다.

```
// 스레드가 아닌 이진 트리의 중위 후임 노드 찾기
BinaryTreeNode InorderSuccssor(BinaryTreeNode node) {
    static BinaryTreeNode P;
    LLStack S = new LLStack();
    if(node != null)
        P = node;
    if(P.getRight() == null)
        P = S.pop();
    else { P = P.getRight();
        while(P.getLeft() != null)
            S.push(P);
        P = P.getLeft();
    }
    return P;
}
```

6.7 수식 트리

수식을 표현하는 트리를 수식 트리라고 한다. 수식 트리에서 잎 노드는 피연산자이며 잎이 아닌 노드는 연산자이다. 즉 수식 트리는 내부 노드가 연산자이고 잎 노드들이 피연산자인 이진 트리이다. 수식 노드는 이항 연산으로 구성되는 경우가 많지만, 단항 연산자인 경우에는 부속 트리가 하나이다. 다음 그림은 (A + B * C)/D에 대한 간단한 수식 트리를 보여준다.

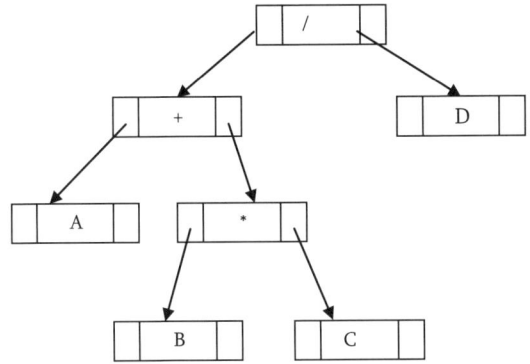

후위 수식으로부터 수식 트리 만드는 알고리즘

```
BinaryTreeNode BuildExprTree(char postfixExpr[], int size) {
    LLStack S = new LLStack();
    for(int i = 0; i< size; i++) {
        if(postfixExpr[i] is an operand) {
            BinaryTreeNode newNode = new BinaryTreeNode();
            if(!newNode) {
                System.out.println("Memory Error"); return;
            }
            newNode.setData(postfixExpr[i]);
            newNode.setLeft(null);
            newNode.setRight(null);
            S.push(newNode);
        } else { BinaryTreeNode T2 = S.pop(), T1 = S.pop();
            BinaryTreeNode newNode = new BinaryTreeNode();
            if(!newNode) {
                System.out.println("Memory Error"); return;
            }
            newNode.setData(postfixExpr[i]);
            // 새 노드에 왼쪽 자식은 T1으로 오른쪽 자식은 T2로 한다
            newNode.setLeft(T1); newNode.setRight(T2);
            S.push(newNode);
        }
    }
    return S;
}
```

예: 한 번에 하나의 기호가 읽힌다고 하자. 그 기호가 피연산자이면 트리 노드를 만들어 그것을 가리키는 포인터를 스택에 푸시한다. 기호가 연산자이면, 스택으로부터 두 개의 포인터 T_1, T_2를 팝해서(T_1이 먼저 팝이 됨), 연산자를 뿌리, 왼쪽을 T_2, 오른쪽을 T_1으로 하는 새 트리를 만든다. 이 새 트리를 가리키는 포인터를 스택에 푸시한다.

예를 들어 입력이 A B C * + D /라고 하자. 처음 세 기호는 피연산자이므로 다음 그림처럼 트리 노드를 만들어 포인터를 스택에 푸시한다.

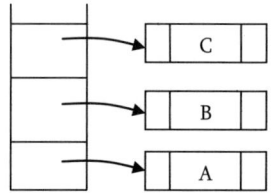

다음은 연산자 '*'가 읽히므로 두 개의 포인터를 팝해서 새 트리를 만들고, 그것을 가리키는 포인터를 스택에 푸시한다.

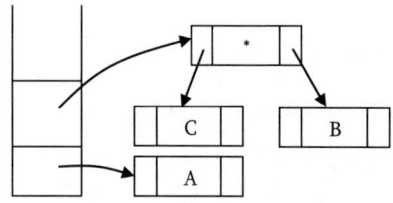

다음은 연산자 '+'가 읽히므로 두 개의 포인터를 팝해서 새 트리를 만들고, 그것을 가리키는 포인터를 스택에 푸시한다.

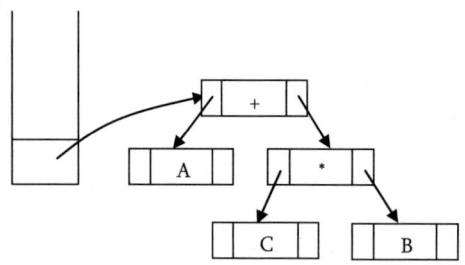

다음은 피연산자 'D'가 읽히므로 노드 하나짜리 트리를 만들어 그것을 가리키는 포인터를 스택에 푸시한다.

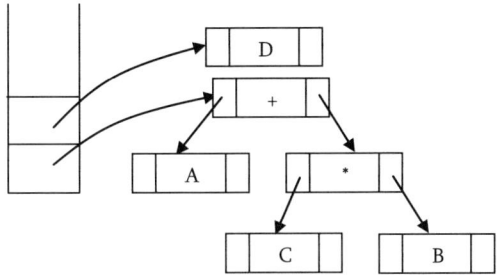

마지막으로 마지막 기호('/')가 읽히면 두 트리가 합쳐져서 마지막 트리를 가리키는 포인터가 스택에 남는다.

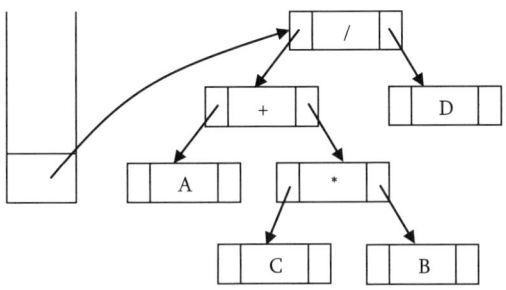

6.8 XOR 트리

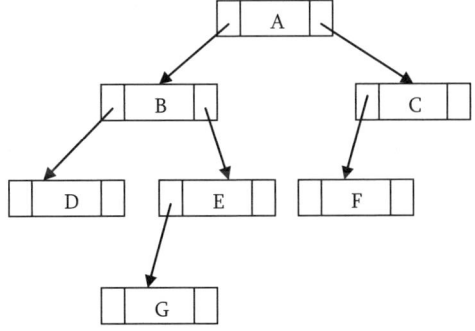

위 그림은 3장의 메모리 효율적인 이중 연결 리스트와 매우 유사하다. 또한 스레드 이진 트리처럼 이 역시 트리를 탐색하기 위해 스택이나 큐를 필요로 하지 않는다. XOR 트리는 뒤로 탐색(부모 노드를 향해)하거나 앞으로 탐색(자식 노드를 향해)할 때 ⊕ 연산을 사용한다. 다음 항목은 XOR 트리에서 사용되는 규칙들이다.

- 각 노드의 왼쪽은 부모와 왼쪽 자식의 ⊕을 갖는다.
- 각 노드의 오른쪽은 부모와 오른쪽 자식의 ⊕을 갖는다.
- 뿌리 노드의 부모는 NULL이고, 잎 노드의 자식 역시 NULL 노드이다.

열거한 규칙을 적용하여 앞의 트리를 XOR 트리로 바꾸면, 다음 그림과 같다.

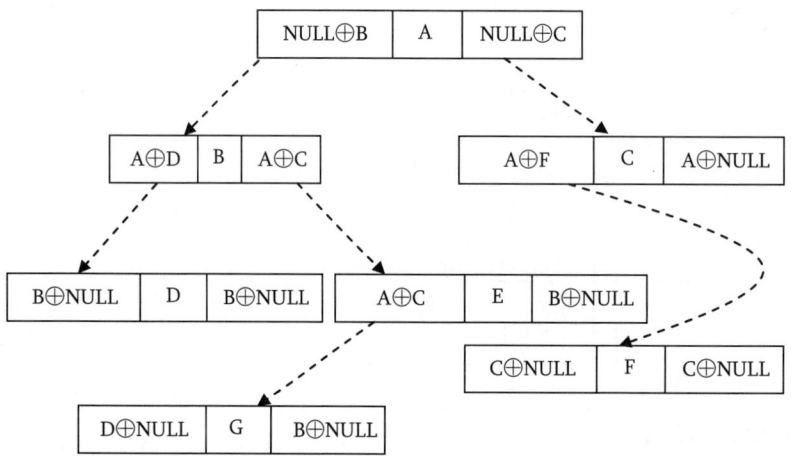

이 표현의 주 목적은 자식 노드로 움직이는 것처럼 부모 노드로도 움직일 수 있게 하는 것이다.

예를 들어 우리가 노드 B에 있을 때 부모 노드 A로 이동하려면, B 노드의 왼쪽 내용과 B 노드의 왼쪽 자식 주소에 대해 ⊕ 연산을 수행하면 된다(부모 노드로 이동하기 위해서는 오른쪽 자식을 사용할 수도 있다).

유사하게 자식 노드로 이동하기 원한다면 (예를 들어 왼쪽 자식인 D) 왼쪽 내용과 부모 노드의 주소를 가지고 ⊕ 연산을 수행해야 한다. 여기서 이해해야 할 한 가지 중요한 점은 우리가 노드 B에 있을 때 자식 노드 D의 주소를 어떻게 알 수 있는가이다. 탐색이 뿌리 노드로부터 시작되기 때문에 뿌리 노드의 왼쪽 내용과 NULL에 ⊕ 연산을 적용할 수 있다. 결과적으로 왼쪽 자식 노드인 B에 닿는데, 이때 왼쪽 내용과 A의 주소에 ⊕ 연산을 적용하면 된다.

6.9 이진 검색 트리

왜 이진 검색 트리인가?

이전 절에서 우리는 여러 가지 트리의 구조를 살펴보았지만, 언제나 노드의 데이터에는 어떠한 제한도 가하지 않았다. 그 결과 어떤 항목을 검색하려면 왼쪽 부속 트리와 오른쪽 부속 트리를 모두 검사해야 하기 때문에 검색 연산의 최악의 경우의 복잡도는 $O(n)$인 상태였다.

이번에는 이진 트리의 또 다른 변형인 이진 검색 트리(BST, Binary Search Trees)를 살펴볼 것이다. 이름에서 알 수 있듯이 이 트리의 주 용도는 검색이다. 이번에는 어떤 노드가 가질 수 있는 데이터의 종류에 대하여 제한을 둘 것이므로, 검색 연산의 최악의 경우 복잡도가 $O(log n)$이 된다.

이진 검색 트리의 속성

이진 검색 트리에서 왼쪽 부속 트리의 모든 항목은 뿌리 노드의 데이터보다 작아야 하고 오른쪽 부속 트리의 모든 항목은 뿌리 노드의 데이터보다 커야 한다. 이는 이진 검색 트리의 속성인데, 반드시 트리의 모든 노드에 대하여 만족되어야 한다는 점에 주의하라.

- 어떤 노드의 왼쪽 부속 트리는 노드의 키값보다 작은 키값을 갖는 노드들로만 구성된다.
- 어떤 노드의 오른쪽 부속 트리는 노드의 키값보다 큰 키값을 갖는 노드들로만 구성된다.
- 왼쪽과 오른쪽 부속 트리 모두 이진 검색 트리여야 한다.

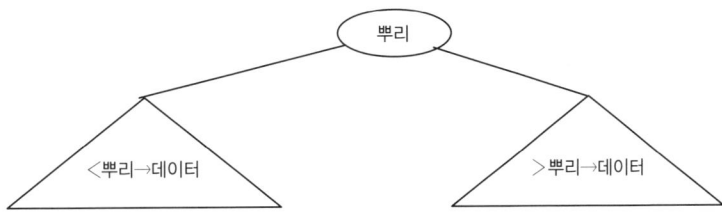

예: 왼쪽 트리는 이진 검색 트리지만 오른쪽 트리는 이진 검색 트리가 아니다 (노드 6이 이진 검색 트리 속성을 만족시키지 않는다).

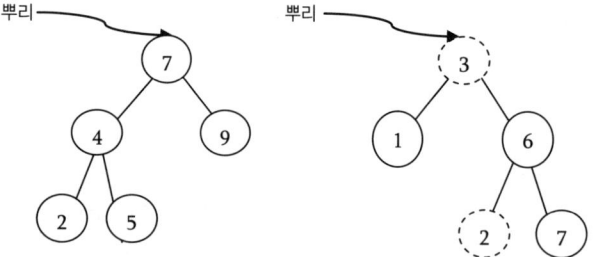

이진 검색 트리의 선언

이진 검색 트리의 선언과 일반적인 이진 트리의 선언에는 다른 점이 없다. 차이점은 구조가 아니라 데이터에 있다. 하지만 편의를 위해 구조의 이름을 다음과 같이 바꾼다.

```java
public class BinarySearchTreeNode {
    private int data;
    private BinarySearchTreeNode left;
    private BinarySearchTreeNode right;
    public int getData() {
        return data;
    }
    public void setData(int data) {
        this.data = data;
    }
    public BinarySearchTreeNode getLeft() {
        return left;
    }
    public void setLeft(BinarySearchTreeNode left) {
        this.left = left;
    }
    public BinarySearchTreeNode getRight() {
        return right;
    }
    public void setRight(BinarySearchTreeNode right) {
        this.right = right;
    }
}
```

이진 검색 트리의 연산

주 연산: 이진 검색 트리에서 지원되는 주 연산들은 다음과 같다.

- 이진 검색 트리의 항목 찾기, 최소 값 찾기, 최대 값 찾기
- 이진 검색 트리에 새 항목 삽입하기
- 이진 검색트리로부터 항목 삭제하기

보조적 연산: 주어진 트리가 이진 검색 트리인지 아닌지 검사하기

- k번째 작은 항목 찾기
- 이진 검색 트리의 항목 정렬하기 등등

이진 검색 트리에 대한 주요 사항

- 뿌리 데이터가 항상 왼쪽 부속 트리 데이터와 오른쪽 부속 트리 데이터 사이에 있기 때문에 중위 탐색을 수행하면 정렬된 리스트가 만들어진다.
- 이진 검색 트리에 대한 문제를 풀 때 대부분의 경우, 왼쪽 부속 트리를 먼저 처리하고 뿌리 데이터를 처리한 다음 오른쪽 부속 트리를 처리한다. 즉 문제에 따라 중간 단계(뿌리 데이터 처리)만 바뀌고, 첫 번째와 세 번째 단계는 변하지 않는다.
- 어떤 항목을 검색할 때 왼쪽 부속 트리의 데이터가 검색하는 항목보다 작으면 왼쪽 부속 트리 검색은 생략할 수 있다. 오른쪽 부속 트리에서도 비슷하다. 이 때문에 이진 검색 트리는 보통 이진 트리보다 검색에 걸리는 시간이 적다. 다른 말로 하면, 이진 검색 트리는 항목을 검색할 때 왼쪽 부속 트리나 오른쪽 부속 트리 중 한 개만 검색하지 둘 다 검색하진 않는다.

이진 검색 트리에서 항목 찾기

BST에서 검색 연산은 간단하다. 뿌리 노드에서 시작해서 BST의 속성을 이용해 왼쪽이나 오른쪽으로 나아간다. 우리가 찾는 데이터가 노드의 데이터와 같으면 현재 노드를 리턴한다. 우리가 찾는 데이터가 노드의 데이터보다 작으면 현

재 노드의 왼쪽 부속 트리를 검색하고 아니면 오른쪽 부속 트리를 검색한다. 데이터가 없으면 NULL에서 끝난다.

```
BinarySearchTreeNode Find(BinarySearchTreeNode root, int data) {
    if(root == null) return null;
    if(data < root.getData())
        return Find(root.getLeft(), data);
    else if(data > root.getData())
        return(Find(root.getRight(), data);
    return root;
}
```

시간 복잡도: 최악의 경우(BST가 경사 트리일 때) $O(n)$

공간 복잡도: 재귀적 스택 때문에 $O(n)$

앞의 알고리즘의 비재귀적 방법은 다음과 같다.

```
BinarySearchTreeNode Find(BinarySearchTreeNode root, int data) {
    if(root == null) return null;
    while(root) {
        if(data == root.getData())
            return root;
        else if(data > root.getData())
            root = root.getRight();
        else root = root.getLeft();
    }
    return null;
}
```

시간 복잡도: $O(n)$

공간 복잡도: $O(1)$

이진 검색 트리에서 최소 항목 찾기

BST에서 최소 항목은 왼쪽 자식을 갖지 않은 제일 왼쪽 노드이다. 다음 BST에서 최소 항목은 4이다.

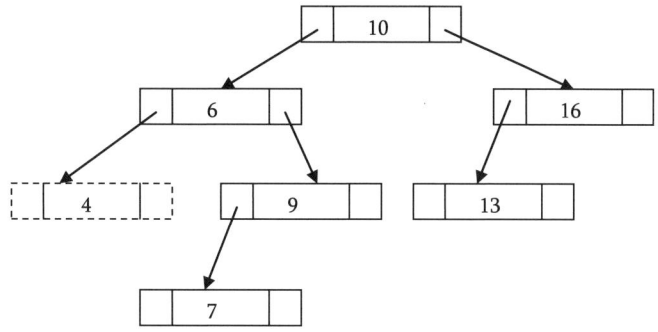

```
BinarySearchTreeNode FindMin(BinarySearchTreeNode root) {
    if(root == null) return null;
    else
        if(root.getLeft() == null) return root;
        else return FindMin(root.getLeft());
}
```

시간 복잡도: 최악의 경우(BST가 왼쪽 경사 트리일 때) $O(n)$

공간 복잡도: 재귀적 스택을 위해 $O(n)$

이 알고리즘의 비재귀적 방법은 다음과 같다.

```
BinarySearchTreeNode FindMin(BinarySearchTreeNode root) {
    if(root == null) return null;
    while(root.getLeft() != null) root = root.getLeft();
    return root;
}
```

시간 복잡도: $O(n)$

공간 복잡도: $O(1)$

이진 검색 트리에서 최대 항목 찾기

BST에서 최대 항목은 오른쪽 자식을 갖지 않은 제일 오른쪽 노드이다. 다음 BST에서 최대 항목은 16이다.

```
BinarySearchTreeNode FindMax(BinarySearchTreeNode root) {
    if(root == null)
        return null;
    else
        if(root.getRight() == null)
            return root;
        else return FindMax(root.getRight());
}
```

시간 복잡도: 최악의 경우(BST가 오른쪽 경사 트리일 때) $O(n)$

공간 복잡도: 재귀적 스택을 위해 $O(n)$

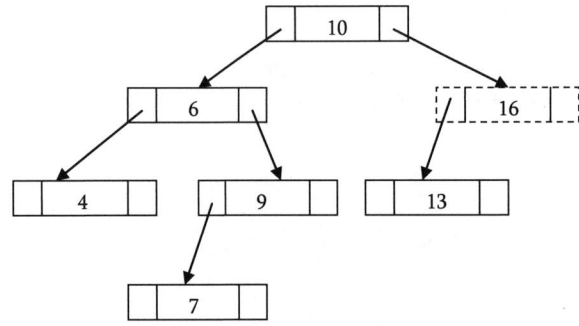

위 알고리즘의 비재귀적 방법은 다음과 같다.

```
BinarySearchTreeNode FindMax(BinarySearchTreeNode root) {
    if(root == null) return null;
    while(root.getRight() != null)
        root = root.getRight();
    return root;
}
```

시간 복잡도: $O(n)$

공간 복잡도: $O(1)$

중위 전임 노드와 후임 노드는 어디에 있는가?

모든 키가 다르다고 할 때 이진 검색 트리에서 노드 X의 중위 전임 노드와 후임 노드는 어디에 있는가?

X가 두 개의 자식 노드를 가진다면 중위 전임 노드는 왼쪽 부속 트리의 최대 값이고 중위 후임 노드는 오른쪽 부속 트리의 최소 값이다.

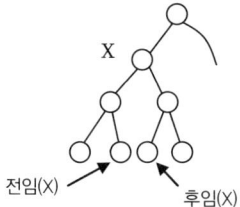

왼쪽 자식 노드가 없다면 중위 전임 노드는 첫 번째 왼쪽 조상 노드이다.

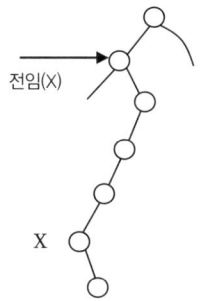

이진 검색 트리에 항목 삽입하기

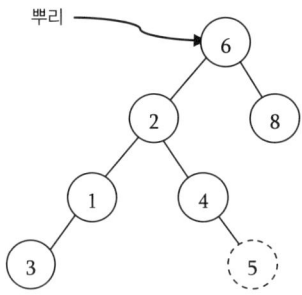

이진 검색 트리에 데이터를 삽입하려면 먼저 이 항목의 위치를 찾아야 한다. 찾기 연산과 같은 방법을 사용해서 삽입할 위치를 찾을 수 있다. 위치를 찾는 동안 데이터가 이미 존재한다면 무시하고 나오면 된다. 그렇지 않으면, 탐색한 경로의 마지막 위치에 데이터를 추가한다. 예를 들어 앞의 트리를 보자. 점선으로 그려진 노드가 항목 5가 삽입될 곳이다. 5를 삽입하기 위해, find 함수를 사용하듯 트리를 탐색한다. 키값이 4인 노드에서 오른쪽으로 가야 하는데, 부속 트리가 없으므로 5가 트리에 없는 것이고, 여기가 삽입할 바른 위치이다.

```
BinarySearchTreeNode Insert(BinarySearchTreeNode root, int data) {
    if(root == null) {
        root = new BinarySearchTreeNode();
        if(root == null) {
            System.out.println("Memory Error"); return;
        } else {
        root.setData(data);
            root.setLeft(null); root.setRight(null);
        }
    } else {
    if(data < root.getData())
        root.setLeft(Insert(root.getLeft(), data));
    else if(data > root.getData())
        root.setRight(Insert(root.getRight(), data));
    }
    return root;
}
```

> **참고**
>
> 앞의 코드에서 항목을 부속 트리에 삽입하고 나서 트리는 부모 노드에게 리턴된다. 결과적으로 전체 트리가 업데이트된다.

시간 복잡도: $O(n)$

공간 복잡도: 재귀적 스택을 위해 $O(n)$. 반복적 방법에서는 공간 복잡도가 $O(1)$이다.

이진 검색 트리에서 항목 삭제하기

삭제 연산은 다른 연산에 비해 약간 더 복잡하다. 왜냐하면 삭제되는 항목이 잎 노드가 아닐 수도 있기 때문이다. 이 연산에서 역시 먼저 삭제하기 원하는 항목의 위치를 찾아야 한다. 삭제할 노드를 찾았다면, 다음의 경우를 고려해야 한다.

- 삭제할 항목이 잎 노드라면 NULL을 부모 노드에게 리턴한다. 즉 해당하는 자식 포인터를 NULL로 만든다는 것이다. 아래 트리에서 5가 삭제되면, 부모 노드 2의 오른쪽 자식 포인터의 값이 NULL이 된다.

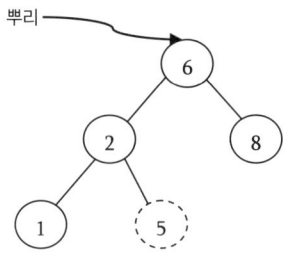

- 삭제할 항목이 한 개의 자식 노드를 가진다면 현재 노드의 자식을 부모 노드에게 보내면 된다. 아래 트리에서 4가 삭제되면, 4의 왼쪽 부속 트리가 부모 노드 2의 오른쪽 자식 포인터에 연결된다.

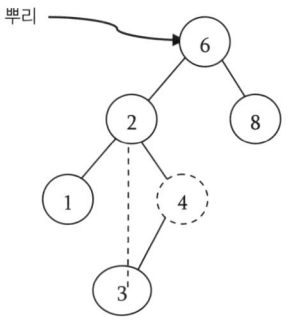

- 삭제할 항목이 두 개의 자식 노드를 가질 경우 일반적인 전략은 이 노드의 키 값을 왼쪽 부속 트리의 최대 항목과 바꾸고 재귀적으로 그 노드(이젠 빈 노드인)를 삭제하는 것이다. 왼쪽 부속 트리의 최대 항목은 오른쪽 자식을 가질 수 없으므로 두 번째 삭제는 쉽다.

예를 들어 다음 트리를 살펴보자. 다음 페이지의 트리에서 뿌리 노드의 오른쪽 자식인 8을 삭제한다. 키값은 8이다. 이 값을 왼쪽 부속 트리의 최대 값인 7과 교체한다. 그런 다음 그 노드가 이전처럼 삭제된다(앞의 두 번째 경우).

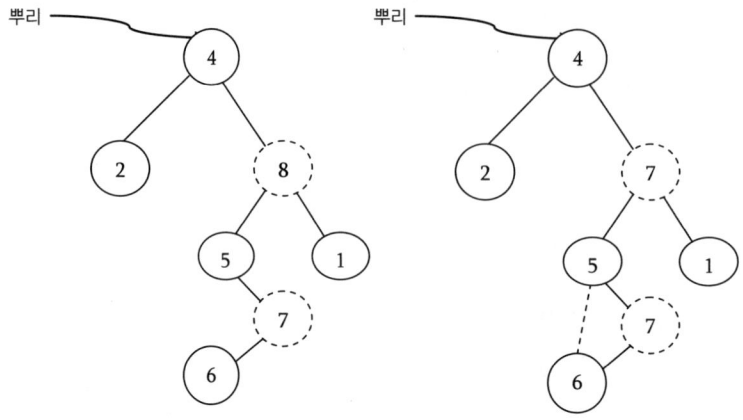

> **참고**
> 오른쪽 부속 트리의 최소 값과 교체할 수도 있다.

```
BinarySearchTreeNode Delete(BinarySearchTreeNode root, int data) {
    BinarySearchTreeNode temp;
    if(root == null)
        System.out.println("Element not there in tree");
    else if(data < root->element)
        root->left = Delete(root.getLeft(),data);
    else if(data > root->element)
        root->right = Delete(root.getRight(),data);
    else { // 항목을 찾았다
        if(root.getLeft() != null && root.getRight() != null) {
            /* 왼쪽 부속 트리의 최대 값과 교체한다 */
            temp = FindMax(root.getLeft());
            root.getData() = temp.element;
            root.left = Delete(root.getLeft(), root.getData());
        } else { /* 자식이 하나일 경우 */
            temp = root;
            if(root.getLeft() == null)
                root = root.getRight();
            if(root.getRight() == null)
                root = root.getLeft();
            free(temp);
        }
    }
    return root;
}
```

시간 복잡도: $O(n)$

공간 복잡도: 재귀적 스택을 위해 $O(n)$. 반복적 방법에서는 공간 복잡도가 $O(1)$이다.

이진 검색 트리 연습문제

문제-47 BST의 두 노드 사이의 최단 경로를 구하는 알고리즘을 알아보자.

해답: BST의 두 노드의 LCA을 구하면 된다.

문제-48 n개의 노드 수를 가진 BST의 수를 구하는 알고리즘을 알아보자.

해답: 이것은 DP(Dynamic Programming) 문제이다. 19장을 참고하자.

문제-49 이진 검색 트리의 두 노드에 대한 포인터들이 주어졌을 때, 가장 낮은 공통 조상(Lowest Common Ancestor, LCA)을 찾자. 두 값 모두 트리 안에 이미 있다고 가정하라.

해답:

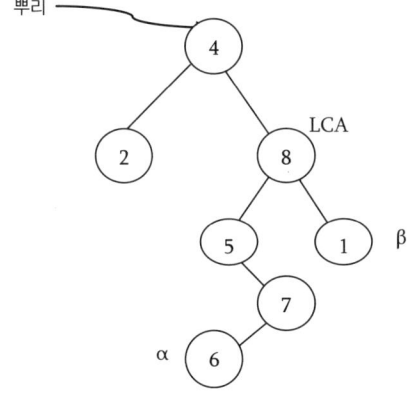

이 해답의 기본 개념은 BST를 뿌리에서 바닥까지 탐색하다가 그 값이 α와 β 사이인 첫 번째 노드 즉 α < node-> data < β인 노드가 α와 β의 최소 공통 조상(*LCA*)이다. 그러므로 BST를 전위 탐색해서 그 값이 α와 β 사이인 노드를 찾으면 그것이 LCA이다. 만약 그 값이 α와 β 둘보다 크다면 LCA는 그 노드의 왼쪽에 있고, 그 값이 α와 β 둘보다 작다면 LCA는 오른쪽에 있다.

```
BinarySearchTreeNode FindLCA(BinarySearchTreeNode root,
BinarySearchTreeNode α, BinarySearchTreeNode β) {
    while(1) {
        if((α.getData() < root.getData() && β.getData() >
```

```
                    root.getData()) ||
                (α.getData() > root.getData() && β.getData() <
                    root.getData()))
                return root;
            if(α.getData() < root.getData())
                root = root.getLeft();
            else root = root.getRight();
        }
    }
```

시간 복잡도: $O(n)$

공간 복잡도: 경사 트리의 경우 $O(n)$

문제-50 주어진 이진 트리가 BST인지 아닌지 검사하는 알고리즘을 알아보자.

해답: 다음의 간단한 프로그램을 살펴보자. 각 노드에서 왼쪽 노드가 그 노드보다 작고 오른쪽 노드가 그 노드보다 큰지 검사한다. 이 방법은 다음 이진 트리가 BST라는 참을 리턴하기 때문에 틀린 방법이다. 현재 노드만 검사하는 것은 충분하지 않다.

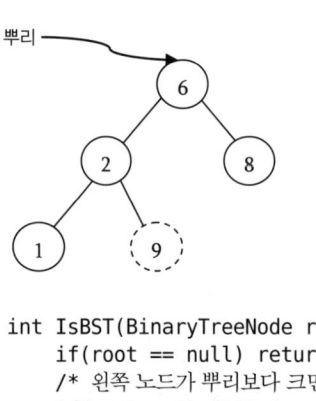

```
int IsBST(BinaryTreeNode root) {
    if(root == null) return 1;
    /* 왼쪽 노드가 뿌리보다 크면 거짓 */
    if(root.getLeft() != null && root.getLeft().getData() >
root.getData())
        return 0;
    /* 오른쪽 노드가 뿌리보다 작으면 거짓 */
    if(root.getRight() != null && root.getRight().getData()
        < root.getData())
        return 0;
    /* 재귀적으로 왼쪽이나 오른쪽이 BST가 아니면 거짓 */
    if(!IsBST(root.getLeft()) || !IsBST(root.getRight()))
        return 0;
    /* 이 모든 것을 통과하면, BST이다 */
    return 1;
}
```

문제-51 올바른 알고리즘을 생각할 수 있는가?

해답: 각 노드에 대하여 왼쪽 부속 트리의 최대 값이 현재 노드의 데이터보다 작고 오른쪽 부속 트리의 최소 값이 현재 노드의 데이터보다 큰지 검사한다. FindMin(), FindMax() 함수가 있어서 빈 트리가 아닌 트리의 최소, 최대 값을 리턴한다고 하자.

```
/* 이진 트리가 이진 검색 트리면 참을 리턴한다. */
int IsBST(BinaryTreeNode root) {
    if(root == null) return 1;
    /* 왼쪽의 최대 값이 뿌리보다 크면 거짓 */
    if(root.getLeft() != null && FindMax(root.getLeft()) >
        root.getData())
          return 0;
    /* 오른쪽의 최소 값이 뿌리보다 작으면 거짓 */
    if(root.getRight() != null && FindMin(root.getRight()) <
        root.getData())
          return 0;
    /* 재귀적으로 왼쪽이나 오른쪽이 BST가 아니면 거짓 */
    if(!IsBST(root.getLeft()) || !IsBST(root.getRight()))
          return 0;
    /* 이 모든 것을 통과하면, BST이다 */
    return 1;
}
```

시간 복잡도: $O(n^2)$

공간 복잡도: $O(n)$

문제-52 문제-51의 복잡도를 개선할 수 있는가?

해답: 그렇다. 더 나은 해답은 각 노드를 한 번씩만 살펴보는 것이다. 방법은 IsBSTUtil(struct BinaryTreeNode* root, int min, int max)라는 함수를 만들어 트리를 탐색하며 좁아지는 최소, 최대 값을 기록하여 각 노드를 한 번씩만 살펴보는 것이다. 최소, 최대 값의 초기값은 INT_MIN, IN_MAX이며 이 값은 점점 좁아진다.

초기 호출: IsBST(root, INT_MIN, INT_MAX);

```
int IsBST(BinaryTreeNode root, int min, int max) {
    if(!root) return 1;
    return (root.getData() >min && root.getData() < max &&
        IsBSTUtil(root.getLeft(), min, root.getData()) &&
    IsBSTUtil(root.getRight(), root.getData(), max));
}
```

시간 복잡도: $O(n)$

공간 복잡도: 스택 공간을 위해 $O(n)$

문제-53 문제-51의 복잡도를 더욱 개선할 수 있는가?

해답: 그렇다. 중위 탐색을 이용하면 된다. 이 방법을 이용하여 BST를 중위 탐색하면 정렬된 리스트가 나온다는 점을 이용한다. BST를 중위 탐색하면서 각 노드에서 키값이 이전에 방문했던 노드의 키값보다 큰지 검사한다. 또한 prev 값을 가능한 최소의 정수 값(IN_MIN이라고 하자)으로 초기화해야 한다.

```
int prev = INT_MIN;
    int IsBST(BinaryTreeNode root, int prev) {
    if(!root) return 1;
    if(!IsBST(root.getLeft(), prev)) return 0;
    if(root.getData() < prev)
        return 0;
    prev = root.getData();
    return IsBST(root.getRight(), prev);
}
```

시간 복잡도: $O(n)$

공간 복잡도: 스택 공간을 위해 $O(n)$

문제-54 BST를 원형 DLL로 변환시키는 공간 복잡도 $O(1)$인 알고리즘을 찾아 보자.

해답: 왼쪽과 오른쪽 부속 트리를 DLL로 변환시켜 각 리스트의 끝을 유지한다. 그리고 포인터를 조정한다.

```
BinarySearchTreeNode BST2DLL(BinarySearchTreeNode root,
BinarySearchTreeNode Ltail) {
    BinarySearchTreeNode left, ltail, right, rtail;
    if(!root) {
        ltail = null;
        return null;
    }
    left = BST2DLL(root.getLeft(), ltail);
    right = BST2DLL(root.getRight(), rtail);
    root.setLeft(ltail);
```

```
            root.setRight(right);
            if(!right)
                ltail = root;
            else { right.setLeft(root);
                ltail = rtail;
            }
            if(!left)
                return root;
            else { ltail.setRight(root);
                return left;
            }
}
```

시간 복잡도: $O(n)$

문제-55 정렬된 이중 연결 리스트가 주어졌을 때, 이것을 균형 이진 검색 트리로 변환하는 알고리즘을 알아보자.

해답: 가운데 노드를 찾아서 포인터를 조정한다.

```
DLLNode DLLtoBalancedBST(DLLNode head) {
    DLLNode temp, p, q;
    if(!head || !head.getNext())
        return head;
    temp = FindMiddleNode(head);
    p = head;
    while(p.getNext()! = temp)
        p = p.getNext();
    p.setNext(null);
    q = temp.getNext();
    temp.setNext(null);
    temp.setPrev(DLLtoBalancedBST(head));
    temp.setNext(DLLtoBalancedBST(q));
    return temp;
}
```

시간 복잡도: $2T(n/2) + O(n)$ [가운데 노드를 찾기 위해] = $O(n\log n)$

> **참고**
> FindMiddleNode 함수는 3장을 참고하자.

문제-56 정렬된 배열이 주어졌을 때, 이것을 BST로 변환하는 알고리즘을 찾아내자.

해답: 배열의 항목 하나를 균형 BST의 뿌리 노드가 되도록 선택해야 한다면 어떤 항목을 선택하겠는가? 균형 BST의 뿌리 노드는 정렬된 배열의 가운데 항목이어야 한다. 매번 반복할 때마다 정렬된 배열의 가운데 항목을 뽑는다. 그런 다음 이 항목으로 초기화된 트리의 노드를 생성한다. 항목이 선택된 다음엔 무엇이 남았는가? 이 문제 안의 부속 문제를 풀 수 있는가?

이제 두 개의 배열이 남았다. 항목의 왼쪽에 있던 배열과 오른쪽에 있던 배열이다. 이 두 배열 모두 정렬되었으므로 원래 문제의 부속 문제이다. 또한 이들은 각각 현재 노드의 왼쪽과 오른쪽 부속 트리가 된다.

다음 코드는 정렬된 배열로부터 균형 BST를 $O(n)$ 시간에 생성한다 (n은 배열 속의 항목의 개수이다). 이 코드와 이진 검색 알고리즘이 얼마나 유사한가 비교해보자. 둘 다 분할 정복 기법을 사용한다.

```
BinaryTreeNode BuildBST(int A[], int left, int right) {
    BinaryTreeNode newNode;
    if(left > right) return null;
    newNode = new BinaryTreeNode();
    if(!newNode) {
        System.out.println("Memory Error"); return;
    }
    if(left == right) {
        newNode.setData(A[left]);
        newNode.setLeft(null);
        newNode.setRight(null);
    }
    else { int mid = left + (right-left)/ 2;
        newNode.setData(A[mid]);
        newNode.setLeft(BuildBST(A, left, mid - 1));
        newNode.setRight(BuildBST(A, mid + 1, right));
    }
    return newNode;
}
```

시간 복잡도: $O(n)$

공간 복잡도: 스택 공간을 위해 $O(n)$

문제-57 항목들이 오름차순으로 정렬된 단일 연결 리스트가 주어졌을 때 이것을 높이 균형 BST로 변환하자.

해답: 간단한 방법은 문제-55의 해답을 바로 적용하는 것이다. 매번 재귀적 호출마다 가운데 항목을 찾기 위해 리스트의 절반 길이를 탐색해야만 한다. 수행 시간의 복잡도는 n이 리스트 속의 항목 개수일 때 $O(nlogn)$이다. 왜냐하면 매번 재귀적 호출 때마다 $n/2$번의 탐색 단계가 필요하고, 총 $logn$(혹은 균형 트리의 높이)번의 호출이 있기 때문이다.

문제-58 문제-57의 복잡도를 개선할 수 있는가?

해답:

힌트: 리스트의 순서를 따라 노드를 삽입하면 어떨까? 이렇게 할 수 있으면 가운데 항목을 찾을 필요도 없이 리스트를 탐색하면서 트리에 노드를 삽입할 수 있다.

최고의 해답: 늘 그렇듯이 가장 좋은 해답은 다른 관점에서 생각을 해야 한다. 다시 말해, 더 이상 위를 향해 접근하는 방법으로 트리 안의 노드를 생성하지 않고, 노드를 만들어 위쪽의 부모에게 할당한다. 이러한 상향식 접근 방법은 노드를 만들면서 리스트를 순차적으로 탐색할 수 있게 해준다.

하향식 접근 방법에 막힐 때마다 상향식 방법을 시도해보자. 상향식 접근 방법이 생각할 수 있는 가장 훌륭한 방법이 아닐 수도 있지만, 어떤 경우엔 매우 유용하다. 일반적으로는 하향식 접근 방법이 선호되는데, 그 이유는 상향식 접근 방법은 검증하기가 어렵기 때문이다.

다음 코드는 단일 연결 리스트를 균형 BST로 변환한다. 이 알고리즘은 리스트의 길이가 함수의 파라미터로 전달되어야 한다. 리스트의 길이는 전체 리스트를 한 번 탐색하여 $O(n)$ 시간에 구할 수 있다. 재귀적 호출 역시 리스트를 탐색하면서 리스트 순서대로 트리의 노드를 생성하므로 $O(n)$ 시간이 걸린다. 따라서 전체적 시간 복잡도는 여전히 $O(n)$이다.

```
BinaryTreeNode SortedListToBST(ListNode list, int start, int
end) {
    if(start > end) return null;
    // start + end)/2와 같다. 오버플로우를 방지한다
    int mid = start + (end - start) / 2;
    BinaryTreeNode leftChild = SortedListToBST(list, start,
mid-1);
    BinaryTreeNode parent = new BinaryTreeNode();
    if(!parent)
        System.out.println("Memory Error"); return;
    parent.setData(list.getData());
    parent.setLeft(leftChild);
    list = list.getNext();
    parent.setRight(SortedListToBST(list, mid+1, end));
    return parent;
}
BinaryTreeNode SortedListToBST(ListNode head, int n) {
    return SortedListToBST(head, 0, n-1);
}
```

문제-59 BST에서 k번째로 작은 항목을 찾는 알고리즘을 알아보자.

해답: 이 해법은 BST를 중위 탐색하면 정렬된 리스트가 생성된다는 사실에 기초한다. BST를 중위로 탐색하면서 방문한 항목의 숫자를 기록한다.

```
BinarySearchTreeNode kthSmallestInBST(BinarySearchTreeNode
root, int k, int count) {
    if(!root) return null;
    BinarySearchTreeNode left = kthSmallestInBST(root.
getLeft(), k, count);
    if( left ) return left;
    if(++count == k) return root;
    return kthSmallestInBST(root.getRight(), k, count);
}
```

시간 복잡도: $O(n)$

공간 복잡도: $O(1)$

문제-60 내림(floor)과 올림(ceiling): BST에서 주어진 키가 뿌리 노드의 키보다 작으면 그 키의 내림(BST에서 키보다 작거나 같은 최대 키)은 왼쪽 부속 트리에 있다. 키가 뿌리 노드의 키보다 크면, 그 키보다 작거나 같은 키가 오른쪽 부속 트리에 있을 때만 그 키의 내림은 오른쪽 부속 트리에 있을 수 있다. 그렇지 않으면(혹은 키가 뿌리 노드의 키와 같으

면) 뿌리 노드의 키가 키의 내림이다. 올림을 찾는 방법도 유사한데 오른쪽과 왼쪽을 바꾸면 된다. 예를 들어 정렬된 입력 배열이 {1, 2, 8, 10, 10, 12, 19}라면 다음과 같다.

$x = 0$일 때: 내림은 배열 안에 없다, 올림 = 1, $x = 1$일 때: 내림 = 1, 올림 = 1

$x = 5$일 때: 내림 = 2, 올림 = 8, $x = 20$일 때: 내림 = 19, 올림은 배열 안에 없다.

해답: 이 해법은 BST를 중위 탐색하면 정렬된 리스트가 생성된다는 사실에 기초한다. BST를 중위로 탐색하면서 방문한 항목의 값들을 기록한다. 뿌리 데이터가 주어진 값보다 크면 탐색 과정에 저장한 바로 전 값을 리턴한다. 뿌리 데이터가 주어진 데이터와 같으면 뿌리 데이터를 리턴한다.

```
BinaryTreeNode FloorInBST(BinaryTreeNode root, int data) {
    BinaryTreeNode prev=null;
    return FloorInBSTUtil(root, prev, data);
}
BinaryTreeNode FloorInBSTUtil(BinaryTreeNode root,
BinaryTreeNode prev, int data) {
    if(!root) return null;
    if(!FloorInBSTUtil(root.getLeft(), prev, data))
        return 0;
    if(root.getData() == data) return root;
    if(root.getData() > data) return prev;
    prev = root;
    return FloorInBSTUtil(root.getRight(), prev, data);
}
```

시간 복잡도: $O(n)$

공간 복잡도: 스택 공간을 위해 $O(n)$

올림에 대해서는, 오른쪽 부속 트리를 먼저 호출하고 왼쪽 부속 트리를 호출하면 된다.

```
BinaryTreeNode CeilingInBST(BinaryTreeNode root, int data) {
    BinaryTreeNode prev=null;
    return CeilingInBSTUtil(root, prev, data);
}
```

```
BinaryTreeNode CeilingInBSTUtil(BinaryTreeNode root,
BinaryTreeNode prev, int data) {
    if(!root) return null;
    if(!CeilingInBSTUtil(root.getRight(), prev, data))
        return 0;
    if(root.getData() == data)
        return root;
    if(root.getData() < data)
        return prev;
    prev = root;
    return CeilingInBSTUtil(root.getLeft(), prev, data);
}
```

시간 복잡도: $O(n)$

공간 복잡도: 스택 공간을 위해 $O(n)$

문제-61 BST들의 합집합과 교집합을 찾는 알고리즘을 구하라. 부모 포인터가 있는 상황, 즉 스레드 이진 트리라고 하자. 또한 두 BST의 길이가 각각 m과 n이라고 가정한다.

해답: 부모 포인터가 있다면 문제는 두 개의 정렬된 리스트를 병합하는 것과 같다. 왜냐하면 우리가 중위 후임을 매번 호출하면 다음에 제일 큰 항목을 얻기 때문이다. 어떤 중위 후임자를 호출하냐의 문제이다.

시간 복잡도: $O(m + n)$

공간 복잡도: $O(1)$

문제-62 문제-61에서 부모 포인터가 없다면 어떻게 되는가?

해답: 부모 포인터가 없다면, 한 가지 가능성은 BST를 연결 리스트로 변환시킨 다음 병합하는 것이다.

1. 두 BST를 정렬된 이중 연결 리스트로 $O(n + m)$ 시간에 걸려 변환한다. 결과로 두 개의 정렬된 리스트가 생긴다.
2. 이 두 이중 연결 리스트를 병합하고 전체 항목의 개수를 $O(n + m)$ 시간 동안 계산한다.
3. 이중 연결 리스트를 높이 균형 트리로 $O(n + m)$ 시간을 들여 변환한다.

문제-63 문제-61을 푸는 다른 방법이 있는가?

해답: 그렇다. 중위 탐색을 사용하는 방법이다.
- 하나의 BST에 대해 중위 탐색을 수행한다.
- 탐색을 수행하는 동안 데이터를 테이블(해시 테이블)에 저장한다.
- 첫 번째 BST의 탐색이 끝나면 두 번째 BST 탐색을 시작하면서 해시 테이블의 내용과 비교한다.

시간 복잡도: $O(m + n)$. 공간 복잡도: $O(Max(m, n))$

문제-64 주어진 BST와 두 숫자 $K1$, $K2$가 있을 때 $K1$과 $K2$ 사이에 있는 모든 항목을 출력하는 알고리즘을 알아보자.

해답:

```
void RangePrinter(BinarySearchTreeNode root, int K1, int K2)
{
    if(root == null)
        return;
    if(root.getData() >= K1)
        RangePrinter(root.getLeft(), K1, K2);
    if(root.getData() >= K1 && root.getData() <= K2)
        System.out.println( root.getData());
    if(root.getData() <= K2)
        RangePrinter(root.getRight(), K1, K2);
}
```

시간 복잡도: $O(n)$

공간 복잡도: 스택 공간을 위해 $O(n)$

문제-65 문제-64를 푸는 다른 방법이 있는가?

해답: 레벨 순서 탐색을 사용할 수 있다. 항목들을 큐에 추가하면서 범위를 검사한다.

```
void RangeSeachLevelOrder(BinarySearchTreeNode root, int K1,
    int K2) {
    BinarySearchTreeNode temp;
    LLQueue Q = new LLQueue();
    if(!root)
        return null;
```

```
            Q.enQueue( root);
            while(!Q.isEmpty()) {
                temp=Q.deQueue();
                if(temp.getData() >= K1 && temp.getData() <= K2)
                    System.out.println(temp.getData());
                if(temp.getLeft() && temp.getData() >= K1)
                    Q.enQueue(temp.getLeft());
                if(temp.getRight() && temp.getData() <= K2)
                    Q.enQueue(temp.getRight());
            }
            Q.deleteQueue();
            return null;
        }
```

시간 복잡도: $O(n)$

공간 복잡도: 큐를 위해 $O(n)$

문제-66 문제-64를 푸는 또 다른 방법이 있는가?

해답: 먼저 일반적인 이진 검색을 사용해 $K1$의 위치를 찾은 뒤, $K2$를 만날 때까지 중위 후임 방법을 사용한다. 알고리즘은 스레드 이진 트리 연습문제 부분을 참고하자.

문제-67 이진 검색 트리의 주어진 뿌리 노드에 대해 새 트리의 모든 항목이 입력 A와 B 사이에 있도록 가지치기를 하라.

해답: 문제-64와 같은 문제이다.

문제-68 주어진 두 개의 BST에서 항목들이 같은지 아닌지를 검사하라. 예를 들어 두 개의 BST가 10 5 20 15 30과 10 20 15 30 5라면 참을 리턴하고, 10 5 20 15 30과 10 15 30 20 5라면 거짓을 리턴한다.

해답: 일단 첫 번째 트리에 대해 탐색을 수행하고 데이터를 해시 테이블에 저장한다. 두 번째 단계로 두 번째 트리에 대해 탐색을 수행하면서 데이터가 이미 해시 테이블에 있는지를 검사한다. 두 번째 트리를 탐색하는 동안 갖지 않은 것을 하나라도 찾으면 거짓을 리턴한다.

시간 복잡도: m과 n이 첫 번째, 두 번째 BST의 항목 개수일 때 $O(max(m, n))$

공간 복잡도: $O(max(m, n))$ 이것은 첫 번째 트리의 크기에 달려 있다.

문제-69 문제-68의 시간 복잡도를 감소시킬 수 있는가?

해답: 탐색을 하나씩 수행하는 대신에 두 트리에서 중위 탐색을 동시에 수행할 수 있다. 중위 탐색 결과 정렬된 리스트가 만들어지므로 두 트리가 같은 리스트를 만드는지를 검사하면 된다.

시간 복잡도: $O(max(m, n))$

공간 복잡도: $O(1)$. 이는 첫 번째 트리의 크기에 달려 있다.

6.10 균형 이진 검색 트리

앞에서 n이 트리의 노드 개수일 때 최악의 경우 복잡도가 $O(n)$인 다양한 트리를 보았는데, 최악의 복잡도는 경사 트리일 때 발생한다. 이 절에서는 높이에 제한을 가하여 최악의 경우 복잡도를 $O(\log n)$으로 감소시킬 것이다. 일반적으로 왼쪽 부속 트리와 오른쪽 부속 트리의 높이 차가 k일 때 높이 균형 트리는 $HB(k)$라고 표현된다. k는 균형 인자라고도 불린다.

완전 균형 이진 검색 트리

$HB(k)$에서 $k = 0$(균형 인자가 0이라면)이면 이런 이진 검색 트리를 완전 균형 이진 검색 트리라고 한다. 즉 $HB(0)$ 이진 검색 트리에서 왼쪽 부속 트리 높이와 오른쪽 부속 트리 높이의 차이는 최대 0이어야 한다는 것이다. 이 조건이 완전 이진 트리를 보장한다. 다음 그림을 보자.

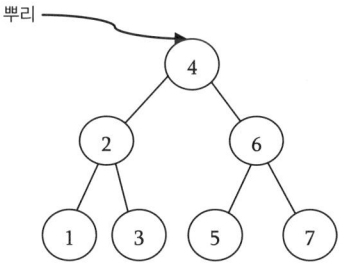

> **참고**
> HB(0) 트리를 만드는 것은 연습문제를 참고한다.

6.11 AVL 트리

$HB(k)$에서 $k = 1$(균형 인자가 1이라면)이면 이런 이진 검색 트리를 AVL(아델슨 벨스키 랜디스) 트리라고 한다. 즉 AVL 트리는 다음의 균형 조건이 있는 이진 검색 트리이다. 왼쪽 부속 트리 높이와 오른쪽 부속 트리 높이의 차이가 최대 1 이다.

AVL 트리의 속성

AVL트리는 다음의 조건을 만족하는 이진 트리이다.

- 이진 검색 트리이면서
- 어떤 노드 X에 대해서도 X의 왼쪽 부속 트리의 높이와 오른쪽 부속 트리의 높이 차이가 최대 1이다.

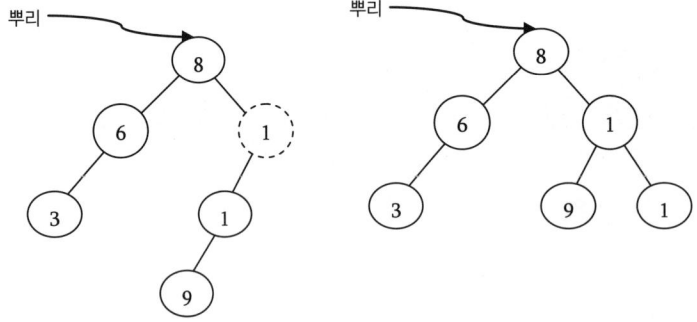

앞의 이진 검색 트리 예 중에서 왼쪽은 AVL 트리가 아니고 오른쪽 이진 검색 트리는 AVL 트리이다.

AVL 트리의 최소/최대 노드 개수

예를 들어 AVL 트리의 높이가 h이고, $N(h)$는 높이가 h인 AVL 트리의 노드 개수 라고 하자. 높이가 h일 때 노드 개수의 최소 값을 구하려면 트리를 가능한 최소 의 노드로 채워야 한다. 즉 왼쪽 부속 트리를 높이 $h - 1$로 채운다면 오른쪽 부 속 트리는 높이 $h - 2$로 채워야 한다는 것이다. 결과적으로 높이가 h일 때 노드 개수의 최소 값은 다음과 같다.

$$N(h) = N(h-1) + N(h-2) + 1$$

앞의 공식에서 다음 수식을 알 수 있다.

- $N(h-1)$은 높이가 $h-1$일 때의 노드 개수의 최소 값을 나타낸다.
- $N(h-2)$는 높이가 $h-2$일 때의 노드 개수의 최소 값을 나타낸다.
- 앞의 수식에서 '1'은 현재 노드를 의미한다.

왼쪽이나 오른쪽 부속 트리 중 아무 쪽에나 $N(h-1)$을 줄 수 있다. 앞의 재귀식을 풀면 다음과 같다.

$$N(h) = O(2^h) \Rightarrow h = \log n \approx O(\log n)$$

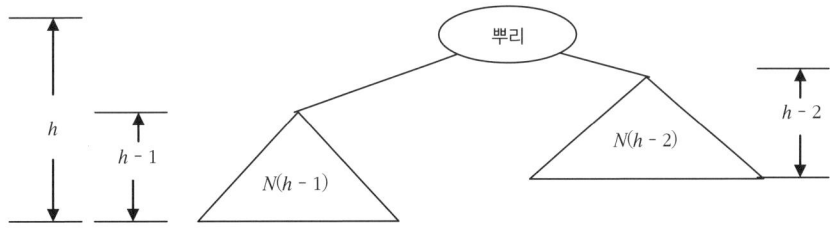

여기서 n은 AVL 트리의 노드 개수이다. 또한 앞의 계산에 의하면 AVL 트리의 최대 높이는 $O(\log n)$이다. 비슷하게, 노드 개수의 최대 값을 구하려면 왼쪽과 오른쪽 부속 트리 모두 $h-1$ 높이로 채워야 한다. 그 결과로 다음을 얻는다.

$$N(h) = O(1.618^h) \Rightarrow h = 1.44 \log n \approx O(\log n)$$

앞의 수식은 포화 이진 트리를 정의한다. 재귀식을 풀면 다음과 같다.

$$N(h) = O(2^h) \Rightarrow h = \log n \approx O(\log n)$$

따라서 두 경우 모두 n개의 노드를 가진 AVL 트리의 높이는 $O(\log n)$이라는 AVL 트리의 속성을 확증한다.

AVL 트리의 선언

AVL 트리는 BST이므로 AVL 트리의 선언은 BST의 선언과 유사하지만, 여기서는 연산이 간단해지도록 높이를 선언에 추가했다.

```java
public class AVLTreeNode {
    private int data;
    private int height;
    private AVLTreeNode left;
    private AVLTreeNode right;
    public int getData() {
        return data;
    }
    public void setData(int data) {
        this.data = data;
    }
    public int getHeight() {
        return height;
    }
    public void setHeight(int height) {
        this.height = height;
    }
    public AVLTreeNode getLeft() {
        return left;
    }
    public void setLeft(AVLTreeNode left) {
        this.left = left;
    }
    public AVLTreeNode getRight() {
        return right;
    }
    public void setRight(AVLTreeNode right) {
        this.right = right;
    }
}
```

AVL 트리의 높이 구하기

```
int Height(AVLTreeNode root ) {
    if(!root) return -1;
    else
        return root.getHeight();
}
```

시간 복잡도: $O(1)$

회전

트리의 구조가 변경될 때(예를 들어 삽입이나 삭제 때문에), AVL 트리의 속성을 유지하려면 트리를 수정해야 한다. 이는 단순 회전(single rotation)이나 이중 회전(double rotation)에 의해 수행되는데, 삽입/삭제 연산이 노드 하나를 추가/삭제하는 것이므로 어떤 부속 트리의 높이를 1만큼 증가/감소시키는 방식이다.

만일 AVL 트리의 속성이 노드 X에서 위배되었다면, 이는 left(X)의 높이와 right(X)의 높이 차이가 정확히 2라는 뜻이다. 회전은 AVL 트리의 속성을 회복시키기 위한 기법이므로, 노드 X에 회전을 적용하여 트리를 수정할 수 있다.

관찰: 한 가지 알아둘 점은, 삽입 연산 이후 삽입 지점부터 뿌리에 이르는 경로의 노드들의 부속 트리만 변경되었으므로 이 노드들만 찾으면 된다는 것이다. AVL 트리 속성을 회복시키려면 삽입 지점에서 시작하여 트리의 뿌리까지 계속하면 된다. 뿌리를 향해 이동하면서 AVL 속성을 만족시키지 않는 첫 번째 노드가 무엇인지 파악하는 것이다. 그 노드부터 뿌리 노드까지의 경로에 있는 모든 노드가 수정이 필요하기 때문인데, 첫 번째 노드의 문제를 수정하면 뿌리 노드까지의 경로에 있는 다른 노드들은 자동으로 AVL 트리의 속성을 만족한다. 즉 항상 삽입 지점으로부터 뿌리까지의 경로 중에 AVL 트리의 속성을 만족하지 않는 첫 번째 노드부터 찾아 수정하면 된다.

위반의 종류

수정되어야 할 노드가 X라고 하자. 모든 노드에는 최대 두 개의 자식 노드가 있고 높이 불균형이 존재하므로 X의 두 부속 트리 높이 차이가 2이다. 이 정보를 토대로, 위반이 다음과 같은 네 가지 경우에서 발생한다는 것을 알 수 있다.

경우 1. X의 왼쪽 자식의 왼쪽 부속 트리에 노드가 삽입된 경우
경우 2. X의 왼쪽 자식의 오른쪽 부속 트리에 노드가 삽입된 경우
경우 3. X의 오른쪽 자식의 왼쪽 부속 트리에 노드가 삽입된 경우
경우 4. X의 오른쪽 자식의 오른쪽 부속 트리에 노드가 삽입된 경우

경우 1과 4는 대칭이며 단순 회전으로 쉽게 해결된다. 유사하게 경우 2와 3도 대칭이며 이중 회전(두 개의 단순 회전 필요)으로 해결된다.

단순 회전

왼쪽 왼쪽 회전(LL 회전) [경우 1]: 다음은 노드 X에서 AVL 트리 속성이 위반되었다. 앞에서 논의한 것처럼 회전은 트리의 뿌리 노드에서 이루어져야만 하는 것은 아니다. 일반적으로 삽입된 노드로부터 시작해서 트리를 타고 올라가며 경로에 있는 모든 노드의 균형 정보를 업데이트한다.

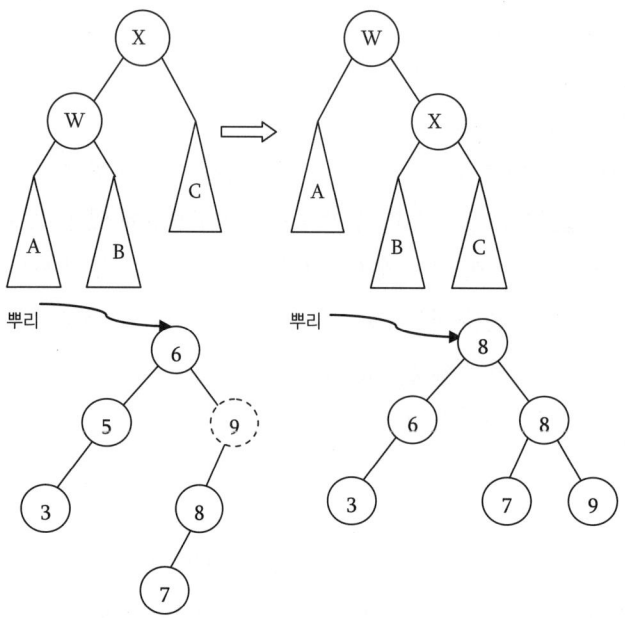

위의 그림을 보면 왼쪽에 위치한 기존 AVL 트리에 7이 삽입된 후에 노드 9가 불균형하게 되었다. 그러므로 한 번의 LL 회전을 9에서 수행하여, 그 결과 오른쪽 트리로 변경되었다.

```
AVLTreeNode SingleRotateLeft(AVLTreeNode X) {
    AVLTreeNode W = X.getLeft();
    X.setLeft(W.getRight());
    W.setRight(X);
    X.setHeight(Math.max( Height(X->left), Height(X.getRight()))
        + 1);
```

```
        W.setHeight(Math.max(Height(W->left), X->height) + 1);
        return W; /* 새 뿌리 노드 */
}
```

시간 복잡도: $O(1)$

공간 복잡도: $O(1)$

오른쪽 오른쪽 회전(RR 회전) [경우 4]: 이번에는 노드 W에서 AVL 트리 속성이 위반되었다.

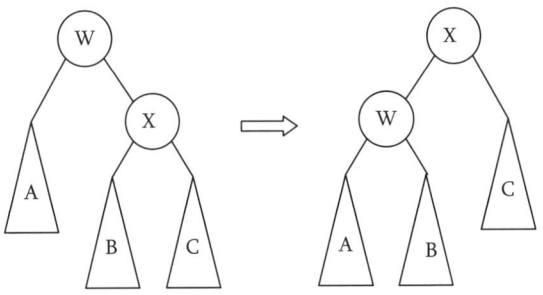

앞의 그림에서 왼쪽에 위치한 기존 AVL 트리에 29가 삽입된 후에 노드 15가 불균형하게 되었다. 그러므로 한 번의 RR 회전을 15에서 수행하여, 그 결과 오른쪽 트리로 변경되었다.

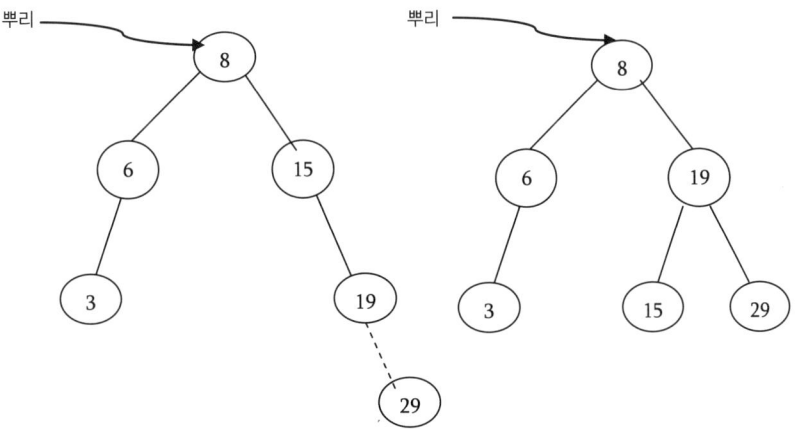

```
AVLTreeNode SingleRotateRight(AVLTreeNode W) {
    AVLTreeNode X = W.getRight();
    W.setRight(X.getLeft());
    X.setLeft(W);
    W.s etHeight(Math.max(Height(W.getRight()), Height(W.
        getLeft())) + 1);
    X.setHeight(Math.max(Height(X.getRight()), W->height) + 1);
    return X;
}
```

시간 복잡도: $O(1)$

공간 복잡도: $O(1)$

이중 회전

왼쪽 오른쪽 회전(LR 회전) [경우 2]: 경우 2와 경우 3은 단순 회전만으로 문제를 수정할 수 없기에, 두 번의 회전을 수행해야 한다.

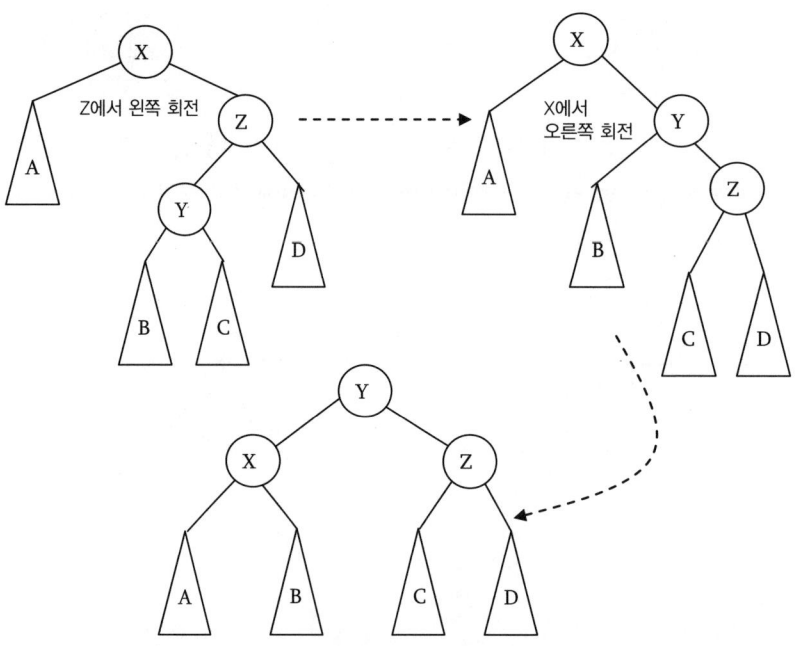

예를 들어 다음 트리를 살펴보자. 7이 삽입되어 경우-2의 상황이 되었고 오른쪽 트리가 이중 회전 후의 트리이다.

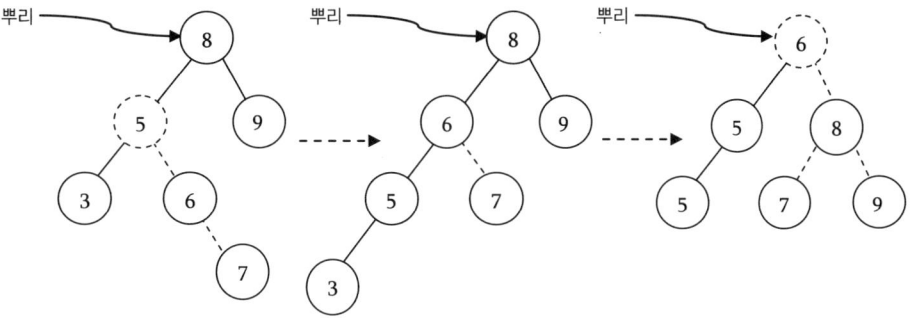

LR 이중 회전의 코드는 다음과 같다.

```
AVLTreeNode DoubleRotatewithLeft(AVLTreeNode Z) {
    Z.setLeft(SingleRotateRight(Z.getLeft()));
    return SingleRotateLeft(Z);
}
```

오른쪽 왼쪽 회전(RL 회전) [경우 3]: 경우 2와 비슷하게 이 상황을 수정하기 위해서는 두 번의 회전이 수행되어야 한다.

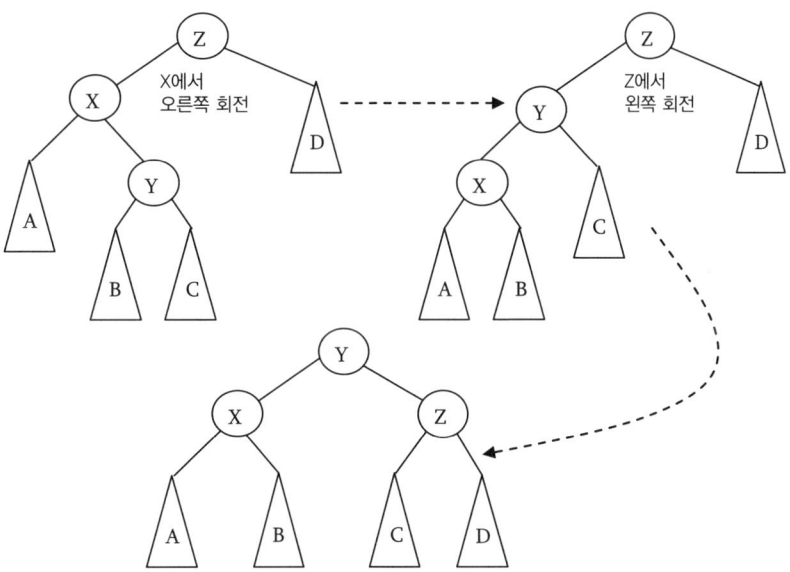

예를 들어 다음 트리를 살펴보자. 6이 삽입되어 경우-3의 상황이 되었고 오른쪽 트리가 이중 회전 후의 트리이다.

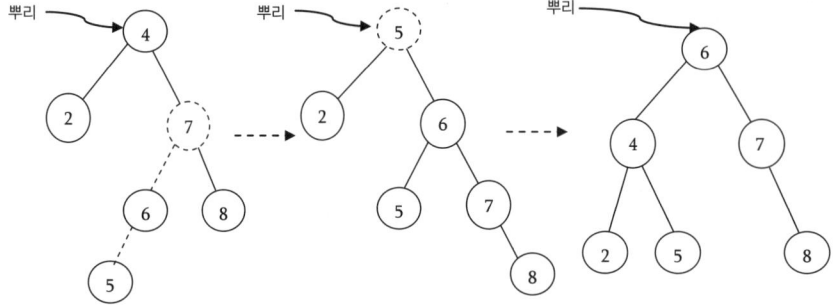

AVL 트리에 노드 삽입하기

AVL 트리에 노드를 삽입하는 것은 BST에 삽입하는 것과 매우 유사하다. 항목을 삽입한 후에 높이 불균형이 발생했는지만 추가로 검사하면 된다. 불균형이 발생했다면 적절한 회전 함수를 호출한다.

```
AVLTreeNode Insert(AVLTreeNode root, AVLTreeNode parent, int data) {
    if( !root) {
        root = new AVLTreeNode();
        root.getData(data);
        root.setHeight(0);
        root.setLeft(null);
        root.setRight(null);
    } else if(data < root.getData()) {
        root.setLeft(Insert(root.getLeft(), root, data));
        if((Height(root.getLeft()) - Height(root.getRight())) == 2) {
            if(data < root.getLeft().getData())
                root = SingleRotateLeft(root);
            else
                root = DoubleRotateLeft(root);
        }
    } else if(data > root.getData()) {
        root.setRight(Insert(root.getRight(), root, data ));
        if((Height(root.getRight()) - Height(root.getLeft())) == 2) {
            if(data < root.getRight().getData())
                root = SingleRotateRight(root);
            else
                root = DoubleRotateRight(root);
        }
    }
    /* 이 외에 데이터가 트리 안에 이미 있다면 아무것도 안 한다 */
    root.setHeight(Math.max( Height(root.getLeft()),
        Height(root.getRight()) ) + 1);
    return root;
}
```

시간 복잡도: $O(logn)$

공간 복잡도: $O(logn)$

AVL 트리 연습문제

문제-70 주어진 높이 h에 대해 $HB(0)$을 생성하는 알고리즘을 알아보자.

해답: 앞에서 논의한 것처럼 $HB(0)$은 포화 이진 트리이다. 포화 이진 트리에서 높이가 h일 때의 노드 개수는 $2^{h+1} - 1$(노드가 한 개인 트리의 높이를 0이라 하자)이다. 결과로 노드들은 1에서 $2^{h+1} - 1$까지 번호를 매길 수 있다.

```
BinarySearchTreeNode BuildHB0(int h) {
    BinarySearchTreeNode temp;
    if(h == 0)
        return null;
    temp = newBinarySearchTreeNode();
    temp.setLeft(BuildHB0 (h-1));
    temp.getData(count++); // count가 전역 변수라고 가정한다
    temp.setRight(BuildHB0 (h-1));
    return temp;
}
```

시간 복잡도: $O(n)$

공간 복잡도: $O(logn)$, $logn$은 최대 스택 크기인데, 이는 트리의 높이와 같다.

문제-71 문제-71을 푸는 다른 방법이 있는가?

해답: 그렇다. 다음의 병합 정렬(Merge Sort) 방법으로 풀 수 있다. 즉 높이를 가지고 작업하는 대신, 범위를 사용한다. 이 방법에는 전역 카운터 변수가 필요 없다.

```
Struct BinarySearchTreeNode BuildHB0(int l, int r) {
    BinarySearchTreeNode temp;
    int mid = (l + (r-l)/2);
    if(l > r)
        return null;
    temp = (BinarySearchTreeNode) malloc
      (sizeof(BinarySearchTreeNode));
```

```
        temp.setData(mid);
        temp.setLeft(BuildHB0(l, mid-1));
        temp.setRight(BuildHB0(mid+1, r));
        return temp;
}
```

BuildHB0 함수의 초기 호출은 BuildHB0(1, 1 ≪ h)이 될 것이다. 1 ≪ h는 $2^{h+1} - 1$을 계산하기 위한 시프트 연산을 수행한다.

시간 복잡도: $O(n)$

공간 복잡도: $O(logn)$. 여기서 $logn$은 최대 스택 크기인데 이것은 트리의 높이와 같다.

문제-72 높이가 0, 1, 2, 3, 4, 5인 최소 AVL 트리를 생성하라. 높이가 6인 최소 AVL 트리의 노드 개수는 몇 개인가?

해답: $N(h)$가 높이 h인 최소 AVL 트리의 노드 개수라고 하자.

$N(0) = 1$
$N(1) = 2$

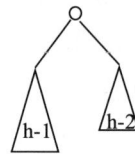

$N(h) = 1 + N(h - 1) + N(h - 2)$

$N(2) = 1 + N(1) + N(0)$
$\quad\quad = 1 + 2 + 1 = 4$

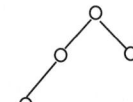

$N(3) = 1 + N(2) + N(1)$
$\quad\quad = 1 + 4 + 2 = 7$

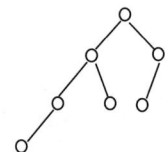

$N(4) = 1 + N(3) + N(2)$
$= 1 + 7 + 4 = 12$

$N(5) = 1 + N(4) + N(3)$
$= 1 + 12 + 7 = 20$

문제-73 문제-71에서 높이가 h인 최소 AVL 트리의 가능한 모양은 몇 개인가?

해답: $NS(h)$가 높이 h인 최소 AVL 트리의 모양 개수라고 하자.

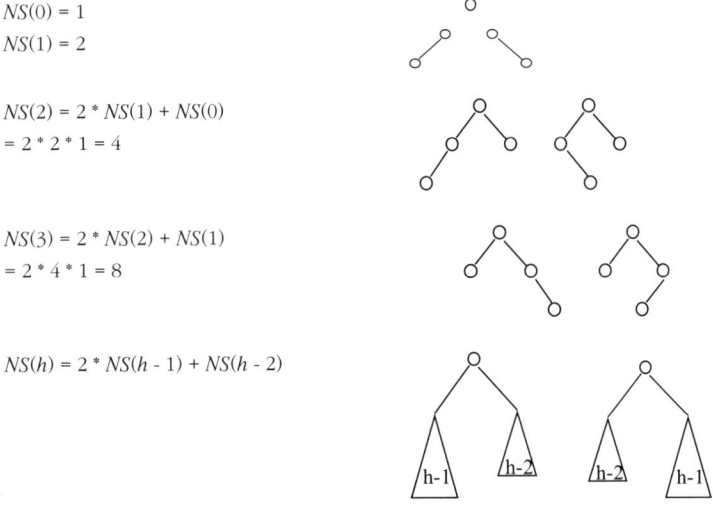

$NS(0) = 1$
$NS(1) = 2$

$NS(2) = 2 * NS(1) + NS(0)$
$= 2 * 2 * 1 = 4$

$NS(3) = 2 * NS(2) + NS(1)$
$= 2 * 4 * 1 = 8$

$NS(h) = 2 * NS(h - 1) + NS(h - 2)$

문제-74 주어진 이진 검색 트리가 AVL 트리인지 아닌지 검사하라.

해답: IsAVL이 주어진 이진 검색 트리가 AVL 트리인지 아닌지 검사하는 함수라고 하자. 트리가 AVL 트리가 아니라면 IsAVL은 -1을 리턴한다. 검사를 하는 동안 각 노드는 자신의 높이를 부모에게 보낸다.

```
int IsAVL(BinarySearchTreeNode root) {
    int left, right;
    if(!root) return 0;
    left = IsAVL(root.getLeft());
    if(left == -1)
        return left;
```

```
        right = IsAVL(root.getRight());
        if(right == -1)
            return right;
        if(abs(left-right)>1)
            return -1;
        return Math.max(left, right)+1;
}
```

시간 복잡도: $O(n)$

공간 복잡도: $O(n)$

문제-75 주어진 높이 h에 대해 최소의 노드 개수를 가지는 AVL 트리를 만드는 알고리즘을 알아보자.

해답: 최소의 노드 개수를 가지려면 한 레벨을 $h - 1$, 다른 하나를 $h - 2$로 채워야 한다.

```
AVLTreeNode GenerateAVLTree(int h) {
    AVLTreeNode temp;
    if(h == 0) return null;
    temp = new AVLTreeNode();
    temp.setLeft(GenerateAVLTree(h-1));
    temp.getData(count++); // count는 전역 변수라고 가정
    temp.setRight(GenerateAVLTree(h-2));
    temp.setHeight(temp.getLeft().getHeight()+1);
    // 혹은 temp->height = h;
    return temp;
}
```

문제-76 n개의 정수 항목을 가진 AVL 트리가 주어졌을 때, 두 정수 a, b가 $a <= b$인 정수라고 하자. $[a, b]$ 범위의 노드의 개수를 세는 알고리즘을 알아보자.

해답:

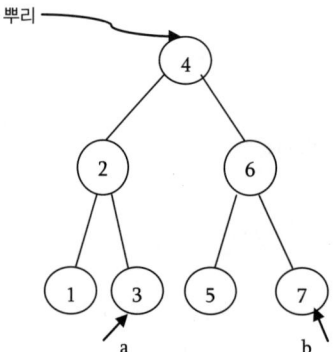

이진 검색 트리의 재귀적 속성을 이용하면 된다. 세 가지 경우를 고려해야 하는데, 현재 노드가 [a, b] 범위 안에 있는 경우, [a, b] 범위의 왼쪽에 있는 경우, [a, b] 범위의 오른쪽에 있는 경우이다. 각 경우에 대해 범위 안의 노드들을 가지고 있을 확률이 있는 부속 트리들만 처리된다.

```
int RangeCount(AVLNode root, int a, int b) {
    if(root == null) return 0;
    else if(root.getData() > b)
        return RangeCount(curr.getLeft(), a, b);
    else if(root.getData() < a)
        return RangeCount(root.getRight(), a, b);
    else if(root.getData() >= a && root.getData() <= b)
        return RangeCount(root.getLeft(), a, b) +
            RangeCount(root.getRight(), a, b) + 1;
}
```

복잡도는 트리의 중위 탐색과 비슷하다. 다만 왼쪽이나 오른쪽 부속 트리에 답이 포함되지 않을 때는 생략한다. 그러므로 최악의 경우에 범위가 트리의 모든 노드를 포함할 때, 답을 얻기 위해 모든 n개의 노드를 탐색해야 한다. 최악의 경우 복잡도는 $O(n)$이다.

트리 바닥의 작은 부속 트리의 소수의 항목만 포함할 정도로 범위가 작다면, 시간 복잡도는 h가 트리의 높이일 때 $O(h) = O(logn)$이 된다. 바닥의 작은 부속 트리까지 하나의 경로만 탐색되며 다른 높은 레벨의 부속 트리들은 생략되기 때문이다.

참고
6.11에서 비슷한 문제들을 참고하자.

6.12 기타 트리의 변형들

이번에는 새로운 트리 표현 방법들을 알아보자. 앞서 살펴본 균형 속성의 AVL 트리 외에 레드-블랙 트리, 스플레이 트리와 같은 다른 균형 이진 트리들을 학습할 것이다.

레드-블랙 트리

레드-블랙 트리(Red-Black Tree)에서 각각의 노드는 부가적인 성질, 빨갛거나 검은 색의 색상을 가진다. 로그 복잡도를 얻을 때는 다음의 제한 사항이 있다.

- 뿌리 속성: 뿌리는 검은색이다.
- 외부 속성: 모든 잎은 검은색이다.
- 내부 속성: 레드 노드의 자식 노드는 검은색이다.
- 깊이 속성: 모든 잎은 검은색이다.

AVL 트리와 유사하게 레드-블랙 트리가 불균형하게 되면 회전을 수행하여 균형 속성을 회복시킨다. 레드-블랙 트리에서는 n이 트리의 노드 개수일 때 다음의 연산들을 최악의 경우에는 $O(logn)$ 시간에 수행할 수 있다.

- 삽입, 삭제
- 전임, 후임 노드 찾기
- 최소, 최대 값 찾기

스플레이 트리

스플레이 트리(Splay Tree)는 스스로 조정하는 속성을 가지는 BST이다. 스플레이 트리의 연산은 빈 트리로부터 시작해서 최대 n개의 노드에 대해 K번의 연산을 수행하면 최악의 경우에 시간 복잡도가 $O(Klogn)$이 필요하다.

스플레이 트리는 프로그램하기 쉽고 최근에 접근한 항목들에 빠른 접근을 보장한다. AVL 트리나 레드-블랙 트리와 유사하게 스플레이 트리가 불균형하게 되면 회전을 수행하여 균형 속성을 회복시킨다.

스플레이 트리는 최악의 경우에 $O(logn)$ 복잡도를 보장할 수 없다. 하지만 분할 상환 복잡도 $O(logn)$을 제공한다. 개별 연산이 비쌀 수는 있어도 어떤 순열의 연산이라도 로그 복잡도를 제공한다. 한 연산의 시간이 더 걸릴 수 있지만 (한 연산이 $O(n)$ 시간 걸릴 수 있다), 다음 연산은 최악의 경우 복잡도를 취하지 않을 수 있기 때문에 연산의 평균 복잡도는 $O(logn)$이다.

증강 트리

앞에서 트리의 K번째 작은 항목을 찾는 문제 등 다양한 문제들을 보았다. 이 모든 문제에서 트리의 노드 개수를 n이라고 할 때 최악의 복잡도는 $O(n)$이다. 증강 트리(Augmented Tree)에서는 이런 연산들이 $O(logn)$에 수행될 수 있다. 이 트리에서는 각 노드에 부가 정보가 추가되는데, 이 부가 정보는 우리가 풀려고 하는 문제에 따라 다르다. 예를 들어 이진 검색 트리에서 K번째 작은 항목을 찾을 때 증강 트리가 이 문제를 어떻게 푸는지 살펴보자. 균형 BST로 레드-블랙 트리(혹은 다른 균형 BST)를 사용한다고 하자. 이때 노드 데이터에 크기 정보를 추가하면, 레드-블랙 트리의 주어진 노드 X에 대해 size(X)는 부속 트리의 노드 개수이며 다음과 같이 계산된다.

$$size(X) = size(X \rightarrow left) + size(X \rightarrow right) + 1$$

예: 부가적인 크기 정보를 가진 증강 트리는 다음 그림과 같다.

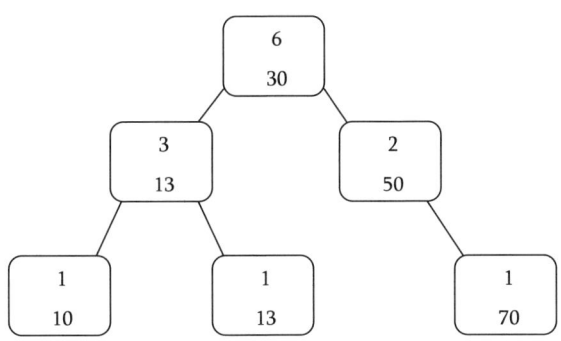

K번째 작은 노드 찾기 연산은 다음과 같이 정의될 수 있다.

```
BinarySearcTreeNode KthSmallest (BinarySearcTreeNode X, int K) {
    int r = size(X.getLeft()) + 1;
    if(K == r) return X;
    if(K < r) return KthSmallest (X.getLeft(), K);
    if(K > r) return KthSmallest (X.getRight(), K-r);
}
```

시간 복잡도: $O(logn)$

공간 복잡도: $O(logn)$

간격 트리

간격 트리(Interval Tree) 역시 이진 검색 트리이며 간격 정보를 각 노드 구조에 저장한다. 즉 n개의 간격들 $[i_1, i_2]$ 집합을 관리하며, 이 간격들 중 하나가 효율적으로 발견될 수 있는 질의점 Q를 포함하고 있다. 간격 트리는 범위 질의를 효율적으로 수행하기 위해 사용된다.

예: 간격 집합 S = {[2-5], [6-7], [6-10], [8-9], [12-15], [15-23], [25-30]}가 주어졌다. Q = 9인 질의는 [6,10]이나 [8,9]를 리턴한다. Q = 23인 질의는 [15, 23]을 리턴한다.

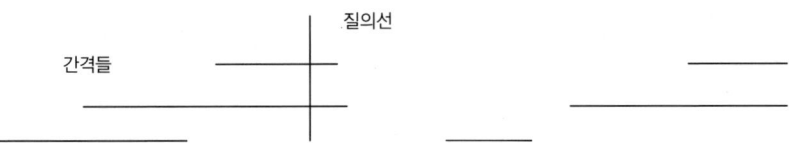

간격 트리 생성하기: n개의 간격(혹은 세그먼트)을 가진 집합 S가 주어졌다고 하자. 이 n개의 간격들은 $2n$개의 끝점을 갖고 있다. 이제 간격 트리를 어떻게 만드는지 보자.

알고리즘

간격 집합 S에 대해 다음과 같이 재귀적으로 트리를 구성한다.

- $2n$개의 끝점을 정렬한다.
- X_{mid}가 중앙값(Median)이라고 하자.

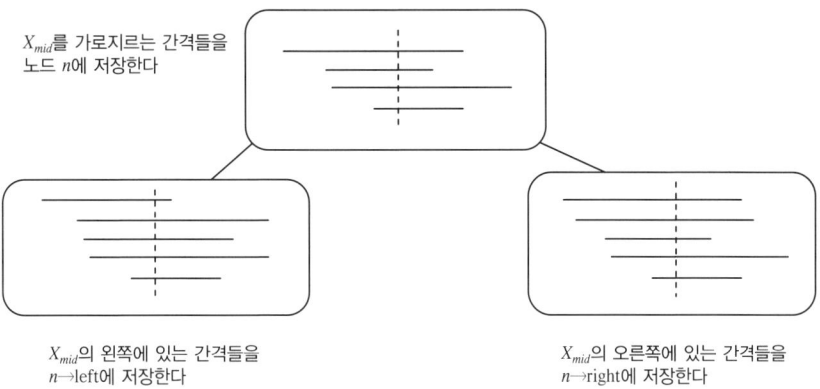

간격 트리 생성의 시간 복잡도: $O(nlogn)$. 중앙값을 구하여, 간격 트리들이 대체적으로 균형을 이루기 때문이다. 이는 매번 끝점들의 집합을 반으로 나눈다는 것을 보장한다. 트리의 깊이는 $O(logn)$이다. 검색 과정을 간단하게 하기 위해 일반적으로 X_{mid}는 각 노드에 저장된다.

7장

Data Structures and Algorithms Made Easy for JAVA

우선순위 큐와 힙

7.1 우선순위 큐란 무엇인가?

때로는 여러 개의 항목 중에서 최소 값/최대 값을 찾아야 할 필요가 있다. 우선순위 큐 ADT는 이런 연산을 지원하는 데이터 구조로 Insert, DeleteMin(최소 항목을 리턴하고 삭제하는 연산) 혹은 DeleteMax(최대 항목을 리턴하고 삭제하는 연산) 등의 연산을 사용할 수 있도록 한다.

이는 큐에서의 EnQueue와 DeQueue 연산과 유사하지만, 우선순위 큐(Priority Queue)에서는 항목들이 추가되는 순서와 처리되는 순서가 다를 수 있다는 것이 차이점이다. 예를 들어 먼저 들어온 것이 먼저 처리되지 않고, 정해진 우선순위에 따라 처리되는 작업 스케줄링이 우선순위 큐이다.

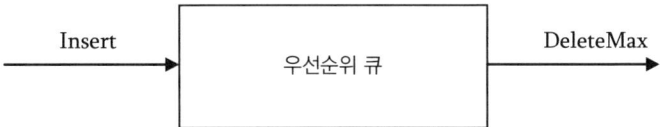

작은 키값을 갖는 항목일수록 높은 우선순위를 갖는(즉 항상 제일 작은 항목을 삭제하는) 우선순위 큐를 오름차순(ascending) 우선순위 큐라고 한다. 유사하게 큰 키값을 갖는 항목일수록 높은 우선순위를 갖는(항상 제일 큰 항목을 삭제하는) 우선순위 큐를 내림차순(descending) 우선순위 큐라고 한다. 이 두 유형이 기본적으로 같은 방법이므로 여기서는 오름차순 우선순위 큐를 기준으로 설명하겠다.

7.2 우선순위 큐 ADT

다음 연산들이 우선순위 큐를 ADT가 되도록 한다.

우선순위 큐의 주요 연산
우선순위 큐는 각각 연관된 키를 갖고 있는 항목들의 저장소이다.

- Insert(key, data): key에 따른 데이터를 우선순위 큐에 삽입한다. 항목들은 키에 따라 정렬된다.
- DeleteMin/DeleteMax: 가장 작은/큰 키를 가진 항목을 삭제하고 리턴한다.
- GetMinimum/GetMaximum: 가장 작은/큰 키를 가진 항목을 삭제하지 않고 리턴한다.

우선순위 큐의 보조적 연산
- kth-Smallest/kth-Largest: 우선순위 큐에서 k번째로 작거나/큰 키를 리턴한다.
- Size: 우선순위 큐 안의 항목의 개수를 리턴한다.
- Heap Sort: 우선순위 큐의 항목을 우선순위(키)에 따라 정렬한다.

7.3 우선순위 큐의 적용

우선순위 큐는 많은 적용 사례가 있는데 다음은 몇 가지를 소개한 것이다.

- 데이터 압축: 허프만(Huffman) 코딩 알고리즘
- 최단 거리 알고리즘: 데이크스트라(Dijkstra)의 알고리즘
- 최소 신장 트리 알고리즘: 프림(Prim)의 알고리즘
- 이벤트 지향 시뮬레이션: 줄 서 있는 고객들
- 선택 문제: k번째 작은 항목 찾기

7.4 우선순위 큐의 구현

그럼 우선순위 큐가 활용되는 경우를 살펴보자.

정렬되지 않은 배열 구현

항목들은 정렬되지 않은 채로 배열에 삽입된다. 삭제(DeleteMin)는 키를 검색한 뒤 삭제하는 방식으로 수행된다.

삽입 복잡도: $O(1)$. DeleteMin 복잡도: $O(n)$

정렬되지 않은 리스트 구현

배열 구현과 매우 유사하다. 단, 배열 대신에 연결 리스트를 사용한다.

삽입 복잡도: $O(1)$. DeleteMin 복잡도: $O(n)$

정렬된 배열 구현

항목들은 키값에 따라 정렬되어 배열에 삽입된다. 삭제는 한쪽 끝에서만 수행된다.

삽입 복잡도: $O(n)$. DeleteMin 복잡도: $O(1)$

정렬된 리스트 구현

항목들은 키값에 따라 정렬되어 리스트에 삽입된다. 삭제는 한쪽 끝에서만 수

행된다. 그러므로 우선순위 큐의 상태가 보존된다. 연결 리스트 ADT의 다른 모든 기능들은 수정 없이 수행된다.

삽입 복잡도: $O(n)$. 삭제 복잡도: $O(1)$

이진 검색 트리 구현
삽입이 무작위적이라면 삽입과 삭제 모두 평균 $O(logn)$이 걸린다(6장 참고).

균형 이진 검색 트리 구현
삽입과 삭제 모두 최악의 경우에 $O(logn)$이 걸린다(6장 참고).

이진 힙 구현
이 주제는 이후에 더 자세히 다룰 것이다. 여기서는 이진 힙 구현이 검색, 삽입, 삭제에 $O(logn)$ 복잡도, 최소 값, 최대 값 찾기에 $O(1)$ 복잡도라는 것만 다룬다.

각 구현의 비교

구현	삽입	삭제	Find Min
정렬되지 않은 배열	1	n	n
정렬되지 않은 리스트	1	n	n
정렬된 배열	n	1	1
정렬된 리스트	n	1	1
이진 검색 트리	$logn$(평균)	$logn$(평균)	$logn$(평균)
균형 이진 검색 트리	$logn$	$logn$	$logn$
이진 힙	$logn$	$logn$	1

7.5 힙과 이진 힙

힙이란 무엇인가?

힙(Heap)이란 몇 가지 특수한 속성을 가진 트리이다. 힙의 기본 요구사항은 노드의 값이 그 자식 노드의 값보다 ≥(혹은 ≤)한다는 것이다. 이를 힙 속성 (heap property)이라고 한다. 힙에는 부가적인 속성이 또 하나 있는데, 트리의 높이 $h > 0$일 때 모든 잎 노드들이 h 혹은 $h - 1$ 레벨에 있어야 한다는 것이다 (완전 이진 트리). 즉 힙은 (다음 그림과 같이) 완전 이진 트리여야 한다.

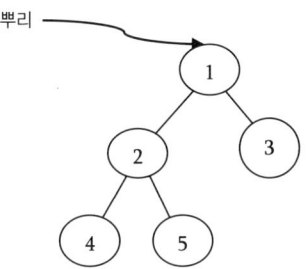

다음 예에서 왼쪽 트리는 힙이며(각 항목들이 자식 노드보다 크다) 오른쪽 트리는 힙이 아니다(11이 2보다 크므로).

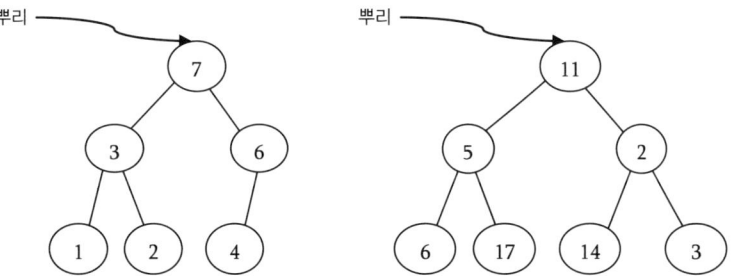

힙의 종류

힙 속성에 의해 힙을 두 종류로 나눌 수 있다.

- **최소 힙(Min Heap)**: 노드의 값이 자식 노드의 값보다 작거나 같아야만 한다.

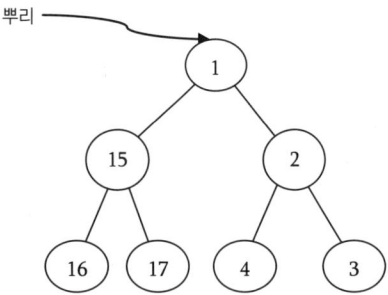

- **최대 힙(Max Heap)**: 노드의 값이 자식 노드의 값보다 크거나 같아야만 한다.

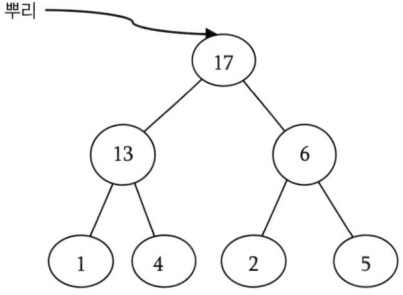

7.6 이진 힙

이진 힙(Binary Heap)에서 각 노드는 최대 두 개의 자식 노드를 가질 수 있다. 실무에서는 이진 힙이 많이 쓰이므로, 이진 최소 힙과 이진 최대 힙 등의 다양한 사용법을 잘 알아두자.

힙을 표현하기: 힙 연산을 살펴보기 전에 어떻게 힙을 표현할 것인지 살펴보자. 한 가지 가능성은 배열을 사용하는 것이다. 힙이 완전 이진 트리를 구성하므로 공간 낭비가 거의 없다. 다음은 항목들이 인덱스 0부터 시작하는 배열에 저장되었다고 가정한 예제이다. 앞에 나온 최대 힙은 다음과 같이 표현될 수 있다.

17	13	6	1	4	2	5
0	1	2	3	4	5	6

> 참고
> 이후의 설명은 최대 힙을 사용하는 것으로 가정한다.

힙의 선언

```java
public class Heap {
    public int[] array;
    public int count; // 힙 안의 요소의 수
    public int capacity; // 힙의 크기
    public int heap_type; // 최저 힙인지 최대 힙인지
    public Heap(int capacity, int heap_type) {// 섹션의 아래를 참조}
    public Parent(int capacity, int heap_type) {// 섹션의 아래를 참조}
    public int LeftChild(int i) {// 섹션의 아래를 참조}
    public int RightChild(int i) {// 섹션의 아래를 참조}
    public int GetMaximum(int i) {// 섹션의 아래를 참조}
    .....
}
```

> 참고
> 다음 함수 전체가 클래스의 일부라고 가정한다.

힙의 생성

```java
public Heap(int capacity, int heap_type) {
    this.heap_type = heap_type;
    this.count = 0;
    this.capacity = capacity;
    this.array = new int[capacity];
}
```

시간 복잡도: $O(1)$

노드의 부모

i번째 위치의 노드에서 부모 노드는 $\frac{i-1}{2}$의 위치에 있어야 한다. 앞의 예에서 항목 6은 두 번째 위치에 있고 그 부모는 0번째 위치에 있다.

```
public int Parent(int i) {
    if(i <= 0 || i >= this.count)
        return -1;
    return i-1/2;
}
```

시간 복잡도: $O(1)$

노드의 자식들

i번째 위치에 있는 노드의 자식들은 $2 * i + 1$과 $2 * i + 2$의 위치에 있다. 예를 들어 앞의 트리에서 항목 6은 두 번째 위치에 있고 그 자식 노드 2와 5는 다섯 번째($2 * i + 1 = 2 * 2 + 1$)와 여섯 번째 ($2 * i + 2 = 2 * 2 + 2$) 위치에 있다.

```
public int LeftChild(int i) {
    int left = 2 * i + 1;
    if(left >= this.count)
        return -1;
    return left;
}

public int RightChild(int i) {
    int right = 2 * i + 2;
    if(right >= this.count)
        return -1;
    return right;
}
```

둘 다 시간 복잡도: $O(1)$

최대 항목 구하기

최대 힙에서 최대 항목은 항상 뿌리에 있으므로 this.array[0]에 저장된다.

```
public int GetMaximum() {
    if(this.count == 0)
        return -1;
    return this.array[0];
}
```

시간 복잡도: $O(1)$

항목을 힙으로 만들기

힙에 항목을 새로 추가하고 나면 더 이상 힙 속성을 만족하지 않을 수 있다. 이 경우에 힙 안의 위치를 조정하여 다시 힙으로 만들어야 할 필요가 있다. 이 과정을 힙으로 만들기(heapifying)라고 한다. 최대 힙에서 항목을 힙으로 만들려면 그 자식 노드들의 최대 값을 찾아 현재 항목과 바꿔치기를 한 뒤 이 과정을 모든 노드가 힙 속성을 만족할 때까지 계속해야 한다.

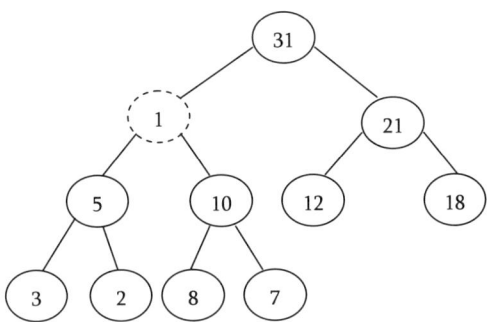

관찰: 힙의 중요한 속성 한 가지는 어떤 항목이 힙의 속성을 만족하지 않는다면 그 항목으로부터 뿌리에 이르기까지의 모든 항목이 같은 문제를 갖는다는 것이다. 다음 예에서 항목 1은 힙 속성을 만족시키지 않으며, 그 부모 노드인 31 역시 같은 문제가 있다. 이 경우 문제가 되는 가장 처음의 한 항목을 힙으로 만들면 그 항목으로부터 뿌리에 이르기까지의 모든 항목 역시 자동적으로 힙 속성을 만족한다. 예제를 통해 살펴보자. 앞의 힙에서 항목 1이 힙 속성을 만족하지 않으므로 이 항목을 힙으로 만들자.

1을 힙으로 만들기 위해 자식 중 최대 값을 찾아 바꿔치기한다.

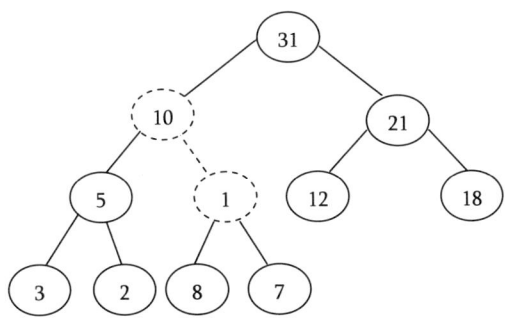

그 항목이 힙 속성을 만족할 때까지 이 과정을 계속해야 한다. 이제 1을 8과 바꿔치기한다.

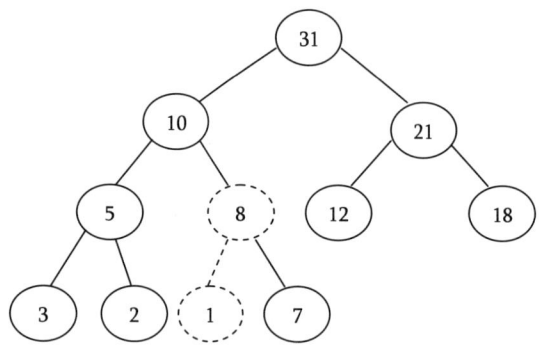

이제 이 트리는 힙 속성을 만족시킨다. 힙으로 만들기 과정은 위에서 아래로 움직이므로 이 과정을 '흘러 내리기(Percolate Down)'라고도 한다.

```
// i 위치의 항목 힙으로 만들기
public void PercolateDown(int i) {
    int l, r, max, temp;
    l = LeftChild(i);
    r = RightChild(i);
    if(l != -1 && this.array[l] > this.array[i])
        max = l;
    else
        max = i;
    if(r != -1&& this.array[r] > this.array[max])
        max = r;
    if(max != i) { // this.array[i]와 this.array[max] 바꾸기
        temp = this.array[i]; this.array[i] = this.array[max];
        this.array[i] = temp;
    }
    PercolateDown(max);
}
```

시간 복잡도: $O(logn)$. 힙은 완전 이진 트리이므로 최악의 경우에 뿌리에서 시작해서 잎까지 내려온다. 이것은 완전 이진 트리의 높이와 같다.

공간 복잡도: $O(1)$

항목 삭제하기

힙으로부터 항목을 삭제하려면, 뿌리에서 항목을 삭제하기만 하면 된다. 이것이 표준 힙에서 지원되는 유일한 연산(최대 항목)이다. 뿌리 항목을 삭제한 뒤, 힙(트리)의 마지막 항목을 복사하고 이 마지막 항목을 삭제한다. 그런데 마지막 항목을 교체하고 나면 트리는 힙 속성을 만족시키지 않게 될 수 있다. 다시 힙으로 만들려면 PercolateDown 함수를 호출한다.

- 첫 번째 항목을 어떤 변수에 복사한다.
- 마지막 항목을 첫 번째 항목의 위치에 복사한다.
- 첫 번째 항목에서 PercolateDown을 호출한다.

```
int DeleteMax() {
    if(this.count == 0)
        return -1;
    int data = this.array[0];
    this.array[0] = this.array[this.count-1];
    this.count--; // 힙 크기를 줄인다
    PercolateDown(0);
    return data;
}
```

> **참고**
> 항목 삭제하기는 흘러 내리기를 사용한다.

시간 복잡도: 힙으로 만들기 함수와 같은 $O(logn)$이다.

항목 삽입하기

항목을 삽입하는 것은 힙으로 만들기 및 삭제 과정과 매우 유사하다.

- 힙 크기를 늘린다.
- 새 항목을 힙(트리) 끝에 위치시킨다.
- 그 항목에 대해 밑에서 위(뿌리)로 힙으로 만들기를 수행한다.

코드를 살펴보기 전에 예를 들어 보자. 항목 19를 힙의 끝에 삽입해서 힙 속성을 만족시키지 않는 경우이다.

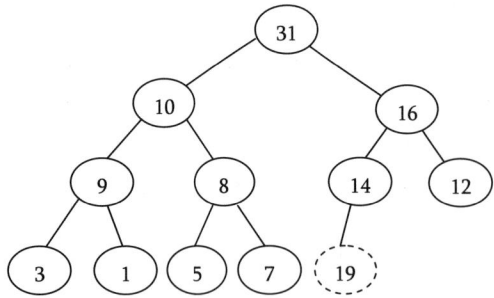

이 항목(19)을 힙으로 만들려면, 부모와 값을 비교해서 조정해야 한다. 19와 14를 뒤바꾸면 다음과 같다.

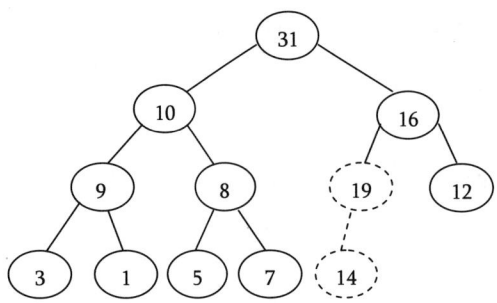

다시, 19와 16을 뒤바꾸면 다음 그림과 같다.

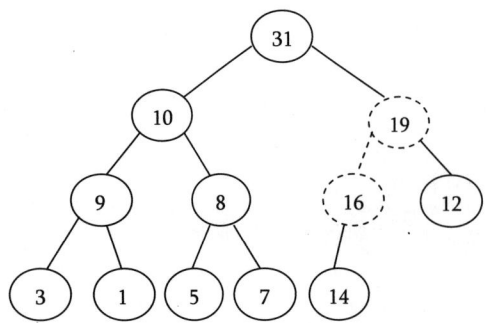

이제 이 트리는 힙 속성을 만족시킨다. 아래에서 위로 향하는 접근 방법을 따르므로 이 과정은 '흘러 올리기(Percolate Up)'라고 한다.

```
int Insert(int data) {
    int i;
    if(this.count == this.capacity)
        ResizeHeap();
    this.count++; // this의 새 항목을 보유하도록 힙 크기를 증가시킴
    i = this.count-1;
    while(i >=0 && data > this.array[(i-1)/2]) {
        this.array[i] = this.array[(i-1)/2];
        i = i-1/2;
    }
    this.array[i] = data;
}
void ResizeHeap() {
    int[] array_old = new int[this.capacity];
    System.arraycopy(this.array, 0, array_old, this.count-1);
    this.array = new int[this.capacity * 2];
    if(this.array == null) {
        System.out.println("Memory Error");
        return;
    }
    for(int i = 0; i < this.capacity; i ++)
        this.array[i] = array_old[i];
    this.capacity *= 2;
    array_old = null;
}
```

시간 복잡도: $O(logn)$. 힙으로 만들기 함수와 똑같이 설명된다.

힙을 제거하기

```
void DestroyHeap() {
    this.count = 0;
    this.array = null;
}
```

배열을 힙으로 만들기

힙을 만드는 간단한 방법 하나는 n개의 항목을 입력받아 이들을 빈 힙에 위치시키는 것이다. 이는 n번의 연속적인 삽입 연산으로 수행될 수 있으며 최악의 경우에 $O(nlogn)$이 걸린다. 각각의 삽입 연산에 $O(logn)$이 필요하기 때문이다.
관찰: 잎 노드는 항상 힙 속성을 만족시키므로 고려할 필요가 없다. 잎 항목들

은 항상 마지막에 위치하므로 주어진 배열을 힙으로 만들려면 잎이 아닌 노드들만 힙으로 만들면 된다. 이제 잎이 아닌 가장 처음 노드를 찾는 데 집중하자. 힙의 마지막 항목은 h→count - 1에 위치하므로 잎이 아닌 가장 처음 노드는 이 마지막 항목의 부모 노드를 찾아서 발견할 수 있다.

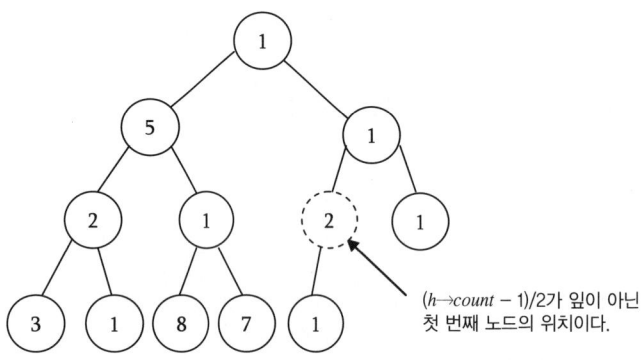

($h{\rightarrow}count - 1)/2$가 잎이 아닌 첫 번째 노드의 위치이다.

```
void BuildHeap(Heap h, int A[], int n) {
    if(h == null) return;
    while (n > this.capacity)
        h.ResizeHeap();
    for(int i = 0; i < n; i++)
        h.array[i] = A[i];
    this.count = n;
    for(int i = (n-1)/2; i >= 0; i--)
        h.PercolateDown(i);
}
```

시간 복잡도: 힙을 만드는 선형적 시간의 계(bound)는 모든 노드의 높이 합을 계산하여 알 수 있다. 높이가 h인 완전 이진 트리에는 $n = 2^{h+1} - 1$개의 노드가 있고, 이 노드들의 높이의 합은 $n - h - 1 = n - logn - 1$이다(증명은 연습문제를 참고하자). 즉 힙을 만드는 연산은 역 레벨 순서로 PercolateDown 함수를 적용해서 선형 시간($O(n)$)에 이루어질 수 있다.

힙 정렬

힙 ADT는 주로 정렬에 이용한다(힙 정렬). 힙 정렬 알고리즘은 모든 항목을 (정렬되지 않은 배열로부터) 힙으로 만들어서 힙의 뿌리로부터 힙이 빌 때까지 항목들을 제거한다. 힙 정렬은 정렬될 배열과 같은 장소에서 이루어질 수 있다.

항목을 삭제하는 대신 첫 번째 항목(제일 큰 항목)과 마지막 항목을 교체하고 힙 크기(배열 크기)를 감소시킨다. 그런 다음 첫 번째 항목을 힙으로 만든다. 이 과정을 남은 항목이 한 개일 때까지 반복한다.

```
void Heapsort(int A[], in n) {
    Heap h = new Heap(n, 0);
    int old_size, i, temp;
    BuildHeap(h, A, n);
    old_size = h.count;
    for(i = -1; i > 0; i--) { // h.array[0]는 가장 큰 항목
        temp = h.array[0]; h.array[0] = h.array[h.count-1];
            h.array[0] = temp;
        h.count--;
        h.PercolateDown(i);
    }
    h.count = old_size;
}
```

시간 복잡도: 항목을 힙으로부터 삭제할 때 값이 정렬된다(최대 항목이 언제나 뿌리에만 있기 때문). 삽입 알고리즘과 삭제 알고리즘의 시간 복잡도가 모두 $O(logn)$이므로 (힙 안의 항목 수가 n일 때) 힙 정렬 알고리즘의 시간 복잡도는 $O(nlogn)$이다.

7.7 우선순위 큐와 힙 연습문제

문제-1 전위 탐색하면 정렬된 순서로 주어지는 7개의 서로 다른 항목을 가진 최소 힙이 존재하는가?

해답: 그렇다. 다음 트리에서 전위 탐색하면 오름차순 정렬이 된다.

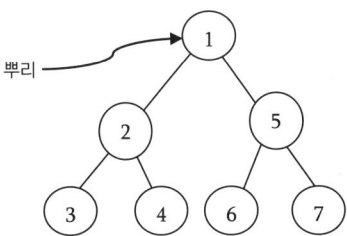

문제-2   전위 탐색하면 정렬된 순서로 주어지는 7개의 서로 다른 항목을 가진 최대 힙이 존재하는가?

해답: 그렇다. 다음 트리에서 전위 탐색하면 내림차순 정렬이 된다.

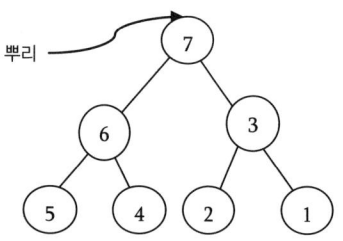

문제-3   중위 탐색하면 정렬된 순서로 주어지는 7개의 서로 다른 항목을 가진 최소/최대 힙이 존재하는가?

해답: 아니다. 힙은 항상 최소 힙이거나 최대 힙이어야만 하므로 뿌리 노드엔 최소 항목이 있거나 최대 항목이 있을 것이다. 중위 탐색은 트리의 뿌리 노드를 두 번째로 방문하므로 뿌리 노드에 최소 항목이나 최대 항목이 있다면 정렬된 순서를 얻기에 적합하지 않다.

문제-4   후위 탐색하면 정렬된 순서로 주어지는 7개의 서로 다른 항목을 가진 최소/최대 힙이 존재하는가?

해답: 그렇다. 트리가 최대 힙이라면 내림차순 정렬(왼쪽 그림), 또는 트리가 최소 힙이라면 오름차순 정렬(오른쪽 그림)을 얻는다.

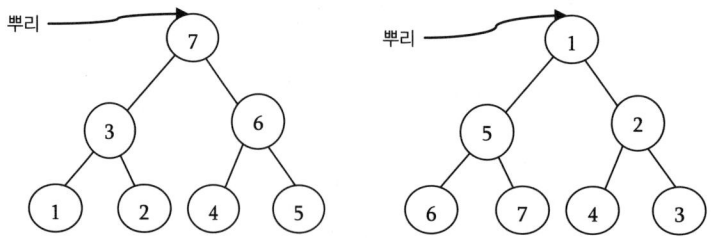

문제-5 높이 h인 힙의 최소, 최대 항목 수는 무엇인가?

해답: 힙이 완전 이진 트리(가장 낮은 레벨을 제외하고 모든 레벨에 자식 노드가 두 개씩 있는)이므로 최대 $2^{h+1} - 1$개의 항목이 있을 수 있다(완전 이진 트리라면). 왜냐하면 최대 노드 수를 구하려면 모든 h 레벨을 완전히 채워야 하고, 최대 노드 수는 모든 h 레벨의 노드의 합이다. 최소 노드 수를 구하려면, $h - 1$ 레벨을 채우고 마지막 레벨에 하나의 항목만 있도록 해야 한다. 결과적으로 최소 노드 수는 $h - 1$ 레벨의 노드의 합 더하기 1(마지막 레벨)이며 $2^h - 1 + 1 = 2^h$ 항목이 된다(다른 레벨은 모두 완전이고 마지막 레벨만 1개의 노드를 가질 때).

문제-6 n개의 항목을 가진 힙의 높이가 $logn$임을 증명하자.

해답: 힙은 완전 이진 트리이다. 마지막 레벨을 제외한 모든 레벨은 두 개의 자식 노드를 가지고 있다. 힙은 최소 2^h 최대 $2^{h+1} - 1$개의 항목을 가진다. $2^h \leq n \leq 2^{h+1} - 1$. 이는 결국 $h \leq logn \leq h + 1$. h가 정수이므로 $h = logn$이다.

문제-7 주어진 최소 힙에서 최대 항목을 찾는 알고리즘을 알아내자.

해답: 주어진 최소 힙에서는 최대 항목은 항상 잎 노드에 있다. 이제 다음 문제는 어떻게 트리의 잎 노드를 찾는가 하는 것이다.

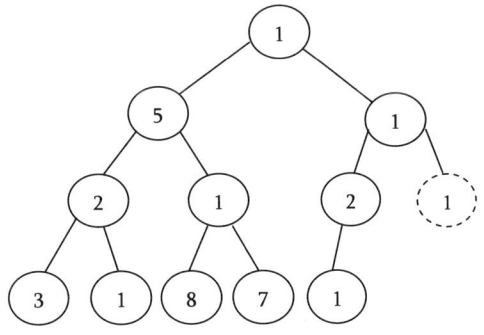

주의깊게 살펴보면, 마지막 항목의 부모 노드 바로 다음 노드가 첫 번째 잎 노드가 된다. 마지막 노드는 항상 $h \rightarrow$count - 1번째 위치에 있

기 때문에 그 부모 노드(부모 노드는 $\frac{h{\rightarrow}count - 1}{2}$ 에 위치)의 다음 노드는 다음과 같이 계산된다.

$$\frac{h{\rightarrow}count - 1}{2} + 1 \approx \frac{h{\rightarrow}count - 1}{2}$$

이제 마지막 단계는 잎 노드들을 검사해서 그들 중 최대 항목을 찾는 것이다.

```
int FindMaxInMinHeap(Heap h) {
    int Max = -1;
    for(int i = (h.count+1)/2; i < h.count; i++)
        if(h->array[i] > Max)
            Max = h.array[i];
}
```

시간 복잡도: $O(\frac{n}{2}) = O(n)$

문제-8 최소 힙에서 임의의 항목을 삭제하는 알고리즘을 알아내자.

해답: 항목을 삭제하려면, 먼저 항목을 검색해야 한다. 항목을 찾기 위해 레벨 순서 탐색을 사용한다고 가정하자. 항목을 찾은 뒤 DeleteMin 과정을 따라야 한다.

시간 복잡도 = 항목을 찾는 시간 + 항목을 삭제하는 시간
= $O(n) + O(logn) = O(n)$ // 주로 항목을 찾는 시간이다.

문제-9 주어진 최소 힙에서 i번째 항목을 삭제하는 알고리즘을 알아내자.

해답:

```
Int Delete(Heap h, int i) {
    int key;
    if(n < i) {
        System.out.println("Wrong position");
        return;
    }
    key = h.array[i];
    h.array[i]= h.array[h.count-1];
    h.count--;
    h.PercolateDown(i);
```

```
        return key;
    }
```

시간 복잡도 = $O(logn)$

문제-10 높이 h인 완전 이진 트리에서 모든 노드의 높이의 합이 $O(n - h)$임을 증명하자.

해답: 완전 이진 트리에는 레벨 i에 2^i개의 노드가 있다. 또한 레벨 i의 노드는 깊이 i와 높이 $h - i$를 갖는다. S가 모든 노드의 높이의 합이라고 하면 S는 다음과 같이 계산된다.

$$S = \sum_{i=0}^{h} 2^i(h - i)$$

$$S = h + 2(h - 1) + 4(h - 2) + \cdots + 2^{h-1}(1)$$

양변에 2를 곱하면

$: 2S = 2h + 4(h - 1) + 8(h - 2) + \ldots + 2^h(1)$

이제 $2S$에서 S를 빼면

$: 2S - S = -h + 2 + 4 + \ldots + 2^h \Rightarrow S = (2^{h+1} - 1) - (h - 1)$

그런데 높이가 h인 완전 이진 트리의 노드 수 $n = 2^{h+1} - 1$임을 이미 알고 있다. 이것으로 $h = log(n + 1)$이 된다. 최종적으로 $2^{h+1} - 1$을 n으로 교체하면 $S = n - (h - 1) = O(n - logn) = O(n - h)$이다.

문제-11 이진 힙에서 어떤 값 k보다 작은 모든 항목을 찾는 알고리즘을 구하자.

해답: 힙의 뿌리부터 검색을 시작하여 뿌리의 값이 k보다 작다면 그 값을 출력하고 재귀적으로 한 번 왼쪽 자식을 호출하고, 오른쪽 자식을 한 번 호출한다. 노드의 값이 k보다 크거나 같다면 그 값을 출력하지 않고 함수를 멈춘다.

이 알고리즘의 복잡도는 h가 힙 안의 노드의 총 개수일 때 $O(n)$이다. 이 한계치는 힙의 모든 노드의 값이 k보다 작아서 함수가 힙의 모든 노드를 호출해야 하는 최악의 경우에 성립한다.

문제-12 두 개의 이진 최대 힙을 병합하는 알고리즘을 알아내자. 첫 번째 힙의 크기는 $m + n$이고 두 번째 힙의 크기는 n이라고 가정하자.

해답: 이 문제를 푸는 한 가지 간단한 방법은 다음과 같다.
- (크기가 $m + n$인) 첫 번째 배열의 항목들이 가장 처음에 있다고 가정한다. 즉 처음 m개의 항목은 채워져 있고 뒤의 n개의 항목은 비어 있다.
- 첫 번째 힙을 변경하지 않고, 두 번째 힙을 추가한 뒤 배열을 힙으로 만든다.
- 새 배열의 항목의 개수가 $m + n$이므로 각각의 힙으로 만드는 연산은 $O(log(m + n))$이 걸린다.

이 알고리즘의 복잡도는 $O((m + n)log(m + n))$이다.

문제-13 문제-12의 복잡도를 개선할 수 있는가?

해답: $m + n$ 배열의 모든 항목을 힙으로 만드는 대신, '항목들의 배열로 힙 만들기(배열을 힙으로 만들기)' 기법을 쓸 수 있다. 잎이 아닌 노드들에서 시작해서 그것들을 힙으로 만들 수 있다. 알고리즘은 다음과 같다.
- (크기가 $m + n$인) 첫 번째 배열의 항목들이 가장 처음에 있다고 가정한다. 즉 처음 m개의 항목은 채워져 있고 뒤의 n개의 항목은 비어 있다.
- 첫 번째 힙을 변경하지 않고, 두 번째 힙을 추가한다.
- 이제 잎이 아닌 첫 번째 노드를 찾아 그 항목으로부터 힙으로 만들기 시작한다.

앞서 우리는 이미 n개의 항목을 가진 힙을 만드는 데에 $O(n)$ 복잡도가 걸린다는 것을 살펴보았다. 이 기법을 이용한 병합의 복잡도는 $O(m + n)$이다.

문제-14 (배열로 저장된) 두 개의 최대 힙을 병합하는 효율적인 알고리즘이 있는가? 두 배열 모두 n개의 항목이 있다고 가정하자.

해답: 이 문제의 또 다른 해답은 힙의 종류에 따라 달라진다. 모든 노드가 최대 두 개의 자식을 가질 수 있고 잎이 두 개의 다른 열의 최대 값을 갖도록 채워지는 일반적인 힙이라면 $O(n)$보다 더 나은 병합 알고리즘을 구할 수 없다.

크기가 m과 n인 두 개의 이진 힙을 합병하는 $O(logm * logn)$ 알고리즘이 있다. $m = n$이라면, 이 알고리즘은 $O(log2n)$ 시간 복잡도를 가진다. 난이도와 범위 때문에 이 알고리즘은 생략한다.

더 나은 병합 성능을 위해 피보나치(Fibonacci) 힙과 같은 변형 이진 힙을 사용할 수 있다. 이 경우 병합은 평균 $O(1)$ 복잡도이다.

문제-15 최대 힙에서 k번째로 작은 항목을 찾는 알고리즘을 알아내자.

해답: 이 문제의 간단한 해법 하나는 최대 힙에서 삭제 연산을 k번 수행하는 것이다.

```
int FindKthLargestEle(Heap h, int k) {
    // 처음 k-1개의 항목을 삭제한 뒤 k번 항목을 리턴한다
    for(int i=0;i<k-1;i++)
        h.DeleteMin();
    return h.DeleteMin();
}
```

시간 복잡도: $O(klogn)$. 삭제 연산을 k번 수행하는 데 각 삭제 연산이 $O(logn)$ 걸리기 때문

문제-16 문제-15의 시간 복잡도를 개선할 수 있는가?

해답: 원본 최소 힙을 HOrig라고 하고 부가적인 최소 힙을 HAux라고 하자. 가장 처음에 HOrig의 맨 앞의 항목, 최소 항목이 HAux에 삽입된다. 여기에서 DeleteMin 연산을 HOrig에 수행하지 않는다.

```
int FindKthLargestEle(int k) {
    Heap HOrig, HAux;
    int heapElement; // 힙 데이터가 정수라고 가정한다
    int count=1;
    HAux.Insert(HOrig.DeleteMin());
    while(true) {
```

```
            // 최소 항목을 리턴하고 HA 힙으로부터 삭제한다
            heapElement = HAux.DeleteMin();
            if(++count == k) {
                return heapElement;
            } else { // HO의 왼쪽과 오른쪽 자식을 HA에 삽입한다
                HAux.Insert(heapElement.LeftChild());
                HAux.Insert(heapElement.RightChild());
            }
        }
    }
```

모든 while 루프 반복에 k번째로 작은 항목이 구해지고, k번째로 작은 항목을 얻기 위해 k번의 루프가 필요하다. 부가적 힙의 크기가 항상 k보다 작으므로 모든 while 루프 반복은 부가적 힙의 크기를 1씩 증가시키고, 원본 힙 HOrig에는 찾는 동안 어떤 연산도 수행되지 않으므로 수행 시간은 $O(klogk)$이다.

문제-17 최대 힙에서 k개의 최대 항목을 구하자.

해답: 이 문제의 간단한 해법은 최대 힙을 만들고 삭제 연산을 k번 수행하는 것이다.

$T(n)$ = DeleteMin from heap k times = $\Theta(klogn)$

문제-18 문제-17을 푸는 다른 해법이 있는가?

해답: 문제-16의 해법을 이용할 수 있다. 맨 끝에 부가적 힙에는 k개의 큰 항목들이 있다. 항목들을 삭제하지 않고 HAux에 항목들을 계속 추가해야 한다.

문제-19 힙을 이용해서 스택을 구현할 때 어떻게 해야 하는가?

해답: 우선순위 큐 PQ(최소 힙을 이용한)를 사용해서 스택을 구현하려면 한 개의 부가적인 정수 변수 c를 사용한다고 가정하자. 이 c는 임의의 값(예를 들어 0)으로 초기화되어 있다고 하자. 다음은 스택 ADT의 구현 예제인데, 여기서 c는 항목을 PQ에 삽입/삭제할 때 우선순위로 사용된다.

```
void Push(int element) {
    PQ.Insert(c, element);
    c--;
}
int Pop() {
    return PQ.DeleteMin();
}
int Top() {
    return PQ.Min();
}
int Size() {
    return PQ.Size();
}
int isEmpty() {
    return PQ.isEmpty();
}
```

팝을 할 때는 c의 값을 다시 증가시킬 수 있다.

문제-20 힙을 이용해서 큐를 구현하려면 어떻게 해야 하는가?

해답: 우선순위 큐 PQ(최소 힙을 이용한)를 사용해서 큐를 구현하는 것은 스택을 구현하는 것과 비슷하다. 한 개의 부가적인 정수 변수 c를 사용한다고 가정하자. 또, 이 c가 임의의 값(예를 들어 0)으로 초기화되어 있다고 하자. 큐 ADT의 구현은 다음 예제와 같은데, 여기서 c는 항목을 PQ에 삽입/삭제할 때 우선순위로 사용된다.

```
void Push(int element) {
    PQ.Insert(c, element);
    c++;
}
int Pop() {
    return PQ.DeleteMin();
}
int Top() {
    return PQ.Min();
}
int Size() {
    return PQ.Size();
}
int isEmpty() {
    return PQ.isEmpty();
}
```

> **참고**
> 팝을 할 때는 c의 값을 다시 증가시킬 수 있다.

문제-21 수억 개의 숫자가 들어 있는 큰 파일이 주어졌을 때 이 파일로부터 최대 값 10개를 어떻게 찾을 수 있는가?

해답: 이런 종류의 질문을 받게 되면 최대 n개의 항목을 어디에서 찾아야 하는지를 기억해야 한다. 최선의 데이터 구조는 우선순위 큐이다.

문제를 해결하려면, 데이터를 1000개(예를 들어)의 항목을 가진 집합으로 나누고, 그것들의 힙을 만든 뒤 각 힙으로부터 10개의 항목을 취한다. 마지막으로 이 10개 항목의 집합 전부를 힙 정렬한 뒤 그것들 중 최대 10개를 취하여 해결할 수 있다. 그런데 이 접근 방법의 문제점은 각 힙으로부터 취한 10개의 항목을 어디에 저장할 것인가 하는 것이다. 우리가 수억 개의 숫자를 다루므로 매우 큰 양의 메모리가 필요할 수도 있다.

이때 앞쪽 힙의 최대 10개 항목을 다시 사용하면 이 문제를 해결할 수 있다. 즉 첫 번째 블록에서 1000개의 항목을, 그 다음 블록에서는 각각 990개의 항목을 취하는 것이다. 가장 처음 1000개의 숫자를 힙 정렬한 뒤, 최대 10개의 항목을 취하고 그것을 두 번째 집합의 990개 항목과 섞는다. 다시 이 1000개의 숫자를 힙 정렬하고(첫 번째 집합의 10개와 두 번째 집합의 990개), 최대 10개의 항목을 취한 뒤 그것을 세 번째 집합의 990개 항목과 섞는다. 이를 마지막 집합의 990개(혹은 더 적은) 항목들까지 반복한 뒤 마지막 힙에서 최대 10개의 항목을 취한다. 이 10개의 항목이 답이 된다.

시간 복잡도: $O(n) = n/1000 \times$ (1000개의 항목 힙 정렬의 복잡도). 1000개의 항목을 힙 정렬하는 복잡도가 상수이므로 $O(n) = n$ 즉 선형 복잡도이다.

문제-22 총 항목 수의 합이 n인 k개의 정렬된 리스트를 병합하자. 모든 항목의 총합이 n인 k개의 정렬된 리스트가 주어졌다. 이들을 하나의 레코드로 병합하는 알고리즘을 알아내자.

해답: 총 항목 수의 합이 n인 같은 크기의 리스트가 k개 있기 때문에 리스트 하나의 크기는 $\frac{n}{k}$이다. 이 문제를 푸는 한 가지 간단한 방법은 다음과 같다.

- 첫 번째 리스트와 두 번째 리스트를 병합한다. 각 리스트의 크기가 $\frac{n}{k}$이므로 이 단계는 크기가 $\frac{2n}{k}$인 정렬된 리스트를 만든다. 이는 병합 정렬 과정과 매우 비슷하다. 이 과정의 시간 복잡도는 $\frac{2n}{k}$이다. 왜냐하면 두 리스트의 모든 항목을 검색해야 하기 때문이다.
- 그런 다음 두 번째 리스트 결과를 세 번째 리스트와 병합한다. 이 단계의 결과 크기가 $\frac{3n}{k}$인 정렬된 리스트가 된다. 이 단계의 시간 복잡도는 $\frac{3n}{k}$이다. 왜냐하면 두 리스트(하나는 크기가 $\frac{2n}{k}$, 다른 하나는 크기가 $\frac{n}{k}$인)의 모든 항목을 검색해야 하기 때문이다.
- 이 과정을 모든 리스트가 하나의 리스트로 병합될 때까지 반복한다.

전체 시간 복잡도:

$$= \frac{2n}{k} + \frac{3n}{k} + \frac{4n}{k} + \cdots \cdot \frac{kn}{k} = \sum_{i=2}^{n} \frac{in}{k} = \frac{n}{k} \sum_{i=2}^{n} i \approx \frac{n(k^2)}{k} \approx O(nk)$$

공간 복잡도: $O(1)$

문제-23 문제-22의 시간 복잡도를 개선할 수 있는가?

해답:

1. 리스트들을 쌍으로 나누어 합병한다. 즉 모든 리스트의 분류된 항목 총합이 $O(n)$이 되도록 한 번에 두 개의 리스트를 취해 합병한다. 이 연산으로 $k/2$개의 리스트가 생긴다.
2. 리스트가 한 개가 될 때까지 1단계를 반복한다.

시간 복잡도: 1단계는 $\log k$번 수행되고 각 연산은 $k/2$개의 리스트를 만들기 위해 모든 리스트의 모든 n개의 항목을 모두 분류한다. 예를 들어 8개의 리스트가 있다면 첫 번째 실행은 모든 n개의 항목을 분류하여 4개의 리스트를 만들 것이다. 두 번째 실행은 다시 n개의 항목

을 분류하여 2개의 리스트를 만들고, 세 번째 실행은 다시 n개의 항목을 분류하여 1개의 리스트를 만든다. 결과적으로 전체 시간 복잡도는 $O(nlogn)$이다.

공간 복잡도: $O(n)$

문제-24 문제-23에서 공간 복잡도를 개선할 수 있는가?

해답: 공간 복잡도를 개선하기 위해 힙을 사용해보자.
1. 각 리스트의 첫 번째 항목들로 최대 힙을 만든다. $O(k)$
2. 각 단계에서 힙의 최대 항목을 추출하여 결과의 맨 끝에 추가한다.
3. 한 항목이 추출된 리스트로부터 다음 항목을 추가한다. 즉 전 단계에서 추출된 항목을 가지고 있는 리스트로부터 다음 항목을 선택해야 한다.
4. 모든 리스트로부터 모든 항목이 끝날 때까지 2단계와 3단계를 반복한다.

시간 복잡도 = $O(nlogk)$. 한 번에 k개의 항목을 가진 최대 힙과 모든 n개의 항목에 대해 그 힙을 $logk$ 시간 동안 읽어야 하므로 전체 시간 = $O(nlogk)$이다.

공간 복잡도: 최대 힙을 위해 $O(k)$

문제-25 각각 n개의 항목을 갖고 있는 주어진 두 개의 배열 A와 B가 있다. 제일 큰 n개의 짝인 $(A[i], B[j])$를 구하는 알고리즘을 알아내자.

해답:

알고리즘
- A와 B를 힙으로 만든다. 이 단계는 $O(2n) = O(n))$ 시간이 걸린다.
- 그런 후 각 힙으로부터 항목들을 계속 삭제한다. 각 단계는 $O(2logn) = O(logn))$ 시간이 걸린다.

전체 시간 복잡도: $O(nlogn)$

문제-26 최소-최대 힙: 최소 값 찾기, 최대 값 찾기에 $O(1)$ 시간, 삽입, 최소 값 삭제 최대 값 삭제에 $O(logn)$ 시간이 걸리는 알고리즘을 알아내자. 즉 다음의 연산을 지원하는 데이터 구조를 설계하자.

연산	복잡도
초기화	$O(n)$
삽입	$O(logn)$
최소 값 찾기	$O(1)$
최대 값 찾기	$O(1)$
최소 값 삭제	$O(logn)$
최대 값 삭제	$O(logn)$

해답: 이 문제는 두 개의 힙을 사용해서 풀 수 있다. 이 두 개의 힙을 각각 최소 값 힙 H_{min}과 최대 값 힙 H_{max}라고 하자. 또, 이 두 배열의 항목들은 상호 포인터가 있다고 하자. 즉 H_{min}의 항목 하나는 H_{max} 안에 같은 항목을 가리키는 포인터가 있고 H_{max}의 항목은 H_{min} 안에 같은 항목을 가리키는 포인터가 있다.

초기화	H_{min}을 만드는 데 $O(n)$. H_{max}를 만드는 데 $O(n)$
Insert(x)	H_{min}에 x를 삽입하는 데 $O(logn)$. H_{max}에 x를 삽입하는 데 $O(logn)$. 포인터를 업데이트하는 데 $O(1)$
FindMin()	root(H_{min})을 리턴하는 데 $O(1)$
FindMax()	root(H_{max})를 리턴하는 데 $O(1)$
DeleteMin	H_{min}으로부터 최소 값을 삭제하는 데 $O(logn)$. 상호 포인터를 사용하여 H_{max}로부터 같은 값을 삭제하는 데 $O(logn)$.
DeleteMax	H_{max}로부터 최대 값을 삭제하는 데 $O(logn)$. 상호 포인터를 사용하여 H_{min}으로부터 같은 값을 삭제하는 데 $O(logn)$.

문제-27 동적인 중앙값 찾기. 중앙값 찾기를 지원하는 힙 데이터 구조를 설계하자.

해답: n개의 항목의 집합에서 중앙값은 그 값보다 작은 항목의 수와 그 값보다 큰 항목의 수가 같은, 가운데 있는 항목이다. n이 홀수라면 집합을 정렬해서 가운데 항목을 취해서 구할 수 있다. n이 짝수라면, 중앙값은 두 개의 가운데 항목들의 평균으로 보통 정의된다. 이 알고리즘은 리스트에 중복된 항목들이 있어도 동작한다. 예를 들어 집합 {1,1,2,3,5}의 중앙값은 2, {1,1,2,3,5,8}의 중앙값은 2.5이다.

'중앙값 힙'은 중앙값 찾기를 지원하는 변형된 힙이다. 중앙값 힙은 각각 절반의 항목들을 가지고 있는 두 개의 힙으로 구현될 수 있다. 하나는 작은 항목들을 갖고 있는 최대 힙, 다른 하나는 큰 항목들을 갖고 있는 최소 힙이다. 전체 항목의 개수가 짝수라면 최대 힙과 최소 힙의 크기는 같을 수도 있다. 이 경우 중앙값은 최대 힙의 최대 값과 최소 힙의 최소 값의 평균이다. 전체 항목의 개수가 홀수라면, 최대 힙이 최소 힙보다 하나의 항목을 더 갖게 된다. 이 경우의 중앙값은 최대 힙의 최대 값이 된다.

문제-28 **움직이는 창의 최대 값 합:** 크기가 w이고 왼쪽으로부터 오른쪽으로 움직이는 창이 있는 배열 A[ ]가 주어졌다. 창 안의 w개의 숫자들만을 볼 수 있다고 가정하자. 매번 움직이는 창은 오른쪽으로 한 항목씩 움직인다. 예를 들어 배열이 [1 3 -1 -3 5 3 6 7]이고 w가 3이라면 다음과 같다.

창 위치	최대 값
[1 3 -1] -3 5 3 6 7	3
1 [3 -1 -3] 5 3 6 7	3
1 3 [-1 -3 5] 3 6 7	5
1 3 -1 [-3 5 3] 6 7	5
1 3 -1 -3 [5 3 6] 7	6
1 3 -1 -3 5 [3 6 7]	7

입력: 긴 배열 A[ ]과 크기가 w인 창. **출력**: 배열 B[ ]. B[i]는 A[i]로부터 A[i + w - 1]까지의 값 중 최대 값

요구사항: B[i]를 구하는 최적의 방법을 찾아라.

해답: 부르트-포스 해법은 창이 움직일 때마다 창으로부터 w개의 항목을 검색할 수 있다.

시간 복잡도: $O(nw)$

문제-29 문제-28에서 복잡도를 감소시킬 수 있는가?

해답: 그렇다. 힙 데이터 구조를 사용할 수 있다. 이렇게 하면 시간 복잡도가 $O(nlogw)$로 줄어든다. w가 힙의 크기일 때 삽입 연산은 $O(logw)$ 시간이 걸린다. 하지만 최대 값을 구하는 것은 빠르다. 최대 값은 항상 힙의 뿌리(머리)에 저장되므로 늘 같은 시간이 걸린다. 창이 오른쪽으로 움직이면 힙 안의 어떤 항목들은 더 이상 유효하지 않게 된다(범위가 현재의 창 밖이 된다). 그것들을 어떻게 삭제하는가? 여기서 조금 조심해야 한다. 창의 범위 밖의 항목들만을 삭제해야 하므로 항목들의 인덱스도 추적해야 한다.

문제-30 문제-28에서 복잡도를 더욱 감소시킬 수 있는가?

해답: 그렇다. 끝이 양쪽인 큐(double-ended queue)는 이 문제를 위한 최적의 데이터 구조이다. 맨 앞과 맨 뒤 모두에서 삽입/삭제를 지원한다. 어려운 점은 창 안의 최대 항목이 항상 큐의 앞에 위치하게 하는 방법을 찾는 것이다. 항목들을 큐에 푸시하고 팝하면서 이 요구사항을 어떻게 만족시키겠는가?

또한 큐 안에 우리가 신경쓰지 않아도 되는 필요 없는 항목들이 있을 수도 있다. 예를 들어 현재의 큐가 [10 5 3]을 가지고 있고 창의 새 항목이 11이라고 하자. 이제 10, 5, 3을 생각할 필요 없이 큐를 비우고 항목 11만을 삽입할 수 있다.

대부분의 사람들이 자연스럽게 시도하는 것은 큐의 크기를 창의 크기와 같게 유지하는 것인데, 이 생각으로부터 벗어나서 새로운 방식을

떠올려보자. 다음 예제에서 필요 없는 항목들을 없애고 고려되어야 할 항목들만을 큐에 저장해서 앞의 해법보다 효율적인 $O(n)$ 해답을 얻도록 한다. 리스트의 각각의 항목들이 최대한 한 번 삽입되고 삭제될 것이기 때문에 삽입과 삭제 연산의 전체 숫자는 $2n$이 된다.

```
void MaxSlidingWindow(int A[], int n, int w, int B[]) {
    DoubleEndQueue Q = new DoubleEndQueue();
    for(int i = 0; i < w; i++) {
        while(!Q.isEmpty() && A[i] >= A[Q.QBack()])
            Q.PopBack();
        Q.PushBack(i);
    }
    for(int i = w; i < n; i++) {
        B[i-w] = A[Q.QFront()];
        while(!Q.isEmpty() && A[i] >= A[Q.QBack()])
            Q.PopBack();
        while(!Q.isEmpty() && Q.QFront() <= i-w)
            Q.PopFront();
        Q.PushBack(i);
    }
    B[n-w] = A[Q.QFront()];
}
```

8장

Data Structures and Algorithms Made Easy for JAVA

분리집합 ADT

8.1 소개

집합은 중요한 수학적 개념인데, 순서에 상관없는 항목들의 그룹을 표현하는 방법으로 정의할 수 있다. 이 장에서 살펴볼 분리집합(Disjoint Set) ADT는 주로 동치(equivalence) 문제를 풀기 위해 사용된다. 기본적으로 하나의 배열을 이용하고, 구현이 쉬운 편이다. 분리집합 ADT는 많은 다른 알고리즘(예를 들어 그래프 이론에서 크루스칼 알고리즘)의 부가적 데이터 구조로 사용된다. 분리집합 ADT에 대한 논의를 시작하기 전에 집합의 기본적인 속성들을 살펴보자.

8.2 동치 관계와 동치 류

일단 S가 항목들을 포함하는 집합이며 관계 R이 그 위에 정의되어 있다고 하자. 즉 $a,b \in S$인 모든 항목의 쌍에 대해 aRb가 참이거나 거짓이라는 말이다. aRb가 참이라면 a와 b가 관계가 있다라고 하고 그렇지 않다면 a와 b가 관계가 없다고 한다. 다음 속성들을 만족시키는 관계 R을 동치 관계(Equivalence Relation)라고 한다.

- 반사적(Reflexive): $a \in S$인 모든 항목 a에 대해 aRa는 참이다.
- 대칭적(Symmetric): $a, b \in S$인 임의의 두 항목 a, b에 대해 aRb가 참이라면 bRa도 참이다.
- 추이적(Transitive): $a, b, c \in S$인 임의의 세 항목 a, b, c에 대해 aRb와 bRc가 참이라면 aRc도 참이다.

예를 들어 정수의 집합에서 관계 ≤(작거나 같은)와 ≥(크거나 같은)은 동치 관계가 아니다. 반사적이고($a \le a$이므로) 추이적이지만, ($a \le b$이고 $b \le c$이면 $a \le c$이므로) 대칭적이지 않기 때문이다($a \le b$는 $b \le a$를 보장하지 않으므로).

기차가 다니는 철로의 연결은 동치 관계이다. 왜냐하면 모든 역은 자신과 연결되어 있기 때문에 반사적이다. 또, 도시 a에서 도시 b가 연결되어 있다면, 도시 b에서 도시 a도 연결되기 때문에 대칭적이다. 마지막으로 도시 a가 도시 b에 연결되어 있고 도시 b가 도시 c에 연결되어 있다면, 도시 a는 또한 도시 c에도 연결되어 있기 때문에 추이적이다.

$a \in S$인 항목 a의 동치 류(Equivalence Class)는 a와 관계가 있는 모든 항목을 포함하는 S의 부분집합이다. 동치 류는 S의 분할(partition)을 만든다. S의 모든 구성원들은 정확히 하나의 동치 류에 나타난다. aRb인지 확인하려면 a와 b가 같은 동치 류(그룹)에 속했는지 아닌지만 살펴보면 된다.

앞의 예에서, 두 도시 사이에 철로 연결이 있다면 이들은 같은 동치 류에 있을 것이다. 반면 연결이 없다면 서로 다른 동치 류에 속하게 될 것이다.

임의의 두 동치 류의 교집합이 공집합(ϕ)이므로 동치 류는 종종 분리집합이라고 불린다. 앞으로의 절에서 동치 류에 적용될 수 있는 연산들에 대해 살펴볼 것이다. 가능한 연산들은 다음과 같다.

- 동치 류 만들기(집합 만들기)
- 동치 류 이름 찾기(FIND)
- 동치 류 합치기(UNION)

8.3 부분집합 ADT

집합의 항목들을 조작하기 위해서 집합에 대해 정의된 기본 연산이 필요하다. 이 장에서는 다음의 집합 연산에 집중한다.

- MAKESET(X): 하나의 항목 X를 포함하는 집합을 만든다.
- UNION(X, Y): 항목 X와 Y, 그리고 그들의 합집합을 포함하는 새로운 집합을 만들고 X와 Y를 포함하던 집합들을 삭제한다.
- FIND(X): 항목 X를 포함하는 집합의 이름을 리턴한다.

8.4 적용 사례

분리집합 ADT의 적용 사례는 다음과 같다.

- 네트워크 연결 표현하기
- 이미지 처리
- 최소 공배수 찾기
- 유한 상태 오토마타에서 동치 정의하기
- 크루스칼의 최소 확장 트리 알고리즘(그래프 이론)
- 여러 게임 알고리즘

8.5 분리집합 ADT 구현에서의 타협점들

분리집합 연산을 구현하기 전에, 가장 처음에 입력되는 항목들은 각각 하나의 항목을 가진 n개의 집합들의 모음이라고 가정하자. 즉 초기에는 모든 관계(반사적 관계 제외)가 거짓이다. 모든 집합은 다른 항목들을 가졌으므로 $S_i \cap S_j = \phi$이다. 따라서 이 집합들은 분리되어 있다.

관계 aRb(UNION)을 추가하려면 먼저 a와 b가 이미 관계가 있는지 아닌지를 검사해야 한다. 이것은 a와 b 모두에 대해 FIND 연산을 수행해서 그들이 같은 동치 류에 속했는지 아닌지를 보면 된다. 만약 그렇지 않다면, UNION을 적용한다. 이 연산은 a와 b를 포함하고 있는 두 개의 동치 류를 새로운 동치 류 $S_k = S_i \cup S_j$로 병합하고 S_i와 S_j를 삭제한다. 기본적으로 앞의 FIND/UNION 연산을 구현하는 데에는 두 가지 방법이 있다.

- 빠른 FIND 구현(빠른 FIND라고도 불린다)
- 빠른 UNION 연산 구현(빠른 UNION이라고도 불린다)

빠른 FIND 구현(빠른 FIND)

이 기법에서는 배열을 하나 사용한다. 예를 들어 다음 그림에서 배열은 각 항목에 대한 집합 이름을 가지고 있는데, 모든 항목이 0에서 $n-1$까지 순차적으로 번호가 매겨져 있다고 하자.

다음 예에서, 항목 0은 집합 이름 3을 가지고 있고, 항목 1의 집합 이름은 5이다. 이 표현에서 FIND는 $O(1)$만 걸린다. 왜냐하면 어떤 항목에서도 배열의 위치에 일정한 시간을 들여 접근한 후 집합 이름을 찾을 수 있기 때문이다.

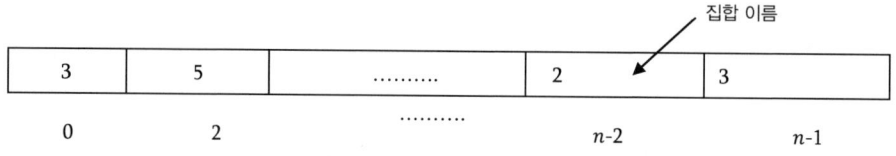

이 표현에서 UNION(a, b)를 수행하려면(a는 집합 i, b는 집합 j에 속했다고 가정), 전체 배열을 검색해서 모든 i를 j로 바꿔야 한다. 이는 $O(n)$ 시간이 걸린다.

$n-1$개의 연속적인 합집합 연산은 최악의 경우 $O(n^2)$ 시간이 걸린다. $O(n^2)$의 FIND 연산이 있다면 각각의 UNION이나 FIND 연산에 대해 평균 시간 복잡도가 $O(1)$이 되므로 이 성능은 괜찮다. 하지만 적은 수의 FIND 연산이 있다면 이 복잡도는 받아들일 수 없다.

빠른 UNION 구현(빠른 UNION)

이 절과 다음 절에서는 더 빠른 UNION 구현과 그 변형에 대해 논의할 것이다. 구현법의 종류는 다음과 같다.

- 빠른 UNION 구현(느린 FIND)
- 빠른 UNION 구현(빠른 FIND)
- 경로 압축으로 빠른 UNION 구현

8.6 빠른 UNION 구현(느린 FIND)

FIND 연산은 그들이 같은 집합에 있을 때에만 같은 집합 이름을 리턴한다. 분리집합을 표현할 때 각 그룹에 다른 집합 이름을 주는 것이 좋지만, 일반적으로 집합의 이름은 신경쓰지 않아도 된다. 분리집합을 구현하면서 트리를 이용하는데, 각 항목이 하나의 뿌리만 가지기 때문에 뿌리 자체를 집합 이름으로 사용할 수 있기 때문이다.

어떻게 표현할 것인가?

일단 배열은 하나 사용하여, 각 항목의 뿌리를 집합 이름으로 유지한다. 하지만 여기서 FIND 배열 구현의 경우와 동일한 문제가 생길 수 있다. 이 문제를 해결하려면 뿌리 대신 항목의 부모를 사용하면 된다. 즉 각 항목의 부모를 저장하는 배열을 하나 사용하면 우리의 문제가 해결된다. 이를 적용하면, MAKESET, FIND, UNION 연산은 다음과 같이 정의된다.

- MAKESET(X): 하나의 항목 X를 포함하는 새 집합을 생성한다. 이 배열을 X의 부모가 X가 되도록 업데이트한다. 즉 X의 뿌리(집합 이름)는 X이다.

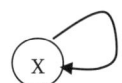

- UNION(X, Y): X와 Y를 포함하는 두 집합을 그들의 합집합과 교체하고 X의 부모가 Y가 되도록 배열을 업데이트한다.

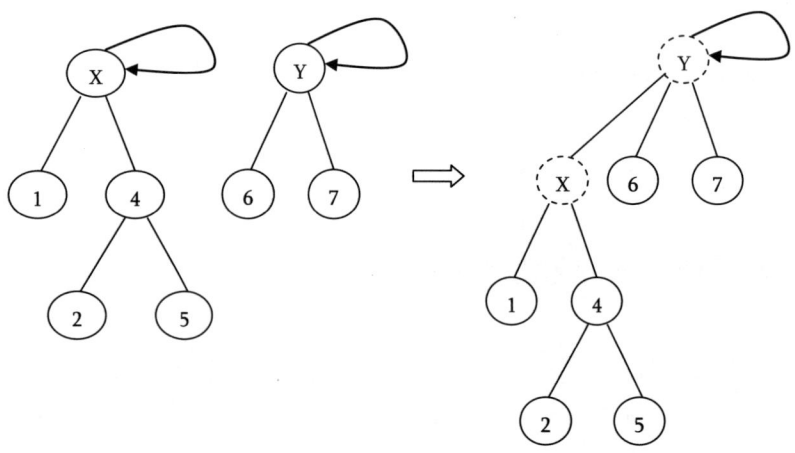

- FIND(X): 항목 X를 포함하는 집합의 이름을 리턴한다. 트리의 뿌리 노드에 도달할 때까지 X의 집합 이름을 계속 찾는다.

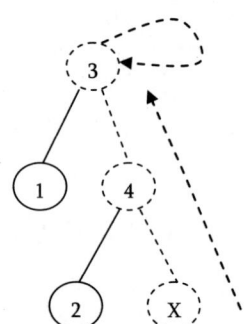

항목 0에서 $n-1$까지 초기 표현은 다음과 같다.

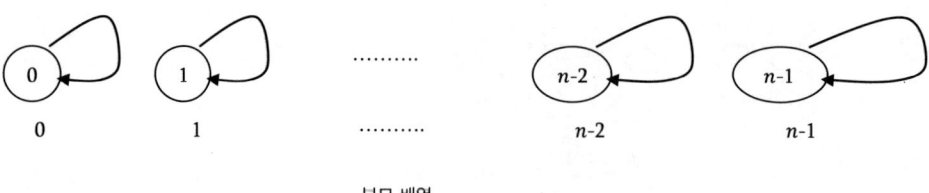

부모 배열

두 집합에서 UNION을 수행하려면 한 트리의 뿌리가 다른 트리의 뿌리를 가리키게 하여 두 트리를 병합한다.

0에서 6까지의 초기 설정

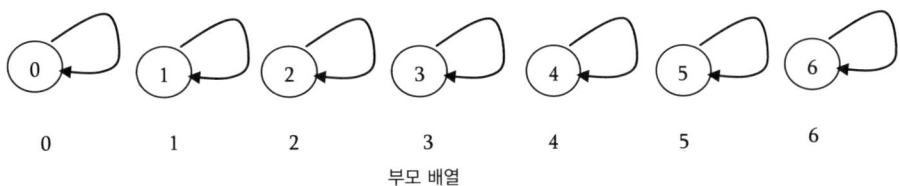

UNION(5, 6) 이후

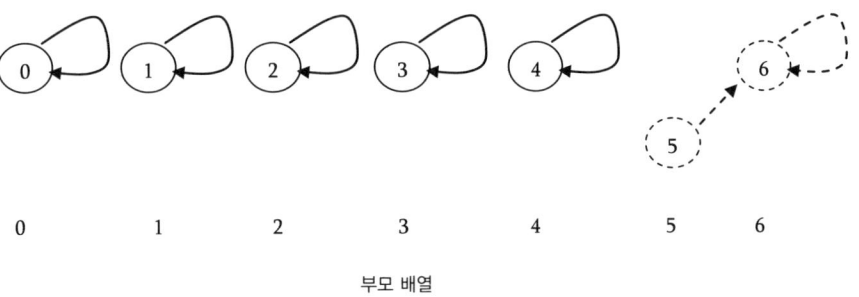

UNOIN(1, 2) 이후

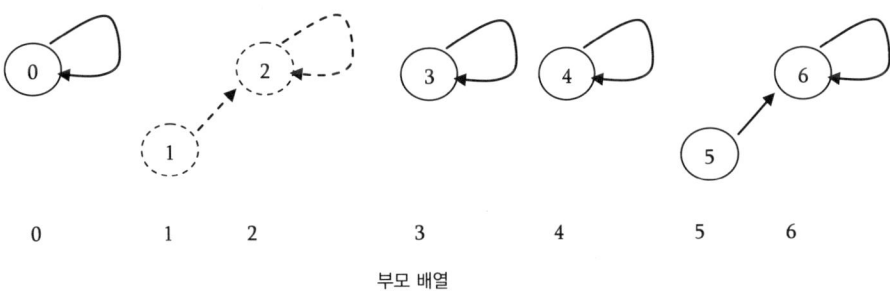

UNION(0, 2) 이후

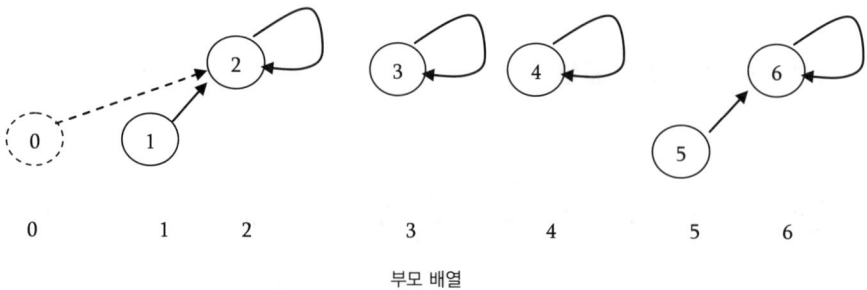

부모 배열

여기서 기억할 중요한 사실 하나는 UNION 연산은 뿌리의 부모만 바꾸는 것이지 집합의 모든 항목에 대해 바꾸는 것이 아니라는 점이다. 이 때문에 UNION 연산의 시간 복잡도는 $O(1)$이다.

항목 X에 대한 FIND(X)는 X를 포함하는 트리의 뿌리를 리턴하여 수행된다. 이 연산을 수행하는 시간은 X를 표현하는 노드의 깊이에 비례한다. 이 기법을 사용하면, 깊이가 $n - 1$인 트리(경사 트리)를 만들어 최악의 경우에 FIND의 실행 시간이 $O(n)$이 되고 m번의 연속적인 FIND 연산이 최악의 경우 $O(mn)$이 걸릴 수 있다.

```
public class DisjointSet {
    public int[] S;
    public int size;    // 집합의 요소 수
    public MAKESET(int size) {    // 섹션 하단 참조)
    public int FIND(int X) {    // 섹션 하단 참조)
    public int UNION(int root1, int root2) {    // 섹션 하단 참조)
    .....
}
```

MAKESET

```
public void MAKESET(int size){
    S = new int[size];
    for(int i = size-1; i >=0; i--)
        S[i] = i;
}
```

FIND

```
public int FIND(int X){
    if(S[X] == X)
        return X;
    else
        return FIND(S[X]);
}
```

UNION

```
public void UNION(int root1, int root2){
    if(FIND(root1) == FIND(root2))
        return;
    if(!((root1 >= 0 && root1 < size) && (root1 >= 0 && root1 <
      size)))
        return;
    S[root1] = root2;
}
```

8.7 빠른 UNION 구현(빠른 FIND)

앞의 접근 방법의 가장 큰 문제는 최악의 경우에 경사 트리를 갖게 되어 그 결과 FIND 연산이 $O(n)$ 시간 복잡도가 걸릴 수 있다는 것이다. 이를 개선하는 데에는 두 가지 방법이 있다.

- 크기에 따른 UNION(무게에 따른 UNION이라고도 불림): 더 작은 트리를 더 큰 트리의 부속 트리로 만든다.
- 높이에 따른 UNION(순위에 따른 UNION이라고도 불림): 높이가 작은 트리를 높이가 더 큰 트리의 부속 트리로 만든다.

크기에 따른 UNION

앞서 각 항목 i에 대해 i를 뿌리 항목에 대해, 다른 항목에 대해서는 i의 부모를 저장했다(부모 배열에). 하지만 이 접근 방법은 트리의 크기를 음수로 저장한다(즉 트리의 크기가 3이라면 -3을 뿌리 노드의 부모 배열에 저장한다). 다음은 앞 페이지의 UNION(0, 2) 이후 부분이 새롭게 바뀐 예제이다.

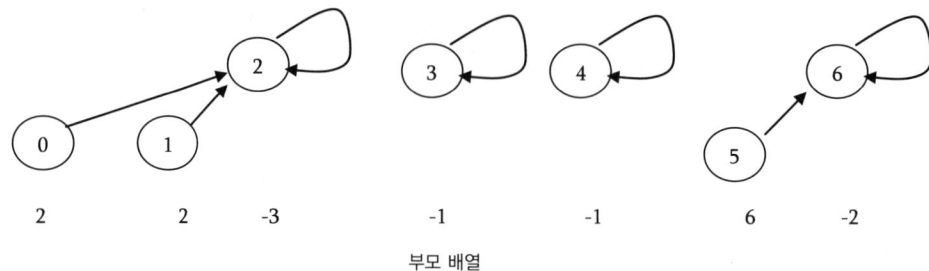

| 2 | 2 | -3 | -1 | -1 | 6 | -2 |

부모 배열

하나의 항목을 가진 집합의 크기가 1이므로 -1을 저장했다고 가정한다. 이것 외에는 차이점이 없다.

MAKESET

```
public void MAKESET(int size) {
    for(int i = size-1; i >= 0; i--)
        S[i] = -1;
}
```

FIND

```
public int FIND(int X) {
    if(S[X] == -1)
        return X;
    else return FIND(S[X]);
}
```

크기에 따른 UNION

```
public void UNIONBySize(int root1, int root2) {
    if(FIND(root1) == FIND(root2))
        return;
    if(S[root2] < S[root1]) {
        S[root1] = root2;
        S[root2] += S[root1];
    }
    else {
        S[root2] = root1;
        S[root1] += S[root2];
    }
}
```

> 참고
> FIND 연산의 구현에는 변화가 없다.

높이에 따른 UNION(순위에 따른 UNION)

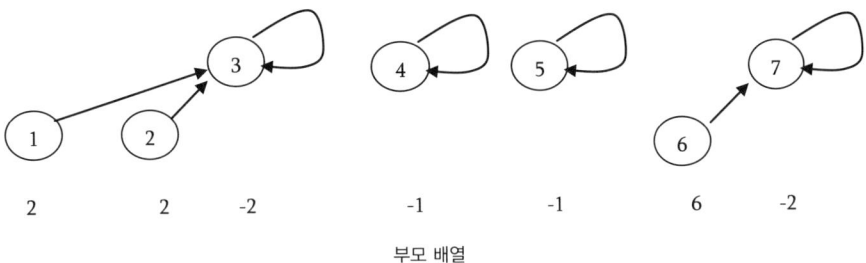

크기에 따른 UNION과 유사하게 이 기법에서도 트리의 높이를 음수로 저장한다(즉 트리의 높이가 3이라면 -3을 뿌리 노드의 부모 배열에 저장한다). 항목이 하나인 집합의 트리의 높이가 1이라고 가정한다. 다음은 앞서 나온 UNION(0, 2) 이후 부분이 새롭게 바뀐 예제이다.

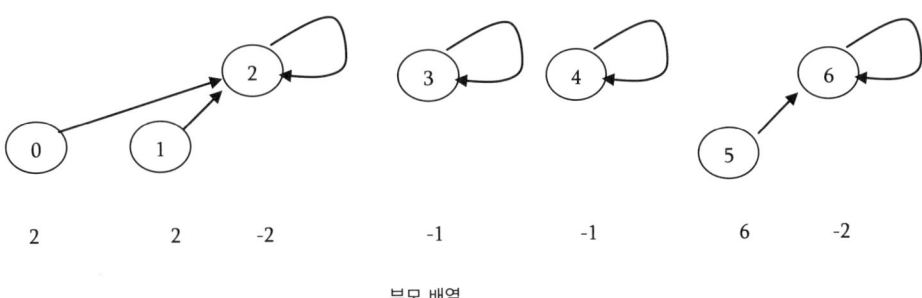

높이에 따른 UNION

```java
public void UNIONByHeight(int root1, int root2) {
    if(FIND(root1) == FIND(root2))
        return;
    if(S[root2] < S[root1])
        S[root1] = root2;
    else { if(S[root2] == S[root1])
        S[root1]--;
        S[root2] = root1;
    }
}
```

참고

FIND 연산의 구현에는 변화가 없다.

크기에 따른 UNION과 높이에 따른 UNION의 비교

크기에 따른 UNION에서는 임의의 노드의 깊이가 $logn$보다 클 수가 없다. 왜냐하면 노드는 가장 처음에 깊이 0에 있기 때문이다. UNION의 결과로 깊이가 증가하면 최소 이전 크기의 두 배의 트리에 위치된다. 즉 깊이는 최대 $logn$만큼 커질 수 있다는 말이다. 따라서 FIND 연산의 수행 시간이 $O(logn)$이며 연속된 m번의 연산은 $O(mlogn)$ 걸린다.

비슷하게 높이에 따른 UNION에서 높이가 같은 두 트리의 UNION을 취하면 UNION의 높이는 공통 높이보다 하나 더 커지게 된다. 높이가 같지 않은 두 트리의 UNION을 취하면 두 높이 중 최대 값과 같게 된다. n 노드를 가진 트리의 높이가 $O(logn)$을 지나서 자라지 않게 막아준다. m번의 연속된 UNION과 FIND 연산은 여전히 $O(mlogn)$이 걸린다.

8.8 경로 압축

FIND 연산은 뿌리까지 가는 동안 노드들의 리스트를 탐색한다. 우리는 이 각각의 노드들이 직접적으로 뿌리를 가리키게 함으로써 이후의 FIND 연산을 효율적이 되도록 할 수 있다. 이 과정을 경로 압축(Path Compression)이라고 한다. 예를 들어 FIND(X) 연산에서 X로부터 트리의 뿌리까지 이동한다. 경로 압축의 효과는 X로부터 뿌리에 이르는 경로의 모든 노드가 부모를 뿌리로 바꾸는 것이다.

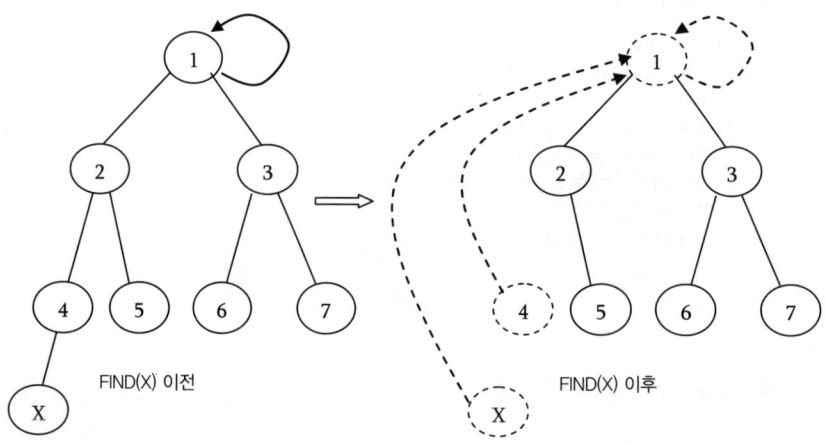

경로 압축을 할 때 FIND 함수의 오직 한 가지 변경 사항은 S[X]이 FIND의 결과 값과 같아진다는 것이다. 즉 집합의 뿌리를 재귀적으로 찾은 뒤에, X는 직접 뿌리를 가리키게 된다. 이는 뿌리로 향하는 경로 상의 모든 노드에서도 재귀적으로 일어난다.

경로 압축으로 FIND

```
public int FIND(int X) {
    if(!(X >= 0 && X < size)))
        return;
    if(S[X] <= 0)
        return X;
    else return(S[X] = FIND(S[X]));
}
```

> **참고**
> 경로 압축은 크기에 따른 UNION과는 함께 사용될 수 있지만, 트리의 높이를 효율적으로 바꾸는 방법이 없기 때문에 높이에 따른 UNION과는 사용될 수 없다.

8.9 요약

n개의 항목들의 집합에 m의 UNION-FIND 연산을 수행하면 다음과 같다.

알고리즘	최악의 경우 시간
빠른 FIND	mn
빠른 UNION	mn
높이/크기에 따른 빠른 UNION	$n + m\log n$
경로 압축	$n + m\log n$
높이/크기에 따른 빠른 UNION + 경로 압축	$(m + n)\log n$

8.10 분리집합 연습문제

문제-1 도시들의 리스트 $c_1, c_2, ..., c_n$을 생각해보자. 임의의 i, j에 대해 c_i와 c_j가 같은 주에 있으면 $R(c_i, c_j)$이 1이고, 그렇지 않으면 0인 관계 R이 있다고 하자. R이 테이블로 저장되었다면 얼마나 많은 공간이 필요한가?

해답: R에는 모든 도시들의 쌍에 대한 공간이 필요하다. 그것은 $\Theta(n^2)$이다.

문제-2 문제-1에서 분리집합 ADT를 사용해서 c_i와 c_j가 같은 주에 있을 때에만 같은 집합에 있도록 각 도시를 집합에 넣는 알고리즘을 알아보자.

해답:

```
for(int i = 1; i<= n; i++) {
    MAKESET( );
    for(int j = 1; j <= i-1; j++) {
        if(R(c_j, c_i)) {
            UNION(c_j, c_i);
            break;
        }
    }
}
```

문제-3 문제-1의 도시들이 분리집합 ADT에 저장되어 있다면, 두 도시 c_i와 c_j가 주어졌을 때 서로 같은 주에 있는지 어떻게 알 수 있는가?

해답: $FIND(c_i) = FIND(c_j)$일 때에만 도시 c_i와 c_j는 같은 주에 존재한다.

문제-4 문제-1에서 UNION-FIND ADT를 구현하기 위해 크기에 따른 UNION과 연결 리스트를 사용한다면 도시들을 저장하기 위해 얼마나 많은 공간을 사용하는가?

해답: 각 도시당 한 노드가 있기 때문에 공간은 $\Theta(n)$이다.

문제-5 문제-1에서 순위에 따른 UNION 트리를 사용한다면 문제-2 알고리즘의 최악의 경우 수행 시간은 얼마인가?

해답: 문제-2의 알고리즘에서 UNIOIN을 할 때마다 두 번째 인자는 크기가 1인 트리이다. 그러므로 모든 트리가 높이 1을 가지므로 각 UNION은 $O(1)$이 걸린다. 최악의 경우엔 $\Theta(n^2)$이다.

문제-6 순위에 따른 UNION이 없는 트리를 사용한다면 문제-2 알고리즘의 최악의 경우 수행 시간은 얼마인가? 문제-5보다 최악의 경우가 더 많은가?

해답: UNION의 특별한 경우 때문에 순위에 따른 UNION은 우리 알고리즘에서 차이점을 만들지 않는다. 그러므로 모든 것이 문제-5와 동일하다.

9장

Data Structures and Algorithms Made Easy for JAVA

그래프 알고리즘

9.1 소개

실제 세계의 많은 문제들은 객체들과 그들의 관계로 표현된다. 예를 들어 항공기 노선도에서 "하이데라바드에서 뉴욕까지 가는 제일 빠른 노선은?"이라든가 "하이데라바드에서 뉴욕까지 가는 제일 싼 노선은?"과 같은 질문을 할 수 있다. 이런 질문에 답하기 위해 객체(도시들) 사이의 상호연결(항공 노선)에 대한 정보가 필요하다. 그래프는 이런 문제들을 풀기 위해 사용되는 데이터 구조이다.

9.2 용어

그래프: 그래프는 정점(vertex)이라고 불리는 노드들의 집합 V와 간선(edge)이라고 불리는 정점들의 쌍의 집합 E로 이루어진 쌍 (V, E)이다.

- 정점과 간선은 위치이고 항목을 저장한다.
- 우리가 사용하는 정의는 다음과 같다.
  - 방향 간선(Directed Edge)

- 순서가 정해진 정점의 쌍(u, v)
- 첫 번째 정점 u가 출발점이다.
- 두 번째 정점 v가 도착점이다.
- 예: 일방통행 도로

◦ 무방향 간선(Undirected Edge)
  - 순서가 정해지지 않은 정점의 쌍(u, v)
  - 예: 기차의 철로

◦ 방향 그래프
  - 모든 간선들이 방향 간선일 때
  - 예: 네트워크의 라우트

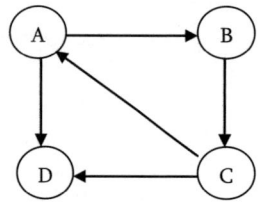

◦ 무방향 그래프
  - 모든 간선들이 무방향일 때
  - 예: 항공 노선도

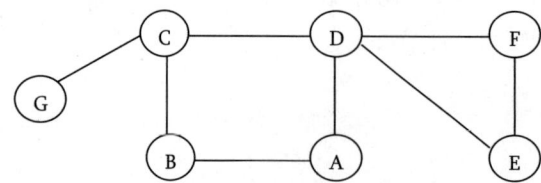

- 어떤 간선이 두 정점을 이으면 그 정점들은 서로에게 인접하다고 하고, 그 간선은 두 정점에 부속되었다고 한다.
- 사이클이 없는 그래프는 트리라고 한다. 트리는 사이클이 없는(acyclic) 연결된 그래프이다.

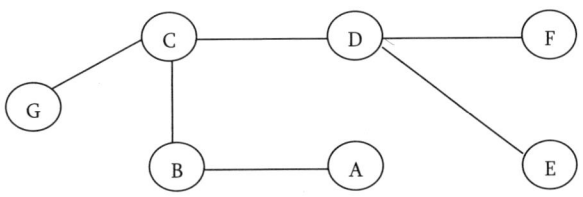

- 자기 루프(Self Loop)는 정점 자신을 연결하는 간선이다.

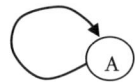

- 두 간선은 그들이 같은 정점 쌍을 연결하면 병렬(parallel)이라고 한다.

- 정점의 차수(degree)는 그 점에 부속된 간선의 개수이다.
- 부속 그래프는 그래프의 간선들(그리고 거기에 연결된 정점들)의 부속집합으로 이루어진 그래프이다.
- 경로(path)는 인접한 정점들의 순열(sequence)이다. 단순 경로는 반복되는 정점이 없는 경로이다. 아래 그래프에서 점선으로 된 것이 G에서 E까지의 경로이다.

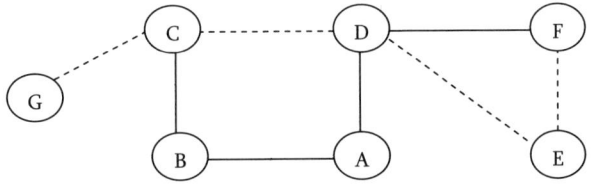

9장 그래프 알고리즘 **317**

- 사이클은 첫 번째 점과 마지막 점이 같은 경로이다. 단순 사이클은 반복되는 정점이나 간선이 없는 사이클이다(첫 번째 점과 마지막 점을 제외하고).

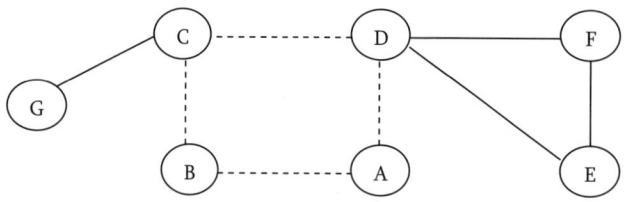

- 두 정점을 포함하는 경로가 존재할 때 두 점이 연결되었다고 한다.
- 그래프 안의 모든 정점이 서로 연결되었을 때 이 그래프를 연결되었다고 한다.
- 어떤 그래프가 연결되지 않았다면 연결된 요소들의 집합으로 이루어져 있다.

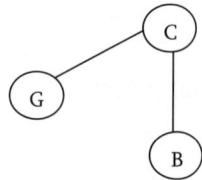 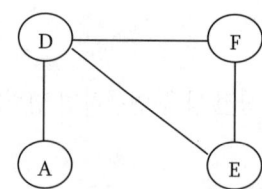

- 사이클이 없는 방향 그래프(Directed Asyclic Graph, DAG)는 방향 그래프에 사이클이 없을 경우를 말한다.

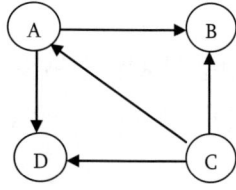

- 숲(forest)은 트리들의 분리집합이다.
- 연결된 그래프의 신장 트리(Spanning Tree)는 그래프의 모든 정점을 포함한 하나의 트리이다.
  그래프의 신장 숲은 연결된 항목들의 신장 트리들의 합집합이다.

- 이분 그래프(Bipartite Graph)는 정점들이 두 집합으로 나누어지고 모든 간선들이 한 집합의 정점들과 다른 집합의 정점들을 연결하는 그래프이다.

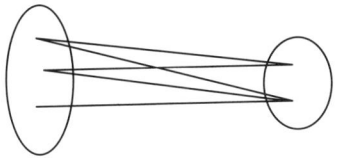

- 가중치 그래프(Weighted Graph)에서는 정수들(가중치)이 각 간선에 할당된다(거리 혹은 비용의 개념).

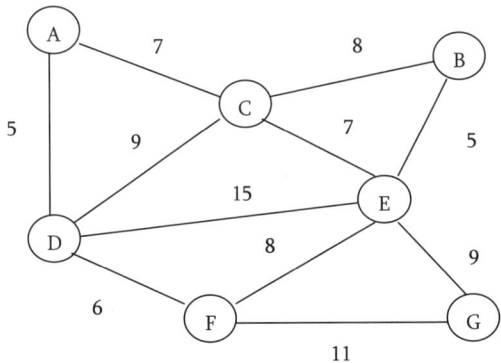

- 완전 그래프(Complete Graph)는 모든 간선이 존재하는 그래프이다.

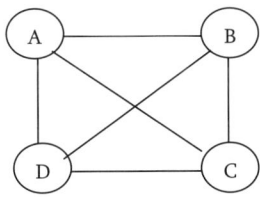

- 간선이 상대적으로 적은 그래프(일반적으로 간선 수 < $|V|log|V|$)를 희소 그래프(Sparse Graph)라고 한다.
- 없는 간선이 상대적으로 적은 그래프를 조밀 그래프(Dense Graph)라고 한다.
- 방향 가중치 그래프는 때로 네트워크라고 불린다.

- 주어진 그래프의 정점의 개수를 |V|라고 표기하고, 간선의 개수를 |E|라고 표기한다. E의 가능한 범위는 0에서 $|V|(|V| - 1)/2$(무방향 그래프)까지이다. 왜냐하면 모든 노드가 다른 노드들에 연결될 수 있기 때문이다.

9.3 그래프의 적용 사례

- 전자 회로에서 각 구성 요소들의 관계를 표현할 때
- 수송 네트워크: 고속도로 네트워크, 항공 네트워크
- 컴퓨터 네트워크: 근거리 네트워크, 인터넷, 웹
- 데이터베이스: 데이터베이스의 테이블 간의 의존 관계를 표현하는, 데이터베이스의 ER(개체 관계) 다이어그램을 나타낼 때

9.4 그래프의 표현

다른 ADT들과 비슷하게 그래프를 조작하기 위해 유용한 형태로 표현해야 할 필요가 있다. 기본적으로 세 가지 방법이 있다.

- 인접 행렬(Adjacency Matrix)
- 인접 리스트(Adjacency List)
- 인접집합(Adjacency Set)

인접 행렬

인접 행렬을 위한 그래프 선언

먼저, 그래프 데이터 구조의 구성 요소들을 살펴보자. 그래프를 표현하기 위해, 정점의 수와 간선의 수, 그들의 상호 연결성이 필요하다. 그러므로 그래프는 다음과 같이 선언될 수 있다.

이 기법에서, 크기가 $V \times V$인 행렬을 사용한다. 행렬의 값은 불린(Boolean)이다. 행렬이 Adj라고 하자. 정점 u로부터 v까지의 간선이 있을 때 $Adj[u, v]$의 값은 1이 되고 그렇지 않으면 0이 된다.

행렬에서 무방향 그래프의 각 간선은 2비트로 표현된다. 즉 u에서 v까지의 간선은 $Adj[u, v]$와 $Adj[v, u]$ 모두의 값이 1로 표현된다. 시간을 절약하기 위해, 이 대칭 행렬의 절반만 처리할 수 있다. 또한 모든 정점은 자기 자신과의 사이에 '간선'이 있다고 가정할 수 있다. 그러므로 $Adj[u, u]$는 모든 정점에 대해 1이다.

그래프가 방향 그래프라면 인접 행렬에서 한 항목만 표기하면 된다. 예를 들어 다음 방향 그래프를 생각해보자.

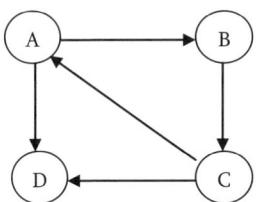

이 그래프의 인접 행렬은 아래와 같이 주어진다.

	A	B	C	D
A	0	1	0	1
B	0	0	1	0
C	1	0	0	1
D	0	0	0	0

이제 구현에 집중하자. 그래프를 읽어 들이기 위한 한 가지 방법은 먼저 정점들의 이름을 읽어 들이고, 이후 정점 쌍(간선)의 이름들을 읽어 들인다. 다음 코드는 무방향 그래프를 읽어 들인다.

```
public class Graph {
    private boolean adjMatrix[][];
    private int vertexCount;
    public Graph(int vertexCount) {
        this.vertexCount = vertexCount;
        adjMatrix = new boolean[vertexCount][vertexCount];
    }
    public void addEdge(int i, int j) {
        if (i >= 0 && i < vertexCount && j > 0 && j < vertexCount) {
            adjMatrix[i][j] = true;
            adjMatrix[j][i] = true;
        }
```

```
        }
        public void removeEdge(int i, int j) {
            if (i >= 0 && i < vertexCount && j > 0 && j < vertexCount) {
                adjMatrix[i][j] = false;
                adjMatrix[j][i] = false;
            }
        }
        public boolean isEdge(int i, int j) {
            if (i >= 0 && i < vertexCount && j > 0 && j < vertexCount)
                return adjMatrix[i][j];
            else return false;
        }
    }
```

그래프가 조밀하다면 인접 행렬 표현이 유용하다. 행렬은 $O(V^2)$ 비트의 공간과 $O(V^2)$의 시간이 초기화를 위해 필요하다. 간선의 개수가 V^2에 비례하다면 문제가 없다. 왜냐하면 간선을 읽는 데 V^2단계가 필요하기 때문이다. 그래프가 희소하다면 행렬 초기화에 V^2이 걸리고, 이는 알고리즘 수행 시간의 대부분을 차지한다.

인접 리스트

인접 리스트를 위한 그래프 선언

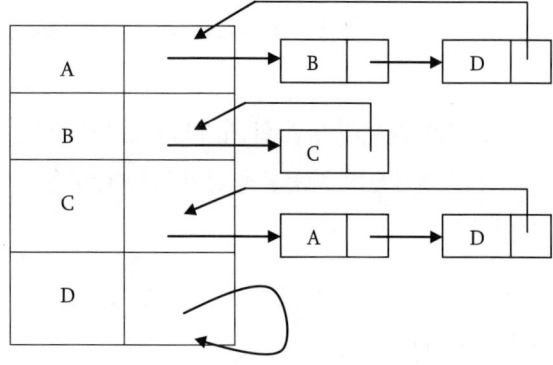

이 표현에서는 정점 v에 연결된 모든 정점이 정점 v를 위한 인접 리스트에 저장되는데, 이는 연결 리스트로 쉽게 구현된다. 즉 각각의 정점 v에 대해 연결 리스트를 하나 사용하고, 여기에 v와 간선을 가지는 다른 점들의 연결 관계가 저장된다. 연결 리스트의 총 개수는 그래프의 정점의 개수와 같다.

인접 행렬과 같은 예를 살펴보자. 다음 그림은 인접 리스트를 표현한 것이다. 정점 A가 B와 D에 대해 간선을 가지므로 A의 인접 리스트에 추가했다. 다른 정점들도 같은 식으로 추가된다.

```java
public class Graph {
    private ArrayList<Integer> vertices;
    private ListNode[] edges;
    private int vertexCount = 0;
    public Graph(int vertexCount) {
        this.vertexCount = vertexCount;
        vertices = new ArrayList<Integer>();
        edges = new ListNode[vertexCount];
        for(int i = 0; i < vertexCount; i++) {
            vertices.add(i);
            edges[i] = new ListNode ();
        }
    }
    public void addEdge(int source, int destination) {
        int i = vertices.indexOf(source);
        int j = vertices.indexOf(destination);
        if (i != -1 || j != -1) {
            edges[i].insertAtBeginning(destination);
            edges[j].insertAtBeginning(source);
        }
    }
}
```

이 표현에서는 입력되는 간선의 순서가 중요한데, 그 순서가 인접 리스트에서 정점의 순서도 결정하기 때문이다.

참고로 인접 리스트에서는 같은 그래프가 여러 가지 다른 방식으로 표현될 수 있다.

인접 리스트의 단점

인접 리스트를 사용할 때는 어떤 연산은 효율적으로 수행할 수 없다. 예를 들어 노드를 삭제하는 경우를 생각해보자. 인접 리스트 표현에서는 인접 리스트에서 노드를 삭제하는 것으로 끝이 아니다. 그 노드의 인접 리스트의 모든 노드는 다른 정점을 나타낸다. 즉 하나의 노드를 삭제하려면, 다른 노드의 연결 리스트도 찾아야 한다. 이 문제는 특정 간선을 가리키는 두 리스트 노드를 연결해서 인접 리스트를 이중 연결 리스트로 만들어 해결할 수 있다. 하지만 이런 모든 부가적인 연결들을 처리하는 데 위험이 따른다.

인접집합

인접 리스트와 매우 유사하지만 연결 리스트를 사용하는 대신 분리집합이 사용된다. 자세한 사항은 8장을 참고하자.

그래프 표현들의 비교

방향 그래프와 무방향 그래프는 같은 구조이다. 방향 그래프에서는 각 간선이 한 번만 표현된다는 것 외에는 모든 것이 같다. x에서 y로 향하는 간선은 인접 행렬에서는 $Adj[x][y]$에 값 1로 표현되고, 인접 리스트에서는 y를 x의 인접 리스트에 추가하여서 표현된다. 또 가중치 그래프는 인접 행렬을 불린 값이 아닌 가중치 값으로 채운다는 점을 제외하고는 모든 것이 같다.

표현	공간	v와 w 사이의 간선 유무	v에 종속된 간선 찾기
간선의 리스트	E	E	E
인접 행렬	V^2	1	V
인접 리스트	$E+V$	$Degree(v)$	$Degree(v)$
인접집합	$E+V$	$log(Degree(v))$	$Degree(v)$

9.5 그래프 탐색

그래프에 관한 문제를 풀려면, 그래프 탐색 기법의 학습이 필요하다. 그래프 탐색 알고리즘은 그래프 검색 알고리즘이라고도 불린다. 트리 탐색 알고리즘과 같이 (중위, 전위, 후위, 레벨 순서 탐색) 그래프 검색 알고리즘도 그래프의 특정 정점에서 시작해서 간선을 따라 정점을 검사하며 그래프를 '검색'하는 것이다. 이제 그래프를 탐색하는 두 가지 을 살펴보자.

- 깊이 우선 검색(Depth First Search, DFS)
- 너비 우선 검색(Breadth First Search, BFS)

깊이 우선 검색(DFS)

DFS 알고리즘은 트리의 전위 검색과 유사하게 동작한다. 전위 검색과 같이 내부적으로 이 알고리즘도 스택을 사용한다.

다음 예를 생각해보자. 어떤 사람이 미로에 갇혔다고 가정하자. 미로에서 빠져 나오려면, 그 사람은 모든 경로와 모든 교차로(최악의 경우)를 방문해야 한다. 일단 새로운 교차로를 발견하면 회색으로 칠한다. 그리고 더 깊이 들어간다. '막다른 곳'에 다다르면 회색 교차로 이후로 더 이상 탐색하지 않은 경로가 없다는 것이므로, 이제 그 교차로는 검은색으로 칠한다. 이 막다른 곳은 이미 회색이나 검은색으로 칠해진 교차로이거나 다른 교차로로 이어지지 않는 경로일 수 있다.

미로의 교차로는 그래프의 정점이고 교차로 사이의 경로는 그래프의 간선이다. 막다른 곳으로부터 돌아오는 과정을 백트래킹이라고 부른다. 우리는 이미 지나온 회색 정점으로 되돌아가기 전에 시작 정점으로부터 그래프 속으로 가능하면 깊이 이동하려고 한다. DFS 알고리즘은 다음과 같은 간선을 이용한다.

| 트리 간선: 새로운 정점을 만남 |
| 역방향 간선: 자손으로부터 조상쪽으로 |
| 순방향 간선: 조상쪽으로부터 자손쪽으로 |
| 교차 간선: 트리 또는 부속 트리 사이 |

대부분의 알고리즘에서는 방문/비방문을 불린으로 표시하는 것으로 충분하지만, 어떤 문제에는 세 가지 색상을 사용해야 할 필요가 있다(세 가지 색상을 이용한 구현 방법은 연습문제 참고). 현재까지 살펴본 내용에서는 두 가지 색상이면 충분하다.

거짓 ⟶ 정점이 방문되지 않았다.

참 ⟶ 정점이 방문되었다.

가장 처음엔 모든 정점이 비방문(거짓)으로 표기된다. DFS 알고리즘은 그래프의 정점 u에서 시작한다. 즉 u부터 다른 정점으로 향하며 간선들을 검사한다. 만약 그 간선이 이미 방문한 정점에 연결되어 있다면 현재의 정점 u로 되돌아온다. 반면 간선이 방문하지 않은 정점에 연결되어 있다면, 그 정점으로 이동하여 그 정점부터 다시 처리를 시작한다. 즉 새 정점이 현재의 정점이 된다는 것이다. 이 과정을 막다른 곳에 다다를 때까지 반복한다. 이제 백트래킹이 시작되는데, 이는 최초 백트래킹을 시작한 정점에 닿을 때 종료된다. 이 알고리즘을 구현한 예제는 다음과 같다. 여기서 Visited[ ]는 전역 배열이라고 가정한다.

```java
class Vertex {
    public char label;
    public boolean visited;
    public Vertex(char lab) {
        label = lab;
        visited = false;
    }
}
class Graph {
    private final int maxVertices = 20;
    private Vertex vertexList[];
    private int adjMatrix[][];
    private int vertexCount;
    private Stack theStack;
    public Graph() {
        vertexList = new Vertex[maxVertices];
        adjMatrix = new int[maxVertices][maxVertices];
        vertexCount = 0;
        for(int y=0; y<maxVertices; y++)
            for(int x=0; x<maxVertices; x++)
                adjMatrix[x][y] = 0;
        theStack = new Stack();
    }
    public void addVertex(char lab) {
        vertexList[vertexCount++] = new Vertex(lab);
    }
    public void addEdge(int start, int end) {
        adjMatrix[start][end] = 1;
        adjMatrix[end][start] = 1;
    }
    public void displayVertex(int v) {
        System.out.print(vertexList[v].label);
    }
    public void dfs() {
        vertexList[0].visited = true;
        displayVertex(0);
```

```
            theStack.push(0);
            while(!theStack.isEmpty()) {
                // 방문하지 않은 인접한 점점을 얻어와 스택 상단에 쌓는다
                int v = getAdjUnvisitedVertex(theStack.peek());
                if(v == -1)
                    theStack.pop();
                else {
                    vertexList[v].visited = true;
                    displayVertex(v);
                    theStack.push(v);
                }
            }
            for(int j=0; j<vertexCount; j++) // 플래그를 초기화한다
                vertexList[j].visited = false;
        }
        public int getAdjUnvisitedVertex(int v) {
            for(int j=0; j<vertexCount; j++)
                if(adjMatrix[v][j]==1 && vertexList[j].visited==false)
                    return j;
            return -1;
        }
    }
```

다음 페이지의 그래프 그림을 보면, 어떤 경우는 간선이 이미 발견된 정점으로 이끌고 있다. 이러한 간선들을 역방향 간선이라고 부르고 다른 간선들은 트리 간선이라고 한다. 왜냐하면 그래프에서 역방향 간선을 삭제하면 트리가 만들어진다.

최종적으로 생성된 트리는 DFS 트리라고 하며, 정점들이 처리된 순서는 정점들의 DFS 숫자라고 한다. 다음 그래프 그림에서 회색은 그 정점이 방문되었다는 것을(다른 특이점은 없다) 의미한다.

그럼 그림에서 Visited 테이블이 언제 업데이트되는지를 살펴보자.

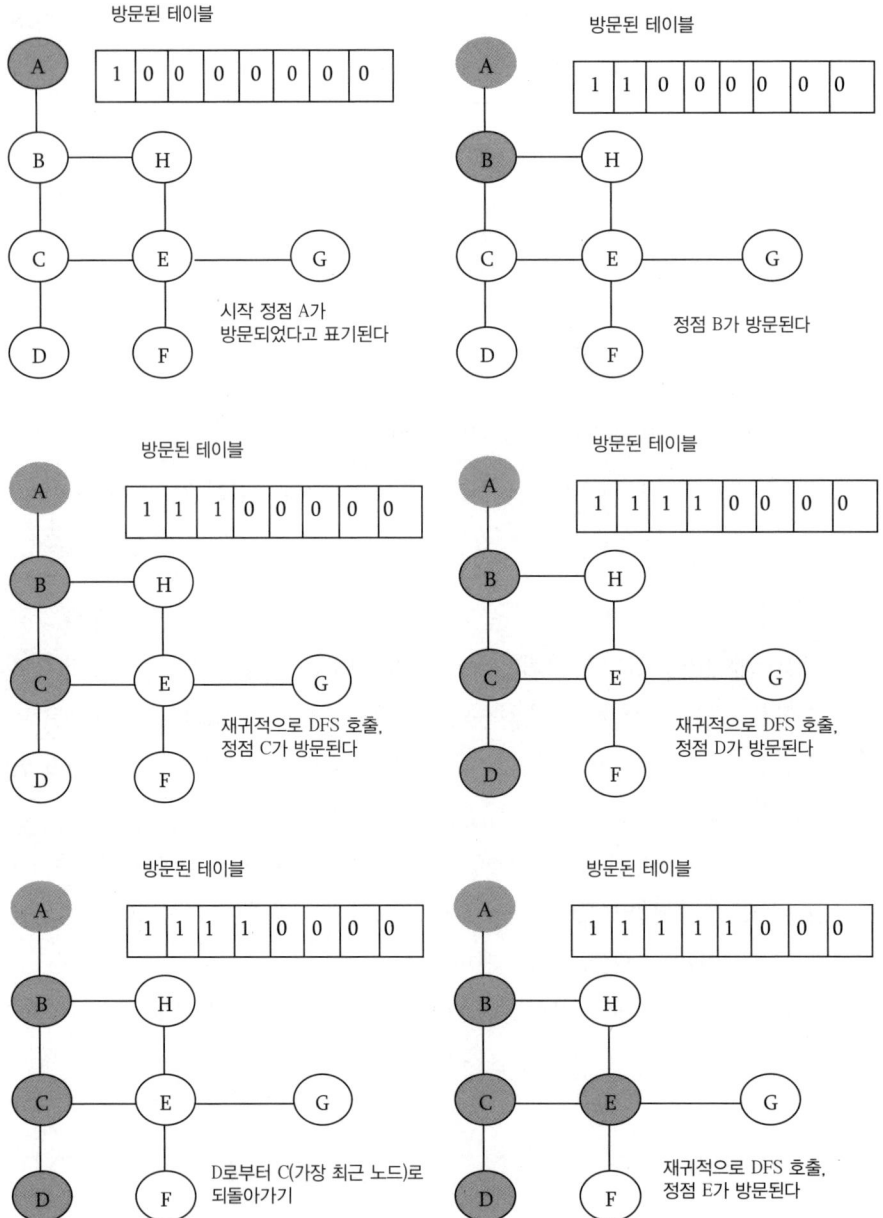

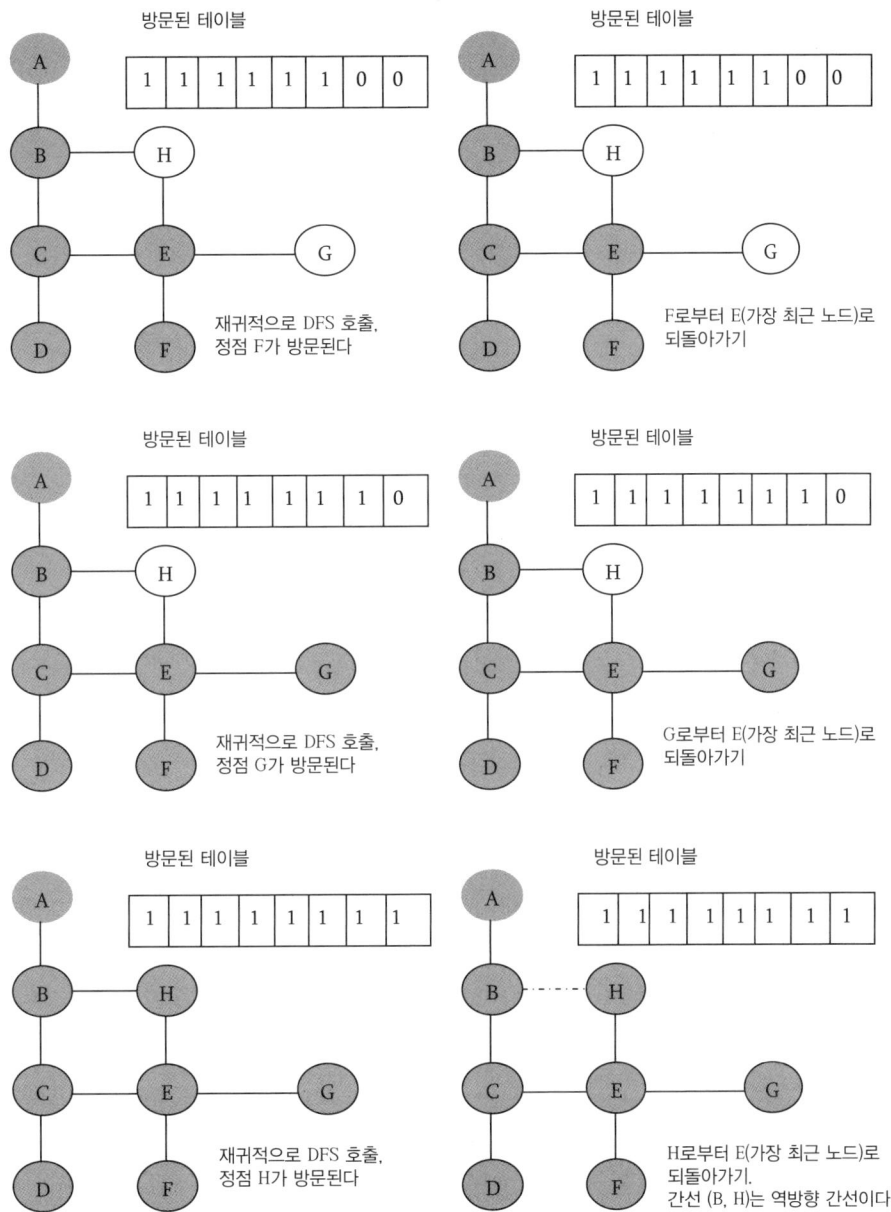

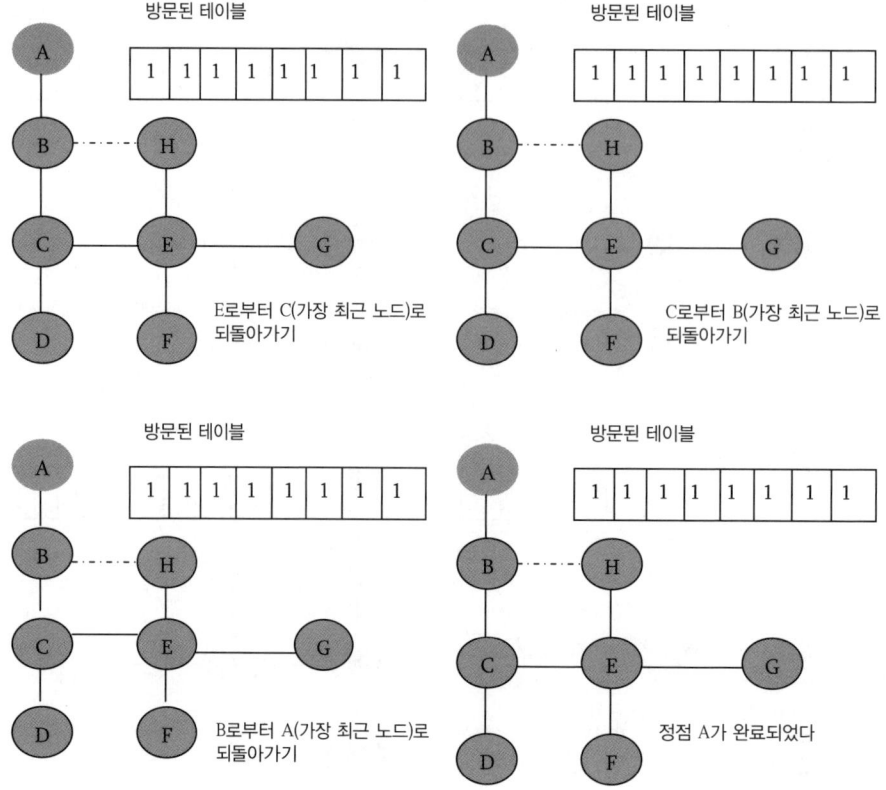

위의 그림을 보면, DFS 탐색이 트리를 만든다(역방향 간선 없이)는 것을 알 수 있다. 이를 DFS 트리라고 한다. DFS 탐색은 그래프에 연결된 구성 요소들이 있을 때에도 동작한다.

그래프를 표현하기 위해 인접 리스트를 사용한다면 DFS의 시간 복잡도는 $O(V + E)$이다. 정점으로부터 시작해서 방문하지 않은 인접 노드만을 처리하기 때문이다. 유사하게 인접 행렬이 그래프를 표현하기 위해 사용되었다면 정점에 인접한 간선들을 효율적으로 찾을 수 없어서 $O(V^2)$의 복잡도가 된다.

DFS의 적용 사례들
- 위상 정렬(Topological Sorting)
- 연결된 구성 요소 찾기

- 그래프의 단절점(Articulation Point) 찾기
- 강하게 연결된 구성 요소 찾기
- 미로와 같은 퍼즐 풀기

각 사례의 구현 방법은 연습문제를 참고하자.

너비 우선 검색(BFS)

BFS 알고리즘은 트리의 레벨 순서 탐색과 비슷하게 동작한다. 레벨 순서 탐색과 같이 BFS도 큐를 사용한다. 사실 레벨 순서 탐색은 BFS에 영감을 받아 만들어졌다. BFS는 레벨에 따라 동작하는데, 가장 최초의 BFS는 레벨이 0인 주어진 정점에서 시작한다. 첫 번째 단계에서 레벨 1의 모든 정점을 방문한다(즉 그래프의 시작 정점으로부터 거리가 1인 모든 정점). 두 번째 단계에서 두 번째 레벨의 모든 정점을 방문한다. 이 새 정점들은 레벨 1 정점들의 인접된 정점들이다. 그래프의 모든 레벨이 완료될 때까지 BFS는 이 과정을 계속한다. 일반적으로 큐 데이터 구조가 레벨의 정점들을 저장하기 위해 사용된다.

DFS처럼 가장 처음에는 모든 정점이 비방문(거짓)으로 표기된다. 그런 다음 하나씩 정점을 방문하면서, 큐에서 삭제한 정점들은 방문(참)으로 표기한다. 방문한 정점들의 집합에서 큐를 사용하기 때문에 방문된 순서대로 정점들이 보관된다. 다음은 이 검색 방법을 코드로 구현한 것이다.

```java
class Vertex {
    public char label;
    public boolean visited;
    public Vertex(char lab) {
        label = lab;
        visited = false;
    }
}
class Graph {
    private final int maxVertices = 20;
    private Vertex vertexList[];
    private int adjMatrix[][];
    private int vertexCount;
    private Queue theQueue;
    public Graph() {
        vertexList = new Vertex[maxVertices];
        adjMatrix = new int[maxVertices][maxVertices];
```

```
            vertexCount = 0;
            for(int y=0; y<maxVertices; y++)
                for(int x=0; x<maxVertices; x++)
                    adjMatrix[x][y] = 0;
            theQueue = new Queue();
        }
        public void addVertex(char lab) {
            vertexList[vertexCount++] = new Vertex(lab);
        }
        public void addEdge(int start, int end) {
            adjMatrix[start][end] = 1;
            adjMatrix[end][start] = 1;
        }
        public void displayVertex(int v) {
            System.out.print(vertexList[v].label);
        }
        public void bfs() {
            vertexList[0].wasVisited = true;
            displayVertex(0);
            theQueue.insert(0);
            int v2;
            while(!theQueue.isEmpty()) {
                int v1 = theQueue.remove();
                while((v2=getAdjUnvisitedVertex(v1)) != -1) {
                    vertexList[v2].wasVisited = true;
                    displayVertex(v2);
                    theQueue.insert(v2);
                }
            }
            for(int j=0; j<nVerts; j++)
                vertexList[j].wasVisited = false;
        }
        public int getAdjUnvisitedVertex(int v) {
            for(int j=0; j<vertexCount; j++)
                if(adjMatrix[v][j]==1 && vertexList[j].visited==false)
                    return j;
            return -1;
        }
    }
```

예를 들어 BFS 탐색은 다음과 같은 그래프로 표현할 수 있다.

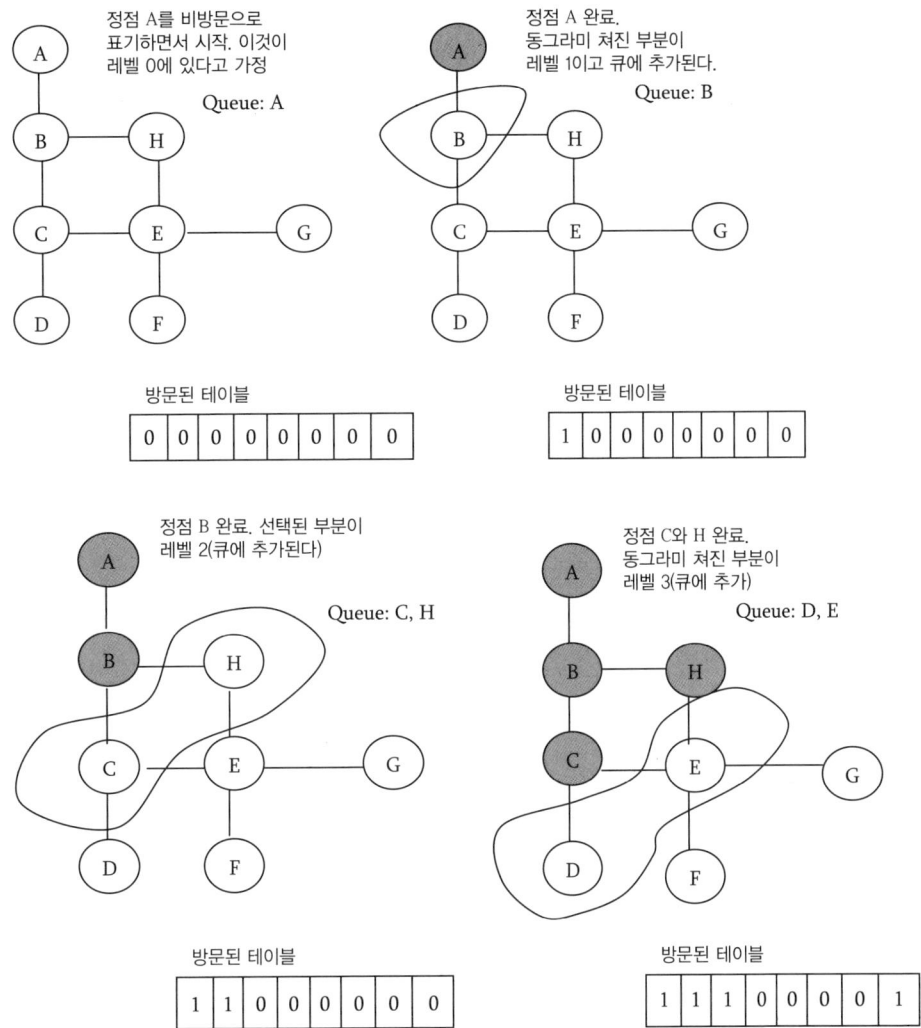

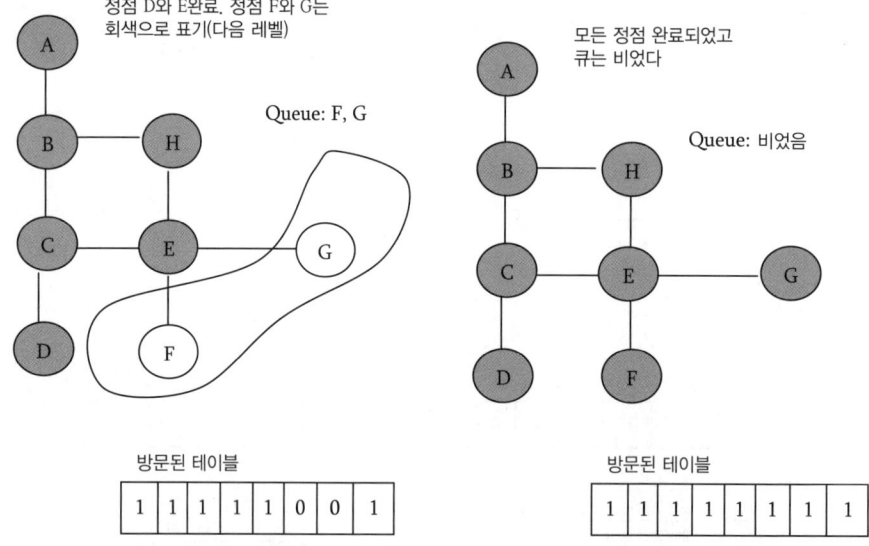

BFS의 시간 복잡도는 인접 리스트를 사용해 그래프를 표현했다면 $O(V + E)$이고, 인접 행렬을 사용해서 표현했다면 $O(V^2)$이다.

BFS의 적용 사례들
- 그래프에서 연결된 모든 구성 요소를 찾기
- 하나의 연결된 구성 요소 안의 모든 노드 찾기
- 두 노드 사이의 최단 경로 찾기
- 그래프가 이분 그래프인지 검사하기

DFS와 BFS 비교하기

BFS와 DFS를 비교하면 DFS의 큰 장점은 BFS보다 훨씬 적은 메모리를 필요로 한다는 것이다. 왜냐하면 각 레벨의 모든 자식 포인터를 저장할 필요가 없기 때문이다. 데이터에 따라 그리고 우리가 추구하는 목적에 따라 DFS나 BFS 중 하나를 선택하여 사용해야 한다. 예를 들어 트리 형태의 가계도에서 아직 살아 있는 누군가를 찾을 때 그 사람이 트리 아래쪽에 있을 것 같다면 DFS가 더 적합하다. BFS는 마지막 레벨에 다다를 때까지 아주 오래 걸릴 것이다.

만약 매우 오래 전에 돌아가신 분을 찾는다면, 그 분은 트리의 꼭대기에 가까운 곳에 있을 것이다. 이 경우 BFS가 DFS보다 빨리 결과를 제공할 것이다. 그러므로 둘 중 어느 쪽이 나은가 하는 것은 데이터와 우리의 목적에 따라 매우 다르다.

DFS는 트리의 전위 탐색과 관련이 있다. 전위 탐색과 같이 DFS도 각 노드를 자식보다 먼저 방문한다. BFS 알고리즘은 트리의 레벨 순서 탐색과 비슷하게 동작한다.

이제 만약 누군가가 DFS가 더 뛰어난지 아니면 BFS가 더 뛰어난지 묻는다면? 그 대답은 우리가 풀고자 하는 문제의 종류마다 다르다고 대답할 수있을 것이다. 다시 정리하면, BFS는 근접한 레벨부터 하나씩 방문한다. 그래서 우리가 찾고 있는 해답이 얕은 깊이에 있다면 BFS가 좋다. 반면 DFS는 깊은 레벨부터 탐색하여, 깊은 곳에 원하는 결과가 있을 때 사용하면 좋다. 다음 표는 DFS와 BFS의 적용 사례에 따른 차이점을 정리한 것이다.

적용 사례	DFS	BFS
신장 트리, 연결된 구성 요소, 경로, 사이클	Yes	Yes
최단 거리		Yes
메모리 공간의 최소한의 사용	Yes	

9.6 위상 정렬

위상 정렬(Topological Sort)은 사이클이 없는 방향 그래프(Directed Acyclic Graph, DAG)에서 정점들을 정렬하는 것인데, 각 노드가 자신으로부터 나가는 간선이 있는 노드들보다 앞에 오게 하는 것이다. 예를 들어 대학의 선수 과목을 생각해보자. 방향 간선 (v, w)은 w 과목 수강 전에 v 과목을 끝내야 한다는 것을 뜻한다. 이 예의 위상 정렬 결과는 선수 과목 요구 사항을 위반하지 않는 순서이다. 모든 DAG는 하나 이상의 위상 정렬을 가질 수 있다. 그래프에 사이클이 있다면 사이클의 두 정점 v와 w에 대해 v가 w보다 앞에 와야 하며, w가 v보다 앞에 와야 하기 때문에 위상 정렬이 불가능하다.

위상 정렬에는 흥미로운 속성이 있는데, 정렬된 순서의 연속적인 정점의 모든 쌍은 간선으로 연결되며 이 간선들은 DAG 안에서 방향 해밀턴 경로(연습문제 참고)를 이룬다는 것이다. 만약 해밀턴 경로가 존재하면 위상 정렬은 하나만 존재한다. 위상 정렬이 해밀턴 경로를 만들지 않는다면, DAG는 두 개 이상의 위상 정렬을 가질 수 있다. 다음 그래프에서 7, 5, 3, 11, 8, 2, 9, 10과 3, 5, 7, 8, 11, 2, 9, 10은 둘 다 위상 정렬이다.

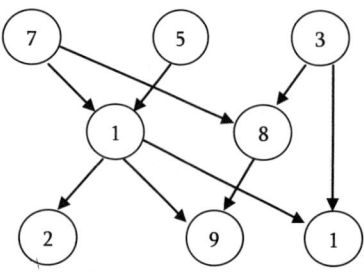

가장 처음에는 모든 정점에서 진입차수(indegree)가 계산되고 진입차수가 0인 정점부터 탐색을 시작한다. 즉 어떤 선수 조건도 갖고 있지 않은 정점을 먼저 고려한다는 것이다. 진입차수가 0인 정점들을 저장할 때 큐가 사용된다.

정리하면, 진입차수가 0인 모든 정점이 큐에 저장된다. 큐에 아직 항목이 남아 있는 동안 정점 v가 제거되고, v에 인접한 모든 간선의 진입차수가 1 감소된다. 어떤 정점의 진입차수가 0이 되자마자 그 정점은 큐에 넣어진다. 위상 정렬은 정점들이 DeQueue되는 순서이다. 이 알고리즘의 시간 복잡도는 인접 리스트가 사용되었을 때 $O(|E| + |V|)$이다.

```
void TopologicalSort(Graph G) {
    LLQueue Q = new LLQueue();
    int counter;
    int v, w;
    counter = 0;
    for(v = 0; v< G.vertexCount; v++)
        if(indegree[v] == 0)
            Q.enQueue(v);
    while(!Q.isEmpty()) {
        v = Q.deQueue();
        topologicalOrder[v] = ++counter;
        for each w adjacent to v
```

```
                if(--indegree[w] == 0)
                    Q.enQueue(w);
        }
        if(counter != G.vertexCount)
            System.out.println("Graph has cycle");
        Q.deleteQueue();
    }
```

위상 정렬의 전체 수행 시간은 $O(V + E)$이다.

> **참고**
>
> 위상 정렬 문제는 DFS를 사용해서 풀 수도 있다. 알고리즘은 연습문제를 참고하자.

위상 정렬의 적용 사례
- 선수과목 표시하기
- 데드락(deadlock) 검사하기
- 컴퓨팅 작업의 파이프라인
- 심볼릭 링크의 루프 검사하기
- 스프레드시트의 수식 계산하기

9.7 최단 경로 알고리즘

그래프의 또 다른 중요한 문제를 살펴보자. 주어진 그래프 $G = (V, E)$와 구별된 정점 s를 가지고 s로부터 G 안의 모든 정점에 이르는 최단 경로를 찾아야 한다. 주어진 그래프의 종류에 따라 다음과 같은 다양한 최단 경로 알고리즘이 있을 수 있다.

최단 경로 알고리즘의 변형들

비가중치 그래프(Unweighted Graph)의 최단 경로
가중치 그래프(Weighted Graph)의 최단 경로
음수 간선(Negative Edge)가 있는 가중치 그래프의 최단 경로

최단 경로 알고리즘의 적용 사례
- 한 장소에서 다른 장소로 가장 빨리 가는 길 찾기
- 한 도시로부터 다른 도시로 가장 싸게 비행/데이터를 보내는 방법 찾기

비가중치 그래프의 최단 경로

우리가 다른 모든 정점에 이르는 최단 경로를 찾으려고 하는 시작점을 s라고 하자. 비가중치 그래프는 가중치 최단 경로 문제 중 모든 간선의 가중치가 1인 특별한 경우이다. 알고리즘은 BFS와 유사한데, 다음과 같은 데이터 구조를 사용할 때 필요하다.

- 세 개의 열을 가진 거리 테이블(각 항은 정점에 해당된다)
  - 시작 정점으로부터의 거리
  - 경로-최단 거리를 얻을 때 지나온 정점들의 이름이 저장된다.
- 너비 우선 검색을 위해 큐가 사용된다. 시작 정점으로부터의 거리가 계산된 정점들이 저장되고 그들의 인접 정점들이 검사될 것이다.

예를 들어 다음 그래프와 인접 리스트 표현을 살펴보자.

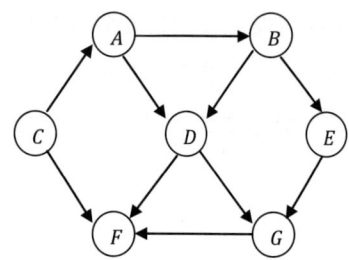

이 그래프의 인접 리스트는 다음과 같다.

$A: B \rightarrow D$

$B: D \rightarrow E$

$C: A \rightarrow F$

$D: F \rightarrow G$

E: G

F: -

G: F

$s = C$라고 하자. C로부터 C까지의 거리는 0이다. 가장 처음에 다른 모든 노드까지의 거리는 계산이 되지 않았기 때문에 아래와 같이 거리 테이블의 두 번째 열(C를 제외하고)을 -1로 초기화한다.

정점	거리[v]	거리[v]를 얻은 이전 정점들
A	-1	-
B	-1	-
C	0	-
D	-1	-
E	-1	-
F	-1	-
G	-1	-

알고리즘

```java
void UnweightedShortestPath(Graph G, int s) {
    LLQueue Q = new LLQueue();
    int v, w;
    Q.enQueue( s);
    for(int i = 0; i< G.vertexCount;i++)
        Distance[i]=-1;
    Distance[s]= 0;
    while (!Q.isEmpty()) {
        v = Q.deQueue();
        for each w adjacent to v // 각 정점은 최소한 한 번 검사된다
            if(Distance[w] == -1) {
                Distance[w] = Distance[v] + 1;
                Path[w] = v;
                Q.enQueue(w); // 각 정점은 최소한 한 번 EnQueue된다
            }
    }
    Q.deleteQueue();
}
```

수행 시간: 인접 리스트가 사용되었다면 $O(|E| + |V|)$. for 루프에서 주어진 정점으로부터 나가는 간선을 검사하고 while 루프 안에서 검사된 모든 간선의 합은 간선의 수와 같으므로 $O(|E|)$가 된다.

인접 행렬을 사용했다면 복잡도는 $O(|V|2)$가 된다. 왜냐하면 주어진 정점에 인접한 정점을 찾으려면 길이가 |V|인 행렬의 한 행 전체를 읽어야 하기 때문이다.

가중치 그래프의 최단 경로(데이크스트라 알고리즘)

유명한 최단 경로 문제 해법이 데이크스트라(Dijkstra)에 의해 소개되었다. 데이크스트라의 알고리즘은 BFS 알고리즘을 일반화한 것이다. 보통의 BFS 알고리즘은 큐의 가장 앞에 있는 정점이 시작점 s와 제일 가까운 점이라는 것을 보장할 수 없기 때문에 최단 경로 문제를 풀 수 없다.

코드를 살펴보기 전에 먼저 알고리즘이 어떻게 동작하는지 이해해보자. 비가중치 최단 경로 알고리즘과 비슷하게 거리 테이블을 사용한다. 이 알고리즘은 시작점으로부터 정점 v의 최단 거리를 거리 테이블에 저장하면서 동작한다. 거리[v]의 값은 s로부터 v까지의 거리이다. 시작점으로부터 자신에 이르는 최단 거리는 0이다. 거리 테이블의 다른 모든 정점은 -1이 저장되어 이 정점들이 아직 처리되지 않았음을 나타낸다.

정점	거리[v]	거리[v]를 얻은 이전 정점들
A	-1	-
B	-1	-
C	0	-
D	-1	-
E	-1	-
F	-1	-
G	-1	-

알고리즘 수행이 끝나고 나면 거리 테이블은 시작점 s로부터 각 정점 v에 이르는 최단 거리들을 보유한다. 데이크스트라 알고리즘의 동작을 살펴보기 전에, 주어진 정점들이 두 집합으로 관리된다고 가정하자. 가장 처음 첫 번째 집합에는 시작 정점만 있고, 두 번째 집합에 다른 모든 정점이 있다. k번째 반복 뒤에, 첫 번째 집합은 시작점과 제일 가까운 k개의 정점들을 가지고 있게 된다. 이 k개의 정점들이 정점으로부터 최단 거리를 이미 계산한 정점들이다.

데이크스트라 알고리즘 참고 사항
- 탐욕(Greedy) 기법을 사용한다. 항상 시작점으로부터 다음으로 가까운 정점을 선택한다.
- 우선순위 큐를 사용해서 방문하지 않은 정점들을 s로부터의 거리에 따라 저장한다.
- 음수 가중치를 가지고는 사용할 수 없다.

비가중치 최단 경로와 데이크스트라 알고리즘의 차이점

1) 인접 리스트에서 가중치를 표현하기 위해, 각 정점은 간선의 가중치를 가지고 있다(자신들의 식별자와 함께).
2) 일반적인 큐 대신에 (거리를 우선순위로 하여) 우선순위 큐를 사용하고, 거리가 짧은 정점이 선택되어 처리된다.
3) 정점까지의 거리는 시작점으로부터 그 정점까지의 경로에 있는 간선들의 가중치 합으로 계산된다.
4) 새로 계산된 거리가 이미 계산한 이전 거리보다 짧을 경우에 대비해서 거리들을 업데이트한다.

```
void Dijkstra(Graph G, int s) {
    Heap PQ = new Heap();
    int v, w;
    PQ.enQueue(s);
    for(int i = 0; i< G.vertexCount;i++)
        Distance[i]=-1;
    Distance[s] = 0;
    while((!PQ.isEmpty())) {
        v = PQ.deleteMin();
        for v의 모든 인접한 정점 w에 대해 {
            새로운 거리 계산 d= Distance[v] + weight[v][w];
```

```
            if(Distance[w] == -1) {
                Distance[w] = 새로운 거리 d;
                w를 우선순위 d로 우선순위 큐에 넣는다
                Path[w] = v;
            }
            if(Distance[w] > 새로운 거리 d) {
                Distance[w] = 새로운 거리 d;
                정점 w의 우선순위가 d가 되도록 업데이트한다;
                Path[w] = v;
            }
        }
    }
}
```

앞의 알고리즘은 각 단계에서 거리가 어떻게 계산되는지 설명하는 그림으로 살펴보면 더 쉽게 이해할 수 있을 것이다. 다음 가중치 그래프는 A에서 E까지 다섯 개의 정점을 가지고 있다. 두 정점 사이의 값은 두 정점 사이의 간선 비용이라고 한다. 예를 들어 A와 C 사이의 간선 비용은 1이다. 데이크스트라 알고리즘은 시작점 A로부터 그래프의 다른 나머지 정점들까지의 최단 경로를 구하는 데 사용될 수 있다.

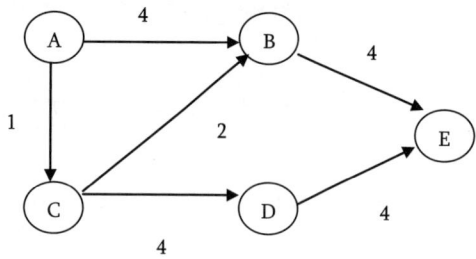

가장 처음에, 거리 테이블은 다음과 같다.

정점	거리[v]	거리[v]를 얻은 이전 정점들
A	0	-
B	-1	-
C	-1	-
D	-1	-
E	-1	-

첫 번째 단계 이후에, 정점 A로부터 정점 B와 C에 닿을 수 있다. 그러므로 거리 테이블에는 아래와 같이 B와 C의 거리를 업데이트한다.

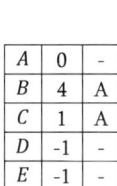 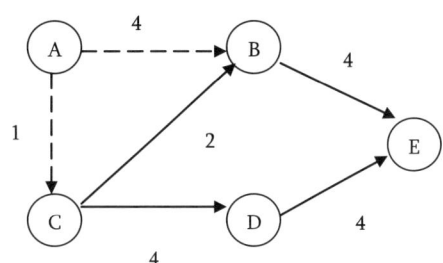

A로부터 B, C까지의 최단 경로

이제 전체 중 최단 거리를 선택한다. 최단 거리 정점은 C이다. 예를 들어 B는 A로부터 도달할 수도 있고 C로부터 도달할 수도 있다. 이 경우 최단 비용을 제공하는 쪽을 선택해야 한다. C를 거쳐 B에 가는 것이 최소 비용(1 + 2)이므로 정점 B의 거리 테이블 값을 비용 3으로 이 값을 얻은 정점을 C라고 업데이트한다.

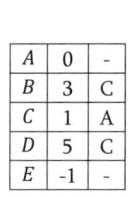 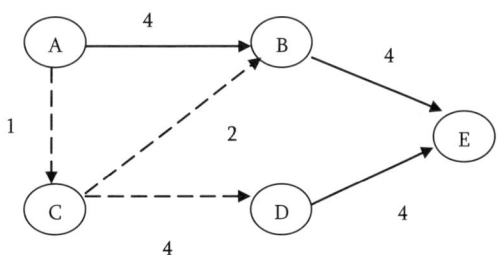

C를 중간점으로 사용한 B, D까지의 최단 경로

하나 남은 정점은 E이다. E에 도달하려면 E에 도달할 수 있는 모든 경로를 살펴서 최소 비용을 제공하는 쪽을 선택해야 한다. C를 거쳐 B를 중간 점으로 사용하면 최소 비용을 얻는다.

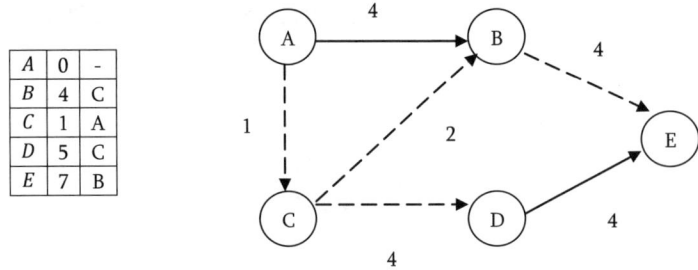

데이크스트라 알고리즘이 만든 최종 최소 비용 트리는 다음과 같다.

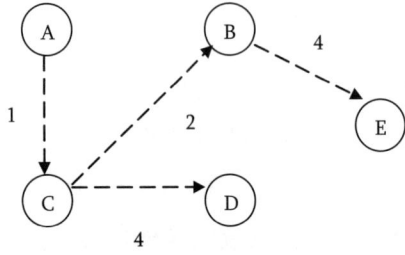

성능

데이크스트라 알고리즘에서 효율성은 DeleteMin이 수행된 숫자(V DeleteMin)와 사용된 우선순위 큐의 업데이트 횟수(E 업데이트)에 달려 있다. 표준 이진 힙이 사용되었다면 복잡도는 $O(ElogV)$이다. $ElogV$는 표준 힙의 E 업데이트(각 업데이트는 $logV$가 걸림)로부터 나온다. 사용된 집합이 배열이라면 복잡도는 $O(E + V^2)$이다.

데이크스트라 알고리즘의 단점

- 데이크스트라 알고리즘의 가장 큰 단점은 무작위 검색을 하기 때문에 많은 시간과 필요한 자원이 낭비된다는 것이다.
- 또 다른 단점은 음수 간선을 처리할 수 없다는 점이다. 음수 간선은 사이클이 없는 그래프를 만들어 대부분의 경우 올바른 최단 경로를 찾을 수 없게 된다.

데이크스트라 알고리즘과 비슷한 알고리즘

- 벨만-포드(Bellman-Ford) 알고리즘은 가중치 방향그래프의 단일 출발점 최단 경로를 계산한다. 데이크스트라 알고리즘과 같은 개념을 사용하나 음수 간선도 처리할 수 있다. 데이크스트라 알고리즘보다 수행 시간은 더 길다.
- 프림(Prim) 알고리즘은 연결된 가중치 그래프의 최소 신장 트리를 구한다. 트리 안의 모든 가중치 합이 최소화되는 간선들의 부속집합으로 이루어진 트리를 내포한다.

벨만-포드 알고리즘

그래프에 음수 간선이 있다면 데이크스트라 알고리즘을 사용할 수 없다. 문제는 한 번 정점 u가 알려졌다고 선언되고 나서, 다른 알려지지 않은 정점 v로부터 다시 u로 돌아오는 음수 경로가 있을 수 있다는 것이다. 이러한 경우 s로부터 v로 갔다가 다시 u로 돌아오는 것이 s로부터 v를 거치지 않고 바로 u로 가는 것보다 낫다. 데이크스트라 알고리즘과 비가중치 알고리즘의 조합으로 이 문제를 해결할 수 있다. 큐를 s로 초기화시킨다. 그런 후 각 단계에서 정점 v를 DeQueue한다. v에 인접한 다음 조건을 만족하는 모든 정점 w를 찾는다.

v까지의 거리 + weight(v, w) < w까지의 옛 거리 값

w 옛 거리 값과 경로를 업데이트하고 이미 큐에 있지 않다면 w를 큐에 넣는다. 각 정점당 한 비트가 할당되어 큐에 있는지 여부를 나타낼 수 있다. 이 과정을 큐가 빌 때까지 반복한다.

```
void BellmanFordAlgorithm(Graph G, int s) {
    LLQueue Q = new LLQueue();
    int v, w;
    Q.enQueue( s);
    // 거리 테이블이 INT_MAX로 채워졌다고 가정한다
    Distance[s] = 0;
    while ((!Q.isEmpty()) {
        v = Q.deQueue();
        for v의 모든 인접한 정점 w에 대해 {
            새로운 거리 계산 d= Distance[v] + weight[v][w];
            if(w 까지의 옛 거리 값 > 새로운 거리 d) {
                Distance[v] = (distance to v) + weight[v][w];
```

```
                Path[w] = v;
                if(w가 큐에 없다면)
                    Q.enQueue( w);
            }
        }
    }
}
```

이 알고리즘은 음수 비용 사이클이 없어도 동작한다. 각 정점은 최대 |V|번 DeQueue될 수 있기 때문에 인접 리스트가 사용되었을 때 수행 시간은 $O(|E|.|V|)$이다.

최단 경로 알고리즘 요약

비가중치 그래프의 최단 경로 [변형된 BFS]	$O(|E| + |V|)$
가중치 그래프의 최단 경로 [데이크스트라]	$O(|E|log|V|)$
음수 간선을 가진 가중치 그래프의 최단 경로 [벨만-포드]	$O(|E|.|V|)$
사이클이 없는 가중치 그래프의 최단 경로	$O(|E| + |V|)$

9.8 최소 신장 트리

어떤 그래프의 신장 트리는 모든 정점을 포함하고 있는 부속 그래프이면서 또한 트리이다. 한 그래프에는 여러 신장 트리가 있을 수 있다. 예를 들어 아래 그림과 같이 네 개의 정점을 가진 그래프를 생각해보자. 그래프의 모서리가 정점이라고 가정하자.

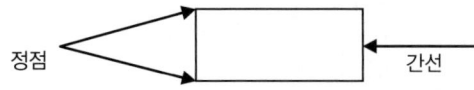

이 단순 그래프에서 다음과 같은 여러 개의 신장 트리를 찾을 수 있다.

이제 논의할 알고리즘은 무방향 그래프의 최소 신장 트리(Minimal Spanning Tree)이다. 주어진 그래프가 가중치 그래프라고 가정한다. 만약 그래프가 비가중치 그래프라면 모든 가중치를 갖게 하여 가중치 그래프 알고리즘을 사용할 수 있다. 무방향 그래프 G의 최소 신장 트리는 최소 비용(가중치) 합계를 갖도록 G의 모든 정점을 연결하는 그래프 간선들로 구성된 트리이다. 최소 신장 트리는 그래프가 연결되어 있을 때만 존재한다. 이 문제를 해결할 때 사용하는 두 개의 유명한 알고리즘이 있다.

· 프림(Prim) 알고리즘
· 크루스칼(Kruskal) 알고리즘

프림 알고리즘

프림 알고리즘은 데이크스트라의 알고리즘과 거의 같다. 데이크스트라의 알고리즘과 비슷하게 프림 알고리즘에서도 거리와 경로 값을 거리 테이블에 저장한다. 한 가지 다른 점은 거리의 정의가 다르기 때문에 그 결과로 거리 테이블 업데이트 구문이 조금 다르다. 업데이트 구문은 전보다 더 간단하다.

```
void Prims(Graph G, int s) {
    Heap PQ = new Heap();
    int v, w;
    PQ.enQueue(s);
    // 거리 테이블이 -1로 채워져 있다고 가정한다
    Distance[s] = 0;
    while((!PQ.isEmpty()) {
        v = PQ.DeleteMin();
        for v의 모든 인접 정점 w에 대하여 {
            새 거리 계산 d= Distance[v] + weight[v][w];
            if(Distance[w] == -1) {
                Distance[w] = weight[v][w];
                w를 우선순위 d로 우선순위 큐에 넣는다
                Path[w] = v;
            }
            if(Distance[w] > new distance d) {
                Distance[w] = weight[v][w];
                정점 w의 우선순위를 d가 되도록 업데이트한다;
                Path[w] = v;
            }
        }
    }
}
```

이 알고리즘의 전체 구현은 데이크스트라 알고리즘과 동일하다. 수행 시간은 힙이 없을 때 (조밀 그래프에 유리한) $O(|V|^2)$이고 이진 힙을 사용할 때 (희소 그래프에 유리한) $O(ElogV)$이다.

크루스칼 알고리즘

이 알고리즘은 V개의 서로 다른 트리로 시작한다(V는 그래프의 정점들이다). 최소 신장 트리를 만드는 동안 매번 최소 가중치를 가진 간선을 선택해서 그 간선이 사이클을 만들지 않는다면 트리에 추가한다. 그러므로 가장 처음엔 $|V|$개의 노드가 하나인 트리가 숲 안에 있을 것이다. 이때 간선을 하나 추가하면 두 개의 트리가 하나로 합쳐진다. 알고리즘이 종료하면, 오직 하나의 트리만 남는데 이것이 최소 신장 트리이다. 크루스칼 알고리즘을 구현하는 데는 두 가지 방법이 있다.

- 분리집합을 사용해서 UNION과 FIND 연산을 사용
- 우선순위 큐를 사용해서 가중치를 우선순위 큐 안에 유지

(숲을 구현하는 데) 적절한 데이터 구조는 UNION/FIND 알고리즘이다. 두 정점은 그들이 현재의 신장 숲 안에서 연결되어 있을 때에만 같은 집합에 속한다. 가장 처음에 각 정점은 자신만의 집합 안에 있다. 만약 u와 v가 같은 집합 안에 있다면 그 간선은 사이클을 만들기 때문에 거부된다. 그렇지 않다면 그 간선은 채택되고 u와 v를 갖고 있는 두 집합에 대해 UNION이 수행된다. 다음과 같은 그래프를 살펴보자(간선은 가중치와 함께 볼 수 있다).

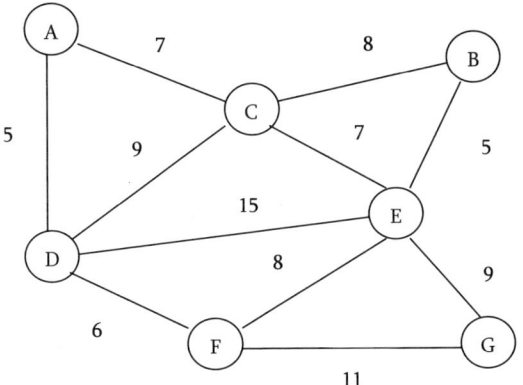

이제 이 그래프에 크루스칼 알고리즘을 수행하자. 항상 최소 가중치를 가진 간선을 선택한다.

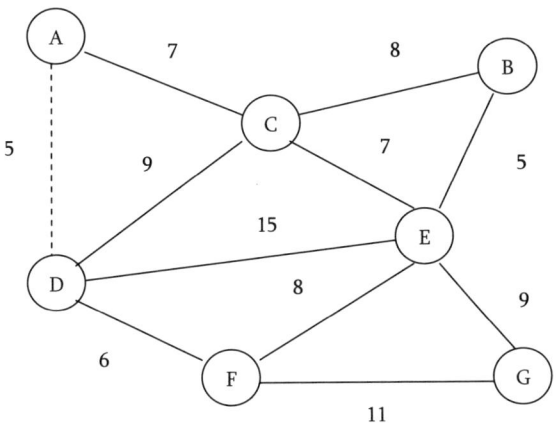

앞의 그래프에서 최소 가중치(비용)을 가진 간선은 AD와 BE이다. 이 둘 중 하나를 선택해야 하는데 AD(점선으로 표시)를 선택했다고 가정하자.

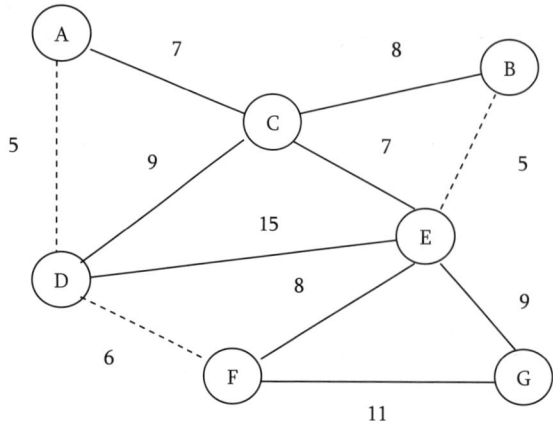

BE가 이제 가장 최소 비용을 가진 간선이므로 선택한다(점선이 선택된 간선을 나타낸다).

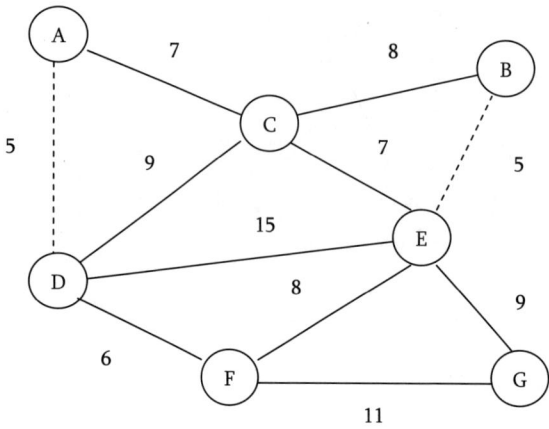

DF가 최소 비용(6)을 가진 다음 간선이다.

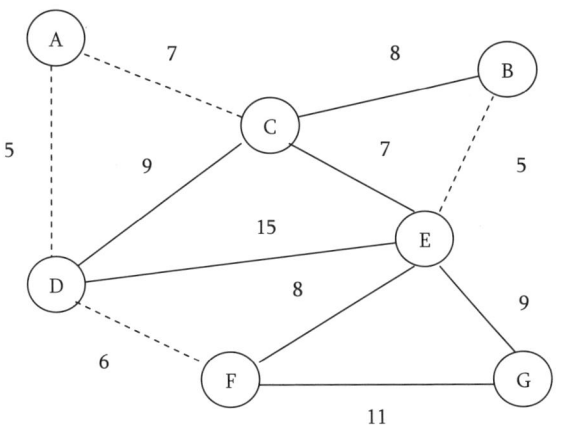

다음엔, AC와 CE가 최소 비용 7을 가진다. AC를 선택했다고 가정하자.

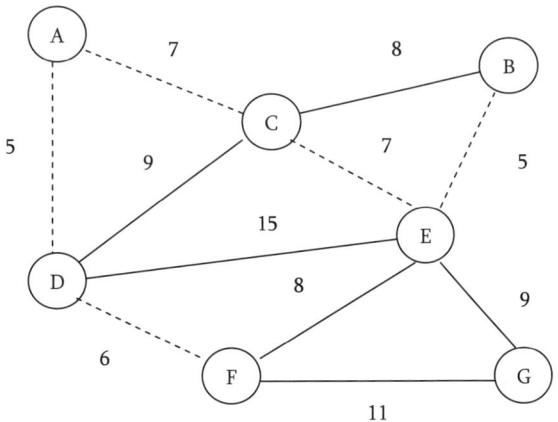

CE가 비용 7이며 사이클을 만들지 않으므로 선택한다.

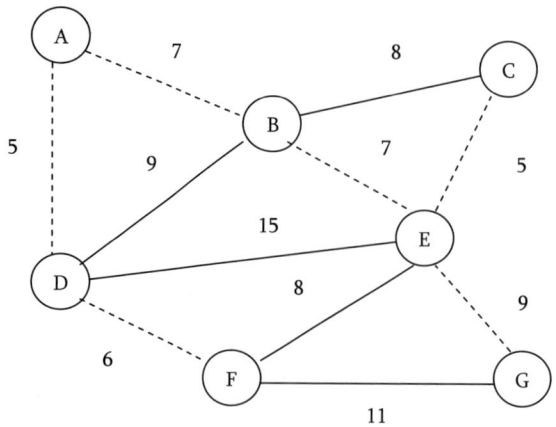

이제 최소 비용 간선은 CB와 EF이다. 하지만 우리가 CB를 선택하면 사이클이 만들어지므로 옳은 전략이 아니다. EF도 마찬가지이므로 이 둘 모두 선택하면 안 된다. 그러면 그 다음 최소 비용은 9(BD와 EG)이다. 그런데 BD 또한 사이클이 생겨서 선택이 불가능하다. 이제 EG만 남았는데, 사이클이 되지 않으므로 이 간선으로 그래프의 모든 정점을 완료한다.

```
void Kruskal(Graph G) {
    // 8장 참고
    S = ∅ ; // 맨 마지막에 S에는 최소 신장 트리의 간선들이 저장된다
    for(int v = 0; v< G->V; v++)
        MakeSet (v);
    E의 간선들을 가중치 w가 증가하는 순서로 정렬한다;
    for E 안의 모든 간선 (u, v)에 대해 { // 정렬된 리스트로부터
        if(FIND(u) != FIND(v)) {
            S = S ∪ {(u, v)};
            UNION(u, v);
        }
    }
    return S;
}
```

참고

UNION과 FIND 연산의 구현에 대해서는 8장을 참고하자.

이 알고리즘의 최악의 경우 수행 시간은 주로 힙 연산에 의해 영향 받는 $O(ElogE)$이다. 즉 E 간선들을 가지고 힙을 만들기 때문에 $O(ElogE)$ 시간이 필요하다.

9.9 그래프 알고리즘 연습문제

문제-1 n개의 정점을 가진 단순한 무방향 그래프에서 간선의 최대 개수는 몇 개인가? 자기 루프(Self Loop)는 허용되지 않는다.

해답: 각 노드가 다른 모든 노드에 연결될 수 있기 때문에 첫 번째 노드는 $n - 1$개의 노드와 연결된다. 두 번째 노드는 (첫 번째 노드와의 사이에 간선이 하나 이미 있으므로) $n - 2$개 노드와 연결된다.
간선의 총 개수는 $1 + 2 + 3 + \cdots + n - 1 = \frac{n(n-1)}{2}$개이다.

문제-2 n개의 정점과 E개의 간선을 가진 그래프는 몇 개의 서로 다른 인접 행렬을 갖는가?

해답: n개의 항목을 가진 순열의 개수와 같으므로 $n!$

문제-3 n개의 정점을 가진 그래프는 몇 개의 서로 다른 인접 리스트를 갖는가?

해답: 간선의 순열의 개수와 같으므로 $E!$

문제-4 정점이 고립되었는지(어떤 정점에도 연결되지 않음)를 알기 위한 가장 적합한 무방향 그래프의 표현 방법은?

해답: 인접 리스트. 인접 행렬을 사용한다면 전체 행을 다 검사해야 정점에 간선이 있는지 여부를 알 수 있다. 인접 리스트를 사용하면 정점이 다음 포인터로 NULL을 가졌는지 여부를 검사하는 것만으로 쉽게 알 수 있다(NULL은 그 정점이 어떤 정점에도 연결되지 않았음을 뜻한다).

문제-5 시작점 s로부터 목적지 t에 이르는 경로가 있는지 검사할 때 분리집합과 DFS 중 어느 것이 더 나은가?

해답: 다음 테이블이 분리집합과 DFS의 차이점을 보여준다. 테이블의 항목은 임의의 노드 쌍(s와 t에 대한)의 경우를 표현한다.

기법	처리 시간	쿼리 시간	공간
UNION-FIND	$V + E\log V$	$\log V$	V
DFS	$E + V$	1	$E + V$

문제-6 n개의 정점을 가진 방향 그래프가 방향 사이클 없이 가질 수 있는 간선의 최대 개수는?

해답: 답은 $V(V - 1)/2$이다. 모든 방향 그래프는 최대 n^2개의 간선을 가질 수 있다. 하지만 사이클이 없어야 하므로 자기 루프를 가질 수 없고 어떤 임의의 정점 쌍 x, y에 대해 (x, y)나 (y, x) 중 오직 한 간선만 포함될 수 있다. 그러므로 간선의 개수는 최대 $(V^2 - V)/2$이다. $V(V - 1)/2$개의 간선을 갖는 것은 가능하다. n개의 노드에 1, 2, ... n이라고 이름을 붙이고 만약 $x < y$이면 간선 (x, y)를 추가한다. 이 그래프는 적절한 개수의 간선을 갖고 사이클을 가질 수 없다(모든 경로가 증가하는 노드의 순서로 방문한다).

문제-7 평행 간선과 자기 루프 없이 가능한 방향 그래프의 개수를 V를 사용해서 표현하자.

해답: $(V) \times (V - 1)$이다. 각 정점이 자기 루프 없이 $V - 1$개의 정점과 연결될 수 있기 때문이다.

문제-8 앞서 최소 신장 트리 알고리즘을 살펴보았다. 그래프의 최대 가중치 신장 트리를 찾는 알고리즘을 알아보자.

해답:

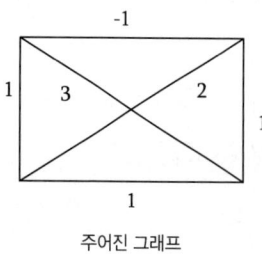
주어진 그래프

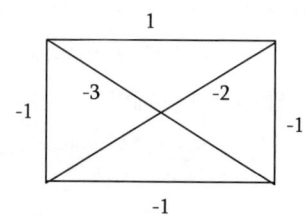
음수 간선으로 변환된 그래프

주어진 그래프를 사용해서 같은 노드와 간선을 가지는 새로운 그래프를 만든다. 이때 같은 가중치를 사용하지 않고 가중치의 음수를 사용한다. 즉 어떤 간선의 가중치 = 주어진 그래프에서의 해당되는 간선의 가중치의 음수이다. 이제 기존의 최소 신장 트리 알고리즘을 새 그래프에 사용한다. 그 결과로 원래 그래프의 최대 가중치 신장 트리를 얻는다.

문제-9 DFS와 BFS의 차이점은?

해답:

DFS	BFS
막다른 곳에서 되돌아오기 가능	되돌아오기 불가능
탐험이 끝나지 않은 정점들이 LIFO 순서로 처리가 된다.	탐험될 정점들이 FIFO 큐에 저장된다.
검색은 특정한 한 방향으로만 이루어진다.	같은 레벨의 정점들은 평행하게 관리된다.

문제-10 주어진 그래프 G가 시작점 s로부터 목적지 d에 이르는 단순 경로를 가졌는지 검사하는 알고리즘을 알아보자. 그래프 G는 인접 행렬로 표현된다고 가정한다.

해답: 그래프의 구조가 다음과 같다고 가정하자.

모든 정점에서 DFS를 호출하고 현재의 정점이 목적지 정점과 같은지 여부를 검사한다. 만약 같다면, 1을 리턴한다. 그렇지 않다면, 방문하지 않은 이웃들에 대해 DFS를 호출한다. 여기서 중요한 점 한 가지는 아직 방문하지 않은 정점들에서도 DFS 알고리즘을 호출한다는 것이다.

```
void HasSimplePath(Graph G, int s, int d) {
    Viisited[s] = 1;
    if(s == d) return 1;
    for(int t = 0; t < G.vertexCount; t++) {
        if(G.adjMatrix[s][t] && !Viisited[t])
            if(DFS(G, t, d))
                return 1;
    }
    return 0;
}
```

시간 복잡도: $O(E)$. 위 알고리즘에서 각 노드의 모든 이웃들에서 DFS를 호출하지 않으므로(if 조건문에 의해 생략하며) 공간 복잡도는 $O(V)$이다.

문제-11 주어진 그래프 G에서 시작점 s로부터 목적지 d에 이르는 단순 경로의 개수를 구하자. 그래프가 인접 행렬로 표현된다고 가정하자.

해답: 문제-10의 해답과 유사하다. 한 노드에서 시작해서 각 노드의 DFS를 호출한다. 이후 주어진 그래프에서 방문할 수 있는 모든 노드를 방문한다. 즉 그 노드에 연결된 모든 노드를 방문한다. 방문하지 않은 노드가 남아 있다면 그 노드 중 하나로부터 다시 시작해서 DFS를 호출한다. 각 연결된 구성 요소에 대해 DFS를 처음 호출하기 전에 연결된 구성 요소 개수를 증가시킨다. 이 과정을 모든 그래프 노드가 방문될 때까지 반복한다. 그 결과 맨 마지막에 연결된 구성 요소들의 총 개수를 얻는다. 다음 예제는 이를 코드로 구현한 것이다.

```
void CountSimplePaths(Graph G, int s, int d) {
    Viisited[s] = 1;
    if(s == d) {
        count++;
        Visited[s] = 0;
        return;
    }
    for(int t = 0; t < G.vertexCount; t++) {
        if(G.adjMatrix[s][t] && !Viisited[t]){
            DFS(G, t, d);
            Visited[t] = 0;
        }
    }
}
```

문제-12 모든 쌍의 최단 경로 문제: 주어진 그래프의 모든 정점에 최단 경로를 구하자. 주어진 그래프에 음수 간선은 없다고 가정하자.

해답: 이 문제는 데이크스트라 알고리즘을 n번 적용해서 풀 수 있다. 이 말은 데이크스트라의 알고리즘을 주어진 그래프의 모든 정점에 적용한다는 것이다. 이 알고리즘은 그래프에 음수 가중치를 가진 간선이 있으면 동작하지 않는다.

문제-13 문제-12에서 그래프에 음수 가중치를 가진 간선이 있을 때 모든 쌍의 최단 경로 문제를 어떻게 푸는가?

해답: 이 문제는 플로이드-와샬(Floyd-Warshall) 알고리즘을 사용하여 풀 수 있는데, 음수 가중치를 가진 간선이 있는 가중치 그래프에서도 동작한다. 이 알고리즘은 동적 계획법의 한 예로, 동적 계획법의 특징과 구현 방법은 19장을 참고하자.

문제-14 **DFS 적용:** 단절점(Cut Vertex 또는 Articulation Point)

해답: 무방향 그래프에서 단절점은 그 정점을 삭제하면, 그래프가 두 개의 분리된 구성 요소로 나뉘는 정점이다. 예를 들어 다음 그림을 살펴보자. 'D' 정점을 삭제하면 그래프가 두 개의 따로 연결된 구성 요소 ({E, F}와 {A, B, C, G})로 나뉜다. 또 C 정점을 삭제하면 그래프가 ({G}와 {A, B, D, E, F})로 나뉜다. 이 그래프에서 A와 C가 단절점이다.

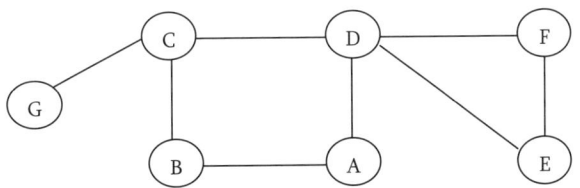

> **참고**
> 어떤 정점을 삭제하더라도 계속 연결된 상태로 남아 있는 연결된 무방향 그래프를 이중결합(biconnected)이라고 부른다.

DFS는 연결된 그래프의 모든 단절점을 찾는 데 선형 시간 알고리즘($O(n)$)을 제공한다. 아무 정점에서나 시작해서 DFS를 호출하고 방문하는 노드에 번호를 붙인다. 각 정점 v에서는 이를 DFS 번호 dfsnum(v)라고 한다. DFS 탐색으로 인해 생성되는 트리를 DFS 신장 트리라고 한다. 그런 다음 DFS 신장 트리 안의 각 정점 v에서 가장 낮은 번호를 가진 정점을 계산다. low(v)라고 불리는 이 정점은 0개 혹은 그 이상의 트리 간선과 한 개의 역방향 간선(이 순서대로)을 지나 v로부터 닿을 수 있는 정점이다.

이 알고리즘은 결국 다음과 같은 정보가 필요하다. DFS 트리의 각 정점(일단 방문된 이후)에 대한 dfsnum, DFS 트리에서 v의 모든 자식이 가진 이웃들의 최저 깊이 low. 여기서 dfsnum은 DFS 과정 중에 계산될 수 있고, v의 low는 v의 모든 자손을 방문한 뒤(즉 v가 DFS 스택에서 팝되기 직전에)에 계산될 수 있다. 이는 v의 모든 이웃(DFS 트리에서 v의 부모 노드를 제외한)의 dfsnum과 DFS 트리 안의 v의 모든 자식의 low 값 중 최소 값이다.

뿌리 정점은 최소 두 개의 자식 노드를 가질 때에만 단절점이다. 뿌리가 아닌 정점은 low(v) ≥ dfsnum(u)인 u의 자식 v가 존재할 때에만 단절점이다. 이 속성은 DFS가 u의 모든 자식에 대해 리턴한 다음(즉 u가 DFS 스택으로부터 팝되기 직전에) 검사될 수 있다. 그리고 참이라면 u는 그래프를 서로 다른 이중결합 구성 요소로 분리한다. 이는 결국 모든 v에서 하나의 이중결합 구성 요소를 계산하고 (v를 포함하는 구성 요소는 v의 부속 트리와 u를 포함한다), 그런 다음 v의 부속 트리를 전체 트리에서 삭제하는 과정이다.

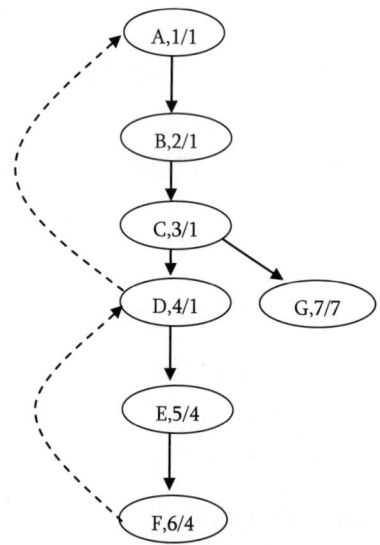

이 그림은 앞서 나왔던 그래프에 대한 dfsnum/low가 표시된 DFS 트리이다. 코드로 구현하면 다음과 같다.

```java
int adjMatrix [256] [256] ;
int dfsnum [256], num = 0, low [256];
void CutVertices(int u) {
    low[u] = dfsnum[u] = num++;
    for(int v = 0 ; v < 256; ++v) {
        if(adjMatrix[u][v] && dfsnum[v] == -1) {
            CutVertices(v) ;
            if(low[v] > dfsnum[u])
                System.out.println("Cut Vetex:" + u);
            low[u] = min (low[u], low[v]) ;
        }
        else // (u,v)는 역방향 간선
            low[u] = min(low[u] , dfsnum[v]) ;
    }
}
```

문제-15 G가 n 차수를 가진 연결 그래프라고 하자. G가 가질 수 있는 단절점의 최대 개수는 몇 개인가?

해답: 예를 들어 다음 그래프를 보면, 정점 1과 n을 제외한 다른 모든 정점이 단절점이다. 이는 1과 n 정점을 삭제해도 그래프가 둘로 나뉘어지지 않기 때문이다. 즉 $n - 2$가 최대 단절점 개수를 구할 수 있는 경우이다.

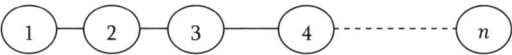

문제-16 DFS 적용: 끊긴 다리(Cut Bridges) 혹은 절단 간선(Cut Edges)

해답:

정의: G를 연결된 그래프라고 하자. G의 간선 uv는 G에서 uv를 삭제하면 G의 연결이 끊어질 때 G의 다리라고 불린다. 예를 들어 다음 그래프를 살펴보자.

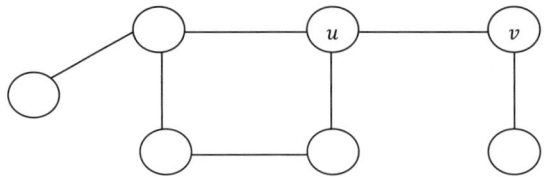

앞의 그래프에서 간선 *uv*를 삭제하면 그래프는 두 구성 요소로 나뉜다. 이 그래프에서 *uv*는 다리이다. 앞서 살펴본 단절점의 특징은 끊긴 다리에서도 비슷하다. 한 가지 차이점은 정점을 출력하는 대신 간선을 출력한다는 점이다. 결론은 간선 (*u*, *v*)는 사이클의 일부라면 다리가 될 수 없고, 만약 (*u*, *v*)가 사이클의 일부가 아니라면 다리이다.

DFS에서 사이클의 유무는 역방향 간선이 있는지 검사하여 알 수 있다. 간선 (*u*, *v*)는 *v*나 *v*의 자식 노드 중 아무것도 *u*나 *u*의 조상 노드로 이어지는 역방향 간선을 갖고 있지 않을 때에만 다리가 된다. *v*의 자식 노드들이 *u*의 부모를 향한 역방향 간선을 가지고 있는지 검사하려면 앞에서와 비슷한 방식으로 *v*를 뿌리로 하는 부속 트리로부터 닿을 수 있는 최소 dfsnum이 무엇인지 찾으면 된다.

```
int dfsnum[256], num = 0, low[256];
void Bridges(Graph G, int u) {
    low[u] = dfsnum[u] = num++;
    for(int v = 0; G.vertexCount; ++v) {
        if(G.adjMatrix[u][v] && dfsnum[v] == -1) {
            cutVertices(v);
            if(low[v] > dfsnum[u])
                print (u,v) as a bridge
            low[u] = min (low[u], low[v]);
        }
        else // (u,v)는 역방향 간선
            low[u] = min(low[u], dfsnum[v]);
    }
}
```

문제-17 DFS 적용: 오일러 회로(Euler Circuits)를 이용한 문제
해답: 일단 몇 가지 용어를 살펴보자.

- 오일러 투어(Eulerian Tour) - 반복 없이 모든 간선을 포함하는 경로
- 오일러 회로(Eulerian Circuit) - 반복 없이 모든 간선을 포함하면서 시작점과 같은 점에서 끝나는 경로
- 오일러 그래프(Eulerian Graph) - 오일러 회로를 포함하는 그래프
- 짝수 정점(Even Vertex) - 인접 간선의 개수가 짝수인 정점
- 홀수 정점(Odd Vertex) - 인접 간선의 개수가 홀수인 정점

오일러 회로: 주어진 그래프를 펜으로 다시 그려야 할 때, 각 선을 정확히 한 번만 그려야 하고, 펜을 종이에서 떼어서는 안 된다. 즉 그래프의 모든 간선을 정확히 한 번씩만 방문하는 경로를 찾아야 한다. 이러한 문제를 오일러 경로(혹은 오일러 투어) 또는 오일러 회로 문제라고 하는데, 이 문제를 푸는 방법 중에는 DFS에 기초한 간단한 해법이 있다.

오일러 회로는 그래프가 연결되어 있고 각 정점의 이웃의 개수가 짝수일 때만 존재한다. 아무 노드에서나 시작해서 방문하지 않은 나가는 방향 간선을 선택하고 따라간다. 선택하지 않은 나가는 방향 간선이 없을 때까지 반복한다. 예를 들어 다음의 그래프를 살펴보자. 이 그래프의 유효한 오일러 회로 하나는 0 1 3 4 1 2 3 5 4 2 0이다.

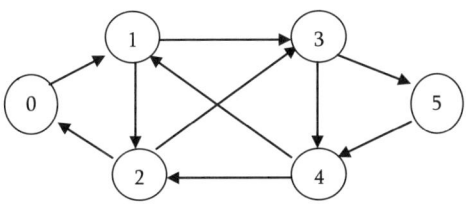

우리가 정점 0에서 시작한다면, 정점 1로의 간선을 선택할 수 있다. 그런 다음 정점 2를 향한 간선을 선택하고 그 다음엔 정점 0을 향한 간선을 선택한다. 이제 정점 0에는 선택하지 않은 간선이 더 이상 남아 있지 않다.

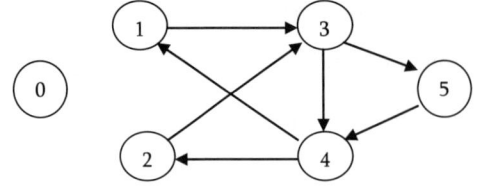

이제 모든 간선을 여행하지 못한 0, 1, 2, 0을 갖는다. 그러므로 회로 상의 다른 정점을 하나 선택해야 한다. 1을 선택했다고 하자. 이제 남아 있는 간선에 대해 깊이 우선 검색을 다시 수행한다. 노드 3을 향한 간선을 선택하고, 그 다음엔 4, 그 다음엔 1을 향한 간선을 선택한다. 그럼 다시 노드 1로부터는 선택되지 않은 간선이 없어진다. 이제 이 경로 1, 3, 4, 1을 이전 경로 0, 1, 2, 0에 연결해서 0, 1, 3, 4, 1, 2, 0을 얻는다. 선택되지 않아 남은 간선들은 다음 그림에서 볼 수 있다.

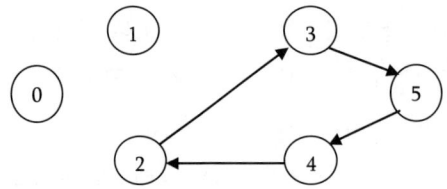

이제 다른 정점을 다시 선택해 DFS를 또 시작한다. 정점 2를 선택하여 얻은 경로 2, 3, 5, 4, 2를 연결하면, 최종 회로 0, 1, 3, 4, 1, 2, 3, 5, 4, 2, 0를 얻게 된다.

무방향 그래프에서 모든 정점을 방문하는 단순한 사이클을 찾는 문제도 매우 유사하다. 이것은 해밀턴 사이클 문제(Hamiltonian Cycle Problem)라고 알려져 있다. 오일러 회로 문제와 거의 동일해보이지만 해밀턴 사이클 문제에서는 아직까지 효율적인 알고리즘은 알려진 것이 없다.

참고

- 연결된 무방향 그래프는 모든 그래프의 정점이 짝수 차수일 때나 아니면 홀수 차수를 갖는 정점이 정확히 2개일 때에만 오일러적이다.
- 방향 그래프는 강하게 연결되어 있고 모든 정점의 나가는 차수와 들어오는 차수가 같을 때에만 오일러적이다.

적용: 우편 배달부가 편지와 소포를 배달하기 위해 여러 거리를 방문해야 한다. 우체국에서 출발해서 우체국으로 돌아오면서 각 거리(간선)를 정확히 한 번씩만 방문하는 경로를 찾아야만, 우편 배달부는 편지와 소포를 모든 거리에 배달하면서 동시에 최소한의 노력/시간을 들이게 된다.

문제-18 **DFS 적용:** 강하게 연결된 구성 요소 찾기

해답: 이것은 DFS의 또 다른 적용 사례이다. 방향 그래프에서 두 정점 u와 v는 u에서 v로 가는 간선과 v에서 u로 가는 간선이 모두 존재할 때에만 강하게 연결되었다고 한다. 강한 연결은 동치 관계(Equivalence Relation)이다.

- 정점은 자기 자신과 강하게 연결되어 있다.
- 정점 u가 정점 v와 강하게 연결되어 있다면, 정점 v는 정점 u와 강하게 연결되어 있다.
- 정점 u가 정점 v와 강하게 연결되어 있고, 정점 v가 정점 x와 강하게 연결되어 있다면 정점 u는 정점 x와 강하게 연결되어 있다.

이 말은 주어진 방향 그래프에 대해 강하게 연결된 구성 요소들로 분리할 수 있다는 것이다. 이 문제는 두 번의 깊이 우선 검색을 수행해서 풀 수 있고, 주어진 방향 그래프가 강하게 연결되었는지 아닌지를 알 수 있다. 또한 강하게 연결된 정점들의 부속집합을 만들 수 있다.

알고리즘

- 주어진 그래프 G에서 DFS를 수행한다.
- 주어진 그래프 G의 정점들을 깊이 우선 신장 숲의 후위 탐색 순서에 따라 번호 매긴다.
- G의 모든 간선을 뒤집어 그래프 G_r을 만든다.
- G_r에 대해 DFS를 수행한다. 항상 새로운 DFS(Visit을 가장 처음 호출하는 것)를 가장 높은 번호가 매겨진 정점으로부터 시작한다.

- 최종 결과 깊이 우선 신장 숲의 각 트리가 강하게 연결된 구성 요소이다.

왜 이 알고리즘이 동작하는가?

두 정점 v와 w를 생각해보자. 이 정점들이 같이 강하게 연결된 구성 요소에 속한다면 v에서 w 또, w에서 v로 가는 경로가 원본 그래프 G에 있고 또 G_r에도 있다. 만약 두 정점 v와 w가 G_r의 같은 깊이 우선 신장 트리에 있지 않다면 당연히 이 정점들은 같은 강하게 연결된 구성 요소 속에 있을 수 없다. 예를 들어 다음 그래프를 보자. 이 그래프를 G라고 하겠다.

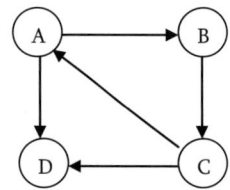

이제, 알고리즘에 의해 이 그래프 G에 DFS를 수행해서 다음 그림을 얻는다. C에서 A로의 점선은 역방향 간선을 뜻한다.

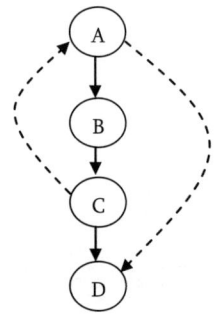

이 트리에 후위 탐색을 수행하면 D, C, B, A를 얻는다.

정점	후위 우선 번호
A	4
B	3
C	2
D	1

이렇게 주어진 그래프 G를 뒤집어 G_r이라고 부르자. 동시에 각 정점들에 후위 우선 번호를 부여하자. 뒤집혀진 그래프 G_r은 다음과 같이 보일 것이다.

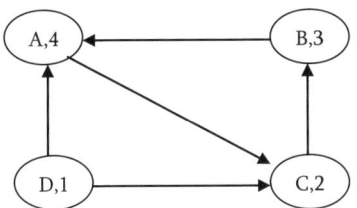

마지막 단계는 이 뒤집혀진 그래프 G_r에 대해 DFS를 수행하는 것이다. DFS를 수행할 때 가장 큰 DFS 번호를 가진 정점을 고려해야 한다. 그러므로 먼저 A에서 시작해서 DFS로 C로 가고, 그런 다음 B로 가면, B에서는 더 이상 움직일 수가 없다. 즉 {A, B, C}가 강하게 연결된 구성 요소라는 것이다. 이제 마지막 남은 요소는 D이고, 두 번째 DFS를 D 자신에게서 끝낸다. 따라서 연결된 구성 요소들은 {A, B, C}와 {D}가 된다.

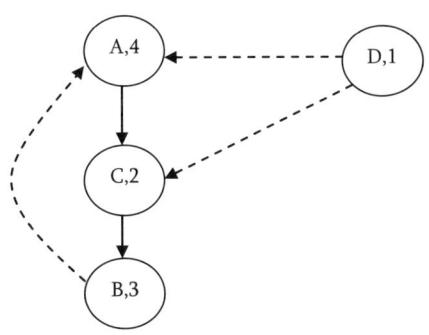

이 논의에 기초한 구현은 다음과 같다.

```
// 그래프는 인접 행렬로 표현되었다
int adjMatrix [256][256], table[256];
vector <int> st;
int counter = 0;
// 이 테이블에 DFS 검색 숫자가 저장된다
int dfsnum [256], num = 0, low[256];
void StronglyConnectedComponents(int u) {
    low[u] = dfsnum[u] = num++;
    Push(st, u);
    for(int v = 0 ; v < 256; ++v) {
        if(graph[u][v] && table[v] == -1) {
            if(dfsnum[v] == -1)
                StronglyConnectedComponents(v);
            low[u] = min(low[u], low[v]);
        }
    }
    if(low[u] == dfsnum[u]) {
        while(table[u] != counter) {
            table[st.back()] = counter;
            Push(st);
        }
        ++ counter;
    }
}
```

문제-19 인접 행렬로 표현된 그래프 G의 연결된 구성 요소의 개수를 구하자.

해답: 이 문제는 DFS에 카운터를 하나 추가해서 풀 수 있다.

```
// Visited[ ]는 전역 배열이다
int Visited[G->V];
void DFS(Graph G, int u) {
    Visited[u] = 1;
    for(int v = 0; v < G.vertexCount; v++) {
        /* 예를 들어 그래프를 표현하기 위해 인접 행렬이 사용되었다면
           정점 u의 방문하지 않은 인접 정점을 찾는데 사용될 조건은
        if(!Visited[v] && G->Adj[u][v])이다 */
        for u의 방문하지 않은 인접 노드 v에 각각에 대하여 {
            DFS(v);
        }
    }
}
void DFSTraversal(Graph G) {
    int count = 0;
    for(int i = 0; i< G.vertexCount;i++)
        Visited[i]=0;
```

```
        // 그래프에 하나 이상의 구성 요소가 있다면 이 루프가 필요하다
        for(int i = 0; i< G.vertexCount;i++)
            if(!Visited[i]) {
                DFS(G, i);
                count++;
            }
        return count;
}
```

시간 복잡도: DFS와 같으며 구현에 달려 있다. 인접 리스트를 사용했을 때 복잡도는 $O(|E| + |V|)$이고 인접 행렬일 때는 $O(|V|^2)$이다.

문제-20 문제-19를 BFS를 사용해서 풀 수 있는가?

해답: 그렇다. 이 문제는 BFS에 카운터를 하나 추가해서 풀 수 있다.

```
void BFS(Graph G, int u) {
    int v,
    LLQueue Q = new LLQueue();
    Q.enQueue(u);
    while(!Q.isEmpty()) {
        u = Q.deQueue();
        Process u;
        Visited[s] = 1;
        /* 예를 들어 그래프를 표현하기 위해 인접 행렬이 사용되었다면
           정점 u의 방문하지 않은 인접 정점을 찾는데 사용될 조건은
           if(!Visited[v] && G->Adj[u][v])이다 */
        for u의 방문하지 않은 인접 노드 v에 각각에 대하여 {
            Q.enQueue(v);
        }
    }
}
void BFSTraversal(Graph G) {
    for(int i = 0; i< G.vertexCount;i++)
        Visited[i] = 0;
    // 그래프에 하나 이상의 구성 요소가 있다면 이 루프가 필요하다
    for(int i = 0; i< G.vertexCount; i++)
        if(!Visisted[i])
            BFS(G, i);
}
```

시간 복잡도: BFS와 같으며 구현에 달려 있다. 인접 리스트를 사용했을 때 복잡도는 $O(|E| + |V|)$이고, 인접 행렬일 때는 $O(|V|^2)$이다.

문제-21 $G(V, E)$가 무방향 그래프라고 가정하자. 신장 트리를 찾는 $O(|E|)$ 시간 복잡도를 갖는 알고리즘을 구하자(최소 신장 트리일 필요는 없다).

해답: 사이클이 있는지 검사하는 것은 집합 S에 추가된 정점을 표시함으로써 일정한 시간에 수행될 수 있다. 어느 간선의 두 정점이 모두 표시가 되었다면 사이클이 있는 것이다.

알고리즘

```
S = {};  // S를 집합이라고 가정한다
    for E에 속한 각 간선 e에 대해  {
        if(e를 S에 추가하는 것이 사이클을 만들지 않는다면)  {
            e를 S에 추가한다;
            e를 표시한다;
        }
    }
```

문제-22 문제-20을 푸는 다른 방법이 있는가?

해답: 그렇다. BFS를 실행하고 그래프에 대한 BFS 트리(그래프의 레벨 순서 트리)를 찾을 수 있다. 그런 다음 뿌리로부터 시작해서 다음 레벨로 계속 움직인다. 동시에 다음 레벨의 노드들은 오직 한 번만 고려해야 한다. 즉 여러 개의 입력 간선이 있는 노드가 있을 때 하나만 고려하지 않으면 사이클을 만든다.

문제-23 무방향 그래프에 사이클 여부를 검사하라.

해답: 무방향 그래프는 DFS 결과 v가 이미 발견되었고, u가 그 조상일 때 역방향 간선(u, v)가 없을 때에만 사이클이 없다.
- 그래프에 대해 DFS를 수행한다.
- 역방향 간선이 있으면 그래프에는 사이클이 있는 것이다.

그래프에 사이클이 없으면 $|E| < |V|$이고, DFS는 $O(|V|)$가 걸린다. 그래프에 사이클이 있으면, 최대 $2|V|$단계 후에 역방향 간선이 발견된다.

문제-24 DAG에서 사이클 여부를 검사하자.

해답:

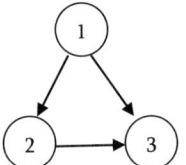

그래프에서의 사이클 검사는 트리에서와 다르다. 왜냐하면 그래프에서는 노드가 여러 개의 부모를 가질 수 있기 때문이다. 트리에서 사이클을 찾는 알고리즘은 깊이 우선 검색을 해서 방문하는 노드마다 표시하는 것이었다. 이미 한 번 표시된 노드가 또 보여진다면 사이클이 있는 것이다. 그래프에서는 이 방법이 통하지 않는다. 위 그래프를 생각해보자. 우리가 만약 트리 사이클 검사 알고리즘을 사용하면, 틀린 결과를 얻게 된다. 즉 그래프에 사이클이 있다고 할 것이다. 하지만 주어진 그래프에는 사이클이 없다. 왜냐하면 노드 1에서 출발한 DFS에서 노드 3이 두 번 보이기 때문이다.

트리에서 사용한 사이클 검사 알고리즘은 쉽게 수정하여 그래프에서도 쓸 수 있다. 핵심은 사이클이 없는 그래프의 DFS에서 모든 자손 노드가 방문한 노드가 사이클이 없이도 다시 보일 수 있다는 것이다. 하지만 어떤 노드가 모든 자손 노드들이 방문되기 전에 다시 보인다면 분명히 사이클이 있는 것이다.

왜 그런지 알겠는가? 사이클을 포함한 노드 A가 있다고 하자. 이 말은 A는 A의 자손들 중 하나에서 다시 접근할 수 있어야 한다는 것이다. 그러므로 DFS가 그 자손을 방문할 때 A의 모든 자손 방문을 마치기 전에 A를 다시 보게 된다. 그러므로 사이클이 있는 것이다. 다음은 수정된 사이클 검사 예제이다.

```java
int DetectCycle(Graph G) {
    for(int i = 0; i< G.vertexCount; i++) {
        Visited[s]=0;
        Predecessor[i] = 0;
    }
    for(int i = 0; i < G.vertexCount;i++) {
        if(!Visited[i] && HasCycle(G, i))
```

```
            return 1;
        }
        return false;;
    }
    int HasCycle(Graph G, int u) {
        Visited[u]=1;
        for(int i = 0; i< G.vertexCount; i++) {
            if(G->Adj[s][i]) {
                if(Predecessor[i] != u && Visited[i])
                    return 1;
                else {
                    Predecessor[i] = u;
                    return HasCycle(G, i);
                }
            }
        }
        return 0;
    }
```

시간 복잡도: $O(V + E)$

문제-25 주어진 사이클이 없는 방향 그래프에서 깊이를 구하는 알고리즘을 알아보자.

해답: 트리에서 깊이를 구하는 방법과 유사한 방법을 사용해서 이 문제를 풀 수 있다. 트리에서는, 레벨 순서 탐색을 사용해 이 문제를 풀었다 (레벨의 끝을 가리키기 위해 추가로 하나의 변수를 사용해서).

```
// 주어진 그래프가 DAG라고 가정하자
int DepthInDAG(Graph G) {
    LLQueue Q = new LLQueue();
    int counter;
    int v, w;
    counter = 0;
    for(v = 0; v< G.vertexCount; v++)
        if(indegree[v] == 0)
            Q.enQueue(v);
    Q.enQueue('$');
    while(!Q.isEmpty()) {
        v = Q.deQueue();
        if(v == '$') {
            counter++;
            if(!Q.isEmpty())
                Q.enQueue('$');
        }
        v에 인접한 각 w에 대해
            if(--indegree[w] == 0)
                Q.enQueue(w);
    }
```

```
        Q.deleteQueue();
        return counter;
}
```

전체 수행 시간은 $O(V + E)$이다.

문제-26 다음 DAG에는 몇 개의 위상 정렬이 존재하는가?

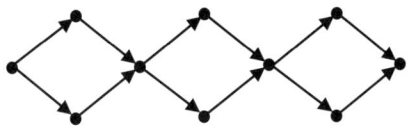

해답: 앞의 그래프를 관찰하면 두 개의 정점을 가진 3개의 단계가 있다. 이 장의 앞부분에서 위상 정렬은 어느 순간에서나 진입차수가 0인 항목을 선택한다는 것을 보았다. 두 개의 정점 각 단계에서 앞의 정점이나 아래 정점 중 하나를 진행할 수 있다. 즉 각 단계에서 두 가지 선택이 가능하기 때문에 전체 위상 정렬의 개수를 계산하는 식은 $2 \times 2 \times 2 = 8$이다.

문제-27 유일한 위상 순서: 방향 그래프에 유일한 위상 순서가 있는지 검사하는 알고리즘을 설계하자.

해답: 방향 그래프는 방향 간선이 위상 순서에서 연속된 정점의 각 쌍에 대해 존재할 때만 유일한 위상 순서를 갖는다. 이것은 또한 다음과 같이 정의될 수 있다. 방향 그래프는 해밀턴 경로를 가질 때에만 유일한 위상 순서를 갖는다. 방향 그래프가 여러 개의 위상 순서를 갖는다면 두 번째 위상 순서는 연속된 정점 한 쌍을 뒤바꾸어 구할 수 있다.

문제-28 IIT 봄베이의 선수과목을 생각해보자. 매 학기에 제공되는 모든 과목에 대해 모든 선수과목이 이수되어야 하며 한 학기에 수강할 수 있는 과목 수에 제한이 없다고 가정하자. 전공을 이수하기 위해 필요한 최소 학기를 알려고 한다. 이 문제를 표현하기 위한 데이터 구조를 기술하고 이 문제를 풀기 위한 선형 시간 알고리즘을 알아보자.

해답: 사이클이 없는 방향 그래프(DAG)를 사용한다. 정점은 IIT 봄베이의 과목을 나타내고 간선은 과목 간의 선수과목 관계를 뜻한다. 선수과목 관계에는 사이클이 없으므로 DAG이다.

전공을 이수하기 위해 필요한 학기 수는 DAG에서 가장 긴 경로보다 하나가 더 많다. 이것은 DFS 트리에서 선형 시간으로 계산될 수 있다. 정점 x로부터 나오는 가장 긴 경로는 x의 진출차수(outdegree)가 0이면 0이고, 그렇지 않으면 1 + max{y로부터 나오는 가장 긴 경로 |(x, y)는 G의 간선}이다.

문제-29 어느 대학(예를 들어 IIT 봄베이)에는 여러 개의 과목과 선수과목들이 있다. 즉 두 개의 리스트가 주어진다.

A - 과목 리스트

B - 선수과목 리스트: B에는 $x, y \in A$인 (x, y) 쌍이 있는데 과목 x는 과목 y 전에 수강될 수 없다는 뜻이다.

한 학기에 한 과목만 수강하려는 학생이 있다고 하자. 이 학생을 위한 스케줄을 설계하자.

예: A = {Java 언어, 데이터 구조, OS, CO, 알고리즘, 디자인 패턴, 프로그래밍}. B = {(Java 언어, CO), (OS, CO), (데이터 구조, 알고리즘), (디자인 패턴, 프로그래밍)}. 가능한 스케줄 하나는?

1학기: 데이터 구조

2학기: 알고리즘

3학기: Java 언어

4학기: OS

5학기: CO

6학기: 디자인 패턴

7학기: 프로그래밍

해답: 이 문제의 해답은 위상 정렬의 해답과 정확히 같다. 과목 이름들이 알려진 n(n은 상수가 아님)에 대해 $[1..n]$의 정수라고 가정하자. 과목 사이의 관계는 과목들의 집합 V와 만약 과목 i가 과목 j의 선수과목일 때 간선 (i, j)가 E에 속하는 방향 그래프 $G = (V, E)$로 나타낼 수 있다. 그래프가 인접 리스트로 표현된다고 가정하자.

먼저 DAG를 $O(|V| + |E|)$로 위상 정렬하는 다른 알고리즘을 관찰하자.

- 모든 정점의 진입차수를 찾는다. - $O(|V| + |E|)$
- 반복한다.

  진입차수가 0인 정점 v를 찾는다. - $O(|V|)$

  v를 출력하고 v와 그 간선들을 G로부터 삭제한다. - $O(|V|)$

  (v, u)가 G의 간선이었던 각 정점 u의 진입차수를 감소시키고 진입차수가 0인 정점들의 리스트를 보관한다. - $O(\text{degree}(v))$

  이 과정을 모든 정점이 삭제될 때까지 반복한다.

이 알고리즘의 시간 복잡도 역시 위상 정렬의 시간 복잡도와 같은 $O(|V| + |E|)$이다.

문제-30 문제-29에서 한 학생은 A의 모든 과목을 최소한의 학기에 다 수강하기 원한다. 즉 이 학생은 한 학기에 수강할 수 있는 과목의 수에 제한이 없다. 이 시나리오의 스케줄을 설계하자.

가능한 한 가지 스케줄은?

1학기: C-언어, OS, 디자인 패턴

2학기: 데이터 구조, CO, 프로그래밍

3학기: 알고리즘

해답: 앞의 위상 정렬 알고리즘을 살짝 고친 변형: 각 학기에 한 과목만 듣는 게 아니라 진입차수가 0인 모든 과목을 듣는다. 즉 진입차수가 0인 모든 노드에 대해 알고리즘을 수행한다(각 단계에 하나의 노드만 다루는 게 아니라 모든 노드가 다뤄지고 출력된다).

시간 복잡도: $O(|V| + |E|)$

문제-31 **DAG의 LCA:** 주어진 DAG와 두 정점 v, w에 대하여 v, w의 최소 공통 조상(Lowest Common Ancestor, LCA)을 구하자. v, w의 LCA는 v와 w의 조상이면서 또 다른 v와 w의 조상인 자식 노드가 없는 노드이다.

힌트: DAG의 정점 v의 높이를 뿌리로부터 v까지의 최대 경로의 길이로 정의하자. v와 w 모두의 조상인 노드들 중에 제일 큰 높이를 갖는 노드가 v와 w의 LCA이다.

문제-32 **최단 조상 경로:** 주어진 DAG와 두 정점 v, w에 대하여 v, w의 최단 조상 경로(Shortest Ancestral Path)를 구하자. v와 w의 조상 경로란 v, w의 공통 조상 x와 v에서 x, w에서 x까지의 최단 경로이다. 최단 조상 경로는 전체 길이가 최소화된 조상의 경로이다.

힌트: BFS를 두 번 수행한다. 처음엔 v로부터 수행하고, 두 번째는 w로부터 수행한다. LCA가 아닌 공통 조상 x로 가는 최단 조상 경로가 있는 DAG를 찾는다.

문제-33 두 개의 그래프 G_1와 G_2가 있을 때 이들이 동형(isomorphic)인지 아닌지 어떻게 알 수 있는가?

해답: 어떤 그래프에서도 같은 방식으로 표현할 수 있는 방법이 여러 가지가 있다. 예를 들어 다음의 단순 그래프를 살펴보자. 다음 모든 그래프들은 같은 수의 정점과 간선을 가지고 있다.

정의: 그래프 $G_1 = \{V_1, E_1\}$과 $G_2 = \{V_2, E_2\}$는 동형이다. 만약
1) V_1과 V_2에 1:1 연관성이 있고
2) E_1과 E_2에 G_1의 각 간선을 G_2의 각 간선에 대응시키는 1:1 연관성이 있을 경우

이제 주어진 그래프에 대해 그들이 동형인지 아닌지 어떻게 검사하는가?

일반적으로 두 개의 그래프가 동형인지 검사하는 것은 쉬운 일은 아니다. 그러므로 우리는 동형 그래프의 몇몇 속성을 살펴보기로 한다. 즉 그래프들이 동형이라면 이 속성들이 충족되어야 한다는 것이다. 즉 주어진 그래프들이 이 속성들을 충족시키지 않는다면 동형 그래프가 아니라고 말할 수 있다.

속성: 두 그래프는 정점들의 몇몇 순서에 대해 인접 행렬이 동일할 때에만 동형이다.

앞의 속성에 기초해서 주어진 그래프가 동형인지 아닌지 결정한다. 이 속성을 검사하기 위해 몇 번의 행렬 변환 연산을 수행해야 한다.

문제-34 n개의 정점을 가진 동형이 아닌 무방향 그래프의 개수는 몇 개인가?

해답: 이 문제를 두 단계로 풀려고 한다. 첫 번째로 모든 번호 붙은 그래프 수를 센다. 다음의 모든 표현들이 정점에 {1, 2, 3}이라고 번호가 붙었다고 가정하자. $n = 3$인 이런 그래프들의 집합은?

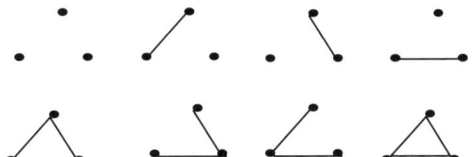

각 간선에 대해 존재한다와 아니다의 오직 두 개의 선택이 있다고 해보자. 간선의 최대 개수가 $\binom{n}{2}$이므로(n개의 정점을 가진 무방향 그래프의 간선의 최대 개수는 $\frac{n(n-1)}{2} = n_{c2} = \binom{n}{2}$), 무방향 번호가 붙은 그래프의 총 개수는 $2^{\binom{n}{2}}$이다.

문제-35 n개의 정점을 가진 그래프 G가 주어졌을 때 몇 개의 트리를 만들 수 있는가?

해답: 이 문제에 대한 간단한 공식이 있는데 아서 케일리(Arthur Cayley)의 이름이 붙어 있다. n개의 번호가 붙은 정점을 가진 주어진 그래프에 대해 트리의 개수를 구하는 공식은 n^{n-2}이다. 아래에 서로 다른 n 값에 따른 트리의 개수를 볼 수 있다.

n 값	공식 값 n^{n-2}	트리의 개수
2	1	1 —————— 2
3	3	1△(2,3) 3△(1,2) 2△(3,1)

문제-36 n개의 정점을 가진 그래프 G가 주어졌을 때 몇 개의 신장 트리를 만들 수 있는가?

해답: 이 문제의 해답은 문제-36과 동일하다. 같은 문제를 다른 방식으로 물어본 것이다. 왜냐하면 일반 트리와 신장 트리의 간선의 개수는 동일하기 때문이다.

문제-37 **DAG의 해밀턴 경로:** 주어진 DAG에서 각 정점을 오직 한 번만 방문하는 선형 시간 알고리즘을 설계하자.

해답: 해밀턴 경로 문제는 NP-완전 문제이다(더 자세한 사항은 20장을 참고하자).

이 문제를 풀기 위해 위상 정렬 알고리즘을 생각해보자. 위상 정렬에는 흥미로운 속성이 있는데, 정렬된 순서의 연결된 정점 쌍들이 간선으로 연결되어 있다면 이 간선들은 DAG의 방향 해밀턴 경로를 만든다는 것이다. 만약 해밀턴 경로가 존재한다면, 위상 정렬 순서는 유일하다. 또한 위상 정렬이 해밀턴 경로를 만들지 못한다면, 그 DAG에는 두 개 혹은 이상의 위상 순서가 있다.

근사치 알고리즘: 위상 정렬을 계산하고, 위상 순서의 연결된 정점 쌍 사이에 간선이 있는지 검사한다.

비가중치 그래프에서 각 정점을 오직 한 번만 방문하는 s에서 t까지의 경로를 찾는다. 백트래킹에 기반한 기본적인 해답은 s에서 시작해서 같은 정점을 두 번 방문하지 않으면서 모든 이웃을 재귀적으로 검사하는 것이다. 다음은 코드로 구현한 해답이다.

```
bool seenTable[32];
void HamiltonianPath(Graph G, int u) {
    if(u == t)
        /* 모든 정점을 보았는지 검사한다 */
    } else {
        for(int v = 0; v < n; v++)
            if(!seenTable[v] && G.adjMatrix[u][v]) {
                seenTable[v] = true;
                HamiltonianPath(v);
                seenTable[v] = false;
            }
    }
}
```

정점 $s = v_1, v_2, ..., v_k = u$를 사용해서 s에서 u까지의 부분 경로를 찾았다면 다음에 방문할 정점이 무엇인지 알기 위해 이 정점들을 방문했던 순서를 고려할 필요가 없다. 우리가 알아야 할 것은 방문했던 정점들의 집합(seenTable[ ] 배열)과 현재 어느 정점에 있는지(u)이다. u에 대해 2^n개의 가능한 정점 집합들이 있고 n개의 선택이 있다. 다른 말로 하면, 2^n개의 가능한 seenTable[ ] 배열이 있고, HamiltonianPath( )에 대해 n개의 다른 인자가 있다는 것이다. 특정 재귀 호출 동안 HamiltonianPath( )가 무엇을 하느지는 전적으로 seenTable[ ] 배열과 인자 u에 의해 결정된다.

문제-38 해밀턴 사이클 문제: 시작점과 도착점이 같으면서 그래프의 정점들을 정확히 한 번씩만 방문하는 것이 가능한가?

해답: 해밀턴 경로 문제가 NP-완전 문제이므로 해밀턴 사이클 문제도 NP-완전 문제이다. 해밀턴 사이클은 그래프의 모든 정점을 정확히 한 번씩만 방문하는 사이클이다. 이 문제에서 알려진 필요조건과 충분조건은 없다.

- 어떤 그래프에 해밀턴 사이클이 있으려면 각 정점의 차수는 1보다 커야 한다.
- 아래와 같은 페테르센(Petersen)그래프에는 해밀턴 사이클이 없다.

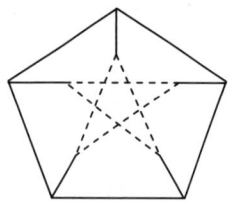

- 일반적으로 그래프에 간선이 많으면 해밀턴 사이클이 있을 가능성이 높다.
- G가 $n \geq 3$인 정점을 가진 그래프라고 하자. 각 정점이 최소 $\frac{n}{2}$ 차수를 가진다면 G에는 해밀턴 사이클이 있다.
- 해밀턴 사이클을 찾는 제일 잘 알려진 알고리즘은 최악의 경우 지수형(exponential) 복잡도를 가진다.

해밀턴 경로를 찾는 근사치 알고리즘은 19장을 참고하자.

문제-39 데이크스트라 알고리즘과 프림 알고리즘의 차이점이 무엇인가?

해답: 데이크스트라 알고리즘은 프림 알고리즘과 거의 동일하다. 특정한 정점에서 시작해서 그래프 안에서 모든 정점에 닿을 때까지 확장한다. 오직 한 가지 차이점은 프림 알고리즘은 최소 비용 간선을 저장하고, 데이크스트라의 알고리즘은 시작점으로부터 현재 정점까지의 총 비용을 저장한다는 점이다. 더 간단하게 설명하면, 데이크스트라 알고리즘은 최소 비용 간선의 합을 저장하고 프림 알고리즘은 최대 하나의 최소 비용 간선을 저장한다.

문제-40 그래프 뒤집기: 방향 그래프를 뒤집는(v에서 w로의 각 간선이 w에서 v로의 간선으로 바뀌는) 알고리즘을 알아보자.

해답: 그래프 이론에서, 어떤 방향 그래프 G의 뒤집힌 그래프(전치라고도 불림)는 같은 정점 집합을 가지고 모든 간선이 뒤집힌 또 다른 방향 그래프이다. 즉 G에 간선 (u, v)가 있다면, G의 뒤집힌 그래프에는 간선 (v, u)가 있다는 식이다.

알고리즘

```
Graph ReverseTheDirectedGraph(Graph G) {
    ReversedGraph이란 이름의 새 그래프를 만들어
    여기에 뒤집혀진 그래프가 저장된다고 하자
    // 뒤집혀진 그래프에는 또한 같은 수의 정점과 간선이 있다
    for 주어진 그래프 G의 모든 정점에 대해 {
        for v에 인접한 각 정점 w에 대해 {
            w에서 v로의 간선을 ReversedGraph에 추가한다;
            // 이 말은 인접행렬에서 비트를 뒤집기만 하면 된다는 것이다
        }
    }
    return ReversedGraph;
}
```

문제-41 순회 판매원(Travelling Sales Person) 문제: 같은 정점에서 시작하고 끝나면서 그래프의 각 정점을 최소 한 번씩 방문하는 최단 경로를 구하자.

해답: 순회 판매원 문제는 해밀턴 경로를 찾는 것과 관련된다. 주어진 가중치 그래프 G에서 모든 정점을 방문하는 (단순 사이클이 아닐 수 있는) 최단 사이클을 찾으려고 한다.

근사치 알고리즘: 이 알고리즘은 문제를 풀지는 못하지만 (최악의 경우) 최적의 2배 이내의 해답을 제공한다.

1) 최소 신장 트리(Minimal Spanning Tree, MST)를 찾는다.
2) MST의 DFS를 수행한다.

더 자세한 사항은, 20장을 참고하자.

문제-42 이분 매칭(Bipartite Matching) 문제

해답: 이분 그래프에서는 그래프를 (다음 그림과 같이) 두 개의 분리집합으로 나누고 각 간선이 한 부분집합의 정점으로부터 다른 부분집합의 정점을 연결한다.

정의: 단순 그래프 $G = (V, E)$의 각 간선들이 $a \in V_1, b \in V_2$일 때 $e = (a, b)$의 형태를 가지도록 정점들이 두 개의 분리집합 $V = V_1 \cup V_2$로 나뉠 수 있을 때 이분 그래프라고 한다. 중요한 조건은 V_1이나 V_2 안의 정점들은 서로 연결되어서는 안 된다는 것이다.

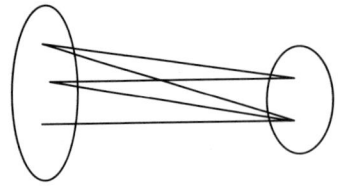

이분 그래프의 속성
- 홀수 길이의 사이클이 없을 때만 이분 그래프라고 불린다.
- 완전 이분 그래프 $K_{m,n}$은 한 집합의 모든 정점이 다른 집합의 모든 정점과 인접한 이분 그래프이다.

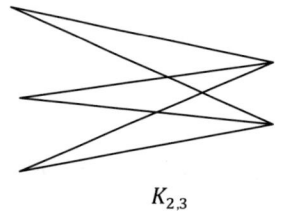

$K_{2,3}$

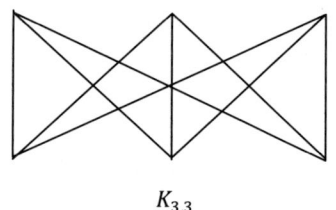

$K_{3,3}$

- $M \subset E$인 간선의 부속집합 M은 어느 두 간선도 공통 정점이 없을 때 매칭이다. 예를 들어 아래 그림에 간선의 매칭집합은 점선으로 표현되었다. 가능한 최대 간선을 가지고 있는 매칭 M을 최대 매칭이라고 한다. 아래 그래프에서 점선으로 표현된 간선이 주어진 그래프의 다른 매칭을 볼 수 있다.

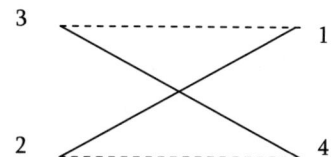

- 모든 정점을 매치하는 매칭 M을 완전 매칭이라고 한다. 완전 매칭을 위해서는 $V_1 = V_2$이어야만 한다.
- 대체 경로(Alternating Path)는 간선이 매치된 간선들과 매치되지 않은 간선들이 번갈아가며 있는 경로이다. 대체 경로를 찾는다면 매칭을 개선할 수 있다. 왜냐하면 대체 경로엔 매치된 간선과 매치되지

않은 간선이 함께 포함되어 있기 때문이다. 매치되지 않은 간선의 개수는 매치된 간선의 개수보다 한 개 많다. 그러므로 대체 경로는 항상 매칭을 1 증가시킨다.

다음 질문은, 어떻게 완전 매칭을 찾는가이다. 다음 근사치 알고리즘으로 완전 매칭을 찾을 수 있다.

매칭 알고리즘(헝가리안 알고리즘)
1) 매치되지 않은 정점에서 시작한다.
2) 대체 경로를 찾는다.
3) 대체 경로가 존재하면 매칭 경로와 비매칭 경로를 서로 바꾼다. 대체 경로가 존재하지 않으면 다른 매치되지 않은 정점을 선택한다.
4) 간선의 개수가 $V/2$와 같으면 멈춘다. 그렇지 않으면 단계 1로 가서 다른 대체 경로가 없이 모든 정점이 검사될 때까지 반복한다.

매칭 알고리즘의 시간 복잡도: 반복의 횟수는 $O(V)$이다. BFS를 사용해서 대체 경로를 찾는 복잡도는 $O(E)$이다. 그러므로 전체 시간 복잡도는 $O(V \times E)$이다.

문제-43 결혼 문제와 인사(Personnel) 문제

결혼 문제:
결혼하기 원하는 X명의 남자와 Y명의 여자가 있다. 참석자들은 다른 성의 사람들 중 누구를 선호하는지 지목한다. 모든 여성은 최대 한 명의 남자와, 모든 남자는 최대 한 명의 여자와 결혼할 수 있다. 어떻게 하면 모두가 각자 선호하는 사람과 결혼할 수 있을까?

인사 문제:
당신은 회사의 사장이다. 회사에는 M명의 직원과 N개의 일이 있다. 각 직원은 어떤 일들은 할 수 있지만 다른 일들은 할 수 없다. 어떻게 각 직원에게 일을 할당할 것인가?

해답: 이것은 이분 그래프를 다른 방식으로 묻는 것이므로 해답은 문제-42와 같다.

문제-44 완전 이분 그래프 $K_{m,n}$에는 몇 개의 간선이 있는가?

해답: $m \times n$이다. 왜냐하면 첫 번째 집합의 각 정점은 두 번째 집합의 모든 정점과 연결될 수 있기 때문이다.

문제-45 루프가 없고 각 정점이 같은 수의 이웃들을 가지고 있는(즉 각 정점의 차수가 같은) 그래프를 정규 그래프(Regular Graph)라고 한다. 이제 만약 $K_{m,n}$이 정규 그래프라면 m과 n의 관계는 무엇인가?

해답: 각 정점이 같은 차수를 가져야 하므로 $m = n$이다.

문제-46 n개의 정점을 가진 이분 그래프의 최대 매칭에서 최대 간선의 개수는 몇 개인가?

해답: 매칭의 정의로부터 정점을 공유하는 간선이 있으면 안 된다. 그러므로 이분 그래프에서 각 정점은 오직 한 정점하고만 연결된다. 전체 정점들을 두 집합으로 나누었으므로 간선의 최대 개수는 정점들을 반으로 나누었을 경우이다. 최종 해답은 $\frac{n}{2}$이다.

문제-47 평면 그래프(Planar Graph) 문제이다. 간선들이 서로 교차하지 않도록 그래프의 간선을 그리는 것이 가능한가?

해답: 어떤 두 간선도 인접한 정점이 아닌 곳에서는 만나지 않도록 평면 위에 그려질 수 있는 그래프 G를 평면 그래프라고 하는데, G의 평면 그림이라고도 불린다. 그럼 다음 그래프를 살펴보자.

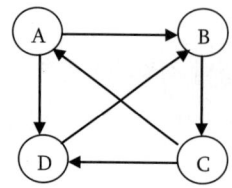

이 그래프는 다음과 같이 쉽게 (교차하는 간선이 없는) 평면 그래프로 변환이 가능하다.

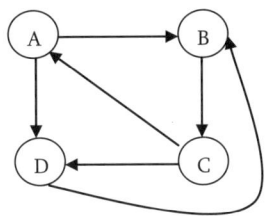

주어진 그래프가 평면인지 아닌지 어떻게 알 수 있는가?

이 문제의 해답은 쉽게 알아내기 힘든데, 이에 몇몇 연구자들이 흥미로운 속성들을 찾아냈다. 이 속성을 이용해 주어진 그래프가 평면인지 아닌지 결정할 수 있다.

평면 그래프의 속성

- 그래프 G가 $V = 3$인 V개의 정점과 E개의 간선을 가진 연결된 평면 단순 그래프라면 $E = 3V - 6$이다.
- K_5는 평면이 아니다(K_5는 다섯 개의 정점을 가진 완전 그래프를 뜻한다).
- 그래프 G가 V개의 정점과 E개의 간선을 가지고 삼각형이 없는 연결된 평면 단순 그래프라면 $E = 2V - 4$이다.
- $K_{a,a}$는 평면이 아니다($K_{a,a}$는 이분 그래프를 뜻한다. 한 쪽에 3개의 정점, 다른 쪽에 3개의 정점을 가진 이분 그래프 $K_{3,3}$에는 6개의 정점이 있다).
- 그래프 G가 연결된 평면 단순 그래프라면 G에는 차수가 4보다 큰 정점이 최소 한 개 있다.
- 그래프는 K_5와 $K_{3,3}$을 축약(contraction)으로 가지는 부속 그래프를 갖지 않을 때에만 연결된 평면 그래프이다.
- 그래프 G가 평면이 아닌 그래프를 부속 그래프로 갖고 있다면 G는 평면이 아니다.

- 그래프 G가 평면 그래프라면 G의 모든 부속 그래프들도 평면이다.
- 모든 연결된 평면 그래프 $G = (V, E)$에 대해 F가 면의 개수라면 다음의 공식이 성립한다. $V + F - E = 2$
- K개의 구성 요소를 가진 모든 평면 그래프 $G = (V, E)$에 대해 다음의 공식이 성립한다. $V + F - E = 1 + K$

주어진 그래프의 평면성을 검사하기 위해 이 속성들을 사용해서 평면인지 아닌지를 결정한다. 하지만 이 모든 속성은 필요조건이지 충분조건이 아니라는 것을 기억하자.

문제-48 $K_{2,3}$은 몇 개의 면을 가지고 있는가?

해답: 앞에 살펴본 문제를 통해 $V + F - E = 2$이고, $E = m \times n = 2 \times 3 = 6$임을 알고 있다. $V = m + n = 5$이므로 따라서 $5 + F - 6 = 2 \Rightarrow F = 3$이다.

문제-49 그래프 색칠하기를 논의하자.

해답: k가지 색깔로 그래프 G 칠하기는 G의 각 정점을 한 색깔로 칠하면서 인접한 두 정점은 서로 다른 색깔로 칠하고 최대 k개의 색깔만 사용해야 하는 문제이다. k가지 색칠하기가 가능한 그래프를 k-색칠 가능(k-colorable) 그래프라고 한다.

그래프 색칠하기의 적용: 그래프 색칠하기는 스케줄링, 컴파일러에서 레지스터 할당, 휴대 라디오의 전파 할당 등 많은 적용 분야가 있다.

클릭(Clique): 그래프 G의 클릭은 최대 완전 부속 그래프로써 $\omega(G)$라고 표기한다.

크로마틱(Chromatic) 수: 그래프 G의 크로마틱 수는 G가 k-색칠 가능한 최소 숫자 k이며 $X(G)$라고 표기한다.

$X(G)$의 하한은 $\omega(G)$이다. 즉 $\omega(G) \leq X(G)$이다.

크로마틱 수의 속성: G가 n개의 정점을 가진 그래프이고 G'가 보(complement) 그래프라고 하자.

- $X(G) \leq \Delta(G) + 1$이다. $\Delta(G)$는 G의 최대 차수
- $X(G)\,\omega(G') \geq n$

- $X(G) + \omega(G') \le n + 1$
- $X(G) + X(G') \le n + 1$

K-색칠 가능 문제: 주어진 그래프 $G = (V, E)$와 양의 정수 $k \le V$가 있다. G가 k-색칠 가능한지 검사하자.

이 문제는 NP-완전 문제이므로 20장에서 더 논의할 것이다.

그래프 색칠 알고리즘: 이 문제는 NP-완전 문제이다. 따라서 $X(G)$를 결정하는 다항식(polynomial) 시간 알고리즘은 없다. 다음의 근사치 (비효율적) 알고리즘을 살펴보자.

- 두 개의 인접하지 않은 정점 a와 b를 가진 그래프 G를 생각해보자. 연결 G_1은 두 인접하지 않은 정점 a와 b를 간선으로 연결해서 얻는다. 축약(contraction) G_2는 $\{a, b\}$를 하나의 정점 $c(a, b)$로 축소시키고 이것을 G 안의 정점 a의 각 이웃과 정점 b의 각 이웃에 연결시켜서 (그리고 여러 개의 간선을 제거하여) 얻어진다.
- a와 b가 같은 색을 가지는 G 색칠은 G_1 색칠을 만들고, a와 b가 다른 색을 가지는 G 색칠은 G_2 색칠을 만든다.
- 결과 그래프가 모두 클릭(clique)일 때까지 생성되는 각 그래프에 연결과 축약의 과정을 반복한다. 최소 결과 클릭이 K-클릭이면 $X(G) = K$이다.

그래프 색칠하기의 중요 참고 사항
- 어떤 단순 평면 그래프 G라도 6가지 색깔로 칠해질 수 있다.
- 모든 단순 평면 그래프 G는 5가지 이하의 색깔로 칠해질 수 있다.

문제-50 4색 문제는 무엇인가?

해답: 그래프는 어떠한 지도에서도 만들어질 수 있다. 지도의 지역은 그래프의 정점으로 표현되며, 정점에 해당하는 지역이 인접할 경우 두 정점은 간선으로 연결된다. 결과 그래프는 평면이다. 즉 어떤 간선도 교차하지 않고 평면 위에 그려질 수 있다.

4색 문제는 어느 두 인접 정점도 같은 색으로 칠하지 않으면서 평면 그래프의 정점이 최대 4개의 색상으로 칠해질 수 있는가의 문제이다.
역사: 4색 문제는 프란시스 구드리(Francis Guthrie)에 의해 처음 주어졌다. 그는 어거스츠 드 모르강(Agusts De Morgan)의 제자로 런던 대학의 학생이었다. 프란시스는 런던 대학을 졸업하고 법학을 공부했는데 몇 년 뒤 그의 동생 프레드릭 구드리(Frederick Guthrie)가 드 모르강(De Morgan)의 학생이 되었다. 어느 날 프란시스는 동생에게 이 문제를 드 모르강과 논의해보자고 했다.

문제-51 인접 행렬 표현이 사용되었을 때 대부분의 그래프 알고리즘은 $O(V^2)$ 시간을 요구한다. 인접 행렬로 표현된 방향 그래프가 싱크(sink)를 가지고 있으면 $O(V)$ 시간이 필요하다는 것을 증명하자. 싱크란 진입차수가 $|V| - 1$이고 진출차수가 0인 (그래프에 오직 하나만 있을 수 있는) 정점이다.

해답: 정점 i는 모든 j에 대해 $M[i, j] = 0$이고, $j \neq i$인 모든 j에 대해 $M[j, i] = 1$일 때에만 싱크이다. 정점 i와 j의 어떤 쌍에서도 다음 특징을 지닌다.

$M[i, j] = 1 \rightarrow$ 정점 i는 싱크일 수 없다.
$M[i, j] = 0 \rightarrow$ 정점 j는 싱크일 수 없다.

알고리즘

- $i = 1, j = 1$로 시작한다.
- 만약 $M[i, j] = 0 \rightarrow 0$일 경우 j++을 수행한다.
- 만약 $M[i, j] = 1 \rightarrow 1$일 경우 i++을 수행한다.
- 이 과정을 $j = n$이거나 $i = n + 1$일 때까지 반복한다.
- 만약 $i == n + 1$이면 이 그래프에는 싱크가 없다.
- 그렇지 않다면, i행을 검사한다. 모두 0일 것이다. i열을 검사한다. $M[i, j]$ 말고는 모두 1일 것이다. 그렇다면, i는 싱크이다.

시간 복잡도: $O(V)$. 왜냐하면 행렬 안에서 최대 $2|V|$개의 셀이 검사되기 때문이다.

10장

Data Structures and Algorithms Made Easy for JAVA

정렬

10.1 정렬은 무엇인가?

정렬(Sorting)은 리스트의 항목들을 특정한 순서에 따라 (오름차순 혹은 내림차순) 배열하는 것이다. 결과물은 순열이나 재정렬된 입력이 된다.

10.2 왜 정렬하는가?

정렬은 컴퓨터 과학에서 중요한 알고리즘의 분야 중 하나이다. 때로 정렬은 문제의 복잡도를 눈에 띄게 감소시킨다. 정렬을 사용해서 검색의 복잡도를 감소시킬 수도 있다. 이 분야의 중요성 때문에 많은 연구가 이루어졌다. 이 알고리즘은 많은 컴퓨터 알고리즘(예를 들어 항목 검색)이나 데이터베이스 알고리즘 등에서 매우 많이 사용된다.

10.3 분류

정렬 알고리즘은 다음의 항목들에 의해 여러 종류로 분류가 된다.

비교(Comparison) 횟수에 의해

이 방법에서는 정렬 알고리즘들이 비교 횟수에 의해 분류된다. 비교에 기반한 정렬 알고리즘에서는 최선의 경우 동작이 $O(nlogn)$이고 최악의 경우는 $O(n^2)$이다. 비교에 기반한 정렬 알고리즘은 리스트의 항목들을 키 비교 연산에 의해 계산하므로 대부분의 입력에서 최소한 $O(nlogn)$ 비교가 필요하다.

이 장의 후반부에서 우리는 계수 정렬(Counting Sort), 버킷 정렬(Bucket Sort), 기수 정렬(Radix Sort) 등과 같은 비교에 기반하지 않은(선형) 정렬 알고리즘들을 몇 가지 살펴볼 것이다. 선형 정렬 알고리즘은 복잡도를 개선하기 위해 입력에 몇 가지 제한을 가한다.

교환(Swap) 횟수에 의해

이 방법에서는 정렬 알고리즘들이 교환(반전이라고도 불림)의 횟수에 의해 분류된다.

메모리 사용에 의해

어떤 정렬 알고리즘은 '제자리(in-place)'에서 수행되므로 데이터를 임시적으로 저장할 보조 공간을 위해 $O(1)$이나 $O(logn)$ 메모리가 필요하다.

재귀(Recursion)에 의해

정렬 알고리즘은 재귀적이거나(퀵 정렬) 비재귀적이다(선택 정렬, 삽입 정렬). 둘 다 사용하는 알고리즘도 있다(병합 정렬).

안전성(Stability)에 의해

정렬 알고리즘은, 키 $A[i]$가 키 $A[j]$와 같은 모든 인덱스 i와 j에 대해 만약 원본 파일에서 레코드 $R[i]$가 레코드 $R[j]$ 앞에 있을 때, 정렬된 리스트에서도 레코드 $R[i]$가 레코드 $R[j]$ 앞에 있다면 안정적이라고 한다. 몇몇 정렬 알고리즘은 같은 키를 가진 항목들에 대한 상대적 순서를 유지(같은 항목들이 상대적 위치를 정렬 뒤에도 유지)한다.

적응성(Adaptability)에 의해
몇몇 정렬 알고리즘들은 선정렬(presortedness)에 의해 복잡도가 바뀐다. 퀵 정렬: 입력의 선정렬이 수행 시간에 영향을 준다. 이러한 속성을 가진 알고리즘을 적응적이라고 한다.

10.4 다른 분류

정렬 알고리즘을 분류하는 다른 방법은 다음과 같다.

- 내부 정렬
- 외부 정렬

내부 정렬
정렬하는 동안 주 메모리만을 사용하는 정렬 알고리즘을 내부 정렬 알고리즘이라고 한다. 이런 정렬 알고리즘은 모든 메모리에서 속도가 빠른 랜덤 액세스가 가능하다고 가정한다.

외부 정렬
정렬하는 동안 테이프나 디스크 같은 외부 메모리를 사용하는 정렬 알고리즘을 말한다.

10.5 버블 정렬

버블 정렬(Bubble Sort)은 제일 간단한 정렬 알고리즘이다. 첫 번째 항목부터 마지막 항목까지 입력 배열을 반복하면서 각 항목 쌍을 비교하고 필요하면 그들을 교환하며 동작한다. 버블 정렬은 더 이상 교환이 필요 없을 때까지 반복을 계속 한다. 이 알고리즘은 작은 항목들이 리스트의 맨 위로 마치 '거품'이 떠오르듯이 움직이는 모습에서 이름이 유래했다. 일반적으로 삽입 정렬(Insertion Sort)이 버블 정렬보다 나은 성능을 보인다. 어떤 연구자들은 버블 정렬이 너무 간단하고 복잡도가 너무 좋지 않아 가르치지 말아야 한다고 주장한다.

버블 정렬이 다른 구현법보다 한 가지 좋은 점은 입력이 이미 정렬되었는지 여부를 알 수 있다는 점이다.

구현

```
void BubbleSort(int A[], int n) {
    for(int pass = n - 1; pass >= 0; pass--) {
        for(int i = 0; i < pass - 1; i++) {
            if(A[i] > A[i+1]) {
                // 항목을 교환한다
                int temp = x[i];
                A[i] = A[i+1];
                A[i+1] = temp;
            }
        }
    }
}
```

이 알고리즘은 $O(n^2)$이 (최선의 경우에서도) 걸린다. 하나의 추가적인 플래그를 사용함으로써 이 알고리즘을 향상시킬 수 있다. 더 이상 교환이 없다면 정렬이 완료되었다는 것을 뜻한다. 리스트가 이미 정렬되었다면, 이 플래그를 사용해서 나머지 단계를 생략할 수 있다.

```
void BubbleSortImproved(int A[], int n) {
    int pass, i, temp, swapped = 1;
    for(pass = n - 1; pass >= 0 && swapped; pass--) {
        swapped = 0;
        for(i = 0; i < pass - 1; i++) {
            if(A[i] > A[i+1]) {
                // 항목을 교환한다
                temp = A[i];
                A[i] = A[i+1];
                A[i+1] = temp;
                swapped = 1;
            }
        }
    }
}
```

이 수정된 버전은 버블 정렬을 최선의 경우 $O(n)$으로 향상시킨다.

성능

최악의 경우 복잡도: $O(n^2)$
최선의 경우 복잡도(개선된 버전): $O(n)$
평균 경우 복잡도(기본 버전): $O(n^2)$
최악의 경우 공간 복잡도: $O(1)$ 부가 공간

10.6 선택 정렬

선택 정렬(Selection Sort)은 '제자리(in-place)' 정렬 알고리즘이다. 선택 정렬은 작은 파일들에서 잘 동작한다. 매우 큰 값과 작은 키를 가진 파일들을 정렬하는 데 사용된다. 왜냐하면 선택은 키에 의해 이루어지고 필요할 때만 교환되기 때문이다.

장점
· 구현하기 쉽다.
· 제자리 정렬이다(부가적인 저장 공간이 필요 없다).

단점
· 확장성이 좋지 않다. $O(n^2)$

알고리즘
1. 리스트에서 최소 값을 찾는다.
2. 이 값을 현재 위치의 값과 교환한다.
3. 전체 배열이 정렬될 때까지 이 과정을 모든 항목에 대해 반복한다.

이 알고리즘은 반복적으로 최소 항목을 선택하므로 선택 정렬이라고 불린다.

구현

```
void Selection(int A [], int n) {
    int i, j, min, temp;
    for(i = 0; i < n - 1; i++) {
        min = i;
        for(j = i+1; j < n; j++) {
            if(A [j] < A [min])
                min = j;
        }
        // 항목을 교환한다
        temp = A[min];
        A[min] = A[i];
        A[i] = temp;
    }
}
```

성능

최악의 경우 복잡도: $O(n^2)$
최선의 경우 복잡도: $O(n)$
평균 경우 복잡도: $O(n^2)$
최악의 경우 공간 복잡도: $O(1)$ 부가 공간

10.7 삽입 정렬

삽입 정렬(Insertion Sort)은 단순하고 효율적인 비교 정렬이다. 이 알고리즘에서 각 반복은 입력 데이터로부터 항목을 제거해서 정렬 중인 리스트의 정확한 위치에 삽입한다. 입력 부분부터 제거될 임의의 항목의 방향으로 선택되고, 모든 입력 항목이 처리될 때까지 이 과정이 반복된다.

장점
- 간단한 구현
- 작은 데이터에 효율적
- 적응적: 입력 리스트가 선정렬되었다면(완전하지 않더라도), 삽입 정렬은 d가 반전(inversion)의 횟수일 때 $O(n + d)$의 시간이 걸린다.
- 최악의 경우 같은 $O(n^2)$ 복잡도를 가지지만 선택 정렬이나 버블 정렬보다 실무에서 더 효율적이다.

- 안정적: 키가 같다면 입력의 상대적인 순서를 유지한다.
- 제자리: 일정한 크기의 부가 메모리 공간 $O(1)$만을 필요로 한다.
- 온라인(online): 삽입 정렬은 입력 리스트를 받으면서 정렬할 수 있다.

알고리즘

입력 항목이 더 이상 남아 있지 않을 때까지 매번 반복될 때마다 삽입 정렬은 입력 데이터로부터 항목을 제거해서 이미 정렬된 리스트의 정확한 위치에 삽입한다. 정렬은 보통 제자리에서 이루어진다. k번 반복 이후의 결과 배열은 처음 $k + 1$ 항목이 정렬된 속성을 가지고 있다.

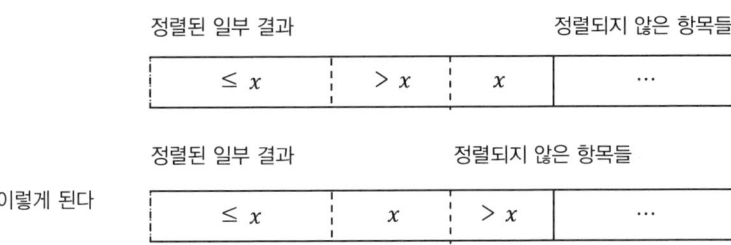

x보다 큰 항목들이 x에 비교되면서 오른쪽으로 복사된다.

구현

```
void InsertionSort(int a[], int n) {
    int i, j; int v;
    for(i = 2; i <= n - 1; i++) {
        v = A[i];
        j = i;
        while (A[j-1] > v && j >= 1) {
            A[j] = A[j-1];
                j--;
        }
        A[j] = v;
    }
}
```

예

주어진 배열: 6 8 1 4 5 3 7 2 가 주어지고 오름차순으로 정렬하려고 한다.

6 8 1 4 5 3 7 2 (인덱스 0번 검사)

6 8 1 4 5 3 7 2 (인덱스 0 - 1 검사)

1 6 8 4 5 3 7 2 (인덱스 0 - 2 검사: 1을 6과 8 앞 위치에 삽입한다)

1 4 6 8 5 3 7 2 (배열이 정렬될 때까지 위와 같이 반복 처리한다)

1 4 5 6 8 3 7 2

1 3 4 5 6 7 8 2

1 2 3 4 5 6 7 8 (배열이 정렬되었다!)

분석

최악의 경우 분석

최악의 경우는($A[i]$ = key가 다른 모두보다 작을 경우) 매 i번째마다 내부 루프가 모든 항목 $A[1], ..., A[i - 1]$을 옮겨야 한다. 이것은 $\Theta(i - 1)$ 시간이 걸린다.

$$T(n) = \Theta(1) + \Theta(2) + \Theta(2) + ... + \Theta(n - 1)$$
$$= \Theta(1 + 2 + 3 + ... + n - 1) = \Theta\left(\frac{n(n - 1)}{2}\right) \approx \Theta(n^2)$$

평균 경우 분석

평균 경우엔 내부 루프가 $A[i]$를 $A[1], ..., A[i - 1]$의 중간에 삽입한다. 이것은 $\Theta(i / 2)$ 시간이 걸린다.

$$T(n) = \sum_{i=1}^{n} \Theta(i / 2) \approx \Theta(n^2)$$

성능

최악의 경우 복잡도: $O(n^2)$
최선의 경우 복잡도: $O(n^2)$
평균 경우 복잡도: $O(n^2)$
최악의 경우 공간 복잡도: 전체 $O(n^2)$, $O(1)$ 부가 공간

다른 정렬 알고리즘과 비교

삽입 정렬은 기본적인 알고리즘 중의 하나로 최악의 경우 $O(n^2)$ 복잡도를 가진다. 삽입 정렬은 데이터가 거의 정렬되었을 경우나 (적응성 때문에) 입력 크기가 작을 때 (오버헤드가 적으므로) 사용된다. 이러한 이유와 안정성 때문에 병합 정렬이나 퀵 정렬 같은 오버헤드가 큰 분할 정복 정렬 알고리즘의 재귀적 기본 경우로 (문제 크기가 작을 때) 사용된다.

> 참고
> - 버블 정렬은 평균 경우와 최악의 경우 모두 $\frac{(n^2)}{2}$ 비교와 $\frac{(n^2)}{2}$ 교환(반전)이 걸린다.
> - 선택 정렬은 $\frac{(n^2)}{2}$ 비교와 n 교환이 걸린다.
> - 삽입 정렬은 평균 경우에 $\frac{(n^2)}{4}$ 비교와 $\frac{(n^2)}{8}$ 교환이 걸리고 최악의 경우 그 두 배가 걸린다.
> - 삽입 정렬은 부분적으로 정렬된 입력에 대해 거의 선형이다.
> - 선택 정렬은 값이 크고 키가 작은 항목들에 대해 적합하다.

10.8 쉘 정렬

쉘 정렬(Shell Sort, 또는 증분 감소 정렬(Diminishing Increment Sort라고도 불림))은 도널드 쉘(Donald Shaell)에 의해 발명되었다. 이 정렬 알고리즘은 기본적으로 삽입 정렬 방식과 유사하다. 삽입 정렬은 이미 거의 정렬된 입력에서 효율적으로 동작한다.

삽입 정렬에서 비교는 인접한 항목들 사이에 이루어진다. 삽입 정렬에서 수행된 각 비교에서 최대 한 번의 반전이 제거된다. 쉘 정렬에서 사용된 변형은 알고리즘의 후반부에 이르기까지 인접 항목의 비교를 피하는 것이다. 그러므로 쉘 정렬의 마지막 단계는 거의 삽입 정렬 알고리즘이 된다. 멀리 떨어져 있는 항목의 비교와 교환을 허용하여 삽입 정렬을 개선한다. 비교 정렬 알고리즘 중에서 유일하게 2차 복잡도보다 적은 복잡도를 가진 정렬이다.

쉘 정렬은 증분 수열(Increment Sequence)이라고 불리는 수열 $h1, h2, ..., ht$를 사용한다. $h1 = 1$이고, 어떤 선택이 다른 것보다 낫다면 어떤 증분 수열도 괜찮다. 쉘 정렬은 입력 리스트에서 여러 개의 수행 단계를 만들고 크기가 같은 집합 여러 개를 삽입 정렬을 사용해 정렬한다. 쉘 정렬은 값들을 목적지로 빨리 이동시켜서 삽입 정렬의 효율성을 개선한다.

구현

```
void shellSort(int[] A) {
    int i, j, h, v;
    for (h = 1; h < A.length / 9; h = 3 * h + 1) ;

    for (; h > 0; h = h / 3) {
        for (i = h; i < A.length; i++) {
            v = A[i];
            j = i;
            while (j >= h && A[j - h] > v) {
                A[j] = A[j - h];
                j -= h;
            }
            A[j] = v;
        }
    }
}
```

$h == 1$일 때 알고리즘은 전체 리스트를 수행하는 단계를 만들어 인접 항목들을 비교한다. 하지만 항목 교환은 거의 하지 않는다. $h == 1$일 때 쉘 정렬은 $h > 1$인 이전 단계의 알고리즘 수행에 의해 제거되어야 할 반전의 개수가 많이 줄어들었다는 점 외에는 삽입 정렬과 같이 동작한다.

분석

쉘 정렬은 중간 크기의 리스트에 효율적이다. 더 큰 리스트에서는 이 알고리즘이 최선의 선택은 아니지만, 기본적으로 모든 $O(n^2)$ 정렬 알고리즘 중에서는 제일 빠르다.

쉘 정렬의 단점은 복잡한 구조에서는 병합, 힙, 퀵 정렬만큼 효율적이지 못하다는 것이다. 쉘 정렬은 병합, 힙, 퀵 정렬보다 느린 편이지만, 상대적으로 구현이 쉽기 때문에 5000개 이하의 항목을 정렬할 때 속도가 매우 중요하지만 않다면 좋은 선택이 될 수 있다. 더 작은 크기의 리스트를 반복적으로 정렬할 때도 좋은 선택이 될 수 있다.

쉘 정렬의 최선의 경우는 배열이 바른 순서로 이미 정렬되어 있을 때이다. 비교의 횟수가 더 적기 때문이다. 쉘 정렬의 수행 시간은 증분 수열의 선택에 달려 있는 편이다.

성능

최악의 경우 복잡도는 간격(gap) 수열에 달려 있다. 알려진 최선은 $O(nlog^2 n)$
최선의 경우 복잡도: $O(n)$
평균 경우 복잡도는 간격(gap) 수열에 달려 있다.
최악의 경우 공간 복잡도: 전체 $O(n)$

10.9 병합 정렬

병합 정렬(Merge Sort)은 분할 정복의 한 예이다.

중요 사항

- 병합은 두 개의 정렬된 파일을 합쳐서 하나의 큰 정렬된 파일을 만드는 과정이다.
- 선택은 파일을 두 부분: k개의 작은 항목들과 $n - k$개의 큰 항목들로 나누는 과정이다.
- 선택과 병합은 상반된 연산이다
    - 선택은 하나의 리스트를 두 개의 리스트로 나눈다.
    - 병합은 두 개의 파일을 한 파일로 합친다.
- 병합 정렬은 퀵 정렬의 보완(complement)이다.
- 병합 정렬은 데이터에 순차적으로 접근한다.
- 이 알고리즘 연결 리스트의 정렬에 사용된다.
- 병합 정렬은 입력의 초기 정렬 상태에 무관한다.
- 퀵 정렬에서는 대부분의 작업이 재귀 호출 이전에 수행된다. 퀵 정렬은 제일 큰 부속 파일에서 시작해서 작은 파일에서 끝난다. 그리고 그 결과 스택이 필요하며 안정적이지 않다. 반면 병합 정렬은 리스트를 두 부분으로 나눈다. 그 다음에 두 부분이 각각 처리된다. 병합 정렬은 작은 부속 파일에서 시작해서 큰 파일에서 끝나고 스택이 필요 없으며 안정적인 알고리즘이다.

구현

```
void Mergesort(int A[], int temp[], int left, int right) {
    int mid;
    if(right > left) {
        mid = (right + left) / 2;
        Mergesort(A, temp, left, mid);
        Mergesort(A, temp, mid+1, right);
        Merge(A, temp, left, mid+1, right);
    }
}
void Merge(int A[], int temp[], int left, int mid, int right) {
    int i, left_end, size, temp_pos;
    left_end = mid - 1;
    temp_pos = left;
    size = right - left + 1;
    while((left <= left_end) && (mid <= right)) {
        if(A[left] <= A[mid]) {
            temp[temp_pos] = A[left];
            temp_pos = temp_pos + 1;
            left = left +1;
        }
        else {
            temp[temp_pos] = A[mid];
            temp_pos = temp_pos + 1;
            mid = mid + 1;
        }
    }
    while(left <= left_end) {
        temp[temp_pos] = A[left];
        left = left + 1;
        temp_pos = temp_pos + 1;
    }
    while(mid <= right) {
        temp[temp_pos] = A[mid];
        mid = mid + 1;
        temp_pos = temp_pos + 1;
    }
    for(i = 0; i <= size; i++) {
        A[right] = temp[right];
        right = right - 1;
    }
}
```

분석

병합 정렬에서 입력 리스트는 두 부분으로 나뉘어 재귀적으로 풀린다. 부속 문제들을 푼 뒤에 부속 문제의 결과를 검사하면서 합병한다. $T(n)$이 n개의 항목을 가진 병합 정렬의 복잡도라고 하자. 병합 정렬의 재귀는 다음과 같이 정의된다.

병합 정렬의 재귀 $T(n) = 2T(\frac{n}{2}) + \Theta(n)$

마스터 정리를 사용하면, $T(n) = \Theta(nlogn)$을 얻는다.

참고
자세한 사항은 18장을 참고하자.

성능

최악의 경우 복잡도: $\Theta(nlogn)$
최선의 경우 복잡도: $\Theta(nlogn)$
평균 경우 복잡도: $\Theta(nlogn)$
최악의 경우 공간 복잡도: $\Theta(n)$ 부가 공간

10.10 힙 정렬

힙 정렬(Heap Sort)은 비교에 기반한 정렬 알고리즘으로 선택 정렬의 한 종류이다. 실무에서는 대부분의 기계에서 잘 구현된 퀵 정렬보다 조금 느리긴 하지만 최악의 수행 시간이 $\Theta(nlogn)$로 더 빠르다는 장점이 있다. 힙 정렬은 제자리 정렬 알고리즘이지만 안정적인 정렬은 아니다.

성능

최악의 경우 복잡도: $\Theta(nlogn)$
최선의 경우 복잡도: $\Theta(nlogn)$
평균 경우 복잡도: $\Theta(nlogn)$
최악의 경우 공간 복잡도: 전체 $\Theta(n)$, 부가 공간 $\Theta(1)$

힙 정렬의 자세한 특징은 7장을 참고하자.

10.11 퀵 정렬

퀵 정렬(Quick Sort)은 분할 정복 알고리즘 기법의 한 예이다. 또한 부분 교환 정렬(Partition Exchange Sort)이라고도 불린다. 재귀 호출을 사용해서 항목들을 정렬한다. 비교에 기반한 정렬 알고리즘 중에서 유명한 알고리즘이다.

분할: 배열 $A[low ... high]$는 빈 배열이 아닌 두 개의 부속 배열 $A[low ... q]$와 $A[q + 1 ... high]$로 나뉜다. 이때 $A[low ... high]$의 각 항목은 $A[q + 1 ... high]$의 각 항목보다 작거나 같다. 인덱스 q는 이 분할 과정 중에 계산된다.

정복: 두 개의 부속 배열 $A[low ... q]$와 $A[q + 1 ... high]$가 퀵 정렬 재귀 호출로 정렬된다.

알고리즘
재귀 알고리즘은 다음의 4단계를 가진다.

1) 배열 안에 정렬할 항목이 1개이거나 없다면 리턴한다.
2) 배열 안의 한 항목을 기준(pivot)으로 선택한다(보통 배열의 제일 왼쪽 항목이 사용된다).
3) 배열을 기준보다 큰 항목들과 작은 항목인 두 부분으로 나눈다.
4) 원본 배열의 두 반쪽에 대해 알고리즘을 재귀적으로 반복한다.

구현

```
Quicksort(int A[], int low, int high) {
    int pivot;
    /* 종료 조건 */
    if(high > low) {
        pivot = Partition(A, low, high);
        Quicksort(A, low, pivot-1);
        Quicksort(A, pivot+1, high);
    }
}
int Partition(int A, int low, int high) {
    int left, right, pivot_item = A[low];
```

```
        left = low;
        right = high;
        while (left < right) {
            /* item < pivot인 동안 왼쪽으로 옮긴다 */
            while(A[left] <= pivot_item)
                left++;
            /* item > pivot인 동안 오른쪽으로 옮긴다 */
            while(A[right] > pivot_item)
                right--;
            if(left < right)
                swap(A,left,right);
        }
        /* right가 마지막 기준 위치이다 */
        A[low] = A[right];
        A[right] = pivot_item;
        return right;
    }
```

분석

$T(n)$이 퀵 정렬의 복잡도라고 가정하자. 또한 모든 항목이 서로 다르다고 가정하자. $T(n)$의 재귀(recurrence)는 두 부속 문제의 크기에 달려 있는데, 그것은 또 분할 항목들에 달려 있다. 만약 기준이 i번째 작은 항목이라면 정확히 $(i - 1)$ 항목이 왼쪽 부분에 남고 $(n - i)$ 항목이 오른쪽에 남는다. 이를 i번째 분할이라고 하자. 각 항목들이 기준으로 선택될 확률이 같으므로 i번째 항목이 선택될 확률은 $\frac{1}{n}$이다.

기본 경우: 각 분할이 배열을 반으로 나누고

$$T(n) = 2T(n / 2) + \Theta(n) = \Theta(n\log n). \text{ [분할 정복 마스터 정리 사용]}$$

최악의 경우: 각 분할이 균형 잡히지 않게 나눠지고

$$T(n) = T(n - 1) + \Theta(n) = \Theta(n^2) \text{ [차감 정복 마스터 정리 사용]}$$

최악의 경우는 리스트가 이미 정렬되어 있을 때 맨 마지막 항목이 기준으로 선택되면 발생한다.

평균 경우: 퀵 정렬의 평균 경우에 어디에서 분할이 일어나는지 알 수 없다. 그런 까닭에 모든 가능한 분할 위치를 취해서 그들의 복잡도를 다 더해 n으로 나누어 평균 경우 복잡도를 구한다.

$$T(n) = \sum_{i=1}^{n} \frac{1}{n}(\text{runtime with } i\text{-split}) + n + 1$$

$$= \frac{1}{n}\sum_{i=1}^{N}(T(i-1) + T(n-i)) + n + 1$$

// 최선의 경우를 다루므로 $T(n-i)$와 $T(i-1)$이 같다고 가정한다.

$$= \frac{2}{n}\sum_{i=1}^{n} T(i-1) + n + 1$$

$$= \frac{2}{n}\sum_{i=0}^{n-1} T(i) + n + 1$$

양 변에 n을 곱하면

$$nT(n) = 2\sum_{i=0}^{n-1} T(i) + n^2 + n$$

$n-1$에 대해서도 같은 식이다.

$$(n-1)T(n-1) = 2\sum_{i=0}^{n-2} T(i) + (n-1)^2 + (n-1)$$

$n-1$ 식을 n으로부터 뺀다.

$$nT(n) - (n-1)T(n-1) = 2\sum_{i=0}^{n-1} T(i) + n^2 + n - (2\sum_{i=0}^{n-2} T(i) + (n-1)^2 + (n-1))$$

$$nT(n) - (n-1)T(n-1) = 2T(n-1) + 2n$$

$$nT(n) = (n+1)T(n-1) + 2n$$

$n(n+1)$로 나눈다.

$$\frac{T(n)}{n+1} = \frac{T(n-1)}{n} + \frac{2}{n+1}$$
$$= \frac{T(n-2)}{n-1} + \frac{2}{n} + \frac{2}{n+1}$$
.
.
$$= O(1) + 2\sum_{i=3}^{n}\frac{1}{i}$$
$$= O(1) + O(2logn)$$
$$\frac{T(n)}{n+1} = O(logn)$$
$$T(n) = O((n+1)logn) = O(logn)$$

시간 복잡도, $T(n) = O(nlogn)$

성능

최악의 경우 복잡도: $O(n^2)$
최선의 경우 복잡도: $O(nlogn)$
평균 경우 복잡도: $O(nlogn)$
최악의 경우 공간 복잡도: $O(1)$

무작위 퀵 정렬

퀵 정렬의 평균 경우에 입력 숫자의 모든 순열이 균등되게 분포되었다고 가정했다. 하지만 항상 그런 상황을 기대할 수는 없기 때문에 퀵 정렬에서는 최악의 경우를 만날 확률을 줄이기 위해 무작위화를 알고리즘에 추가할 수 있다.

퀵 정렬에 무작위화를 추가하는 방법에는 두 가지가 있다. 입력 데이터를 배열 안에 무작위로 배치하거나 입력 데이터에서 무작위로 기준 항목을 선택하는 것이다. 두 번째 방법에서 분석과 구현이 더 쉽다. 이 변경은 분할 알고리즘에서만 수행된다.

일반적인 퀵 정렬에서 기준 항목은 항상 정렬될 리스트의 맨 왼쪽 항목이었다. 항상 A[low]를 기준으로 사용하는 대신, 무작위 퀵 정렬에서는 부속 배열

$A[low \ldots high]$에서 임의로 선택한 항목을 사용할 것이다. 이렇게 하여 기준 항목이 부속 배열의 $high - low + 1$ 항목 중에 골고루 분산되도록 할 수 있다. 기준 항목이 무작위로 선택되었으므로 입력 배열의 분할이 평균적으로 균형 있게 이루어질 것을 기대할 수 있고, 균형 잡히지 않은 분할의 경우 생기는 퀵 정렬의 최악의 경우를 피할 수 있게 해준다.

무작위 퀵 정렬이 최악의 경우 복잡도를 개선함에도 불구하고, 최악의 경우 복잡도는 여전히 $O(n^2)$이다. 무작위 퀵 정렬을 개선하는 한 가지 방법은 배열에서 항목을 무작위로 선택하는 것보다 더 주의깊게 기준을 선택하는 것이다. 한 가지 일반적인 접근법은 배열에서 무작위로 선택된 3 항목의 중간값을 기준으로 삼는 것이다.

10.12 트리 정렬

트리 정렬(Tree Sort)은 이진 검색 트리를 사용한다. 입력의 각 항목을 검사해서 이진 검색 트리의 적절한 장소에 위치시키는데, 다음 두 단계를 거친다.

- 첫 번째 단계는 주어진 배열 항목을 사용해서 이진 검색 트리를 만드는 것이다.
- 두 번째 단계는 주어진 이진 검색 트리를 중위 탐색하여 정렬된 배열을 만드는 것이다.

성능

이 방법의 평균적인 비교 횟수는 $O(nlogn)$이다. 하지만 최악의 경우에 비교 횟수는 $O(n^2)$이 된다. 이는 정렬 트리가 경사 트리(Skew Tree)일 때 발생한다.

10.13 정렬 알고리즘 비교

이름	평균 경우	최악의 경우	부가 메모리	안정적 여부	참고 사항
거품	$O(n^2)$	$O(n^2)$	1	그렇다	작은 코드
선택	$O(n^2)$	$O(n^2)$	1	아니다	안정성은 구현에 달려 있다
삽입	$O(n^2)$	$O(n^2)$	1	그렇다	d가 반전의 횟수일 때 평균 경우는 또한 $O(n+d)$
쉘	-	$O(nlog^2 n)$	1	아니다	
병합	$O(nlogn)$	$O(nlogn)$	상황에 따라	그렇다	
힙	$O(nlogn)$	$O(nlogn)$	1	아니다	
퀵 정렬	$O(nlogn)$	$O(n^2)$	$O(logn)$	상황에 따라	기준이 처리되는 방식에 따라 안정적 정렬로 구현될 수도 있다.
트리 정렬	$O(nlogn)$	$O(n^2)$	$O(n)$	상황에 따라	안정적 정렬로 구현될 수 있다.

참고
n은 입력 항목의 개수를 뜻한다.

10.14 선형 정렬 알고리즘

앞부분에서, 비교에 기반한 많은 정렬 알고리즘을 살펴보았는데, 가장 빠른 정렬은 $O(nlogn)$ 복잡도를 가질 수 있다. 이 절에서 다른 종류의 알고리즘을 살펴보는데, 바로 선형 정렬 알고리즘(Linear Sorting Algorithm)이다. 이 알고리즘들은 앞서 학습한 정렬 방법의 시간 복잡도를 개선한다. 선형 정렬 알고리즘의 예는 다음과 같다.

- 계수 정렬(Counting Sort)
- 버킷 정렬(Bucket Sort)
- 기수 정렬(Radix Sort)

10.15 계수 정렬

계수 정렬(Counting Sort)은 비교 정렬 알고리즘이 아니며 $O(n)$ 복잡도로 정렬한다. $O(n)$ 복잡도를 달성하기 위해, 계수 정렬은 어떤 정수 K에 대해 각 항목이 1에서 K까지 범위의 정수라고 가정한다. $K = O(n)$이면, 계수 정렬은 $O(n)$ 시간에 수행된다. 계수 정렬의 기본 아이디어는 각 입력 항목 X에 대해 X보다 작은 항목의 개수를 계산하는 것이다. 이 정보를 이용하여 정확한 자리에 위치시킬 수 있다. 예를 들어 X보다 작은 항목이 10개라면 X는 출력의 11번째 자리에 위치된다.

아래 코드에서 $A[0, ... n - 1]$이 길이가 n인 입력 배열이다. 계수 정렬에서 두 개의 배열이 더 필요하다. 배열 $B[0, ... n - 1]$에 정렬된 출력이, 배열 $C[0, ... K - 1]$이 임시공간을 제공한다고 가정하자.

```
void CountingSort (int A[], int n, int B[], int K) {
    int C[K], i, j;
    // 복잡도: O(K)
    for(i =0 ; i<K; i++)
        C[i] = 0;
    // 복잡도: O(n)
    for(j =0 ; j<n; j++)
        C[A[j]] = C[A[j]] + 1;
    // C[i]에 i와 같은 항목의 개수가 저장된다
    // 복잡도: O(K)
    for(i =1 ; i<K; i++)
        C[i] = C[i] + C[i-1];
    // C[i]에 i보다 작거나 같은 항목의 개수가 저장된다
    // 복잡도: O(n)
    for(j = n-1; j>=0; j--) {
        B[C[A[j]]] = A[j];
        C[A[j]] = C[A[j]] - 1;
    }
}
```

시간 복잡도: $K = O(n)$일 경우 $O(K) + O(n) + O(K) + O(n) = O(n)$

공간 복잡도: $K = O(n)$일 경우 $O(n)$

참고

$K = O(n)$일 때 계수 정렬은 잘 동작한다. 그렇지 않을 땐 복잡도가 더 커진다.

10.16 버킷 정렬

계수 정렬과 유사하게 버킷 정렬(Bucket Sort, 또는 상자 정렬(Bin Sort)) 역시 성능 향상을 위해 입력에 제한을 둔다. 다른 말로 하면, 입력이 고정된 집합을 이용할 때 버킷 정렬은 잘 동작한다는 뜻이다. 항목이 {0, 1, ..., $K - 1$}부터라고 하자. 즉 간격 [0, $K - 1$] 안의 정수의 집합이고, 입력 안의 항목들의 개수가 K인 상황이다. 버킷 정렬은 K개의 카운터(counter)를 사용한다. i번째 카운터는 i번째 항목이 나타내는 개수를 추적한다. 두 개의 버킷을 가진 버킷 정렬은 두 개의 버킷을 가진 퀵 정렬과 같다.

```
#define BUCKETS 10
void BucketSort(int A[], int array_size) {
    int i, j, k;
    int buckets[BUCKETS];
    for(j =0; j < BUCKETS; j++)
        buckets[j] = 0;
    for(i =0; i < array_size; i++)
        ++ buckets[A[i]];
    for(i =0, j=0; j < BUCKETS; j++)
        for(k = buckets[j];k > 0; --k)
            A[i++] = j;
}
```

시간 복잡도: $O(n)$

공간 복잡도: $O(n)$

10.17 기수 정렬

계수 정렬이나 버킷 정렬과 비슷하게 기수 정렬(Radix Sort)도 입력 항목에 특정 상황을 가정한다. 정렬될 입력 값들이 d라는 기수(base)를 갖는다고 하자. 그 말은 모든 숫자가 d자리 숫자라는 뜻이다.

기수 정렬에서 먼저 항목들은 마지막 자리 수 숫자(최하위 자리 수)에 따라 정렬하고, 이후 다시 두 번째 자리 수(최하위 자리 수보다 한 자리 높은) 숫자로 정렬을 시작한다. 이 과정을 최상위 자리 수에 도달할 때까지 모든 자리 수의 숫자만큼 수행한다. 안정적인 정렬 알고리즘을 사용해 마지막 자리 수로 정렬한다. 그런 다음 안정적인 정렬 알고리즘으로 최하위 자리 수보다 한 자리 높은 숫자로 정렬한다. 그 후 세 번째 자리 수로 정렬한다. 안정적인 정렬로 계수 정렬을 사용하면, $O(nd) = O(n)$이다.

알고리즘
1) 각 항목의 최하위 자리 수 숫자를 선택한다.
2) 그 숫자에 의해 항목들을 정렬한다. 하지만 같은 숫자의 항목의 순서는 유지한다(이것이 안정적 정렬의 정의이다).
3) 더 큰 자리 수 숫자에 대해 이 정렬을 반복한다.

　기수 정렬의 속도는 내부의 기본적인 연산에 달려 있다. 이 연산이 충분히 효율적이지 못하면 기수 정렬은 퀵 정렬이나 병합 정렬과 같은 다른 알고리즘보다 느릴 수 있다. 이 연산은 부속 리스트의 삽입, 삭제, 우리가 원하는 자리 수의 분리 등을 포함한다. 숫자들의 길이가 같지 않다면 정렬이 필요한 다른 자리 수 검사가 필요하다. 이것은 기수 정렬에서 제일 느린 부분이 될 수 있고 또한 제일 효율적으로 만들기 어려운 부분일 수 있다.

　기수 정렬이 숫자 혹은 글자에 의존하므로 다른 정렬보다 덜 유연하다. 다양한 데이터 종류에 대해 기수 정렬은 다시 작성되어야 하고 정렬 순서가 바뀌면 또 다시 작성되어야 한다. 즉 기수 정렬은 작성에 더 시간이 걸리고 모든 종류의 데이터를 처리할 수 있는 범용 기수 정렬을 작성하기가 어렵다.

　빠른 정렬이 필요한 많은 프로그램에서 기수 정렬은 좋은 선택이다. 하지만 더 빠른 정렬도 존재하기 때문에 기수 정렬 역시 다른 정렬들처럼 많이 쓰이지는 않는다.

　시간 복잡도: d가 작다면, $O(nd) = O(n)$

10.18 위상 정렬

위상 정렬(Topological Sort)은 9장을 참고하자.

10.19 외부 정렬

외부 정렬(External Sort)은 대용량의 데이터를 처리할 수 있는 정렬 알고리즘 종류에 대한 일반적인 명칭이다. 외부 정렬 알고리즘들은 파일이 너무 커서 메모리 안에 다 저장할 수 없을 때에 유용하다.

내부 정렬 알고리즘처럼 외부 정렬 알고리즘에도 여러 종류가 있는데, 한 가지 예는 외부 병합 정렬이다. 실무에서 외부 정렬 알고리즘은 내부 정렬과 함께 사용되기도 한다.

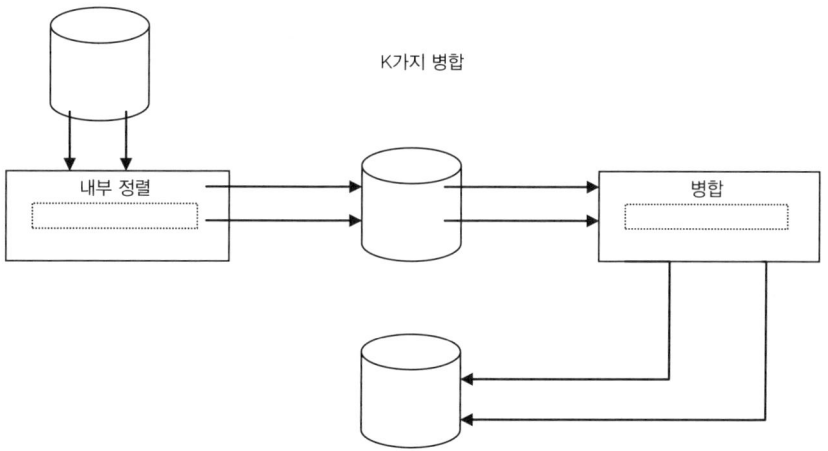

간단한 외부 병합 정렬

각 테입으로부터 어느 정도 개수의 데이터가 주 메모리로 읽힌 다음 내부 정렬을 사용해 정렬된 뒤 테입으로 출력된다. 이해를 위해 900MB의 데이터가 100MB의 RAM을 사용해 정렬되어야 한다고 가정하자.

1) 100MB의 데이터를 주 메모리로 읽어 들여 통상적인 기법(예를 들어 퀵 정렬)으로 정렬한다.
2) 정렬된 데이터를 디스크에 기록한다.
3) 1과 2단계를 모든 데이터가 100MB짜리 덩어리들로 정렬될 때까지 반복한다. 이제 이들을 하나의 큰 정렬된 출력 파일로 병합해야 한다.

4) 정렬된 각 덩어리(입력 버퍼라고 부르자)로부터 10MB씩 주메모리로 읽어 들인다(총 90MB). 나머지 10MB 공간은 출력 버퍼로 할당한다.
5) 9가지 병합 정렬을 수행해서 결과를 출력 버퍼에 담는다. 출력 버퍼가 가득 차면, 최정 정렬 파일에 기록한다. 9개의 입력 버퍼 중 하나라도 비면 그것을 연관된 100MB 덩어리로부터 10MB을 다시 읽어 들여 채운다. 더 읽을 데이터가 없으면 완료되었다고 표시하고 해당 버퍼를 정렬을 위해 사용하지 않는다.

앞의 알고리즘은 정렬할 데이터의 크기가 사용 가능한 메모리 공간의 K배만큼 크다고 가정해서 일반화시킬 수 있다. 그렇다면 K개의 데이터 덩어리가 정렬이 필요하고 K가지 병합이 수행되어야 한다.

X가 사용 가능한 주 메모리 크기라면, K개의 입력 버퍼와 크기가 $X/(K+1)$인 1개의 출력 버퍼가 있는 것이다. 출력 버퍼가 더 커질 수 있다면(예를 들어 한 입력 버퍼의 두 배), 다양한 요인(하드 드라이브가 얼마나 빠른가?)에 의해 더 나은 성능이 발휘될 수 있다.

두 가지 외부 병합 정렬의 복잡도: 각 단계에 각 페이지를 파일로 읽고 쓰게 된다. 파일에 n페이지가 있다고 하자. 그 말은 $[\log n] + 1$번의 단계가 필요하다는 말이고 전체 비용은 $2n([\log n] + 1)$이다.

10.20 정렬 연습문제

문제-1 n개의 숫자를 가진 주어진 배열 A[0 ... n - 1]에는 몇몇 숫자가 중복된다. 중복된 항목이 있는지 여부를 검사하는 알고리즘을 제시하자. 부가 공간을 사용할 수 없다고 가정하자(즉 몇 개의 임시 변수는 사용가능하다. $O(1)$ 공간).

해답: 부가 공간을 사용할 수 없으므로 한 가지 간단한 방법은 항목들을 하나씩 검사하면서 그 항목이 남은 항목 가운데 또 나타나는지 보는 것이다. 나타나면 참을 리턴한다.

```
boolean CheckDuplicatesInArray(int[] A, int n) {
    for(int i = 0; i < n; i++)
        for(int j = i + 1; j < n; j++)
            if(A[i]==A[j])
                reutrn true;
    return false;
}
```

내부의 j 인덱스 루프가 반복될 때마다 $O(1)$ 공간이 사용되고, 고정된 값 i에 대하여 j 루프는 $n - i$번 수행된다. 외부 루프는 $n - 1$번 수행되므로 전체 함수는 다음과 같이 시간을 사용한다.

$\sum_{i=1}^{n-1} n - i = n(n - 1) - \sum_{i=1}^{n-1} i = n(n - 1) - \frac{n(n - 1)}{2} = \frac{n(n - 1)}{2} = O(n^2)$

시간 복잡도: $O(n2)$

공간 복잡도: $O(1)$

문제-2 문제-1의 시간 복잡도를 개선할 수 있는가?

해답: 그렇다. 정렬 기법을 사용한다.

```
boolean CheckDuplicatesInArray(int[] A, int n) {
    // 힙 정렬 알고리즘은 7장을 참고하자
    Heapsort( A, n );
    for(int i = 0; i < n-1; i++)
        if(A[i]==A[i+1])
            reutrn true;
    return false;
}
```

Heapsort 함수는 $O(nlogn)$ 시간이 걸리고 $O(1)$ 공간을 필요로 한다. 검사는 $n - 1$번 반복되고 각 반복은 $O(1)$ 시간을 사용한다. 전체 시간은 $O(nlogn + n) = O(nlogn)$이다.

시간 복잡도: $O(nlogn)$

공간 복잡도: $O(1)$

참고

이 문제의 변형은 11장을 참고하자.

문제-3 주어진 배열 A[0 ... n - 1]에서 배열의 각 항목은 선거에서의 투표를 나타낸다. 각 투표는 선택된 후보의 ID를 나타내는 정수로 주어진다고 가정하자. 누가 선거에 이겼는지 계산하는 알고리즘을 알아보자.

해답: 이 문제는 가장 많이 반복되는 숫자를 찾는 것이다. 해답은 문제-1과 유사하다. 반복 횟수를 저장한다.

```
int CheckWhoWinsTheElection(in A[], int n) {
    int i, j, counter = A[0], maxCounter = 0, candidate;
    for(i = 0; i < n; i++) {
        candidate = A[i];
        counter = 0;
        for(j = i + 1; j < n; j++) {
            if(A[i]==A[j])
                counter++;
        }
        if(counter > maxCounter) {
            maxCounter = counter;
            candidate = A[i];
        }
    }
    return candidate;
}
```

시간 복잡도: $O(n^2)$

공간 복잡도: $O(1)$

참고

이 문제의 변형은 11장을 참고하자.

문제-4 문제-3의 시간 복잡도를 개선할 수 있는가? 부가적인 공간은 없다고 가정하자.

해답: 그렇다. 방법은 후보자 ID에 의해 정렬한 뒤 정렬된 배열을 검사하면서 어느 후보가 가장 많은 표를 가져갔는지 계산하면 된다. 승자만 기억하면 되므로 복잡한 데이터 구조는 필요 없다. 제자리 정렬 알고리즘으로 힙 정렬을 사용할 수 있다.

```
int CheckWhoWinsTheElection(in A[], int n) {
    int i, j, currentCounter = 1, maxCounter = 1;
    int currentCandidate, maxCandidate;
    currentCandidate = maxCandidate= A[0];
    // 힙 정렬 알고리즘은 7장을 참고하자
    Heapsort( A, n );
    for(int i = 0; i < n; i++) {
        if(A[i] == currentCandidate)
            currentCounter ++;
        else { currentCandidate = A[i];
            currentCounter = 1;
        }
        if(currentCounter > maxCounter)
            maxCounter = currentCounter;
        else { maxCandidate = currentCandidate;
            maxCounter = currentCounter;
        }
    }
    return candidate;
}
```

Heapsort 시간 복잡도가 $O(nlogn)$이고, 제자리 정렬이므로 입력 배열 외에는 $O(1)$의 부가 공간만을 사용한다. 정렬된 배열의 검사는 $n-1$ 시간이 걸리므로 $O(n)$ 시간을 사용한다. 전체 시간 한계는 $O(nlogn)$이다.

문제-5 문제-3의 시간 복잡도를 더 개선할 수 있는가?

해답: 주어진 문제에서 후보의 수는 상대적으로 적지만 표의 수가 매우 크다. 이런 문제에는 계수 정렬을 사용할 수 있다.

시간 복잡도: $O(n)$. n은 배열 내 표(항목)의 개수

공간 복잡도: $O(k)$. k는 선거에 참여한 후보의 숫자

문제-6 $[1, n^2]$ 범위 안의 정수 n개의 항목을 가진 배열 A가 있다. 이 배열을 $O(n)$ 시간에 정렬하는 방법은?

해답: 각 숫자로부터 1씩 빼면 $[0, n^2 - 1]$의 범위를 얻는다. 모든 숫자가 n을 기수로 하는 두 자리 숫자라고 보면, 각 숫자는 0에서 $n^2 - 1$ 사이에 있는데, 이것을 기수 정렬로 정렬한다. 이는 계수 정렬을 두 번만 호출한다. 최종적으로 모든 숫자에 1을 다시 더한다. 호출이 두 번 있었으므로 복잡도는 $O(2n) \approx O(n)$이다.

문제-7 문제-6에서 만약 범위가 [1 ... n^3]이라면 어떻게 되는가?

해답: 각 숫자로부터 1씩 빼면, [0, n^3 - 1]의 범위를 얻는다. 모든 숫자가 n을 기수로 하는 세 자리 숫자라고 보면, 각 숫자는 0에서 n^3 - 1 사이에 있게 된다. 이것을 기수 정렬로 정렬한다. 이는 계수 정렬을 세 번만 호출한다. 최종적으로 모든 숫자에 1을 다시 더한다. 호출이 세 번 있었으므로 복잡도는 $O(3n) \approx O(n)$이다.

문제-8 각각의 값이 n^{100}보다 작은 n개의 정수로 이루어진 배열이 주어졌을 때 선형 시간으로 정렬할 수 있는가?

해답: 그렇다. 문제-6과 문제-7의 해답과 유사하다.

문제-9 A와 B가 각각 n개의 항목을 가진 배열이라고 하자. 주어진 숫자 K에 대해 $a + b = K$이면서 $a \in A, b \in B$인 a, b가 있는지 검사하는 $O(nlogn)$ 시간 알고리즘을 알아보자.

해답: $O(nlogn)$이 필요하므로 정렬이 필요하다는 얘기다. 그러므로 다음 코드와 같다.

```
boolean Find(int A[], int B[], int n, K) {
    int i, c;
    Heapsort(A, n); // O(nlogn)
    for(i =0; i < n; i++) { // O(n)
        c = k-B[i]; // O(1)
        if(BinarySearch(A, c)) // O(nlogn)
            return true;
    }
    return false;
}
```

참고
이 문제에 대한 변형은 11장을 참고하자.

문제-10 A, B, C가 각각 n개의 항목을 가진 배열이라고 하자. 주어진 숫자 K에 대하여 $a + b + c = K$이면서 $a \in A, b \in B, c \in C$인 a, b, c가 있는지 검사하는 $O(nlogn)$ 시간 알고리즘을 알아보자.

해답: 11장을 참고하자.

문제-11 n개의 항목을 가진 배열이 주어졌을 때 $O(n + KlogK)$ 시간으로 K개의 항목이 중간값 뒤로 정렬된 순서로 출력되게 할 수 있는가?

해답: 그렇다. 중간값을 찾아 중간값을 기준으로 분할한다. 이것을 가지고 중간값보다 큰 모든 항목을 구할 수 있다. 이제 이 집합에서 K번째로 큰 항목을 찾아 그것을 기준으로 분할하고 그것보다 작은 모든 항목을 얻는다. 마지막 항목들의 집합의 정렬된 리스트를 출력한다. 분명히 이 연산은 $O(n + KlogK)$ 시간이 걸린다.

문제-12 다음 정렬 알고리즘들을 살펴보자. 버블 정렬, 삽입 정렬, 선택 정렬, 병합 정렬, 힙 정렬, 퀵 정렬. 어느 것이 안정적인가?

해답: A가 정렬될 배열이라고 가정하자. 또한 R과 S가 같은 키를 가지고 있고 R이 S보다 배열에서 앞쪽에 있다고 하자. 즉 R이 $A[i]$이고 S가 $A[j]$일 때, $i < j$이다. 어떤 알고리즘이 안정적인지 보이려면, 정렬된 출력에서 R이 S보다 앞에 있어야만 한다.

버블 정렬: 그렇다. 항목들은 작은 항목이 큰 항목 뒤에 있을 때에만 순서가 바뀐다. S가 R보다 작지 않으므로 R 앞에 있을 수 없다.

선택 정렬: 아니다. 배열을 정렬된 부분과 정렬되지 않은 부분으로 나누고 정렬되지 않은 부분의 최소 값을 반복해서 찾는다. 최소 값 x를 찾은 뒤, x를 배열의 정렬된 부분으로 교환하여 옮긴다면 교환된 항목이 R일 수 있어서 S 뒤로 옮겨질 수도 있다. 이것은 R과 S의 위치를 바꾸므로 일반적으로 안정적이지 못하다. 교환을 피한다면 안정적으로 만들 수 있겠지만 시간 비용이 매우 클 것이다.

삽입 정렬: 그렇다. 앞서 설명했듯이 S가 정렬된 부속 배열 $A[1 \ldots j-1]$에 삽입될 때는 S보다 큰 항목만 이동한다. 그러므로 R은 S가 삽입되는 동안 이동하지 않고, 항상 S 앞에 있다.

병합 정렬: 그렇다. 키가 같은 항목에 대하여 왼쪽 부속 정렬의 항목이 우선권을 갖는다. 그 항목들이 정렬되지 않은 배열에서 먼저 입력되는 것들이다. 그 결과 같은 키를 가진 이후 항목들보다 앞에 있게 된다.

힙 정렬: 아니다. i = 1이고 R과 S가 입력 중에 가장 큰 키 값을 갖는 두 항목이라고 하자. 그러면 R은 배열이 힙이 된 다음에 1 위치에 남을 것이고 첫 번째 힙 정렬이 수행된 다음 n 위치에 위치될 것이다. 그러므로 S가 R보다 출력에서 앞에 있게 된다.

퀵 정렬: 아니다. 분할 과정이 항목들의 위치를 여러 번 바꿀 수 있다. 그러므로 같은 키를 가진 두 항목의 위치가 최종 출력 때 바뀔 수 있다.

문제-13 문제-12와 같은 정렬 알고리즘들을 살펴보자. 어느 것이 제자리 정렬인가?

해답: **버블 정렬**: 맞다. 두 정수만 필요하기 때문이다.

삽입 정렬: 맞다. 두 정수와 한 항목이 필요하기 때문이다.

선택 정렬: 맞다. 이 알고리즘은 두 정수와 한 항목을 위한 공간을 필요로 한다.

병합 정렬: 아니다. 병합을 수행하기 위해 배열들이 필요하다(데이터가 연결 리스트 형태라면 정렬이 제자리에서 수행될 수 있다. 하지만 수정하기가 쉽지 않다).

힙 정렬: 맞다. 힙과 부분적으로 정렬된 배열이 입력 배열의 반대쪽 끝에 저장되기 때문이다.

퀵 정렬: 아니다. 재귀적이고 $O(logn)$ 수행 항목을 스택에 저장한다. 비재귀적으로 고치는 것은 가능하나 간단하지 않다.

문제-14 퀵 정렬, 삽입 정렬, 선택 정렬, 힙 정렬 알고리즘 중에 어느 것이 최소의 교환 횟수를 필요로 하는가?

해답: 선택 정렬이다. n번의 교환만 필요로 한다.

문제-15 n개의 정수들의 정렬된 배열에서 어떤 정수가 $n/2$번 나타나는지 검사하려면 최소 몇 번의 비교 연산이 수행되어야 하는가?

해답: 11장을 참고하자.

문제-16 **0과 1과 2의 배열을 정렬하자.** 주어진 배열 *A*[ ]에는 0과 1과 2들이 있다. *A*[ ]를 정렬하는 알고리즘을 알아보자. 모든 0들을 가장 앞에, 그 다음에 1들, 그리고 2들을 맨 뒤에 위치시켜야 한다.

예: 입력 = {0, 1, 1, 0, 1, 2, 1, 2, 0, 0, 0, 1}, 출력 = {0, 0, 0, 0, 0, 1, 1, 1, 1, 1, 2, 2}

해답: 계수 정렬을 사용한다. 3개의 항목만 있고 최대 값이 2이므로 3개의 항목을 가진 임시 배열이 필요하다.

시간 복잡도: $O(n)$

공간 복잡도: $O(1)$

> **참고**
> 이 문제의 변형은 11장을 참고하자.

문제-17 문제-16을 푸는 다른 방법이 있는가?

해답: 퀵 정렬을 사용한다. 배열 안에 오직 0, 1, 2의 3 항목만 있음을 알고 있다. 1을 퀵 정렬의 기준 항목으로 선택할 수 있다. 퀵 정렬은 모든 0들을 왼쪽으로 모든 2들을 1의 오른쪽으로 옮겨 1을 위한 자리를 찾을 것이다. 이렇게 하는 데에 한 번의 스캔만 필요하다.

시간 복잡도: $O(n)$

공간 복잡도: $O(1)$

> **참고**
> 더 효율적인 알고리즘은 11장을 참고하자.

문제-18 배열에서 가장 많이 반복되는 항목이 무엇인지 어떻게 찾는가?

해답: 한 가지 간단한 접근 방법은 주어진 배열을 정렬한 뒤 정렬된 배열을 검사하는 것이다. 검사하는 동안 가장 많이 반복되는 항목을 추적한다.

알고리즘
```
QuickSort(A, n);
int i, j, count=1, Number=A[0], j=1;
for(i=1;i < n;i++) {
    if(arr[j]==A) {
```

```
            count++;
            Number=A[j];
        }
        j=i;
    }
    System.out.println("Number: ─ + Number + ─ , count: ─ +
       count);
```

시간 복잡도 = 정렬 시간 + 검사 시간 = $O(nlogn) + O(n) = O(nlogn)$

공간 복잡도: $O(1)$

> **참고**
> 이 문제의 변형은 11장을 참고하자.

문제-19 문제-18을 푸는 다른 방법이 있는가?

해답: 이진 트리를 사용한다. 항목이 입력에 나타나는 횟수를 저장할 부가적인 count 필드를 가진 이진 트리를 만든다. 이진 검색 트리(BST)를 만들었다고 하자. 이제 트리에 대해 중위 탐색을 한다. BST의 중위 탐색은 정렬된 리스트를 만든다. 중위 탐색을 하는 동안 항목의 최대 값을 추적한다.

시간 복잡도: $O(n) + O(n) \approx O(n)$. 첫 번째 인수는 BST를 만드는 시간이고, 두 번째 인수는 중위 탐색을 위한 시간이다.

공간 복잡도: $O(2n) \approx O(n)$. BST의 매 노드마다 두 개의 부가 포인터가 필요하기 때문이다.

문제-20 문제-18을 푸는 또 다른 방법이 있는가?

해답: 해시 테이블을 사용한다. 주어진 배열의 각 항목에 대해 카운터를 사용해서 항목이 나타날 때마다 관련된 카운터를 증가시킨다. 마지막에 제일 큰 카운터 값을 가진 항목을 리턴하면 된다.

시간 복잡도: $O(n)$

공간 복잡도: $O(n)$. 해시 테이블을 만드는 데 $O(n)$이 필요하다.

문제-21 한 줄에 한 문자열이 있는 2GB짜리 파일이 주어졌을 때, 어떤 알고리즘으로 파일을 정렬할 것이며 그 이유는 무엇인가?

해답: 2GB짜리 크기 제한이 있다는 것은 모든 데이터를 주 메모리로 불러들일 수 없다는 뜻이다.

알고리즘: 얼마나 많은 메모리가 사용 가능한가? XMB의 메모리가 가능하다고 가정하자. $X * K$ = 2GB가 되도록 파일을 K개의 덩어리로 나눈다.

- 각 덩어리를 메모리에 불러 오고, 각 줄을 아무 $O(nlogn)$ 알고리즘으로 정렬한다.
- 줄을 파일에 다시 저장한다.
- 다음 덩어리를 메모리에 불러 오고, 정렬한다.
- 다 끝난 다음 한 집합이 끝나면 그 덩어리로부터 데이터를 더 가져올 경우 하나씩 병합한다.

앞의 알고리즘은 외부 정렬이라고 알려져 있다. 단계 3-4는 K가지 병합이다. 외부 정렬을 사용하는 까닭은 데이터의 크기이다. 데이터가 커서 메모리에 다 불러 오지 못할 때 디스크에 기반한 정렬 알고리즘을 사용해야 한다.

문제-22 거의 정렬된 최종 위치로부터 최대 K만큼 떨어진 n개의 항목을 가진 배열이 주어졌을 때 이들을 $O(nlogK)$ 시간으로 정렬하는 알고리즘을 알아보자.

해답: 항목들을 크기가 K인 n/K 그룹으로 나눈다. 병합 정렬들을 사용해 각 그룹을 $O(KlogK)$ 시간에 정렬한다. 이렇게 하면 어떤 항목도 K 위치만큼 떨어지지 않았다는 속성을 만족시킨다. 이제 K개의 각 덩어리들을 왼쪽 덩어리와 병합한다.

문제-23 문제-22를 푸는 다른 방법이 있는가?

해답: 첫 번째 K 항목을 이진 힙에 삽입한다. 배열의 다음 항목을 힙에 삽입한다. 힙으로부터 최소 항목을 삭제하고, 이를 반복한다.

문제-24 K개의 정렬된 리스트 병합하기: 총 n개의 항목을 가진 K개의 정렬된 리스트가 주어졌을 때 모든 n개의 항목을 정렬한 리스트를 만드는 $O(nlogK)$ 알고리즘을 알아보자.

해답: **K개의 정렬된 리스트를 병합하는 간단한 알고리즘:** 각각 $\frac{n}{k}$ 항목을 가진 그룹들을 생각해보자. 병합 정렬에서 사용된 병합 알고리즘과 같은 선형 알고리즘으로 첫 번째 리스트를 두 번째 리스트와 병합한다. 그런 다음 $\frac{2n}{K}$개의 항목을 가진 결과 리스트를 세 번째 리스트와 병합하고, 그 결과 $\frac{3n}{K}$개의 항목을 가진 리스트를 네 번째 리스트와 병합한다. 이 과정을 모든 n개의 항목을 가진 하나의 정렬된 리스트를 얻을 때까지 반복한다.

시간 복잡도: 각 반복에서 K개의 항목을 병합한다.

$$T(n) = \frac{2n}{K} + \frac{3n}{K} + \frac{4n}{K} + ... \frac{kn}{K}(n) = \frac{n}{K}\sum_{i=2}^{K} i$$

$$T(n) = \frac{n}{K}\left[\frac{k(k+1)}{2}\right] \approx O(nk)$$

문제-25 문제-24의 시간 복잡도를 개선할 수 있는가?

해답: 한 가지 방법은 반복적으로 리스트들을 짝지워 각 쌍을 병합하는 것이다. 이 방법은 분석이 확실한 병합 정렬 수행의 마지막 부분에서도 보인다. 이 방법을 토너먼트 기법이라고 부른다. 토너먼트 기법의 최대 깊이는 $logK$이고 각 반복마다 모든 n개의 항목을 스캔한다.

시간 복잡도: $O(nlogK)$

문제-26 문제-24를 푸는 다른 방법이 있는가?

해답: 다른 방법은 각 K 리스트의 최소 항목에 대해 min 우선순위 큐를 사용하는 것이다. 각 단계에서 우선순위 큐로부터 뽑은 최소 값을 출력하고 어느 K 리스트에서 왔는지 찾아내 그 리스트의 다음 항목을 우선순위 큐에 삽입한다. 우선순위 큐를 사용하므로 우선순위 큐의 최대 깊이는 $logK$이다.

시간 복잡도: $O(nlogK)$

문제-27 연결 리스트에서 나은 정렬 기법은 무엇인가?

해답: 병합 정렬이 더 나은 선택인데, 처음엔 병합 정렬이 좋은 선택이 아니라고 느껴질 수도 있다. 왜냐하면 주어진 리스트를 같은 길이의 두 부속 리스트로 나누기 위한 가운데 노드가 필요하기 때문이다. 이 문제는 이 문제를 풀 다른 두 리스트로 노드들을 옮겨서 쉽게 해결할 수 있다(3장 참고). 그런 다음 이 두 리스트를 재귀적으로 정렬하고, 결과를 하나의 리스트로 병합하면 주어진 리스트를 정렬한다.

```
ListNode LinkedListMergeSort(ListNode first) {
    ListNode list1HEAD = null;
    ListNode list1TAIL = null;
    ListNode list2HEAD = null;
    ListNode list2TAIL = null;
    if(first==NULL || first->next==null)
        return first;
    while (first != null) {
        Append(first, list1HEAD, list1TAIL);
        if(first != null)
            Append(first, list2HEAD, list2TAIL);
    }
    list1HEAD = LinkedListMergeSort(list1HEAD);
    list2HEAD = LinkedListMergeSort(list2HEAD);
    return Merge(list1HEAD, list2HEAD);
}
```

참고

Append()는 첫 번째 인자를 단일 연결 리스트에 추가한다. 이 단일 연결 리스트의 머리와 꼬리는 두 번째, 세 번째 인자에 의해 정의된다.

모든 외부 정렬 알고리즘이 연결 리스트를 정렬하는 데에 사용될 수 있다. 각 파일을 순차적으로만 접근 가능한 연결 리스트로 취급할 수 있기 때문이다. 이중 연결 리스트의 경우 다음 포인터만 사용해서 단일 연결 리스트로 취급해서 정렬한 뒤에 이전 포인터를 다시 재구축함으로써 정렬할 수 있다.

문제-28 연결 리스트 정렬을 퀵 정렬로 구현할 수 있는가?

해답: 원래의 퀵 정렬은 단일 연결 리스트를 정렬하는 데 사용할 수 없다. 왜냐하면 단일 연결 리스트에서는 뒤로 이동할 수 없기 때문인데, 원래의 퀵 정렬을 수정하여 단열 연결 리스트에서도 동작하게 할 수 있다.

다음과 같은 수정된 퀵 정렬 구현을 살펴보자. 입력 리스트의 첫 번째 노드가 기준(pivot)으로 사용되고 equal로 옮겨진다. 각 노드의 값이 기준과 비교되어 기준보다 작으면 less로(같으면 equal, 크면 larger로) 이동된다. 그 다음에 less와 larger가 각각 재귀적으로 정렬된다. 마지막으로 less와 equal과 larger를 단일 연결 리스트로 병합해서 정렬된 리스트를 만든다.

Append()는 첫 번째 인자를 머리와 꼬리가 두 번째와 세 번째 인자로 정의되는 단일 연결 리스트의 꼬리에 추가한다. 리턴할 때 첫 번째 인자가 수정되어 equal이 리스트의 다음 노드를 가리키게 된다. Join()은 머리와 꼬리가 세 번째, 네 번째 인자로 정의되는 리스트를 머리와 꼬리가 첫 번째와 두 번째 인자로 정의되는 리스트에 추가한다. 간단하게 하기 위해, 첫 번째와 네 번째 인자가 최종 결과 리스트의 머리와 꼬리가 된다.

```
void Qsort(ListNode first, ListNode last){
    ListNode lesHEAD = null, lesTAIL = null;
    ListNode equHEAD = null, equTAIL = null;
    ListNode larHEAD = null, larTAIL = null;
    ListNode current = first;
    int pivot, info;
    if(current == null)
        return;
    pivot = current.getData();
    Append(current, equHEAD, equTAIL);
    while(current != null) {
        info = current.getData();
        if(info < pivot)
            Append(current, lesHEAD, lesTAIL)
        else if(info > pivot)
            Append(current, larHEAD, larTAIL)
        else Append(current, equHEAD, equTAIL);
    }
    Quicksort(lesHEAD, lesTAIL);
    Quicksort(larHEAD, larTAIL);
    Join(lesHEAD, lesTAIL,equHEAD, equTAIL);
    Join(lesHEAD, equTAIL,larHEAD, larTAIL);
    first = lesHEAD;
    last = larTAIL;
}
```

문제-29 각 픽셀의 색상값은 [0,255] 범위의 정수이고 1,000,000개의 픽셀 색상 값을 가진 배열이 주어졌다. 이들을 정렬할 때 어떤 정렬 알고리즘이 적합한가?

해답: 계수 정렬이다. 256개의 키값만 존재하므로 부가 배열은 크기가 256이면 된다. 또한 전체 데이터에 대해 두 단계만 거치면 되므로 시간과 공간 모두 효율적이다.

문제-30 문제-29와 유사하게 1,000,000개의 항목이 있는 전화번호부가 있다. 어떤 알고리즘이 최적인가?

해답: 버킷 정렬이다. 버킷 정렬에서 각 버킷이 마지막 일곱 자리 숫자로 정의된다. 크기가 천만인 부가 배열이 필요하고 디스크의 전체 데이터에 대해 한 번의 단계만 거치면 된다는 장점이 있다. 각 버킷엔 같은 일곱 자리 번호를 가지고 지역 코드만 다른 모든 전화번호가 저장된다. 그런 후 버킷들은 지역 코드에 의해 선택 정렬이나 삽입 정렬로 정렬된다. 지역 코드의 종류는 몇 가지 되지 않는다.

문제-31 K개의 정렬된 리스트를 병합하는 알고리즘을 알아보자.
해답: 7장을 참고하자.

문제-32 10억 개의 숫자가 저장되어 있는 큰 파일이 주어졌다. 이 파일로부터 제일 큰 10개의 숫자를 찾아라.
해답: 7장을 참고하자.

문제-33 두 개의 정렬된 배열 A와 B가 있다. A는 크기가 $m + n$이고 m개의 항목만 저장되어 있다. B는 크기가 n이고 n개의 항목이 저장되어 있다. 이 두 배열을 크기가 $m + n$인 첫 번째 배열로 병합해서 정렬하자.

해답: 이 문제의 트릭은 목표 배열을 제일 큰 항목으로 가장 뒤부터 채우는 것이다. 최종적으로 병합되고 정렬된 배열을 가진다.

```
            void Merge(int[] A[], int m, int B[], int n) {
                int count = m;
                int i = n - 1, j = count - 1, k = m - 1;
                for(;k>=0;k--) {
                    if(B[i] > A[j] || j < 0) {
                        A[k] =B[i];
                        i--;
                        if(i<0)
                            break;
                    }
                    else {A[k] = A[j];
                        j--;
                    }
                }
            }
```

시간 복잡도: $O(m + n)$

공간 복잡도: $O(1)$

문제-34 너트와 볼트 문제: 크기가 다른 n개의 너트와 볼트가 주어졌는데, 너트와 볼트 사이에 1:1 관계가 있다.. 각 너트에 대해 짝이 되는 볼트를 찾아라. 너트와 볼트만 비교할 수 있다고 가정하자. 너트와 너트, 볼트와 볼트는 비교할 수 없다.

다른 방식으로 질문: 볼트와 너트가 들어 있는 상자가 있다. n개의 너트와 n개의 볼트가 상자 안에 있는데, 각 너트에 대해 한 개의 볼트만 맞는다(볼트에 대해 너트도 하나). 볼트와 너트를 맞춰보려고 할 때 어떤 것이 큰지 알 수 있다. 하지만 볼트와 볼트, 너트와 너트를 직접 비교할 수는 없다. 너트와 볼트의 짝을 지우는 효율적인 알고리즘을 설계하자.

해답: 브루트-포스 접근법: 첫 번째 볼트로 시작해서 짝을 찾을 때까지 각 너트와 맞춰본다. 최악의 경우에 n번의 비교를 해야 한다. 이 과정을 남아 있는 다른 볼트에서 계속 진행하면 $O(n^2)$ 복잡도를 얻는다.

문제-35 문제-34에 대해 복잡도를 향상시킬 수 있는가?

해답: 문제-34에서 최악의 경우에 $O(n^2)$ 복잡도를 얻게 된다(볼트들이 오름차순이고 너트들이 내림차순이었을 때). 이 알고리즘의 분석은 퀵 정렬의 분석과 동일하다. 개선 방법도 유사하다.

최악의 경우 복잡도를 감소시키기 위해 매번 첫 번째 볼트를 선택하는 대신, 임의의 볼트를 선택해서 너트와 맞춰볼 수 있다. 임의의 선택이 최악의 경우를 만날 확률을 감소시키지만 최악의 경우는 여전히 $O(n^2)$이다.

문제-36 문제-34에 대해 복잡도를 더 향상시킬 수 있는가?

해답: 분할 정복 기법을 사용해서 이 문제를 풀 수 있으며 해법은 무작위 퀵 정렬과 유사하다. 일단 볼트와 너트들은 각각 배열 B와 N으로 작성한다고 가정하자.

가장 처음 알고리즘은 다음과 같은 분할 연산을 수행한다. 임의의 볼트 $B[i]$를 선택한다. 이 볼트를 사용해서 너트 배열들을 다음의 세 그룹으로 나눈다.

- $B[i]$보다 작은 너트들
- $B[i]$에 맞는 너트
- 마지막으로 $B[i]$보다 큰 너트들

그 다음에 $B[i]$에 맞는 너트를 사용해서 볼트 배열을 비슷하게 분할한다. 이 두 분할 연산 과정은 $O(n)$ 시간을 갖도록 쉽게 구현될 수 있다. 수행 결과 기준 볼트와 너트가 서로 잘 맞도록 선택되고, 나머지 볼트와 너트들이 올바른 위치에 있도록 작은 너트와 볼트들은 기준 앞에, 큰 너트와 볼트들은 기준 뒤에 있도록 잘 분할한다. 이 알고리즘은 기준점 왼쪽과 오른쪽 부속 배열에서 나머지 볼트와 너트들이 짝을 짓도록 재귀적으로 수행된다. n에 대한 귀납법을 통해 재귀적 호출이 나머지 볼트들을 적절하게 짝을 지을 것을 예상할 수 있다.

이 알고리즘의 수행 시간을 분석하기 위해 무작위 퀵 정렬에서와 같은 방법을 사용할 수 있다. 그러므로 퀵 정렬의 분석을 적용하면 시간 복잡도는 $O(nlogn)$이 된다.

다른 방식의 분석: 이 문제를 퀵 정렬에 약간의 수정을 가해 해결할 수 있다. 마지막 너트를 기준으로 선택했다고 하자. 이 너트의 배열을 탐색하며 볼트들하고만 비교한 후, 볼트의 배열을 분할하게 된다. 기준 너트보다 작은 볼트들은 왼쪽에 있게 있고, 너트보다 큰 볼트들은 오른쪽에 있게 된다. 이후 배열을 탐색하면서 기준 너트에 딱 맞는 볼트가 발견된다.

이제 이 볼트를 사용해 분할을 다시 수행한다. 그 결과 이 볼트보다 작은 너트들은 왼쪽에, 큰 너트들은 오른쪽에 있게 된다. 왼쪽과 오른쪽 배열에 대해 재귀적으로 호출한다.

시간 복잡도: $O(2nlogn) = O(nlogn)$

문제-37 주어진 이진 트리에서 중위 탐색을 수행하여 항목들을 정렬된 순서로 $O(n)$ 시간에 출력할 수 있는가?

해답: 그렇다. 그 트리가 이진 검색 트리(BST)라면. 더 자세한 사항은 6장을 참고하자.

11장

Data Structures and Algorithms Made Easy for JAVA

검색

11.1 검색은 무엇인가?

컴퓨터 과학에서 검색(Searching)이란 아이템의 집합 중에서 특정한 속성을 가진 한 아이템을 찾는 과정이다. 아이템들은 데이터베이스의 레코드로 저장되어 있을 수도 있고, 배열 속의 간단한 데이터 항목이거나 파일 안의 문자, 트리의 노드, 그래프의 정점과 간선 혹은 다른 검색 공간의 항목일 수 있다.

11.2 왜 검색을 하는가?

검색은 핵심적인 컴퓨터 과학 알고리즘 중 하나이다. 오늘날의 컴퓨터는 많은 정보를 가지고 있다. 이 정보를 효율적으로 얻어내려면, 매우 효율적인 검색 알고리즘이 필요하다.

   검색 과정을 향상시키기 위해 데이터를 정리하는 방법들이 있다. 즉 데이터를 특정한 순서로 저장하면 필요한 항목을 찾기가 쉬워진다. 정렬은 항목들을 순서 있게 하는 기법 중 하나이다. 이 장에서는 검색 알고리즘들을 살펴볼 것이다.

11.3 검색의 종류

다음은 이 책에서 살펴볼 검색의 종류들이다.

- 무순서 선형 검색(Unordered Linear Search)
- 정렬/순서 선형 검색(Sorted/Ordered Linear Search)
- 이진 검색(Binary Search)
- 심볼 테이블(Symbol Table)과 해싱(Hashing)
- 문자열 검색 알고리즘: 트라이(Trie), 삼진 검색(Ternary Search)와 접미 트리(Suffix Tree)

무순서 선형 검색

항목들의 순서가 알려지지 않은 배열이 주어졌다고 하자. 즉 배열의 항목들이 정렬되지 않은 경우 특정 항목을 검색하려면 전체 배열을 스캔해서 그 항목이 주어진 리스트 안에 있는지 여부를 확인해야 한다.

```
int UnsorteddLinearSearch (int A[], int n, int data) {
    for(int i = 0; i < n; i++) {
        if(A[i] == data)
            return i;
    }
    return -1;
}
```

시간 복잡도: 최악의 경우에 전체 배열을 스캔해야 하기 때문에 $O(n)$
공간 복잡도: $O(1)$

정렬/순서 선형 검색

배열의 항목들이 이미 정렬되어 있다면 대부분의 경우 그 항목이 주어진 배열 안에 있는지 여부를 확인하기 위해 전체 배열을 스캔해야 할 필요가 없다. 다음 알고리즘에서는 $A[i]$의 값이 찾으려는 data보다 크다면, 나머지 배열을 검색할 필요 없이 -1을 리턴한다.

```
int SortedLinearSearch(int A[], int n, int data) {
    for(int i = 0; i < n; i++) {
        if(A[i] == data)
            return i;
        else if(A[i] > data)
            return -1;
    }
    return -1;
}
```

이 알고리즘의 시간 복잡도는 $O(n)$이다. 왜냐하면 최악의 경우에 전체 배열을 스캔해야 하기 때문이다. 하지만 평균 경우에 성장률은 같더라도 복잡도는 감소한다. 공간 복잡도는 $O(1)$이다.

참고

앞의 알고리즘에서 인덱스 증가율을 늘려서 (예를 들어 2로) 더 개선할 수 있다. 이렇게 하면 정렬된 리스트에서 검색할 때 비교의 횟수가 줄어든다.

이진 검색

사전에서 단어를 찾는 문제를 생각해보자. 일반적으로 우리는 적당한 페이지 (예를 들어 사전의 중간 페이지)부터 찾기 시작해서, 원하는 단어가 나오면 검색을 마친다. 찾으려는 페이지가 선택한 페이지보다 앞쪽이면 같은 과정을 앞쪽 절반에 대해 반복한다. 그렇지 않다면 뒤쪽 절반에 대해 같은 과정을 반복한다. 이진 검색도 마찬가지 방식으로 동작한다. 이런 전략을 적용한 알고리즘을 이진 검색 알고리즘이라고 부른다.

```
// 반복적인 이진 검색 알고리즘
int BinarySearchIterative[int A[], int n, int data) {
    int low = 0;
    int high = n-1;
    while(low <= high) {
        mid = low + (high-low)/2; // 오버플로우 방지
        if(A[mid] == data)
            return mid;
        else if(A[mid] < data)
            low = mid + 1;
        else high = mid - 1;
    }
    return -1;
}
// 재귀적인 이진 검색 알고리즘
```

```
int BinarySearchRecursive(int A[], int low, int high, int data) {
    int mid = low + (high-low)/2; // 오버플로우 방지
    if(A[mid] == data)
        return mid;
    else if(A[mid] < data)
        return BinarySearchRecursive(A, mid + 1, high, data);
    else return BinarySearchRecursive(A, low, mid - 1 , data);
    return -1;
}
```

이진 검색의 재귀는 $T(n) = T(\frac{n}{2}) + \Theta(1)$이다. 왜냐하면 항상 입력 리스트의 절반만을 고려하며, 나머지 절반은 생략하기 때문이다. 분할 정복 마스터 정리를 사용하면 $T(n) = O(logn)$을 얻는다.

시간 복잡도: $O(logn)$

공간 복잡도: 반복적 알고리즘에 대해 $O(1)$

기본적인 검색 알고리즘의 비교

구현	검색-최악의 경우	검색-평균 경우
무순서 배열	n	$n/2$
순서 배열(이전 검색)	$logn$	$logn$
무순서 리스트	n	$n/2$
순서 리스트	n	$n/2$
이진 검색 트리(경사 트리의 경우)	n	$logn$

참고
　　이진 검색 트리는 6장을 참고하자.

11.4 심볼 테이블과 해싱

13장과 14장을 참고하자.

11.5 문자열 검색 알고리즘

15장을 참고하자.

11.6 검색 연습문제

문제-1 n개의 항목을 가진 배열이 주어졌을 때 배열 안에 중복된 항목이 있는지 여부를 검사하는 알고리즘을 알아보자.

해답: 제일 간단한 문제 중 하나이다. 한 가지 해답은, 배열 안의 중복된 항목을 철저하게 검색하는 것이다. 일단 각 입력 항목에 대해 같은 값을 가진 항목이 있는지 검사하는데, 두 개의 간단한 for 루프를 사용해서 풀 수 있다. 이 해답은 코드로 구현하면 다음과 같다.

```java
void CheckDuplicatesBruteForce(int A[], int n) {
    for(int i = 0; i < n; i++) {
        for(int j = i+1; j < n; j++) {
            if(A[i] == A[j]) {
                System.out.println("Duplicates exist:" +
                    A[i]);
                return;
            }
        }
    }
    System.out.println("No duplicates in given array.");
}
```

시간 복잡도: 두 개의 중첩된 for 루프를 위하여 $O(n^2)$

공간 복잡도: $O(1)$

문제-2 문제-1의 해답의 복잡도를 개선할 수 있는가?

해답: 그렇다. 주어진 배열을 정렬한다. 모든 항목의 정렬이 끝난 다음에, 같은 값들은 나란히 배치된다. 이제 이렇게 정렬된 배열에 대해 스캔을 한 번만 하면서 같은 값을 가진 항목들이 인접하여 있는지만 보면 된다.

```
void CheckDuplicatesSorting(int A[], int n) {
    Sort(A, n); // 배열을 정렬
    for(int i = 0; i < n-1; i++) {
        if(A[i] == A[i+1]) {
            System.out.println("Duplicates exist: " + A[i]);
            return;
        }
    }
    System.out.println("No duplicates in given array.");
}
```

시간 복잡도: 정렬을 위해 $O(nlogn)$

공간 복잡도: $O(1)$

문제-3 문제-1을 푸는 다른 방법은 없는가?

해답: 해시 테이블을 사용하는 방법이 있다. 해시 테이블은 사전을 구현하는 간단하고 효율적인 기법이다. 항목을 검색하는 평균 시간은 $O(1)$이고, 최악의 경우 시간은 $O(n)$이다. 해싱 알고리즘의 더 자세한 사항은 14장을 참고하자.

예를 들어 배열 A = {3, 2, 1, 2, 2, 3}를 생각해보자. 입력 배열을 스캔해서 항목을 해시에 삽입한다. 삽입된 항목에 대해 카운터를 1로 유지한다(처음엔 모든 항목이 0으로 채워져 있었다고 가정하자). 이것은 해당된 항목이 이미 있었다는 것을 의미한다. 주어진 배열을 적용한 해시 테이블은 다음과 같을 것이다(처음 3개의 항목 3, 2, 1이 삽입된 후).

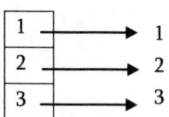

이제 2를 삽입하려고 하면 2의 카운터 값이 이미 1이므로 이 항목이 다시 나타난다는 것을 알 수 있다.

시간 복잡도: $O(n)$

공간 복잡도: $O(n)$

문제-4 문제-1의 해답을 더욱 개선할 수 있는가?

해답: 배열의 항목들이 양수이고 모든 항목이 0에서 $n - 1$ 범위에 있다고 가정하자. 각 항목 $A[i]$에 대해 인덱스가 $A[i]$인 배열의 항목을 선택한다. $A[A[i]]$를 선택해서 $-A[A[i]]$로 저장한다(즉 $A[A[i]]$의 값을 음수화한다). 값이 이미 음수인 항목을 만날 때까지 이 과정을 반복한다. 그런 항목이 존재하면 주어진 배열에 중복된 항목이 있다고 할 수 있다. 예를 들어 배열 A = {3, 2, 1, 2, 2, 3}을 생각해보자.

	0	1	2	3	4	5
맨 처음에,	3	2	1	2	2	3
1단계에서, A[abs(A[0])]을 음수화	3	2	1	-2	2	3
2단계에서, A[abs(A[1])]를 음수화	3	2	-1	-2	2	3
3단계에서, A[abs(A[2])]을 음수화	3	-2	-1	-2	2	3
4단계에서, A[abs(A[3])]을 음수화	3	-2	-1	-2	2	3

4단계에서 $A[abs(A[3])]$이 이미 음수인 것을 볼 수 있다. 즉 같은 값을 두 번 만난 것이다.

```
void CheckDuplicates(int A[], int n) {
    for(int i = 0; i < n; i++) {
        if(A[abs(A[i])] < 0) {
            System.out.println("Duplicates exist: " + A[i]);
            return;
        }
        else A[A[i]] = -A[A[i]];
    }
    System.out.println("No duplicates in given array.");
}
```

시간 복잡도: $O(n)$. 한 번의 스캔만 필요하기 때문이다.

공간 복잡도: $O(1)$

> **참고**
> - 이 해답은 주어진 배열이 읽기 전용이면 동작하지 않는다.
> - 이 해답은 주어진 배열의 항목들이 양수일 때만 동작한다.
> - 항목들의 범위가 0에서 $n - 1$이 아니면 예외가 발생할 수 있다.

문제-5 n개의 숫자들을 가진 배열이 주어졌다. 배열 안에 제일 많이 등장하는 항목을 찾는 알고리즘을 알아보자.

브루트-포스 해답: 한 가지 간단한 해답은 각 입력 항목에 대해 같은 값을 가진 다른 항목이 있는지 검사하고, 해당 항목의 카운터를 증가시키는 것이다. 매번 현재 카운터를 최대 카운터와 비교해서 이 값이 최대 카운터보다 크면 최대 카운터를 업데이트한다. 이는 두 개의 간단한 for 루프로 풀 수 있다.

```
int CheckDuplicatesBruteForce(int A[], int n) {
    int counter =0, max=0;
    for(int i = 0; i < n; i++) {
        counter=0;
        for(int j = 0; j < n; j++) {
            if(A[i] == A[j])
                counter++;
        }
        if(counter > max) max = counter;
    }
    return max;
}
```

시간 복잡도: 두 개의 중첩된 for 루프를 위해 $O(n^2)$

공간 복잡도: $O(1)$

문제-6   문제-5 해답의 복잡도를 개선할 수 있는가?

해답: 그렇다. 주어진 배열을 정렬한다. 모든 항목의 정렬이 끝난 다음에, 같은 값들은 나란히 배치된다. 이제 정렬된 배열에 대해 스캔을 한 번만 하면서 어떤 항목이 제일 많이 등장하는지를 보면 된다.

시간 복잡도: 정렬을 위해 $O(nlogn)$

공간 복잡도: $O(1)$

문제-7 문제-5를 푸는 다른 방법이 있는가?

해답: 그렇다. 해시 테이블을 사용한다. 입력된 항목을 검사하여 각 항목이 등장하는 횟수를 저장한다. 즉 카운터 값이 항목의 등장 횟수를 뜻한다는 말이다.

시간 복잡도: $O(n)$

공간 복잡도: $O(n)$

문제-8 문제-5의 시간 복잡도를 개선할 수 있는가? 항목의 범위가 0에서 $n - 1$이라고 가정하자. 즉 모든 항목이 이 범위 안에만 존재한다고 생각한다.

해답: 그렇다. 이 문제를 두 번의 스캔으로 풀 수 있다. 문제-3의 음수화 기법을 사용할 수는 없다. 왜냐하면 반복되는 횟수를 구해야 하기 때문이다. 첫 번째 스캔에서 음수화하는 대신 n 값을 더한다. 즉 각 항목의 등장 횟수마다 배열의 크기를 그 항목에 더한다. 두 번째 스캔에서 항목의 값을 n으로 나누어 비교한다. 그리고 가장 큰 값을 가진 항목을 리턴한다. 이 방법에 기반한 코드는 다음과 같다.

```java
void MaxRepititions(int A[], int n){
    int i = 0, max = 0, maxIndex;
    for(i = 0; i < n; i++)
        A[A[i]%n] += n;
    for(i = 0; i < n; i++) {
        if(A[i]/n > max) {
            max = A[i]/n;
            maxIndex =i;
        }
    }
    return maxIndex;
}
```

참고
- 이 해답은 주어진 배열이 읽기 전용이면 동작하지 않는다.
- 이 해답은 주어진 배열의 항목들이 양수일 때만 동작한다.
- 항목들의 범위가 0에서 $n - 1$이 아니면 예외가 발생할 수 있다.

시간 복잡도: $O(n)$. 중복된 for 루프가 필요 없기 때문이다.

공간 복잡도: $O(1)$

문제-9 n개의 숫자를 가진 배열이 주어졌을 때 반복되는 첫 번째 항목을 찾는 알고리즘을 알아보자. 예를 들어 배열 A = {3, 2, 1, 2, 2, 3}에서 첫 번째 반복되는 숫자는 3(2가 아니라)이다. 즉 반복되는 항목 중에 제일 처음 항목을 리턴해야 한다.

해답: 문제-1의 브루트-포스 해법을 사용할 수 있다. 각 항목에서 중복이 있는지 여부를 검사하므로 어느 항목이든지 중복이 있는 첫 번째 항목이 리턴된다.

문제-10 문제-9에서 정렬 테크닉을 사용할 수 있는가?

해답: 아니다. 실패한 경우를 증명하기 위해, 다음 배열을 살펴보자. 예를 들어 배열 A = {3, 2, 1, 2, 2, 3}은 정렬하고 나면 A = {1, 2, 2, 2, 3, 3}이 된다. 이 정렬된 배열에서 첫 번째로 반복되는 항목은 2이다. 하지만 원래 답은 3이다.

문제-11 문제-9에서 해싱 기법을 사용할 수 있는가?

해답: 그렇다. 하지만 우리가 문제-3에서 사용한 간단한 해싱 기법으로는 안 된다. 예를 들어 입력 배열 A = {3, 2, 1, 2, 2, 3}을 고려해보자. 이 경우 첫 번째 반복된 항목은 3인데 간단한 해싱 기법을 사용하면 답이 2가 된다. 왜냐하면 3보다 먼저 2가 두 번 반복되기 때문이다. 이제 해싱 테이블의 동작을 수정해서 첫 번째 반복된 항목을 리턴하도록 만들어 살펴보자.

1을 저장하는 대신 맨 처음에 배열 안의 항목의 위치를 저장한다고 하자. 그 결과 해시 테이블은 다음 그림과 같을 것이다(3, 2, 1을 삽입한 후에).

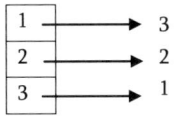

이제 해시 테이블의 현재의 2의 값을 음수로 만든다. 즉 카운터의 값을 -2로 만든다는 것이다. 해시 테이블의 음수 값은 같은 항목이 두 번 나타났다는 의미다. 비슷하게 현재 입력의 다음 항목인 3에서도 해시 테이블의 값을 음수화한다. 최종적으로 해시 테이블은 다음 그림과 같다.

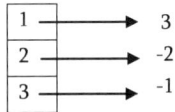

전체 입력 배열을 처리한 다음 해시 테이블을 스캔해서 제일 큰 음수 인덱스 값(우리 경우엔 -1)을 리턴한다. 제일 큰 음수 값은 그 항목이 제일 먼저 나왔다는 뜻이다(반복되는 항목 중에서).

항목이 두 번 이상 반복되면 어떻게 되는가? 이 경우 해당하는 값 i가 음수인 항목은 생략하면 된다.

문제-12 문제-9에서 문제-3의 기법(음수화 기법)을 사용할 수 있는가?

해답: 아니다. 모순되는 예로 배열 A = {3, 2, 1, 2, 2, 3}에서 첫 번째로 반복되는 항목은 3이다. 하지만 음수화 기법으로는 결과가 2이다.

문제-13 빠진 숫자 찾기: $n - 1$개의 정수가 있는 리스트가 주어졌고 이 정수들은 1에서 n까지의 범위에 있다. (중복이 없다고 가정하며) 리스트에는 범위 안의 정수 중 하나가 없다. 이 빠진 정수를 찾는 알고리즘을 알아보자.

예: I/P: [1, 2, 4, 6, 3, 7, 8], O/P: 5

브루트-포스 해법: 한 가지 간단한 해법은, 1부터 n까지의 각 숫자에 대해 그 숫자가 주어진 배열 안에 있는지 여부를 검사하는 것이다.

```
int FindMissingNumber(int A[], int n){
    int i, j;
    boolean found;
    for(i = 1; i < =n; i ++) {
        found = false;
        for(j = 0; j < n; j ++) {
            if(A[j]==i)
                found = true;
        }
        if(!found) return i;
    }
    return -1;
}
```

시간 복잡도: $O(n^2)$

공간 복잡도: $O(1)$

문제-14 문제-13에서 정렬 기법을 사용할 수 있는가?

해답: 그렇다. 리스트를 정렬하면 항목들을 오름차순으로 정렬해주고 한 번 더 스캔하면 빠진 숫자를 찾을 수 있다.

시간 복잡도: 정렬을 위해 $O(nlogn)$

공간 복잡도: $O(1)$

문제-15 문제-13에서 해싱 기법을 사용할 수 있는가?

해답: 그렇다. 입력 배열을 스캔하고 항목들을 해시에 넣는다. 입력된 항목에 대해 카운터를 1(가장 처음엔 모든 항목이 0으로 채워져 있다고 가정)로 채운다. 이 값으로 관련된 항목이 이미 나타났다는 것을 알린다. 이제 해시 테이블을 스캔해서 카운터 값이 0인 항목을 리턴한다.

시간 복잡도: $O(n)$

공간 복잡도: $O(n)$

문제-16 문제-13의 복잡도를 개선할 수 있는가?

해답: 합 공식(Summation Formula)를 사용한다.

1) 숫자들의 합을 구한다. sum = $n * (n + 1) / 2$

2) 모든 숫자를 sum에서 뺀다. 그런 다음 빠진 숫자를 얻을 수 있다.

시간 복잡도: 전체 배열 스캔을 위해 $O(n)$

문제-17 문제-13에서 숫자의 총합이 최대 정수값을 넘어가면, 정수 오버플로우가 일어나서 정확한 답을 얻을 수 없다. 이 문제를 해결할 수 있는가?

해답: 1) 모든 배열의 항목을 XOR한다. XOR의 결과를 X라고 하자.

2) 1에서 n까지의 모든 숫자를 XOR한다. 이 결과를 Y라고 하자.

3) X와 Y를 XOR하면 빠진 숫자가 나온다.

```
int FindMissingNumber(int A[], int n){
    int i, X, Y;
    for(i = 0; i < n; i ++)
        X ^= A[i];
    for(i = 1; i <= n; i ++)
        Y ^= i;
    // 사실 변수 하나면 충분하다
    return X ^ Y;
}
```

시간 복잡도: 전체 배열을 스캔하기 위해 $O(n)$

공간 복잡도: $O(1)$

문제-18 홀수 번 나타나는 숫자 찾기: 양의 정수들로 이루어진 배열에서 모든 숫자들은 짝수 번 나타나는데 한 숫자만 홀수 번 나타난다. 이 숫자를 $O(n)$ 시간과 상수 공간을 이용해 찾아보자.

예: I/P = [1, 2, 3, 2, 3, 1, 3], O/P = 3

해답: 모든 항목에 비트 단위 XOR을 수행한다. 그 결과 홀수 번 나타난 숫자를 얻을 수 있다. A XOR A = 0이기 때문이다.

시간 복잡도: $O(n)$

공간 복잡도: $O(1)$

문제-19 주어진 배열에서 중복되는 항목 두 개 찾기: $n + 2$개의 항목을 가진 주어진 배열에서 모든 항목은 1에서 n 사이의 숫자이다. 배열에는 두 번 나타나는 두 개의 숫자를 제외하면 모든 항목이 한 번씩만 존재하는

데, 이 중복되는 숫자 두 개를 찾아라. 예를 들어 배열이 $n = 5$이고 6, 2, 6, 5, 2, 3, 1일 때 $n + 2 = 7$개의 항목이 있다고 하자. 두 개씩 존재하는 2와 6을 제외하면 모두 한 개만 존재하므로, 따라서 출력은 6과 2이다.

해답: 한 가지 간단한 방법은 전체 배열에서 각 항목을 검색하는 것이다. 이 경우 두 개의 루프를 사용한다. 바깥 루프에서 항목을 하나씩 선택하고 이 선택된 항목이 내부 루프에서 몇 번 반복되는지 센다. 다음은 PrintRepeatedElements가 크기 $n + 2$를 가지고 호출되었다고 가정한 코드이다.

```
void PrintRepeatedElements(int A[], int n){
    for(int i = 0; i < n; i++)
        for(int j = i+1; j <n; j++)
            if(A[i] == A[j])
                System.out.println(A[i]);
}
```

시간 복잡도: $O(n^2)$

공간 복잡도: $O(1)$

문제-20 문제-19에서 시간 복잡도를 개선할 수 있는가?

해답: 배열을 비교 정렬 알고리즘 중 하나를 사용해서 정렬하고 같은 값이 연속되는 항목이 있는지 검사한다.

시간 복잡도: $O(nlogn)$

공간 복잡도: $O(1)$

문제-21 문제-19의 시간 복잡도를 개선하는 또 다른 방법이 있는가?

해답: 카운트 배열을 사용한다. 이 해법은 해시 테이블을 사용하는 것과 같다. 간단하게 하기 위해 카운트 값을 저장하는 배열을 사용할 수 있다. 배열을 한 번 탐색하면서 배열 안의 모든 항목의 카운트를 크기가 n인 임시 배열 count[]에 저장한다. 카운트 값이 이미 저장된 항목을 발견하면 중복이라고 출력한다. 다음은 PrintRepeatedElements가 크기 $n + 2$를 가지고 호출되었다고 가정한 코드이다.

```
void PrintRepeatedElements(int A[], int n){
    int[] count = new int[];
    for(int i = 0; i < size; i++) {
        count[A[i]]++;
        if(count[A[i]] == 2)
            System.out.println(A[i]);
    }
}
```

시간 복잡도: $O(n)$

공간 복잡도: $O(n)$

문제-22 문제-19에서처럼 숫자들이 1에서 n까지의 범위에 있다고 하자. 이 문제를 푸는 다른 방법이 있는가?

해답: XOR 연산을 사용한다. 중복되는 숫자들이 X와 Y라고 하자. 배열의 모든 항목을 XOR하고 1에서 n까지의 모든 정수를 XOR한다. 그러면 결과 값이 X XOR Y가 될 것이다. X XOR Y의 이진수 표현에서 1은 X와 Y의 다른 비트를 의미한다. X XOR Y의 k번째 비트가 1이라면, 배열의 모든 항목과 1에서 n까지의 모든 정수 중 k번째 비트가 1인 모든 수를 XOR한다. 이 결과 X와 Y 중 하나가 답으로 출력된다.

```
void PrintRepeatedElements(int A[], int size){
    int XOR = A[0];
    int i, right_most_set_bit_no, X= 0, Y = 0;
    for(i = 1; i < size; i++) /* A[]의 모든 항목을 XOR한다 */
        XOR ^= A[i];
    for(i = 1; i <= n; i++) /* {1,2,...n}의 모든 항목을 XOR한다 */
        XOR ^= i;
    right_most_set_bit_no = XOR & ~( XOR -1);
    // 최상위 오른쪽 비트를 right_most_set_bit에 저장한다
    /* 이제 최상위 오른쪽 비트를 비교해서 항목들을 두 집합에 나눈다 */
    for(i = 0; i < size; i++) {
        if(A[i] & right_most_set_bit_no)
            X = X^ A[i]; /* A[ ]의 첫 번째 집합을 XOR한다 */
        else Y = Y ^ A[i]; /* A[ ]의 두 번째 집합을 XOR한다 */
    }
    for(i = 1; i <= n; i++) {
        if(i & right_most_set_bit_no)
            X = X ^ i; /* A[ ]의 첫 번째 집합과 {1,2,...n}을 XOR한다 */
        else Y = Y ^ i; /* A[ ]의 두 번째 집합과 {1,2,...n}을 XOR한다 */
    }
    System.out.println("Values X: "+ X " and Y:" + Y);
}
```

시간 복잡도: $O(n)$

공간 복잡도: $O(1)$

문제-23 문제-19에서처럼 숫자들이 1에서 n까지의 범위에 있다고 했을 때 이 문제를 푸는 다른 방법이 있는가?

해답: 두 개의 간단한 수학 방정식을 만들어 이 문제를 풀 수 있다. 우리가 찾아야 할 두 숫자를 X와 Y라고 하자. 우리는 n개의 숫자의 합이 $n(n+1)/2$임을 안다. 그리고 n개의 숫자의 곱은 $n!$이다. 이 합과 곱 공식을 이용해서 두 개의 방정식을 만들고, 이 두 방정식을 이용해서 두 개의 미지수의 값을 구한다. 배열 안의 모든 수의 합이 S, 곱이 P, 우리가 찾아야 할 숫자가 X와 Y라고 하자.

$X + Y = \frac{n(n+1)}{2} - S$

$XY = n!/P$

앞의 두 방정식을 이용하면 X와 Y를 구할 수 있다. 이 접근 방법에는 합과 곱 오버플로우 문제가 있을 수 있다.

시간 복잡도: $O(n)$

공간 복잡도: $O(1)$

문제-24 문제-19와 같이 숫자들이 1에서 n까지의 범위에 있다고 가정하자. 또한 $n - 2$ 항목들이 세 번 반복되고, 나머지의 두 항목이 두 번 반복되는데, 두 번 반복되는 항목을 찾아라.

해답: 배열의 모든 항목을 XOR하고 1부터 n까지의 모든 정수를 XOR하면 세 번 반복되는 모든 항목은 0이 된다. 왜냐하면 각 항목들이 세 번 반복되고, 범위 내의 숫자들을 한 번 더 XOR하므로 각 항목이 네 번 XOR되기 때문이다. 그 결과 a XOR a XOR a XOR a = 0인데, 세 번 반복되는 모든 항목에서 이를 반복한다.

즉 두 번 반복되는 항목들은 항목들을 XOR하고 범위의 숫자들을 XOR하면 총 세 번 XOR하는 것이 된다. 그 결과 a XOR a XOR a = a로, 이를 통해 두 번 반복되는 항목들을 얻는다.

시간 복잡도: $O(n)$

공간 복잡도: $O(1)$

문제-25 n개의 항목을 가진 배열이 주어졌다. 두 항목의 합이 주어진 항목 K와 동일한 배열 내의 두 항목을 구하자.

브루트-포스 해법: 간단한 해법 하나는, 각 배열에서 두 항목의 합이 K인 다른 항목이 있는지 검사하는 것이다. 이것은 두 개의 간단한 for 루프를 사용해 풀 수 있다. 다음은 이 해법을 구현한 코드이다.

```java
void BruteForceSearch(int A[], int n, int K){
    for(int i = 0; i < n; i++) {
        for(int j = i; j < n; j++) {
            if(A[i]+A[j] == K) {
                System.out.println("Items Found, i: " + i +
                    " j: + j);
                return;
            }
        }
    }
    System.out.println("Items not found: No such elements");
}
```

시간 복잡도: $O(n^2)$. 두 개의 중첩 for 루프 때문이다.

공간 복잡도: $O(1)$

문제-26 문제-25의 시간 복잡도를 개선할 수 있는가?

해답: 그렇다. 주어진 배열을 정렬했다고 가정하자. 이 연산은 $O(nlogn)$이 걸린다. 정렬된 배열에서, 인덱스 loIndex = 0, hiIndex = n - 1을 관리하면서 A[loIndex] + A[hiIndex]를 계산한다. 합이 K와 같다면 해답을 찾은 것이다. 합이 K보다 작으면 hiIndex를 감소시킨다. 합이 K보다 크면 loIndex를 증가시킨다.

```java
void Search(int A[], int n, int K){
    int i, j, temp;
    Sort(A, n);
    for(i = 0, j = n-1; i < j) {
        temp = A[i] + A[j];
        if(temp == K) {
```

```
                System.out.println("Items Found, i: " + i + " j:"
                    + j);
                return;
            }
            else if(temp < K)
                i = i + 1;
            else j = j - 1;
            }
        return;
}
```

시간 복잡도: $O(nlogn)$. 주어진 배열이 이미 정렬되어 있었다면 복잡도는 $O(n)$이다.

공간 복잡도: $O(1)$

문제-27 문제-25의 해답은 배열이 정렬되어 있지 않을 때에도 동작하는가?

해답: 그렇다. 이 알고리즘은 모든 가능성을 다 검사하기 때문에 (만약 존재한다면) 구하려는 숫자의 쌍을 출력해준다.

문제-28 문제-25를 푸는 다른 방법이 있는가?

해답: 해시 테이블을 사용할 수 있다. 우리의 목적이 합이 K가 되는 배열의 두 인덱스를 찾는 것인데, 두 개의 인덱스를 X와 Y라고 하자. 즉 $A[X] + A[Y] = K$이라고 정의한다.

우리가 필요한 것은 입력 배열의 각 항목 $A[X]$에 대해 $K - A[X]$가 입력 배열 안에 존재하는지를 검사하는 것이다. 이제 해시 테이블을 이용한 구현하는 방법을 살펴보자.

알고리즘

- 입력 배열의 각 항목을 해시 테이블에 삽입한다. 현재 항목이 $A[X]$라고 하자.
- 다음 항목으로 진행하기 전에 $K - A[X]$가 해시 테이블 안에 있는지를 검사한다.
- 이런 숫자가 존재한다면 인덱스를 찾을 수 있다.
- 없다면 다음 입력 항목으로 진행한다.

시간 복잡도: $O(n)$

공간 복잡도: $O(n)$

문제-29 n개의 항목을 가진 배열 A가 주어졌다. $A[i]^2 + A[j]^2 = A[k]^2$인 인덱스 i, j, k를 찾아라.

해답:

알고리즘
- 주어진 배열을 제자리에서 정렬한다.
- 각 배열 인덱스 i에 대해 $A[i]^2$을 계산해서 배열에 저장한다.
- 0에서 $i - 1$까지 합이 $A[i]$가 되는 배열 안의 두 숫자를 문제-25와 유사한 방법으로 찾는다. 이렇게 하면 결과를 $O(n)$ 시간으로 얻을 수 있다. 이런 합을 찾으면 참을 리턴하고 아니면 계속 찾는다.

```
Sort(A);   // 입력 배열을 정렬한다
    for(int i=0; i < n; i++)
        A[i] = A[i]*A[i];
    for(i=n; i > 0; i--) {
        res = false;
        if(res) {
            // 문제-11/12 해답
        }
    }
}
```

시간 복잡도:

정렬 시간 + $n \times$ (합을 찾는 시간) = $O(nlogn) + n \times O(n) = n^2$

공간 복잡도: $O(1)$

문제-30 합이 0에 가장 가까운 두 항목: 양수의 음수가 섞여 있는 배열이 주어졌다. 두 항목의 합이 0에 가장 가까운 두 항목을 찾아라. 아래 배열에서, 알고리즘은 -80과 85를 리턴할 것이다.

예: 1 60 -10 70 -80 85

브루트-포스 해법: 각 항목을 배열 안의 모든 다른 항목과 더해 합을 구하고 그 값들을 비교한다. 최종적으로 최소 합을 리턴한다.

```
void TwoElementsWithMinSum(int A[], int n){
    int i, j, min_sum, sum, min_i, min_j, inv_count = 0;
    if(n < 2) {
        System.out.println("Invalid Input");
        return;
    }
    /* 값들의 초기화 */
    min_i = 0;
    min_j = 1;
    min_sum = A[0] + A[1];
    for(i= 0; i < n - 1; i ++) {
        for(j = i + 1; j < n; j++) {
            sum = A[i] + A[j];
            if(abs(min_sum) > abs(sum)) {
                min_sum = sum;
                min_i = i;
                min_j = j;
            }
        }
    }
    System.out.println(" The two elements are " + arr[min_i]
        + " and " + arr[min_j]);
}
```

시간 복잡도: $O(n^2)$

공간 복잡도: $O(1)$

문제-31 문제-30의 시간 복잡도를 개선할 수 있는가?

해답: 정렬을 사용한다.

알고리즘

1. 주어진 입력 배열의 모든 항목을 정렬한다.

2. 두 개의 인덱스를, 하나는 가장 처음에 (i = 0), 다른 하나는 맨 뒤에 (j = n - 1) 유지한다. 또한 두 개의 변수를 두어 하나는 0에 제일 가까운 양수 합(positiveClosest)을, 다른 하나엔 0에 제일 가까운 음수 합(negativeClosest)을 저장한다.

3. while i < j인 동안에는 다음과 같다.

    a. 현재 쌍의 합이 > 0이고, < positiveClosest이면, positiveClosest를 업데이트한 후 j를 감소시킨다.

    b. 현재 쌍의 합이 < 0이고, > negativeClosest이면 negativeClosest를 업데이트한 후 i를 증가시킨다.

    c. 그렇지 않다면 현재 쌍을 출력한다.

```
void TwoElementsWithMinSum(int A[], int n) {
    int i = 0, j = n-1, temp, postiveClosest = INT_MAX,
        negativeClosest = INT_MIN;
    Sort(A, n);
    while(i < j) {
        temp = A[i] + A[j];
        if(temp > 0) {
            if(temp < postiveClosest)
                postiveClosest = temp;
            j--;
        }
        else if(temp < 0) {
            if(temp > negativeClosest)
                negativeClosest = temp;
            i++;
        }
        else printf("Closest Sum: %d ", A[i] + A[j]);
    }
    return(abs(negativeClosest)> postiveClosest: postiveClosest: negativeClosest);
}
```

시간 복잡도: 정렬을 위해 $O(nlogn)$

공간 복잡도: $O(1)$

문제-32 n개의 항목을 가진 배열이 주어졌다. 세 가지 항목의 합이 주어진 항목 K와 같은 배열 안의 세 항목을 찾아라.

브루트-포스 해법: 이 문제의 기본 해법은, 입력 항목의 각 쌍에 대해 합이 K가 되게 만드는 다른 항목이 있는지 검사하는 것이다. 이것은 세 개의 간단한 for 루프를 사용해 풀 수 있다. 다음은 이 해법을 구현한 코드이다.

```java
void BruteForceSearch(int A[], int n, int data){
    for(int i = 0; i < n; i++) {
        for(int j = i+1; j < n; j++) {
            for(int k = j+1; k < n; k++) {
                if(A[i] + A[j] + A[k]== data) {
                    System.out.println("Items Found, i:" + i
                        + " j:" + j + " k:" + k);
                    return;
                }
            }
        }
    }
    System.out.println("Items not found: No such elements");
}
```

시간 복잡도: 세 개의 중첩 for 루프 때문에 $O(n^3)$

공간 복잡도: $O(1)$

문제-33 문제-32의 해법이 배열이 정렬되지 않았을 때에도 동작하는가?

해답: 그렇다. 모든 가능한 경우를 다 검사하는 알고리즘이기 때문에 (만약 존재한다면) 세 항목의 합이 K인 세 번째 항목을 찾아준다.

문제-34 문제-32를 풀기 위해 정렬 기법을 사용할 수 있는가?

해답: 그렇다.

```
void Search(int A[], int n, int data){
    Sort(A, n);
    for(int k = 0; k < n; k++) {
        for(int i = k + 1, j = n-1; i < j;) {
            if(A[k] + A[i] + A[j] == data) {
                System.out.println("Items Found, i:" + i + "
                    j:" + j + " k:" + k);
                return;
            }
            else if(A[k] + A[i] + A[j] < data)
                i = i + 1;
            else j = j - 1;
        }
    }
    return;
}
```

시간 복잡도: 정렬하는 시간 + 정렬된 리스트에서 찾는 시간 = $O(nlogn) + O(n2) \approx O(n2)$. 두 개의 중첩된 for 루프 때문이다.

공간 복잡도: $O(1)$

문제-35 문제-32를 풀기 위해 해싱 기법을 사용할 수 있는가?

해답: 그렇다. 우리의 목적은 합이 K가 되는 배열의 세 가지 인덱스를 찾는 것인데, 이 인덱스들을 X, Y, Z라고 하자. 즉 $A[X] + A[Y] + A[Z] = K$ 이다.

모든 가능한 합과 그 쌍들을 해시 테이블에 저장했다고 하자. 그 말은 해시 테이블의 키는 $K - A[X]$이고, $K - A[X]$의 값은 합이 $K - A[X]$인 모든 가능한 쌍들이라는 것이다.

알고리즘

- 검색을 시작하기 전에 모든 가능한 합들과 항목의 쌍들을 해시 테이블에 넣는다.
- 입력 배열의 각 항목을 해시 테이블에 넣는다. 현재 항목이 $A[X]$라고 하자.
- 해시 테이블 안에 $K - A[X]$를 키로 갖는 항목이 있는지 검사한다.
- 그런 항목이 있다면 $K - A[X]$의 항목 쌍을 스캔해서 $A[X]$를 포함해 모든 가능한 쌍을 리턴한다.
- 그런 항목이 없다면 ($K - A[X]$를 키로 하는) 다음 항목으로 이동한다.

시간 복잡도: 모든 가능한 쌍을 해시 테이블에 정렬하는 시간 + 검색 = $O(n^2) + O(n^2) \approx O(n^2)$

공간 복잡도: $O(n)$

문제-36 n개의 정수들의 배열이 주어졌을 때 3 - sum 문제는 3 정수의 합이 0에 제일 가까운 3 정수를 찾는 문제이다.

해답: 문제-32에서 K 값이 0일 때와 같다.

문제-37 A가 n개의 서로 다른 정수들의 배열이고, $1 \leq k \leq n$인 인덱스 k에 대해 $A[1], ..., A[k]$는 증가하는 순열이고, $A[k + 1], ..., A[n]$은 감소하는 순열이라고 하자. 이때 k를 찾는 효율적인 알고리즘을 설계하고 분석하자.

비슷한 문제: 주어진 배열이 정렬되어 있고 음수에서 시작해서 양수로 끝난다고 하자(이런 함수를 단조 증가 함수(Monotonically Increasing Function)라고 함). 이 배열에서 정수가 시작되는 인덱스를 찾아라. 입력 배열의 길이를 알고 있다고 가정했을 때 $O(logn)$인 알고리즘을 설계하자.

해답: 이진 검색의 변형을 사용하자.

```
int Search(int A[], int n, int first, int last){
    int mid, first = 0, last = n-1;
    while(first <= last) {
        // 현재 배열의 크기가 1이면
        if(first == last)
            return A[first];
        // 현재 배열의 크기가 2이면
        else if(first == last-1)
            return max(A[first], A[last]);
        // 현재 배열의 크기가 3 이상이면
        else {
            mid = first + (last-first)/2;
            if(A[mid-1] < A[mid] && A[mid] > A[mid+1])
                return A[mid];
            else if(A[mid-1] < A[mid] && A[mid] < A[mid+1])
                first = mid+1;
            else if(A[mid-1] > A[mid] && A[mid] > A[mid+1])
                last = mid-1;
            else return INT_MIN ;
        } // else 구문의 끝
    } // while 구문의 끝
}
```

재귀 수식은 $T(n) = 2T(n/2) + c$. 마스터 정리를 사용하면 $O(logn)$을 얻는다.

문제-38 n을 모를 때는 문제-37을 어떻게 푸는가?

해답: 반복적으로 $A[1], A[2], A[4], A[8], A[16]$을 계산한다. $A[n] > 0$인 n을 찾을 때까지 반복한다.

시간 복잡도: 2의 속도로 움직이므로 $O(logn)$인데, 더 자세한 사항은 1장을 참고하자.

문제-39 크기가 알려지지 않고 앞쪽엔 1만 있고, 뒤쪽엔 0만 있는 입력 배열이 주어졌다. 0이 시작하는 부분의 배열 인덱스를 구하자. 배열 안에 수백만의 1과 0이 있다고 가정하자. 예를 들어 배열엔 111111111.........1 10000000.........0000000이 있다.

해답: 이 문제는 문제-38과 거의 동일하다. $k = 0, 1, 2 ..$일 때 2^k의 속도로 비트를 검사하자. 2의 속도로 움직이므로 복잡도는 $O(logn)$이다.

문제-40 n개의 정수를 가진 정렬된 배열이 알려지지 않은 횟수만큼 회전되었다. 배열 내의 항목을 찾는 $O(logn)$ 알고리즘을 제시하자.

예: 배열 (15 16 19 20 25 1 3 4 5 7 10 14)에서 5 찾기

결과: 8(배열 내에서 5의 인덱스)

해답: 주어진 배열이 A[]라고 하고, 문제-37의 해법을 확장하여 사용하자. 다음 함수 FindPivot은 k 값을 리턴한다(이 함수가 값 대신에 인덱스를 리턴한다고 가정하자). 기준점을 찾아서 배열을 두 개의 부속 배열로 나눈 뒤 이진 검색을 호출한다.

기준점을 찾는 기본 생각은 정렬된(오름차순으로), 기준점이 있는 배열에서 기준점은 그 다음 항목이 자신보다 작은 유일한 항목이라는 사실이다. 앞의 속성과 이진 검색 기법을 사용하면 기준 항목을 $O(logn)$ 시간으로 찾을 수 있다.

알고리즘

1) 기준점을 찾아 배열을 두 개의 부속 배열로 나눈다.
2) 이제 두 부속 배열 중 하나에 대해 이진 검색을 호출한다.
   a. 항목이 첫 번째 항목보다 크면 왼쪽 부속 정렬에서 검색한다.
   b. 그렇지 않다면 오른쪽 부속 정렬에서 검색한다.
3) 항목이 선택된 부속 배열에서 발견되면 인덱스를 리턴하고 그렇지 않으면 -1을 리턴한다.

```
int FindPivot(int A[], int start, int finish) {
    if(finish - start == 0)
        return start;
    else if(start) == finish - 1) {
        if(A[start] >= A[finish])
            return start;
        else return finish;
    }
    else { mid = start + (finish-start)/2;
        if(A[start] >= A[mid])
            return FindPivot(A, start, mid);
        else return FindPivot(A, mid, finish);
    }
}
int Search(int A[], int n, int x) {
    int pivot = FindPivot(A, 0, n-1);
    if(A[pivot] == x) return pivot;
```

```
            if(A[pivot] <= x)
                return BinarySearch(A, 0, pivot-1, x);
            else return BinarySearch(A, pivot+1, n-1, x);
    }
    int BinarySearch(int A[], int low, int high, int x) {
        if(high >= low) {
            int mid = low + (high - low)/2;
            if(x == A[mid])
                return mid;
            if(x > A[mid])
                return BinarySearch(A, (mid + 1), high, x);
            else return BinarySearch(A, low, (mid -1), x);
        }
        /* 항목이 발견되지 않으면 -1을 리턴한다 */
        return -1;
    }
```

시간 복잡도: $O(logn)$

문제-41 문제-40을 한 번의 스캔으로 풀 수 있는가?

해답: 그렇다.

```
int BinarySearchRotated(int A[], int start, int finish, int
  data) {
    if(start > finish) return -1;
    int mid = start + (finish - start) / 2;
    if(data == A[mid]) return mid;
    else if(A[start] <= A[mid]) { // start 절반이 정렬되어 있다
        if(data >= A[start] && data < A[mid])
            return BinarySearchRotated(A, start, mid - 1,
              data);
        else return BinarySearchRotated(A, mid + 1, finish,
          data);
    }
    else { // A[mid] <= A[finish], finish 절반이 정렬되어 있다
        if(data > A[mid] && data <= A[finish])
            return BinarySearchRotated(A, mid + 1, finish,
              data);
        else return BinarySearchRotated(A, start, mid - 1,
          data);
    }
}
```

시간 복잡도: $O(logn)$

문제-42 바이토닉(bitonic) 검색: 어떤 배열이 증가하는 정수의 순열과 바로 뒤에 감소하는 정수의 순열로 이루어져 있으면, 바이토닉이라고 한다. n개의 서로 다른 정수로 이루어진 바이토닉 배열 A가 주어졌을 때, 주어진 정수가 배열 안에 있는지를 $O(logn)$ 단계로 어떻게 알 수 있는가?

해답: 문제-37과 같다.

문제-43 문제-37을 묻는 또 다른 방법이 있는가?

해답: $A[\ ]$가 증가하면서 시작해서 최대 값에 닿은 후 감소하는 배열이라고 하자. 최대 값의 인덱스를 찾는 $O(logn)$ 알고리즘을 설계하자.

문제-44 n개의 정수들의 순열의 중간값을 구하는 $O(nlogn)$ 알고리즘을 제시하자.

해답: 정렬하고 $\frac{n}{2}$번째 항목을 리턴한다.

문제-45 크기가 m, n인 두 개의 정렬된 리스트가 주어졌을 때 모든 항목의 중간값을 $O(log(m + n))$ 시간으로 구하자.

해답: 18장을 참고하자.

문제-46 n개의 항목을 가지고 중복된 항목이 있을 수 있는 정렬된 배열이 주어졌을 때, 어떤 숫자가 처음 나타나는 인덱스를 $O(logn)$ 시간에 구하자.

해답: 어떤 숫자가 처음 나타나는 인덱스를 구하려면 다음 조건을 검사하는데, 조건 중 어느 하나라도 참이면 그 위치를 리턴한다.

```java
int BinarySearchFirstOccurrence(int A[], int low, int high,
    int data) {
    if(high >= low) {
        int mid = low + (high-low) / 2;
        if((mid == low && A[mid] == data) || (A[mid] == data
            && A[mid - 1] < data))
            return mid;
        // 배열의 왼쪽 절반을 검사한다
        else if(A[mid] >= data)
            return BinarySearchFirstOccurrence(A, low, mid -
                1, data);
```

```
            else return BinarySearchFirstOccurrence(A, mid + 1,
                high, data);
        }
        return -1;
    }
```

시간 복잡도: $O(logn)$

문제-47 n개의 항목을 가지고 중복된 항목이 있을 수 있는 정렬된 배열이 주어졌을 때 마지막으로 나타나는 숫자의 인덱스를 $O(logn)$ 시간에 구하자.

해답: 어떤 숫자가 마지막으로 나타나는 인덱스를 구하려면 다음 조건을 검사해야 한다. 다음 어느 하나라도 참이면 그 위치를 리턴한다.

```
int BinarySearchLastOccurrence(int A[], int low, int high,
    int data) {
    if(high >= low) {
        int mid = low + (high-low) / 2;
        if((mid == high && A[mid] == data) || (A[mid] ==
            data && A[mid + 1] > data))
            return mid;
        // 배열의 오른쪽 절반을 검사한다
        else if(A[mid] <= data)
        return BinarySearchLastOccurrence(A, mid + 1, high,
            data);
        else return BinarySearchLastOccurrence(A, low, mod -
            1, data);
    }
    return -1;
}
```

시간 복잡도: $O(logn)$

문제-48 n개의 항목을 가지고 중복된 항목이 있을 수 있는 정렬된 배열이 주어졌을 때, 어떤 숫자가 나타나는 횟수를 구하자.

브루트-포스 해법: 배열에 대해 선형 검색을 한 뒤 배열에서 항목을 찾을 때마다 카운트를 증가시킨다.

```
int LinearSearchCount(int A[], int n, int data) {
    int count = 0;
    for(int i = 0; i < n; i++) {
        if(a[i] == k)
```

```
            count++;
        }
        return count;
}
```

시간 복잡도: $O(n)$

문제-49 문제-48의 시간 복잡도를 개선할 수 있는가?

해답: 그렇다. 한 번의 이진 검색을 사용하고 나서 작은 규모의 스캔을 하면 된다.

알고리즘

- 배열 안의 찾으려는 data에 대해 이진 검색을 수행한다. 그 위치가 K라고 하자.
- K의 왼쪽으로 탐색하면서 data가 나타나는 횟수를 센다. 이 값을 leftCount라고 하자.
- 비슷하게 K의 오른쪽으로 탐색하면서 data가 나타나는 횟수를 센다. 이 값을 rightCount라고 하자.
- 총 나타나는 횟수 = leftCount + 1 + rightCount이다.

시간 복잡도 - $O(logn + S)$, S는 data가 나타나는 횟수

문제-50 문제-48을 푸는 또 다른 방법이 있는가?

해답:

알고리즘

- data가 처음 나타나는 인덱스를 찾아 firstOccurrence라고 부른다(알고리즘은 문제-46 참고).
- data가 마지막 나타나는 인덱스를 찾아 lastOccurrence라고 부른다 (알고리즘은 문제-47 참고).
- lastOccurrence - firstOccurrence + 1을 리턴한다.

시간 복잡도 = $O(logn + logn) = O(logn)$

문제-51 순열 1, 11, 21의 다음 숫자는 무엇이며 그 이유는?

해답: 주어진 숫자를 소리내서 읽는다. 재미를 위한 문제이다.

One one(1개의 1)

Two ones(2개의 1)

One two, one one(1개의 2, 1개의 1 -> 1211)

답: 다음 숫자는 이전 숫자를 소리내서 읽은 것이다.

문제-52 두 번째로 작은 숫자 효율적으로 찾기.

해답: 주어진 항목들의 힙을 n보다 적은 비교횟수로 올리기(up)를 사용해서 만들 수 있다(알고리즘은 7장 참고). 그 후에 두 번째로 작은 숫자를 GetMax() 연산으로 $logn$번 비교해서 찾을 수 있다. 전체적으로 $n + logn$ + 상수 시간이 걸린다.

문제-53 문제-52를 푸는 다른 방법이 있는가?

해답: n개의 숫자를 두 개의 그룹으로 나누는 방법이 있다. 연속해서 $n/2$번 비교해서 토너먼트와 유사한 방법을 사용해서 제일 큰 값을 찾는다. 첫 번째에는 최대 $n - 1$번 비교해서 최대 값을 구할 수 있다. 두 번째에는 첫 번째의 승자들과 이미 나온 최대 값을 같은 방식으로 비교한다. 이는 $logn - 1$번 비교해서 얻기 때문에 총 $n + logn -2$ 가 걸린다. 이런 해법을 토너먼트 문제(Tournament Problem)라고 한다.

문제-54 어떤 항목이 $n/2$번 이상 나타나면 다수(majority)라고 한다. n개의 항목을 가진 배열을 받아(만약 존재한다면) 다수 항목을 찾는 알고리즘을 구하자.

해답: 기본적은 해법은 두 개의 루프를 돌면서 모든 서로 다른 항목의 최대 개수를 세는 것이다. 최대 개수가 $n/2$보다 커지면, 루프를 빠져 나와 최대 개수를 가진 항목을 리턴한다. 최대 개수가 $n/2$보다 크지 않은 경우 다수 항목은 존재하지 않는다.

시간 복잡도: $O(n^2)$

공간 복잡도: $O(1)$

문제-55 문제-54의 시간 복잡도를 $O(nlogn)$으로 개선할 수 있는가?

해답: 이진 검색을 사용하면 된다. (이 방법에서 사용될) 이진 검색 트리의 노드는 다음과 같다.

```
public class TreeNode {
    public int element;
    public int count;
    public TreeNode left;
    public TreeNode right;
    ......
}
```

BST에 항목들을 하나씩 넣으며 만약 그 항목이 이미 있으면 그 노드의 카운트를 증가시킨다. 어떤 단계에서든지 노드의 카운트가 $n/2$보다 커지면 리턴한다. 이 방법은 다수 항목의 $n/2 + 1$번 반복이 배열의 앞부분에 있을 때 잘 동작한다. 예를 들어 {1, 1, 1, 1, 1, 2, 3, 4} 같은 경우이다.

시간 복잡도: 이진 검색 트리가 사용되면 최악의 경우 복잡도는 $O(n^2)$이다. 균형 이진 검색 트리가 사용되면 $O(nlogn)$이다.

공간 복잡도: $O(n)$

문제-56 문제-54를 $O(nlogn)$ 복잡도로 푸는 다른 방법이 있는가?

해답: 입력 배열을 정렬하고 정렬된 배열을 스캔해서 다수 항목을 찾는다.

시간 복잡도: $O(nlogn)$

공간 복잡도: $O(1)$

문제-57 문제-54의 복잡도를 개선할 수 있는가?

해답: 어떤 항목이 A 안에 $n/2$번 이상 반복되면 A의 중간값이어야 한다. 하지만 그 역은 참이 아니다. 그러므로 중간값을 찾은 뒤 그 값이 A 안에 몇 번 나타나는지 확인해야 한다. $O(n)$ 시간이 걸리는 선형 선택을 사용할 수 있다(12장 참고).

```
int CheckMajority(int A[], in n) {
    1) 선형 선택을 사용해서 A의 중간값 m을 찾는다.
    2) A를 한 번 더 스캔하면서 m이 나타나는 횟수를 센다.
        a. m이 n/2번 이상 나타나면 참을 리턴한다;
        b. 그렇지 않으면 거짓을 리턴한다.
}
```

문제-58 문제-54를 푸는 다른 방법이 있는가?

해답: 한 가지 항목만이 반복되므로 입력 배열을 스캔하며 항목들의 개수를 센다. 카운트가 0이면 그 항목이 처음 나온 것이고, 그렇지 않으면 결과 항목이다.

```
int MajorityNum(int[] A, int n) {
    int majNum, count = 0, element = -1;
    for(int i = 0; i < n; i++) {
        // 카운터가 0이면 현재 후보를 다수 숫자로 하고 카운터를 1로 삼는다
        if(count == 0) {
            element = A[i];
            count = 1;
        }
        else if(element == A[i]) {
            /* 카운터가 0이 아니고 항목이 현재 후보랑 같으면 카운터를
               증가시킨다 */
            count++;
        }
        else {
            /* 카운터가 0이 아니고 항목이 현재 후보랑 다르면 카운터를
               감소시킨다 */
            count--;
        }
    }
    return element;
}
```

시간 복잡도: $O(n)$

공간 복잡도: $O(1)$

문제-59 $2n$개의 항목을 가진 배열이 주어졌을 때, n개의 항목은 같고 나머지 n개의 항목은 모두 다르다. 다수 항목을 찾아보자.

해답: 반복되는 항목이 배열의 절반을 차지한다. 어떻게 배치되든 간에 다음 중 하나만 참이다.

- 모든 중복된 항목은 서로 상대적으로 2의 거리에 있다.

  예: n, 1, n, 100, n, 54, n, ...
- 최소 두 개의 중복된 서로 연달아 있다.

  예: n, n, 1, 100, n, 54, n, ...

  n, 1, n, n, n, 54, 100 ...

  1, 100, 54, n, n, n, n. ...

최악의 경우 배열 전체를 두 번 스캔해야 한다.
- 첫 번째 패스: $A[i]$와 $A[i+1]$을 비교한다.
- 두 번째 패스: $A[i]$와 $A[i+2]$를 비교한다.

일치하는 항목이 바로 찾는 항목이다. $O(n)$ 시간과 $O(1)$ 공간이 필요하다.

문제-60 $2n+1$개의 정수 항목을 가진 배열이 주어졌을 때, n개의 항목이 배열 안의 임의의 위치에서 두 번씩 반복되고 하나의 정수만 한 번 나타난다. 이런 한 정수를 $O(n)$ 연산과 $O(1)$ 추가 메모리를 사용해 구하자.

해답: 하나의 항목을 제외한 다른 항목들이 반복된다. $A\ XOR\ A = 0$임을 알고 있으므로, 이에 기초해서 모든 입력 항목들을 XOR하면 나머지 항목을 구할 수 있다.

```
int Solution(int* A) {
    int i, res;
    for(i = res = 0; i < 2n+1; i++)
        res = res ^ A[i];
    return res;
}
```

시간 복잡도: $O(n)$

공간 복잡도: $O(1)$

문제-61 n층 건물에서 계란 던지기: n층 건물과 한 무더기의 계란이 있다고 하자. 또한 계란은 F층 이상 떨어져야만 깨진다고 하자. $O(logn)$개의 계란만 깨뜨려 F층을 계산하는 전략을 구하자.

해답: 18장 참고

문제-62 배열의 지역 최소 값: n개의 서로 다른 정수로 이루어진 배열 A가 주어졌을 때 $A[i - 1] < A[i] < A[i + 1]$을 만족하는 인덱스 i를 뜻하는 지역 최소 값(local minimum)을 $O(logn)$으로 구하는 알고리즘을 설계하자.

해답: 중간값 $A[n/2]$와 두 이웃, $A[n/2 - 1]$, $A[n/2 + 1]$을 검사한다. 만약 $A[n/2]$가 지역 최소 값이면 멈춘다. 그렇지 않으면 작은 이웃쪽 반을 검색한다.

문제-63 $n \times n$ 배열에서 각 행은 오름차순, 각 열도 오름차순이다. 주어진 항목 x가 배열 안에 있는지 찾는 $O(n)$ 알고리즘을 알아보자. $n \times n$ 배열의 모든 항목은 서로 다르다고 가정할 수 있다.

해답: 주어진 행렬이 $A[n][n]$이라고 하자. 마지막 행, 첫 번째 열(혹은 첫 번째 행, 마지막 열)에서 검색을 시작하는데, 찾으려는 항목이 $A[1][n]$의 항목보다 크다면 첫 번째 열이 제거된다. 반면 찾으려는 항목이 $A[1][n]$보다 작으면 마지막 행이 완전히 제거될 것이다. 첫 번째 열이나 마지막 행이 제거되고 나면, 이 과정을 나머지 배열의 왼쪽 아래끝부터 다시 시작한다. 이 알고리즘에서 찾으려는 항목과 비교될 항목은 최대 n개이다.

시간 복잡도: $O(n)$. 왜냐하면 최대 $2n$포인트를 탐색해야 하기 때문이다.

공간 복잡도: $O(1)$

문제-64 n^2개의 숫자를 가진 $n \times n$ 배열이 주어졌을 때 $A[i][j] < A[i + 1][j]$, $A[i][j] < A[i][j + 1]$, $A[i][j] < A[i - 1][j]$, $A[i][j] < AA[i][j - 1]$인 인덱스 i와 j의 쌍을 찾는 $O(n)$ 알고리즘을 구하자.

해답: 이 문제의 답은 문제-63과 같다.

문제-65 $n \times n$ 행렬이 주어졌을 때 각 행에서 1 뒤에 0이 나온다. 0이 제일 많이 있는 행을 찾아라.

해답: 첫 번째 행, 마지막 열에서 시작한다. 항목이 0이면 같은 행의 이전 열로 이동하면서 카운터를 증가시켜 0의 최대 숫자를 기록한다. 항목이 1이면 다음 행의 같은 열로 이동한다. 이 과정을 마지막 행의 첫 번째 열에 도달할 때까지 반복한다.

시간 복잡도: $O(2n) \approx O(n)$ (문제-63과 유사)

문제-66 크기가 알려지지 않고 앞쪽엔 숫자만 있고 뒤쪽엔 기호가 있는 입력 배열이 주어졌다. 기호가 시작되는 배열의 인덱스를 찾아라.

해답: 18장을 참고하자.

문제-67 짝수와 홀수 분리하기: 주어진 배열 A[]에 대해 짝수와 홀수를 골라내는 함수를 작성하자. 함수는 모든 짝수를 먼저, 그런 다음 모든 홀수를 출력해야 한다.

예: 입력 = {12, 34, 45, 9, 8, 90, 3}, 출력 = {12, 34, 90, 8, 9, 45, 3}

> **참고**
> 출력에서 숫자들의 순서는 바뀔 수 있다. 즉 앞의 예에서 34는 12 앞에 올 수 있고, 3은 9 앞에 올 수 있다.

해답: 이 문제는 배열에서 0과 1 구분하기(문제-68)과 유사하다. 이 두 문제 모두 유명한 네델란드 국기 문제(Dutch National Flag Problem)의 변형이다.

알고리즘: 퀵 정렬과 조금 비슷하다.

1) 두 개의 인덱스 변수 left와 right을 초기화한다.

   left = 0, right = n - 1

2) 홀수를 만날 때까지 left 인덱스를 증가시킨다.

3) 짝수를 만날 때까지 right 인덱스를 감소시킨다.

4) 만약 left < right이면, A[left]와 A[right]를 서로 바꾼다.

```
void DutchNationalFlag(int A[], int n) {
    int left = 0, right = n-1; /* left와 right 인덱스를 초기화한다 */
    while(left < right) {
        /* 왼쪽에서 0을 보는 동안 left 인덱스를 증가시킨다 */
        while(A[left]%2 == 0 && left < right)
            left++;
        /* 오른쪽에서 1을 보는 동안 right 인덱스를 감소시킨다 */
        while(A[right]%2 == 1 && left < right)
            right--;
        if(left < right) {
            /* A[left]와 A[right]을 서로 바꾼다 */
            swap(&A[left], &A[right]);
            left++;
            right--;
        }
    }
}
```

시간 복잡도: $O(n)$

문제-68 문제-67을 다른 방식으로 물어보는 문제이다.

배열에서 0과 1분리하기: 0과 1이 무작위로 섞여 있는 배열이 주어졌다. 0들은 왼쪽, 1들은 오른쪽으로 분리하자. 배열은 오직 한 번만 탐색한다.

입력 배열 = [0, 1, 0, 1, 0, 0, 1, 1, 1, 0]

출력 배열 = [0, 0, 0, 0, 0, 1, 1, 1, 1, 1]

해답: 0이나 1의 개수를 센다.

1. 0의 개수를 센다. 이 개수를 C라고 하자.
2. 개수를 센 다음에 C개의 0을 앞쪽에, 1들은 $n - C$ 위치에 배치한다.

시간 복잡도: $O(n)$. 이 해법은 배열을 두 번 스캔한다.

문제-69 문제-68을 한 번의 스캔으로 풀 수 있는가?

해답: 그렇다. 탐색하면서 두 개의 인덱스를 사용한다. 첫 번째 인덱스 left를 0, 두 번째 인덱스 right를 $n - 1$로 초기화한다. left < right인 동안 다음을 수행한다.

1) 0이 있는 동안 left 인덱스를 계속 증가시킨다.

2) 1이 있는 동안 right 인덱스를 계속 감소시킨다.

3) left < right이면, A[left]와 A[right]를 뒤바꾼다.

```
/* 모든 0들을 왼쪽에, 모든 1들을 오른쪽에 넣는 함수 */
   void Separate0and1(int A[], int n) {
/* left와 right 인덱스 초기화 */
   int left = 0, right = n-1;
   while(left < right) {
      /* left 위치에 0이 있는 동안 left 인덱스를 증가시킨다 */
      while(A[left] == 0 && left < right)
         left++;
      /* right 위치에 1이 있는 동안 right 인덱스를 감소시킨다 */
      while(A[right] == 1 && left < right)
         right--;
      /* left가 right보다 작으면 left에 1이 있고 right에 0이 있다.
         A[left]와 A[right]을 뒤바꾼다 */
      if(left < right) {
         A[left] = 0;
         A[right] = 1;
         left++;
         right--;
      }
   }
}
```

시간 복잡도: $O(n)$

공간 복잡도: $O(1)$

문제-70 0과 1과 2(또는 R과 G와 B)가 있는 배열을 정렬하자. 주어진 배열 $A[\ ]$에 0, 1, 2가 있을 때 $A[\ ]$를 정렬하는 알고리즘을 알아보자. 이 알고리즘은 모든 0들을 가장 앞에, 그 뒤에 1들, 가장 끝에 2들을 두어야 한다.

예: 입력 = {0, 1, 1, 0, 1, 2, 1, 2, 0, 0, 0, 1},

출력 = {0, 0, 0, 0, 0, 1, 1, 1, 1, 1, 2, 2}

해답:

```
void Sorting012sDutchFlagProblem(int A[], int n) {
   int i=0, pos0 =0, pos2=n-1;
   while(i < n) {
      if(A[i]==0) {
         A[i] = A[pos0];
         A[pos0] = 0;
         pos0++;
```

```
            }
            if(A[i]==2) && i < pos2) {
                A[i] = A[pos2];
                A[pos2] = 2;
                pos2--;
                i--;
            }
            i++;
        }
    }
```

시간 복잡도: $O(n)$

공간 복잡도: $O(1)$

문제-71 두 항목의 최대 차이: 정수의 배열 A[]가 주어졌을 때, A[] 안에서 큰 항목이 작은 항목 뒤에 나타나는 임의의 두 항목의 차이의 최대 값을 구하자.

예: 만약 배열이 [2, 3, 10, 6, 4, 8, 1]이면, 리턴 값은 8이어야 한다(10과 2의 차이). 배열이 [7, 9, 5, 6, 3, 2]라면, 리턴 값은 2이어야 한다(7과 9의 차이).

해답: 18장을 참고하자.

문제-72 101개의 항목을 가진 배열이 주어졌다. 그중에 25개의 항목이 두 번씩 반복되고, 12개의 항목은 네 번 반복되며 한 항목이 세 번 반복된다. 세 번 반복되는 항목을 $O(1)$ 시간에 찾아라.

해답: 이 문제를 풀기 전에 다음의 XOR 연산의 속성을 살펴보자. 즉 a XOR $a = 0$으로, XOR을 모든 항목에 적용하면 결과는 0이다.

알고리즘

- 주어진 배열의 모든 항목에 대해 XOR을 수행하고 그 결과를 A라고 하자.
- 이 연산 뒤에, 세 번 반복되는 항목의 2번은 0이 되고, 1번이 남게 된다.
- 네 번 반복되는 12개의 항목은 0이 된다.
- 두 번 반복되는 25 개의 항목은 0이 된다.
- 그러므로 모든 항목을 XOR하면 결과를 얻을 수 있다.

시간 복잡도: 한 번의 스캔만 수행하므로 $O(n)$

공간 복잡도: $O(1)$

문제-73 주어진 숫자 n에 대해 $n!$의 맨 뒤에 있는 0의 개수를 구하는 알고리즘을 알아보자.

해답:

```
int NumberOfTrailingZerosInNumber(int n) {
    int i, count = 0;
    if(n < 0) return -1;
    for(i = 5; n / i > 0; i *= 5)
        count += n / i;
    return count;
}
```

시간 복잡도: $O(logn)$

문제-74 $2n$개의 정수가 a1 a2 a3 ... an b1 b2 b3 ... bn의 형식으로 배치된 배열이 주어졌다. 이 배열을 부가 메모리 없는 a1 b1 a2 b2 a3 b3 ... an bn으로 순서를 바꾸어라.

해답: 브루트-포스 해법은 두 개의 중첩된 루프를 사용해서 배열의 두 번째 절반의 항목들을 왼쪽으로 옮긴다. 첫 번째 루프는 배열의 두 번째 절반의 모든 항목에서 n번 수행된다. 두 번째 루프는 항목들을 왼쪽으로 옮긴다. 두 번째 루프의 start 인덱스는 어떤 항목을 옮길 것인지에 달려 있고 end 인덱스는 왼쪽으로 옮겨야 할 위치의 개수에 달려 있다.

```
void ShuffleArray() {
    int n = 4, A[] = {1,3,5,7,2,4,6,8};
    for(int i = 0, q =1, k = n; i < n; i++, k++, q++) {
        for(int j = k; j > i + q; j--) {
            int tmp = A[j-1];
            A[j-1] = A[j];
            A[j] = tmp;
        }
    }
    for(int i = 0; i < 2*n; i++)
        System.out.println(A[i]);
}
```

시간 복잡도: $O(n^2)$

문제-75 문제-74의 해법을 개선할 수 있는가?

해답: 18장을 참고하자. 여러분은 분할 정복 기법을 사용하여 시간 복잡도 $O(nlogn)$을 가진 더 나은 해법을 얻을 수 있다. 이는 다음과 같은 방식으로 동작한다.

1. 다음 배열로 시작한다. $a1\ a2\ a3\ a4\ b1\ b2\ b3\ b4$
2. 이 배열을 두 개로 나눈다. $a1\ a2\ a3\ a4 : b1\ b2\ b3\ b4$
3. 가운데 근처의 항목을 교환한다. $a3\ a4$를 $b1\ b2$로 교환하면 $a1\ a2\ b1\ b2\ a3\ a4\ b3\ b4$
4. $a1\ a2\ b1\ b2$를 $a1\ a2 : b1\ b2$로 나누고, $a3\ a4\ b3\ b4$를 $a3\ a4 : b3\ b4$로 나눈다.
5. 각 부속 배열의 가운데 근처의 항목들을 교환한다. $a1\ b1\ a2\ b2$와 $a3\ b3\ a4\ b4$

이 해법은 $i = 0, 1, 2, 3$ 등일 때 $n = 2i$인 경우에만 동작한다. 예제에서는 $n = 2^2 = 4$여서 배열을 두 개의 절반짜리로 나누기가 쉽다. 재귀 함수를 호출하기 전에 가운데 근처의 항목을 교환하는 이유는 문제의 크기를 작게 만들기 위해서이다. 항목들이 특정한 속성, 예를 들어 항목 자체의 값을 이용해 항목의 새 위치를 계산할 수 있다면 선형 시간 복잡도를 가진 해법도 가능하다. 이는 해싱 기법과 같은 방식이다.

12장

Data Structures and Algorithms Made Easy for JAVA

선택 알고리즘

12.1 선택 알고리즘은 무엇인가?

선택 알고리즘(Selection Algorithm) 혹은 중간값은 리스트에서 k번째 작은/큰 숫자(k번째 순서 통계(Order Statistic))를 찾는 알고리즘이다. 여기에는 최소 값, 최대 값과 중간값 항목을 찾는 것을 포함한다. k번째 순서 통계를 찾으려면 다양한 복잡도의 여러 가지 해법이 있다.

12.2 정렬에 의한 선택

선택 문제는 정렬 문제로 변환될 수 있다. 이 기법에서는 입력 항목들을 먼저 정렬하고 원하는 항목을 찾는다. 이는 많은 선택을 수행하려고 할 때 효율적이다.
  예를 들어 최소 항목을 찾기 원한다면, 입력 항목을 정렬한 뒤에 첫 번째 항목을 리턴하면 된다(배열이 오름차순으로 정렬되었다고 가정). 이제 두 번째로 작은 항목을 찾고 싶다면, 정렬된 리스트에서 두 번째 항목을 리턴하면 된다. 즉 두 번째 작은 항목을 찾을 때는 다시 정렬을 수행할 필요가 없다는 것이다. 연속된 질의도 마찬가지 경우이다. k번째 작은 항목을 원할 때에도 정렬된 리스트를 한 번 스캔하기만 하면 그 항목을 찾을 수 있다.

앞서 나온 방식을 이용하면, 초기에 정렬을 하는 것으로 어떤 질의도 $O(n)$ 시간에 답할 수 있게 된다. 일반적으로 이 기법은 n이 입력 리스트의 길이라고 할 때 (정렬을 위해) $O(nlogn)$ 시간이 필요하므로, n번의 질의를 수행한다고 하면 각 연산의 평균 비용은 $nlogn/n = O(logn)$이다. 일반적으로 이 분석 기법은 상각 분석이라고 한다.

12.3 분할에 기반한 선택 알고리즘

알고리즘은 문제-6을 참고하자. 이 알고리즘은 퀵 정렬과 매우 유사하게 동작한다.

12.4 선형 선택 알고리즘 – 중간값의 중간값 알고리즘

최악의 경우 성능	$O(n)$
최선의 경우 성능	$O(n)$
최악의 경우 공간 복잡도	부가적으로 $O(1)$

문제-11을 참고하자.

12.5 정렬된 순서에서 K개의 작은 항목들을 찾기

알고리즘은 문제-16을 참고하자.

12.6 선택 알고리즘 연습문제

문제-1 크기 n인 배열 A에서 제일 큰 키를 찾아라.

입력: 양의 정수 n, 0에서 $n - 1$까지의 인덱스를 가진 키의 배열 S

출력: 제일 큰 키 S를 값으로 가진 변수 large

해답: 전체 배열을 스캔해서 제일 큰 항목을 리턴한다.

```
void FindLargestInArray(int n, int[] A) {
    int large = A[0];
    for(int i = 1; i <= n-1; i++)
        if(A[i] > large)
            large = A[i];
    System.out.println("Largest: " + large);
}
```

시간 복잡도: $O(n)$

공간 복잡도: $O(1)$

참고

키들을 비교해서 n개의 키 중에 가장 큰 키를 찾는 결정적 알고리즘은 최소 $n - 1$번 비교를 수행해야 한다.

문제-2 크기가 n인 배열 S에서 제일 작은 키와 제일 큰 키를 찾아라.

입력: 양의 정수 n, 1에서 n까지의 인덱스를 가진 키들의 배열 S

출력: 그 값이 각각 S 안의 가장 작은 키와 가장 큰 키인 변수 small과 large

해답:

```
void FindSmallestAndLargestInArray(int[] A, int n) {
    int small = A[0];
    int large =A[0];
    for(int i = 1; i <= n-1; i++)
        if(A[i] < small)
            small = A[i];
        else if(A[i] > large)
            large = A[i];
    System.out.println("mallest: " + small + " Largest: " +
        large);
}
```

시간 복잡도: $O(n)$

공간 복잡도: $O(1)$

최악의 경우 비교 횟수는 $2(n - 1)$이다.

문제-3 문제-2의 알고리즘을 개선할 수 있는가?

```
// n은 짝수라고 가정한다. 짝을 지어 비교한다
void FindWithPairComparison(int A[], int n) {
    int large = small = -1;
    for(int i = 0; i <= n - 1; i = i + 2) { // i를 2씩 증가시킨다
        if(A[i] < A[i + 1]) {
            if(A[i] < small)
                small = A[i];
            if(A[i + 1] > large)
                large = A[i + 1];
        }
        else { if(A[i + 1] < small)
            small = A[i + 1];
            if(A[i] > large)
                large = A[i];
        }
    }
    System.out.println("Smallest: " + small + " Largest: " + 
        large);
}
```

시간 복잡도: $O(n)$

공간 복잡도: $O(1)$

비교 횟수: $\begin{cases} \dfrac{3n}{2} - 2 & n\text{이 짝수이면} \\ \dfrac{3n}{2} - \dfrac{3}{2} & n\text{이 홀수이면} \end{cases}$

요약:

단순한 비교: $2(n-1)$번 비교
최대 값을 위한 비교가 실패할 때에만 최소 값 비교
최선의 경우: 오름차순, $(n-1)$번 비교
최악의 경우: 내림차순, $2(n-1)$번 비교
평균 경우: $3n/2 - 1$번 비교

참고

분할 정복 기법은 18장을 살펴보자.

문제-4 주어진 항목들의 입력 리스트 중에서 두 번째로 큰 항목을 찾는 알고리즘을 알아보자.

해답: 브루트-포스 기법

알고리즘
- 제일 큰 항목 찾기: $n - 1$번 비교 필요
- 제일 큰 항목 삭제하기
- 다시 제일 큰 항목 찾기: $n - 2$번 비교 필요

전체 비교 횟수: $n - 1 + n - 2 = 2n - 3$

문제-5 문제-4의 해답에서 비교 횟수를 줄일 수 있는가?

해답: 토너먼트 기법: 예를 들어 모든 숫자가 서로 다르고 n이 2의 배수라고 하자. 키들을 짝지워서 마지막 라운드가 남을 때까지 짝끼리 비교한다.

입력에 8개의 키가 있다면, 첫 번째 라운드에는 네 번의 비교가 일어나고, 두 번째 라운드에는 두 번, 마지막에 한 번 비교할 것이다. 마지막 라운드의 승자가 제일 큰 키이다. 이 기법은 다음 페이지의 그림에서 자세히 볼 수 있다. 토너먼트 기법은 n이 2의 배수일 때만 직접적으로 적용된다. 그렇지 않은 경우에는 배열 뒤쪽에 항목들을 몇 개 추가해서 배열의 크기를 2의 배수로 만들 수 있다. 트리가 완전해지면 트리의 최대 높이는 $logn$이다. 우리가 완전 이진 트리를 만들면 최대 값을 찾는 데 $n - 1$번의 비교가 필요하다.

두 번째로 작은 키는 제일 큰 키와 비교해서 진 쪽에 있다. 즉 두 번째로 큰 키는 제일 큰 키의 상대방 중 하나라는 말이다. 제일 큰 키에게 진 키들의 숫자는 트리의 높이 즉 $logn$이다(트리가 완전 이진 트리일 경우). 선택 알고리즘을 사용해 그들 중 제일 큰 항목을 찾는 데는 $logn - 1$번 비교가 필요하다. 그러므로 제일 큰 키와 두 번째로 큰 키를 찾는 총 비교 횟수는 $n + logn - 2$이다.

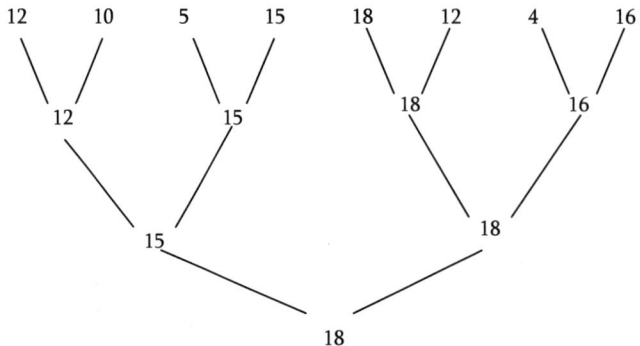

문제-6 n개의 키를 가진 배열 S에서 k번째 작은 키를 분할 기법으로 찾아라.

입력: $k = n$인 양의 정수 n과 k. 1에서 n까지의 인덱스를 가진 키의 배열 S

출력: S의 k번째 작은 키. selection 함수의 값으로 리턴된다.

해답: 브루트-포스 접근 방법: 원하는 항목을 찾을 때까지 숫자들을 k번 스캔한다. 이 방법이 버블 정렬에서 사용되는 방법이다. 매번 모든 항목을 비교해서 전체에서 제일 작은 항목을 찾는다. 이 방법에서 배열은 k번 탐색되어야 한다. 그러므로 복잡도는 $O(n \times k)$이다.

문제-7 문제-6을 풀기 위해 정렬 기법을 사용할 수 있는가?

해답: 그렇다. 정렬하고 나서 k번째 항목을 선택한다.

1. 숫자들을 정렬한다.
2. k번째 항목을 선택한다.

복잡도는 매우 간단하다. n개의 숫자들을 정렬하는 데 $O(nlogn)$, k번째 항목을 선택하는 데 $O(k)$. 그러므로 전체 복잡도는 $O(nlogn + k) = O(nlogn)$이다.

문제-8 문제-6을 풀기 위해 트리 정렬을 사용할 수 있는가?

해답: 그렇다.

1. 항목들을 이진 검색 트리에 넣는다.
2. 제일 작은 k개의 항목을 출력할 때까지 중위 검색을 수행한다. k번째 작은 항목을 얻는다.

n개의 항목을 가진 이진 검색 트리를 만드는 비용은 $O(nlogn)$이고, k 항목까지 탐색하는 건 $O(k)$이다. 그러므로 복잡도는 $O(nlogn + k) = O(nlogn)$이다.

단점: 숫자들이 내림차순으로 정렬되어 있다면, 왼쪽으로 기울어진 트리를 얻는다. 이 경우 트리의 생성은 $0 + 1 + 2 + ... + (n-1) = \frac{n(n-1)}{2}$, 즉 $O(n^2)$) 비용이 드는데, 이를 피하기 위해 트리를 균형 있게 유지하면, 그 경우 트리 생성의 비용은 $nlogn$이 된다.

문제-9 문제-6의 트리 정렬 기법을 개선할 수 있는가?

해답: 그렇다. 더 작은 트리를 사용해도 같은 결과를 얻는다.
1. 처음 k개의 항목을 취해 k개의 노드를 가진 균형 트리를 만든다(여기에 $klogk$의 비용이 든다).
2. 나머지 숫자를 하나씩 취한다.
    a. 이 숫자가 트리의 가장 큰 항목보다 크면 리턴한다.
    b. 이 숫자가 트리의 가장 큰 항목보다 작으면, 트리의 가장 큰 항목을 삭제하고 새 항목으로 트리에 추가한다. 이 단계는 더 작은 항목이 더 큰 항목과 교체되게 하는 것이다. 트리가 k 항목을 가진 균형 트리이므로 당연히 이 연산의 비용은 $logk$이다.

2단계가 끝나고 나면, k 항목을 가진 균형 트리는 제일 작은 k개의 항목들을 갖고 있을 것이다. 남은 것은 트리의 제일 큰 항목을 출력하는 일 뿐이다.

시간 복잡도:

1. 처음 k개의 항목을 취해 트리를 만든다. 그러므로 비용은 $klogk$이다.
2. 나머지 n - k 항목들에 대해 복잡도는 $O(logk)$이다.

2단계는 $(n - k)logk$ 복잡도를 가진다. 전체 비용은 $klogk + (n - k)logk$ = $nlogk$ 즉 $O(nlogk)$이다. 이 한계가 앞에서 주어진 것보다 더 낫다.

문제-10 문제-6을 풀기 위해 분할 기법을 사용할 수 있는가?

해답: 그렇다.

알고리즘

1. 배열에서 기준을 선택한다.
2. $A[low ... 기준점 - 1] <= 기준 <= A[기준점 + 1 ... high]$가 되도록 배열을 분할한다.
3. 만약 k < 기준 인덱스이면 기준의 왼쪽에 있어야 한다. 그러므로 왼쪽 부분에 대해 재귀적으로 같은 방법을 적용한다.
4. 만약 k = 기준 인덱스이면 기준이 바로 찾는 항목이다.
5. 만약 k > 기준 인덱스이면 기준의 오른쪽에 있어야 한다. 그러므로 오른쪽 부분에 대해 재귀적으로 같은 방법을 적용한다.

최상위 호출은 kthSmallest = Selection(1, n, k)일 것이다.

```
public int Selection(int low, int high, int k) {
    int pivotpoint;
    if(low == high)
        return S[low];
    else {
        pivotpoint = Partition(low, high);
        if(k == pivotpoint)
            return S[pivotpoint];
        else if(k < pivotpoint)
            return Selection(low, pivotpoint - 1, k);
        else return Selection(pivotpoint + 1, high, k);
    }
}
public void Partition(int low, int high) {
    int pivotitem;
```

```
        pivotitem = S[low];
        int j = low;
        for(int i = low + 1; i <= high; i++)
            if(S[i] < pivotitem) {
                j++;
                Swap S[i] and S[j];
            }
        pivotpoint = j;
        Swap S[low] and S[pivotpoint];
        return pivotpoint;
}
```

시간 복잡도: 퀵 정렬과 유사하게 최악의 경우에 $O(n^2)$. 최악의 경우가 기본적으로 퀵 정렬과 같지만 평균적으로는 훨씬 낫게 동작한다(평균 경우 $O(nlogk)$).

문제-11 문제-10의 최악의 경우 복잡도를 개선할 수 있는가?

해답: 그렇다. 중간값의 중간값 알고리즘을 사용해 개선할 수 있다. 중간값은 선택 알고리즘의 특별한 경우이다. n개의 항목을 가진 집합 A에서 k번째로 작은 항목을 찾는 알고리즘 Selection(A, k)는 다음과 같다.

알고리즘: Selection(A, k)

1. A를 ceil($\frac{length(A)}{5}$) 그룹으로 분할한다. 각 그룹엔 다섯 개의 항목이 있다(마지막 그룹엔 더 적은 항목이 있을 수 있다).

2. 각 그룹을 따로 정렬한다(예: 삽입 정렬 등으로).

3. 각 $\frac{n}{5}$ 그룹의 중간값을 구하고 그것들을 다른 배열(A'라고 하자)에 저장한다.

4. Selection을 재귀적으로 사용해 A'의 중간값을 구한다(중간값의 중간값). 중간값의 중간값이 m이라고 하자.

$$m = Selection(A', \frac{\frac{length(A)}{5}}{2});$$

5. m보다 작은 A의 항목들의 개수를 q라고 하자.

6. If(k == q + 1)

    return m;

    /* 기준점으로 분할 */

7. Else A를 X와 Y로 분할
   - X = {X보다 작은 항목들}
   - Y = {X보다 큰 항목들}
   /* 다음은 부속 문제를 만든다 */
8. If(k < q + 1)

    return Selection(X, k);
9. Else

    return Selection(Y, k - (q+1));

재귀 관계식을 구하기 전에 다음 그림을 살펴보자.

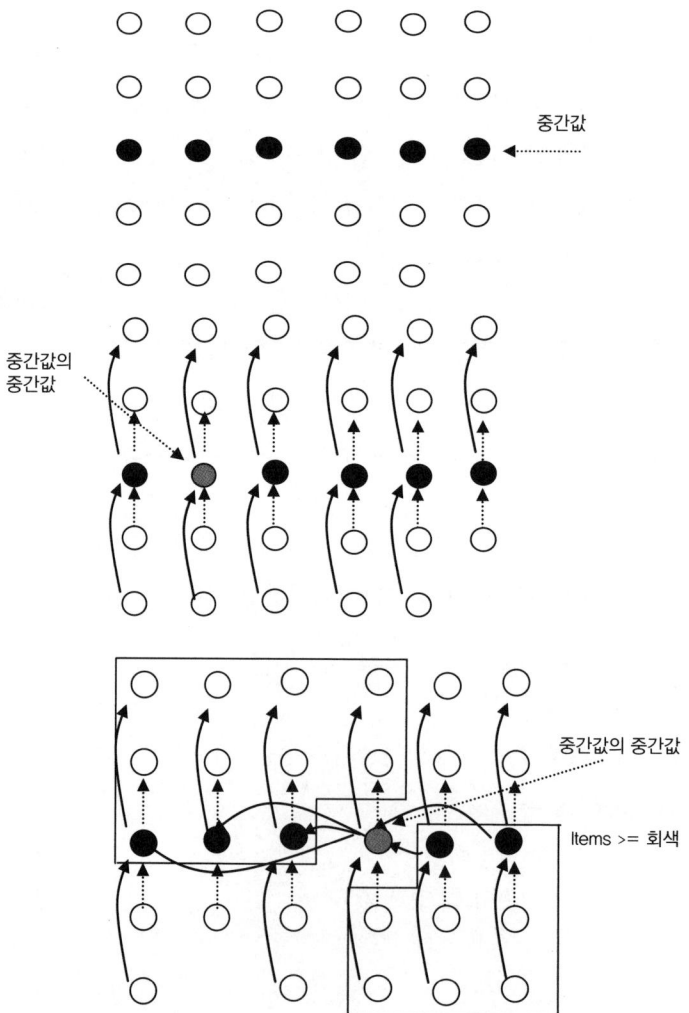

그림에서 각 동그라미는 항목을 뜻하고 각 열은 5개씩 그룹으로 묶여 있다. 검은 동그라미는 5개로 이루어진 각 그룹의 중간값이다. 앞에서 학습한 것처럼 각 열을 상수 시간의 삽입 정렬로 정렬한다.

앞서 나온 그림에서 회색 동그라미가 중간값의 중간값이다(m이라고 부르기로 하자). 적어도 5개 항목 그룹의 1/2의 중간값이 m보다 작거나 같다. 또한 이 5개 항목 그룹의 1/2 중 두 그룹을 제외한(마지막 그룹은 5개 미만의 항목을 갖고 있고, 나머지 한 그룹엔 m이 속해 있음) 그룹엔 3 항목이 m보다 작거나 같다. 유사하게 적어도 이 5개 항목 그룹의 1/2는 m보다 크거나 같은 3 항목을 앞의 그림처럼 가지고 있다. 두 번째 그룹을 제외한 이 5개 항목 그룹의 $3(\frac{1}{2}\lceil\frac{n}{5}\rceil) - 2) \approx \frac{3n}{10} - 6$의 3 항목이 $n - \frac{3n}{10} - 6 \approx \frac{7n}{10} + 6$. 나머지는 $\frac{7n}{10} + 6$이 $\frac{3n}{10} - 6$보다 크므로 $\frac{7n}{10} + 6$이 최악의 경우가 된다.

재귀 관계식의 요소들

- 선택 알고리즘에서 중간값의 중간값인 m을 선택해서 기준으로 삼아 A를 두 집합 X와 B로 분할한다. 최대 크기를 가진 집합을 선택해야 한다.
- Selection 함수가 partition 프로시저로부터 호출되었을 때의 시간. 이 Selection 호출의 입력의 키의 개수는 $\frac{n}{5}$이다.
- 배열을 분할하는 데 필요한 비교의 수. 이 수는 length(S)이다, 이를 n이라고 하자.

다음의 재귀 관계식이 성립되었다.
$T(n) = T(\frac{n}{5}) + \Theta(n) + Max\{T(X), T(Y)\}$

앞의 논의로부터 우리가 중간값의 중간값 m을 기준으로 선택하면 분할의 크기는 $\frac{3n}{10} - 6$과 $\frac{7n}{10} + 6$임을 보았다. 이들 중 최대 값을 선택하면 다음과 같다.

$$T(n) = T(\frac{n}{5}) + \Theta(n) + T(\frac{7n}{10} + 6)$$
$$\approx T(\frac{n}{5}) + \Theta(n) + T(\frac{7n}{10}) + O(1)$$
$$\leq c\frac{7n}{10} + c\frac{n}{5} + \Theta(n) + O(1)$$

결과는 $T(n) = \Theta(n)$

문제-12 문제-11에서 입력 배열을 5개 항목의 그룹으로 나누었다. 이 상수 5가 분석에서 중요한 역할을 했다. 선형 시간에 동작하는 3개 항목의 그룹으로 나눌 수 있는가?

해답: 이 경우 다른 알고리즘을 사용하는 것은 선형 시간 이상이 걸리게 만든다. 최악의 경우 그룹으로 나누는 단계에서 발견된 $\lceil\frac{n}{3}\rceil$ 중간값의 최소한 절반이 중간값의 중간값 m보다 클 것이고, 이 그룹 중 2개만이 m보다 큰 항목을 2개 미만으로 제공한다. 그러므로 상한으로써 기준점보다 큰 항목의 개수는 다음과 같다.

$$2(\frac{1}{2}\lceil\frac{n}{3}\rceil) - 2) \geq \frac{n}{3} - 4$$

하한도 마찬가지이다. 그러므로 최대 $n - (\frac{n}{3} - 4) = \frac{2n}{3} + 4$ 항목이 Select에 대한 재귀 호출에 사용된다. 중간값의 중간값을 찾는 재귀 단계는 크기가 $\lceil\frac{n}{3}\rceil$인 문제에 대해 수행되고, 결과적으로 시간 재귀 관계식은 다음과 같다.

$$T(n) = T(\lceil\frac{n}{3}\rceil) + T(\frac{2n}{3} + 4) + \Theta(n)$$

$T(n)$이 단조 증가라고 가정하자. $T(\frac{2n}{3} + 4) \geq T(\frac{2n}{3}) \geq 2T(\frac{n}{3})$이라고 결론을 내릴 수 있다. 그러므로 상한은 $T(n) \geq 3T(\frac{n}{3}) + \Theta(n)$, $O(n\log n)$이다. 그러므로 3을 그룹 크기로 선택할 수 없다.

문제-13 문제-12와 비슷하게 그룹 크기로 7을 사용할 수 있는가?

해답: 그럼 5가 아니라 7개의 그룹을 사용하도록 알고리즘을 수정해보자. 최악의 경우에 그룹으로 나누는 단계에서 발견된 $\lceil\frac{n}{7}\rceil$ 중간값의 최소한 절반이 중간값의 중간값 m보다 클 것이고, 이 그룹 중 2개만이 m보

다 큰 항목을 4개 미만으로 제공한다. 그러므로 상한으로써 기준점보다 큰 항목의 개수는 다음과 같다.

$$4(\frac{1}{2}\lceil\frac{n}{7}\rceil) - 2) = \frac{2n}{7} - 8$$

하한도 마찬가지이다. 그러므로 최대 $n - (\frac{2n}{7} - 8) = \frac{5n}{7} + 8$ 항목이 Select에 대한 재귀 호출에 사용된다. 중간값의 중간값을 찾는 재귀 단계는 크기가 $\lceil\frac{n}{7}\rceil$인 문제에 대해 수행되고, 결과적으로 시간 재귀 관계식은 다음과 같다.

$$T(n) = T(\lceil\frac{n}{7}\rceil) + T(\frac{5n}{7} + 8) + O(n)$$
$$T(n) \le c\lceil\frac{n}{7}\rceil + c(\frac{5n}{7} + 8) + O(n)$$
$$\le c\frac{n}{7} + c\frac{5n}{7} + 8c + an (a는 상수)$$
$$= cn - c\frac{n}{7} + an + 9c$$
$$= (a + c)n - (c\frac{n}{7} - 9c)$$

이는 $c\frac{n}{7} - 9c \ge 0$인 $(a + c)n$의 한계를 가지므로, 7을 그룹 크기로 사용할 수 있다.

문제-14 각각 n개의 정렬된 항목을 담고 있는 두 배열이 주어졌을 때, 전체 $2n$ 항목의 중간값을 찾는 $O(logn)$ 시간 알고리즘을 구하자.

해답: 간단한 해답은 두 리스트를 병합해서 중앙의 2 항목의 평균을 구하는 것이다(같은 크기의 리스트 두 개의 병합은 언제나 짝수 개의 값을 가진다). 하지만 병합이 이미 $\Theta(n)$일 것이므로 문제의 조건을 만족하지 못한다.

$logn$ 복잡도를 얻기 위해서, 이진 검색을 이용할 것이다. medianA와 medianB가 각 리스트의 중간값이라고 하자(두 리스트가 이미 정렬되어 있기 때문에 쉽게 찾을 수 있다). 만약 medianA == medianB라면, 이것이 전체의 중간값이므로 여기서 끝낸다. 그렇지 않다면, 병합한 리스트의 중간값은 반드시 medianA와 medianB 사이에 있어야 한다. 예를 들어 medianA < medianB라고 하자(반대의 경우도 같다). 그러면 다음 두 집합의 합집합의 중간값을 찾아야 한다.

{x in A | X >= medianA} {x in B | x <= median}

그러므로 두 배열의 '한계(boundary)'를 재설정함으로써 재귀적으로 풀 수 있다. 알고리즘은 (정렬된) 두 배열을 두 개의 인덱스를 사용해 모두 추적한다. 이 인덱스들은 두 배열의 중간값들을 비교하여 전체 중간값이 어디에 있는지 찾아내는 데 사용된다.

```
FindMedian(int A[], int alo , int ahi, int B[], int blo int bhi) {
    amid = alo + (ahi-alo)/2;
    amed = a[amid];
    bmid = blo + (bhi-blo)/2;
    bmed = b[bmid];
    if(ahi - alo + bhi - blo < 4) {
        경계 경우를 처리하며 더 작은 문제를 O(1) 시간에 푼다
        return;
    }
    else if(amed < bmed)
        FindMedian(A, amid, ahi, B, blo, bmid+1);
    else FindMedian(A, alo, amid+1,B, bmid+1, bhi);
}
```

시간 복잡도: 매번 문제 크기를 반으로 줄이기 때문에 $O(logn)$

문제-15 A와 B가 각각 n개의 항목을 가진 정렬된 배열이라고 하자. A의 k번째 작은 항목은 $A[k]$를 출력하여 $O(1)$ 시간에 쉽게 구할 수 있다. 마찬가지로, B의 k번째 작은 항목도 쉽게 찾을 수 있다. 전체의 k번째 작은 항목을 찾는 $O(logk)$ 시간 알고리즘을 구하자. 즉 A와 B의 합집합의 k번째 작은 항목을 찾아보자.

해답: 문제-14를 다른 방법으로 물어본 것이다.

문제-16 정렬된 순서로 k개의 제일 작은 항목 찾기: 완전히 정렬된 영역의 n개의 항목을 가진 집합이 주어졌을 때 k개의 제일 작은 항목을 찾아 정렬된 순서로 리스트를 만들려고 한다. (가장 구현이 잘 되었다고 가정한) 이 문제의 접근법에서 최악의 경우 수행 시간을 분석하자.

해답: 숫자들을 정렬하고 k개의 제일 작은 항목들로 리스트를 만든다.
$T(n)$ = 정렬하는 시간 복잡도 + k개의 작은 항목을 리스트로 하는 시간 복잡도 = $\Theta(nlogn) + \Theta(n) = \Theta(nlogn)$

문제-17 문제-16에서 다음과 같은 접근 방법을 따를 때의 복잡도는 무엇인가?
해답: 힙 정렬의 우선순위 큐 데이터 구조를 사용하면 집합의 항목을 이용하여 최소 힙을 만들고 최소 값 뽑아내기를 k번 수행한다. 자세한 사항은 7장을 참고하자.

문제-18 문제-16에서 다음과 같은 접근 방법을 따를 때의 복잡도는 무엇인가? 집합의 k번째 작은 항목을 찾아 이 기준 항목 주위로 분할하고 k개의 작은 항목을 정렬한다.
해답: $T(n)$ = k번째 작은 항목 찾는 시간 복잡도 + 기준점 찾기 + 앞쪽 정렬하기 = $\Theta(n) + \Theta(n) + \Theta(klogk) = \Theta(n + klogk)$

$k \leq n$이므로, 이 접근 방법이 문제-16과 문제-17보다 낫다.

문제-19 n개의 서로 다른 숫자들의 중간값에 가장 가까운 7개의 항목을 $O(n)$ 시간에 구하자.
해답: 배열 항목들이 정렬되어 있다고 가정하자. 이제 n개의 숫자의 중간값을 찾아 그 인덱스를 X라고 하자(배열이 정렬되어 있기 때문에 중간값은 $\frac{n}{2}$ 위치에 있을 것이다). 해야할 일은 $X - 1$에서 0, $X + 1$에서 $n - 1$까지 움직이면서 중간값과의 차이 절대값이 제일 작은 k개의 항목을 선택하는 것이다.
시간 복잡도: 각 단계는 $\Theta(n)$이 걸린다. 그러므로 이 알고리즘의 전체 시간 복잡도는 $\Theta(n)$이다.

문제-20 문제-19를 푸는 다른 방법이 있는가?

해답: 예를 들어 n이 홀수이고 k가 짝수라고 하자. A가 정렬된 순서에 있다면 중간값은 $n/2$ 위치에 있고, A 안에서 중간값에 가장 가까운 k개의 숫자들은 $(n-k)/2$에서 $(n+k)/2$의 위치에 있을 것이다.

먼저 선형 시간 선택으로 $(n-k)/2$, $n/2$, $(n+k)/2$ 항목들을 찾은 뒤, 집합 A를 스캔하며 $(n+k)/2$ 항목보다 작고 $(n-k)/2$ 항목보다 크면서 $n/2$ 항목과 같지 않은 숫자들을 찾는다. 선형 시간 선택을 정확히 세 번 사용하고 A의 n 숫자들을 한 번 탐색하므로 이 알고리즘은 $O(n)$ 시간이 걸린다.

문제-21 n개의 집의 좌표 (x, y)가 주어졌을 때 진입로 건설이 최소화되려면, x축에 평행한 어느 위치에 도로를 건설해야 하는가?

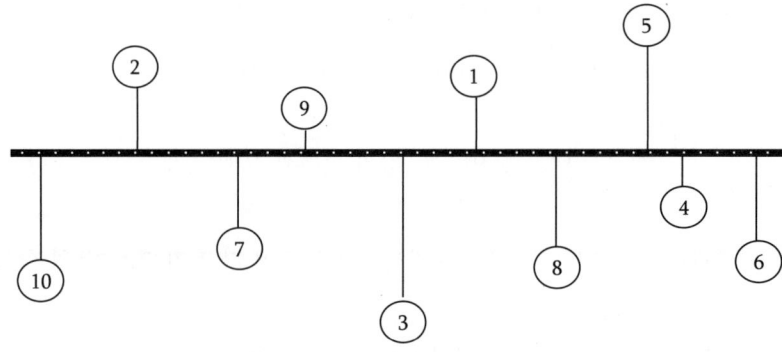

해답: 도로를 건설하는 데는 돈이 들지 않는다. 진입로를 짓는 데에만 돈이 든다. 진입로 가격은 길과 떨어진 거리에 비례한다. 당연히 길과 직교하게 될 것이다. 해답은 길을 y 좌표의 중간값에 건설하는 것이다.

문제-22 수십억 개의 숫자들이 담긴 큰 파일이 주어졌다. 이 파일에서 최대 값 10개를 찾아라.

해답: 7장을 참고하자.

문제-23 우유 회사가 있다고 하자. 매일 모든 농장으로부터 우유를 수집한다. 농장들은 서로 다른 위치에 있다. 전체 이동거리가 최소가 되도록 우유를 수집하기 위한 최선의 출발점은 어디인가?

해답: 중간값에서 출발하면 전체 여행거리를 최소화할 수 있다. 왜냐하면 여기가 나머지 위치들의 가운데이기 때문이다.

13장

Data Structures and Algorithms Made Easy for JAVA

심볼 테이블

13.1 소개

일반적으로 맞춤법 검사기가 있는 워드 프로세서(예를 들어 마이크로소프트 워드)를 사용하는데, 맞춤법 검사기는 약간의 제한이 있는 사전이다. 컴퓨터에서 사전 기능이 사용되는 경우는 다음과 같다.

- 맞춤법 검사기
- 데이터베이스 관리 프로그램에 내장되어 있는 데이터 사전
- 로더, 어셈블러, 컴파일러에 의해 생성되는 심볼 테이블
- 네트워킹 구성 요소에서 라우팅 테이블(DNS 검색)

앞서 추상 데이터형(ADT)을 배웠는데, 사전과 같은 기능을 한다. 컴퓨터 과학에서는 ADT를 일반적으로 심볼 테이블(Symbol Table)이라고 부른다.

13.2 심볼 테이블이란 무엇인가?

앞서 보았듯 심볼 테이블을 (사전 같은) 값을 키와 연관시키는 데이터 구조라고 정의할 수 있다. 심볼 테이블은 다음과 같은 연산을 지원한다.

- 특정한 이름이 테이블 안에 있는지 검색하기
- 그 이름의 속성 알아내기
- 그 이름의 속성 수정하기
- 새 이름과 속성을 삽입하기
- 이름과 속성을 삭제하기

심볼 테이블의 기본 연산은 세 가지로 검색, 삽입, 삭제이다.

예: DNS 검색. 이 경우 키는 URL이고 값은 IP 주소이다.

- 특정 IP 주소의 URL을 입력한다
- 주어진 URL에 연관된 IP 주소를 찾는다.

키[웹 사이트]	값[IP 주소]
www.CareerMonks.com	128.112.136.11
www.AuthorsInn.com	128.112.128.15
www.AuthInn.com	130.132.143.21
www.klm.com	128.103.060.55
www.CareerMonk.com	209.052.165.60

13.3 심볼 테이블의 구현

그럼 심볼 테이블의 구현 방법을 살펴보자. 심볼 테이블의 구현 방법은 다음과 같이 여러 가지가 있다.

정렬되지 않은 배열 구현

이 방법에서는 배열이 하나면 충분하다. 최악의 경우 검색, 삽입, 삭제에 O(n) 시간이 필요하다.

정렬된 배열 구현

이 방법에서는 키와 값의 정렬된 배열을 관리한다.

- 키에 따라 정렬된 순서로 저장한다.
- keys[i] = i번째로 큰 키
- values[i] = i번째로 큰 키에 연관된 값

항목들이 정렬되어 배열 안에 저장되어 있기 때문에 간단한 이진 검색으로 항목을 찾을 수 있다. 최악의 경우 검색에 O(logn) 시간이 걸리고, 삽입과 삭제에는 O(n) 시간이 걸린다.

정렬되지 않은 연결 리스트 구현

두 개의 데이터 값을 가진 연결 리스트를 관리하는 것으로 충분하다. 최악의 경우 검색, 삽입, 삭제에 O(n) 시간이 필요하다.

정렬된 연결 리스트 구현

이 방법에서는 키를 입력하는 동안 키의 순서를 연결 리스트 안에서 유지한다. 리스트가 정렬되었더라도 최악의 경우엔 검색, 삽입, 삭제에 O(n) 시간이 필요하다.

이진 검색 트리 구현

6장을 참고하자. 이 방법의 장점은 코드가 많이 필요 없고 검색이 빠르다는 것이다(평균 O(logn) 시간).

균형 이진 검색 트리 구현

6장을 참고하자. 이 방법은 이진 검색 트리 구현의 확장으로 최악의 경우 검색, 삽입, 삭제 연산에 $O(\log n)$이 걸린다.

삼진(Ternary) 검색 구현

15장을 참고하자. 이것은 사전을 구현하는 중요한 방법 중 하나이다.

해싱 구현

이 기법 역시 매우 중요하다. 더 자세한 설명은 14장을 참고하자.

13.4 심볼 테이블 구현의 비교

모든 구현 방법의 비교 결과를 살펴보자.

구현	검색	삽입	삭제
정렬되지 않은 배열	n	n	n
정렬된 배열(배열 이진 검색으로 구현 가능)	logn	n	n
정렬되지 않은 리스트	n	n	n
정렬된 리스트	n	n	n
이진 검색 트리(평균 $O(\log n)$)	logn	logn	logn
균형 이진 검색 트리(최악의 경우 $O(\log n)$)		logn	logn
삼진 검색(로그 함수의 밑(base)만 변경)	logn	logn	logn
해싱(평균 $O(1)$)	1	1	1

참고
- 앞의 테이블에서 **n**은 입력의 크기이다.
- 이 테이블은 이 책에서 다룬 구현 방법들인데, 다른 구현 방식도 있을 수 있다.

14장

Data Structures and Algorithms Made Easy for JAVA

해싱

14.1 해싱이란 무엇인가?

해싱(Hasing)은 정보를 최대한 빨리 저장하고 꺼내오는 기법이다. 최적의 검색을 수행하는 데 사용되고 심볼 테이블을 구현하는 데 좋은 기법이다.

14.2 왜 해싱을 하는가?

6장에서 균형 이진 검색 트리는 삽입, 삭제 검색과 같은 연산들을 $O(\log n)$ 시간에 지원한다는 것을 보았다. 실제 적용에서 이런 연산들이 $O(1)$ 시간에 필요하다면 해싱이 한 방법이다. 해싱의 최악의 경우 복잡도는 여전히 $O(n)$이지만 평균 $O(1)$이라는 것을 기억하자.

14.3 해시 테이블 ADT

해시 테이블의 공통 연산은 다음과 같다.

- CreateHashTable: 새로운 해시 테이블 생성하기
- HashSearch: 해시 테이블 안에서 키 검색하기
- HashInsert: 해시 테이블에 새로운 키 삽입하기
- HashDelete: 해시 테이블로부터 키 삭제하기
- DeleteHash: 해시 테이블 삭제하기

14.4 해싱을 이해하기

해시 테이블의 사용을 이해하기 위해 중복된 항목이 있을 때 처음으로 반복되는 글자를 출력하는 알고리즘을 알아보자. 가능한 해답을 떠올려 보면 브루트-포스 해법이 있다. 이 알고리즘은 문자열이 주어지고, 각 글자에 대해 그 글자가 반복되는지를 검사하는 방식으로 동작하는데, 시간 복잡도는 $O(n^2)$이고, 공간 복잡도는 $O(1)$이다.

이제 문제의 더 나은 해법을 찾아보자. 우리의 목적이 첫 번째로 반복되는 글자를 찾는 것이므로 이전 글자를 어떤 배열에 저장하면 어떨까?

가능한 글자의 개수는 256(단순하기 위해 ASCII 글자들만 고려하자)이다. 크기가 256인 배열을 만들고 모든 항목을 0으로 초기화한다. 각 입력 글자마다 해당하는 위치의 카운터를 증가시킨다. 배열을 사용하므로 어느 위치를 찾든지 상수 시간이 걸린다. 입력을 스캔하면서 카운터가 이미 1인 글자를 찾으면 이 글자가 처음으로 반복되는 글자라는 것을 알 수 있다.

```
char FirstRepeatedChar(char[] str) {
    int count[256]; // 부가 배열
    for(int i=0; i<256; ++i)
        count[i] = 0;
    for(int i=0; i< str.length; ++i) {
        if(count[str[i]]==1) {
            System.out.println(str[i]);
            break;
        }
        else
            count[str[i]]++;
    }
    if(i==len)
        System.out.println("No Repeated Characters");
    return 0;
}
```

왜 배열이 아닌가?

앞의 문제에서 크기가 256인 배열을 사용했는데, 그건 가능한 서로 다른 글자의 개수(256)를 미리 알았기 때문이다. 이제 조금 변형된 같은 문제를 살펴보자. 주어진 배열이 글자가 아니라 숫자들이라면 어떻게 이 문제를 풀 것인가?

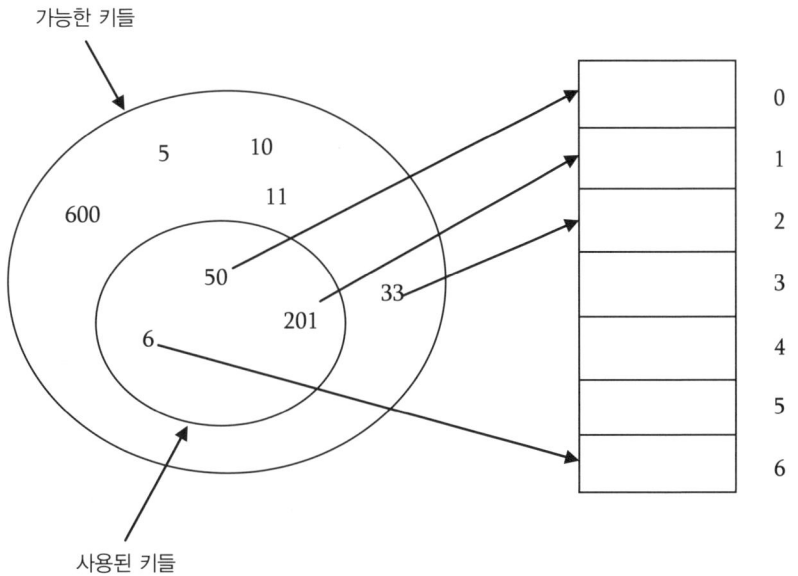

이 경우에 가능한 키의 집합은 무한하다(혹은 최소한 매우 크다). 거대한 배열을 만들어 카운터를 저장하는 것은 불가능하다. 즉 메모리 안에 키의 집합이 있고 제한된 메모리 위치가 있다는 것이다. 이 문제를 풀려면 이 가능한 모든 키를 가능한 메모리 위치에 어떤 식으로든 매핑해야 한다.

어쨌든 가능한 키들을 사용할 수 있는 장소 중 하나에 매핑해야 한다는 것을 알았는데, 단순히 배열을 사용하여 문제를 해결하려는 것은 저장 가능한 키가 매우 큰 상황에서 좋은 선택이 아니다. 이런 경우 해싱을 사용하면 좋은데, 다수의 키를 적절한 장소에 매핑하는 과정을 해싱이라고 한다.

> 참고
> 아직까지는 어떻게 키들이 적당한 장소에 매핑되는지는 걱정하지 말자. 그것은 변환을 위해 사용되는 함수에 달려 있다. 이런 함수 중 간단한 예는 key % 테이블 크기이다.

14.5 해싱의 구성 요소

해싱에 관련된 네 개의 주요 구성 요소들이 있다.

1) 해시 테이블
2) 해시 함수
3) 충돌(Collision)
4) 충돌 해결 기법

14.6 해시 테이블

해시 테이블은 배열의 일반화된 형태이다. 배열에서 우리는 키가 k인 항목을 배열의 k 위치에 저장한다. 즉 주어진 키 k에 대해 키가 k인 항목을 배열의 k번째 위치를 통해 찾는다는 것이다. 이것을 직접 주소법(Direct Addressing)이라고 한다.

 직접 주소법은 모든 가능한 키에 대해 하나의 장소를 할당할 수 있을 때에 사용할 수 있다. 만약 모든 가능한 키를 할당할 만큼 충분한 공간이 없을 때는 새로운 방법이 필요하다. 즉 굉장히 많은 가능한 키가 있을 때는 배열만 이용해서는 충분한 처리가 이루어지지 못한다는 것이다.

 이 경우 가능한 한 가지 방법은 해시 테이블을 사용하는 것이다. 해시 테이블 또는 해시 맵(map)은 키와 그에 연관된 값을 저장하는 데이터 구조이다. 해시 테이블은 해시 함수를 사용하여 키를 연관된 값에 할당한다. 일반적으로 실제 저장되는 키의 개수가 가능한 키의 모든 개수에 비해 상대적으로 적을 때 해시 테이블을 사용한다.

14.7 해시 함수

해시 함수는 키를 인덱스로 변환할 때 사용된다. 이상적으로는 해시 함수가 각 가능한 키를 고유한 슬롯 인덱스로 할당해야 하지만 실제로는 달성하기 어렵다.

해시 함수를 어떻게 선택할 것인가?

해시 테이블의 생성과 관련된 기본적인 문제들은 다음과 같다.

- 삽입된 객체들을 테이블에 균일하게 분배할 수 있도록 효율적인 해시 함수가 설계되어야 한다.
- 해시 인덱스가 해시 테이블에 이미 다른 객체가 삽입된 위치를 가리킬 때 또 다른 인덱스를 계산할 수 있는 효율적인 충돌 해결 알고리즘이 설계되어야 한다.
- 계산이 빨리 이루어지고, 테이블 안의 위치 범위 내의 값을 리턴하며 충돌을 최소화하는 해시 함수를 선택해야만 한다.

좋은 해시 함수의 특성

좋은 해시 함수는 다음과 같은 특성을 갖고 있다.

- 충돌 최소화
- 쉽고 빠른 계산
- 해시 테이블 안에 키를 균등하게 분배
- 키에서 제공하는 모든 정보를 사용
- 주어진 키 집합에 대해 높은 적재율(Load Factor)를 가져야 한다.

14.8 적재율

빈 해시 테이블이 아닌 해시 테이블에서의 적재율은 테이블에 저장된 항목의 개수를 테이블의 크기로 나눈 것이다. 적재율은 리해시(Rehash)를 해야 할지 기존의 해시 테이블을 확장해야 할지 결정할 때 고려된다. 또한 해시 함수의 효율성을 계산할 때도 사용된다. 즉 해시 함수가 키들을 균등하게 분배하는지 여부를 알 수 있게 해준다.

$$적재율 = \frac{해시\ 테이블\ 안의\ 항목\ 개수}{해시\ 테이블\ 크기}$$

14.9 충돌

해시 함수는 각 키를 서로 다른 주소 공간으로 할당하기 위해 사용되는데, 잘못 구현하면 충돌이 빈번히 일어난다. 충돌은 두 개의 항목이 같은 장소에 저장되어 버리는 상황이다.

14.10 충돌 해결 기법들

대체 장소를 찾는 과정을 충돌 해결(Collision Resolution)이라고 한다. 해시 테이블에 충돌 문제가 있다고 하더라도 많은 경우에 검색 트리와 같은 다른 데이터 구조보다 훨씬 효율적이다. 많은 충돌 해결 기법이 있는데 가장 많이 쓰이는 것은 개방 번지화(Open Addressing)와 체인법(Chaining)이다.

- 직접 체인법(Direct Chaining): 연결 리스트들의 배열
    - 분리 체인법(Separate Chaining)
- 개방 번지화: 배열에 기반한 구현
    - 선형 탐사: 선형 검색
    - 2차 탐사: 비선형 검색
    - 이중 해싱: 두 개의 해시 함수 사용

14.11 분리 체인법

체인법에 의한 충돌 해결은 연결 리스트 표현과 해시 테이블의 결합이다. 두 개 이상의 항목이 같은 장소로 해시되면 이 항목들은 체인(chain)이라고 불리는 단일 연결 리스트를 만든다.

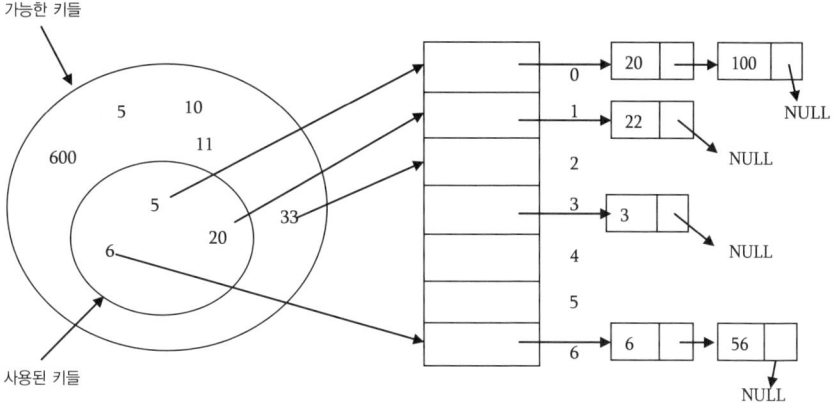

14.12 개방 번지화

개방 번지화에서 모든 키는 해시 테이블 자체에 저장되는데, 개방 번지화는 닫힌 해싱이라고도 불린다. 이 기법은 탐사(Probing)에 기반하고, 충돌은 탐사에 의해 해결된다.

선형 탐사

각 탐사의 간격은 1로 고정된다. 선형 탐사(Linear Probing)은 해시 테이블을 원래의 해시 위치로부터 시작해서 순차적으로 검색한다. 어떤 위치가 점유되어 있으면 다음 위치를 검사한다. 필요하다면 테이블의 마지막 위치에서 첫 위치로 이동한다. 리해싱 함수는 다음과 같다.

$$\text{rehash}(key) = (n + 1) \% \text{tablesize}$$

선형 탐사의 문제 중 하나는 테이블 항목들이 해시 테이블 안에서 뭉치는 경향이 있다는 것이다. 즉 테이블엔 연속적으로 점유된 위치 그룹이 있고, 이를 클러스터링(Clustering)이라고 한다. 클러스터들은 서로 가까워질 수 있고 더 큰 클러스터로 병합될 수 있다. 그러므로 다른 부분엔 상대적으로 적은 항목들이 있어도 테이블의 한 부분은 매우 밀집될 수 있다. 클러스터링은 탐색 검사를 길게 만들기 때문에 전체적인 효율을 감소시킨다.

탐사될 다음 위치는 스텝의 크기로 결정되는데 (1이 아닌) 다른 크기의 스텝도 가능하다. 스텝의 크기는 테이블의 크기에 상대적으로 소수적(prime)이어야 한다. 즉 최대공약수가 1이어야 한다. 테이블 크기가 소수(Prime Number)라면 아무 스텝 크기라도 테이블 크기에 상대적으로 소수적이다. 클러스터링은 큰 스텝 크기로는 해결할 수 없다.

2차 탐사

탐사의 간격은 해시 값에 비례해서 증가한다(그러므로 간격은 선형적으로 증가하고 인덱스들은 2차 함수로 표현된다). 2차 탐사 기법을 사용하면 클러스터링 문제가 사라진다.

2차 탐사에서는 원래의 해시 위치 i에서 시작한다. 어떤 위치가 점유되어 있으면, $i + 1^2, i + 2^2, i + 3^2, i + 4^2$ ... 위치를 검사한다. 필요하다면 테이블의 마지막 위치에서 첫 위치로 이동한다. 리해싱 함수는 다음과 같다.

rehash(key) = **(n + k^2)** % tablesize

예: 테이블 크기가 11(0..10)이라고 하자.

해시 함수: **h**(key) = key mod 11

삽입된 키들
31 *mod* 11 = 9
19 *mod* 11 = 8
2 *mod* 11 = 2
13 *mod* 11 = 2 → 2 + 1² = 3
25 *mod* 11 = 3 → 3 + 1² = 4
24 *mod* 11 = 2 → 2 + 1², 2 + 2² = 6
21 *mod* 11 = 10
9 *mod* 11 = 9 → 9 + 1², 9 + 2² *mod* 11, 9 + 3² *mod* 11 = 7

0	
1	
2	2
3	13
4	25
5	5
6	24
7	9
8	19
9	31
10	21

2차 탐사로 클러스터링이 줄어들더라도 여전히 클러스터링이 생길 가능성이 있다. 클러스터링은 여러 번의 검색 키가 같은 해시 키로 할당될 때 생긴다. 그러므로 이런 검색 키의 탐사 과정이 탐사 과정에 반복되는 충돌로 길어진다. 선형 탐사와 2차 탐사 모두 검색 키에 의존하지 않는 탐사 과정을 사용한다.

이중 해싱

탐사의 간격은 다른 해시 함수에 의해 계산된다. 이중 해싱(Double Hashing)은 더 나은 방식으로 클러스터링을 감소시킨다. 탐사 과정의 증가는 두 번째 해시 함수를 사용하며 계산된다. 두 번째 해시 함수는 **h**2는 다음과 같다.

$h2(key) \neq 0$이고, $h2 \neq h1$

일단 **h**1(key) 위치를 먼저 탐색한다. 이 위치가 점유되어 있다면, **h**1(key) + k2(key), **h**1(key) + 2 * **h**2(key) ... 위치를 탐색한다.

예: 테이블 크기가 11(0..10)

해시 함수: **h**1(key) = key mod 11 그리고
    h2(key) = 7 - (key mod 7)

삽입된 키들

58 *mod* 11 = 3
14 *mod* 11 = 3 → 3 + 7 = 10
91 *mod* 11 = 3 → 3 + 7, 3 + 2 * 7 *mod* 11 = 6
25 *mod* 11 = 3 → 3 + 3, 3 + 2 * 3 = 9

0	
1	
2	
3	58
4	25
5	
6	91
7	
8	
9	25
10	14

14.13 충돌 해결 기법의 비교

비교: 선형 탐사 vs 이중 해싱
선형 탐사와 이중 해싱 중 어느 것을 선택할 것인가는 해시 함수의 계산 비용과 테이블의 적재율(슬롯당 항목 수)에 달려 있다. 둘 다 적은 수의 탐색을 사용하지만 이중 해싱이 긴 키에 대해 두 개의 해시 함수를 비교해야 하므로 더 오랜 시간이 걸린다.

비교: 개방 번지화 vs 분리 체인법
메모리 사용을 생각해야 하므로 조금 복잡하다. 분리 체인법은 연결을 저장하기 위해 부가적인 메모리를 사용한다. 개방 번지화는 탐사 과정을 종료시키기 위해 테이블 안에서 부가 메모리를 내재적으로 사용한다. 개방 번지화된 해시 테이블은 데이터에 고유한 키가 없다면 사용될 수 없다. 대신 분리 체인화된 해시 테이블을 사용할 수 있다.

비교: 개방 번지화 기법

선형 탐사	2차 탐사	더블 해싱
셋 중 제일 빠름	제일 쉽게 구현, 적용 가능	메모리를 더 효율적으로 사용
적은 수의 탐사 사용	연결을 위해 추가 메모리 사용 테이블의 모든 위치를 탐사 하지 않음	적은 수의 탐사 사용, 시간은 더 오래 걸림
		이어짐
1차 클러스터링이라는 문제 발생	2차 클러스터링이라는 문제 발생	구현하기가 더 복잡함
탐사 간격이 고정, 주로 1	탐사 간의 간격이 해시 값에 비례해서 증가	탐사 간의 간격이 다른 해시 함수에 의해 계산

14.14 어떻게 해싱이 $O(1)$ 복잡도를 갖는가?

앞의 논의에서, 많은 사람이 갖는 의문은 여러 개의 항목이 같은 위치에 할당될 때 어떻게 해싱이 $O(1)$ 복잡도를 갖는가이다.

이 문제의 답은 간단하다. 적재율을 사용하여 평균적으로 각 블록(예를 들어 분리 체인법에서의 연결 리스트)의 최대 항목 수가 적재율보다 작게 한다. 또한 실무에서는 이 적재율이 상수이다(일반적으로 10 또는 20). 그 결과 20개의 항목이나 10개의 항목을 검색하는 것은 상수 시간이 된다.

블록의 평균 항목 개수가 적재율보다 크면 항목들을 더 큰 해시 테이블 크기로 리해시한다. 기억해야 할 것 하나는 리해시를 결정할 때 평균 점유율(해시 테이블의 항목의 총 개수를 테이블 크기로 나눈 값)을 고려해야 한다는 것이다. 테이블의 접근 시간은 적재율에 달려 있고, 적재율은 해시 함수에 달려 있다. 왜냐하면 해시 함수가 항목들을 해시 테이블에 분배하는 역할을 하기 때문이다. 이러한 이유로 해시 테이블이 평균 $O(1)$ 복잡도라고 말한다. 또한 일반적으로 검색이 단순한 삽입, 삭제 연산 이상일 때 해시 테이블을 사용한다.

14.15 해싱 기법들

두 가지 종류의 해싱이 있다. 정적 해싱과 동적 해싱이다.

정적 해싱

데이터가 고정되어 있다면 정적 해싱(Static Hashing)이 유용하다. 정적 해싱에서는 키들의 집합이 고정되어 저장되고 미리 주어진다. 정적 해싱에서는 디렉터리의 주요 페이지들의 숫자가 고정된다.

동적 해싱

데이터가 고정되지 않았다면 정적 해싱은 성능이 나빠진다. 이런 데이터에는 동적 해싱(Dynamic Hashing)이 대안이다. 여기서는 키들의 집합이 정적으로 변할 수 있다.

14.16 어떤 해시 테이블이 적합하지 않은가의 문제

- 어떤 데이터 순서가 필요한가의 문제
- 다차원의 데이터를 가진 문제
- 특별히 키의 길이가 길고, 그 길이가 다양할 때는 접두어 검색
- 동적인 데이터를 가진 문제
- 데이터가 고유한 키를 가지지 않는 문제

14.17 해싱 연습문제

문제-1 분리 체인법 충돌 해결 기법을 구현하자. 또한 각 함수의 시간 복잡도를 논하자.

해답: 주어진 크기 n인 해시 테이블을 만들려면 배열에 n/L(L의 값은 보통 5에서 20 사이)개의 포인터를 할당하고 NULL로 초기화한다. Search/Insert/Delete 연산을 수행할 때 먼저 해시 함수를 사용해 테이블의 인덱스를 주어진 키로부터 계산하고, 그 위치에 연결된 선형 리스트에서 해당하는 연산을 수행한다. 해시 테이블에 키가 균등하게 분배되도록 하기 위해 테이블의 크기를 소수로 유지한다.

```
public class ListNode {
    private int key;
    private int data;
    private ListNode next;
    public int getKey() {
        return key;
    }
    public void setKey(int key) {
        this.key = key;
    }
    public int getData() {
        return data;
    }
    public void setData(int data) {
        this.data = data;
    }
    public ListNode getNext() {
        return next;
    }
```

```java
        public void setNext(ListNode next) {
            this.next = next;
        }
}
public class HashTableNode {
    private int blockCount;
    private ListNode startNode;
    public int getBlockCount() {
        return blockCount;
    }
    public void setBlockCount(int blockCount) {
        this.blockCount = blockCount;
    }
    public ListNode getStartNode() {
        return startNode;
    }
    public void setStartNode(ListNode startNode) {
        this.startNode = startNode;
    }
}
public class HashTable {
    private int tSize;
    private int count;
    private HashTableNode[] table;
    public int getTSize() {
        return tSize;
    }
    public void setTSize(int size) {
        tSize = size;
        table = new HashTableNode[size];
    }
    public int getCount() {
        return count;
    }
    public void setCount(int count) {
        this.count = count;
    }
    public HashTableNode[] getTable() {
        return table;
    }
    public void setTable(HashTableNode[] table) {
        this.table = table;
    }
}
public class HashTableOperations {
    public final static int LOADFACTOR = 20;
    public static HashTable createHashTable(int size){
        HashTable h = new HashTable();
        // 최초에는 1로 설정된다
        h.setTSize(size/LOADFACTOR);
        for(int i=0;i<h.getTSize();i++){
            h.getTable()[i].setStartNode(null);
```

```
        }
        return h;
    }
    public static int hashSearch(HashTable h, int data){
        ListNode temp;
        temp = h.getTable()[Hash(data, h.getTSize())].
           getStartNode();
        while(temp) {
            if(temp.getData() == data)
                return 1;
            temp = temp.getNext();
        }
        return 0;
    }
    public static void hashInsert(HashTable h, int data){
        int index;
        ListNode temp, newNode;
        if(hashSearch(h, data))
            return 0;
        index = Hash(data, h.getTSize());
        // Hash를 내장된 함수라고 가정한다
        temp = h.getTable()[index].getNext();
        newNode = new ListNode();
        if(!newNode) {
            System.out.println("Memory Error");
            return -1;
        }
    newNode.setKey(index);
    newNode.setData(data);
    newNode.setNext(h.getTable()[index].getNext());
    h.getTable()[index].setNext(newNode);
    h.getTable()[index].setBlockCount(h.getTable()[index].
       getBlockCount() + 1);
    h.setCount(h.getCount() + 1);
    if(h.getCount() / h.getTSize() > LOAD_FACTOR)
        Rehash(h);
    return;
    }
    public static boolean hashDelete(HashTable h, int data){
        ListNode temp, prev;
        int index = Hash(data, h.getTSize());
        for(temp = h.getTable()[index].getNext(), prev =
           null; temp;
           prev = temp, temp = temp.getNext()) {
            if(temp.getData() == data) {
                if(prev != null)
                    prev.setNext(temp.getNext());
                temp = null;
                h.getTable()[index].setBlockCount(h.getTable()
                   [index].getBlockCount() - 1);
                h.setCount(h.getCount() - 1);
                return 1;
```

```
            }
        }
        return 0;
    }
    public static void rehash(HashTable h){
        int oldsize, i, index;
        ListNode p, temp, temp2;
        HashTableNode oldTable;
        oldsize = h.getTSize();
        oldTable = h.getTable();
        h.setTSize(h.getTSize() * 2);
        h = new HashTable();
        if(!h.getTable()) {
            System.out.println( "Memory Error");
            return;
        }
        for(i = 0; i < oldsize; i++) {
            for(temp = oldTable[i].getNext(); temp; temp = temp.
                getNext()) {
                index = Hash(temp.getData(), h.getTSize());
                temp2 = temp;
                temp = temp.getNext();
                temp2.setNext(h.getTable()[i].getNext());
                h.getTable()[index].setNext(temp2);
            }
        }
    }
}
```

CreateHashTable: **O(n)**. HashSearch: 평균 **O(1)**. HashInsert: 평균 **O(1)**. HashDelete: 평균 **O(1)**

문제-2 글자들의 배열이 주어졌을 때 중복되는 글자를 제거하는 알고리즘을 알아보자.

해답: 첫 번째 글자에서 시작해서 이 글자가 나머지 문자열에서 또 나타나는지를 간단한 선형 검색을 사용해서 검사한다. 만약 다시 나타나면 마지막 글자를 현재 위치로 가져오고 문자열의 크기를 1 감소시킨다. 이 과정을 주어진 문자열의 서로 다른 각 글자에서 수행한다.

```
void RemoveDuplicates(char s[], int n) {
    for(int i = 0; i < n; i++) {
        for(int j = i+1; j < n;) {
            if(s[i] == s[j])
                s[j] = s[--n];
```

```
            else j++;
        }
    }
    s[i] = '\0';
}
```

시간 복잡도: $O(n^2)$

공간 복잡도: $O(1)$

문제-3 문제-2를 $O(n^2)$보다 더 나은 시간으로 풀 수 있는 방법이 있는가? 해답의 글자 순서가 중요하지 않다는 점에 주목하자.

해답: 정렬을 사용해서 반복되는 글자들을 한자리에 모은다. 마지막으로 배열을 스캔하면서 연속된 위치의 중복되는 글자들을 삭제한다.

```
public static void removeDuplicates(char[] str, int len) {
    if(str == null) return;
    if(len < 2) return;
    int tail = 1;
    for(int i = 1; i < len; ++i) {
        for(int j = 0; j < tail; ++j) {
            if(str[i] == str[j]) break;
        }
        if(j == tail) {
            str[tail] = str[i];
            ++tail;
        }
    }
    str[tail] = 0;
}
public static String removeDuplicates(String s) {
    StringBuilder noDupes = new StringBuilder();
    for(int i = 0; i < s.length(); i++) {
        String si = s.substring(i, i + 1);
        if(noDupes.indexOf(si) == -1) {
            noDupes.append(si);
        }
    }
    return noDupes.toString();
}
public static String removeDuplicates(String s) {
    char[] chars = s.toCharArray();
    Arrays.sort(chars);
    String sorted = new String(chars);
    System.out.println(sorted);
}
```

시간 복잡도: Θ(**nlogn**)

공간 복잡도: **O**(1)

문제-4 문제-2를 주어진 배열을 한 번만 스캔하면서 풀 수 있는가?

해답: 해시 테이블을 사용해서 주어진 문자열에 글자가 반복되는지 여부를 검사할 수 있다. 만약 현재 글자가 해시 테이블 안에 없다면 해시 테이블에 넣고, 그 글자를 문자열 안에서 유지한다. 만약 현재 글자가 해시 테이블 안에 있다면 글자를 삭제한다.

```
void RemoveDuplicates(char s[]) {
    int src, dst;
    struct HastTable *h;
    h = CreatHashTable();
    current = last = 0;
    for(; s[current]; current++) {
        if(!HashSearch(h, s[current])) {
            s[last++] = s[current];
            HashInsert(h, s[current]);
        }
    }
    s[last] = '\0';
}
```

시간 복잡도: 평균 Θ(**n**)

공간 복잡도: **O**(**n**)

문제-5 정렬되지 않은 숫자들의 두 배열이 주어졌을 때 두 배열이 같은 숫자들의 집합인지 검사하자.

해답: 주어진 두 배열을 **A**와 **B**라고 하자. 이 문제의 해법은 **A**의 각 항목에 대해 그 항목이 **B** 안에 있는지 여부를 검사하는 것이다. 이 접근법은 배열 안에 중복이 있을 때 문제를 일으킨다. 예를 들어 다음의 입력을 생각해보자.

A = {2,5,6,8,10,2,2}

B = {2,5,5,8,10,5,6}

앞의 알고리즘은 틀린 제시하는데, A의 모든 항목이 B에 있기 때문이다. 하지만 각 숫자의 등장하는 횟수를 살펴보면 같지 않다. 이 문제는 이미 검사된 항목을 리스트의 끝으로 옮겨서 해결할 수 있다. 즉 B 안의 항목을 찾으면 이 항목을 B의 맨 뒤로 옮긴다. 그리고 다음 번 검색할 때 이 항목들은 검색하지 않는다. 이 방법의 단점은 부가적인 자리바꿈이 필요하다는 것이다. 이 방법의 시간 복잡도는 $O(n^2)$인데, A의 각 항목에 대해 B를 스캔하기 때문이다.

문제-6 문제-5의 시간 복잡도를 개선할 수 있는가?

해답: 그렇다. 시간 복잡도를 개선하기 위해, 두 리스트를 모두 정렬했다고 가정하자. 두 배열의 크기가 모두 **n**이므로 정렬에는 $O(nlogn)$ 시간이 필요하다. 정렬이 끝난 뒤, 두 배열을 두 개의 포인터로 배열 끝에 이를 때까지 포인터를 옮기는 동시에 스캔하면서 두 포인터가 매번 같은 항목을 가리키는지를 검사하면 된다.

이 접근 방법의 시간 복잡도는 $O(nlogn)$이다. 왜냐하면 두 배열을 정렬하는 데 $O(nlogn)$이 필요하기 때문이다. 정렬 뒤에는 스캔하는 데 $O(n)$ 시간이 필요하지만, 이는 $O(nlogn)$에 비해 작다.

문제-7 문제-5의 시간 복잡도를 더 개선할 수 있는가?

해답: 해시 테이블을 사용하면 되는데, 다음 알고리즘을 살펴보자.

알고리즘
- 배열 A의 항목들을 키로 삼아 해시 테이블을 만든다.
- 항목들을 삽입할 때마다 각 숫자들의 빈도 수를 저장한다. 즉 중복이 있다면 해당되는 키의 카운터를 증가시킨다.
- A의 항목들의 해시 테이블을 만든 뒤 배열 B를 스캔한다.
- B의 항목들에서 해당하는 카운터 값을 감소시킨다.
- 마지막에 모든 카운터가 0인지 아닌지 검사한다.
- 모든 카운터가 0이라면 두 배열은 같은 것이고, 그렇지 않다면 다른 것이다.

시간 복잡도: 배열을 스캔하는 데 O(n)

공간 복잡도: 해시 테이블을 위해 O(n)

문제-8 숫자들의 쌍이 주어졌다. 쌍(i, j)가 존재하고 쌍(j, i)도 존재하는 모든 쌍들을 출력하자. 예를 들어 {{1,3},{2,6},{3,5},{7,4},{3,5},{8,7}}에서, {3,5}와 {5,3}이 존재한다. {5,3}을 만났을 때 이 쌍을 출력해야 한다. 이런 쌍을 대칭 쌍이라고 부르자. 이런 모든 쌍들을 찾는 효율적인 알고리즘을 찾아보자.

해답: 해싱을 사용해서 이 문제를 한 번의 스캔으로 풀 수 있다. 다음 알고리즘을 살펴보자.

알고리즘

- 쌍의 항목을 하나씩 읽어 들여 해시 테이블에 삽입한다. 각 쌍에 대해 첫 번째 항목을 키, 두 번째 항목을 값으로 사용한다.
- 항목들을 삽입하면서 현재 쌍의 두 번째 항목의 해싱이 현재 쌍의 첫 번째 항목의 해싱과 같은지 검사한다.
- 둘이 같다면 대칭 쌍이 존재한다는 것이므로 이 쌍을 출력한다.
- 그렇지 않다면, 이 항목을 삽입한다. 즉 현재 쌍의 첫 번째 숫자를 키로, 두 번째 숫자를 값으로 사용해서 해시 테이블에 넣는다.
- 모든 쌍의 스캔을 끝마칠 때 모든 대칭 쌍이 출력된다.

시간 복잡도: 배열 스캔하는 데 O(n). 입력에 대해서만 스캔한다는 것에 주목하자.

공간 복잡도: 해시 테이블을 위해 O(n)

문제-9 주어진 단일 연결 리스트에서 그 안에 루프가 있는지 여부를 검사하자.

해답: 해시 테이블을 사용한다.

알고리즘

- 연결 리스트의 노드를 하나씩 탐색한다.
- 노드의 주소가 해시 테이블에 있는지 여부를 검사한다.

- 만약 이미 해시 테이블 안에 있다면 이미 방문했던 노드를 다시 방문한다는 것이다. 이는 주어진 리스트에 루프가 있을 때에만 가능하다.
- 노드의 주소가 해시 테이블 안에 없다면 그 노드의 주소를 해시 테이블에 삽입한다.
- 이 과정을 연결 리스트의 끝에 도달하거나 루프를 찾을 때까지 반복한다.

시간 복잡도: 연결 리스트를 스캔하는 데 $O(n)$. 입력 내용만 스캔한다는 것에 주목하자.

공간 복잡도: 해시 테이블을 위해 $O(n)$

> **참고**
> 더 효율적인 해법은 3장을 참고하자.

문제-10 101개의 항목을 가진 배열이 주어졌다. 그들 중 50개는 서로 다르고, 24개의 항목이 두 번씩 반복되며 1개의 항목은 세 번 반복되었다. 세 번 반복된 항목을 $O(1)$ 시간에 찾아라.

해답: 해시 테이블을 사용한다.

알고리즘
- 입력 배열을 하나씩 스캔한다.
- 항목이 이미 해시 테이블 안에 있는지를 검사한다.
- 만약 이미 해시 테이블 안에 있다면 카운터 값을 증가시킨다(이 값은 항목의 나타난 횟수를 가리킴).
- 항목이 해시 테이블 안에 없다면 노드를 해시 테이블에 삽입하고 카운터 값을 1로 만든다.
- 이 과정을 배열 끝에 다다를 때까지 반복한다.

시간 복잡도: 두 번의 스캔을 하므로 $O(n)$

공간 복잡도: 해시 테이블을 위해 $O(n)$

> **참고**
> 더 효율적인 해법은 11장을 참고하자.

문제-11 n개의 항목을 가진 정수들의 집합이 m개 주어졌다. 가장 많은 수의 집합에 나타나는 항목을 찾는 알고리즘을 알아보자.

해답: 해시 테이블을 사용한다.

알고리즘
- 입력 집합을 하나씩 스캔한다.
- 각 항목에 대해 카운터를 유지한다. 카운터는 모든 집합에 나타나는 횟수를 의미한다.
- 모든 집합의 스캔이 끝난 후 제일 큰 카운터 값을 가진 항목을 선택한다.

시간 복잡도: $O(mn)$. 왜냐하면 모든 집합을 스캔해야 하기 때문이다.
공간 복잡도: 해시 테이블을 위해 $O(mn)$. 최악의 경우 모든 항목이 서로 다를 수 있기 때문이다.

문제-12 두 개의 집합 A와 B, 숫자 K가 주어졌다. 둘의 합이 K가 되는 A의 항목 하나와 B의 항목 하나로 이루어진 쌍이 존재하는지 검사하는 알고리즘을 알아보자.

해답: 예를 들어 A의 크기가 m, B의 크기가 n이라고 하자.

알고리즘
- 최소 항목을 가진 집합을 선택한다.
- 선택된 집합의 해시 테이블을 생성한다. 같은 숫자를 키와 값으로 사용한다.
- 이제 두 번째 배열을 스캔하면서 (K-선택된 항목)이 해시 테이블 안에 존재하는지 검사한다.
- 존재하면 이 항목 쌍을 리턴한다.
- 존재하지 않으면 집합의 끝에 닿을 때까지 계속한다.

시간 복잡도: 두 번의 스캔을 하므로 O(Max(**m, n**))

공간 복잡도: 해시 테이블을 위해 O(Min(**m, n**)). 작은 집합을 선택해 해시 테이블을 만들기 때문이다.

문제-13 주어진 문자열로부터 다른 문자열에 있는 글자들을 제거하는 알고리즘을 알아보자.

해답: 간단하게 하기 위해, 서로 다른 글자의 최대 개수가 256이라고 하자. 먼저 부가적인 배열로 만들고 0으로 초기화한다. 삭제될 글자들을 스캔해서 각 글자에 대해 이 글자들을 삭제해야 한다는 의미로 배열의 값을 1로 만든다.

초기화 뒤에 입력 문자열을 스캔해서 각 글자에 대해 이 글자가 삭제되어야 하는지 여부를 검사한다. 배열의 값이 1이면 삭제한 후 다음 글자로 이동하고, 그렇지 않으면 글자를 입력 문자열 안에 유지한다. 이 과정을 입력 문자열의 끝에 닿을 때까지 계속한다. 이 모든 연산은 다음 코드와 같이 제자리에서 이루어질 수 있다.

```
void RemoveChars(char str[], char removeTheseChars[]) {
    int srcInd, destInd;
    int auxi[256]; // 부가적인 배열
    for(srcInd = 0; srcInd < 256; srcIndex++)
        auxi[srcInd]=0;
    // 삭제될 모든 글자를 참으로 지정한다
    srcIndex=0;
    while(remove[srcInd]) {
        auxi[removeTheseChars[srcInd]]=1;
        srcInd++;
    }
    // 삭제되어야 하지 않는다면 글자를 복사한다
    srcInd=destInd=0;
    while(str[srcInd++]) {
        if(!auxi[str[srcInd]])
            str[destInd++]=str[srcInd];
    }
}
```

시간 복잡도: 삭제될 글자를 스캔하는 시간 + 입력 배열을 스캔하는 시간 = O(n) + O(m) = O(n). **m**은 삭제될 글자들의 길이이고, **n**은 입력 문자열의 길이이다.

공간 복잡도: O(m), 삭제되어야 할 글자들의 길이. 서로 다른 글자들의 최대 값을 256이라고 가정했으므로 상수로 다룰 수 있다. 하지만 여러 바이트의 글자를 다룰 때는 서로 다른 글자들의 최대 값이 256보다 클 수 있다는 것을 기억해야 한다.

문제-14 문자열에서 첫 번째 반복되지 않는 글자를 찾는 알고리즘을 알아보자. 예를 들어 문자열 "**abzddab**"의 첫 번째 반복되지 않는 글자는 z이다.

해답: 이 문제의 해답은 자명하다. 주어진 문자열의 각 글자에 대해 나머지 문자열을 스캔해서 그 글자가 또 나타나는지 검사할 수 있다. 다시 나타나지 않는다면 해답을 구한 것이고 글자를 리턴한다. 나머지 문자열에서 다시 나타나면 다음 글자로 이동한다.

```
char FirstNonRepeatedChar(char *str) {
    int i, j, repeated = 0;
    int len = strlen(str);
    for(i = 0; i < len; i++) {
        repeated = 0;
        for(j = 0; j < len; j++) {
            if(i != j && str[i] == str[j]) {
                repeated = 1;
                break;
            }
        }
        if(repeated == 0) // 첫 번째 반복되지 않는 글자를 찾았다
            return str[i];
    }
    return '';
}
```

시간 복잡도: 두 번의 루프를 위해 $O(n^2)$
공간 복잡도: $O(1)$

문제-15 문제-14의 시간 복잡도를 개선할 수 있는가?

해답: 그렇다. 해시 테이블을 사용해서 시간 복잡도를 감소시킬 수 있다. 입력 문자열의 모든 글자를 읽어 해시 테이블을 만들고 각 글자들이 나타난 횟수를 저장한다. 해시 테이블이 생성된 뒤, 해시 테이블 항목들

을 읽어서 어떤 항목이 1의 카운터를 갖고 있는지 볼 수 있다. 이 접근 방법은 O(n) 공간이 필요하지만 시간 복잡도 역시 O(n)으로 감소된다.

```
char FirstNonRepeatedCharUsinghash(char[] str, int len) {
    int i, count[256]; // 부가 배열
    for(i=0;i<len;++i)
        count[i] = 0;
    for(i=0;i<len;++i)
        count[str[i]]++;
    for(i=0; i<len; ++i) {
        if(count[str[i]]==1) {
            System.out.println(str[i]);
            break;
        }
    }
    if(i==len)
        System.out.println("No Non-repeated Characters");
    return 0;
}
```

시간 복잡도: 해시 테이블을 만드는 데 O(n), 해시 테이블의 항목들을 읽는 데 O(n). 그러므로 전체 시간은 O(n) + O(n) = O(2n) = O(n)

공간 복잡도: 카운터 값을 저장하는 데 O(n)

문제-16 주어진 문자열에 대해 문자열에서 첫 번째로 반복되는 글자를 찾는 알고리즘을 알아보자.

해답: 이 문제의 해답은 문제-13과 문제-15의 해답과 거의 유사하다. 한 가지 차이점은 해시 테이블을 두 번 스캔하는 대신에 해답을 한 번의 스캔만으로 얻을 수 있다는 것이다. 왜냐하면 해시 테이블에 삽입하는 동안 이 항목이 이미 존재하는지 여부를 알 수 있기 때문이다. 이 항목이 이미 존재한다면 이 글자를 리턴하기만 하면 된다.

```
char FirstRepeatedCharUsinghash(char[] str, int len) {
    int i, count[256]; // 부가 배열
    for(i=0;i<len;++i)
        count[i] = 0;
    for(i=0; i<len; ++i) {
        if(count[str[i]]==1) {
            System.out.println("%s",str[i]);
```

```
                break;
            }
            else count[str[i]]++;
        }
        if(i==len)
            System.out.println("No Repeated Characters");
        return 0;
    }
```

시간 복잡도: 스캔하고 해시 테이블을 만드는 데 $O(n)$. 이 문제에 대해 한 번의 스캔만 필요하다는 점에 주목하자. 그러므로 전체 시간은 $O(n)$이다.

공간 복잡도: 카운트 값을 저장하기 위해 $O(n)$

문제-17 n개의 숫자들을 가진 배열이 주어졌다. 합이 S인 모든 쌍을 출력하는 알고리즘을 알아보자.

해답: 이 문제는 문제-12와 유사하다. 두 개의 집합을 사용하는 대신에 한 개의 집합만 사용한다.

알고리즘
- 입력 배열의 항목들을 하나씩 스캔하면서 해시 테이블을 만든다. 키와 값을 같게 사용할 수 있다.
- 해시 테이블을 만든 뒤, 다시 입력 배열을 스캔하면서 S(선택된 항목)가 해시 테이블에 존재하는지 여부를 검사한다.
- 존재한다면 이 항목 쌍을 출력한다.
- 존재하지 않는다면 배열의 모든 항목을 읽을 때까지 계속한다.

시간 복잡도: 해시 테이블을 만드는 데 $O(n)$, 전체 해시 테이블을 읽는 데 $O(n)$. 전체 시간은 $O(n) + O(n) = O(2n) = O(n)$

공간 복잡도: 카운트 값을 저장하기 위해 $O(n)$

문제-18 문제-17을 푸는 다른 방법이 있는가?

해답: 그렇다. 이 문제의 또 다른 해법은 정렬을 포함한다. 먼저 입력 배열을 정렬한다. 정렬한 뒤에, 두 개의 포인터를 하나는 처음에, 하나는 가장

끝에 사용한다. 매번 두 인덱스의 값을 더해서 합이 S와 같은지 살펴본다. 같으면 그 쌍을 출력한다. 다르다면 합이 S보다 작을 때는 왼쪽 포인터를 증가시키고, 합이 S보다 크면 오른쪽 포인터를 감소시킨다.

시간 복잡도: 정렬하는 시간 + 스캔하는 시간 = $O(nlogn) + O(n)$ = $O(nlogn)$

공간 복잡도: $O(1)$

문제-19 수백만 줄의 데이터가 있는 파일이 있다. 이 중에서 오직 두 라인만 동일하다. 다른 모든 라인은 고유하다. 각 라인은 너무 길어서 메모리에 다 로드할 수도 없다. 동일한 라인을 찾는 가장 효율적인 해법은 무엇인가?

해답: 전체 라인이 주 메모리에 다 들어가지 못하므로 라인을 부분적으로 읽어 부분적인 라인에 대해 해시를 계산한다. 그 다음엔 라인의 다음 부분을 읽어 해시를 계산한다. 이번엔 새로운 해시 값을 계산할 때 이전의 해시 값도 사용한다. 이 과정을 전체 라인에 대한 해시를 구할 때까지 반복한다.

각 라인에 대해 이 과정을 수행하면서 모든 해시 값을 어떤 파일에 저장한다(혹은 이 해시들의 해시 테이블을 저장한다). 어느 때든지 같은 해시 값을 찾으면 그 라인을 부분적으로 읽어 비교한다.

> **참고**
> 관련된 문제들은 11장을 참고하자.

15장

Data Structures and Algorithms Made Easy for JAVA

문자열 알고리즘

15.1 소개

논의를 시작하기 전에 문자열 알고리즘의 중요성을 이해하도록 하자. 웹 브라우저에(예를 들어 인터넷 익스플로러나 파이어폭스, 구글 크롬) URL(Uniform Resource Locator)을 입력하는 경우를 생각해보자. URL의 앞부분을 입력하면 가능한 URL 목록을 보여주는 것을 본 경험이 있을 것이다. 이것은 브라우저들이 어떤 내부적인 처리를 통해 일치하는 목록을 제공한다는 것이다. 이러한 기법은 자동완성(Auto-Completion)이라고 불린다.

  비슷하게 커맨드라인 인터페이스에(Windows나 UNIX에서) 디렉터리 이름을 입력하는 경우를 생각해보자. 디렉터리 이름의 앞부분을 입력하고서 탭 키를 누르면 모든 일치하는 디렉터리 이름 목록이 나타난다. 이것도 자동완성의 또 다른 예이다.

  이러한 종류의 연산을 지원하기 위해 문자열 데이터를 효율적으로 저장하는 데이터 구조가 필요하다. 이 장에서는, 문자열 알고리즘을 구현하는 데 유용한 데이터 구조를 살펴볼 것이다.

15.2 문자열 매칭 알고리즘

여기에서는 어떤 유형 P가 다른 문자열 T(T는 text를 뜻한다)의 부분문자열 (substring)인지 검사하는 문제를 살펴볼 것이다. 고정된 문자열 P를 가지고 검사하므로 이런 알고리즘들은 정확한 문자열 매칭 알고리즘(Exact String Matching Algorithm)이라고 불린다. 예를 들어 주어진 문자열 T의 길이가 n이고 우리가 찾으려는 유형 P의 길이는 m이라고 하자. 즉 T에는 0에서 n - 1까지의 글자들이 있고(T[0 ... n - 1]), P에는 0에서 m - 1까지의 글자들이 있다(P[0 ... m - 1]). 이 알고리즘은 C++에서 strstr()로 구현되어 있다.

이제 여러분은 다음 알고리즘들의 구현 방법을 하나씩 학습할 것이다.

- 브루트-포스 기법
- 라빈-카프 문자열 매칭 알고리즘
- 유한 오토마타(Finite Automata) 문자열 매칭
- KMP(크누스-모리스-프라트) 알고리즘
- 보이어-무어 알고리즘
- 접미어 트리(Suffix Tree)

15.3 브루트-포스 기법

이 기법에서는 문자열 T의 각각의 가능한 위치에 대하여 유형 P가 일치하는지 여부를 검사한다. T의 길이가 n이므로 n - m + 1가지의 비교 방법이 필요하다. 왜냐하면 유형의 길이가 m이므로 T의 마지막 m - 1 위치는 비교할 필요가 없기 때문이다. 다음 알고리즘이 문자열 T에서 유형 P가 처음으로 나타나는 경우를 찾는다.

알고리즘

```
int BruteForceStringMatch(int T[], int n, int P[], int m) {
    for(int i = 0; i <=n - m; i++) {
        int j = 0;
        while(j < m && P[j] == T[i + j])
            j = j + 1;
        if(j == m)
            return i;
    }
    return -1;
}
```

시간 복잡도: $O((n - m + 1) \times m) \approx O(n \times m)$

공간 복잡도: $O(1)$

15.4 라빈-카프 문자열 매칭 알고리즘

이 기법에서는 T의 가능한 각 위치를 검사하는 대신 해싱 기법을 이용한다. P의 해싱과 T의 m개 글자에서 해싱이 같은 결과일 때만 검사한다.

처음엔 T의 첫 번째 m 글자에 해시 함수를 적용하고 이 결과가 P의 해싱 결과와 같은지 비교한다. 같지 않다면, T의 다음 글자로 이동해 m개의 글자에 대해 해시 함수를 적용한다(두 번째 글자부터 시작해서). 만약 결과가 같다면 T의 이 m개의 글자를 P와 비교한다.

해시 함수 선택하기

각 단계에서 T의 m 글자에 대한 해시를 찾는 것이므로 효율적인 해시 함수가 필요하다. 해시 함수가 각 단계에서 $O(m)$ 복잡도를 가진다면 전체 복잡도는 $O(n \times m)$이다. 먼저 해시 함수를 적용하고, 비교하므로 브루트-포스 기법보다 나쁘다.

우리의 목적은 T의 m 글자에 대해 매번 복잡도가 $O(1)$인 해시 함수를 선택하는 것이다. 이렇게 할 때에만 알고리즘의 전체 복잡도를 감소시킬 수 있다.

해시 함수가 좋지 않다면(최악의 경우에), 라빈-카프 알고리즘의 복잡도는 $O((n - m + 1) \times m) \approx O(n \times m)$이다. 좋은 해시 함수를 선택한다면 라빈-카프 알고리즘의 복잡도는 $O(m + n)$이다. 이제 T의 m 글자에 대해 매번 복잡도가 $O(1)$인 해시 함수를 어떻게 선택할 것인지 살펴보자.

그럼 문자열 T에 사용된 글자들이 모두 정수라고 가정하자. 즉 T의 모든 글자 ∈ {0, 1, 2, ..., 9}이다. 모든 글자가 정수이므로 m개의 연속적인 글자들의 문자열을 십진수라고 생각할 수 있다. 예를 들어 문자열 "61815"는 숫자 61815가 되는 것이다.

앞의 가정에 의해 유형 P 역시 십진수가 된다. P의 십진수 값을 p라고 하자. 주어진 문자열 T[0 ... n - 1]에서 t(i)가 i = 0, 1... n - m - 1일 때 길이가 m인 부속 문자열 T[i ... i + m - 1]의 십진수 값이라고 하자. 따라서 T[i, ... i + m - 1] == P[0 ... m - 1]일 때에만 t(i) == p가 된다.

우리는 호너의 법칙(Horner' Rule)을 이용해서 p를 O(m) 시간에 계산할 수 있다.

p = P[m - 1] + 10(P[m - 2] + 10(P[m - 3] + ... + 10(P[1] + 10P[0]) ...))

위에서 가정한 코드는 다음과 같다.

```
value = 0;
   for(int i = 0; i < m-1; i++) {
      value = value * 10;
      value = value + P[i];
}
```

i = 0, 1, ..., n - m - 1에 대해 모든 t(i) 값을 O(n) 시간에 계산할 수 있다. t(0)의 값도 T[0 ... m - 1]로부터 O(m) 시간에 비슷하게 계산될 수 있다. 나머지 값 t(0), t(1), ... t(n - m - 1)를 계산하려면 t(i + 1)이 t(i)로부터 상수 시간에 계산될 수 있다는 것을 이해해야 한다.

t(i + 1) = 10 * (t(i) - 10^{m-1} * T[i]) + T[i + m - 1]

예를 들어 만약 T = "123456"이고, m =3이라면 다음과 같다.

t(0) = 123

t(1) = 10 * (123 - 100*1) + 4 = 234

단계별 설명

첫 번째: 첫 번째 숫자를 없앤다. 123 - 100 * 1 = 23

두 번째: 10을 곱해서 왼쪽으로 한 자리 옮긴다. 23 * 10 = 230

세 번째: 마지막 숫자를 더한다. 230 + 4 = 234

이 알고리즘은 t(i)와 p의 비교에 의해 수행된다. t(i) == p이면 i 위치에서 시작하는 부분 문자열 P를 T에서 찾은 것이다.

15.5 유한 오토마타 문자열 매칭

이번에는 계산 이론(Theory of Computation, ToC)의 개념인 유한 오토마타(Finite Automata)를 사용한다. 알고리즘을 살펴보기 전에 유한 오토마타의 정의를 먼저 살펴보자.

유한 오토마타

유한 오토마톤 F는 5-튜플(tuple), 즉 (**Q**, **q**$_0$, **A**, Σ, δ)로 다음과 같은 특징을 갖는다.

- **Q**는 유한한 상태들의 집합
- **q**$_0$ ∈ **Q**는 시작 상태
- **A** ⊆ **Q**는 수락(accepting) 상태들
- Σ는 유한한 입력 알파벳
- δ는 주어진 현재 상태와 입력에 대해 다음 상태를 리턴하는 전이(transition) 함수이다.

유한 오토마타는 어떻게 동작하는가?

- 유한 오토마톤 F는 상태 **q**$_0$에서 시작한다.
- Σ로부터 한 번에 하나씩 글자를 읽어 들인다.
- F가 **q** 상태에서 글자 **a**를 읽었으면, F는 δ(**q**, **a**) 상태로 이동한다.

- 맨 마지막에 상태가 A 안에 있으면 F는 이제까지 읽은 입력 문자열을 수락했다고 말한다.
- 입력 문자열이 수락되지 않았다면 거절된(rejected) 문자열이라고 부른다.

예: ($Q = \{0, 1\}$, $q_0 = 0$, $A = \{1\}$, $\Sigma = \{a, b\}$)라고 가정하자. 다음의 전이 테이블과 다이어그램에서 $\delta(q, a)$를 볼 수 있다. 이 오토마타는 홀수 개의 **a**로 끝나는 문자열을 수락한다. 예: abbaaa는 수락되고 aa는 거절된다.

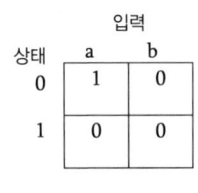 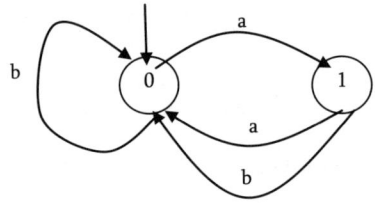

전이 함수/테이블

유한 오토마타를 만들 때 중요한 참고 사항들

오토마타를 만들 때, 먼저 초기 상태부터 시작해야 한다. 유형의 k 글자가 매치되었다면 FA는 k 상태에 있을 것이다. 다음 글자가 유형의 글자 **c**와 같다면, **k + 1** 글자를 매치한 것이고 FA는 **k + 1** 상태에 들어가게 된다. 그 다음 글자가 패턴의 글자와 같지 않다면, FA는 얼마나 많은 초기 유형 글자들이 **c**로 끝나는 글자와 매치했는가에 따라 다시 상태 0, 1, 2, ..., 또는 **k** 상태로 돌아간다.

매칭 알고리즘

이제 매칭 알고리즘에 집중해보자.

- 주어진 유형 P[0, ... m - 1]에 대해 먼저 유한 오토마톤 F를 만들어야 한다.
    - 상태 집합 Q = {0, 1, 2, ... m}이다.
    - 시작 상태는 0이다.
    - 수락 상태는 m뿐이다.
    - Σ가 크다면 F를 만드는 시간이 오래 걸린다.

- 문자열 T [0, ... n - 1]를 스캔해서 유형 P[0, ⋯ m - 1]가 나타나는 모든 경우를 찾는다.
- 문자열 매칭은 효율적이다. $\Theta(n)$
  - 각 글자는 정확히 한 번 검사된다.
  - 각 글자에 대해 상수 시간이 사용된다.
  - 하지만 δ(전이 함수)를 계산하는 시간은 $O(m|\Sigma|)$이다. 왜냐하면 δ의 입력이 $O(m|\Sigma|)$개이기 때문이다. $|\Sigma|$가 상수라고 가정한다면 복잡도는 $O(m)$이 된다.

알고리즘

```
// 입력: 유형 문자열 P[0,⋯m-1], δ와 F
// 목적: 모든 유효한 이동이 표현되는 것
FiniteAutomataStringMatcher(int P[], int m, F, δ) {
    q = 0;
    for(i = 0; i < m; i++)
        q = δ(q,T[i]);
        if(q == m)
            System.out.println("Pattern occurs with shift:" + (i-m));
}
```

시간 복잡도: $O(m)$

15.6 KMP 알고리즘

앞서와 같이 T가 검색해야 할 문자열이고 P가 매칭해야 할 유형이라고 하자. 이 알고리즘은 크누트(Knuth), 모리스(Morris), 프라트(Pratt)에 의해 제시되었다. 유형을 검색하는 데 $O(n)$ 시간 복잡도가 걸린다. $O(n)$ 시간 복잡도를 얻기 위해, 유형 P의 어떤 항목과 이미 비교되었던 T의 항목은 다시 비교하지 않는다.

이 알고리즘은 일반적으로 접두어 함수나 접두어 테이블 혹은 실패 함수 F라고 불리는 테이블을 사용한다. 먼저 이 테이블을 어떻게 채우는지 살펴보고 나서 이 테이블을 이용해서 어떻게 유형을 검색하는지 살펴볼 것이다. 접두어 함수 F는 각 유형이 자기 자신의 이동을 어떻게 매치하는지에 대한 정보를 저장한다. 이 정보는 유형 P의 쓸모없는 이동 방지를 위해 사용될 수 있다. 즉 이 테이블은 문자열 T에 대해 백트래킹을 방지하기 위해 사용될 수 있다.

접두어 테이블

```
int F[];// F가 전역 배열이라고 가정
void Prefix-Table(int P[], int m) {
   int i=1,j=0, F[0]=0;
   while(i<m) {
      if(P[i]==P[j]) {
         F[i]=j+1;
         i++;
         j++;
      }
      else if(j>0)
         j=F[j-1];
      else { F[i]=0;
         i++;
      }
   }
}
```

예를 들어 **P = a b a b a c a**라고 가정하자. 이 유형에 대해 접두어 테이블 F를 채우는 과정을 단계별로 살펴보자. 가장 처음은 **m** = length[P] = 7, F[0] = 0, F[1] = 0이다.

단계1: $i = 1, j = 0, F[1] = 0$

	0	1	2	3	4	5	6
P	a	b	a	b	a	c	a
F	0	0					

단계2: $i = 2, j = 0, F[2] = 1$

	0	1	2	3	4	5	6
P	a	b	a	b	a	c	a
F	0	0	1				

단계3: $i = 3, j = 1, F[3] = 2$

	0	1	2	3	4	5	6
P	a	b	a	b	a	c	a
F	0	0	1	2			

단계4: $i = 4, j = 2, F[4] = 3$

	0	1	2	3	4	5	6
P	a	b	a	b	a	c	a
F	0	0	1	2	3		

단계5: $i = 5, j = 3, F[5] = 1$

	0	1	2	3	4	5	6
P	a	b	a	b	a	c	a
F	0	0	1	2	3	0	

단계6: $i = 6, j = 1, F[6] = 1$

	0	1	2	3	4	5	6
P	a	b	a	b	a	c	a
F	0	0	1	2	3	0	1

이제 접두어 테이블 채우기가 완료되었다.

매칭 알고리즘

KMP 알고리즘은 유형 P, 문자열 T, 접두어 함수 F를 입력으로 받아 T 안에서 P의 매치를 찾는다.

```
int KMP(char T[], int n, int P[], int m) {
    int i=0,j=0;
    Prefix-Table(P,m);
    while(i<n) {
        if(T[i]==P[j]) {
            if(j==m-1)
                return i-j;
            else { i++;
                j++;
            }
        }
        else if(j>0)
            j=F[j-1];
        else i++;
    }
    return -1;
}
```

시간 복잡도: $O(m + n)$, m은 유형의 길이이고, n은 검색할 문자열의 길이이다.

공간 복잡도: $O(m)$

이제 과정을 이해하기 위해 예를 하나 살펴보자. T = **b a c b a b a b a b a c a c a**이고, P = **a b a b a c a**라고 가정하자. 우리가 이미 접두어 테이블을 채웠으므로 이를 사용해서 매칭 알고리즘을 진행하자. 처음은 **n** = T의 크기 = 15; **m** = P의 크기 = 7이다.

단계1: **i** = 0, **j** = 0, P[0]과 T[0]을 비교한다. P[0]이 T[0]과 같지 않다. P를 오른쪽으로 한 위치 이동시킨다.

T	b	a	c	b	a	b	a	b	a	b	a	c	a	c	a
P	a	b	a	b	a	c	a								

단계2: **i** = 1, **j** = 0, P[0]과 T[1]을 비교한다. P[0]이 T[1]이 일치한다. 일치하므

로 P를 이동시키지 않는다.

T	b	a	c	b	a	b	a	b	a	c	a	c	a
P		a	b	a	b	a	c	a					

단계3: i = 2, j = 1, P[1]과 T[2]를 비교한다. P[1]이 T[2]와 같지 않다. P로 되돌아가서 P[0]과 T[2]를 비교한다.

T	b	a	c	b	a	b	a	b	a	c	a	c	a
P		a	b	a	b	a	c	a					

단계4: i = 3, j = 0, P[0]과 T[3]을 비교한다. P[0]이 T[3]과 같지 않다.

T	b	a	c	b	a	b	a	b	a	c	a	c	a
P				a	b	a	b	a	c	a			

단계5: i = 4, j = 0, P[0]과 T[4]를 비교한다. P[0]이 T[4]와 같다.

T	b	a	c	b	a	b	a	b	a	c	a	c	a
P					a	b	a	b	a	c	a		

단계6: i = 5, j = 1, P[1]과 T[5]를 비교한다. P[1]이 T[5]와 같다.

T	b	a	c	b	a	b	a	b	a	c	a	c	a
P					a	b	a	b	a	c	a		

단계7: i = 6, j = 2, P[2]와 T[6]을 비교한다. P[2]와 T[6]이 같다.

T	b	a	c	b	a	b	a	b	a	c	a	c	a
P					a	b	a	b	a	c	a		

단계8: i = 7, j = 3, P[3]과 T[7]을 비교한다. P[3]과 T[7]이 같다.

T	b	a	c	b	a	b	a	b	a	b	a	c	a
P					a	b	a	b	a	c	a		

단계9: **i** = 8, **j** = 4, P[4]와 T[8]을 비교한다. P[4]와 T[8]이 같다.

T	b	a	c	b	a	b	a	b	a	b	a	c	a
P					a	b	a	b	a	c	a		

단계10: **i** = 9, **j** = 5, P[5]와 T[9]를 비교한다. P[5]와 T[9]가 같지 않다. P로 되돌아가서 P[4]와 T[9]를 비교해야 하는데, 불일치 후에 **j** = F[4] = 3인 상태이기 때문이다.

T	b	a	c	b	a	b	a	b	a	b	a	c	a
P							a	b	a	b	a	c	a

P[3]과 T[9]를 비교한다.

T	b	a	c	b	a	b	a	b	a	b	a	c	a
P							a	b	a	b	a	c	a

단계11: **i** = 10, **j** = 4, P[4]와 T[10]을 비교한다. P[4]와 T[10]이 같다.

T	b	a	c	b	a	b	a	b	a	b	a	c	a
P							a	b	a	b	a	c	a

단계12: **i** = 11, **j** = 5, P[5]와 T[11]을 비교한다. P[5]와 T[11]이 같다.

T	b	a	c	b	a	b	a	b	a	b	a	c	a	c	a
P							a	b	a	b	a	c	a		

단계13: i = 12, j = 6, P[6]과 T[12]를 비교한다. P[6]과 T[12]가 같다.

T	b	a	c	b	a	b	a	b	a	b	a	c	a	c	a
P							a	b	a	b	a	c	a		

유형 P가 문자열 T 안에서 완전히 나타나는 것이 발견되었다. 매치를 찾을 때까지 이동한 전체 횟수는 i - m = 13 - 7 = 6번이다.

> **참고**
> - KMP는 왼쪽에서 오른쪽으로 비교를 수행한다.
> - KMP 알고리즘은 O(m) 공간과 시간 복잡도가 걸리는 전처리(접두어 함수)가 필요하다.
> - 검색은 O(n + m) 시간 복잡도가 걸린다.

15.7 보이어-무어 알고리즘

KMP 알고리즘과 같이 보이어-무어 알고리즘도 전처리가 필요한데, 이는 일반적으로 최종 함수라고 부른다. 알고리즘은 패턴의 글자들을 가장 오른쪽 글자부터 왼쪽을 향해 스캔한다. T 안에 유형 P가 있을 가능성이 있는 장소를 검사하는 동안 불일치는 다음과 같이 처리된다. 검사하는 현재 글자가 T[i] = c라고 하고, 연관된 유형의 글자가 P[j]라고 하자. c가 P 안에 어느 곳에서도 없다면, 유형 P를 T[i]를 완전히 벗어날 때까지 이동시킨다. 그렇지 않다면 P를 P 안의 c가 T[i]와 일치할 때까지 이동시킨다. 이 기법으로 유형을 문자열에 상대적으로 이동시킬 때 발생하는 많은 무의미한 비교를 피할 수 있다.

최종 함수는 O(m + |Σ|) 시간이 걸리고 실제 검색은 O(nm) 시간이 걸린다. 그러므로 보이어-무어 알고리즘의 최악의 경우 수행 시간은 O(nm + |Σ|)이다. 이것은 최악의 경우 수행 시간이 n == m일 때 브루트-포스 알고리즘과 같은 2차 함수적임을 나타낸다.

- 보이어-무어 알고리즘은 (유형의 길이에 대해 상대적으로) 큰 입력 알파벳 집합에 대해 매우 빠르다.
- 작은 알파벳 집합에 대해서는 보이어-무어 알고리즘이 적합하지 않다.
- 이진 문자열에 대해서는 KMP 알고리즘이 추천된다.
- 매우 짧은 유형에 대해서는 브루트-포스 알고리즘이 더 나을 수도 있다.

15.8 문자열 저장을 위한 데이터 구조

문자열의 집합(예를 들어 사전의 모든 단어)이 있고 이 집합에서 찾으려는 단어가 있을 때, 이 검색 연산을 빠르게 수행하기 위해서는, 문자열을 저장하는 효율적인 방법이 필요하다. 문자열 집합을 저장하기 위해 다음 데이터 구조 중 하나를 사용할 수 있다.

- 해시 테이블
- 이진 검색 트리
- 트라이
- 삼진 검색 트리

15.9 문자열을 위한 해시 테이블

14장에서 보았듯이, 정수나 문자열을 저장하기 위해 해시 테이블을 사용할 수 있는데, 이 경우 키가 바로 문자열이 된다. 해시 테이블 구현의 문제점은 순서 정보를 잃는다는 것이다. 왜냐하면 해시 함수를 적용한 뒤에 어디로 맵(map)이 될지 모르기 때문이다. 그 결과로 어떤 질의는 시간이 더 오래 걸린다. 예를 들어 글자 "K"로 시작하는 모든 단어를 찾는다면 해시 테이블 구현에서는 전체 해시 테이블을 모두 스캔해야 한다. 그 이유는 해시 함수가 전체 키에 대하여 해시를 수행한 각 단어의 위치를 우리가 모르기 때문이다.

15.10 문자열을 위한 이진 검색 트리

이 표현에서는 각 노드가 문자열을 알파벳 순서로 정렬하기 위해 사용된다. 문자열에는 자연스러운 순서가 있기 때문이다. **A**는 **B**보다 앞에 오고, **B**는 **C**보다 앞에 오는 등. 단어들이 정렬될 수 있고 이진 검색 트리, 즉 BST를 사용하여 단어들을 저장하거나 가져올 수 있다. 예를 들어 다음의 문자열을 BST를 사용하여 저장하려 한다고 하자.

this is a career monk string

주어진 문자열을 BST에 표현하는 여러 방법이 있고, 그 한 가지 예가 다음과 같은 트리이다.

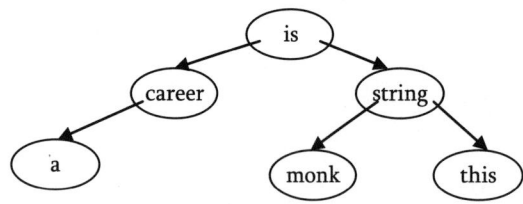

이진 검색 트리 표현의 문제점
이 기법은 저장 효율성 측면에서 훌륭하다. 하지만 이 표현의 단점은 각 노드에 대해 검색 연산이 주어진 키와 노드가 완전히 일치하는지 검사를 수행하므로 그 결과 검색 연산의 시간 복잡도가 증가한다. 그러므로 문자열의 BST 표현은 저장 공간을 위해서는 좋지만 시간의 측면에서는 좋지 않다고 말할 수 있다.

15.11 트라이

이제 검색 연산의 시간 복잡도를 감소시킬 수 있는 다른 표현 방법을 살펴보자.

트라이(Trie)라는 이름은 re"trie"ve에서 유래했다.

트라이란 무엇인가?

트라이는 각 노드에 알파벳 글자 수만큼의 포인터가 있는 트리이다. 예를 들어 모든 문자열이 영어 알파벳 글자 "a"에서 "z"까지로 이루어졌다면 트라이의 각 노드는 26개의 포인터를 가진다.

우리가 "**a**", "**all**", "**als**", "**as**"를 저장하기 원한다고 하자. 이 문자열들에 대한 트라이는 다음과 같다.

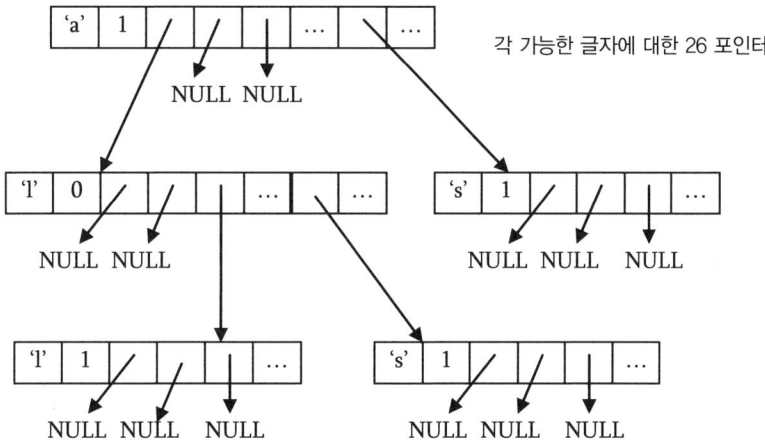

왜 트라이를 사용하는가?

트라이는 문자열의 삽입과 검색에 O(**L**) 시간이 걸린다(여기서 **L**은 한 단어의 길이). 이는 해시 테이블이나 이진 검색 트리 표현보다 훨씬 빠르다.

트라이 노드 선언

기본 요소 - 하나의 트라이 데이터 구조인 TrieNode는 다음과 같다.

```
public class TrieNode {
    char data;
    boolean is_End_Of_String;
    Collection<TrieNode> child;
}
```

TRIE ADT의 구조체에는 data(char), is_End_Of_String(boolean) 그리고 자식 노드의 집합(TrieNode들의 집합)이 있고, subNode(char)라고 불리는 메소드가 하나 더 있다. 이 메소드는 글자를 인자로 받아서 그 글자의 자식 노드가 존재한다면 리턴한다.

```java
public class TrieNode {
    char data;
    boolean is_End_Of_String;
    Collection<TrieNode> child;
    public TrieNode(char c){
        child = new LinkedList<TrieNode>();
        is_End_Of_String = false;
        data = c;
    }
    public TrieNode subNode(char c){
        if(child!=null){
            for(TrieNode eachChild:child){
                if(eachChild.data == c)
                    return eachChild;
            }
        }
        return null;
    }
}
```

트라이의 선언

Node를 정의했고, 이제 트라이의 다른 연산을 살펴보자. 다행히 트라이 데이터 구조는 두 개의 주 메소드 insert()와 search()가 있어서 구현이 간단하다. 이 두 메소드의 기본적인 구현을 살펴보자.

```java
public class Trie{
    private TrieNode root;
        public Trie(){
    root = new TrieNode(' ');
    }
    public void InsertInTrie(String s){
        // 다음 섹션 참조
    }
    public boolean SearchInTrie(String s){
        // 다음 섹션 참조
    }
}
```

트라이에 문자열 삽입하기

문자열을 삽입하기 위해서는, 뿌리 노드에서 시작해서 연관된 경로를 따르기만 하면 된다(뿌리로부터의 경로는 주어진 문자열의 접두어를 가리킨다). NULL 포인터에 닿으면 주어진 문자열의 나머지 글자들에 대해 경사진 꼬리 노드들을 생성하는 것이다. 어떤 삽입이라도 다음 알고리즘에 의해 이상적으로 수행된다.

1) 삽입된 문자열의 길이가 0이라면, 뿌리 노드의 포인터를 true로 설정한다.
2) 만약 0보다 길이가 크다면, 각 글자에 3)과 4)를 반복한다.
3) 만약 글자가 자식 노드에 존재한다면, 자식 노드에 현재 노드 포인터를 설정한다.
4) 만약 글자가 자식 노드에 존재하지 않는다면, 새로운 노드를 삽입하고, 삽입된 새로운 노드에 현재 노드를 설정한다.
5) 마지막 글자에 닿을 때 true로 설정한다.

시간 복잡도: $O(L)$, L은 삽입할 문자열의 길이

> **참고**
> 실제 사전을 구현하려면 다음과 같은 몇 가지를 더 검사해야 한다. 주어진 문자열이 이미 사전 안에 있는지 여부 등인데, 여기서는 이를 생략했다.

트라이에서 문자열 검색하기

검색 연산의 경우도 마찬가지이다. 뿌리에서 시작해서 포인터를 따라가면 된다. 검색 연산의 시간 복잡도는 우리가 검색하려고 하는 문자열의 길이와 같다. 검색 알고리즘은 다음 내용을 담고 있다.

1) 문자열에서 각 글자가 해당 자식 노드에 들어 있는지 살펴본다.
2) 그런 글자가 없다면, false를 반환한다.
3) 그런 글자가 있다면, 1)을 반복한다.
4) 문자열의 끝에 닿을 때까지 위 내용을 반복한다.
5) 문자열의 끝에 도달했고, 현재 노드를 true로 설정했을 때 true를 반환하고, 아닐 때는 false를 반환한다.

시간 복잡도: O(L), L은 검색할 문자열의 길이

트라이 표현의 문제점들

트라이의 주 단점은, 많은 메모리를 필요로 한다는 것이다. 위에서 보았듯이, 각 노드에는 너무 많은 노트 포인터가 있지만, 많은 경우 각 노드의 점유율은 매우 낮다. 트라이 데이터 구조에 대한 최종 결론은, **빠르지만 문자열을 저장하는 데 많은 메모리를 차지한다는 것이다.**

> 참고
>
> 트라이 압축 기법이라는 개선된 트라이 표현법이 있다. 하지만 이 기법으로도 잎 노드의 메모리만 감소시킬 수 있고, 중간 노드의 메모리는 감소시킬 수 없다.

15.12 삼진 검색 트리

이 표현법은 존 벤틀리(Jon Bentley)와 세지윅(Sedgewick)에 의해 처음 제시되었다. 삼진 검색 트리는 이진 검색트리와 트라이의 장점을 취한다. 즉 BST의 메모리 효율성과 트라이의 시간 효율성을 결합한다.

삼진 검색 트리 선언

```
public class TSTNode {
    char data;
    boolean is_End_Of_String;
    TSTNode left;
    TSTNode eq;
    TSTNode right;
}
```

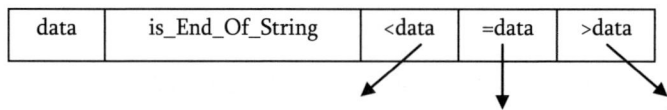

삼진 검색 트리(Ternary Search Tree, TST)는 3개의 포인터를 사용한다.

- left 포인터는 data보다 알파벳적으로 작은 모든 문자열을 가지고 있는 TST를 가리킨다.
- right 포인터는 data보다 알파벳적으로 큰 모든 문자열을 가지고 있는 TST를 가리킨다.
- eq 포인터는 data와 알파벳적으로 같은 모든 문자열을 가지고 있는 TST를 가리킨다. 즉 어떤 문자열을 검색할 때, 입력 문자열의 현재 글자와 TST의 현재 노드의 data가 같다면 입력 문자열의 다음 글자로 진행해서 그것을 eq가 가리키는 부속 트리에서 검색해야 한다.

삼진 검색 트리에 문자열 삽입하기

다음 단어들을 삼진 검색 트리, 즉 TST에 삽입한다고 하자. 제시된 단어는 boats, boat, bat, bats인데, 처음에는 문자열 boats을 삽입한다.

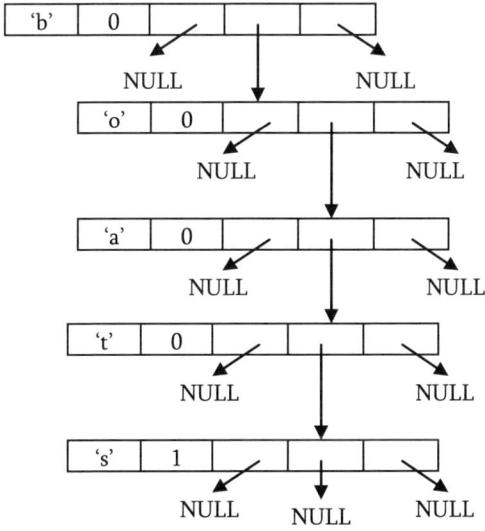

이제 문자열 boat를 입력하면 TST는 다음과 같이 변하는데, 단 한 가지 변화는 't' 노드의 is_End_Of_String 플래그를 1로 만드는 것이다.

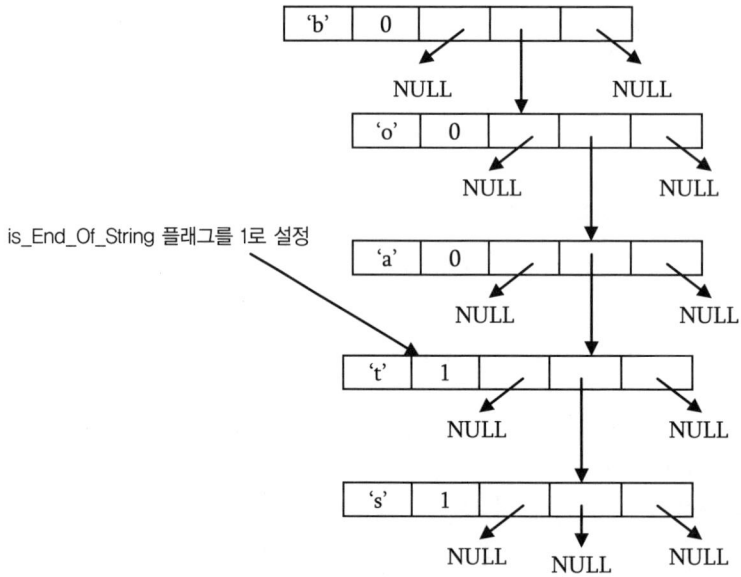

is_End_Of_String 플래그를 1로 설정

이제 다음 문자열을 삽입해보자. bat

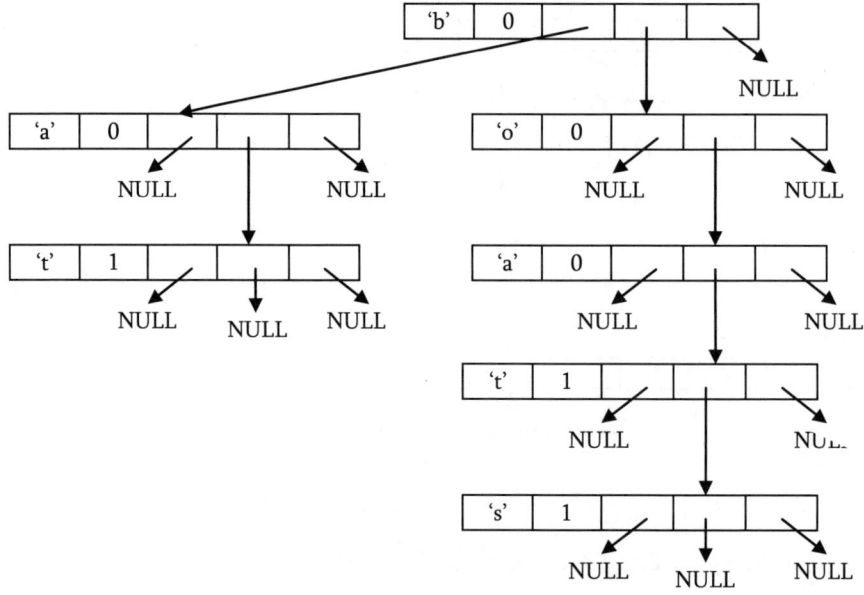

이제 마지막 문자열을 삽입해보자. bats

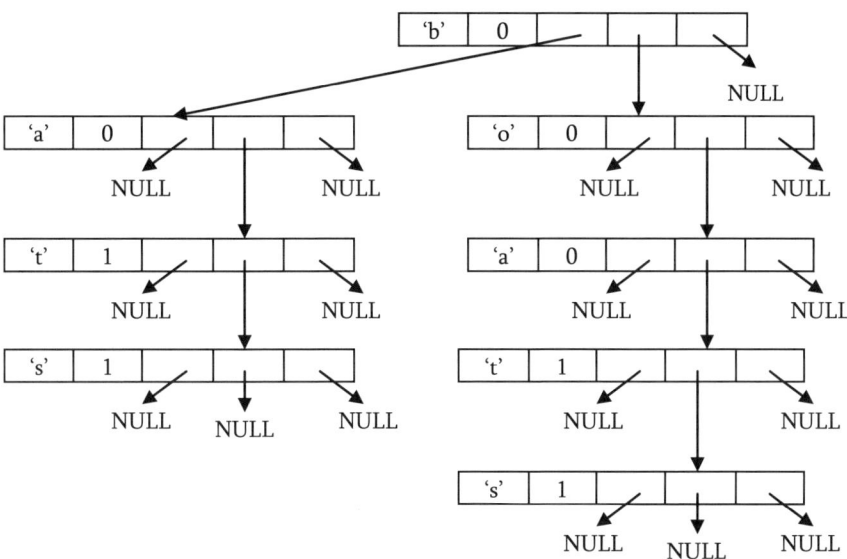

이 예들에 기초해 다음과 같이 삽입 알고리즘을 작성할 수 있다. BST의 삽입 연산과 트라이를 결합한 코드이다.

```
// 위치의 초기 값은 0이다
public TSTNode InsertInTST(TSTNode root, String word, int position) {
    if(root == null) {
        if(word.length() <= position) return root;
            root = new TSTNode();
            root.setData(word.charAt(position));
            root.setLeft(null);
            root.setEq(null);
            root.setRight(null);
            if(position == word.length()-1){
                root.setMarker(true);
                return root;
            }else return root.setEq(root, word, position+1);
    }
    if(word.charAt(position) < root.getData())
        root.setLeft(InsertInTST(root.getLeft(), word,
            position));
    else if(word.charAt(position) == root.getData()) {
        if(word.length <= position)
            root.setEq(InsertInTST (root.getEq(), word, position
                + 1));
        else root.setMarker(true);
    }
    else root.setRight(InsertInTST(root.getRight(), word, position));
    return root;
}
```

시간 복잡도: O(L), L은 삽입될 문자열의 길이

삼진 검색 트리에서의 검색

단어들을 삽입한 뒤에 그 단어들을 검색하려면 이전 검색과 같은 규칙을 따르기만 하면 된다. 한 가지 차이점은 매칭했을 경우에 바로 리턴하는 것이 아니라 (부속 트리에) 나머지 글자가 있는지를 확인해야 한다는 것이다. 여기서도 이진 검색 트리와 같이 검색 기법의 재귀적, 비재귀적 코드를 둘 다 살펴볼 것이다.

```
boolean SearchInTSTRecursive(TSTNode root, String word, int position){
    if(!root)
        return false;
    if(word.charAt(position) < root.getData())
        return SearchInTSTRecursive(root.getLeft(), word, position);
    else if(word.charAt(position) > root.getData())
            return SearchInTSTRecursive(root.getRight(), word,
                position);
    else { if(root.getMarker() && word.length == position)
            return true;
        return SearchInTSTRecursive(root.getEq(), word, position + 1);
    }
}
boolean SearchInTSTNon-Recursive(TSTNode root, String word, int
    position) {
    while(root) {
        if(word.charAt(position) < root.getData())
            root = root.getLeft();
        else if(word.charAt(position) == root.getData()) {
            if(root.getMarker() && word.length == position)
                return true;
            position ++;
            root = root.getEq();
        }
        else root = root.getRight();
    }
    return false;
}
```

시간 복잡도: O(L), L은 검색할 문자열의 길이

삼진 검색 트리의 모든 단어 출력하기

삼진 검색 트리의 모든 문자열을 출력하기 원한다면 다음의 알고리즘을 사용할 수 있다. 정렬된 순서로 출력하려면 삼진 검색 트리의 중위 탐색을 따르기만 하면 된다.

```
int i = 0;
void DisplayAllWords(TSTNode root) {
    if(!root) return;
    DisplayAllWords(root.getLeft());
    word.setCharAt(i, root.getData());
    if(root.getMarker()) {
        System.out.println(word);
    }
    i++;
    DisplayAllWords(root.getEq());
    i--;
    DisplayAllWords(root.getRight());
}
```

삼진 검색 트리에서 제일 긴 단어의 길이 찾기

삼진 검색 트리의 길이 찾기는 이진 검색 트리의 경우와 매우 유사하며 다음과 같은 코드를 이용한다..

```
int MaxLengthOfLargestWordInTST(TSTNode root) {
    if(!root) return 0;
        return Math.max(MaxLengthWordInTST(root.getLeft()),MaxLeng
            thWordInTST(root.getEq())+1,
            MaxLengthWordInTST(root.getRight())));
}
```

BST와 트라이, TST 비교하기

- 해시 테이블과 BST 구현은 전체 문자열을 각 노드에 저장한다. 그 결과 검색에 더 많은 시간이 걸린다. 하지만 메모리 사용이 효율적이다.
- TST는 동적으로 커지고 작아질 수가 있다. 하지만 해시 테이블은 적재율에 따라서만 크기가 조절된다.
- TST는 부분 검색을 허용하고 BST와 해시 테이블은 허용하지 않는다.
- TST는 단어들을 정렬된 순서로 출력할 수 있지만 해시 테이블에서는 정렬된 순서로 얻을 수 없다.
- 트라이는 검색 연산을 매우 빠르게 수행하지만 문자열을 저장하는 데 매우 큰 메모리 공간을 필요로 한다.
- TST는 BST와 트라이의 장점을 결합한다. 즉 BST의 메모리 효율성과 트라이의 시간 효율성을 결합한다.

15.13 접미어 트리

접미어 트리(Suffix Tree)는 중요한 문자열 데이터 구조 중 하나이다. 접미어 트리를 사용하면 질의에 매우 빨리 응답할 수 있다. 접미어 트리를 생성할 때는 전처리 시간이 필요하다. 접두어 처리의 생성이 좀 복잡하긴 하지만 많은 문자열 관련 문제들을 선형 시간에 풀 수 있다.

> **참고**
> 접미어 트리는 하나의 문자열에 대해 하나의 트리(접미어 트리)를 사용한다. 반면 해시 테이블, BST, 타이어, TST들은 여러 개의 문자열을 하나의 트리에 저장한다.

그럼 접미어 트리에서 사용되는 용어들을 살펴보자.

접두어와 접미어

주어진 문자열 $T = T_1 T_2 \ldots T_n$에서 T의 접두어는 1에서 **n**까지의 값인 **i**에 대해 문자열 $T_1 \ldots T_i$이다. 예를 들어 T = **banana**라면, T의 접두어는 **b, ba, ban, bana, banan, banana**이다.

이와 비슷하게 주어진 문자열 $T = T_1 T_2 \ldots T_n$에서 T의 접미어는 **n**에서 1까지의 값인 **i**에 대해 문자열 $T_i \ldots T_n$이다. 예를 들어 T = **banana**라면, T의 접미어는 **a, na, ana, nana, anana, banana**이다.

관찰

앞의 예에서 주어진 문자열 **T**와 유형 **P**에 대해 정확한 문자열 매칭 문제는 다음과 같이 정의될 수 있다.

- P가 그 접미어의 접두어가 되는 T의 접미어 찾기 또는
- P가 그 접두어의 접미어가 되는 T의 접두어 찾기

예: 찾아야 할 문자열 T = accbkkbac이고, 유형 P = kkb라고 하자. 이 예에서 P는 접미어 kkbac의 접두어이며 접두어 accbkkb의 접미어이다.

접미어 트리란 무엇인가?

간단한 용어로, 문자열 T의 접미어 트리는 T의 접미어들을 표현하는 트라이와 비슷한 데이터 구조이다. 접미어 트리의 정의는 다음과 같이 주어질 수 있다. n개의 글자를 가진 문자열 $T[1 \ldots n]$의 접미어 트리는 다음의 성질을 가진 뿌리가 있는 트리이다.

- 접미어 트리는 1에서 n까지의 번호가 붙은 n개의 잎을 갖는다.
- 각 내부 노드(뿌리를 제외한)는 최소 두 개의 자식 노드를 갖는다.
- 트리의 각 간선은 T의 (빈 문자열이 아닌) 부속 문자열로 이름지어진다.
- 한 노드의 같은 글자로 시작되는 두 간선(자식 간선)은 없다.
- 뿌리로부터 잎까지의 경로가 T의 모든 접미어를 표현한다.

접미어 트리 만들기

알고리즘

1. S가 T의 모든 접미어들의 집합이라고 하자. $를 각 접미어 뒤에 붙인다.
2. S의 접미어들을 첫 번째 글자에 의해 정렬한다.
3. 각 그룹 $S_c (c \in \Sigma)$에 대해
   (i) S_c 그룹이 하나의 항목만을 가진다면 잎 노드를 만든다.
   (ii) 그렇지 않으면, S_c 그룹의 접미어들이 공유하는 가장 긴 접두어를 찾아 내부 노드를 만들고, 제일 긴 공유 접두어를 잘라낸 뒤 S_c의 나머지 접미어들의 집합을 S라고 지정한 후 재귀적으로 2단계를 반복한다.

더 잘 이해하기 위해 예제를 살펴보자. 주어진 문자열 **T** = tatat라고 하고, 이 문자열의 각 접미어에 번호를 붙인다.

번호	접미어
1	$
2	$t$$
3	$at$$
4	$tat$$
5	$atat$$
6	$tatat$$

이제 접미어들을 첫 번째 글자에 의해 정렬한다.

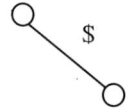

번호	접미어
1	$
3	at$
5	atat$
2	t$
4	tat$
6	tatat$

- $에 의해 묶인 그룹 S_1
- a에 의해 묶인 그룹 S_2
- t에 의해 묶인 그룹 S_3

이 세 그룹 중에 첫 번째 그룹은 하나의 항목만을 갖는다. 그러므로 알고리즘에 의해서 아래 그림과 같이 잎 노드를 만든다.

이제 S_2와 S_3에 대해 (하나 이상의 항목을 가지므로) 그룹 내의 가장 긴 접두어를 찾는다. 그 결과는 다음과 같다.

그룹	이 그룹의 인덱스들	그룹 접미어들의 최장 접두어
S_2	3,5	at
S_3	2,4,6	t

S_2와 S_3에 대해 내부 노드를 만들고 간선엔 각 그룹의 최장 접두어를 둔다.

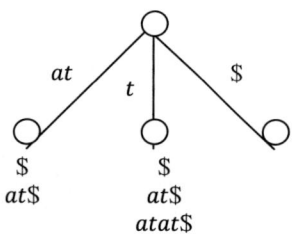

이제 해야 할 일은, S_2와 S_3 그룹 항목으로부터 최장 공통 접두어를 삭제하는 것이다.

그룹	이 그룹의 인덱스들	그룹 접미어들의 최장 접두어	결과 접미어
S_2	3,5	at	$, at$
S_3	2,4,6	t	$, at$, atat$

다음 단계는 S_2와 S_3를 재귀적으로 푸는 것이다. 먼저 S_2를 푼다. 이 그룹을 첫 번째 글자로 정렬하면 첫 번째 그룹은 하나의 항목 $만을 가지고 두 번째 그룹 역시 하나의 항목 at$만을 갖는다. 두 그룹 모두 하나의 항목만을 가지므로 직접 잎 노드를 만들 수 있다.

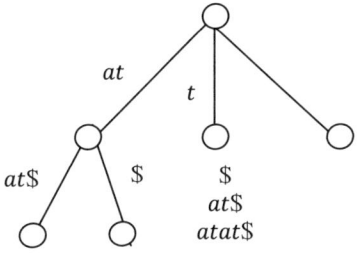

이 단계에서 S_1과 S_2 항목은 사라지고 남아 있는 그룹은 S_3이다. 이전 단계들과 유사하게 S_3 그룹에서 첫 번째 글자로 정렬하면, 첫 번째 그룹에 $만 있다는 것을 볼 수 있다. S_3에 대해 최장 공유 접두어를 삭제하고 남은 항목은 다음과 같다.

그룹	이 그룹의 인덱스들	그룹 접미어들의 최장 접두어	결과 접미어
S_3	4,6	at	$, at$

S_3의 두 번째 그룹에는 두 항목 $과 **at**$이 있다. 첫 번째 항목 $에 대해 쉽게 잎 노드를 추가할 수 있다. 다음 그림과 같이 S_3 부속 트리를 추가하자.

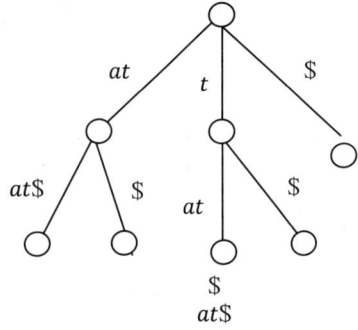

이제 S_3는 두 개의 항목을 갖는다. 첫 번째 글자로 정렬하면 $와 at$의 두 항목을 얻는다. 이들에 대해 쉽게 잎 노드를 직접 추가할 수 있다. 다음 그림과 같이 S_3 부속 트리를 추가하자.

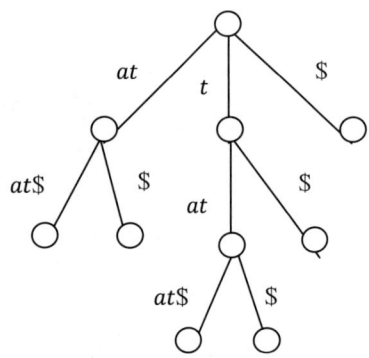

더 이상의 항목이 없으므로 이것이 문자열 **T** = tatat에 대한 접미어 트리의 완성이다. 앞의 알고리즘을 사용한 접미어 트리 생성의 시간 복잡도는 **n**이 입력 문자열의 길이일 때 $O(n^2)$이다. 왜냐하면 **n**개의 서로 다른 접미어가 있기 때문이다. 가장 긴 접미어의 길이는 **n**이고, 두 번째로 긴 접미어의 길이는 **n** - 1, 이런 식이다.

> **참고**
> - 접미어 트리를 만드는 $O(n)$ 알고리즘도 있다.
> - 이 복잡도를 개선하기 위해 문자열이 아니라 인덱스를 사용할 수 있다.

접미어 트리의 적용 사례

하단에 제시된 문제들 모두(이것들만 아니라 다른 문제들도 역시) 접미어 트리를 사용해서 매우 효율적으로 해결할 수 있다(알고리즘은 연습문제를 참고하자).

- 정확한 문자열 매칭: 주어진 문자열 T와 유형 P에 대해 P가 T 안에 나타나는지 여부 검사
- 최장 반복 부속 문자열: 주어진 문자열 T에 대해 제일 길면서 반복되는 T의 부속 문자열을 어떻게 찾는가?
- 최장 회문: 주어진 문자열 T에 대해 최장 회문인 부속 문자열 찾기
- 최장 공통 부속 문자열: 주어진 두 문자열에 대해 어떻게 가장 긴 공통 부속 문자열을 찾는가?
- 최장 공통 접두어: 두 문자열 $X[i \ldots n]$과 $Y[j \ldots m]$이 주어졌을 때 어떻게 최장 공통 접두어를 찾는가?
- 주어진 문자열 T에 대해 정규 표현식을 어떻게 찾는가?
- 문자열 T와 유형 P가 주어졌을 때, T 안에 P가 처음으로 나타나는 것을 어떻게 찾는가?

15.14 문자열 연습문제

문제-1 주어진 단어들의 문단에서 제일 많이 나타나는 단어를 찾는 알고리즘을 알아보자. 문단을 아래로 스크롤한다(어떤 단어들은 사라지고 어떤 단어들은 남아 있으며 새로운 단어들이 나타난다). 이제 다시 제일 많이 나타나는 단어를 알아보자. 즉 동적이어야만 한다.

해답: 이 문제에서는 우선순위 큐와 트라이의 결합을 사용할 수 있다. 트라이를 하나 만들어 단어가 들어올 때 트라이를 단어에 삽입하고 트라이의 각 잎 노드에는 그 단어뿐 아니라 같이 만들어져 있는 힙(우선순위 큐)의 노드를 가리키는 포인터를 갖게 한다. 이 힙의 노드들은 빈도를 가리키는 카운터와 트라이의 잎노드를 가리키는 포인터로 이루

어져 한 단어가 두 번 저장될 필요가 없게 한다. 새로운 단어가 들어올 때마다 트라이에서 그 단어를 찾아서 이미 있다면 그 단어에 해당하는 힙의 노드의 빈도 카운터를 증가시키고 heapify를 호출하여 어느 시점에서도 제일 많이 나타나는 단어를 알 수 있게 한다. 스크롤할 때 단어가 범위를 빠져나가면, 힙의 카운터를 감소시킨다. 만약 새 빈도 수가 0보다 크다면 수정사항을 적용하기 위해 힙을 힙으로 만든다. 새 빈도 수가 0이면, 그 노드를 힙으로부터 삭제하고 트라이로부터도 삭제한다.

문제-2 주어진 두 문자열의 최장 공통 부속 문자열을 어떻게 찾는가?

해답: 주어진 두 문자열이 T_1과 T_2라고 하자. 두 문자열 T_1과 T_2의 최장 공통 부속 문자열은 T_1과 T_2에 대해 일반화된 접미어 트리를 만들어서 찾을 수 있다. 즉 두 문자열 모두를 위해 하나의 접미어 트리를 만들어야 한다. 각 노드는 T_1의 접미어나 T_2의 접미어 혹은 둘 다의 접미어임을 알 수 있도록 표기된다. 그러려면 두 문자열에서 다른 표기 기호를 사용해야 할 필요가 있다(예를 들어 $를 첫 번째 문자열을 위해, #을 두 번째 문자열을 위해). 공통 접미어 트리를 만든 뒤에 T_1과 T_2 모두에 대해 표기된 가장 깊은 노드가 최장 공통 부속 문자열을 나타낸다.

이 문제를 푸는 다른 방법: 문자열 $T_1\$T_2\#$에 대해 접미어 트리를 만들 수 있다. 이것은 두 문자열에 대해 공통 접미어 트리를 만드는 것과 동일하다.

문제-3 최장 회문: 주어진 문자열 T에 대해 가장 긴 회문인 T의 부속 문자열을 구하자.

해답: $T[1 \ldots n]$의 최장 회문은 $O(n)$ 시간에 구할 수 있다. 알고리즘은 T$reverse(T)#에 대해 접미어 트리를 만들거나 T와 reverse(T)의 일반화된 접미어 트리를 만든다. 접미어 트리를 만든 뒤에, $과 # 모두로 표기된 가장 깊은 노드를 찾는데, 이는 최장 공통 부속 문자열을 찾는 것과 같다.

문제-4 사전에서 문자열(단어)을 찾아 내는 알고리즘을 알아보자.

해답: 사전에 단어를 저장하기 위해 트라이를 사용한다고 가정하자. 트라이에서 원하는 단어를 찾으려면 다음과 같은 간단한 접근 방법을 따르면 된다. 가장 오른쪽 글자에서 시작해서, 글자를 하나씩 증가시킨다. Z에 다다르면 하나 왼쪽 글자로 이동한다. 증가할 때마다, 증가된 글자를 가진 단어가 사전에 있는지 여부를 검사한다. 만약 있다면 그 단어를 리턴하고 그렇지 않다면 다시 증가시킨다. 삼진 검색 트리를 사용한다면 현재 단어의 중위 계승자 노드로 찾을 수 있다.

문제-5 문자열을 뒤집는 알고리즘을 알아보자.

해답:

```java
// str이 편집 가능하다면
class ReverseString {
    public String ReversingString(String str) {
        char temp, start = 0, end = str.length();
        for(start = 0; start < end; start++, end--) {
            temp = str.charAt(start);
            str.setCharAt(start, str.charAt(end));
            str.setCharAt(end, temp);
        }
        return str;
    }
}
```

시간 복잡도: n이 주어진 문자열의 길이일 때 O(n)

공간 복잡도: O(n)

문제-6 문자열이 편집 가능하지 않다면, 주어진 문자열의 뒤집혀진 문자열을 어떻게 만드는가?

해답: 문자열이 편집 가능하지 않다면, 배열을 만들어서 그 배열에 대한 포인터를 리턴해야 한다.

```java
// str이 고정이라면(편집 가능하지 않다면)
class ReverseString {
    public static String reverseIt(String str) {
        int i, len = str.length();
        StringBuffer dest = new StringBuffer(len);
```

```
        for(i = (len - 1); i >= 0; i--)
            dest.append(str.charAt(i));
        return dest.toString();
    }
}
```

시간 복잡도: n이 주어진 문자열의 길이일 때 $O(\frac{n}{2}) \approx O(n)$

공간 복잡도: $O(n)$

문제-7 어떤 임시 변수도 사용하지 않고 문자열을 뒤집을 수 있는가?

해답: 그렇다. XOR 로직을 사용해서 변수의 값을 교환할 수 있다.

```
String ReversingString(String str) {
    int end= str.length()-1;
    int start = 0;
    while(start<end) {
        str.setCharAt(start, str.charAt(start)^ str.
            charAt(end));
        str.setCharAt(end, str.charAt(end) ^ str.
            charAt(start));
        str.setCharAt(start, str.charAt(start) ^ str.
            charAt(end));
        ++start;
        --end;
    }
    return str;
}
```

시간 복잡도: n이 주어진 문자열의 길이일 때 $O(\frac{n}{2}) \approx O(n)$

공간 복잡도: $O(n)$

문제-8 문장의 단어를 뒤집는 알고리즘을 알아보자.

예: 입력 "This is a Career Monk String", 출력 "String Monk Career is This"

해답: 가장 처음부터 시작해서 단어를 계속 뒤집는다. 다음 구현은 주어진 문장에서 " "이 구분자라고 가정한다.

```
public class ReverseSentence {
    public static void ReversingSentence(String Line) {
        //" "으로 구분 기호를 지정한다
```

```
            StringTokenizer st = new StringTokenizer(strLine, "
                ");
            String strReversedLine = "";
            while(st.hasMoreTokens()) {
                strReversedLine = st.nextToken() + " " +
                    strReversedLine;
            }
            System.out.println("Reversed string by word is : " +
                strReversedLine);
        }
    }
```

시간 복잡도: n이 문자열의 길이일 때 $O(2n) \approx O(n)$

공간 복잡도: $O(1)$

문제-9 문자열의 순열(철자 바꾸기): 문자열의 글자들의 모든 가능한 순열을 출력하는 알고리즘을 구하자. 조합(combination)과 달리, 같은 글자를 갖고 있더라도 순서가 다르면 다른 순열로 간주된다. 여기서는 반복되는 글자를 각각 다른 글자로 간주한다. 즉 입력이 "aaa"라면 출력은 "aaa"가 6번 반복되는 것이다. 순열은 순서에 상관없이 출력될 수 있다.

해답: n이 입력 문자열의 길이일 때, 각 길이 n에 대해 n! 문자열을 만드는 것이다.

```java
public class Permutations {
    public static void permutationsInOrder(String s) {
        permutationsInOrder("", s);
    }
    private static void permutationsInOrder(String prefix,
        String s) {
        int len = s.length();
        if(len == 0)
            System.out.println(prefix);
        else { for(int i = 0; i < len; i++)
            permutationsInOrder(prefix + s.charAt(i),
                s.substring(0, i) + s.substring(i+1, len));
        }
    }
    public static void permutationsNotInOrder(String s) {
        int len = s.length();
        char[] a = new char[len];
        for(int i = 0; i < len; i++)
            a[i] = s.charAt(i);
        permutationsNotInOrder(a, len);
```

```
        }
        private static void permutationsNotInOrder(char[] a, int
            n) {
            if(n == 1) {
                System.out.println(a);
                return;
            }
            for(int i = 0; i < n; i++) {
                swap(a, i, n-1);
                permutationsNotInOrder(a, n-1);
                swap(a, i, n-1);
            }
        }
        // i와 j가 가리키는 문자를 바꾼다
        private static void swap(char[] a, int i, int j) {
            char c;
            c = a[i]; a[i] = a[j]; a[j] = c;
        }
    }
```

문제-10 문자열의 조합: 순열과 달리 순서가 다르더라도 같은 글자들을 포함하는 두 조합은 같은 것으로 간주된다. 문자열의 글자들의 모든 가능한 조합을 출력하는 알고리즘을 알아보자. 예를 들어 "ac"와 "ab"는 입력 문자열 "abc"의 서로 다른 조합이다. 하지만 "ab"는 "ba"와 같다.

해답: n이 주어진 입력 문자열의 길이일 때, 1에서 n까지의 각 길이에 대해 $n!/r!(n - r)!$를 생성하는 것이다.

알고리즘: 각각의 주어진 글자에 대해

a. 현재 글자를 출력 문자열에 넣고 출력한다.

b. 남아 있는 글자가 있으면, 남아 있는 글자들로 조합을 생성한다.

```
public class Combinations {
    // str에 있는 문자의 모든 하위 집합을 출력
    public static void CombinationsOne(String str) {
        CombinationsOne("", str);
    }
    // 주어진 접두어와 함께 남아 있는 원소의 모든 하위 집합을 출력
    private static void CombinationsOne(String prefix, String
        str) {
        if(str.length() > 0) {
            System.out.println(prefix + str.charAt(0));
            CombinationsOne(prefix + str.charAt(0), str.
                substring(1));
            CombinationsOne(prefix, str.substring(1));
        }
```

```
    }
    // 새로운 구현
    public static void CombinationsTwo(String str) {
        comb2("", s);
    }
    private static void CombinationsTwo(String prefix, String
        str) {
        System.out.println(prefix);
        for(int i = 0; i < str.length(); i++)
            CombinationsTwo(prefix + str.charAt(i), str.
                substring(i + 1));
    }
}
```

문제-11 주어진 문자열 "ABCCBCBA"에서 인접한 글자들이 같다면 재귀적으로 삭제하는 알고리즘을 알아보자. 예를 들어 ABCCBCBA → ABBCBA → ACBA 같은 것이다.

해답: 글자 쌍이 있는지 검사해서 있으면 삭제하고, 다음 글자와 이전 글자를 검사한다. 배열의 시작이나 끝에 도착하거나 쌍을 찾지 못할 때까지 계속 글자를 삭제한다.

```
void RremoveAdjacentPairs(char[] str, int len) {
    int j = 0;
    for(int i=1; i <= len; i++) {
        while((str[i] == str[j]) && (j >= 0)){ // 쌍을 삭제한다.
            i++;
            j--;
        }
        str[++j] = str[i];
    }
    return;
}
```

문제-12 주어진 문자열의 집합 CHARS와 입력 문자열 INPUT에 대해, CHARS의 모든 글자들을 포함하는 문자열 안의 최소의 창을 O(n) 복잡도로 찾아라. 예를 들어 INPUT = ABBACBBA이고, CHARS = AAB이면 최소 창은 BAA이다.

해답: 이 알고리즘은 움직이는 창의 접근 방법에 기초한다. 이 접근 방법에서는 배열의 처음부터 시작해서 오른쪽으로 움직인다. 모든 필요한 항목을 포함하는 창이 만들어지자마자 모든 항목을 포함하면서 창을

최대한 오른쪽으로 움직이도록 시도한다. 현재 창의 길이가 이제까지 발견된 최소 길이보다 작으면 최소 길이를 업데이트한다. 예를 들어 입력 배열이 ABBACBBA이고, 최소 창이 AAB를 반드시 포함해야 한다면 창의 상태는 다음 그림과 같을 것이다.

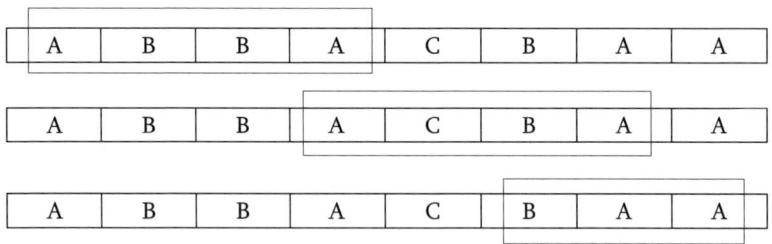

알고리즘: input은 주어진 문자열 배열이고, chars는 발견되어야 하는 글자들의 배열이다.

1. 길이가 256인 정수 배열 shouldfind[]를 만든다. 이 배열의 **i**번째 항목은 ASCII 값이 **i**인 항목을 몇 번이나 찾아야 하는지를 저장한다.
2. 256개의 항목을 가진 다른 배열 hasfound를 만든다. 여기에는 이제까지 발견된 필요 항목의 개수가 저장될 것이다.
3. Count에 0을 대입한다.
4. input[i]가 있는 동안

    a. input[i] 항목이 발견될 필요가 없으면, 계속 진행한다.

    b. input[i] 항목이 필요하면, count를 1 증가시킨다.

    c. count가 chars[] 배열의 길이가 되면, 창을 가능한한 오른쪽으로 움직인다.

    d. 현재 창 길이가 이제까지 발견된 최소 길이보다 작으면 최소 길이를 업데이트한다.

```
#define MAX 256
void MinLengthWindow(char[] input, int iplen, char[] chars,
    int charlen) {
    int shouldfind[MAX] = {0,}, hasfound[MAX] = {0,};
    int j=0, cnt = 0, start, finish, minwindow = INT_MAX;
    for(int i=0; i< charlen; i++)
        shouldfind[chars[i]] += 1;
```

```
        start = 0;
        finish = iplen;
        for(int i=0; i< iplen; i++) {
            if(!shouldfind[input[i]])
                continue;
            hasfound[input[i]] += 1;
            if(shouldfind[input[i]] >= hasfound[input[i]])
                cnt++;
            if(cnt == charlen) {
                while(shouldfind[input[j]] == 0 ||
                    hasfound[input[j]] > shouldfind[input[j]]) {
                     if(hasfound[input[j]] > shouldfind[input[j]])
                        hasfound[input[j]]--;
                    j++;
                }
                if(minwindow > (i - j +1)) {
                    minwindow = i - j +1;
                    finish = i;
                    start = j;
                }
            }
        }
        System.out.println("Start: " + start + " and Finish: " +
            finish);
    }
```

복잡도: 코드를 살펴보면, 최악의 경우에 **i**와 **j**가 최대 **n**번 탐색되어 (**n**은 입력 문자열의 크기) 총 2**n**번 더해진다. 그러므로 시간 복잡도는 **O(n)**이다.

문제-13 글자들의 2차원 배열과 유형이 주어졌다. 이 유형이 2차원 배열 안에서 발견되는지 검사하는 알고리즘을 알아보자. 유형은 어느 방향이어도 괜찮지만(모든 8개의 이웃들이 고려되어야 한다), 매칭하는 동안 같은 글자를 두 번 사용할 수는 없다. 매치를 찾으면 1을 리턴하고 없으면 0을 리턴한다. 예를 들어 다음 행렬에서 "MICROSOFT"를 찾아 보자.

A	C	P	R	C
X	S	O	P	C
V	O	V	N	I
W	G	F	M	N
Q	A	T	I	T

해답: 이 문제의 해답을 수동으로 찾는 것은 상대적으로 직관적이다. 알고리즘을 표현해야 할 필요만 있다. 그런데 역설적이게도 알고리즘을 표현하는 것이 쉽지 않다.

그럼 어떻게 수동으로 찾는가? 먼저 첫 번째 글자를 찾는다. 그 다음에 두 번째 글자를 첫 번째 글자의 8개 이웃 중에서 찾는다. 이 과정을 재귀적으로 반복한다. 입력 유형의 마지막 글자를 찾으면 참을 리턴한다. 앞의 과정을 수행하는 동안, 2차원 배열의 어떤 셀도 두 번 사용하지 않도록 주의해야 한다. 이를 위해 방문한 모든 셀을 특정 기호로 표기한다. 유형 찾기가 어느 지점에서 실패하면, 나머지 셀들에 대해 (유형의) 시작부터 다시 찾기 시작한다. 리턴할 때는 방문한 셀의 표기를 지운다.

앞의 직관적인 방법을 알고리즘을 변환해보자. 매번 유형을 매칭할 때마다 비슷한 검사를 수행하므로 여기서 우리에게 필요한 것은 재귀적인 해법이다. 재귀적인 해법에서는 넘겨받은 부속 문자열이 주어진 행렬에서 매칭하는지 여부를 검사해야 한다. 조건은 이미 사용한 셀을 다시 사용하지 않는 것이다. 이미 사용된 셀을 찾기 위해, 이 함수에 또 다른 2차원 배열이 필요하다(혹은 입력 배열에서 사용되지 않은 비트를 사용할 수 있다). 또한 거기부터 시작할 수 있도록 입력 행렬의 현재 위치가 필요하다. 실제 주어진 것보다 더 많은 정보를 전달해야 하므로 전달된 정보를 초기화하는 래퍼(Wrapper) 함수가 필요하다.

알고리즘

유형의 마지막 글자를 지났다면
    참을 리턴한다
사용된 셀에 다시 닿았다면
    거짓을 리턴한다
    2차원 배열을 다 사용했다면
    거짓을 리턴한다
첫 번째 항목을 찾는데 셀이 매치하지 않으면
    행 우선 순서로(혹은 열 우선 순서로) 다음 셀을 가지고 FindMatch를 한다
그렇지 않고 글자가 매치하면
    이 셀을 사용되었다고 표기한다

8개 이웃에 대해 유형의 다음 위치를 가지고 res = FindMatch
이 셀이 사용되지 않았다고 표기
res를 리턴한다
그렇지 않으면
거짓을 리턴한다

```
#define MAX 100
boolean FindMatch_wrapper(char mat[MAX][MAX], char *pat, int
       nrow, int ncol) {
   if(strlen(pat) > nrow*ncol) return false;
   int used[MAX][MAX] = {{0,},};
   return FindMatch(mat, pat, used, 0, 0, nrow, ncol, 0);
}
// level: 어떤 유형이 매치될 때까지의 인덱스, x, y: 2차원 배열의 현재 위치
boolean FindMatch(char mat[MAX][MAX], char *pat, int
used[MAX][MAX], int x, int y, int nrow, int ncol, int level) {
   if(level == strlen(pat)) // 유형이 매치했다
       return true;
   if(nrow == x || ncol == y) return false;
   if(used[x][y]) return false;
   if(mat[x][y] != pat[level] && level == 0) {
       if(x < (nrow - 1))
           return FindMatch(mat, pat, used, x+1, y, nrow,
                ncol, level); // 같은 행의 다음 항목
       else if(y < (ncol - 1))
           return FindMatch(mat, pat, used, 0, y+1, nrow,
                ncol, level); // 같은 열의 첫 항목
       else return false;
   }
   else if(mat[x][y] == pat[level]) {
       boolean res;
       used[x][y] = 1; // 이 셀이 사용되었다고 표기한다
       // 8개 이웃에서 부속유형을 찾는다
       res = (x > 0 ? FindMatch(mat, pat, used, x-1, y,
             nrow, ncol, level+1): false) ||
           (res = x < (nrow - 1) ? FindMatch(mat, pat,
            used, x+1, y, nrow, ncol, level+1): false) ||
           (res = y > 0 ? FindMatch(mat, pat, used, x, y-1,
            nrow, ncol, level+1): false) ||
           (res = y < (ncol - 1) ? FindMatch(mat, pat,
            used, x, y+1, nrow, ncol, level+1): false) ||
           (res = x < (nrow - 1) && (y < ncol -1) ?
            FindMatch(mat, pat, used, x+1, y+1, nrow, ncol,
            level+1): false) ||
           (res = x < (nrow - 1) && y > 0 ? FindMatch(mat,
            pat, used, x+1, y-1, nrow, ncol, level+1):
            false) ||
           (res = x > 0 && y < (ncol - 1) ? FindMatch(mat,
            pat, used, x-1, y+1, nrow, ncol, level+1):
            false) ||
```

```
                (res = x > 0 && y > 0 ? FindMatch(mat, pat,
                    used, x-1, y-1, nrow, ncol, level+1): false);
            used[x][y] = 0; // 이 셀이 사용되지 않았다고 표기한다
            return res;
        }
        else return false;
}
```

16장

Data Structures and Algorithms Made Easy for JAVA

알고리즘 디자인 기법

16.1 소개

지금까지 우리는 다양한 종류의 문제를 해결하기 위해 많은 알고리즘을 살펴보았다. 이 책에서는 새로운 문제를 접했을 때 이미 해답을 알고 있는 다른 문제들과의 유사성을 찾아서 해법을 궁리하도록 유도했다. 이런 방식을 이용하면, 더 쉽게 해답을 얻을 수 있기 때문이다.

   이 장에서는 알고리즘을 분류하는 여러 방법을 살펴보고 이어지는 장에서 그들 중 몇 가지(분할 정복과 동적 계획법 같은)를 자세히 학습할 것이다.

16.2 분류

알고리즘을 분류하는 많은 방법이 있지만, 흔히 다음과 같이 분류한다.

- 구현 기법에 의해
- 디자인 기법에 의해
- 기타 분류

16.3 구현 기법에 의한 분류

재귀 혹은 반복
재귀 알고리즘은 기본 조건이 충족될 때까지 자신을 반복적으로 호출하는 것이다. C나 C++ 등의 언어에서 일반적으로 사용된다.

반복 알고리즘은 기본적으로 루프 같은 구조로, 스택이나 큐 등의 데이터 구조를 사용하여 문제를 해결한다.

어떤 문제들은 재귀에 적합하고 다른 문제들은 반복에 적합하다. 예를 들어 하노이의 탑 문제는 재귀 구현으로 쉽게 이해될 수 있다. 모든 재귀 알고리즘은 반복 알고리즘으로 다시 작성될 수 있고 그 반대도 마찬가지이다.

절차적 또는 선언적
선언형 프로그래밍 언어에서는 '무엇'을 할 것인지를 정의하는 방식을 이용한다. 반면 절차적 프로그래밍에서는 결과를 얻기 위한 정확한 단계를 명시해야 한다. 예를 들어 SQL은 절차적이라기보다 선언적이다. 질의(Query)는 결과를 만드는 과정을 명시하지 않기 때문이다. 절차적 언어의 예에는 C, PHP, PERL 등이 있다.

직렬 또는 병렬 또는 분산
일반적으로 알고리즘을 학습할 때 컴퓨터가 한 번에 한 명령을 수행한다고 가정하는데, 이를 직렬 알고리즘이라고 한다. 반면 병렬 알고리즘은 한 번에 여러 명령을 수행하는 컴퓨터 구조를 이용하는데, 문제를 부속 문제들로 나누어 여러개의 프로세서나 스레드에 넘긴다. 반복 알고리즘은 일반적으로 병렬화하여 사용한다. 참고로 분산 알고리즘은 병렬 알고리즘을 여러 개의 기계에 분산시키는 알고리즘이다.

결정적 또는 비결정적
결정적 알고리즘은 문제를 미리 정의된 절차로 풀고, 비결정적 알고리즘은 휴리스틱(Heuristics)을 사용해 매 단계마다 최선의 방법을 추측한다.

정확한 또는 근사

즉 최적의 해답을 찾도록 하는 알고리즘들은 정확한 알고리즘(Exact Algorithm)이라고 부른다. 컴퓨터 과학에서는 최적의 해답이 없다면 근사 알고리즘(Approximate Algorithm)을 제시하도록 하는 방법을 학습한다. 근사 알고리즘은 일반적으로 NP-난해 문제에 연관된다(20장 참고).

16.4 디자인 기법에 의한 분류

알고리즘을 분류하는 또 다른 방법은 디자인 기법에 의한 분류이다.

탐욕 기법

탐욕 기법은 단계별로 동작한다. 각 단계에서 앞으로의 결과에 상관하지 않고 그 시점에서 좋은 것을 결정하기 때문에, 일반적으로 가장 가까운 범위에서 최선의 결과가 선택된다. 이렇게 선택된 결과가 전역적으로도 최적의 결과라고 가정하는 방식이다.

분할 정복

분할 정복, 일명 D&C(Divide and Conquer) 전략은 문제를 나누어서 해결한다.

1) 분할: 문제를 같은 종류의 더 작은 단위인 부속 문제들로 나눈다.
2) 재귀: 부속 문제들을 재귀적으로 푼다.
3) 정복: 해답들을 적절하게 합친다.

예: 병합 정렬과 이진 검색 알고리즘

동적 계획법

동적 계획법(DP, Dynamic Programming)과 메모하기(Memorization)는 함께 동작한다. 동적 계획법과 분할 정복의 차이점은 분할 정복의 경우에는 부속 문제들 사이에 의존성이 없는 데 반해 동적 계획법에서는 부속 문제들이 중첩한다는 것이다. 메모하기(이미 푼 부속 문제들의 테이블 유지하기)를 사용함으로써 DP는 많은 문제에 대해 지수적 복잡도를 다항적 복잡도로 ($O(n^2)$, $O(n^3)$ 등) 감소시킨다.

한편 동적 계획법과 재귀의 차이점은 메모하기의 사용 유무이다. 부속 문제들이 비의존적이고 반복되지 않는다면, 메모하기는 큰 도움이 되지 못하므로 동적 계획법이 모든 문제의 해결법은 아니다. 동적 계획법은 메모하기를 사용하여 복잡도를 지수적에서 다항적으로 감소시키는 장점이 있다.

선형 계획법

선형 계획법(Linear Programming)에서는 입력과 입력에 대한 최대화(혹은 최소화) 선형 함수의 부등식을 갖는다. 많은 문제(예를 들어 방향 그래프의 최대 흐름 같은)에서 선형 계획법을 사용할 수 있다.

감소 기법

감소 기법은 해결하기 어려운 문제를 접근적인 최적 알고리즘을 갖고 있는 문제로 변환하여 풀 수 있도록 한다. 이 기법의 목적은 복잡도가 감소된 알고리즘에 영향 받지 않는 감소 알고리즘을 찾는 것이다. 예를 들어 리스트의 중간값을 찾는 선택 알고리즘은 정렬과 정렬된 리스트에서 중간 항목 찾기가 포함된다. 이들 기법은 변환 정복(Transform And Conquer)이라고도 불린다.

16.5 기타 분류

연구 영역에 따른 분류

컴퓨터 과학에서 각 분야는 고유한 문제가 있고 효율적인 알고리즘이 필요하다. 예를 들어 검색 알고리즘, 정렬 알고리즘, 병합 알고리즘, 수치 알고리즘, 그래프 알고리즘, 문자열 알고리즘, 기하학 알고리즘, 조합 알고리즘, 기계 학습(Machine Learning), 암호학, 병렬 알고리즘, 데이터 압축 알고리즘, 파싱 기법 등이 있다.

복잡도에 따른 분류

이 분류에서는 알고리즘들이 입력 크기에 따라 해답을 찾는 데에 걸리는 시간으로 분류된다. 어떤 알고리즘들은 선형 시간 복잡도($O(n)$)가, 다른 알고리즘들은 지수 시간이 걸리고 혹은 어떤 알고리즘들은 결코 멈추지 않는다. 또 때로는 서로 다른 복잡도를 지닌 여러 개의 알고리즘을 가진 문제가 있을 경우도 있다.

무작위 알고리즘

무작위로 결정하는 알고리즘들이 몇 개 있는데, 문제에 따라 퀵 정렬 같은 무작위 알고리즘을 사용하는 것이 가장 빠른 해법인 경우가 있다.

가지와 한계 열거과 백트래킹

가지(Branch) 및 한계 열거(Bound Enumeration) 기법은 인공 지능에서 사용되는데, 지면 관계로 자세히 설명하지는 않는다. 백트래킹 기법은 2장을 참고하자.

> **참고**
>
> 다음 장에서 탐욕, 분할 정복, 동적 계획법 디자인 기법들을 살펴볼 것이다. 이 기법들로 풀 수 있는 문제가 상당히 많으니 잘 학습해두자.

17장

Data Structures and Algorithms Made Easy for JAVA

탐욕 알고리즘

17.1 소개

탐욕(Greedy) 기법을 학습하기 위해 간단한 예를 살펴보자. 체스 게임에서는 결정을 내릴 때마다 미래의 결과 역시 고려해야만 한다. 반면 테니스(또는 배구)에서는 미래의 결과에 신경 쓸 필요 없이 현재의 상황에서 최선으로 보이는 행동을 하기만 하면 된다. 이 말은 어떤 문제에서는 그 시점에서 좋아보이는 결정을 내리는 것이 최선의 해답을 제공한다는 것이다. 탐욕 기법은 이런 문제들에 적합하다.

17.2 탐욕 전략

탐욕 기법은 단계별로 동작한다. 각 단계에서 앞으로의 결과에 상관하지 않고, 그 시점에서 좋은 것을 결정한다. 즉 일반적으로 가장 가까운 범위에서 최선의 결과가 선택된다. 이렇게 선택된 결과가 전역적으로도 최적의 결과라고 가정하는 것이다.

17.3 탐욕 알고리즘의 항목

최적의 탐욕 알고리즘의 두 가지 기본 속성은 다음과 같다.

1) 탐욕 선택 속성
2) 최적 부속 구조

탐욕 선택 속성
이 속성은 전역적으로 최적의 해법이 지역적으로 최적의 해법을 선택하여 얻어진다는 것이다. 탐욕 알고리즘에 의해 만들어진 선택은 이전 선택에 의존적일 수 있지만 미래의 선택에 대해서는 아니다. 반복적으로 탐욕적 선택을 하여 주어진 문제를 작은 문제로 축소시킨다.

최적 부속 구조
어떤 문제에서 최적의 해법이 부속 문제에서 최적의 해법을 포함할 때 최적 부속 구조를 가진 문제라고 한다. 즉 부속 문제를 푸는 것이 더 큰 문제를 풀 해법을 만드는 경우이다.

17.4 탐욕 알고리즘이 항상 동작하는가?

지역적으로 최적의 선택을 하는 것이 동작을 보장하지는 않는다. 그러므로 탐욕 알고리즘은 항상 최선의 해법을 제시하지 못한다. 관련 예제를 이 장의 연습 문제와 19장에서 살펴볼 것이다.

17.5 탐욕 기법의 장점과 단점

탐욕 기법의 주된 장점은 직선적이고 이해하기 쉬우며 프로그램하기 쉽다는 것이다. 탐욕 알고리즘에서 한 번 결정을 내리면, 이미 계산된 값을 다시 검사하는 데에 시간을 쓸 필요가 없다.

단점은 다수의 문제에서는 사용할 탐욕 알고리즘이 없다는 것이다. 즉 많은 경우에 지역적으로 최적의 해법이 전역적으로 최적의 해법을 이루는 것이 보장되지 않는다.

17.6 탐욕 기법의 적용 사례

- 정렬: 선택 정렬, 위상 정렬
- 우선순위 큐: 힙 정렬
- 허프만 코딩 압축 알고리즘
- 프림과 크루스칼의 알고리즘
- 가중치 그래프의 최단 거리(데이크스트라 알고리즘)
- 동전 교환 문제
- 분할 가능 배낭 문제
- 분리집합: 크기에 따른 UNION과 높이(또는 랭크)에 따른 UNION
- 잡 스케줄링 알고리즘
- 탐욕 기법은 복잡한 문제에 대한 알고리즘의 근사치로 사용 가능

17.7 탐욕 기법 이해하기

이제 탐욕 기법의 예제를 살펴보자.

허프만 코딩 알고리즘

정의: 알파벳 A에 속한 n개의 글자로 이루어진 집합인 [각 글자 $c \in A$], 관련된 빈도 freq(c)가 주어졌을 때 [각 글자 $c \in A$]에 대해 $\sum_{c \in A}$ freq(c)|binarycode(c)|가 최소가 되는 이진 코드를 찾아라. 여기서 binarycode(c)는 글자 c에 대한 이진 코드의 길이를 나타낸다. 즉 모든 글자의 코드 길이의 합이 최소가 되어야 한다(각 글자의 빈도에 표현의 비트 수를 곱한 값의 총합).

허프만 코딩 알고리즘의 기본 아이디어는 더 자주 반복되는 글자에 더 짧은 비트를 사용하는 것이다. 허프만 코딩 알고리즘은 길이가 다양한 코드를 사용하여 데이터 공간을 압축시킨다. 각 글자의 표현에 8비트가 사용되지만 일반적으로 이 8비트를 모두 사용하지는 않는다. 또한 어떤 글자는 다른 글자보다 더 자주 사용한다. 파일을 읽어 들일 때, 일반적으로 시스템은 한 번에 8비트를 읽어 한 글자를 읽는다. 하지만 이 코딩 개념은 비효율적이다. 왜냐하면 어떤 글자는 다른 글자보다 더 빈번히 사용되기 때문이다. 글자 'e'가 글자 'q'보다 10배 더 자주 사용된다고 하자. 그렇다면 e에 대해서 7비트 코드를 사용하고 q에 대해 9비트를 사용하는 것이 전체 메시지 길이를 줄여서 더 나을 것이다.

평균적으로 보통 파일에 허프만 코딩을 사용하면 글자 빈도에 따라 10%에서 30% 정도까지 크기를 줄일 수 있다. 글자 코딩의 아이디어는 덜 자주 사용되는 글자나 글자 그룹에 더 긴 이진 코드를 할당하는 것이다. 또한 어떤 두 글자도 서로에게 접두어가 되지 않도록 글자를 코딩한다.

예: 어떤 파일을 스캔한 뒤에 다음과 같은 글자 빈도를 찾았다고 하자.

글자	빈도
a	12
b	2
c	7
d	13
e	14
f	85

이때 각 글자에 대해 빈도도 같이 저장하는 이진 트리를 (다음 그림과 같이) 만든다.

알고리즘은 다음과 같이 동작한다. 최소 빈도를 갖고 있는 두 이진 트리를 찾는다. 이 두 노드를 연결하여 글자는 저장하지 않고 두 노드의 빈도의 합만을 저장하는 새 노드를 만든다. 그러면 다음과 같은 모양이 된다.

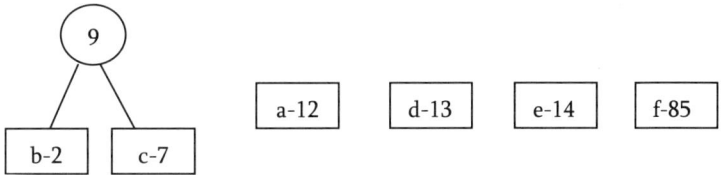

이 과정을 오직 하나의 트리만 남을 때까지 반복한다.

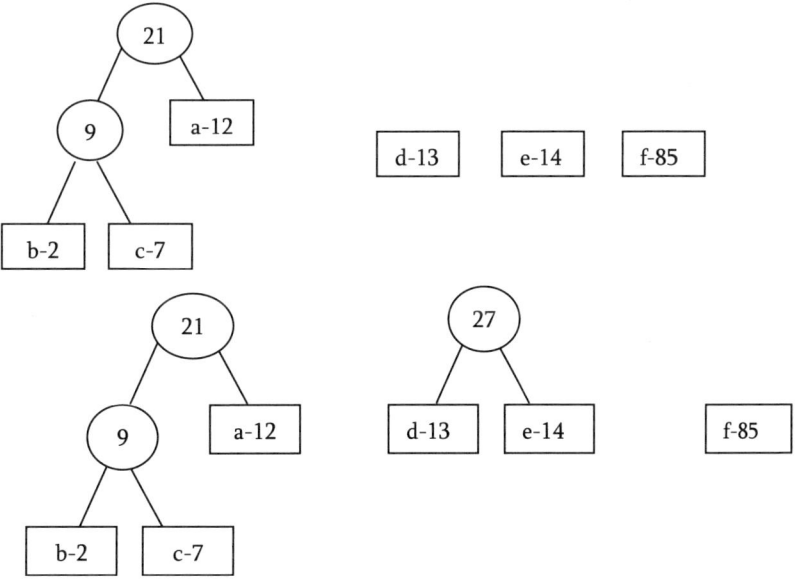

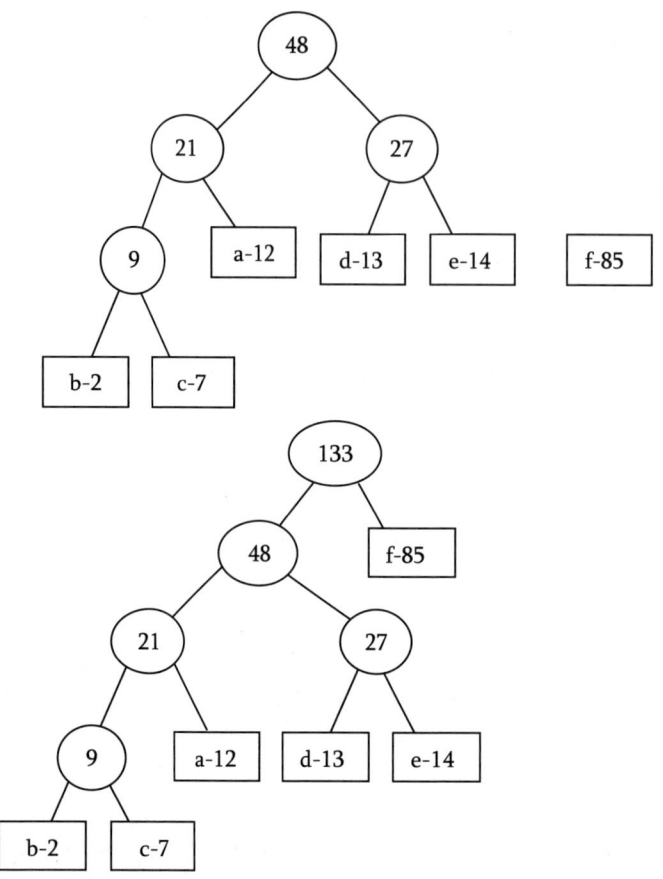

트리가 만들어지고 나면, 각 잎 노드들은 코드가 있는 글자가 된다. 특정 노드의 코드를 알아내려면, 뿌리로부터 잎 노드까지 탐색한다. 왼쪽으로 움직일 때마다 코드에 0을 추가하고 오른쪽으로 움직일 때마다 1을 추가한다. 다음은 위 결과를 표로 정리한 것이다.

글자	코드	글자	코드
a	001	d	010
b	0000	e	011
c	0001	f	1

절약된 비트 계산하기: 이제 이 허프만 코딩 알고리즘이 얼마나 많은 비트를 절약했는지 살펴보자. 이 계산을 위해서는 원래 몇 개의 비트가 데이터를 저장할 때 필요한지 찾아서 허프만 코드를 사용하여 저장된 데이터의 비트 수를 빼기만 하면 된다.

앞의 예에서는 6개의 글자가 있으므로 각 글자가 3비트의 코드로 저장된다고 가정하자. 이런 글자가 133개 있기 때문에(전체 빈도의 총합에 3을 곱함), 사용된 전체 비트는 3 * 133 = 399이다. 허프만 코딩 빈도를 사용한 총 비트 수는 다음과 같다.

글자	코드	빈도	총 비트 수
a	001	12	36
b	0000	2	8
c	0001	7	28
d	010	13	39
e	011	14	42
f	1	85	85
총합			238

그러므로 399 - 238 = 161비트, 약 40%의 저장 공간이 절약되었다.

```
HuffmanCodingAlgorithm(int A[], int n) {
    // 우선순위 큐인 PQ를 초기화하여 A의 항목들을 저장한다.
    Heap PQ = new Heap();
    BinaryTreeNode *temp;
    for(i = 1; i<n; i++) {
        temp = new BinaryTreeNode();
        temp.setLeft(PQ.deleteMin());
        temp.setRight(PQ.deleteMin());
        temp.setData(temp.getLeft().getData() + temp.
            getRight().getData());
        PQ.insert(temp);
    }
    return PQ;
}
```

시간 복잡도: $O(nlogn)$. 왜냐하면 n개 이상의 항목을 가질 일이 없는 우선순위 큐에 대해 한 번의 build_heap, $2n - 2$번의 delete_min 연산, $n - 2$번의 삽입 연산이 있기 때문이다. 자세한 사항은 7장을 참고하자.

17.8 탐욕 알고리즘 연습문제

문제-1 크기가 n인 배열 F가 주어졌다. 배열의 항목 $F[i]$는 i번째 파일의 크기이며 이 모든 파일을 하나의 파일로 병합하려고 한다. 이 문제에서 다음 알고리즘이 최선의 해답인지 검증하자.

알고리즘: 파일들을 인접하도록 병합한다. 즉 첫 번째 두 파일을 선택해서 병합한다. 그런 다음 이전 병합의 결과와 세 번째 파일을 병합하고 계속 반복한다.

> **참고**
> 크기가 m과 n인 두 파일 A와 B가 주어졌을 때, 병합의 복잡도는 $O(m+n)$이다.

해답: 이 알고리즘은 최적의 해답을 만들지 못한다. 일단 다음과 같은 파일 크기 배열을 생각해보자.
F = {10, 5, 100, 50, 20, 15}

앞의 알고리즘에 따르면, 첫 번째 두 파일(크기가 10과 5인 파일들)을 병합해야 하는데, 그 결과 다음의 파일 리스트를 얻는다. 다음 리스트에서 15는 크기가 10과 5인 파일을 병합한 복잡도를 보여준다.
{15, 100, 50, 20, 15}

비슷하게 15와 다음 파일 100을 병합하면 {115, 50, 20, 15}이다. 그리고 이어지는 단계에서 리스트는 {165, 20, 16}, {185, 15}이 되고, 최종적으로 {200}이 된다.
병합의 총 비용 = 모든 병합 연산의 비용 = 15 + 115 + 165 + 185 + 200 = 680이다.

앞의 결과가 최적인지 아닌지를 알기 위해, {5, 10, 15, 20, 50, 100}을 고려해보자. 이 예에서도 같은 접근 방법을 따르면 병합의 총 비용 = 15 + 30 + 50 + 100 + 200 = 395이다. 그러므로 주어진 알고리즘은 최선의(최적의) 해답을 내지 못한다.

문제-2 다음 알고리즘이 최적의 해답을 내는가?

알고리즘: 파일들을 쌍으로 병합한다. 즉 첫 번째 병합 이후에, 알고리즘은 $n/2$개의 중간 파일을 생성한다. 다음 단계에서 이 중간 파일들을 둘씩 쌍으로 병합하며 계속 진행한다.

참고
때로 이 알고리즘은 2가지 병합(2-way merging)이라고 불린다. 한 번에 두 파일씩 병합하는 대신, K개의 파일을 병합하면 K가지 병합(K-way merging)이라고 한다.

해답: 이 알고리즘도 최적의 결과를 내지 못한다. 앞서 나온 알고리즘에 의하면, 처음 파일 쌍(크기가 10과 5인 파일들)을 병합해야 하고, 두 번째 파일 쌍(100과 50), 세 번째 파일 쌍(20과 15)를 병합해야 한다. 그 결과 다음의 파일 리스트를 얻는다.

{15, 150, 35}

비슷하게 결과를 쌍으로 병합한다. 아래와 같이 세 번째 항목은 쌍이 없으므로 계속 유지한다.

{165, 35}

최종적으로 {185}를 얻는다.

병합의 총 비용 = 모든 병합 연산의 비용 = 15 + 150 + 35 + 165 + 185 = 550이다. 이는 (앞의 예의) 395보다 훨씬 크다. 그러므로 주어진 알고리즘은 최선의(최적의) 해답을 내지 못한다.

문제-3 문제-1에서 여러 파일을 하나의 파일로 병합하는 최선의 방법은 무엇인가?

해답: 탐욕 알고리즘을 사용하면 주어진 파일들의 총 병합 시간을 줄일 수 있다.

알고리즘

1. 우선순위 큐에 파일 크기를 저장한다. 항목의 키는 파일의 길이이다.
2. 오직 하나의 파일이 남을 때까지 다음 과정을 반복한다.
   - a. 두 개의 제일 작은 항목 X와 Y를 취한다.
   - b. X와 Y를 병합해서 새 파일을 정렬된 리스트에 삽입한다.

같은 알고리즘의 변형

1. 파일 크기들을 오름차순으로 정렬한다.
2. 오직 하나의 파일이 남을 때까지 다음 과정을 반복한다.
   - a. 처음 두 개의 항목 (제일 작은) X와 Y를 취한다.
   - b. X와 Y를 병합해서 새 파일을 정렬된 리스트에 삽입한다.

앞의 알고리즘을 검사하기 위해 앞의 예를 사용해서 점검해보자. 주어진 배열은 다음과 같다.

F = {10, 5, 100, 50, 20, 15}

앞의 알고리즘에 의해 리스트를 정렬하면 {5, 10, 15, 20, 50, 100}이다. 이후 제일 작은 두 파일(크기가 5와 10인 파일)을 병합해야 하고, 그 결과 다음 리스트를 얻는다. 다음 리스트에서 15는 크기가 10과 5인 두 파일을 병합한 비용을 나타낸다.

{15, 15, 20, 50, 100}

유사하게 제일 작은 두 항목 (15와 15)를 병합하면 {20, 30, 50, 100}이 된다. 계속되는 단계에서 리스트는 다음과 같다.

{50, 50, 100} // 20과 30을 병합

{100, 100} // 50과 50을 병합

최종적으로 {200}이다.

병합의 총 비용 = 모든 병합 연산의 비용 = 15 + 30 + 50 + 100 + 200 = 395이다. 그러므로 이 알고리즘이 이 병합 문제의 최적의 해답을 만든다.

시간 복잡도: 힙을 사용하여 최적의 병합 유형을 찾고 파일들을 병합하는 최적의 비용 $O(nlogn)$ 시간이다.

문제-4 간격(interval) 스케줄링 알고리즘: n개의 간격 $S = \{(start_i, end_i) \mid 1 \leq i \leq n\}$이 주어졌다. S' 안의 어떠한 간격도 서로 겹치지 않는 S의 최대 부속집합 S'를 구하려 한다고 하자. 다음 알고리즘이 동작하는지 여부를 검사하자.

알고리즘

```
while(S가 비지 않는 동안) {
    다른 간격들과 제일 적게 겹치는 간격 I를 선택한다
    I를 최종 해답 S'에 추가한다
    I와 겹치는 모든 간격을 S로부터 제거한다
}
```

해답: 이 알고리즘은 겹치지 않는 간격의 최대 부속집합을 구하는 문제를 풀지 못한다. 다음 간격들을 고려해보자. 최적의 해답은 $\{M, O, N, K\}$이다. 하지만 다른 간격들과 제일 적게 겹치는 간격은 C이므로 알고리즘은 C를 먼저 선택한다.

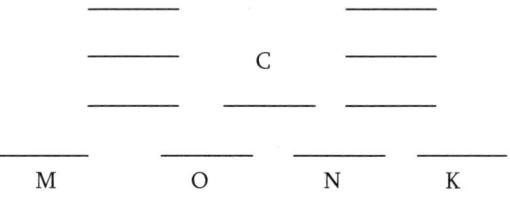

문제-5 문제-4에서 제일 빨리 시작하는 간격(또한 이미 선택한 간격들과 겹치지 않는)을 선택한다면 최적의 해답을 내는가?

해답: 아니다. 최적의 해답을 내지 못한다. 다음 예를 살펴보자. 다음 문제에서 최적의 해답은 4인데, 주어진 알고리즘은 1을 제시하는 것을 볼 수 있다.

                                                        최적의 해답

       ―――   ―――   ―――   ―――

                                                       주어진 알고리즘의 해답

      ―――――――――――――――――

문제-6 문제-4에서 제일 짧은 간격(또한 이미 선택한 간격들과 겹치지 않는)을 선택한다면 최적의 해답을 내는가?

해답: 이 역시 최적의 해답을 내지 못한다. 다음 예를 살펴보자. 최적의 해답은 2인데 알고리즘은 1을 제시한다.

                                                      최적의 해답

     ―――――   ―――――

                                                    주어진 알고리즘의 해답

         ―――――

문제-7 문제-4에서 최적의 해법은 무엇인가?

해답: 최적의 탐욕 기법을 살펴보자.

알고리즘

간격들을 제일 오른쪽 끝을 기준으로 (종료 시간) 정렬한다;
    for 각 연속된 간격들에 대해 {
       - 제일 왼쪽 끝이 마지막으로 선택된 간격의 제일 오른쪽 끝 다음이면 이 간격을 선택
       - 그렇지 않으면 이 간격을 생략하고 다음 간격으로 간다
    }

시간 복잡도 = 정렬하는 시간 + 스캔하는 시간 = $O(nlogn + n) = O(nlogn)$

문제-8 다음 문제를 고려해보자.

입력: 간격들의 집합 $S = \{(start_i, end_i) \mid 1 \leq i \leq n\}$. 간격 $(start_i, end_i)$을 $start_i$ 시간부터 end_i 시간까지 강의실 대실 요청이라고 하자.

출력: 최소의 강의실을 사용하도록 강의실에 강의 배치

다음과 같은 반복적인 알고리즘을 살펴보자. 첫 번째 강의실에 최대한 많은 강의를 배치하고 나서, 두 번째 강의실에 최대한 많은 강의를 배치, 그 다음에 세 번째 강의실에 최대한 많은 강의를 배치... 이 알고리즘이 최선의 해답을 내는가?

> **참고**
> 사실 이 문제는 간격 스케줄링 알고리즘과 비슷하다. 오직 한 가지 차이점은 적용 분야이다.

해답: 이 알고리즘은 간격-색칠하기 문제를 풀지 못한다. 다음 그림의 간격들을 살펴보자.

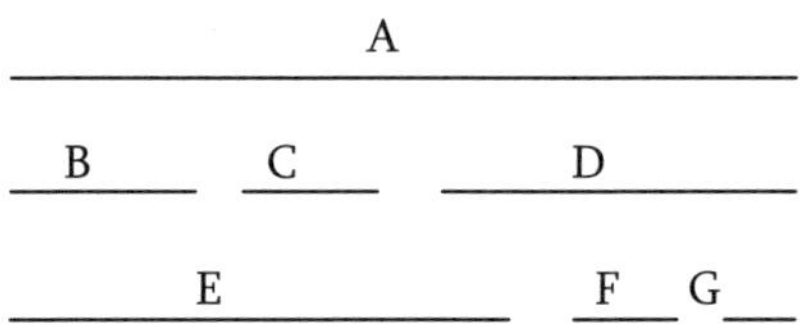

```
_____A_____
  __B__    __C__      ___D___
_____E_____       _F_ _G_
```

첫 번째 강의실에 최대한의 강의를 할당하는 것은 {*B*, *C*, *F*, *G*}를 한 강의실에, *A*, *D*와 *E*가 각각 다른 강의실에 할당되어 총 네 개의 강의실을 사용한다. 최적의 해답은 *A*를 한 강의실에 할당하고, {*B*, *C*, *D*}를 다른 강의실에, {*E*, *F*, *G*}를 또 다른 강의실에 할당하여 총 세 개의 강의실을 사용하는 것이다.

문제-9 문제-8의 해법으로 다음 알고리즘을 고려해보자. 강의들을 시작 시간에 따라 오름차순으로 정렬한 상태로 강의 *C*를 처리한다고 하자. 만약 다른 앞쪽 강의에 할당된 강의실 *R*이 있어서 *C*가 이미 할당된 강의와 겹치지 않고 *R*에 할당될 수 있다면 *C*를 *R*에 할당한다. 그렇지 않다면, *C*를 새로운 강의실에 할당한다. 이 알고리즘이 문제를 해결하는가?

해답: 이 알고리즘은 간격-색칠하기 문제를 해결한다. 만약 탐욕 알고리즘이 현재 강의 c_i에 대해 새 강의실을 생성한다면, 시작 시간에 따라 강의들을 검사하므로 c_i의 시작 지점은 현재의 모든 강의실의 마지막 강의들과 겹치게 된다. 탐욕 알고리즘이 마지막 강의실 n을 생성한다면 현재 강의의 시작 시간이 $n - 1$개의 다른 강의들과 겹치기 때문이다. 하지만 어떤 시점, 어떤 강의실에 대해서도 최대 s개의 다른 강의들하고만 겹치므로 $n \leq s$이다. s가 필요한 전체 개수의 하한이므로 탐욕 알고리즘이 알맞고 최적이다.

참고

최적의 해법은 문제-7을 참고하고 코드는 문제-10을 참고하자.

문제-10 각 강의의 시작과 끝나는 시간을 표현하는 두 배열 Start[1...n]과 Finish[1...n]이 주어졌다고 하자. 어떠한 쌍 $i, j \in X$에 대해서도 Start[i] > Finish[j]이거나, Start[j] > Finish[i]일 수 있는 가능한 최대의 부속집합 $X \in \{1,2,...n\}$를 구하자.

해답: 우리의 목적은 첫 번째 강의를 최대한 일찍 끝내는 것이다. 왜냐하면 그렇게 할 때 남은 강의의 개수가 최대가 되기 때문이다. 강의들을 끝나는 시간에 따라 스캔하면서 최근의 강의와 겹치지 않는 강의를 만날 때마다 그 강의를 취한다.

```
int LargestTasks(int Start[], int n, int Finish []) {
    sort Finish[];
    rearrange Start[] to match;
    count = 1;
    X[count] = 1;
    for(i = 2; i < n; i++) {
        if(Start[i] > Finish[X[count]]) {
            count = count + 1;
            X[count] = I;
        }
    }
    return X[1 .. count];
}
```

이 알고리즘은 정렬 때문에 $O(nlogn)$에 동작한다.

문제-11 인도에서 잔돈을 거슬러 주는 문제를 살펴보자. 문제의 입력은 정수 M이다. 출력은 M 루피의 잔돈을 만들 수 있는 최소한의 동전 개수이다. 인도에서 사용 가능한 동전이 1, 5, 10, 20, 25, 50루피라고 가정하고, 사용 가능한 각 종류의 동전 개수는 무한하다고 하자.

이 문제에서 다음 알고리즘이 최적의 해법을 내는가? 제일 큰 화폐에 대해 가능한 한 많은 동전을 취한다. 예를 들어 234루피에 대한 잔돈을 탐욕 알고리즘으로 만들려면 4개의 50루피 동전을 사용하고, 1개의 25루피 동전, 1개의 5루피 동전, 그리고 4개의 1루피 동전을 사용한다.

해답: 탐욕 알고리즘은 화폐가 1, 5, 10, 20, 25, 50일 때 최소한의 개수의 동전을 사용하려는 문제에 대한 최적의 해답이 아니다. 탐욕 알고리즘은 40루피를 만들 때 25, 10, 5루피의 3개의 동전을 사용하는데, 최적의 해법은 20루피 동전 두 개를 사용한다.

참고

최적의 해법은 19장을 참고하자.

문제-12 도시 A에서 B로 장거리 여행을 하려고 한다고 하자. 여행을 준비하기 위해, 여행 경로에 있는 모든 주유소 사이의 거리를 마일로 표기한 지도를 준비했다. 우리 차의 연료탱크는 n마일만큼의 가솔린을 저장할 수 있다고 하자. n의 값은 주어졌다고 가정한다. 모든 주유소에 정차하는 것이 최적의 해법인가?

해답: 이 알고리즘은 최적의 해법을 만들지 못한다. 뻔한 이유: 각 주유소에서 주유하는 것은 최적의 해답이 아니다.

문제-13 문제-12에서 다음 주유소에 갈 만큼의 가솔린이 없을 때에만 정차하고, 주유소에 들릴 때마다 탱크를 가득 채운다고 하자. 알고리즘이 문제를 정확히 푸는지 못 푸는지 증명하자.

해답: 탐욕 알고리즘이 동작한다. A에서 가득 찬 탱크를 가지고 여행을 시작한다. 지도를 참고해서 우리 경로에서 n마일 이내의 가장 먼 주유소를

찾는다. 그 주유소에 정차해서 탱크를 채우고 지도를 다시 참고해서 이 주유소로부터 n마일 이내의 경로상 가장 먼 주유소를 찾는다. B에 도착할 때까지 이 과정을 반복한다.

참고

관련 코드는 19장을 참고하자.

문제-14 분할 가능 배낭 문제: 주어진 항목 $t_1, t_2, \ldots t_n$(우리가 배낭에 넣으려는 항목들)의 무게가 각각 $s_1, s_2, \ldots s_n$이고 가치가 각각 $v_1, v_2, \ldots v_n$일 때, 총 중량 한계 C 내에서 배낭 안의 항목들의 가치 합이 최대가 되도록 하려면 어떻게 해야 하는가?

해답:

알고리즘

1) 각 항목의 크기당 가치를 계산한다. $d_i = \frac{v_i}{s_i}$

2) 각 항목을 가치 밀도에 따라 정렬한다.

3) 아직 배낭에 있지 않은 최대 밀도의 항목들을 취한다.

시간 복잡도: 정렬을 위해 $O(nlogn)$, 탐욕 선택을 위해 $O(n)$

참고

항목들을 우선순위 큐에 넣은 다음 가방이 가득 차거나 모든 항목이 선택될 때까지 하나씩 취할 수 있다. 이렇게 하는 것이 c가 해답에서 실제 선택된 항목들의 개수라고 할 때 사실 더 나은 수행 시간 $O(n + clogn)$을 갖게 한다. 만약 $c = O(n)$이라면 수행 시간이 절약되지만 그렇지 않다면 복잡도에 차이가 없다.

문제-15 철도 플랫폼의 개수: 어떤 기차역에서의 열차들의 도착, 출발 시간표가 있다. 모든 열차가 각자의 스케줄에 따라 운영될 수 있도록 하는 플랫폼의 최소 개수를 찾아야 한다.

예: 시간표가 다음과 같을 때, 답은 3이다. 그렇지 않다면, 모든 열차를 운영할 수 없다.

철로	도착	출발
철로 A	0900 hrs	0930 hrs
철로 B	0915 hrs	1300 hrs
철로 C	1030 hrs	1100 hrs
철로 D	1045 hrs	1145 hrs

해답: 앞의 예와 같은 예를 사용하자. 플랫폼의 개수를 계산하는 것은 임의의 시간에 열차역에 있는 열차의 최대 값을 계산하는 것과 같다.

먼저 모든 arrival(A)과 departure(D) 시간을 배열 안에 정렬한다. 그런 후 해당하는 도착 또는 출발 시간을 배열에 저장한다. 배열을 정렬하고 나면 다음과 같다.

0900	0915	0930	1030	1045	1100	1145	1300
A	A	D	A	A	D	D	D

이제 이 배열을 A 대신 1, D 대신 -1을 넣어 수정하자. 새로운 배열은 다음 그림과 같다.

1	1	-1	1	1	-1	-1	-1

마지막으로 이 배열로부터 누적 배열을 만든다.

1	2	1	2	3	2	1	0

우리가 찾는 해답은 이 배열의 최대 항목이다. 여기서는 3이다.

참고

같은 시간에 도착하는 기차와 출발하는 기차가 있다면 정렬된 배열에 출발하는 시간을 먼저 추가한다.

문제-16 매우 긴 길과 길가에 집이 있는 나라를 생각해보자. 모든 집의 주민들이 휴대폰을 사용한다고 가정하자. 길을 따라 휴대폰 송신탑을 세우려고 한다. 각 송신탑은 7마일 범위를 커버한다. 최소한의 송신탑을 세울 수 있는 효율적인 알고리즘을 제시하자.

해답:

최소한의 송신탑 위치를 지정하는 알고리즘은 다음과 같다.
1) 길의 처음부터 시작한다.
2) 길가에서 첫 번째로 수신되지 않는 집을 찾는다.
3) 그런 집이 없다면 알고리즘을 종료한다. 그렇지 않다면 다음 단계로 간다.
4) 길가에서 이 집을 찾은 곳으로부터 7마일 떨어진 곳에 송신탑을 세운다.
5) 2단계로 간다.

문제-17 노래 테입 준비하기: n개의 노래를 테입에 담으려고 한다. 나중에 사용자들이 테입으로부터 이 노래들을 읽어 들일 것이다. 테입으로부터 노래를 읽어 들이는 것은 디스크로부터 읽어 들이는 것과는 달리 다른 노래들을 모두 빨리감기해서 지나가야 하는데 상당한 시간이 걸린다. $A[1...n]$이 각 노래의 길이가 담긴 배열이고, 노래 i는 $A[i]$의 길이를 가졌다. 노래들이 1에서 n까지의 순서로 저장되었다면 k번째 노래에 접근하는 비용은?

$$C(k) = \sum_{i=1}^{k} A[i]$$

이 비용은 k번째 노래를 읽기 전에 테입에서 그 앞쪽의 모든 노래를 스캔해서 지나쳐야 한다는 사실을 반영한다. 테입 안의 노래들의 순서를 바꾼다면 노래에 접근하는 비용을 바꾸게 된다. 어떤 노래들은 읽기에 더 비싸지고, 어떤 노래들은 더 싸질 것이다. 다른 노래 순서는 다른 예상 비용을 초래한다.

모든 노래가 접근될 확률이 같다고 하면, 예상 비용을 최소화하려고 할 때 어떤 순서를 사용해야 하는가?

해답: 해답은 간단하고 명백하다. 노래들을 길이가 짧은 것부터 긴 순서로 저장해야 한다. 짧은 노래들을 앞쪽에 저장하는 것이 나머지 노래들을 찾기 위해 빨리감기하는 시간을 감소시킨다.

문제-18 HITEX(하이데라바드 컨벤션 센터)에서 열리는 행사들의 집합을 생각해보자. 각각 한 유닛의 시간이 걸리는 n개의 행사가 있다고 하자. 행사 i는 임의의 시간 $T[i]$ 정각이나 이전에 시작될 때 $P[i]$ 루피의 이익을 산출한다($P[i] > 0$). $T[i]$ 시간까지 행사가 시작되지 못하면 스케줄을 짜는 이익이 전혀 없다. 모든 행사는 0시부터 시작할 수 있다. 이익을 최대화하도록 행사들을 스케줄링하는 효율적인 알고리즘을 알아보자.

해답:

알고리즘
- 작업들을 floor($T[i]$)(제일 긴 시간으로부터 제일 짧은 시간으로)에 따라 정렬한다.
- t가 현재 시간이라고 하자(가장 처음에는 t = floor($T[i]$)).
- floor($T[i]$) = t인 모든 작업 i를 이익 g_i를 키로 사용해서 우선순위 큐에 넣는다.
- DeleteMax 연산이 수행되어 시간 t에 수행될 작업을 선택한다.
- 그런 다음 t가 감소되고 과정이 계속된다.

명백하게 시간 복잡도는 $O(nlogn)$이다(정렬에 $O(nlogn)$이 걸리고, 각각 $O(logn)$ 시간이 걸리는 최대 n개의 삽입 연산과 DeleteMax 연산이 우선순위에 수행된다).

문제-19 n명의 고객이 상담받기 위해 큐에 있는 고객 상담원을 생각해보자 (예를 들어 휴대전화 회사의 상담원). 일단 각 고객에 필요한 상담 시간이 미리 알려져 있고, 고객 i에 대해 w_i분이라고 가정하자. 예를 들어 고객들이 i가 늘어나는 순서대로 상담이 이루어진다면, i번째 고객은 $\sum_{j=1}^{i} w_j$분만큼 기다려야만 한다. 모든 고객의 대기 시간 총합은 = $\sum_{i=1}^{n} \sum_{j=1}^{i-1} w_j$으로 주어질 수 있다. 그럼 전체 대기 시간이 줄어들도록 고객 상담을 할 수 있는 최선의 방법은 무엇인가?

해답: 이 문제는 탐욕 기법을 사용해서 쉽게 풀 수 있다. 우리의 목적이 전체 대기 시간을 줄이는 것이므로 해야 할 일은, 상담 시간이 적은 고객을 선택하는 것이다. 즉 고객들을 서비스 시간이 증가하는 순서대로 처리하면 전체 대기 시간을 줄일 수 있다.

시간 복잡도: $O(nlogn)$

… 18장

Data Structures and Algorithms Made Easy for JAVA

분할 정복 알고리즘

18.1 소개

여러분은 17장의 많은 문제에서 탐욕 알고리즘이 최적의 해답을 제시하지 못하는 것을 보았다. 이런 문제들 가운데에는 분할 정복 기법을 사용하여 쉽게 풀 수 있는 것도 있다. 분할 정복은 재귀에 기반한 중요한 알고리즘 디자인 기법이다. 분할 정복 알고리즘은 문제를 두 개 이상의 같은 종류의 부속 문제들로 직접 풀 수 있을 만큼 문제가 간단해질 때까지 재귀적으로 분할하면서 동작한다. 그런 다음 부속 문제들의 해답들이 합쳐지면서 원래 문제의 해답이 된다.

18.2 분할 정복 전략이란 무엇인가?

분할 정복 전략은 다음과 같은 방법으로 문제를 푼다.

1) 분할: 문제를 같은 문제 종류의 작은 부속 문제로 쪼갠다.
2) 재귀: 재귀적으로 이 부속 문제들을 푼다.
3) 정복: 해답들을 적절하게 합친다.

18.3 분할 정복이 언제나 성공하는가?

모든 문제를 분할 정복 기법으로 푸는 것은 불가능하다. 분할 정복 기법에서는 재귀를 이용하여 비슷한 종류의 부속 문제들을 해결한다. 모든 문제에서 같은 종류의 부속 문제들을 찾는 것이 불가능하므로 분할 정복이 모든 문제를 위한 선택은 아니다.

18.4 분할 정복 시각화

이해를 돕기 위한 예제를 하나 살펴보자. 여기서 n은 문제 전체의 크기라고 가정하자. 다음 코드를 보면, 앞서 설명한 것처럼 각 문제들이 크기가 n/b(임의의 상수 b에 대하여)인 부속 문제들로 분할되는 것을 볼 수 있다. 이 부속 문제들을 재귀적으로 풀어 그 해답들을 합쳐서 원래 문제의 해답을 구한다.

```
DivideAndConquer(P) {
    if(small (P))
    // P는 매우 작으므로 해답은 명확하다
        return solution(n);
    문제 P를 k개의 부속 문제로 분할한다. P1, P2, …, Pk;
    return (
        Combine (
            DivideAndConquer (P1),
            DivideAndConquer (P2),
            ...
            DivideAndConquer (Pk)
            )
    );
}
```

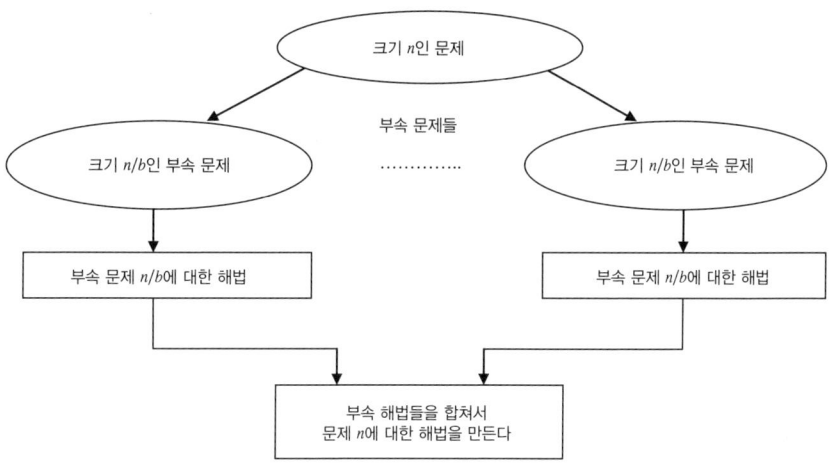

18.5 분할 정복 이해하기

분할 정복을 명확히 이해하기 위해, 이야기를 하나 생각해보자. 7명의 아들을 가진 부자 농부가 있었다. 그는 자기가 죽은 뒤에 자기 땅의 소유권을 둘러싸고 7명의 아들들이 서로 싸울까 걱정이 되었다. 그래서 그들을 한자리에 모아놓고 묶어놓은 7개의 막대기를 보여주며, 그 막대기 다발을 부러뜨릴 수 있는 사람이 전재산을 상속받을 것이라고 이야기했다. 아들 모두는 막대기 다발을 부러뜨리려고 시도했지만, 아무도 성공하지 못했다. 그러자 그 노인은 그 막대기들을 풀어서 막대기들을 하나씩 부러뜨렸다. 이를 보고 감동한 아들들은 함께 힘을 합쳐서 일하겠다고 결심했다.

그러나 문제풀이의 경우는 다르다. 전체적으로 한 번에 문제를 풀 수 없다면, 분할해서 한 번에 한 부분씩 풀어야 한다.

앞서의 장들에서 많은 문제를 이미 분할 정복 전략에 기반해 풀었다. 이진 검색, 병합 정렬, 퀵 정렬 등이었다. 만약 분할 정복이 어떻게 동작하는지 이해하려면 각 주제들을 참고하자.

다음은 분할 정복 전략에 의해 쉽게 해결될 수 있는 실제 문제의 예이다. 이 모든 문제에서 유사한 부속 문제들을 찾을 수 있다.

1. 전화번호부에서 이름 찾기: 알파벳 순서로 이름이 정렬된 전화번호부가 있다. 특정 이름이 주어졌을 때 그 이름이 전화 번호부에 있는지 여부를 어떻게 찾는가?
2. 돌을 부수어 먼지로 만들기: 돌을 먼지(매우 작은 돌)로 바꾸기 원한다.
3. 호텔 안에서 출구 찾기: 문이 아주 많은 매우 긴 호텔 로비의 가장 끝에 한 문 옆에 서 있다. 출구로 통하는 문을 찾기 원한다.
4. 주차장에서 우리 차 찾기

분할 정복의 장점

어려운 문제를 해결한다. 분할 정복은 어려운 문제를 해결하는 강력한 방법이다. 예를 들어 하노이의 탑 문제를 생각해보자. 이는 문제를 부속 문제로 나누어 간단한 경우를 푼 뒤 부속 문제들을 합쳐서 원래 문제를 푼다. 문제를 다시 합쳐질 수 있는 부속 문제로 나누는 것이 새로운 알고리즘을 설계할 때의 어려움이다. 이런 많은 문제에서 분할 정복은 간단한 해법을 제공한다.

병렬화(Parallelism): 분할 정복이 부속 문제들을 독립적으로 풀 수 있게 해주므로 멀티-프로세서 시스템에서 수행할 수 있다. 특별히 메모리 공유 시스템이 좋은데, 프로세서 간의 데이터 통신이 미리 계획될 필요가 없기 때문이다. 왜냐하면 각각의 다른 부속 문제는 각각의 다른 프로세서에서 수행될 수 있기 때문이다.

메모리 접근(Memory Access): 분할 정복 알고리즘은 메모리 캐시를 효율적으로 사용하려는 경향이 있다. 부속 문제가 적다면 모든 부속 문제가 캐시 안에서 풀리기 때문에 더 느린 주 메모리에 접근하지 않아도 된다.

분할 정복의 단점

분할 정복의 단점 한 가지는 재귀가 느리다는 것이다. 이는 반복적인 부속 문제 호출의 부담 때문이다. 또한 분할 정복은 호출들(재귀의 각 시점에서의 상태)을 저장하기 위해 스택이 필요한데, 사실 이것은 구현 스타일에 따라 조금은 다르다. 기본적으로는 아주 많은 수의 재귀를 수행한다면 다소 느린 속도는 많은 문제에서 무시될 수 있다.

분할 정복의 또 다른 문제는 어떤 문제들에서는 반복 방법보다 더 복잡할 수 있다는 것이다. 예를 들어 n개의 숫자들을 더하려면 간단한 루프로 순서대로 더하는 것이 분할 정복 기법으로 숫자들의 집합을 둘로 나누어 각각 재귀적으로 더하는 것보다 훨씬 쉽다.

18.6 마스터 정리

위에서 이야기했듯이, 분할 정복 기법에서는 부속 문제들을 재귀적으로 푼다. 모든 문제가 재귀적인 정의에 의해 일반적으로 정의된다. 이 재귀 문제들은 마스터 정리(Master Theorem)를 사용해서 쉽게 풀 수 있다. 마스터 정리에 대한 자세한 사항은 1장을 참고하자. 여기서도 다시 한 번 마스터 정리를 간략하게 소개한다.

$a \geq 1, b > 1, k \geq 0$이고, p가 실수일 때, 점화식(recurrence)이 $T(n) = aT(\frac{n}{b}) + \Theta(n^k log^p n)$의 형태라면 복잡도는 다음과 같이 정해져 있다.

1. 만약 $a > b^k$이면 $T(n) = \Theta(n^{log_b^a})$
2. $a = b^k$이면
    a. $p > -1$일 때, $T(n) = \Theta(n^{log_b^a} log^{p+1} n)$
    b. $p = -1$일 때, $T(n) = \Theta(n^{log_b^a} loglogn)$
    c. $p < -1$일 때, $T(n) = \Theta(n^{log_b^a})$
3. $a < b^k$이면
    a. $p \geq 0$일 때, $T(n) = \Theta(n^k log^p n)$
    b. $p < 0$일 때, $T(n) = O(n^k)$

18.7 분할 정복의 적용 사례

- 이진 검색
- 병합 정렬

- 퀵 정렬
- 중간값 찾기
- 최소, 최대 값 찾기
- 행렬의 곱셈
- 제일 가까운 쌍 찾기 문제

18.8 분할 정복 연습문제

문제-1 문제를 절반 크기의 다섯 개의 부속 문제로 분할하여 각 부속 문제들을 재귀적으로 푼 다음 선형 시간에 답들을 합쳐서 문제를 해결하는 알고리즘 A가 있다고 하자. 이 알고리즘의 복잡도는 무엇인가?

해답: 입력의 크기가 n이고 $T(n)$이 주어진 문제의 해답이라고 하자. 설명에 따르면, 알고리즘은 문제를 크기가 $\frac{n}{2}$인 다섯 개의 부속 문제로 나눈다. 그러므로 우리는 $5T(\frac{n}{2})$ 부속 문제를 풀어야 한다. 이 부속 문제들을 푼 뒤에 주어진 배열을 스캔해서(선형 시간) 해답들을 합친다. 이 문제의 전체 점화 알고리즘은 $T(n) = 5T(\frac{n}{2}) + O(n)$이다. 마스터 정리를 사용하면 (분할 정복에 대한) 복잡도 $O(n^{\log_2 5}) \approx O(n^{2+}) \approx O(n^3)$을 얻는다.

문제-2 문제-1과 유사하게 크기가 n인 문제를 $n - 1$ 크기의 두 개의 부속 문제로 분할하여 각 부속 문제들을 재귀적으로 푼 다음 상수 시간에 답들을 합쳐서 문제를 해결하는 알고리즘 B가 있다고 하자. 이 알고리즘의 복잡도는 무엇인가?

해답: 입력의 크기가 n이고 $T(n)$이 주어진 문제의 해답이라고 하자. 설명에 따르면, 알고리즘은 문제를 크기가 $n - 1$인 두 개의 부속 문제로 나눈다. 그러므로 우리는 $2T(n - 1)$ 부속 문제를 풀어야 한다. 이 부속 문제들을 푼 뒤에 그 해답들을 합치는 데는 상수 시간만이 필요하다. 그러므로 이 문제의 전체 점화 알고리즘은 다음과 같다.

$T(n) = 2T(n - 1) + O(1)$

마스터 정리를 사용하면(차감 정복), 복잡도 $O(n^0 2^{\frac{n}{1}})=O(2n)$을 얻는다 (자세한 사항은 1장을 참고하자).

문제-3 다시 문제-1과 유사하게 크기가 n인 문제를 $\frac{n}{3}$ 크기의 9개의 부속 문제로 분할하여 각 부속 문제들을 재귀적으로 푼 다음 $O(n^2)$ 시간에 답들을 합쳐서 문제를 해결하는 알고리즘 C가 있다고 하자. 이 알고리즘의 복잡도는 무엇인가?

해답: 입력의 크기가 n이고 $T(n)$이 주어진 문제의 해답이라고 하자. 설명에 따르면, 알고리즘은 문제를 크기가 $\frac{n}{3}$인 9개의 부속 문제로 나눈다. 그러므로 우리는 $9T(\frac{n}{3})$ 부속 문제를 풀어야 한다. 부속 문제들을 푼 뒤에 그 해답들을 합치는 데는 2차 함수적 시간이 필요하다. 이 문제의 전체 점화 알고리즘은 $T(n) = 9T(\frac{n}{3}) + O(n^2)$이다. 분할 정복 마스터 정리를 이용하면, 복잡도 $O(n^2 \log n)$을 얻는다.

문제-4 점화식을 작성하고 풀어라.

```
void Function(n) {
    if(n > 1) {
        System.out.println(("*"));
        Function(n/2);
        Function(n/2);
    }
}
```

해답: 입력의 크기가 n이고 $T(n)$이 주어진 문제의 해답이라고 하자. 주어진 코드에 따르면, 글자를 출력한 다음에 문제를 크기가 $\frac{n}{2}$인 2개의 부속 문제로 나눈다. 그러므로 우리는 $2T(\frac{n}{2})$ 부속 문제를 풀어야 한다. 이 부속 문제들을 푼 뒤에 알고리즘은 해답들을 합치기 위해 아무것도 하지 않는다. 이 문제의 전체 점화 알고리즘은 다음과 같다.

$T(n) = 2T(\frac{n}{2}) + O(1)$

마스터 정리를 이용하면(분할 정복), 복잡도 $O(n^{\log_2 2}) \approx O(n^1) \approx O(n)$을 얻는다.

— 다양한 예제로 학습하는

문제-5 주어진 배열에서 최대 값과 최소 값을 찾는 알고리즘을 알아보자.
해답: 12장을 참고하자.

문제-6 이진 검색과 그 복잡도를 논하자.
해답: 이진 검색에 대한 11장을 참고하자.

분석: 입력의 크기가 n이고 $T(n)$이 주어진 문제의 해답이라고 하자. 항목들이 정렬된 순서에 있기 때문에 이진 검색에서 중간값을 취해 찾으려는 항목이 중간값과 같은지를 검사한다. 같다면 중간값 항목을 리턴한다. 찾으려는 항목이 중간값 항목보다 크다면 왼쪽 부속 배열에서 항목을 찾고 오른쪽 부속 배열은 무시한다. 비슷하게, 찾으려는 항목이 중간값 항목보다 작다면 오른쪽 부속 행렬에서 항목을 찾고 왼쪽 부속 행렬은 무시한다. 이 말은 두 경우 모두 부속 배열 중 절반은 무시하고 나머지 절반만 고려한다는 것이다. 또한 매회 반복할 때마다 항목들을 두 개의 같은 크기로 반씩 분할한다.

앞서 설명한 내용에 따라 매번 문제를 $\frac{n}{2}$ 크기의 두 개의 부속 문제로 나누고 $T(\frac{n}{2})$ 부속 문제를 풀어야 한다. 이 문제의 전체 점화식 알고리즘은 다음과 같다.

$T(n) = 2T(\frac{n}{2}) + O(1)$

마스터 정리를 이용하면(분할 정복), 복잡도 $O(logn)$을 얻는다.

문제-7 수정된 이진 검색 문제를 풀어보자. 배열이 두 개의 같은 크기 대신 세 개의 같은 크기로 분할(삼진 검색)된다고 하자. 이 삼진 검색의 점화식을 작성하고 복잡도를 구하라.
해답: 문제-5에서 살펴본 이진 검색의 점화식은 $T(n) = T(\frac{n}{2}) + O(1)$와 같다. 여기서도 문제-5의 해법과 유사하게 점화식에서 '2' 대신에 '3'을 사용한다. 이 말은 배열을 같은 크기의 세 개의 부속 배열로 분할하고 그들 중 한 개만 고려한다는 것이다. 그러므로 이 경우 삼진 검색의 점화식은 다음과 같다.

$$T(n) = T\left(\frac{n}{3}\right) + O(1).$$

마스터 정리를 이용하면(분할 정복), 복잡도 $O(log_3^n) \approx O(logn)$을 얻는다(로그 함수의 근은 상수이므로 무시할 수 있다).

문제-8 문제-5에서 배열을 크기가 대략 삼분의 일과 삼분의 이인 두 집합으로 나눈다면 어떻게 되는가?

해답: 이제 우리는 살짝 변형된 삼진 검색을 사용할 것이다. 여기서는 한 번의 비교만 수행되어 대략 $\frac{n}{3}$ 항목과 $\frac{2n}{3}$ 항목을 가진 두 개의 부분을 만든다. 최악의 경우는 재귀적 호출이 더 큰 $\frac{2n}{3}$ 항목이 있는 부분 쪽일 경우이다. 그러므로 최악의 경우 점화식은 다음과 같다.
$$T(n) = T\left(\frac{2n}{3}\right) + O(1).$$

마스터 정리를 이용하면(분할 정복), 복잡도 $O(logn)$을 얻는다. 일반적인 k-진(k-ary) 검색에 대해 n이 무한에 접근할 때 같은 결과를 얻는다는 점에 주목하자(k가 고정된 상수이고 n에 의존적이지 않기만 하다면).

문제-9 병합 정렬과 그 복잡도를 알아보자.

해답: 병합 정렬의 자세한 설명은 10장을 참고하자. 병합 정렬에서는, 항목들의 개수가 1보다 크다면 두 개의 같은 크기의 부속집합으로 분할하고 알고리즘이 재귀적으로 각 부속집합마다 호출된 후 정렬된 부속집합들이 원래 집합의 정렬된 리스트를 만들도록 병합된다. 병합 정렬 알고리즘의 점화식은 다음과 같다.

$$T(n) = \begin{cases} 2T\left(\frac{n}{2}\right) + O(n), & if\ n > 1 \\ 0 & ,if\ n = 1 \end{cases}$$

이 점화식을 분할 정복 마스터 정리를 이용해서 풀면 $O(nlogn)$ 복잡도를 얻는다.

문제-10 퀵 정렬과 그 복잡도를 살펴보자.

해답: 퀵 정렬의 자세한 설명은 10장을 참고하자. 퀵 정렬은 최선의 경우와 최악의 경우에 다른 복잡도를 갖는다.

최선의 경우: 퀵 정렬에서는 항목들의 개수가 1보다 크다면 두 개의 같은 크기의 부속집합으로 분할하고 알고리즘이 부속집합마다 재귀적으로 호출된다. 부속 문제들을 푼 다음에 그들을 다시 합칠 필요가 없다. 왜냐하면 퀵 정렬에서는 각 결과가 이미 정렬된 순서에 있기 때문이다. 하지만 항목을 분리하기 위해 전체 항목을 스캔해야 한다. 최선의 경우 퀵 정렬의 점화식은 다음과 같다.

$$T(n) = \begin{cases} 2T\left(\dfrac{n}{2}\right) + O(n), & if\ n > 1 \\ 0, & if\ n = 1 \end{cases}$$

이 점화식을 분할 정복 마스터 정리를 이용해서 풀면 $O(nlogn)$ 복잡도를 얻는다.

최악의 경우: 최악의 경우에 퀵 정렬은 입력 항목을 두 개의 집합으로 나누는데, 한 쪽에는 오직 한 개의 항목만 존재한다. 즉 다른 쪽 집합이 $n - 1$개의 정렬된 항목을 갖는다는 것이다. 입력의 크기가 n이고 $T(n)$이 주어진 문제의 해답이라고 하자. 그럼 이번에는 $T(n - 1)$, $T(1)$ 부속 문제를 풀어야 한다. 하지만 입력을 두 집합으로 나누기 위해 퀵 정렬은 모든 입력 항목을 한 번 스캔해야 한다($O(n)$이 걸림).

이 부속 문제들을 푼 뒤에 알고리즘은 그 답들을 합치는 데 상수 시간만을 필요로 한다. 문제의 전체 점화식 알고리즘은 다음과 같다. $T(n) = T(n - 1) + O(1) + O(n)$

이는 분명하게 합 점화식이므로 $T(n) = \dfrac{n(n + 1)}{2} = O(n^2)$이다.

참고

평균적인 경우의 분석은 10장을 참고하자.

문제-11 어떤 무한한 배열에서 처음 n개의 셀은 정렬된 순서의 정수가 들어 있고, 나머지 셀은 특수 기호(예를 들어 $)가 들어 있다고 하자. n의 값을 모른다고 할 때, 정수 K를 입력으로 받아 만약 존재한다면, $O(logn)$ 시간에 배열 안에서 K의 위치를 찾는 알고리즘을 알아보자.

해답: $O(logn)$ 알고리즘이 필요하므로 주어진 배열의 모든 항목을 찾아서는 안 된다(그 경우 $O(n)$ 복잡도가 된다). $O(logn)$ 복잡도를 얻기 위한 한 가지 가능성은 이진 검색을 사용하는 것이다. 하지만 주어진 시나리오에서 리스트의 끝을 모르므로 이진 검색을 사용할 수 없다. 첫 번째 문제는 리스트의 끝을 찾는 것이다. 이를 위해 첫 번째 항목으로부터 시작해서 인덱스를 2배로 늘리며 검색을 한다. 즉 처음엔 인덱스 1, 그 다음엔 2, 4, 8...로 찾는다는 것이다.

```java
int FindInInfiniteSeries(int A[]) {
    int mid, l = r = 1;
    while(A[r] != '$') {
        l = r;
        l = r × 2;
    }
    while((r - l > 1) {
        mid = (r - l)/2 + l;
        if(A[mid] == '$')
            r = mid;
        else l = mid;
    }
}
```

우리가 K가 존재할 수 있는 가능한 간격 $A[i, ..., 2i]$를 찾는다면, 그 길이가 최대 n(배열 A에 n개의 숫자만 있기 때문에)이 되므로 K를 이진 검색으로 찾으면 $O(logn)$ 시간이 걸린다.

문제-12 정수들이 반복되지 않는 정렬된 배열 $A[1...n]$이 주어졌을 때, $A[i] = i$인 인덱스 i가 있는지 검사하자. $O(logn)$ 시간에 수행되는 분할 정복 알고리즘을 제시하자.

해답: $O(logn)$ 복잡도를 얻기 위해 이진 검색을 사용할 수 있다.

```
int IndexSearcher(int A[], int l, int r) {
    int mid = (r - l)/2 + l;
    if(r-l <= 1) {
        if(A[l] == l || A[r] == r)
            return 1;
        else return 0;
    }
    if(A[mid] < mid)
        return IndexSearcher(A, mid + 1,r);
    if(A[mid] > mid)
        return IndexSearcher(A, 1, mid - 1);
    return mid;
}
```

앞의 함수의 점화식 $T(n) = T(\frac{n}{2}) + O(1)$이다. 마스터 정리를 사용하면, $T(n) = O(logn)$을 얻는다.

문제-13 크기가 n인 두 개의 정렬된 리스트가 있다고 가정한다. 이 두 리스트의 합집합의 중간값 항목을 찾는 알고리즘을 알아보자.

해답: 병합 정렬의 병합 프로시저를 사용한다(10장을 참고하자). 두 배열의 항목들을 비교할 때 count를 계속 추적하는데, count가 n이 되면($2n$ 항목이 있기 때문에), 중간값에 도착한 것이다. 병합된 배열에서 $n - 1$과 n 인덱스의 항목들의 평균을 구하자.

시간 복잡도: $O(n)$

문제-14 두 리스트의 크기가 다를 때의 알고리즘은 무엇인가?

해답: 해답은 앞의 문제와 같다. 두 리스트의 길이가 m과 n이라고 하자. 이 경우에 counter가 $(m + n)/2$에 도달하면 멈춘다.

시간 복잡도: $O((m + n)/2)$

문제-15 문제-13의 시간 복잡도를 $O(logn)$으로 개선할 수 있는가?

해답: 그렇다. 분할 정복 접근법을 사용한다. 주어진 두 리스트가 $L1$과 $L2$라고 하자.

알고리즘

1) 주어진 정렬된 배열 L1[]과 L2[]의 중간값을 구한다. 이 중간값들을 $m1$과 $m2$라고 하자.

2) $m1$과 $m2$가 같다면 $m1$(이나 $m2$)을 리턴한다.

3) $m1$이 $m2$보다 크다면, 최종 중간값은 다음 두 부속 배열 안에 존재한다.

    a) L1의 첫 번째 항목부터 $m1$

    b) $m2$부터 L2의 마지막 항목

4) $m2$가 $m1$보다 크다면, 최종 중간값은 다음 두 부속 배열 안에 존재한다.

    a) $m2$부터 L1의 마지막 항목

    b) L2의 첫 번째 항목부터 $m2$

5) 앞의 과정을 두 부속 배열의 크기가 모두 2가 될 때가지 반복한다.

6) 두 배열의 크기가 2라면 다음 수식을 사용해 중간값을 구한다.

7) 중간값 = $(max(L1[0], L2[0]) + min(L1[1], L2[1])/2$

시간 복잡도: $O(logn)$. 입력의 절반만을 고려하고 나머지 절반은 무시하기 때문

문제-16 입력 배열 A가 주어졌다. 이 리스트에 중복되는 항목이 있을 수 있다고 하자. 이제 중복되는 항목이 있다면 가장 큰 인덱스에 있는 항목을 검색하자.

해답: 11장을 참고하자.

문제-17 스트라센(Strassen)의 행렬 곱셈 알고리즘을 분할 정복을 사용해보자. 즉 주어진 두 개의 $n \times n$ 행렬 A, B에 대해 $n \times n$ 행렬 $C = A \times B$를 구하자. 여기서 C의 항목은 다음 수식의 결과로 나온 값이다.

$$C_{i,j} = \sum_{k=0}^{n-1} A_{i,k} B_{k,j}$$

해답: 스트라센의 알고리즘을 알아보기 전에, 먼저 기본적인 분할 정복 알고리즘을 살펴보자. 이 문제를 해결할 때 흔히 사용하는 방법은 다음 예제와 같다. 즉 $C[i, j]$를 결정하기 위해 A의 i번째 행과 B의 j번째 열을 곱해야 한다.

```
// C를 초기화한다
for i = 1 to n
    for j = 1 to n
        for k = 1 to n
            C[i, j] += A[i, k] * B[k, j];
```

행렬 곱셈 문제는 분할 정복 기법으로 풀 수 있다. 분할 정복 알고리즘을 구현하기 위해 주어진 문제를 원래 문제와 유사한 여러 개의 부속 문제로 분할해야 한다. 이 시점에서는 각각의 $n \times n$ 행렬을 $\frac{n}{2} \times \frac{n}{2}$ 부속 행렬을 항목으로 가진 2×2 행렬로 본다. 그러므로 원래 행렬의 곱셈 $C = A \times B$는 다음과 같이 작성할 수 있다.

$$\begin{bmatrix} C_{1,1} & C_{1,2} \\ C_{2,1} & C_{2,2} \end{bmatrix} = \begin{bmatrix} A_{1,1} & A_{1,2} \\ A_{2,1} & A_{2,2} \end{bmatrix} \times \begin{bmatrix} B_{1,1} & B_{1,2} \\ B_{2,1} & B_{2,2} \end{bmatrix}$$

여기서 A_{ij}, B_{ij}와 C_{ij}는 $\frac{n}{2} \times \frac{n}{2}$ 행렬이다.

주어진 C_{ij}의 값에 따라 부속 행렬의 결과는 다음과 같이 계산될 수 있다.

$C_{1,1} = A_{1,1} \times B_{1,1} + A_{1,2} \times B_{2,1}$

$C_{1,2} = A_{1,1} \times B_{1,2} + A_{1,2} \times B_{2,2}$

$C_{2,1} = A_{2,1} \times B_{1,1} + A_{2,2} \times B_{2,1}$

$C_{2,2} = A_{2,1} \times B_{1,2} + A_{2,2} \times B_{2,2}$

여기서 +와 ×는 (각각) $\frac{n}{2} \times \frac{n}{2}$ 행렬의 합과 곱을 뜻한다.

원래의 $n \times n$ 행렬 곱셈을 계산하기 위해 8개의 $\frac{n}{2} \times \frac{n}{2}$ 행렬 곱을 계산해야 하고(분할), 네 번의 $\frac{n}{2} \times \frac{n}{2}$ 행렬 합(정복)을 해야 한다. 행렬의 합은 $O(n^2)$ 연산이므로 곱셈 연산의 전체 수행 시간은 다음 점화식으로 주어진다.

$$T(n) = \begin{cases} O(1) & ,for\ n = 1 \\ 8T\left(\dfrac{n}{2}\right) + O(n^2) & ,for\ n > 1 \end{cases}$$

마스터 정리를 사용하면, $T(n) = O(n^3)$을 얻는다.

다행히도 8개의 행렬 곱셈 중 하나는 불필요하다(스트라센에 의해 발견). 다음의 7번의 $\dfrac{n}{2} \times \dfrac{n}{2}$ 행렬을 참고하자.

$M_0 = (A_{1,1} + A_{2,2}) \times (B_{1,1} + B_{2,2})$

$M_1 = (A_{1,2} - A_{2,2}) \times (B_{2,1} + B_{2,2})$

$M_2 = (A_{1,1} - A_{2,1}) \times (B_{1,1} + B_{1,2})$

$M_3 = (A_{1,1} + A_{1,2}) \times B_{2,2}$

$M_4 = A_{1,1} \times (B_{1,2} - B_{2,2})$

$M_5 = A_{2,2} \times (B_{2,1} - B_{1,1})$

$M_6 = (A_{2,1} + A_{2,2}) \times B_{1,1}$

앞의 수식은 각각 한 번의 곱셈만을 가지고 있다. M_0부터 M_6까지 계산하는 데 10번의 덧셈과 7번의 곱셈이 필요하다. 주어진 M_0부터 M_6의 값이 따라 행렬 C의 항목들은 다음과 같이 계산할 수 있다.

$C_{1,1} = M_0 + M_1 - M_3 + M_5$

$C_{1,2} = M_3 + M_4$

$C_{2,1} = M_5 + M_6$

$C_{2,2} = M_0 - M_2 + M_4 - M_6$

이 접근 방법은 7번의 $\dfrac{n}{2} \times \dfrac{n}{2}$ 행렬 곱셈과 18번의 $\dfrac{n}{2} \times \dfrac{n}{2}$ 덧셈을 필요로 한다. 그러므로 최악의 경우 수행 시간은 다음 점화식을 수행한 결과이다.

$$T(n) = \begin{cases} O(1) & ,for\ n = 1 \\ 7T\left(\dfrac{n}{2}\right) + O(n^2) & ,for\ n = 1 \end{cases}$$

마스터 정리를 사용하면, $T(n) = O(n^{\log_2 7}) = O(n^{2.81})$을 얻는다.

문제-18 주식 가격 문제: 연속한 n일 동안의 CareerMonk.com의 주식 가격을 생각해보자. 즉 입력은 이 회사의 주식 가격의 배열이다. 다 알고 있듯이 주식 가격은 매일 같지 않다. 입력 주식 가격에는 주식 가격이 높아서 현재 소유하고 있는 주식을 팔 수 있는 날짜와 주식을 살 수 있는 날짜들이 있을 것이다. 이제 우리의 문제는 주식 거래를 통해 최대의 이익을 얻을 수 있도록 주식을 팔 날짜와 살 날짜를 찾는 것이다.

해답: 문제에서 주어진 대로, 입력이 주식 가격(정수)의 배열이라고 하자. 주어진 배열이 $A[1], ..., A[n]$이라고 하자. 이 배열로부터 최대 이익을 낼 수 있는 2일(사는 날과 파는 날)을 찾아야 한다. 또한 사는 날은 파는 날보다 앞이어야만 한다. 한 가지 간단한 접근 방법은 모든 가능한 사고 파는 날짜들을 살펴보는 것이다.

```
void StockStrategy(int A[], int n, int buyDateIndex, int sellDateIndex) {
    int j, profit = 0;
    buyDateIndex = 0;
    sellDateIndex =0;
    // 사는 날짜를 가리킨다
    for(int i = 1; i < n; i++) {
        // 파는 날짜를 가리킨다
        for(j = i; j < n; j++) {
            if(A[j] - A[i] > profit) {
                profit = A[j] - A[i];
                buyDateIndex = i;
                sellDateIndex = j;
            }
        }
    }
    System.out.println("buyDate:" + i + ", sellDate:" + j);
}
```

두 개의 중첩된 루프는 $n(n + 1)/2$ 계산이 걸린다. 그러므로 $\Theta(n^2)$ 시간이 걸린다.

문제-19 문제-18에서 시간 복잡도를 개선할 수 있는가?

해답: 그렇다. 분할 정복 $\Theta(nlogn)$ 해법이다. 입력 리스트를 두 개의 부분으로 분할해서 두 부분에 대해 재귀적으로 해답을 찾는다. 이렇게 할 때 세 가지 경우가 있을 수 있다.

- buyDateIndex와 sellDateIndex 모두 앞쪽 부분에 있을 경우
- buyDateIndex와 sellDateIndex 모두 뒤쪽 부분에 있을 경우
- buyDateIndex는 앞쪽 부분, sellDateIndex는 뒤쪽 부분에 있을 경우

처음 두 경우는 재귀를 이용해 풀 수 있는데, 세 번째 경우는 주의가 필요하다. 왜냐하면 buyDateIndex와 sellDateIndex가 다른 쪽에 있기 때문이다. 이 경우에 두 부분에 대해 최소 가격과 최대 가격을 찾아야 하는데, 이는 선형 시간에 풀 수 있다.

```
void StockStrategy(int A[], int left, int right) {
    // 필요한 변수들의 선언
    if(left + 1 = right)
        return (0, left, left);
    mid = left + (right - left) / 2;
    (profitLeft, buyDateIndexLeft, sellDateIndexLeft) =
     StockStrategy(A, left, mid);
    (profitRight, buyDateIndexRight, sellDateIndexRight) =
     StockStrategy(A, mid, right);
    minLeft = Min(A, left, mid);
    maxRight = Max(A, mid, right);
    profit = A[maxRight] - A[minLeft];
    if(profitLeft > max{profitRight, profit})
        return(profitLeft, buyDateIndexLeft,
            sellDateIndexLeft);
    else if(profitRight > max{profitLeft, profit})
        return(profitRight, buyDateIndexRight,
            sellDateIndexRight);
    else
        return(profit, minLeft, maxRight);
}
```

알고리즘 StockStrategy는 입력의 절반 크기인 두 문제에서 자기 자신을 재귀적으로 호출한다. 그리고 추가로 $\Theta(n)$ 시간을 최대, 최소 가격을 검색하는 데 사용한다. 그러므로 시간 복잡도는 점화식 $T(n) = 2T(n/2) + \Theta(n)$으로 나타낼 수 있고, 마스터 정리를 사용하면 $O(n \log n)$을 얻는다.

문제-20 '부서지지 않는' 랩탑을 테스트하는 예를 살펴보자. 이 태스트의 목적은 이 랩탑이 정말 어느 시점까지 부서지지 않는지 찾으려는 것이다. 특별히 n-층 건물에서 랩탑이 부서지지 않도록 떨어뜨릴 수 있는 가장 낮은 층('천장'이라고 부르자)을 찾아보자. 두 개의 랩탑이 주어졌을 때 던지면 부서지는 가장 높은 천장을 알아내야 한다. 시도의 횟수를 최소화하는 알고리즘을 제시하자. 이 경우에는 $f(n)$(선형 $f(n)$)이 제일 간단한 해답을 내므로(선형에 유사할수록 좋다), 이를 구현해야 한다.

해답: 이번에는 문제를 분할하여 재귀적으로 풀 수 없으므로 이진 검색을 사용할 수 없다. 일단 예를 들어 들어 14가 답이라고 하자. 이 말은 이 답을 찾기 위해 14번 떨어뜨려야 한다는 것이다. 가장 먼저 14층에서 떨어뜨려서 랩탑이 부서지면, 1층부터 13층까지 모든 층에서 시도한다. 반면 14층에서 떨어뜨려 부서지지 않았다면, 13번 더 떨어뜨릴 수 있기 때문에 14 + 13 + 1 = 28층에서 떨어뜨린다. 왜냐하면 28층에서 떨어뜨려 부서진다면 15층부터 27층까지 모든 층에서 12번 떨어뜨릴 수 있기 때문이다(총 횟수는 14). 만약 28층에서 떨어뜨려 부서지지 않는다면 11번 더 떨어뜨릴 수 있기 때문에 다음에 랩탑을 떨어드릴 층을 다시 설정한다.

앞의 예에서 우리는 먼저 14층의 간격을 시도했고, 그 다음엔 13층, 그 다음엔 12층의 순서로 시도했다. 그러므로 답이 k라면 k, $k-1$, $k-2$, ...1 간격들을 시도하는 것이다. 주어진 건물이 n층이므로 이 둘을 연관시켜야 한다. 우리가 시도할 수 있는 최대 층이 n이므로 전체 생략하는 층의 수가 n보다 작아야 한다. 따라서 수식은 다음과 같다.

$k + (k-1) + (k-2) + ... + 1 \leq n$

$\frac{k(k+1)}{2} \leq n$

$k \leq \sqrt{n}$

이 과정의 복잡도는 $O(\sqrt{n})$이다.

문제-21 주어진 n개의 숫자 중에 같은 숫자가 있는지 검사하자.

해답: 11장을 참고하자.

문제-22 어떤 정수가 다른 수의 제곱인지 검사하는 알고리즘을 제시하자. 예를 들어 16은 제곱이고 15는 아니다.

해답: 가장 처음에 $i = 2$라고 하자. $i \times i$를 계산해서 주어진 숫자와 같은지 검사한다. 같다면 다 된 것이고, 아니라면 i 값을 증가시킨다. 이 과정을 $i \times i$가 주어진 숫자보다 크거나 같을 때까지 계속한다.

시간 복잡도: $O(\sqrt{n})$.

공간 복잡도: $O(1)$

문제-23 너트와 볼트 문제: 크기가 다른 n개의 너트와 n개의 볼트 집합이 주어져서 너트와 볼트 사이에 1:1 연관성이 있다고 하자. 각 너트와 대칭하는 볼트를 찾아라. 너트와 볼트만 서로 비교할 수 있다고 가정하자(너트와 너트, 볼트와 볼트 비교 불가).

해답: 10장을 참고하자.

문제-24 가장 가까운 점들의 쌍 문제: $p_i = (x_i, y_i)$인 n개의 점들의 집합 $S = \{p_1, p_2, p_3, \ldots , p_n\}$이 주어졌다. 모든 쌍 가운데서 가장 가까운 거리를 가지는 점들의 쌍을 찾아라. 간단하게 하기 위해 모든 점들이 1차원에 있다고 가정하자.

해답: 점들을 정렬했다고 하자. 점들이 1차원에 있기 때문에 정렬 뒤에 모든 점은 같은 선에 있다(X축이나 Y축). 정렬의 복잡도는 $O(nlogn)$이다. 정렬이 끝난 뒤 점들을 스캔하며 최소 거리를 가진 인접한 점들을 찾을 수 있다. 그러므로 1차원에서 이 문제는 $O(nlogn)$ 시간에 풀릴 수 있으며 정렬이 대부분의 시간을 차지한다.

시간 복잡도: $O(nlogn)$

문제-25 문제-24의 점들이 2차원 공간에 있다면 어떻게 풀 수 있는가?

해답: 알고리즘으로 넘어가기 전에, 다음 수식을 살펴보자.
$$distance(p_1, p_2) = \sqrt{(x_1 - x_2)^2 - (y_1 - y_2)^2}$$

앞의 수식은 두 점 $p_1 = (x_1, y_1)$, $p_2 = (x_2, y_2)$의 거리를 계산한다.
브루트-포스 해법은 다음과 같다.

- 모든 점들의 쌍의 거리를 계산한다. n개의 점들에서 두 개의 점을 선택하는 데에 n_{c_2}가지의 방법이 있다($n_{c_2} = O(n^2)$).
- 모든 n^2 가능성에 대해 거리를 구한 뒤 최소 거리를 갖는 쌍을 선택하는 데 $O(n^2)$이 걸린다.

전체 시간 복잡도는 $O(n^2)$이다.

문제-26 문제-24의 가장 가까운 쌍 문제에서 $O(nlogn)$ 해법을 제시하자.

해답: $O(nlogn)$ 해법을 제시하려면, 분할 정복 기법을 사용해야 한다. 분할 정복 과정을 시작하기 전에, 점들이 x 값의 오름차순으로 정렬되었다고 가정하자. 점들을 x 좌표의 중간값을 기준으로 두 개의 절반으로 분할한다. 즉 문제가 각 절반에서 가장 가까운 쌍을 찾는 문제로 분할되는 것이다. 그럼 다음에 설명한 알고리즘을 살펴보고, 이 과정을 이해하도록 하자.

알고리즘

1) x 좌표를 기준으로 주어진 점들 S(점들의 집합)를 정렬한다. S를 S의 중간값을 지나는 선 l을 기준으로 두 개의 부분집합 S_1, S_2로 분할한다. 이 과정은 분할 정복 기법 중 분할 부분이다.
2) S_1과 S_2에서 가장 가까운 쌍을 찾아 이들을 L과 R이라고 부른다.
3) 이제 과정 4)에서 8)이 분할 정복에서 항목들을 합치는 과정이다.
4) $\sigma = min(L, R)$이라고 하자.
5) l로부터 σ보다 먼 점들을 제거한다.
6) 나머지 점들을 y 좌표를 기준으로 정렬한다.
7) 나머지 점들을 y 순서로 스캔해서 각 점들의 거리가 $2 \times \sigma$보다 크지 않은 거리들을 계산한다(이것이 y에 따라 정렬한 이유이다).
8) 이 거리 중 σ보다 작은 것이 있으면 σ를 업데이트한다.

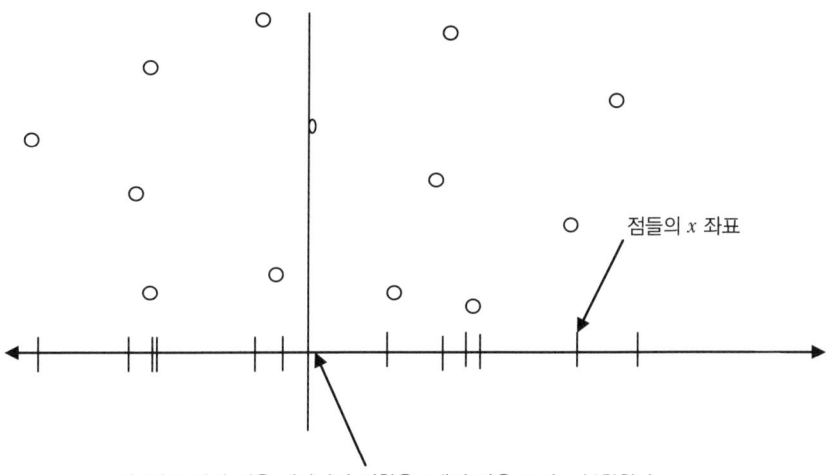

선 l이 중간값 점을 지나가며 집합을 2개의 같은 크기로 분할한다.

선형 시간에 결과 합치기

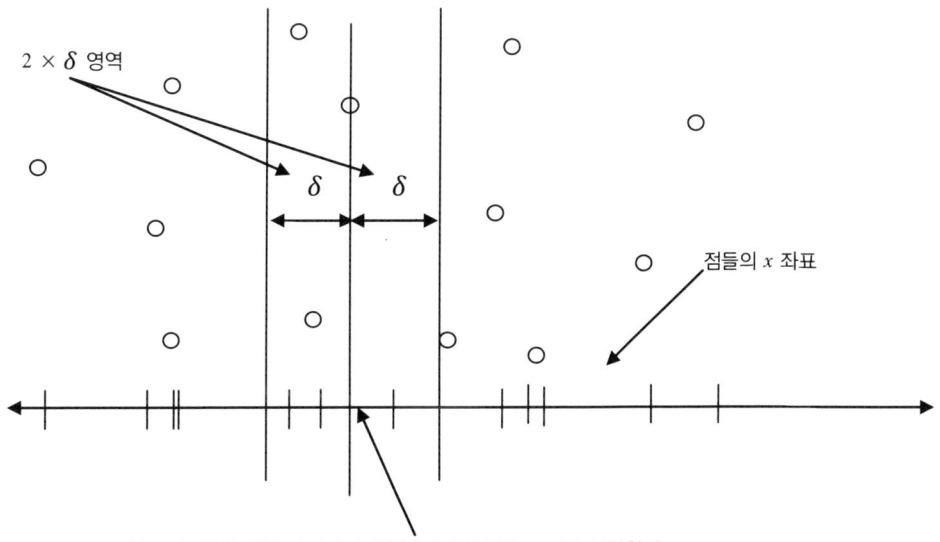

선 l이 중간값 점을 지나가며 집합을 2개의 같은 크기로 분할한다

L이 첫 번째 부분 문제의 해답이고 R이 두 번째 부분 문제의 해답일 때 $\sigma = min(L, R)$이라고 하자. 분할 선을 건너는 가장 가까운 쌍의 가능한 후보는 선으로부터 σ 거리보다 가까운 것들이다. 그러므로 앞의

그림에서처럼 분할 선을 건너는 2 × σ 영역 안에 있는 점들만 필요하다. 선으로부터 σ 거리 안쪽에 있는 점들을 검사하는 방법은 다음 그림에서 살펴볼 수 있다.

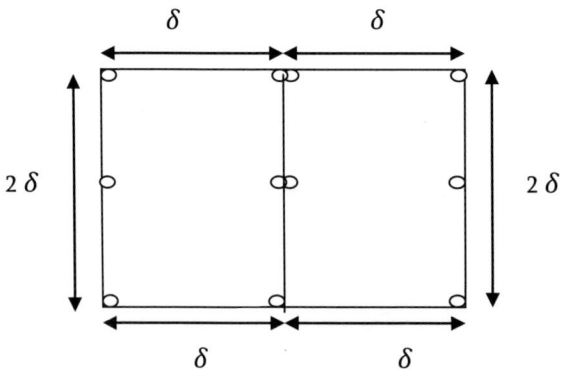

이 그림에서 12점들의 최대 값이 σ보다 크지 않은 거리를 가지고 사각형 안쪽에 위치될 수 있다는 것을 볼 수 있다. 즉 정렬된 리스트에서 11개의 위치 안에 있는 거리만 검사할 필요가 있다. 이는 앞서 살펴본 예제와 유사한데, 분할선을 중간 선으로 하는 2 × σ 영역 안의 모든 가능한 상자들에 대해 12점 상자 전략을 적용할 수 있다. 이 영역에 최대 n개의 이런 상자가 있을 수 있기 때문에 이 영역에서 가장 가까운 쌍을 찾는 전체 시간은 $O(n)$이다.

분석

1) 앞서 나온 알고리즘에서 1)과 2)는 정렬과 재귀적으로 최소 값을 찾는 데 $O(nlogn)$이 걸린다.
2) 그 다음 4)는 $O(1)$이 걸린다.
3) 그리고 5)는 스캔하고 제거하는 데 $O(n)$이 걸린다.
4) 6)에서는 정렬하는 데 $O(nlogn)$이 걸린다
5) 마지막으로 7)은 스캔하는 데 $O(n)$이 걸린다

전체 복잡도, $T(n) = O(nlogn) + O(1) + O(n) + O(n) + O(n) \approx O(nlogn)$이다.

문제-27 이어지는 부속 순열의 최대 값: n개의 숫자를 가진 순열 $A(1) \ldots A(n)$이 주어졌을 때, 부속 순열의 항목들의 합이 최대가 되는 이어지는 부속 순열 $A(i) \ldots A(j)$를 찾는 알고리즘을 알아보자. 예: {-2, 11, -4, 13, -5, 2} → 20이고, {1, -3, 4, -2, -1, 6} → 7이다.

해답: 입력을 두 개의 절반으로 분할하자. 이어지는 부속 순열의 최대 값은 다음의 세 경우 중 한 가지이다.

· 경우 1: 첫 번째 절반 안에 완전히 들어 있다.

· 경우 2: 두 번째 절반 안에 완전히 들어 있다.

· 경우 3: 첫 번째 절반 안에서 시작해서 두 번째 절반 안에서 끝난다.

경우 3을 살펴보면서 시작하자. 모든 $n/2$ 시작 지점과 $n/2$ 끝지점을 각각 고려하는 중첩 루프를 피하려면 두 개의 중첩 루프를 두 개의 인접 루프로 변환한다. 각각 $n/2$ 크기의 인접 루프를 합치는 데는 선형 작업만 필요하다. 첫 번째 절반 안에서 시작하고 두 번째 절반 안에서 끝나는 어떤 부속 순열도 첫 번째 절반의 마지막 항목과 두 번째 절반의 첫 번째 항목을 반드시 포함해야 한다.

경우 1과 경우 2에서는 더 많은 절반들로 나누는 전략을 적용해야 한다. 요약하면, 다음과 같다.

1. 전체가 첫 번째 절반에 완전히 들어 있고, 이어지는 부속 순열의 최대 값을 재귀적으로 계산한다.

2. 전체가 두 번째 절반에 완전히 들어 있고, 이어지는 부속 순열의 최대 값을 재귀적으로 계산한다.

3. 두 인접 루프를 통해 첫 번째 절반에서 시작해서 두 번째 절반에서 끝나고, 서로 이어지는 부속 순열의 최대 값을 계산한다.

4. 이 세 합 중 최대 값을 선택한다.

```
int MaxSumRec(int A[], int left, int right) {
    int MaxLeftBorderSum = 0, MaxRightBorderSum = 0,
LeftBorderSum = 0, RightBorderSum = 0;
    int mid = left + (right - left) / 2;
    if(left == right) // 기본 경우
        return A[left] > 0 ? A[left]: 0;
    int MaxLeftSum = MaxSumRec(A, left, mid);
    int MaxRightSum = MaxSumRec(A, mid + 1, right);
```

```
        for(int i = mid; i >= left; i--) {
            LeftBorderSum += A[i];
            if(LeftBorderSum > MaxLeftBorderSum)
                MaxLeftBorderSum = LeftBorderSum;
        }
        for(int j = mid + 1; j <= right; j++) {
            RightBorderSum += A[j];
            if(RightBorderSum > MaxRightBorderSum)
                MaxRightBorderSum = RightBorderSum;
        }
        return Max(MaxLeftSum, MaxRightSum,MaxLeftBorderSum +
           MaxRightBorderSum);
    }
    int MaxSubsequenceSum(int A, int n) {
    return n > 0 ? MaxSumRec(A, 0, n – 1): 0;
}
```

기본 경우의 비용은 1이다. 이 프로그램은 두 개의 재귀적 호출을 수행하고 경우 3에서 최대 값의 합을 계산하는 선형 작업을 수행한다. 점화 관계식은 다음과 같다.

$T(1) = 1$

$T(n) = 2T(n/2) + n$

분할 정복 마스터 정리를 이용하면, 시간 복잡도 $T(n) = O(nlogn)$을 얻는다.

> **참고**
> 효율적인 해법은 19장을 참고하자.

문제-28 $a1\ a2\ a3\ ...\ an\ b1\ b2\ b3\ ...\ bn$의 형태를 가진 $2n$개의 정수의 배열이 주어졌다. 부가적인 메모리 없이 이 배열을 섞어서 $a1\ b1\ a2\ b2\ a3\ b3\ ...\ an\ bn$을 만들어라.

해답: 브루트-포스 해법을 사용한 예를 살펴보자.

  1. 다음 배열로부터 시작한다. $a1\ a2\ a3\ a4\ b1\ b2\ b3\ b4$
  2. 이 배열을 두 개의 절반 크기 배열로 분할한다. $a1\ a2\ a3\ a4 : b1\ b2\ b3\ b4$

3. 중간을 기준으로 항목들을 교환한다. a3 a4와 b1 b2를 교환하면, a1 a2 b1 b2 a3 a4 b3 b4를 얻는다.
4. a1 a2 b1 b2를 a1 a2 : b1 b2로 분할하고, a3 a4 b3 b4를 a3 a4 : b3 b4로 분할한다.
5. 각 부속 배열의 중간을 기준으로 항목들을 교환하면, a1 b1 a2 b2와 a3 b3 a4 b4를 얻는다.

이 해답이 i = 0, 1, 2, 3 등일 때 $n = 2i$의 경우만 처리한다는 것에 주목하자. 제시된 내용이 $n = 2^2$ = 4였으므로 배열을 두 개의 절반 크기 배열로 쉽게 재귀적으로 분할할 수 있다. 재귀 함수를 호출하기 전에 배열의 중간을 기준으로 항목들을 교환하여 더 작은 크기의 문제를 만드는 것이 좋다. 예를 들어 항목의 새 위치를 항목의 값 자체로 계산할 수 있는 등의 특수한 속성이 있다면 선형 시간 복잡도를 가진 해답도 가능할 것이다. 이는 바로 해싱 기법을 이용하는 경우이다.

```
void ShuffleArray(int A[], int l, int r) {
    // 배열 중심
    int c = l + (r-l)/2, q = 1 + l + (c-l)/2;
    if(l == r) // 배열에 하나의 항목만 있는 기본 경우
        return;
    for(int k = 1, i = q; i <= c; i++, k++) {
        // 중간을 기준으로 항목들을 교환한다
        int tmp = A[i]; A[i] = A[c + k]; A[c + k] = tmp;
    }
    ShuffleArray(A, l, c);
    // 왼쪽과 오른쪽에 재귀적으로 함수를 호출한다
    ShuffleArray(A, c + 1, r););
    // 오른쪽에 대해 재귀적으로 함수를 호출한다
}
```

시간 복잡도: $O(nlogn)$

19장

Data Structures and Algorithms Made Easy for JAVA

동적 계획법

19.1 소개

이 장에서는 다른 기법(예를 들어 분할 정복이나 탐욕 기법)을 사용해서 최적의 해답을 찾지 못한 문제들을 풀려고 시도할 것이다. 동적 계획법(Dynamic Programming, DP)은 간단한 기법이지만 마스터하기는 쉽지 않다. DP 문제를 밝혀내고 푸는 간단한 방법 하나는 최대한 많은 문제를 풀어보는 것이다. 계획법(Programming)이라는 용어는 코딩(coding)이 아니라 테이블을 채운다는 문자적 의미이다(선형 계획법과 유사).

19.2 동적 계획법 전략이란 무엇인가?

동적 계획법과 메모하기는 함께 동작한다. 동적 계획법과 분할 정복의 가장 주된 차이점은 분할 정복의 경우엔 부속 문제들이 독립적이지만 동적 계획법에서는 부속 문제들이 겹친다는 것이다. 동적 계획법은 메모하기(이미 푼 부속 문제들의 테이블 유지하기)를 이용하는 방법으로 많은 문제에서 지수적 복잡도를 다항적 복잡도로($O(n^2)$, $O(n^3)$ 등) 감소시킬 수 있다. 동적 계획법의 주요 요소는 다음과 같다.

- 재귀: 부속 문제들을 재귀적으로 푼다.
- 메모하기: 이미 계산된 값들을 테이블에 저장한다(메모하기는 캐싱(Caching)을 뜻한다).

동적 계획법 = 재귀 + 메모하기

19.3 동적 계획법 전략의 속성들?

주어진 문제를 풀 수 있는지 여부를 알려 주는 동적 계획법의 두 가지 속성은 다음과 같다.

- 최적 부속 구조(Optimal Substructure): 부속 문제들에 대한 최적의 해답을 가진 문제의 최적의 해답
- 겹치는 부속 문제(Overlapping Subproblems): 여러 번 반복되는 몇 가지 부속 문제들을 포함하는 재귀적 해법

19.4 동적 계획법이 어떤 문제라도 풀 수 있는가?

탐욕 기법이나 분할 정복 기법과 같이 동적 계획법 역시 모든 문제를 풀 수는 없다. 어떤 알고리즘 기법(탐욕 기법, 분할 정복, 동적 계획법)으로도 풀 수 없는 문제들이 있다.

동적 계획법과 직선적인 재귀의 차이점은 재귀적 호출의 메모하기의 활용 유무이다. 부속 문제들이 독립적이고 반복이 없다면 메모하기를 사용하는 것이 의미가 없으므로 동적 계획법이 모든 문제의 해법은 아니다.

19.5 동적 계획법 접근

기본적으로 동적 계획법, 즉 DP 문제를 푸는 데는 두 가지 방법이 있다.

- 상향식(bottom-up) 동적 계획법
- 하향식(top-down) 동적 계획법

상향식 동적 계획법

이 기법에서는 제일 작은 입력 인자를 가지고 함수를 계산한 뒤에 입력 인자 값을 천천히 증가시키면서 가능한 값들을 살펴본다. 값들을 계산할 때 모든 계산된 값을 테이블(메모리)에 저장한다. 더 큰 인자들이 계산될 때, 작은 인자들에서 미리 계산된 값들이 사용될 수 있다.

하향식 동적 계획법

이 기법에서는, 문제가 부속 문제들로 나뉘어져서 필요한 경우 이 부속 문제들이 풀리고 그 해답이 저장된다. 또한 이 각각의 계산된 값을 재귀 함수의 마지막 동작으로 저장하고, 재귀 함수의 맨 첫 동작에서는 미리 계산된 값이 존재하는지 검사한다.

상향식 계획법과 하향식 계획법 비교

상향식 계획법에서는 프로그래머가 계산할 값들을 고르고, 계산의 순서를 정하는 등 미리 생각을 해야 한다. 이 경우 필요한 모든 부속 문제가 미리 풀리고, 더 큰 문제의 해답을 구할 때 사용된다. 하향식 계획법에서는 원래 코드의 재귀적 구조가 유지되지만 불필요한 재계산을 하지 않는다. 문제는 부속 문제들로 나누어지고, 이 부속 문제들은 다시 사용되어야 할 경우에 대비해 그 계산된 값이 저장된다.

> 참고
> 어떤 문제들은 이 두 기법 모두로 풀 수 있는데, 다음 절에서 그러한 예들을 살펴볼 것이다.

19.6 동적 계획법 알고리즘의 예

- 가장 긴 공통 부속 순열, 가장 긴 증가하는 부속 순열, 가장 긴 공통 부속 문자열, 편집 거리 등 많은 문자열 알고리즘

- 그래프 알고리즘들이 효율적으로 계산된다. 그래프에서 최단 거리를 찾는 벨만-포드 알고리즘, 플로이드의 모든 쌍 최단 거리 알고리즘 등
- 연속적인 행렬 곱셈(Chain Matrix Multiplication)
- 부분집합의 합
- 0/1 배낭
- 순회 판매원 문제 등 다수

19.7 동적 계획법 이해하기

문제들을 본격적으로 살펴보기 전에, 동적 계획법이 어떻게 동작하는지 예를 통해 이해해보자.

피보나치 수열

피보나치 수열에서 현재의 숫자는 이전 두 숫자의 합이다. 피보나치 수열은 다음과 같이 정의된다.

$$fib(n) = 0, \quad \text{for } n = 0$$
$$= 1, \quad \text{for } n = 1$$
$$= fib(n-1) + fib(n-2), \quad \text{for } n > 1$$

다음은 코드로 구현한 것이다.

```
int RecursiveFibonacci(int) {
    if(== 0) return 0;
    if(== 1) return 1;
    return RecursiveFibonacci(-1) + RecursiveFibonacci(-2);
}
```

앞의 점화식을 풀면 다음과 같다.

$$T(n) = T(n-1) + T(n-2) + 1 \approx \left(\frac{1+\sqrt{5}}{2}\right)^n \approx 2^n = O(2^n)$$

> **참고**
> 증명은 1장을 참고하자.

메모하기가 어떻게 도움이 되는가?

$fib(5)$를 호출하면, 같은 값에 대해 함수를 여러 번 호출하는 호출 트리를 만든다.

$fib(5)$

$fib(4) + fib(3)$

$(fib(3) + fib(2)) + (fib(2) + fib(1))$

$((fib(2) + fib(1)) + (fib(1) + fib(0))) + ((fib(1) + fib(0)) + fib(1))$

$(((fib(1) + fib(0)) + fib(1)) + (fib(1) + fib(0))) + ((fib(1) + fib(0)) + fib(1))$

앞의 예에서 $fib(2)$는 세 번 계산된다(부속 문제들의 겹침 때문에). n이 크다면 fib(부속 문제)의 더 많은 값들이 재계산되어 지수적 시간 알고리즘을 만든다. 같은 부속 문제를 다시 푸는 대신에 이전에 계산된 값을 저장한다면 복잡도를 줄일 수 있다.

메모하기는 다음과 같은 방식으로 동작한다. 재귀 함수를 가지고 시작해서 함수의 인자 값을 함수에 의해 계산된 값에 대응시키는 테이블을 추가한다. 그런 다음 이 함수가 같은 인자를 가지고 두 번 호출되면 답을 테이블에서 검색한다.

개선하기: 앞서 동적 계획법이 어떻게 이 문제의 복잡도를 지수적에서 다항적으로 감소시키는지 보았다. 이제 해답을 개선할 것인데, 두 가지 방법이 있다. 한 가지 접근법은 상향식이다. 이 방법은 입력의 낮은 값들로부터 시작해서 더 높은 값들의 해답을 만들어 간다.

```
int fib[n];
    int fib(int n) {
    // 기본 경우 검사
    if(n == 0 || n == 1) return 1;
        fib[0] = 1;
        fib[1] = 1;
        for(int i = 2; i < n; i++)
```

```
        fib[i] = fib[i - 1] + fib[i - 2];
    return fib[n - 1];
}
```

다른 방법은 하향식이다. 이 방법에서는 재귀 호출들을 저장했다가 이미 계산되었다면, 그 값을 사용한다. 다음은 이를 구현한 코드이다.

```
int fib[n];
    int fibonacci(int) {
        if(n == 1) return 1;
        if(n == 2) return 1;
        if(fib[n]!= 0) return fib[n];
    return fib[n] = fibonacci(n-1) + fibonacci(n-2);
}
```

참고

모든 문제에서 상향식과 하향식 계획법의 해답이 존재하는 것은 아니다.

피보나치 수열의 상향식과 하향식 구현은 모두 문제의 복잡도를 $O(n)$으로 감소시킨다. 왜냐하면 값이 이미 계산되었다면 그 부속 문제를 다시 호출하지 않기 때문이다. 여기서는 그 값을 테이블로부터 직접 가져온다.

시간 복잡도: $O(n)$

공간 복잡도: 테이블을 위해 $O(n)$

더 개선하기: 피보나치 수열에서 현재의 값은 이전 두 계산의 합이므로, 이전의 모든 계산을 저장할 필요가 없다. 즉 마지막 두 값만을 저장한다면 현재의 값을 계산할 수 있다는 뜻이다. 다음은 개선된 피보나치 수열의 코드이다.

```
int fibonacci(int n) {
    int a = 0, b = 1, sum, i;
    for(i = 0; i < n; i++) {
        sum = a + b;
        a = b;
        b = sum;
    }
    return sum;
}
```

시간 복잡도: $O(n)$

공간 복잡도: $O(1)$

참고

이 기법 역시 모든 문제에 적용이 가능한 것은 아니다.

관찰

동적 계획법을 사용해서 문제를 풀 때, 다음 내용의 확인이 필요하다.

- 문제가 어떻게 재귀적으로 부속 문제들을 사용하여 정의되는가?
- 테이블(메모하기)을 사용해서 반복되는 계산을 피할 수 있는가?

숫자의 팩토리얼

다른 예로 팩토리얼(factorial) 문제를 생각해보자. $n!$은 n과 1 사이의 모든 정수들의 곱이다. 재귀적 팩토리얼의 정의는 다음과 같다.

$n! = n * (n - 1)!$

$1! = 1$

$0! = 1$

이는 다음과 같은 코드로 구현할 수 있다. 이 문제는 $n!$의 값을 구하는 것인데, 먼저 부속 문제 $(n - 1)!$의 값을 구해야 한다. 재귀적인 경우 n이 1보다 크다면 함수는 $(n - 1)!$의 값을 구하기 위해 자신을 호출하고 그것을 n에 곱한다. 최선의 경우 n이 0이거나 1이면 이 함수는 1을 리턴한다.

```java
int fact(int n) {
    if(n == 1) return 1;
    else if(n == 0) return 1;
    else // 재귀적인 경우: n에 (n - 1) 팩토리얼을 곱한다
        return n *fact(n -1);
}
```

앞의 구현의 점화식은 $T(n) = n \times T(n - 1) = O(n)$이다.

시간 복잡도: $O(n)$

공간 복잡도: $O(n)$, 재귀적 호출은 크기가 n인 스택이 필요하다.

앞의 점화 관계식과 구현에서 어떤 n 값에 대해서도 반복적인 계산이 없으므로(부속 문제가 겹치지 않는다) 팩토리얼 함수는 동적 계획법으로부터 어떤 이익도 얻지 못한다. 이제 임의의 m 값에 대해 여러 번의 $m!$을 계산한다고 하자. 앞의 알고리즘을 사용하면, 각 호출은 $O(m)$ 시간에 계산할 수 있다. 예를 들어 $n!$과 $m!$ 모두 찾으려면 앞의 접근 방법을 사용할 때 $n!$과 $m!$을 찾는 전체 복잡도는 $O(m + n)$이다.

시간 복잡도: $O(n + m)$. 공간 복잡도: $O(max(m, n))$, 재귀적 호출은 크기가 m과 n의 최대 값과 같은 스택이 필요하다.

개선하기: 이제 동적 계획법이 어떻게 복잡도를 개선하는지 살펴보자. 앞의 재귀적 정의에서 $fact(n)$이 $fact(n - 1)$과 n만으로 계산된다는 것을 볼 수 있다. 매번 $fact(n)$을 호출하는 대신 이전에 계산된 값을 어떤 테이블에 저장한 후 새 값을 계산할 때 사용할 수 있다. 다음은 이를 코드로 구현한 것이다.

```
int facto[];
int fact(int) {
    // 일반적인 경우: 0 또는 1의 참은 1
    if(== 1) return 1;
    else if(== 0) return 1;
    // 이미 계산된 경우
    else if(facto[ ]!=0) return facto[ ];
    // 재귀적인 경우: n에 (n-1) 팩토리얼을 곱한다
    else return facto[n]= n *fact(n -1);
}
```

이미 $n!$의 계산은 수행했다고 가정하고, $m!$을 찾아보자. $m!$을 찾기 위해 테이블을 검색해서 미리 계산된 값이 있으면 이미 존재하는 값을 사용한다. $m < n$이면 $m!$을 재계산할 필요가 없다. $m > n$이면 $n!$을 사용하고 나머지 숫자들에서만 팩토리얼을 호출한다.

이 해법은 복잡도를 $O(max(m, n))$으로 감소시킨다. 왜냐하면 $fact(n)$이 이미 계산되었다면, 이 값을 다시 계산하지 않기 때문이다. 만약 새로 계산된 값으로 배열을 채운다면 부속 순열 호출은 복잡도를 더 감소시킨다.

시간 복잡도: $O(\max(m, n))$

공간 복잡도: 테이블을 위해 $O(\max(m, n))$

최장 공통 부속 순열

주어진 두 문자열이 있다. 길이가 m인 문자열 $X[X(1...m)]$과 길이가 n인 문자열 $Y[Y(1...n)]$이 있다.

최장 공통 부속 순열을 찾기: 두 문자열 모두에서 왼쪽에서 오른쪽으로 나타나는 가장 긴 글자들의 부속 순열(연결되는 블록에 있지 않아도 됨)이다. 예를 들어 X = "ABCBDAB"이고, Y = "BDCABA"라면 $LCS(X, Y)$ = {"BCBA", "BDAB", "BCAG"}이다. 여기에는 몇 가지 최적 해법이 있다.

브루트-포스 접근법: 이 방법은 $X[1...m]$의 모든 부속 순열을 검사해서(m은 순열 X의 길이), 이것이 또한 $Y[1....n]$(n은 순열 Y의 길이)의 부속 순열인지 검사한다. 검사에는 $O(n)$ 시간이 필요하고, X에는 2^m개의 부속 순열이 있다. 그러므로 수행 시간은 지수적인 $O(n.2^m)$이므로 큰 순열의 경우에 적합하지 않다.

재귀적 해법: DP 해법을 사용하기 전에 이 문제의 재귀적 해법을 만들고, 이후 메모하기를 추가해 복잡도를 줄일 수 있다. 만약 두 개의 문자열 "ABCBDAB"와 "BDCABA"가 있다면, 첫 번째 문자열의 글자들로부터 해당하는 두 번째 문자열의 글자들로 선을 그으면 겹치는 선이 없다.

```
A B  C  BD AB
|  |  |  |
   BD CA B  A
```

위 그림을 보면, X와 Y의 현재 글자들이 일치하는지 여부를 알 수 있다. 즉 두 개의 첫 글자가 다르다면 두 글자 모두 공통 부속 순열의 일부가 되는 것이 불가능하다. 하나 또는 다른 하나(혹은 둘 다)는 제거되어야 한다. 마지막으로 문자열의 첫 번째 글자들을 어떻게 할지 결정한 다음에 남은 부속 문제 역시 두 개의 짧아진 문자열의 LCS 문제이므로 재귀적으로 풀 수 있다.

LCS의 해법은 X와 Y의 두 순열을 찾아야 하는데, X의 순열의 시작 인덱스는 i이고, Y 안의 순열의 시작 인덱스는 j라고 하자. 또한 X[i...m]가 글자 i에서 시작해서 X의 끝까지 가는 X의 부속 문자열이고 Y[j...n]는 Y의 글자 j에서 시작해서 Y의 끝까지 가는 부속 문자열이라고 하자. 이는 다음과 같이 정리할 수 있다.

1) X[i] == Y[j]라면 1 + LCS(i + 1, j + 1)
2) X[i] ≠ Y[j]라면 LCS(i, j + 1) // Y의 j번째 글자 생략
3) X[i] ≠ Y[j]라면 LCS(i + 1, j) // X의 i번째 글자 생략

첫 번째 경우 X[i]와 Y[j]가 같다면, 대응하는 짝을 얻어서 LCS의 전체 길이만큼 앞쪽으로 계속 셀 수 있다. 그렇지 않다면, X의 i번째 글자나 Y의 j번째 글자를 생략하고 최장 공통 부속 순열을 찾아야 한다.

이제 LCS(i, j)는 다음과 같이 정의된다.

$$LCS(i,j) = \begin{cases} 0, & if\ i = m\ 혹은\ j = n \\ Max\{LCS(i,j+1), LCS(i+1,j)\}, & if\ X[i] \neq Y[j] \\ 1 + LCS[i+1, j+1], & if\ X[i] == Y[j] \end{cases}$$

LCS는 많은 적용 사례들이 있다. 웹 검색에서 한 단어를 다른 단어로 바꾸기 위해 필요한 최소한의 변화 개수를 찾을 수 있다. 여기서 '변화'는 한 글자의 삽입, 삭제 혹은 교환이다.

```
// 최초 호출: LCSLength(X, 0, m - 1, Y, 0, n - 1);
int LCSLength(int S], int i, int m, int T[], int j, int n) {
    if(m == 0 || n == 0)
        return 0;
    else if(X[i] == Y[j]) return 1 + LCSLength(X, i+1, m Y, j+1, n);
    else return max(LCSLength(X, i+1, m Y, j, n),
                    LCSLength(X, i, m Y, j+1, n));
}
```

그런데 이 방법은 올바른 해답을 제시하지만, 시간이 너무 오래 걸린다. 예를 들어 두 문자열에 일치하는 글자가 없다면, 마지막 줄이 언제나 수행되므로 (if m == n)은 $O(2^n)$에 가까워진다.

DP 해법: 메모하기 추가이다. 이 재귀적 해법의 문제는 같은 부속 문제가 여러 번 다시 호출된다는 것이다. X와 Y의 두 접미어를 인자로 LCSLength를 호출하는 부속 문제는 정확히 $(i + 1)(j + 1)$개(상대적으로 적은 숫자)의 가능한 부속 문제가 있다. 거의 2^n번의 재귀적인 호출이 있다면 이 부속 문제들은 반복해서 계산되어야 한다.

DP 해법은 부속 문제를 풀 때마다 이미 그 부속 문제를 풀었는지를 늘 검사한다. 그렇다면 다시 푸는 대신에 그 해답을 검색한다. 가장 기본적인 구현법은 앞서 나온 재귀적 해법에 검색하는 코드를 추가하면 되는데, 전체 코드는 다음과 같다.

```
int LCS[1024][1024];
int LCSLength(int X[], int m, int Y[], int n) {
    for(int i = 0; i <= m; i++)
        LCS[i][n] = 0;
    for(int j = 0; j <= n; j++)
        LCS[m][j] = 0;
    for(int i = m - 1; i >= 0; i) {
        for(int j = n - 1; j >= 0; j) {
            LCS[i][j] = LCS[i + 1][j + 1]; // X[i]를 Y[j]에 매칭

            if(X[i] == Y[j])
                LCS[i][j]++; // 일치하는 짝을 찾음

            // 다른 두 가지 경우 - 차이를 삽입
            if(LCS[i][j + 1] > LCS[i][j])
                LCS[i][j] = LCS[i][j + 1];
            if(LCS[i + 1][j] > LCS[i][j])
                LCS[i][j] = LCS[i + 1][j];
        }
    }
    return LCS[0][0];
}
```

먼저 두 문자열의 길이보다 한 행, 한 열이 더 많은 LCS 테이블을 만든다. 그런 다음 반복적인 DP 루프를 이 테이블의 모든 셀을 채울 때까지 수행한다. 이것은 재귀를 상향식으로 수행하는 것과 같다.

		L[i][j]	←	L[i][j+1]	
		L[i+1][j]	↖	L[i+1][j+1]	

LCS[*i*][*j*]의 값은 *i*나 *j*의 값이 더 큰 3개의 다른 값 (LCS[*i* + 1][*j* + 1], LCS[*i*][*j* + 1], LCS[*i* + 1][*j*])에 의존적이다. *i*와 *j*가 감소하는 방향으로 테이블을 채워간다. 이렇게 하여 LCS[*i*][*j*]의 값을 채워야 할 때 이 값이 의존적인 다른 값들을 미리 알고 있도록 해준다.

시간 복잡도: *i*가 1에서 *m*까지의 값이고, *j*가 1에서 *n*까지의 값이므로 $O(mn)$
공간 복잡도: $O(mn)$

참고
이 예제에서는, LCS(*i*, *j*)가 X[1...*m*]과 Y[1...*n*]의 LCS의 길이라고 가정했다. LCS(*i*, *j*)의 정의를 X[1...*i*], Y[1...*j*]의 LCS의 길이라고 바꿔서 이 문제를 풀 수 있다.

부속 순열 출력하기: 앞의 알고리즘은 가장 긴 공통 부속 순열의 길이를 찾아내긴 하지만 실제 가장 긴 부속 순열을 알려 주진 않는다. 이 부속 순열을 얻으려면, 먼저 테이블에서 셀 (0, 0)을 찾아내야 한다. LCS[0][0]의 값은 이웃하는 셀들의 3 값의 최대 값임을 알고 있다. 그러므로 LCS[0][0]을 재계산해서 어느 셀이 최대 값을 갖고 있는지 찾는다. 그런 후 그 셀((1,1), (0,1), (1,0) 중 하나)로 이동해서 이 과정을 테이블의 경계에 닿을 때까지 반복한다. X[*i*] == Y[*j*]인 셀 (*i*, *j*)를 통과할 때마다 일치하는 쌍이 있기 때문에 X[*i*]를 출력한다. 가장 끝에는 가장 긴 공통 부속 순열을 $O(mn)$ 시간에 출력하게 된다.

경로를 얻는 다른 방법은 각 셀에서 값을 계산할 때 어느 방향에서 왔는지를 저장하는 별도의 테이블을 사용하는 것이다. 맨 마지막에 셀 (0, 0)에서 시작해서 테이블의 반대쪽 모서리에 닿을 때까지 이 방향을 따라가면 된다.

여러분이 위의 예를 통해 동적 계획법의 동작을 이해했기를 바란다. 이제 동적 계획법을 사용해 쉽게 풀 수 있는 문제들을 더 살펴보자.

> **참고**
> 앞서 보았듯이 동적 계획법에서 제일 중요한 요소는 재귀이다. 점화식을 안다면, 이것을 코드로 옮기는 것은 쉬운 작업이다.

19.8 동적 계획법 연습문제

문제-1 다음 점화식을 코드로 변환하자.

$T(0) = T(1) = 2$

$$T(n) = \sum_{i=1}^{n-1} 2 \times T(i) \times T(i-1), for\ n > 1$$

해답: 주어진 점화식의 코드는 다음과 같다.

```java
int T(int n) {
    int sum = 0;
    if(n==0 || n==1) // 기본 경우
        return 2;
    // 재귀적 경우
    for(int i = 1; i < n; i++)
        sum += 2 * T(i) * T(i-1);
    return sum;
}
```

문제-2 문제-1을 동적 계획법의 메모하기를 사용해서 개선할 수 있는가?

해답: 그렇다. 해답을 얻기 전에, 값들이 어떻게 계산되는지 살펴보자.

$T(0) = T(1) = 2$

$T(2) = 2 * T(1) * T(0)$

$T(3) = 2 * T(1) * T(0) + 2 * T(2) * T(1)$

$T(4) = 2 * T(1) * T(0) + 2 * T(2) * T(1) + 2 * T(3) * T(2)$

위 수식에서 같은 입력 값을 사용하는 반복적인 계산이 많음을 볼 수 있다. 그럼 이번에는 테이블을 사용해서 이런 반복적인 계산이 일어나지 않도록 하자. 코드는 다음과 같다.

```
int T(int n) {
    T[0] = T[1] = 2;
    for(int i = 2; i <= n; i++) {
        T[i] = 0;
        for(int j = 1; j < i; j++)
            T[i] +=2 * T[j] * T[j-1];
    }
    return T[n];
}
```

시간 복잡도: for 루프를 위해 $O(n^2)$

공간 복잡도: 테이블을 위해 $O(n)$

문제-3 문제-2의 복잡도를 더 개선할 수 있는가?

해답: 그렇다. 모든 부속 문제의 계산이 오직 하나의 이전 계산에만 의존적이므로 코드는 다음과 같이 수정 가능하다.

```
int T(int n) {
    T[0] = T[1] = 2;
    T[2] = 2 * T[0] * T[1];
    for(int i = 3; i <= n; i++)
        T[i]=T[i-1] + 2 * T[i-1] * T[i-2];
    return T[n];
}
```

시간 복잡도: 한 번의 for 루프만 사용되므로 $O(n)$

공간 복잡도: $O(n)$

문제-4 연속하는 부속 순열의 최대 값: n개의 숫자들의 배열이 주어졌을 때, 항목들의 합이 최대가 되는 연속적인 부속 순열 $A(i) \ldots A(j)$를 구하는 알고리즘을 알아보자.

예: $\{-2,11,-4,13,-5,2\} \to 20$, $\{1,-3,4,-2,-1,6\} \to 7$

해답: 입력: n개의 숫자의 배열 $A(1) \ldots A(n)$

목표: 음수가 없다면 해답은 주어진 배열의 모든 숫자들의 합이 된다. 음수가 있다면, 우리의 목표는 합을 최대화하는 것이다(연속되는 합에도 음수가 있을 수 있다).

간단한 브루트-포스 접근 방법은 모든 합을 구한 뒤 최대 값을 찾는 것이다.

```
int MaxContigousSum(int A[], in n) {
    int maxSum = 0;
    for(int i = 0; i < n; i++) // 가능한 각각의 시작점에 대해
        for(int j = i; j < n; j++) { // 가능한 각각의 끝점에 대해
            int currentSum = 0;
            for(int k = i; k <= j; k++)
                currentSum += A[k];
            if(currentSum > maxSum)
                maxSum = currentSum;
        }
    }
    return maxSum;
}
```

시간 복잡도: $O(n^3)$

공간 복잡도: $O(1)$

문제-5 문제-4의 복잡도를 개선할 수 있는가?

해답: 그렇다. 만약 부속 순열 $i, ... j - 1$의 값을 이미 계산했다면, $i, ... j$의 값을 계산하기 위해 한 번의 덧셈만 더하면 된다. 하지만 문제-4의 알고리즘은 이 정보를 무시한다. 이 사실을 사용하면 알고리즘을 수행 시간 $O(n^2)$이 되도록 개선할 수 있다.

```
int MaxContigousSum(int A[], int n) {
    int maxSum = 0;
    for(int i = 0; i < n; i++) {
        int currentSum = 0;
        for(int j = i; j < n; j++) {
            currentSum += a[j];
            if(currentSum > maxSum)
                maxSum = currentSum;
        }
    }
    return maxSum;
}
```

시간 복잡도: $O(n^2)$

공간 복잡도: $O(1)$

문제-6 문제-4를 동적 계획법을 사용하여 풀 수 있는가?

해답: 그렇다. 예를 들어 $M(i)$가 i에서 끝나는 모든 창의 최대 합이라고 하자. 주어진 배열 A: 재귀식은 i번째 항목을 찾는 경우를 고려한다.

	.....	?	

$$A[i]$$

최대 합을 구하기 위해 다음 중 한 가지를 수행하여 최대 값을 선택하면 된다.

- $A[i]$를 더해서 이전 합을 확장하거나
- $A[i]$ 한 항목을 가진 새로운 창을 시작하는 것이다.

$$M(i) = Max \begin{cases} M(i-1) + A[i] \\ 0 \end{cases}$$

여기서 $M(i-1) + A[i]$는 $A[i]$를 더하여 이전 합을 확장하는 경우이고, 0은 $A[i]$에서 시작하는 새로운 창의 경우이다.

```
int MaxContigousSum(int A[], int n) {
    int M[n] = 0, maxSum = 0;
    if(A[0] > 0)
        M[0] = A[0];
    else M[0] = 0;
    for(int i = 1; i < n; i++) {
        if(M[i-1] + A[i] > 0)
            M[i] = M[i-1] + A[i];
        else M[i] = 0;
    }
    for(int i = 0; i < n; i++)
        if(M[i] > maxSum)
            maxSum = M[i];
    return maxSum;
}
```

시간 복잡도: $O(n)$

공간 복잡도: 테이블을 위해 $O(n)$

문제-7 문제-4를 푸는 다른 방법이 있는가?

해답: 그렇다. 동적 계획법을 사용하지 않고도(메모리 없이), 이 문제를 풀 수 있다. 알고리즘은 약간 까다롭다. 한 가지 간단한 방법은 배열의 모든 연속되는 양수 부분을 찾고(sumEndingHere), 모든 양수 부분 중의 최대 값 합을 저장하는 것이다(sumSoFar). 매번 양수인 합을 구할 때 마다 sumSoFar와 비교해서 sumSoFar보다 크다면 sumSoFar를 업데이트한다. 다음 코드를 살펴보자.

```
int MaxContigousSum(int A[], int n) {
    int sumSoFar = 0, sumEndingHere = 0;
    for(int i = 0; i < n; i++) {
        sumEndingHere = sumEndingHere + A[i];
        if(sumEndingHere < 0) {
            sumEndingHere = 0;
            continue;
        }
        if(sumSoFar < sumEndingHere)
            sumSoFar = sumEndingHere;
    }
    return sumSoFar;
}
```

참고

입력이 모두 음수인 숫자들로만 이루어져 있다면, 이 알고리즘은 동작하지 않는다. 모든 숫자가 음수라면 0을 리턴한다. 이를 처리하기 위해 실제 구현 전에 부가적인 검사 루틴을 추가해야 한다. 이 루틴은 모든 숫자가 음수인지 살펴봐서 그렇다면 그들 중 최대 값(혹은 절대 값이 제일 작은)을 리턴한다.

시간 복잡도: 오직 한 번의 스캔만을 수행하므로 $O(n)$

공간 복잡도: $O(1)$

문제-8 문제-7의 해답에서, $M(i)$가 i에서 끝나는 모든 창의 최대 합이라고 하자. $M(i)$가 i에서부터 시작해서 n에서 끝나는 모든 창의 최대 합이라고도 할 수 있는가?

해답: 그렇다. 먼저 $M(i)$가 i에서부터 시작하는 모든 창의 최대 합이라고 하자.

주어진 배열 A: 재귀식은 i번째 항목을 찾는 경우를 고려한다.

	.....	?	

$$A[i]$$

최대 합을 구하려면, 다음 중 한 가지를 수행하여 그중에서 최대 값을 선택하면 된다.
- $A[i]$를 더해서 이전 합을 확장하거나
- $A[i]$ 한 항목을 가진 새로운 창을 시작하는 것이다.

$$M(i) = Max \begin{cases} M(i+1) + A[i], & if\ M(i+1) + A[i] > 0 \\ 0, & if\ M(i+1) + A[i] <= 0 \end{cases}$$

여기서 $M(i+1) + A[i]$는 $A[i]$를 더하여 이전 합을 확장하는 경우이고, 0은 $A[i]$에서 시작하는 새로운 창의 경우이다.

시간 복잡도: $O(n)$
공간 복잡도: 테이블을 위해 $O(n)$

> **참고**
> $O(nlogn)$ 해답은 18장에서 살펴보자.

문제-9 n개의 숫자들의 수열 $A(1) ... A(n)$이 주어졌을 때, 항목들의 합이 최대가 되는 연속적인 부속 순열 $A(i) ... A(j)$를 구하는 알고리즘을 알아보자. 여기에서 조건은 두 개의 연속되는 숫자를 선택하면 안 된다는 것이다.

해답: 동적 계획법으로 이 문제를 어떻게 푸는지 살펴보자. $M(i)$가 연속되는 두 숫자를 선택하지 않은 채로 1에서 i까지의 숫자들의 최대 값이라고 하자. $M(i)$를 계산할 때, 결정해야 할 것은 i번째 항목을 선택하는가 여부이다. 두 가지 가능성이 있을 수 있고 그에 따른 재귀식은 다음과 같다.

$$M(i) = \begin{cases} Max\{A[i] + M(i-2), M(i-1)\}, & if\ i > 2 \\ A[1], & if\ i = 1 \\ Max\{A[1], A[2]\}, & if\ i = 2 \end{cases}$$

- 첫 번째 경우는 i번째 항목을 선택하는지 여부를 가리킨다. i번째 항목을 선택하지 않으면, i에서 $i - 1$까지의 항목을 사용해서 합을 최대화해야 한다. i번째 항목을 선택한다면, $i - 1$번째 항목을 선택하면 안되고 1에서 $i - 2$까지의 항목을 사용해서 합을 최대화해야 한다.
- 앞의 수식에서 두 번째는 기본 경우이다.

주어진 배열 A: 재귀식은 i번째 항목을 찾는 경우를 고려한다.

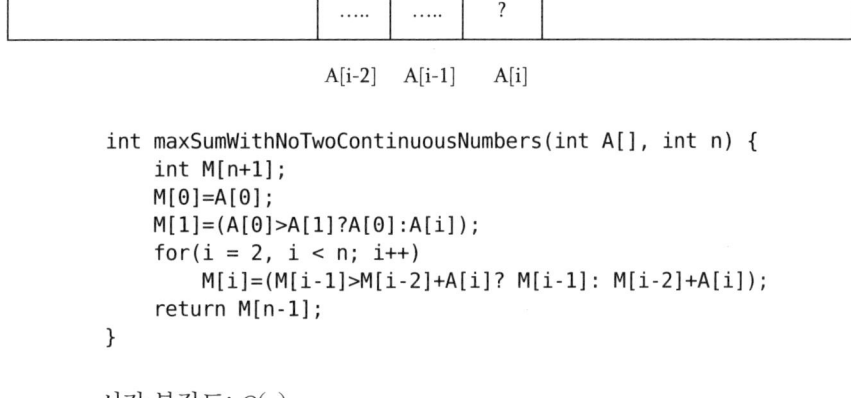

```
int maxSumWithNoTwoContinuousNumbers(int A[], int n) {
    int M[n+1];
    M[0]=A[0];
    M[1]=(A[0]>A[1]?A[0]:A[i]);
    for(i = 2, i < n; i++)
        M[i]=(M[i-1]>M[i-2]+A[i]? M[i-1]: M[i-2]+A[i]);
    return M[n-1];
}
```

시간 복잡도: $O(n)$

공간 복잡도: $O(n)$

문제-10 문제-9의 해답에서 $M(i)$는 연속되는 두 숫자를 선택하지 않은 상태에서 1에서 i까지의 숫자들의 최대 값이라고 가정했다. 같은 문제를 $M(i)$의 정의를 연속되는 두 숫자를 선택하지 않은 채로 i에서 n까지의 숫자들의 최대 값으로 바꿔서 풀 수 있는가?

해답: 그렇다. $M(i)$를 연속되는 두 숫자를 선택하지 않고, i에서 n까지의 숫자들의 최대 값이라고 하자.

주어진 배열 A: 재귀식은 i번째 항목을 찾는 경우를 고려한다.

문제-9의 해답과 유사하게 다음과 같이 재귀식을 작성할 수 있다.

$$M(i) = \begin{cases} Max\{A[i] + M(i+2), M(i+1)\}, & if\ i > 2 \\ A[1], & if\ i = 1 \\ Max\{A[1], A[2]\}, & if\ i = 2 \end{cases}$$

- 첫 번째 경우는 i번째 항목을 선택하는지 여부를 기리킨다. i번째 항목을 선택하지 않으면, $i + 1$에서 n까지의 항목을 사용해서 합을 최대화해야 한다. i번째 항목을 선택한다면, $i + 1$번째 항목을 선택하지 말고 $i + 2$에서 n까지의 항목을 사용해서 합을 최대화해야 한다.
- 앞의 수식에서 두 번째는 기본 경우이다.

시간 복잡도: $O(n)$

공간 복잡도: $O(n)$

문제-11 n개의 숫자들의 수열 $A(1) ... A(n)$이 주어졌을 때, 항목들의 합이 최대가 되는 연속적인 부속 순열 $A(i) ... A(j)$를 구하는 알고리즘을 알아보자. 여기에서 조건은 세 개의 연속되는 숫자를 선택하면 안 된다는 것이다.

해답: 입력: n개의 숫자들의 배열 $A(1) ... A(n)$

주어진 배열 A: 재귀식은 i번째 항목을 찾는 경우를 고려한다.

	.....	.....	.....	?	
	A[i-3]	A[i-2]	A[i-1]	A[i]	

$M(i)$를 연속되는 세 숫자를 선택하지 않았을 때 i에서 n까지의 숫자들의 최대 값이라고 하자. $M(i)$를 계산할 때, 결정해야 할 것은 i번째 항목을 선택하는가 여부이다. 다음과 같은 가능성이 있다.

$$M(i) = Max \begin{cases} A[i] + A[i-1] + M(i-3) \\ A[i] + M(i-2) \\ M(i-1) \end{cases}$$

- 주어진 문제에서 제한 사항은 연속하는 숫자 3개를 선택하지 않는 것이 아니라 오히려 연속되는 두 개의 항목을 선택할 수 있고 세 번째는 건너뛴다는 것이다. 이는 앞의 재귀식에서 첫 번째 경우가 특징으로, 여기서는 A[i - 2]를 건너뛴다.
- 다른 가능성은 i번째 항목을 선택하고, 두 번째 i - 1번째 항목을 건너뛰는 것이다. 이것이 두 번째 경우(A[i - 1] 건너뛰기)의 특징이다.
- 세 번째 경우는 i번째 항목을 선택하지 않는 경우로, 그 결과 i - 1 항목을 가지고 문제를 풀어야 한다.

시간 복잡도: $O(n)$

공간 복잡도: $O(n)$

문제-12 문제-11의 해답에서, $M(i)$는 연속되는 세 숫자를 선택하지 않았을 때 1에서 i까지의 숫자들의 최대 값이라고 가정했다. 같은 문제를 $M(i)$의 정의를 연속되는 세 숫자를 선택하지 않았을 때 i에서 n까지의 숫자들의 최대 값이라고 바꿔서 풀 수 있는가?

해답: 그렇다. 추론 과정은 매우 유사하다. DP로 이 문제를 어떻게 푸는지 살펴보자. $M(i)$가 연속되는 세 숫자를 선택하지 않고, i에서 n까지의 숫자들의 최대 값이라고 하자.

주어진 배열 A: 재귀식은 i번째 항목을 찾는 경우를 고려한다.

	?	.....	.....	.....	
	A[i]	A[i+1]	A[i+2]	A[i+3]	

$M(i)$를 계산할 때, 결정해야 할 것은 i번째 항목을 선택하는가 여부이다. 다음과 같은 가능성들이 있다.

$$M(i) = Max \begin{cases} A[i] + A[i+1] + M(i+3) \\ A[i] + M(i+2) \\ M(i+1) \end{cases}$$

- 주어진 문제에서 제한 사항은 연속하는 숫자 3개를 선택하지 않는 것이 아니라 오히려 연속되는 두 개의 항목을 선택할 수 있고 세 번째는 건너뛴다는 것이다. 이는 앞의 재귀식에서 첫 번째 경우가 특징으로, 여기서는 A[i + 2]를 건너뛴다.
- 다른 가능성은 i번째 항목을 선택하고 두 번째 $i - 1$번째 항목을 건너뛰는 것이다. 이것이 두 번째 경우(A[i + 1] 건너뛰기)의 특징이다.
- 세 번째 경우는 i번째 항목을 선택하지 않는 경우로, 그 결과 $i + 1$ 항목을 가지고 문제를 풀어야 한다.

시간 복잡도: $O(n)$

공간 복잡도: $O(n)$

문제-13 카탈란(Catalan) 수: n개의 정점을 가진 이진 검색 트리의 개수는 몇 개인가?

해답:

노드의 수, n	트리의 개수
1	(1)
2	(2-1), (1-2)
3	(다섯 가지 트리)

이진 검색 트리(BST)는 왼쪽 부속 트리의 항목들이 뿌리보다 작고 오른쪽 부속 트리의 항목들은 뿌리보다 큰 트리이다. 이 속성은 트리의 모든 노드에서 만족되어야 한다. n개의 노드를 가진 이진 검색 트리의 개수를 카탈란 수라고 하고 C_n으로 나타낸다. 예를 들어 두 개의 노드를 가진 이진 검색 트리는 두 개이고(뿌리 노드가 될 수 있는 경우), 3개의 노드를 가진 이진 검색 트리는 5개이다.

트리의 노드가 1에서 n까지의 숫자라고 가정하자. 이 노드들 가운데, 어떤 노드를 뿌리로 골라서 뿌리 노드보다 작은 노드들은 왼쪽 부속 트리로, 뿌리 노드보다 큰 항목들은 오른쪽 부속 트리로 가도록 노드들을 분할해야 한다. 정점들에 번호를 이미 붙여 놓았기 때문에, 선택한 뿌리 노드를 i번째 항목이라고 가정하자.

i번째 항목을 루트로 선택한다면, 왼쪽 부속 트리에 $i - 1$ 항목들이, 오른쪽 부속 트리에 $n - i$ 항목들이 있게 된다. C_n이 n 항목들에 대한 카탈란 수이므로 C_{i-1}은 왼쪽 부속 트리의 카탈란 수($i - 1$항목들)이고, C_{n-i}는 오른쪽 부속 트리의 카탈란 수이다. 두 부속 트리는 서로에 대해 독립적이므로 이 두 수를 곱할 수 있다. 즉 고정된 i 값의 카탈란 수는 $C_{i-1} \times C_{n-i}$이다.

n개의 노드들이 있기 때문에 i에 대해 n개의 선택이 있다. n개의 노드의 총 카탈란 수는 다음과 같다.

$$C_n = \sum_{i=1}^{n} C_{i-1} \times C_{n-i}$$

```
int CatalanNumber(int n) {
    if(n == 0) return 1;
    int count = 0;
    for(int i = 1; i <= n; i++)
        count += CatalanNumber(i-1) * CatalanNumber(n-i);
    return count;
}
```

시간 복잡도: $O(4^n)$. 증명은 1장을 참고하자.

문제-14 문제-13의 복잡도를 동적 계획법을 사용해서 개선할 수 있는가?

해답: 재귀 호출, C_n은 C_0에서 C_{n-1}까지의 수에만 의존적이고 임의의 i 값에 대해 많은 수의 재계산이 필요하다. 이전에 계산된 C_i의 값을 테이블에 저장할 것이다. CatalnNumber() 함수가 인자 i를 가지고 호출되었을 때 그것이 이전에 계산되었다면 같은 부속 문제의 재계산을 피할 수 있다.

```
int Table[1024];
    int CatalanNumber(int n) {
    if(Table[n]) != 1) return Table[n];
    Table[n] = 0;
    for(int i = 1; i <= n; i++)
        Table[n] += CatalanNumber(i -1) * CatalanNumber(n -i);
    return Table[n];
}
```

이 구현의 시간 복잡도는 $O(n^2)$이다. 왜냐하면 CatalanNumber(n)을 계산하기 위해서는 0에서 $n - 1$까지의 모든 값에서 CatalanNumber(i)를 계산해야 하기 때문이다. 각각의 카탈란 수는 선형 시간으로 정확히 한 번만 계산된다.

수학에서 카탈란 수는 다음과 같은 수식으로 표현된다. $\frac{(2n)!}{n!(n+1)}$

문제-15 행렬 곱 괄호로 묶기: 차수가 알려진 행렬의 수열 $A_1 \times A_2 \times A_3 \times ... \times A_n$이 주어졌을 때 전체 곱셈 연산의 수가 최소가 되도록 괄호로 묶는 최선의 방법은 무엇인가? 스트라센 행렬 곱셈 알고리즘이 아닌 일반적인 행렬을 사용한다고 가정하자.

해답: 행렬의 곱셈 문제에서 여러 가능성이 있을 수 있다. 이는 행렬의 곱셈이 결합적이기 때문이다. 우리가 괄호를 어떻게 묶든지 상관없이 결과는 같다. 예를 들어 4개의 행렬 A, B, C, D에서는 다음과 같다.

(ABC)D = (AB)(CD) = A(BCD) = A(BC)D = ...

($p \times q$) 행렬과 ($q \times r$) 행렬을 곱하면 pqr 곱셈이 필요하다. 앞의 각각의 가능성들이 다른 곱셈 연산의 수를 만들어낸다. 최선을 고르려면, 각각의 가능한 괄호 묶기의 경우에 대해 살펴보면 되는데(브루트-

포스), 이것은 $O(2^n)$ 시간이 걸리고 매우 느리다. 동적 계획법을 사용해서 이 시간 복잡도를 개선해보자. $M[i, j]$가 $A_i \ldots A_j$를 곱하는 데 필요한 최소의 곱셈 개수라고 하자.

$$M[i,j] = \begin{cases} 0 & , if\ i = j \\ Min\{M[i,k] + M[k+1,j] + P_{i-1}P_kP_j\}, & if\ i < j \end{cases}$$

앞의 재귀식은 최소의 곱셈 개수를 만드는 점 k를 찾도록 한다. k가 될 수 있는 모든 값을 계산한 뒤에, 최소 값을 가진 k 값을 선택해야 한다. 테이블(예를 들어 $S[i, j]$)을 하나 더 사용해서 최적의 괄호 묶기를 재구성할 수 있다. $M[i, j]$와 $S[i, j]$를 상향식으로 계산한다.

```
/* P는 행렬들의 크기이고 행렬 i는 P[i-1] x P[i] 차수를 가진다
   M[i, j]는 행렬 i에서 j까지 곱할 때 최적의 비용이고
   S[i, j]는 곱셈 지점을 저장해서 우리가 백트래킹할 때 사용할 것이다 */
void MatrixChainOrder(int P[], int length) {
    int n = length - 1, M[n][n], S[n][n];
    for(int i = 1; i <= n; i++)
        M[i][i] = 0;
    // 대각선으로 행렬을 채운다
    for(int l=2; l<= n; l++) { // l은 체인의 길이
        for(int i = 1; i <= n-l+1; i++) {
            int j = i+l-1;
            M[i][j] = MAX_VALUE;
            // 모든 가능한 분할 지점 i..k와 k..j를 시도한다
            for(int k=i; k<=j-1; k++) {
                int thisCost = M[i][k] + M[k+1][j] + P[i-
                               1]*P[k]*P[j];
                if(thisCost < M[i][j]) {
                    M[i][j] = thisCost;
                    S[i][j] = k;
                }
            }
        }
    }
}
```

부속 문제의 개수는 몇 개인가? 앞의 수식에서 i는 1에서 n까지의 범위이고, j도 1에서 n까지의 범위이다. 결국 총 n^2개의 부속 문제들이 있어서, 이런 연산을 $n - 1$번 수행한다($A_1 \times A_2 \times A_3 \times \ldots \times A_n$를 위한 총 연산의 개수는 $n - 1$이므로). 그래서 전체 시간 복잡도는 $O(n^3)$이고, 공간 복잡도는 $O(n^2)$이다.

문제-16 문제-15에서 탐욕 기법을 사용할 수 있는가?

해답: 탐욕 기법은 이 문제를 풀기 위한 최적의 방법은 아니다. 이미 살펴본 것과 같이, 탐욕 기법은 지역적으로 좋은 선택만을 생각하지 미래의 최적의 해법은 고려하지 않는다. 이 경우 만약 우리가 탐욕 기법을 사용하면 항상 제일 먼저 가장 싼 곱셈을 수행하여, 종종 최적이지 않은 괄호 묶기를 리턴한다.

예: 차수 $3 \times 100, 100 \times 2, 2 \times 2$인 $A_1 \times A_2 \times A_3$를 고려해보자. 탐욕 기법에 기반하면 이것들을 $A_1 \times (A_2 \times A_3)$로 괄호 묶어서 $100 \times 2 \times 2 + 3 \times 100 \times 2 = 1000$번의 곱셈을 수행한다. 하지만 이 문제의 최적의 해법은 $(A_1 \times A_2) \times A_3$의 $3 \times 100 \times 2 + 3 \times 2 \times 2 = 612$번의 곱셈을 수행하는 것이다. 따라서 이 문제를 풀기 위해 탐욕 기법을 사용할 수 없다.

문제-17 정수 배낭(knapsack) 문제[중복 항목 허용]: n가지 항목들이 주어졌을 때, i번째 항목의 종류가 크기가 s_i인 정수와 값 v_i를 가진다. 전체 용량이 C인 배낭을 최대의 값을 가진 항목들로 채워야 한다. 같은 종류의 항목들을 여러 개의 배낭에 넣을 수 있다.

> **참고**
> 분할 가능 배낭 문제(Fractional Knapsack Problem)은 17장을 참고하자.

해답: **입력:** i번째 항목의 종류가 크기가 s_i인 정수와 값 v_i를 가진 n가지 항목들. 또한 각 항목 종류의 개수는 무한하다고 가정하자.

목표: 용량 C인 배낭을 n가지 항목들을 사용해서 최대의 값을 갖도록 채운다.

한 가지 중요한 사항은 배낭을 다 채워야만 하는 것이 아니라는 것이다. 즉 배낭을 다 채울 경우 [용량 C] 값이 V이고, 다 채우지 않을 경우 [C - 1 용량]의 값이 U인데, $V < U$라면 두 번째 것을 선택한다. 이 경우에 용량 C - 1인 배낭을 채우는 것과 마찬가지이다. C - 1에서도

같은 상황이라면 $C - 2$ 크기인 배낭을 채워 최대 값을 구하는 것과 마찬가지이다.

$M(j)$가 크기가 j인 배낭에 넣을 수 있는 최대 값을 나타낸다고 하자. $M(j)$를 다음과 같이 부속 문제의 해답을 재귀적으로 표현할 수 있다.

$$M(j) = \begin{cases} max\{M(j-1), max_{i=1\ to\ n}(M(j-s_i)) + v_i\}, & if\ j \geq 1 \\ 0, & if\ j \leq 0 \end{cases}$$

이 문제에서 답은 크기 j인 배낭에 대해 특정한 i번째 항목을 선택하는지 여부에 달려 있다.

- i번째 항목을 선택한다면, 그 값인 v_i를 최적의 해답에 추가하고, 풀어야 할 배낭의 크기를 $j - s_i$로 감소시킨다.
- 항목을 선택하지 않는다면, 크기가 $j - 1$인 배낭에서 더 나은 해답을 찾을 수 있는지 검사한다.

$M(C)$의 값은 최적인 해법의 값이 된다. 최적인 해법에 존재하는 항목들의 목록은 '뒤로가기 포인터(Back Pointer)'를 유지하고 따라가면서 찾을 수 있다.

시간 복잡도: 각각의 $M(j)$ 값을 찾는 데 $\Theta(n)$ 시간이 필요하고 연속적으로 그러한 값 C를 계산해야 한다. 그러므로 전체 수행 시간은 $\Theta(nC)$이다.

공간 복잡도: $\Theta(C)$

문제-18 0-1 배낭 문제: 문제-17에서 항목들이 중복되지 않으면(각 종류에서 무한한 항목들을 갖지 않고 각 항목들이 0번이나 1번만 사용될 수 있다면), 어떻게 풀 수 있는가?

실시간 예: 항공편으로 여행할 때 가져갈 수 있는 수하물의 중량에는 한계가 있는데, 일단 가져 갈 수 있는 항목의 종류는 다양하고 제한이 없는 상황이다. 이 경우에 목적이 (어떤 조건에서) 최대의 가치를 갖는 항목을 정하는 것이다. 즉 세관 직원에게 가치(이익)가 적고 무게가 많이 가는 항목들을 선택하자고 해야 한다.

해답: 입력은 크기가 s_i 값이 v_i인 n개의 항목들의 집합과 우리가 주어진 집합의 항목들의 부속집합으로 채워야 할 크기가 C인 배낭이다. 이 문제의 재귀식을 동적 계획법을 사용해 찾아보자. $M(i, j)$가 크기가 j인 배낭을 $1 \ldots i$ 항목으로 채울 때의 최적의 값이라고 하자. 재귀식은 다음과 같다.

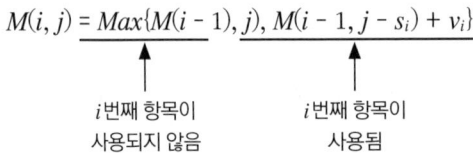

시간 복잡도: nC개의 부속 문제들이 있고 각 문제를 푸는 데 $O(1)$이 걸리므로 $O(nC)$이다.

공간 복잡도: 정수 배낭 문제의 경우 $O(C)$였는데, 여기서는 $O(nC)$

다음은 최적의 해법을 구현한 그림인데, 여기서 행렬의 크기는 M이다.

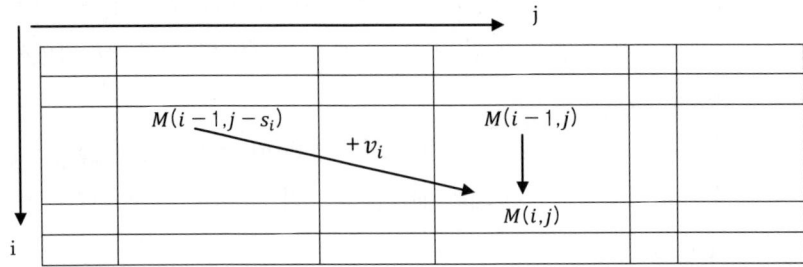

i가 $1 \ldots n$까지의 값이고, j는 $1 \ldots C$까지의 값이므로 총 nC 부속 문제들이 있다. 이제 다음은 앞서 나온 수식의 내용을 정리한 것이다.

- $M(i - 1, j)$: i번째 항목을 선택하지 않을 경우이다. 이 경우 배낭에 크기를 추가하지 않으므로 같은 크기의 배낭에서 i번째 항목을 제외한 부속 문제를 풀어야 한다. 남은 항목들은 $i - 1$이다.
- $M(i - 1, j - s_i) + v_i$: i번째 항목을 선택할 경우이다. i번째 항목을 추가하면 부속 문제의 배낭의 크기를 $j - s_i$로 줄여야 하고 동시에 값 v_i를 최적의 해답에 추가해야 한다. 남은 항목들은 $i - 1$이다.

이제 모든 $M(i, j)$ 값을 찾은 뒤에 최적의 목표 값은 $Max_j\{M(n, j)\}$로 확정할 수 있다. 왜냐하면 어떤 용량의 합이 최적의 해답인지 모르기 때문이다.

어떤 값 $M(i, j)$를 계산하기 위해 $M(i - 1, j)$와 $M(i - 1, j - s_i) + v_i$ 중 최대 값을 취한다. 이 두 값 $M(i - 1, j)$와 $M(i - 1, j - s_i) + v_i$은 이전 행과 이전 열에 나타난다. 그러므로 $M(i, j)$는 테이블의 이전 행에서 이 두 값을 찾으면 바로 계산할 수 있다.

문제-19 잔돈 만들기: 각각의 값이 $v_1 < v_2 < ... < v_n$ (정수)인 n가지 동전 종류가 주어졌다. 기본적으로 $v_1 = 1$이라고 가정하자. 최소한의 동전으로 C만큼의 돈을 잔돈으로 바꾸는 알고리즘을 알아보자.

해답: 이 문제는 정수 배낭 문제와 동일하다. 예를 들어 각각의 값이 v_i인 동전이 있다. 각 항목이 v_i 동전의 값과 같은 s_i 크기를 가지는 배낭 문제를 만들 수 있다. 이 배낭에 각 항목의 값을 -1을 준다.

이제 최소한의 동전으로 C 만큼의 돈을 만드는 최적의 방법이 용량 C인 배낭을 채우는 것과 완전히 동일하다는 것을 쉽게 이해할 수 있다. 왜냐하면 각 값이 -1을 가지고 배낭 알고리즘이 가능한 최소의 항목을 사용하므로, 이 결과가 최소한의 동전에 해당한다.

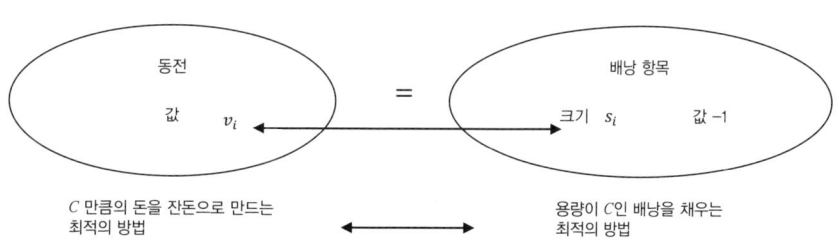

점화식을 만들어 보자. $M(j)$가 값이 j인 돈을 잔돈으로 만드는 데 필요한 최소한의 동전의 개수라고 하자.

$M(j) = Min_i\{M(j - v_i)\} + 1$

만약 크기 i인 동전이 해답에 추가된 마지막 동전이라면, 값이 $j - v_i$인 돈을 잔돈으로 만드는 최적의 방법에 값이 v_i인 동전을 하나 추가해서 풀 수 있다.

```
int Table[128]; // 초기화
int MakingChange(int n) {
    if(n < 0) return -1;
    if(n == 0)
        return 0;
    if(Table[n] != -1)
        return Table[n];
    int ans = -1;
    for(int i = 0; i < num_denomination; ++i)
        ans = Min(ans, MakingChange(n - denominations[i]));
    return Table[n] = ans + 1;
}
```

시간 복잡도: 각각 n 항목의 최소화를 해야 하는 C개의 부속 문제를 풀기 때문에 $O(nC)$

공간 복잡도: $O(nC)$

문제-20 가장 긴 증가하는 부속 수열: n개의 숫자들의 수열 $A_1 \ldots A_n$이 주어졌을 때 부속 수열 안의 값들이 정확히 증가하는 수열이 되는(연속할 필요는 없는) 최장 길이를 가지는 부속 수열을 찾아라.

해답: 입력: n개의 숫자들의 수열 $A_1 \ldots A_n$

목표: 항목들의 부속집합이면서 연속적일 필요가 없는 부속 수열 찾기. 하지만 이 부속 수열의 항목들은 정확히 증가하는 수열이 되어야 하고 동시에 가능한 가장 많은 항목을 포함해야 한다.

예를 들어 주어진 수열이 (5, 6, 2, 3, 4, 1, 9, 9, 8, 9, 5)라면, (5, 6), (3, 5), (1, 8, 9)가 모두 증가하는 부속 수열이다. 이 중 가장 긴 것은 (2, 3, 4, 8, 9)이고 이를 찾는 알고리즘이 필요하다.

먼저 최장 부속 수열을 찾는 알고리즘에 집중하자. 나중에 테이블을 추적해서 수열들을 출력할 것이다. 첫 번째 단계는 재귀식을 찾는 것이다. 일단 기본 조건을 만들자. 입력 수열에 하나의 항목만 있다면 문제를 풀 필요가 없고, 그 항목을 리턴하면 된다. 어떤 수열에 대해서 첫 번째 항목(A[1])을 가지고 시작할 수 있다. 가장 긴 증가하는 부속 수열(LIS, Longest Increasing Subsequence)의 첫 번째 숫자가 무엇인지 알기 때문에 두 번째 숫자(A[2])를 찾자. 만약 A[2]가 A[1]보다 크다면 A[2]도 포함시킨다. 그렇지 않으면, 우리는 다 찾은 것이므로 LIS는 하나의 항목(A[1])을 가진 수열이다.

이제 i번째 항목을 적용한 답을 찾아보자. $L(i)$가 A[1]에서 시작해서 A[i]에서 끝나는 최적의 부속 순열을 나타낸다고 하자. i 위치에서 끝나는 정확히 증가하는 부속 순열을 얻는 최적의 방법은 어느 정도 전 위치 j로부터 시작하는 어떤 부속 순열을 확장하는 것일 것이다. 이를 위한 재귀식은 다음과 같다.

$L(i) = Max_{j < i \text{ and } A[j] < A[i]} \{L(j)\} + 1$

앞의 점화식은 최대 순열을 제공하는 이전 위치 j를 선택해야 함을 보여준다. 재귀식의 1은 i번째 항목을 추가하는 것을 가리킨다.

이제 모든 위치에 대해 최대 순열을 구했으므로 이 모든 위치 중 최대 순열을 만드는 위치를 선택해야 하고 이는 다음과 같이 정의된다.

$Max_i\{L(i)\}$

```
int LISTable [1024];
int LongestIncreasingSequence(int A[], int n) {
    int i, j, max = 0;
    for(i = 0; i < n; i++)
        LISTable[i] = 1;
    for(i = 0; i< n; i++) {
        for(j = 0; j < i; j++) {
            if(A[i] > A[j] && LISTable[i] < LISTable[j] + 1)
                LISTable[i] = LISTable[j] + 1;
        }
    }
```

```
        for(i = 0; i < n; i++) {
            if(max < LISTable[i])
                max = LISTable[i];
        }
        return max;
}
```

시간 복잡도: 두 개의 for 루프 때문에 $O(n^2)$

공간 복잡도: 테이블을 위해 $O(n)$

문제-21 가장 긴 증가하는 부속 순열: 문제-20에서는 $L(i)$가 $A[1]$에서 시작해서 $A[i]$에서 끝나는 최적의 부속 순열이라고 가정했다. 이제 $L(i)$의 정의를 $A[i]$에서 시작해서 $A[n]$에서 끝나는 최적의 부속 순열이라고 바꿔보자. 이 접근법으로 이 문제를 풀 수 있는가?

해답: 논리와 추론이 완전히 동일하다.

$L(i)$는 $A[i]$에서 시작해서 $A[n]$에서 끝나는 최적의 부속 순열을 나타낸다. 위치 i에서 시작하는 정확히 증가하는 부속 순열을 얻는 최적의 방법은 어느 정도 뒤의 위치 j에서 시작하는 어떤 부속 순열을 확장하는 것일 것이다. 이를 위한 재귀식은 다음과 같다.

$L(i) = Max_{i < j\ and\ A[i] < A[j]}\ \{L(j)\} + 1$

최대 순열을 만드는 뒤의 위치 j를 선택해야 한다. 재귀식의 1은 i번째 항목을 추가하는 것을 가리킨다. 모든 위치에서 최대 최대 순열을 구한 뒤 이 모든 위치 중 최대 순열을 만드는 위치를 선택하는데, 이는 다음과 같이 정의된다.

$Max_i\{L(i)\}$

```
int LISTable [1024];
int LongestIncreasingSequence(int A[], int n) {
    int i, j, max = 0;
    for(i = 0; i < n; i++)
        LISTable[i] = 1;
    for(i = n - 1; i >= 0; i++) {
        // 더 큰 두 번째 항목을 고르려고 시도
        for(j = i + 1; j < n; j++) {
            if(A[i] < A[j] && LISTable [i] < LISTable [j] + 1)
                LISTable[i] = LISTable[j] + 1;
        }
    }
    for(i = 0; i < n; i++) {
        if(max < LISTable[i])
            max = LISTable[i];
    }
    return max;
}
```

시간 복잡도: 두 개의 for 루프 때문에 $O(n^2)$

공간 복잡도: 테이블을 위해 $O(n)$

문제-22 문제-21을 푸는 다른 방법이 있는가?

해답: 그렇다. 다른 방법은 주어진 수열을 정렬해서 다른 배열에 저장하고, 두 배열의 '제일 긴 공통 부속 순열(LCS, Longest Common Subsequence)'을 취하는 것이다. 이 방법은 $O(n^2)$의 복잡도를 가진다.

문제-23 상자 쌓기: n개의 사각형 상자가 주어졌다고 하자. i번째 상자의 규격은 높이가 h_i, 너비가 w_i, 깊이가 d_i이다. 이제 아래 상자의 밑면보다 밑면의 크기가 작은 상자만 그 위에 쌓을 수 있는데, 최대한 높이 상자들을 쌓기 원한다. 어느 옆면이라도 밑면이 될 수 있도록 상자를 회전시킬 수 있고, 같은 크기의 상자를 여러 번 사용하는 것도 가능하다.

해답: 상자 쌓기 문제는 LIS 문제로 변환 가능하다(문제-21).

입력: i번째 상자가 높이가 h_i, 너비가 w_i, 깊이가 d_i인 n개의 상자들. 모든 n개의 상자에 대해 모든 회전이 가능하다는 것을 염두에 두어야 한다. 즉 크기가 1 × 2 × 3인 상자가 있다면 다음과 같은 세 개의 상자를 고려해야 한다.

$$1 \times 2 \times 3 \Rightarrow \begin{cases} 1 \times (2 \times 3), \text{ 높이 1, 밑면 2 너비 3} \\ 2 \times (1 \times 3), \text{ 높이 2, 밑면 1 너비 3} \\ 3 \times (1 \times 2), \text{ 높이 3, 밑면 1 너비 2} \end{cases}$$

| 1 | 2 | …….. | j | …….. |

밑면의 너비가 작아짐
→

이렇게 단순화한 후 일단 상자의 회전은 접어두고, 높이가 h_i, 밑면이 $(w_i \times d_i)$인 n개의 상자를 쌓는다. 이때 $w_i \leq d_i$라고 가정하고, 최대 높이를 가지도록 최대한 높게 상자를 쌓기만 하면 된다. 상자 i가 상자 j보다 밑면의 두 길이가 작을 때에만 상자 i를 상자 j 위에 쌓을 수 있다. 즉 $w_i < w_j$ && $d_i < d_j$이다. 이제 동적 계획법을 사용해 풀어보자. 먼저 밑면의 너비가 감소하는 순서로 상자들을 선택한다.

이제 $H(j)$가 상자 j가 맨 위에 있는 가장 큰 상자 탑이라고 하자. 이는 LIS 문제와 매우 유사한데, 왜냐하면 제일 위에 상자 j가 있는 n개의 상자 탑은 상자 밑면의 너비가 감소하는 순서로 정렬했기 때문에 j개의 부속 순열 찾기와 같기 때문이다. 쌓인 상자들의 순서는 순열의 순서와 일치하게 된다.

이제 $H(j)$를 재귀적으로 작성할 수 있다. 상자 j로 끝나는 상자 탑을 만들려면 상자 i로 끝나는 이전의 탑을 확장하면 된다. 즉 j 상자를 위에 높아야 한다(현재 i 상자가 제일 위에 있는 탑에). j 상자를 탑 맨 위에 놓으려면 $w_i > w_j$와 $d_i > d_j$ 조건을 만족시켜야 한다(이 조건은 다음 상자들이 앞의 상자들보다 밑면이 넓다는 성질을 지켜준다). 이 논리에 기초해서 재귀식을 다음과 같이 작성할 수 있다.

$H(j) = Max_{i < j \text{ and } wi > wj \text{ and } di > dj} \{H(i)\} + h_i$

LIS 문제와 유사하게 맨 마지막에 모든 가능한 값 중 최선의 j를 선택해야 한다. 이는 어떤 상자가 맨 위에 올지 확실하지 않기 때문이다.

$Max_j\{H(j)\}$

시간 복잡도: $O(n^2)$

문제-24 인도에 다리 만들기: 북에서 남으로 흐르는 매우 넓은 강을 생각해보자. 강의 양편에 n개의 도시가 있다고 하자. 강 왼편에 n개의 도시와 강 오른편에 n개의 도시. 또한 이 도시들이 1에서 n까지 번호가 매겨져 있는데 번호의 순서는 알려지지 않았다고 하자. 이제 어떤 두 다리도 서로 교차하지 않으면서 최대한 많은 왼쪽과 오른쪽 도시를 다리로 연결하려고 한다. 도시를 연결할 때는 왼쪽의 i 도시를 오른쪽의 i 도시에게만 연결할 수 있다.

해답: **입력**: 1에서 n까지 번호가 매겨진 두 개의 집합

목표: 왼쪽 도시와 오른쪽 도시 간에 교차하는 다리 없이 최대한 많은 다리 만들기

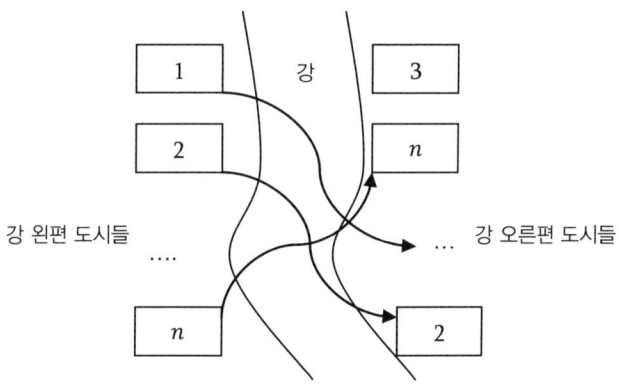

다음 그림에서 강 왼편에 n개의 도시가, 강 오른편에 또 n개의 도시가 있음을 볼 수 있는데, 같은 번호를 가진 도시만을 연결할 수 있다(문제의 제한 사항). 우리의 목표는 교차하는 간선 없이 강 왼편의 도시를 최대한 많이 강 오른편의 도시에 연결하는 것이다. 추가로 강 한 편의 도시들을 정렬하도록 하자.

잘 살펴보면, 왼편의 도시들이 이미 정렬되었으므로 문제는 최대의 증가하는 순열 찾기로 단순화될 수 있다. 즉 강 오른편의 도시들에서 최대의 증가하는 순열을 찾는 LIS 해법을 사용해야 한다.

시간 복잡도: $O(n^2)$로 LIS와 같다.

문제-25 부분집합의 합: n개의 양수 $A_1 \ldots A_n$의 순열이 주어졌을 때, 모든 숫자의 합이 T가 되는 A의 부속집합이 존재하는지 검사하는 알고리즘을 알아보자.

해답: 이것은 배낭 문제의 변형이다. 예를 들어 다음의 배열을 살펴보자.

$A = [3, 2, 4, 19, 3, 7, 13, 10, 6, 11]$

합이 17이 되는 부속집합이 있는지 검사하면, 답이 나온다. 왜냐하면 4 + 13 = 17이므로 그러한 부속집합 {4, 13}이 있기 때문이다.

이 문제를 동적 계획법을 사용해 풀도록 하자. n은 우리의 입력 배열의 항목 수이고 T는 우리가 찾기 원하는 합인 $n \times T$ 행렬을 정의할 것이다.

1에서 i까지의 숫자들의 부속집합이 합이 j가 되는 부속집합이 있다면 $M[i, j] = 1$, 없다면 $M[i, j] = 0$을 대입한다.

$M[i, j] = Max(M[i - 1, j], M[i - 1, j - A_i])$

앞의 재귀식은 배낭 문제와 유사하게 항목 i를 우리의 부속집합에 넣지 않은 채로 합 j를 얻을 수 있는지, 아니면 항목 i 없이 합 $j - A_i$가 있으므로 i를 포함시켜서 합 j를 얻을 수 있는지를 검사한다. 값 대신에 0/1을 저장하는 것 빼고는 배낭 문제와 동일하다. 다음 코드에서는 이진 OR 연산을 사용하여 $M[i - 1, j]$와 $M[i - 1, j - A_i]$ 중 최대 값을 구할 수 있다.

```
int SubsetSum(int A[], int n, int T) {
    int i, j, M[n+1][T +1];
    M[0][0]=0;
    for(i = 1; i <= T; i++)
        M[0][i]= 0;
    for(i = 1; i <= n; i++) {
        for(j = 0; j<= T; j++) {
            M[i][j] = M[i-1][j] || M[i-1][j] - A[i]];
        }
    }
    return M[n][T];
}
```

부속 문제의 개수는 몇 개인가? 앞의 수식에서 i는 1에서 n까지의 범위, j는 1에서 T까지의 범위를 가진다. 총 nT 부속 문제가 있고 각각은 $O(1)$이 걸린다. 그러므로 시간 복잡도는 $O(nT)$이고, 수행 시간이 두 변수 [n과 T]에 의존적이므로 다항적이 아니고 지수적 함수임을 볼 수 있다.

공간 복잡도: $O(nT)$

문제-26 모든 숫자의 합이 최대 K인 n개의 정수들의 집합이 주어졌다. 합이 전체 n 숫자들의 합의 정확히 절반이 되는 이 집합의 부속집합을 찾아라.

해답 **입력:** 주어진 n 숫자들과 모든 숫자들의 합은 최대 K이다. 숫자들은 $A_1...A_n$이라고 가정하자.

목표: n들의 합의 부속집합은 정확히 모든 n 숫자들의 합의 절반이어야 한다.

숫자들이 $A_1 ... A_n$이라고 하자. 동적 계획법을 사용해 이 문제를 풀어보자. 크기가 $K + 1$인 불린(Boolean) 배열 T를 만든다. 합이 x인 부속집합이 있다면 $T[x] = 1$을 대입한다. 즉 알고리즘이 종료한 뒤에, 합이 K인 부속집합이 있을 때에만 $T[K]$는 1일 것이다. 이 값을 구한 뒤에 $T[K/2]$를 리턴하기만 하면 된다. 이 값이 1이라면 전체 합의 절반을 만드는 부속집합이 있는 것이다.

가장 처음에 T의 모든 값을 0으로 채운다. 그런 다음 $T[0]$을 1로 채운다. 왜냐하면 텅 빈 집합을 취하여 언제든지 합 0을 만들 수 있기 때문이다. A에 숫자들이 없다면 다 끝난 것이다! 그렇지 않다면, 첫 번째 숫자 $A[0]$를 취한다. 이를 버리거나 아니면 부속집합에 넣을 수 있다. 즉 새로운 $T[\ ]$는 $T[0]$과 $T[A[0]]$이 1이다. 이 과정을 A의 다음 항목을 취하면서 계속 진행한다.

일단 A의 처음 $i - 1$ 항목을 이미 처리했다고 가정하자. 이제 $A[i]$를 취해서 테이블 $T[\ ]$를 살펴본다. $i - 1$ 항목들을 처리한 뒤에, 배열 T는 우리가 이미 처리한 숫자들로 만들 수 있는 모든 합에 해당하는 위치에

1을 가지고 있다. 이제 새로운 숫자 A[i]를 더한다. 테이블이 어떻게 보여야 하는가? 맨 먼저, A[i]를 무시할 수 있다. 즉 T[ ]의 값은 변화가 없고, 이 합들을 여전히 만들 수 있다. 이제 값이 1인 어떤 위치 T[j]를 생각해보자. 이것은 합이 j가 되는 이전 숫자들의 부속집합에 해당한다. 이 부속집합에 A[i]를 더하면 총합이 j + A[i]인 새로운 부속집합을 얻는다. 이제 T[j + A[i]]에도 1을 대입해야 하는 것이 전체 프로세스이다. 이 알고리즘은 다음과 같은 코드로 작성할 수 있다.

```c
int T[10240];
int SubsetHalfSum(int A[], int n) {
    int K = 0;
    for(int i = 0; i < n; i++)
        K += A[i];
    T[0] = 1;
    for(int i = 1; i <= K; i++) // 테이블을 초기화한다
        T[i] = 0;
    for(int i = 0; i < n; i++) { // 숫자를 하나씩 처리한다
        for(int j = K - A[i]; j >= 0; j--) {
            if(T[j])
                T[j + A[i]] = 1;
        }
    }
    return T[K / 2];
}
```

앞의 코드에서 j 루프는 오른쪽에서 왼쪽으로 움직인다. 이것은 카운팅이 중복되는 문제를 감소시킨다. 즉 왼쪽에서 오른쪽으로 움직인다면 중복된 계산을 하게 된다는 것이다.

시간 복잡도: 두 번의 for 루프 때문에 $O(nK)$

공간 복잡도: 불린 테이블 T를 위해 $O(K)$

문제-27 문제-26의 성능을 개선시킬 수 있는가?

해답: 그렇다. 앞의 코드에서 안쪽의 j 루프는 K에서 시작해서 왼쪽으로 움직인다. 즉 매번 전체 테이블을 불필요하게 스캔한다는 것이다.

우리가 실제 원하는 것은 값이 1인 모든 항목을 찾는 것이다. 가장 처음엔 0번째 항목만이 1이다. 값이 1인 제일 오른쪽 항목의 위치를 저

장한다면, 테이블의 오른쪽 끝에서 시작할 필요 없이 그 지점부터 시작해서 왼쪽으로 가면 된다.

이 방법의 장점을 이용하려면, A[ ]를 먼저 정렬해야 한다. 그렇게 하면, 오른쪽 끝 값이 1인 항목은 가능한 천천히 오른쪽으로 움직인다. 마지막으로 테이블의 오른쪽 절반은 신경 쓸 필요가 없다($T[K/2]$ 뒷부분). 왜냐하면 $T[x]$가 1이면 결국 $T[Kx]$ 역시 반드시 1이 될 것이기 때문이다. 합이 x인 부속집합의 나머지에 해당한다. 다음은 이 알고리즘을 코드로 작성한 것이다.

```
int T[10240];
int SubsetHalfSumEfficient(int A[], int n) {
    int K = 0;
    for(int i = 0; i < n; i++)
        K += A[i];
    Sort(A,n));
    T[0] = 1; // 테이블 초기화
    for(int i = 1; i <= sum; i++)
        T[i] = 0;
    int R = 0; // 제일 오른쪽 값이 1인 항목
    for(int i = 0; i < n; i++) { // 숫자를 하나씩 처리한다
        for(int j = R; j >= 0; j--) {
            if(T[j])
                T[j + A[i]] = 1;
            R = min(K/2, R + C[i]);
        }
    }
    return T[K/2];
}
```

이런 개선 이후에도 시간 복잡도는 여전히 $O(nK)$이지만 쓸모없는 작업은 없어졌다.

문제-28 불린 괄호 묶기 개수: 'true', 'false', 'and', 'or', 'xor'로 이루어진 불린 수식이 주어졌다고 하자. 이 수식을 괄호로 묶어서 항상 참이 되게 하는 방법의 개수를 구하자. 예를 들어 'true and false xor true'를 참이 되도록 괄호로 묶는 방법은 1가지이다.

해답: 기호의 개수를 n이라고 하고, 기호들 가운데의 불린 연산자들 and, or, xor 등이 있다고 하자. 예를 들어 T or F and T xor F에선 $n = 4$이다.

우리의 목표는 불린 연산자들의 수식이 참이 되도록 괄호로 묶는 방법의 개수를 세는 것이다. 앞의 경우에서 T or ((F and T) xor F)를 사용하면 참이 된다.

T or ((F and T) xor F) = 참

동적 계획법으로 이 문제를 어떻게 풀 수 있는지 살펴보자. $T(i, j)$는 기호 $i \ldots j$의 부속 수식을 답이 참이 되도록 괄호로 묶는 방법의 개수를 의미한다(기호는 T와 F만을 의미하고 연산자는 제외한다). 또한 i와 j는 1에서 n까지의 값을 취한다. 예를 들어 앞의 경우에서 $T(2, 4) = 0$이다. 왜냐하면 F and T xor F를 참이 되게 만드는 방법이 없기 때문이다.

그럼 $F(i, j)$가 기호 $i \ldots j$의 부속 수식을 답이 거짓이 되도록 괄호로 묶는 방법의 개수를 의미한다고 하자. 기본 경우는 $T(i, i)$와 $F(i, i)$이다. 이제 모든 i 값에 대해 $T(i, i+1)$과 $F(i, i+1)$를 계산하려 한다. 다음 단계는 $T(i, i+2), F(i, i+2)$ 같은 방식으로 진행된다. 이제 해답을 일반화시켜보자.

$$T(i,j) = \sum_{k=i}^{j-1} \begin{cases} T(i,k)T(k+1,j), & and\text{를 위해} \\ Total(i,k)Total(k+1,j) - F(i,k)F(k+1,j), & or\text{을 위해} \\ T(i,k)F(k+1,j) + F(i,k)T(k+1,j), & for\text{를 위해} \end{cases}$$

여기서 $\text{Total}(i, k) = T(i, k) + F(i, k)$이다.

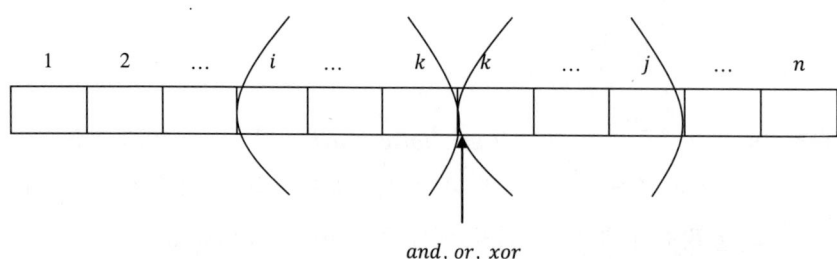

and, or, xor

앞의 재귀식이 의미하는 것은 $T(i, j)$가 수식을 괄호로 묶는 방법의 개수를 나타낸다는 것이다. k에서 끝나는 부속 문제가 있다고 하자. 그러면 i에서 j까지 괄호로 묶는 방법의 총 개수는 i에서 k까지의 괄호로 묶는 방법의 개수와 $k + 1$에서 j까지의 괄호로 묶는 방법의 개수의 합이 된다. k와 $k + 1$ 사이의 괄호로 묶는 방법의 개수는 *and*, *or*, *xor* 세 가지이다.

- k와 $k + 1$ 사이에 *and*를 사용하면 최종 수식은 양쪽 모두 참일 때에만 참이 된다. 양쪽 모두 참이라면 최종 카운트에 포함시킬 수 있다.
- *or*를 사용하면 둘 중 적어도 한쪽이 참일 때 참이 된다. *or*의 모든 세 가지 경우를 포함시키는 대신 전체 가능성에서 '거짓'인 경우를 빼는 대안을 선택한다.
- *xor*도 마찬가지이다. 앞의 두 경우와 유사하다.
- 모든 값을 찾은 뒤에, 전체 개수의 최대 값을 만드는 k의 값을 선택해야 한다. k에 대해 i에서 $j - 1$ 가능성이 있다.

부속 문제의 개수는 몇 개인가? 위 수식에서 i는 1에서 n, j는 1에서 n의 범위이다. 그러므로 전체 n^2개의 부속 문제가 있다. 또한 이 값들 전체에 대해 합을 구한다. 그러므로 시간 복잡도는 $O(n^3)$이다.

문제-29 모든 쌍 최단 거리 문제(All Pairs Shortest Path Problem): 플로이드의 알고리즘: $V = \{1, 2, ..., n\}$인 가중치 방향 그래프 $G = (V, E)$가 주어졌다. 이 그래프의 모든 노드 쌍에 대해 최단 거리를 구하자. 가중치는 행렬 $C[V][V]$로 주어졌는데, $C[i][j]$는 노드 i와 노드 j 사이의 가중치(비용)을 나타낸다. 또한 노드 i에서 j에 이르는 경로가 없을 때는 $C[i][j] = \infty$ 또는 -1이다.

해답: 이 문제에 대한 동적 계획법을 찾아보자(플로이드의 알고리즘). 플로이드의 모든 쌍 최단 거리 알고리즘은 행렬 $A[1 ... n][1 ... n]$을 사용해서 최단 거리의 길이를 계산한다. 가장 처음엔 다음과 같다.

$A[i, j] = C[i, j]$ if $i \neq j$
$\qquad\quad = 0 \qquad$ if $i = j$

정의로부터 i에서 j로 이르는 경로가 없을 때 $C[i, j] = \infty$이다. 알고리즘은 A에 대해 n개의 단계를 거친다. $A_0, A_1, \ldots A_n$이 A_0을 초기 값으로 하는 n 단계에서의 A의 값이라고 하자.

$k - 1$번째 반복 직후 $A_{k-1}[i, j]$ = 정점 i에서 정점 j의 경로 중 정점$\{k + 1, k + 2, \ldots n\}$을 지나지 않는 경로의 최소 값이 된다. 즉 이 경로는 정점 $\{1, 2, 3, \ldots, k - 1\}$은 지날 수 있다.

각 반복에 대해, $A[i][j]$는 $A_{k-1}[i, j]$와 $A_{k-1}[i, k] + A_{k-1}[k, j]$의 최소 값으로 업데이트된다.

$$A[i, j] = \min \begin{cases} A_{k-1}[i, j] \\ A_{k-1}[i, k] + A_{k-1}[k, j] \end{cases}$$

k번째 단계는 정점 k가 모든 i와 j에 대해 i에서 j에 이르는 최적의 경로 위에 있는지 검사한다. 이 내용이 다음 그림에 있다.

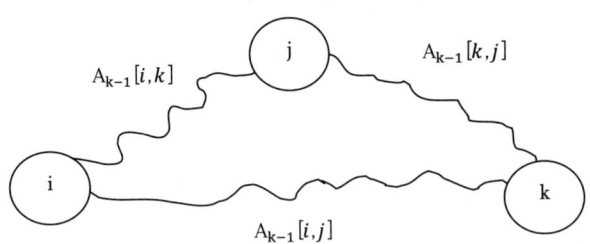

```
void Floyd(int C[][], int A[][], int n) {
    int i, j, k;
    for(i = 0, i <= n - 1; i++)
        for(j = 0; j <= n - 1, j++)
            A[i][j] = C[i][j];
    for(i = 0; i <= n - 1; i++)
        A[i][i] = 0;
    for(k = 0; k <= n - 1; k++) {
        for(i = 0; i <= n - 1; i++) {
            for(j = 0; j <= n - 1, j++)
                if(A[i][k] + A[k][j] < A[i][j])
                    A[i][j] = A[i][k] + A[k][j];
        }
    }
}
```

시간 복잡도: $O(n^3)$

문제-30 최적의 이진 검색 트리: n개의 (정렬된) 키 $A[1 \ldots n]$의 집합이 주어졌을 때, A의 항목들에 대해 최선의 이진 검색 트리를 만들어라. 또한 각 항목은 이 이진 검색 트리 안의 특정 항목이 검색되는 빈도 수를 가지고 있다고 가정하자. 즉 전체 검색 시간이 줄어들도록 이진 검색 트리를 만들어야 한다.

해답: 일단 다음 예제를 보자. 주어진 배열이 $A=[3, 12, 21, 32, 35]$라고 하자. 이 항목들로 트리를 만드는 데는 여러 가지 방법이 있는데 다음 그림에서 두 가지를 볼 수 있다.

두 트리 중 어느 것이 더 나은가? 항목의 검색 시간은 노드의 깊이에 달려 있다. 첫 번째 트리의 평균 비교 횟수는 $\frac{1+2+2+3+3}{5} = \frac{11}{5}$이고, 두 번째 트리의 평균 비교 횟수는 $\frac{1+2+3+3+4}{5} = \frac{13}{5}$이다. 이 두 경우 중, 첫 번째 트리가 더 나은 결과를 제공한다.

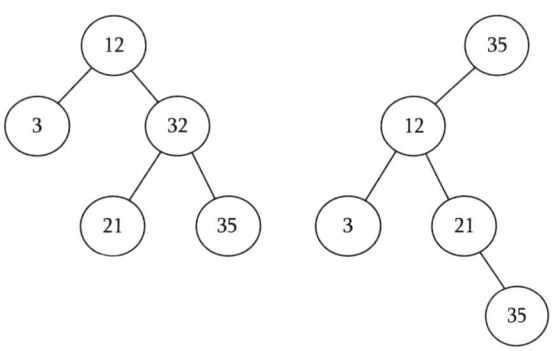

빈도 수가 주어지지 않았고 모든 항목을 검색하려 한다면 앞의 간단한 계산이면 최적의 트리를 결정하는 데 충분하다. 빈도 수가 주어졌다면 선택은 항목의 빈도 수와 노드의 깊이 둘 다에 달려 있다. 예를 들어 주어진 배열이 A이고 해당 빈도 수는 배열 F에 저장되었다고 하자. $F[i]$는 i번째 항목 $A[i]$의 빈도 수를 나타낸다. $root$를 가진 트리의 전체 검색 시간 $S(root)$는 다음과 같이 정의된다.

$$S(root) = \sum_{i=1}^{n} (depth(root, i) + 1) \times F[i]$$

앞의 수식에서 $depth(root, i) + 1$은 i번째 항목을 찾기 위한 비교의 횟수를 가리킨다. 이진 검색 트리를 만드려고 하므로 왼쪽 부속 트리의 항목은 뿌리 항목보다 작고 오른쪽 부속 트리의 항목은 뿌리 항목보다 커야 한다. 왼쪽 부속 트리 시간과 오른쪽 부속 트리 시간을 분리한다면 앞의 수식은 이렇게 쓰여질 수 있다.

$$S(root) = \sum_{i=1}^{r-1}(depth(root,i) + 1) \times F[i] + \sum_{i=1}^{n} F[i] + \sum_{i=r+1}^{n} (depth(root,i) + 1) \times F[i]$$

r은 배열에서의 뿌리 항목의 위치이다.

왼쪽 부속 트리 시간과 오른쪽 부속 트리 시간을 해당되는 재귀 호출로 바꾸면 수식은 이렇게 된다.

$$S(root) = S(root \rightarrow left) + S(root \rightarrow right) + + \sum_{i=1}^{n} F[i]$$

이진 검색 트리의 선언

6장을 참고하자.

구현:

```
struct BinarySearchTreeNode *OptimalBST(int A[], int F[],
    int low, int high) {
    int r, minTime = 0;
    struct BinarySearchTreeNode *newNode=(struct
        BinarySearchTreeNode *)
        malloc(sizeof(struct BinarySearchTreeNode));
    if(!newNode) {
        printf("Memory Error");
        return;
    }
    for(r = 0, r <= n-1; r++) {
        root->left = OptimalBST(A, F, low, r-1);
        root->left = OptimalBST(A, F, r+1, high);
        root->data = A[r];
        if(minTime > S(root)) minTime = S(root);
    }
    return minTime;
}
```

문제-31 최적의 게임 전략: 짝수 n에 대해(두 명이 하는 게임이므로) 값 $v_1 \ldots v_n$을 가지는 n개의 동전들의 행을 생각해보자. 상대와 함께 이 게임을 한다. 차례가 될 때마다 한 사람이 이 행으로부터 첫 번째 혹은 마지막 동전을 선택해서 행으로부터 동전을 옮기고 동전의 값을 받는다. 우리가 먼저 선택했을 때 얻을 수 있는 돈의 최대 값을 구하자.

해답: **입력**: 테이블에 저장되어 있는 n개의 동전의 행, $v_1 \ldots v_n$

목표: 게임을 하는 동안 선택한 값의 합 최대화하기. 우리가 게임을 시작한다면 게임을 이겨야 한다. 즉 선택된 값들의 합을 최대화해야 한다. 중요한 점은, 상대방의 움직임에 상관없어야 한다는 것이다.

이 문제를 동적 계획법을 이용해서 풀어보자. 매 차례마다 우리 또는 상대방이 행의 양 끝으로부터만 동전을 선택한다. 부속 문제를 다음과 같이 정의하자.

$V(i, j)$: 남아 있는 동전이 $v_i \ldots v_j$일 경우 우리가 이길 수 있는 최대 값을 나타낸다.

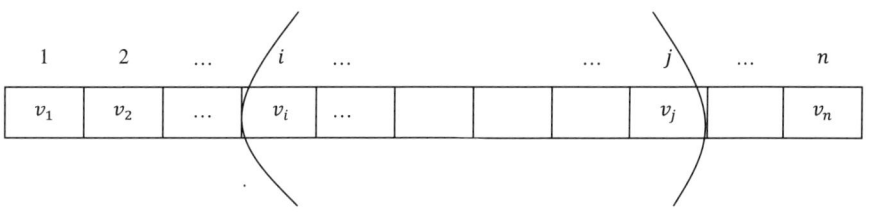

기본 경우: 모든 i 값에 대해 $V(i, i)$, $V(i, i + 1)$

이 값들로부터 $V(i, i + 2)$, $V(i, i + 3)$ 등을 계산할 수 있다. 이제 각 부속 문제에 대해 $V(i, j)$를 다음과 같이 정의하자.

$$V(i, j) = Max\left\{Min\begin{Bmatrix} V(i+1, j-1) \\ V(i+2, j) \end{Bmatrix} + v_i, Min\begin{Bmatrix} V(i, j-2) \\ V(i+1, j-1) \end{Bmatrix} + v_j \right\}$$

우리가 동전을 고를 차례이므로 두 가지 가능성이 있다. v_i를 고르거나 v_j를 고를 수 있다. 첫 번째 항은 우리가 i번째 동전(v_i)을 고른 경우이고, 두 번째 항은 우리가 j번째 동전(v_j)를 고른 경우를 나타낸다. 바깥쪽의 *Max*는 최대 값을 주는 동전을 골라야 한다는 것을 나타낸다. 이제 각 항에 집중해보자.

- i번째 동전을 고르는 경우: 남아 있는 동전의 범위가 $i + 1$에서 j 사이인데, 우리가 i번째 동전을 골랐으므로 값 v_i를 얻는다. 남아 있는 범위 $i + 1$에서 j에서 상대방은 $i + 1$번째 동전을 고르거나 j번째 동전을 고를 수 있다. 하지만 상대방의 선택의 여지는 최소화되어야 한다(*Min* 항). 다음 그림은 이 과정을 표현한 것이다.

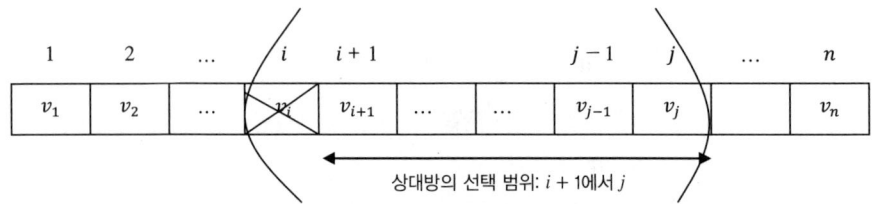

- j번째 동전을 고르는 경우: 앞의 설명과 동일하다. 남아 있는 동전의 범위가 i에서 $j - 1$이 되는데, 우리가 j번째 동전을 골랐으므로 값 v_j를 얻는다. 남아 있는 범위 i에서 $j - 1$ 사이에서 상대방은 i번째 동전을 고르거나 $j - 1$번째 동전을 고를 수 있다. 하지만 상대방의 선택의 여지는 최소화되어야 한다(*Min* 항).

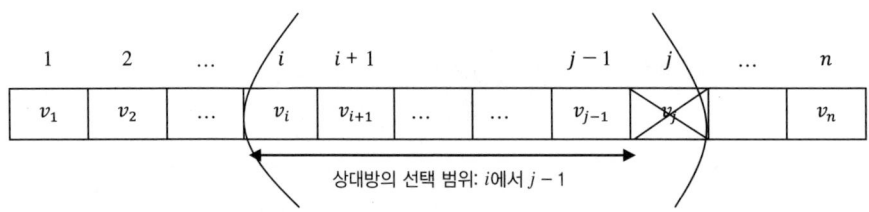

부속 문제의 개수는 몇 개인가? 앞의 수식에서 i는 1에서 n, j는 1에서 n까지의 범위를 가진다. 총 n^2개의 부속 문제가 있고 각각이 $O(1)$이 걸리므로 전체 시간 복잡도는 $O(n^2)$이다.

문제-32 타일 붙이기: 우리가 2 × 1짜리 도미노를 가지고 높이가 2인 무한한 띠에 타일을 붙인다고 하자. 2 × n 띠를 1 × 2 도미노로 타일 붙일 수 있는 방법은 몇 가지인가?

해답:

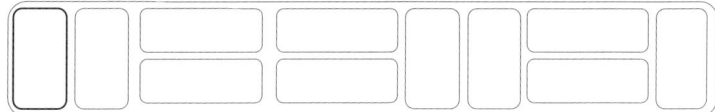

타일을 가로로 혹은 세로로 붙일 수 있다는 점을 기억하자. 세로로 타일을 붙일 때는, 최소한 2 × 2의 간격이 필요하다. 가로로 타일을 붙일 때에는 2 × 1 간격이 필요하다. 이런 식으로 이 문제는 n을 숫자 1과 2를 사용해서 순서에 관련 있게 분할하는 방법의 개수를 찾는 문제가 된다. 예를 들어 11 = 1 + 2 + 2 + 1 + 2 + 2 + 1이라는 식을 제시하고, 12에서도 이런 조합을 찾으려면 가장 끝에 1을 추가하거나 10을 만들 가능성이 있는 조합에 2를 추가할 수 있다. 이와 유사하게 n에 대해 F_n개의 가능한 조합이 있다고 하자. 그러면 $(n + 1)$의 가장 끝에 1을 추가하거나, $(n - 1)$에서 가능한 조합을 찾아 2를 추가할 수 있다. 이 내용은 수식으로 표현하면 다음과 같다.

$F_{n+1} = F_n + F_{n-1}$

위 내용이 문제의 의도와도 맞는지 살펴보자.

- 2 × 1 띠를 채우는 방법: 1 → 하나의 세로 타일
- 2 × 2 띠를 채우는 방법: 2 → 두 개의 가로 타일 혹은 두 개의 세로 타일
- 2 × 3 띠를 채우는 방법: 3 → 한 개의 세로 타일을 2 × 2 띠를 채우는 두 방법에 추가하거나 두 개의 가로 타일을 2 × 1 띠를 채우는 한 가지 방법에 추가. (2 + 1 = 3)
- 유사하게 2 × n 띠를 채우는 방법: 한 개의 세로 타일을 2 × $(n - 1)$ 띠를 채우는 방법에 추가하거나 두 개의 가로 타일을 2 × $(n - 2)$ 띠를 채우는 한 가지 방법에 추가. ($F_{n-1} + F_{n-2}$)
- 이제 해답: $F_n = F_{n-1} + F_{n-2}$이 $F_1 = 1$과 $F_2 = 2$로 증명되었다.

문제-33 편집 거리(Edit Distance): 길이가 m인 문자열 A와 길이가 n인 문자열 B가 주어졌을 때, 최소한의 다음 연산을 사용하여 'A로부터 글자 삭제하기', 'A에 글자 삽입하기', 'A의 글자를 다른 글자로 바꾸기'에서 A를 B로 변환시키려고 한다. A를 B로 바꾸기 위해 필요한 이러한 연산의 최소 숫자를 A와 B사이의 편집 거리라고 한다.

해답: 입력: 길이가 m인 문자열 A와 길이가 n인 문자열 B
목표: 최소한의 변환으로 A를 B로 바꾸는 것

해답을 보기 전에, 문자열 A를 B로 바꿀 때 가능한 연산들을 살펴보자.
· $m > n$이면, A로부터 몇몇 글자들을 삭제해야 한다.
· $m == n$이면, A의 몇몇 글자들을 교체해야 한다.
· $m < n$이면, A에 몇몇 글자들을 추가해야 한다.

그러므로 우리가 필요로 하는 연산은 글자의 삽입, 글자의 교체, 글자의 삭제이고, 이들의 비용은 다음과 같이 정의된다.

연산의 비용

글자의 삽입	C_i
글자의 교체	C_r
글자의 삭제	C_d

이제 문제의 재귀식에 집중하자. $T(i, j)$가 A의 첫 번째 i 글자를 B의 첫 번째 j 글자로 변환하는 데 필요한 최소 비용을 나타낸다고 하자. 즉 $A[1 \ldots i]$를 $B[1 \ldots j]$로 변환하는 비용이다.

$$T(i,j) = min \begin{cases} c_d + T(i-1, j) \\ T(i, j-1) + c_i \\ T(i-1, j-1), & \text{if } A[i] == B[j] \\ T(i-1, j-1) + c_r & \text{if } A[i] \neq B[j] \end{cases}$$

이 알고리즘은 다음과 같은 특징을 지니고 있다.

- A로부터 i번째 글자를 삭제하면, A의 나머지 $i - 1$ 글자들을 B의 j 글자로 변환해야 한다.
- A에 i번째 글자를 삽입하면, A의 이 i 글자들을 B의 $j - 1$ 글자들로 변환해야 한다.
- $A[i] == B[j]$이면, A의 나머지 $i - 1$ 글자들을 B의 $j - 1$ 글자들로 변환해야 한다.
- $A[i] \neq B[j]$이면, A의 i번째 글자를 B의 j번째 글자로 교체하고 A의 나머지 $i - 1$ 글자들을 B의 $j - 1$ 글자들로 변환해야 한다.

모든 가능성을 계산한 뒤에 최소 비용의 해답을 선택해야 한다.

부속 문제의 개수는 몇 개인가? 앞의 수식에서 i는 1에서 m, j는 1에서 n까지의 범위이다. 그러므로 부속 문제는 mn개이고 각각은 $O(1)$이 걸리므로 시간 복잡도는 $O(mn)$이다. 공간 복잡도: 주어진 행렬에서 m이 행의 개수, n이 열의 개수인 $O(mn)$

문제-34 가장 긴 회문 부속 순열: 어떤 순열이 왼쪽에서 오른쪽으로 읽거나 오른쪽에서 왼쪽으로 읽어도 같게 읽혀질 때 회문이라고 한다. 예를 들어 A, C, G, G, G, G, C, A. 길이가 n인 순열이 주어졌을 때 가장 긴 회문 부속 순열의 길이를 출력하는 알고리즘을 작성하자. 예를 들어 문자열 A, G, C, T, C, B, M, A, A, C, T, G, G, A, M은 길이가 9인 A, G, T, C, M, C, T, G, A와 같은 많은 회문 부속 순열을 가지고 있다.

해답: **입력**: n개의 글자를 가진 순열 $A[1 \ldots n]$

목표: 주어진 입력 순열에 대해 가장 긴 회문 부속 순열의 길이를 리턴한다.

동적 계획법을 사용해서 이 문제를 풀어보자. 문자열 A의 부속 문자열 $A[i \ldots j]$를 살펴보면, $A[i] == A[j]$일 때 길이가 최소 2인 회문을 찾을 수 있다. 이들이 같지 않다면, 제일 긴 길이의 회문을 부속 문자열 $A[i + 1 \ldots j]$와 $A[i \ldots j - 1]$에서 찾아야 한다.

또한 매 글자 $A[i]$ 역시 길이가 1인 회문이다. 그러므로 기본 경우는 $A[i, i] = 1$로 주어진다. 부속 문자열 $A[i ... j]$에 대한 최장 길이 회문을 $L(i, j)$라고 정의하자.

$$L(i,j) = \begin{cases} L(i+1, j-1) + 2, & if\ A[i] == A[j] \\ Max\{L(i+1,j), L(i,j-1)\}, & 외.. \end{cases}$$
$L(i, i) = 1 \text{ for all } i = 1 \text{ to } n$

```
int LongestPalindromeSubsequence(int A[], int n) {
    int max = 1;
    int i,k, L[n][n];
    for(i = 1; i <= n -1; i++) {
        L[i][i] =1;
        if(A[i]==A[i+1]) {
            L[i][i + 1] = 1;
            max = 2;
        }
        else L[i][i + 1] = 0;
    }
    for(k=3;k<= n;k++) {
        for(i = 1; i <= n - k + 1; i++) {
            j = i + k - 1;
            if(A[i] == A[j]) {
                L[i, j] = 2 + L[i + 1][j - 1];
                max = k;
            }
            else L[i, j] = max(L[i + 1][j - 1], L[i][j - 1]);
        }
    }
    return max;
}
```

시간 복잡도: 첫 번째 for 루프는 $O(n)$ 시간이 걸리고 두 번째 for 루프는 $O(n - k)$ 시간, 즉 역시 $O(n)$ 시간이 걸린다. 그러므로 알고리즘의 전체 수행 시간은 $O(n^2)$이다.

문제-35 최장 회문 부속 문자열: 주어진 문자열 A에 대해, 뒤집어도 내용이 같은 A의 최장 부속 문자열을 구하자.

해답: 최장 회문 부속 문자열과 최장 회문 부속 순열의 차이점은 최장 회문 부속 문자열은 결과 문자열이 최장 회문이 되는 연속되는 글자들이어야 한다는 것이다. 반면 최장 회문 부속 순열은 결과물이 연속적일 필요는 없이 원본 문자열 안에서 증가하는 순열에 글자가 있으면 된다.

입력: n개의 글자를 가진 순열 $A[1 \ldots n]$
목표: 주어진 입력 순열의 최장 회문 부속 문자열의 길이

브루트-포스 해법은 주어진 길이 n인 문자열의 모든 $n(n + 1)/2$개의 가능한 부속 문자열에 대해 회문이 되는지를 검사해서 제일 긴 부속 문자열을 저장하는 것이다. 이는 최악의 경우에 $O(n^3)$ 복잡도를 가진다. 하지만 회문은 (홀수 길이 회문의 경우) 한 글자를 중심으로, (짝수 길이 회문의 경우) 글자 사이의 공간을 중심으로 한다는 것을 알면 더 나은 해법을 구할 수 있다. 즉 모든 $n + 1$개의 가능한 중심을 검사해서 그 중심에 대한 최장 회문을 찾으면서 전체 최장 회문을 저장하면 된다. 최악의 경우에 $O(n^2)$ 복잡도를 가진다.

동적 계획법을 사용해서 이 문제를 풀어보자. 길이가 n인 문자열에는 $O(n^2)$보다 많은 부속 문자열은 없다(정확히는 2^n개의 부속 순열이 있다)는 점에 주목할 필요가 있다. 그러므로 각 부속 문자열을 스캔해서 회문인지 검사하고 이제까지 발견된 최장 회문의 길이를 업데이트할 수 있다. 회문 검사에는 부속 문자열 길이에 선형인 시간이 걸리므로 이 알고리즘은 $O(n^3)$이 걸린다. 동적 계획법을 사용해서 이를 개선할 수 있다. $1 \leq i \leq j \leq n$일 때 다음과 같은 식을 정의할 수 있다.

$L(i, j) = 1$, 만약 $A[i] \ldots A[j]$가 회문 부속 문자열이라면,

$$L(i,j) = \begin{cases} 1, & \text{만약 } A[i] \ldots A[j] \text{이 회문 문자열이라면,} \\ 0, & \text{외..} \end{cases}$$

$L[i, i] = 1,$
$L[i, j] = L[i, i + 1], if\ A[i] == A[i + 1], for\ 1 \leq i \leq j \leq n - 1.$

또한 길이가 최소 3인 문자열에서는 다음과 같은 수식이 가능하다.
$L[i, j] = (L[i + 1, j - 1]\ and\ A[i] = A[j]).$

잘 정의된 점화식을 얻기 위해서는 불린 배열 $L[i, j]$의 두 개의 구분되는 대각선을 따로 초기화해야 한다. 왜냐하면 항목 $[i, j]$의 점화식은 $[i + 1, j - 1]$의 값을 사용하는데 이는 $[i, j]$로부터 두 대각선 떨어져 있다 (즉 길이가 k인 부속 문자열에 대해, 길이가 $k - 2$인 부속 문자열의 상태를 알아야 한다).

```
int LongestPalindromeSubstring(int A[], int n) {
    int max = 1;
    int i,k, L[n][n];
    for(i = 1; i <= n-1; i++) {
        L[i][i] =1;
        if(A[i]==A[i+1]) {
            L[i][i + 1] = 1;
            max = 2;
        }
        else L[i][i + 1] = 0;
    }
    for(k=3;k<=n;k++) {
        for(i = 1; i <= n-k+1; i++) {
            j = i + k - 1;
            if(A[i] == A[j] && L[i + 1][j - 1]) {
                L[i][j] = 1;
                max = k;
            }
            else L[i][j] = 0;
        }
    }
    return max;
}
```

시간 복잡도: 첫 번째 for 루프는 $O(n)$ 시간이 걸리고 두 번째 for 루프는 $O(n - k)$, 즉 역시 $O(n)$ 시간이 걸린다. 그러므로 알고리즘의 전체 수행 시간은 $O(n^2)$이다.

문제-36 두 문자열 S와 T가 주어졌다. T 안에 S가 나타나는 횟수를 찾는 알고리즘을 구하자. S의 모든 글자들이 T 안에 연결되어 나타날 필요는 없다. 예를 들어 S = ab이고, T = $abadcb$이면 답은 4이다. ab가 $abadcb$ 안에 네 번 나타나기 때문이다.

해답: $L(i, j)$가 S의 i 글자들이 T의 j 글자들로 나타나는 횟수라고 하자.

$$L(i,j) = Max \begin{cases} 0, & if\ j = 0 \\ 1, & if\ i = 0 \\ L(i-1, j-1) + L(i, j-1), & if\ S[i] == T[j] \\ L(i-1, j), & if\ S[i] \neq T[j] \end{cases}$$

앞의 재귀식의 구성 요소들에 집중해보자.

- j = 0이면, T가 비었으므로 카운트가 0이 된다.
- i = 0이면, 빈 문자열 S가 T 안에 나타난다고 볼 수 있기 때문에 카운트가 1이 된다.

- $S[i] == T[j]$이면, S의 i번째 글자와 T의 j번째 글자가 같다는 뜻이다. 이 경우에는 S의 $i - 1$글자들과 T의 $j - 1$ 글자들에 대한 부속 문제를 검사해야 하고, 또한 S의 i 글자들과 T의 $j - 1$ 글자들의 결과도 카운트해야 한다. 왜냐하면 S의 모든 i 글자들이 T의 $j - 1$ 글자들 가운데 나타날 수 있기 때문이다.
- $S[i] \neq T[j]$이면 S의 $i - 1$ 글자들과 T의 j 글자들에 대한 부속 문제 결과를 얻어야 한다.

앞의 모든 값을 계산한 뒤에, 최대 카운트를 얻는 쪽을 선택한다.

부속 문제의 개수는 몇 개인가? 앞의 수식에서 i의 범위는 1에서 m, j의 범위는 1에서 n이다. 총 mn 부속 문제가 있고, 각각은 $O(1)$이 걸린다.

시간 복잡도: $O(mn)$

공간 복잡도: 주어진 행렬에서 m이 행의 개수, n이 열의 개수인 $O(mn)$

문제-37 n개의 행과 m개의 열을 가진 행렬 ($n \times m$)이 주어졌는데, 각 셀에는 사과들이 있다. 행렬의 왼쪽 맨 위에서 시작해서 아래쪽이나 오른쪽으로 한 칸씩 움직이면서 최종적으로 가장 아래 오른쪽 구석에 닿으려고 한다. 우리가 모을 수 있는 사과 개수의 최대 값을 구하자. 각 셀을 통과할 때 그 안의 모든 사과들을 모은다.

해답: 주어진 행렬이 $A[n][m]$이라고 하자. 여기서 중요한 것은 어느 셀에 도착하는 방법이 두 가지라는 것이다. 왼쪽으로부터(첫 번째 열에선 불가능), 그리고 (가장 앞의 행이 아니라면) 위로부터 오는 것이다.

				S[i-1][j]	
			S[i][j-1] →	S[i][j]	

최적의 해답인 칸을 찾기 위해 도착할 수 있는 모든 칸의 최적인 해답을 미리 찾아야 한다. 다음은 위 내용을 재귀 관계식으로 나타낸 것이다.

$$S(i,j) = \left\{ A[i][j] + Max \begin{cases} S(i, j-1), & if\ j > 0 \\ S(i-1, j), & if\ i > 0 \end{cases} \right\}$$

$S(i, j)$는 각 행을 왼쪽에서 오른쪽으로 움직이면서 행을 위에서 아래로 움직이며 계산되어야만 한다. 아니면, 각 열을 위에서 아래로 움직이면서 열을 왼쪽에서 오른쪽으로 움직이며 계산되어야 한다.

```
int FindApplesCount(int A[][], int n, int m) {
    int S[n][m];
    for(int i = 1; i <= n; i++) {
        for(int j = 1; i <= m; j++) {
            S[i][j] = A[i][j];
            if(j>0 && S[i][j] < S[i][j] + S[i][j-1])
                S[i][j] += S[i][j-1];
            if(i>0 && S[i][j] < S[i][j] + S[i-1][j])
                S[i][j] +=S[i-1][j];
        }
    }
    return S[n][m];
}
```

부속 문제의 개수는 몇 개인가? 앞의 수식에서, i의 범위는 1에서 n, j의 범위는 1에서 m이다. 총 nm 부속 문제가 있고, 각각은 $O(1)$이 걸린다.

시간 복잡도: $O(nm)$

공간 복잡도: 주어진 행렬에서 m이 행의 개수, n이 열의 개수인 $O(nm)$

문제-38 문제-37과 유사하지만 아래쪽으로 오른쪽으로 한 셀 움직이는 것 외에 대각선으로도 움직일 수 있다고 하자. 오른쪽 맨 아래 구석에 도달해야 한다. 우리가 모을 수 있는 최대 사과의 개수를 구하는 동적 계획법을 제시하자.

해답: 그렇다. 논의는 문제-37과 매우 유사하다. 주어진 행렬이 $A[n][m]$이라고 가정하자. 제일 먼저 관찰해야 할 것은, 어느 셀에 도착하는 방법이 세 가지라는 것이다. 왼쪽으로부터 위로부터(제일 첫 행이 아니라면), 대각선 위쪽으로부터. 특정 셀에 대한 최적의 해답을 찾기 위해 현재 셀에 도착할 수 있는 모든 셀에 대한 최적의 해답을 미리 찾았어야 한다. 앞의 논의에 따라 다음과 같은 재귀 관계식이 얻어진다.

$$S(i,j) = \begin{cases} A[i][j] + Max \begin{cases} S(i,j-1), & if\ j>0 \\ S(i-1,j), & if\ i>0 \\ S(i-1,j-1), if\ i>0\ and\ j>0 \end{cases} \end{cases}$$

$S(i, j)$는 각 행을 왼쪽에서 오른쪽으로 움직이면서 행을 위에서 아래로 움직이며 계산되어야만 한다. 아니면, 각 열을 위에서 아래로 움직이면서 열을 왼쪽에서 오른쪽으로 움직이며 계산되어야 한다.

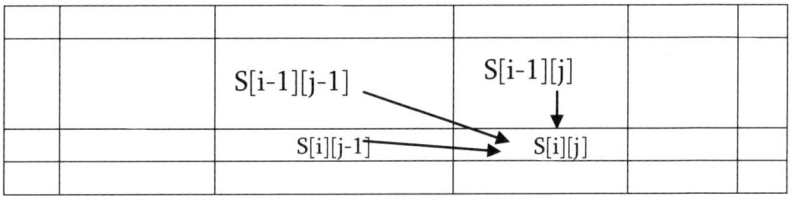

부속 문제의 개수는 몇 개인가? 앞의 수식에서, i의 범위는 1에서 n, j의 범위는 1에서 m이다. 총 nm 부속 문제가 있고, 각각은 $O(1)$이 걸린다.

시간 복잡도: $O(nm)$

공간 복잡도: 주어진 행렬에서 m이 행의 개수, n이 열의 개수인 $O(nm)$

문제-39 모두 1로 이루어진 정방 부속 행렬의 최대 크기: 0과 1로 이루어진 행렬이 주어졌다. 모두 1로 이루어진 정방 부속 행렬의 최대 크기를 구하는 알고리즘을 알아보자. 일단 다음과 같은 이진 행렬의 예를 보자.

```
0 1 1 0 1
1 1 0 1 0
0 1 1 1 0
1 1 1 1 0
1 1 1 1 1
0 0 0 0 0
```

모두 1로 이루어진 최대 정방 부속 행렬은 다음과 같다.

```
1 1 1
1 1 1
1 1 1
```

해답: 동적 계획법을 사용해 이 문제를 풀어보자. 주어진 이진 행렬이 $B[m][n]$이라고 하자. 이 알고리즘은 $L[i][j]$ 항목이 $B[i][j]$를 부속 행렬에서 1로만 이루어진 정방 부속 행렬의 크기를 나타내는 임시 행렬 $L[][]$을 만드는 것이다.

알고리즘

1) 주어진 행렬 $B[m][n]$에 대한 합 행렬 $L[m][n]$을 만든다.

    a. $B[][]$에서 $L[][]$로 첫 번째 행과 첫 번째 열을 복사한다.

    b. 다른 항목들에서도 다음 수식을 사용해 $L[][]$를 만든다.

```
if(B[i][j])
    L[i][j] = min(L[i][j-1],L[i-1][j],L[i-1][j-1]) + 1;
else        L[i][j] = 0;
```

2) $L[m][n]$에서 최대 항목을 찾는다.

3) 최대 값과 $L[i]$에서의 최대 항목의 위치를 이용해서 $B[][]$의 부속 행렬을 출력한다.

```
void MatrixSubSquareWithAllOnes(int B[][], int m, int n) {
    int i, j, L[m][n], max_of_s, max_i, max_j;
    for(i = 0; i < m; i++) // L[][]의 첫 번째 열을 정한다
        L[i][0] = B[i][0];
    // L[][]의 첫 번째 행을 정한다
    for(j = 0; j < n; j++)
        L[0][j] = B[0][j];
    // L[][]의 나머지 항목들을 만든다
    for(i = 1; i < m; i++) {
        for(j = 1; j < n; j++) {
            if(B[i][j] == 1)
                L[i][j] = min(L[i][j-1], L[i-1][j], L[i-1]
                    [j-1]) + 1;
            else L[i][j] = 0;
        }
    }
    max_of_s = L[0][0]; max_i = 0; max_j = 0;
    for(i = 0; i < m i++) {
        for(j = 0; j < n; j++) {
            if(L[i][j] > max_of_s) {
                max_of_s = L[i][j];
```

```
                    max_i = i;
                    max_j = j;
                }
            }
        }
        System.out.println("Maximum sub-matrix");
        for(i = max_i; i > max_i - max_of_s; i--) {
            for(j = max_j; j > max_j - max_of_s; j--)
                System.out.println(B[i][j]);
        }
    }
```

부속 문제의 개수는 몇 개인가? 앞의 수식에서, i의 범위는 1에서 n, j의 범위는 1에서 m이다. 총 nm 부속 문제가 있고, 각각은 $O(1)$이 걸린다.

시간 복잡도: $O(nm)$

공간 복잡도: 주어진 행렬에서 m이 행의 개수, n이 열의 개수인 $O(nm)$

문제-40 최대 합 부속 행렬: 양수와 음수인 정수들로 이루어진 $n \times n$ 행렬 M이 주어졌다. 가능한 최대의 합을 가지는 부속 행렬을 찾는 알고리즘을 알아보자.

해답: $Aux[r, c]$가 항목 [1,1]에서 시작해서 $[r, c]$에서 끝나는, M의 부속 행렬의 합을 나타낸다고 하자. 이런 가능성이 n^2개이므로 $O(n^2)$ 시간에 구할 수 있다. 가능한 모든 합을 계산한 뒤에 M의 부속 행렬들의 합은 선형 시간에 구할 수 있고, 이는 $O(n^4)$ 시간이다. 이제 행렬의 왼쪽 아래와 오른쪽 위를 짐작한 뒤에 Aux 테이블을 사용해서 합을 계산한다.

문제-41 문제-40의 복잡도를 개선할 수 있는가?

해답: 문제-41의 해법을 약간 변형해서 사용할 수 있다. 우리가 이미 보았듯이 1-D 배열의 최대 합 배열 알고리즘은 전체 항목의 합을 저장하면서 배열을 한 번에 한 항목씩 스캔한다. 어느 시점에서든지 이 총 합이 음수가 되면 0으로 지정한다. 이 알고리즘은 카다네(Kadane)의 알고리즘이라고 불린다. 이 알고리즘을 2차원 문제를 풀 때 다음과 같이 보조 함수로 사용한다.

```java
        public void FindMaximumSubMatrix(int[][] A, int n){
            // 열들에 대한 세로 접두어 합 계산하기
            int[][] M = new int[n][n];
            for(int i = 0; i < n; i++) {
                for(int j = 0; j < n; j++) {
                    if(j == 0)
                        M[j][i] = A[j][i];
                    else
                        M[j][i] = A[j][i] + M[j - 1][i];
                }
            }
            int maxSoFar = 0;
            int min , subMatrix;
            // 가능한 모든 조합에 대해 카다네의 알고리즘 적용하기
            for(int i = 0; i < n; i++) {
                for(int j = i; j < n; j++) {
                    min = 0;
                    subMatrix = 0;
                    for(int k = 0; k < n; k++) {
                        if(i == 0)
                            subMatrix += M[j][k];
                        else subMatrix += M[j][k] - M[i - 1 ][k];
                        if(subMatrix < min)
                            min = subMatrix;
                        if((subMatrix - min) > maxSoFar)
                            maxSoFar = subMatrix - min;
                    }
                }
            }
        }
```

시간 복잡도: $O(n^3)$

문제-42 주어진 숫자 n에 대하여 합이 숫자 n이 되는 제곱수의 최소 개수를 구하자.

예: $min[1] = 1 = 1^2$, $min[2] = 2 = 1^2 + 1^2$, $min[4] = 1 = 2^2$, $min[13] = 2 = 3^2 + 2^2$.

해답: 이 문제는 동전 교환 문제로 변환될 수 있다. 화폐의 단위가 1에서 $\sqrt{n}$일 때 n의 금액을 최소한의 개수로 동전으로 바꾸어야 한다.

문제-43 최종 항목에 닿기 위한 최적 점프의 개수 찾기: 주어진 배열에서 첫 번째 항목에서 시작해서 마지막까지 점프하려고 한다. 점프의 길이의 최대 값은 배열에서 현재 위치이다. 최적의 결과는 목표 항목에 최소한

의 점프로 닿는 것이다. 예: 주어진 배열 A = {2,3,1,1,4}. 가장 끝에 닿는 가능한 방법들은(인덱스로 표시) 다음과 같다.

- 0, 2, 3, 4(2만큼 점프해서 인덱스 2, 1만큼 점프해서 인덱스 3, 1만큼 점프해서 인덱스 4)
- 0, 1, 4(1만큼 점프해서 인덱스 1, 3만큼 점프해서 인덱스 4) 두 번째 해답은 2회만 점프하므로 최적의 결과이다.

해답: 이 문제는 전형적인 동적 계획법의 예이다. 브루트-포스 방법으로 풀 수도 있지만 그 경우 복잡도가 너무 높아진다. LIS 문제 접근법을 사용해 이 문제를 풀 수 있다. 배열을 탐색하면서 그 위치(인덱스)에 닿기 위한 최소한의 점프 횟수를 찾아 결과 배열을 업데이트한다. 가장 끝에 도달하면, 마지막 인덱스에 대한 최적의 해답이 결과 배열에 있다. 모든 위치(인덱스)에 대해 최적의 점프 개수를 어떻게 구하는가? 첫 번째 인덱스에 대해, 최적의 점프 개수는 0이다. 첫 번째 인덱스의 값이 0이라면 아무 곳으로도 점프할 수 없어 무한대를 리턴한다. $n + 1$번째 항목에서 result[$n + 1$]을 무한대로 초기화한다. 그런 다음 매 인덱스 i에 대해 0에서 n까지 루프를 돌면서 i에서부터 $n + 1$까지 점프할 수 있는지 검사한다. 가능하다면 전체 점프의 개수 (result[i] + 1)이 result[$n + 1$]보다 작은지 보고, 작다면 result[$n + 1$]을 업데이트하고, 아니라면 다음 인덱스로 계속한다.

```java
// MAX를 1 더 작게 선언해서 1을 더하여 0이 되는 것을 방지한다
final static int MAX = Integer.MAX_VALUE;
int jump(int[] array, int n) {
    int answer;
    int[] result = new int[n];
    int i, j;
    // 경계 조건
    if(n == 0 || array[0] == 0)
        return MAX;
    result[0] = 0; // 첫 번째 항목에서 점프할 필요가 없음
    for(i = 1; i < n; i++) {
        result[i] = MAX; // result[i]의 초기화
        for(j = 0; j < i; j++) {
            // j로부터 점프할 수 있는 지 검사
            if(array[j] >= (i-j)) {
                // 더 나은 해답이 있는지 검사
```

```
                if((result[j] + 1) < result[i])
                    result[i] = result[j] + 1;
                    // result[i] 업데이트
            }
        }
    }
    answer = result[n-1]; // result[n-1] 리턴
    return answer;
}
```

앞의 코드는 최적의 점프 횟수를 리턴할 것이다. 점프 인덱스 역시 찾으려면 요구사항에 따라 위으의 코드를 쉽게 수정할 수 있다.

시간 복잡도: 두 개의 루프가 있고 모든 루프에서 0에서 i까지 반복하므로 전체 시간은 $1 + 2 + 3 + 4 + \cdots + n - 1$이다. 그러므로 시간 효율성은 $O(n) = O(n * (n - 1)/2) = O(n^2)$

공간 복잡도: 결과 배열을 위해 $O(n)$

20장

Data Structures and Algorithms Made Easy for JAVA

복잡도 클래스

20.1 소개

지금까지 다양한 복잡도의 문제들을 풀어왔다. 어떤 알고리즘들은 낮은 증가율을 갖고 있고 다른 알고리즘들은 높은 증가율을 가지고 있다. 낮은 증가율을 갖는 문제들을 쉬운 문제(혹은 쉽게 풀리는 문제)라고 하고, 높은 증가율을 가지는 문제들을 어려운 문제(혹은 어렵게 풀리는 문제)라고 한다. 이러한 구분은 이 문제를 풀기 위한 알고리즘의 수행 시간(혹은 메모리)에 따라 이루어진다. 다음 페이지의 표에는 시간 복잡도의 종류와 특징을 간략히 정리해 두었다.

시간 복잡도	이름	예	문제
$O(1)$	상수	연결 리스트의 가장 앞에 항목 추가하기	쉽게 풀리는 문제
$O(logn)$	로그 함수적	이진 검색 트리에서 항목 찾기	
$O(n)$	선형	정렬되지 않은 배열에서 항목 찾기	
$O(nlogn)$	선형 로그 함수적	병합 정렬	
$O(n^2)$	이차함수적	그래프의 두 노드 간의 최단 경로	
$O(n^3)$	삼차함수적	행렬의 곱셈	
$O(2^n)$	지수함수적	하노이의 탑 문제	어렵게 풀리는 문제
$O(n!)$	팩토리얼	문자열의 치환	

이를 제외하고 어떻게 풀어야 할지 모르는 문제들도 많이 있는데, 이제까지 본 모든 문제는 컴퓨터에 의해 정해진 시간에 풀 수 있는 문제들이었다. 그럼 이번에는 이 장에서 사용되는 기본 용어들을 살펴보자.

20.2 다항적/지수적 시간

지수적 시간(Exponential Time)은 본질적으로 모든 가능성을 시도하는 것 (예를 들어 백트래킹 알고리즘)을 뜻하고, 특성상 매우 느리다. 다항적 시간 (Polynomial Time)은 문제를 풀기 위한 현명한 알고리즘이 있다는 것을 뜻하고, 모든 가능성을 시도하지는 않는다. 수학적으로는 다음과 같이 표현된다.

- 다항적 시간은 임의의 k에 대해 $O(n^k)$
- 지수적 시간은 임의의 k에 대해 $O(k^n)$

20.3 결정 문제란 무엇인가?

결정 문제(Decision Problem)는 예/아니오의 해답이 있는 문제이고 그 해답이 입력되는 값에 달려 있다. 예를 들어 '주어진 n개의 숫자들의 배열에서 중복되는 숫자가 있는지 여부를 찾아라' 같은 결정 문제이다. 이 문제의 답은 입력 배열의 값에 따라 예 혹은 아니오이다.

20.4 결정 절차

주어진 결정 문제에 대해 그 문제를 풀기 위한 어떤 알고리즘이 주어졌다고 하자. 알고리즘의 형태로 주어진 결정 문제를 푸는 절차를 그 문제의 결정 절차(Decision Procedure)라고 한다.

20.5 복잡도 클래스란 무엇인가?

컴퓨터 과학에서는 해답이 없는 문제들을 클래스로 나누는데, 이를 복잡도 클래스라고 부른다. 복잡도 이론에서 복잡도 클래스는 서로 관계된 복잡도를 가진 문제들의 집합이다. 이는 주어진 문제를 풀기 위한 계산 과정에서 필요한 자원에 대해 연구하는 계산 이론의 한 분야이다. 가장 많이 고려되는 자원은 시간(문제를 푸는 데 알고리즘이 얼마나 걸리는지)과 공간(얼마나 많은 메모리가 사용되는지)이다.

20.6 복잡도 클래스의 종류

P 클래스
복잡도 클래스 P는 정해진 기계에서 다항적 시간에 풀 수 있는 결정 문제들의 집합이다(P는 다항적(Polynomial) 시간을 뜻한다). P 클래스 문제들은 해답을 찾기 쉬운 문제들의 집합이다.

NP 클래스

복잡도 클래스 *NP*(*NP*는 비결정적(Non-Deterministic) 다항적(Polynomial) 시간을 뜻함)는 비결정적 기계에서 다항적 시간에 풀 수 있는 결정 문제들의 집합이다. *NP* 클래스 문제들은 풀기 어렵지만 구분하기는 쉬운 문제들의 집합이다.

예를 들어 500명의 학생이 있는 대학을 생각해보자. 이 대학에는 학생들에게 제공되는 100개의 기숙사 방이 있다고 하자. 학생들은 두 명씩 짝지워져서 방을 배정받는데, 학장은 방을 같이 쓸 수 없는 학생들의 명단을 가지고 있다(아마도 다른 학생들을 괴롭혀서 벌을 받는 중). 가능한 모든 방 배정의 경우는 너무 크다. 하지만 답이(배정 결과 목록) 학장에게 주어지면 잘못된 배정을 찾는 것은 쉽다. 금지된 쌍이 하나라도 목록에 있으면 잘못된 것이다. 이 문제에서 모든 가능성을 검사하는 것은 매우 어렵지만 결과는 아주 쉽게 판별 가능하다는 것을 알 수 있다.

즉 누군가가 우리에게 답을 준다면 그 답이 맞는지 아닌지를 다항적 시간에 알 수 있다. 앞의 논의에 근거해서, *NP* 클래스 문제에 대해 답이 "그렇다"이면 이 사실에 대한 증명이 다항적 시간에 판별될 수 있다.

Co-NP 클래스

Co-NP(Complement of NP)는 *NP*의 반대이다. *Co-NP* 문제에 대한 대답이 "아니오"라면 다항적 시간에 이 사실을 증명할 수 있다.

P	다항적 시간에 풀 수 있음
NP	"그렇다"라는 대답이 다항적 시간에 분별 가능
Co-NP	"아니다"라는 대답이 다항적 시간에 분별 가능

P, NP, Co-NP의 관계

P 안의 모든 결정 문제들은 동시에 *NP*이다. 어떤 문제가 *P* 안에 있으면 "그렇다" 대답을 다항적 시간에 검증할 수 있고, *P* 안의 모든 문제들은 또한 *Co-NP*이다.

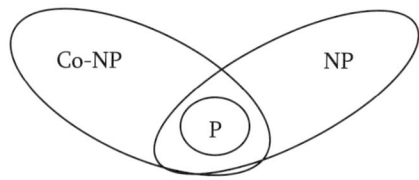

컴퓨터 과학의 이론에서 중요한 미해결 문제 중 하나는 $P = NP$인지 아닌지 하는 것이지만, 아직까지 아무도 모른다. 직관적으로 $P \neq NP$임이 분명한 듯 하지만, 아직까지 증명하지 못했다.

또 다른 미해결 문제는 NP와 $Co\text{-}NP$가 다른가 하는 것이다. 모든 "그렇다" 대답을 빨리 분별할 수 있다고 해도 "아니다" 대답 역시 빨리 분별할 수 있다고 볼 수는 없다. 일반적으로 $NP \neq Co\text{-}NP$라고 믿어지지만, 역시 아무도 증명하지 못했다.

NP-난해 클래스

모든 NP 문제들이 수렴하는 클래스이다. 모든 NP-난해(Hard) 문제들은 NP 문제가 아니다. 따라서 그것들을 검사하는 데만 해도 오랜 시간이 걸린다. 즉 누군가가 NP-난해 문제의 해답을 제시하면, 그 답이 맞는지 틀린지 검사하는 데 아주 오래 걸린다.

어떤 문제 K가 NP-난해라는 것은, 만약 K에 대해 다항적 시간 알고리즘(해답)이 존재한다면 모든 NP 문제에 대한 다항적 시간 알고리즘이 존재한다는 것이다. 즉 K가 NP-난해라는 것은 K가 다항적 시간에 풀린다면, $P = NP$라는 것을 의미한다.

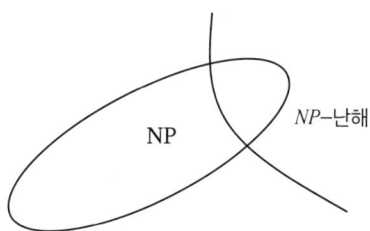

NP-완전 클래스

마지막으로 어떤 문제가 *NP*-난해이면서 *NP*일 때 *NP*-완전(Complete) 문제라고 한다. *NP*-완전 문제는 *NP* 중에서 가장 어려운 문제들이다. 누군가가 하나의 *NP*-완전 문제에서 다항적 시간 알고리즘을 구한다면, 모든 *NP*-완전 문제에서 다항적 시간 알고리즘을 구할 수 있다. 이를 통해 해답을 빨리 검사할 수 있고, (해당하는) 모든 NP 문제를 해결할 수 있다.

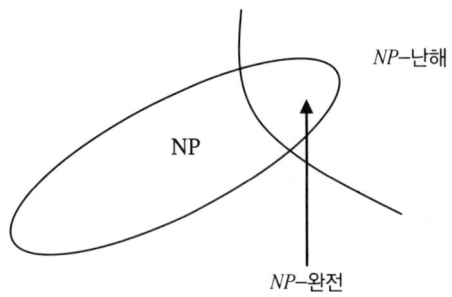

P, NP, Co-NP, NP-난해, NP-완전의 관계

앞서 살펴본 내용으로 다음과 같이 다양한 요소들의 관계를 표현할 수 있다(이건 가정일 뿐임을 기억하라).

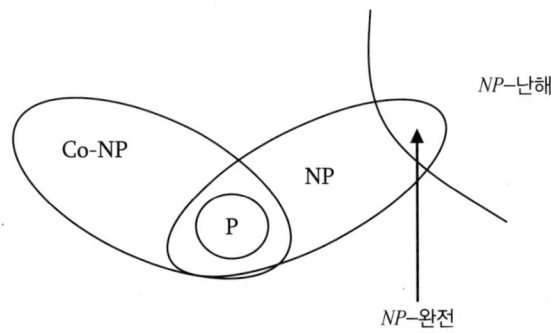

NP-난해인 문제들의 집합은 *NP*-완전인 집합들의 정확한 모집합이다. 어떤 문제들(예를 들어 정지(halting) 문제)들은 *NP*-난해지만, *NP*는 아니다. *NP*-난해 문제들은 일반적으로 풀 수 없을지도 모른다. 우리가 *NP*-난해와 *NP*-완전

문제의 차이를 이야기할 수 있는 까닭은 *NP* 클래스는 '가장 어려운' 문제들 보다 쉬운 모든 문제를 포함하고 있기 때문이다. 어떤 문제가 *NP*가 아니라면 *NP* 안의 모든 문제들보다 어렵다.

P=NP인가?

만약 $P = NP$라면, 빠르게 검사할 수 있는 모든 문제들은 빠르게 풀릴 수도 있다는 뜻이다(해답이 맞는지 검사하는 것과 실제 문제를 푸는 것의 차이를 기억하라).

이것은 매우 거대한 질문이다(또한 아무도 답을 모른다). 왜냐하면 빨리 풀릴 수 없는 많은 *NP*-완전 문제들이 있기 때문이다. 만약 $P = NP$라면 그들을 빨리 풀 수 있는 방법이 있다는 것이다. '빨리'는 시행착오를 뜻하는 것이 아님을 기억하라. 10억 년이 걸릴 수 있더라도 시행착오 방법만 아니라면 "빠르다"라고 할 수 있다. 미래에는 그 10억 년을 몇 분으로 줄일 수 있는 컴퓨터가 나올지 모르기 때문이다.

20.7 환원

환원(Reduction)을 학습하기 전에 일단 다음 경우를 생각해보자. 어떤 문제 *X*를 풀어야 하는데 어떻게 풀어야 할지 모르지만 매우 복잡할 것 같은 느낌이 든다고 하자. 이럴 경우에 어떻게 할 것인가?

일반적으로 *X*와 유사한 다른 문제(*Y*라고 하자)가 있다면 *X*를 *Y*에 대응시켜서 *Y*의 해답을 이용해서 *X* 역시 풀려고 할 것이다. 이 과정을 환원이라고 한다.

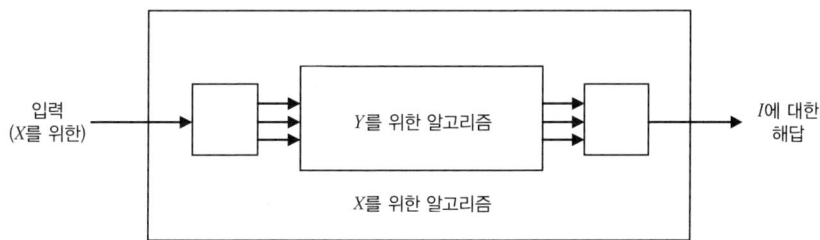

문제 X를 문제 Y에 대응시키기 위해, 선형 시간이나 그 이상이 걸릴 어떤 알고리즘이 필요하다. 이런 알고리즘을 반영했다고 가정하면, 문제 X를 푸는 비용은 다음과 같다.

문제 X를 푸는 비용 = 문제 Y를 푸는 비용 + 환원 시간

이제 다른 경우를 생각해보자. 문제 X를 풀기 위해, 때로 Y의 알고리즘(해답)을 여러 번 사용해야 할 경우가 있다. 이 경우 다음 식과 같다.

문제 X를 푸는 비용 = 횟수 * 문제 Y를 푸는 비용 + 환원 시간

NP-완전에서 제일 중요한 것은 환원 가능성이다. 즉 주어진 NP-완전 문제를 다른 알려진 NP-완전 문제로 환원(또는 변환)시킨다는 것이다. 왜냐하면 NP-완전 문제는 풀기 어려우며, 주어진 NP-완전 문제가 어렵다는 것을 증명하기 위해서는 존재하는 다른 어려운 문제(증명하기 어렵다는 것을 알고 있는 문제)를 취해서 주어진 문제를 거기에 대응시켜 그 문제가 어렵다는 것을 증명해야 하기 때문이다.

> **참고**
> 주어진 문제가 어렵다는 것을 증명하기 위해 반드시 알려진 어려운 문제로 환원시켜야만 하는 것은 아니다. 때로는 알려진 어려운 문제를 주어진 문제로 환원시키기도 한다.

중요한 NP-완전 문제(환원)

충족 가능성(Satisfiability)문제: 어떤 논리식이 논리곱 표준형(Conjunctive Normal Form, CNF)라는 것은 여러 절의 논리곱(Conjuncton, AND)으로 되어 있다는 것이다. 여기서 절은 여러 리터럴(literal)의 논리합(Disjunction, OR)으로 이루어진 것이며, 리터럴은 변수나 혹은 변수의 부정(Negation)을 가리킨다. 예를 들어 $(a \vee b \vee c \vee d \vee e) \wedge (b \vee \sim c \vee \sim d) \wedge (\sim a \vee c \vee d) \wedge (a \vee \sim b)$이다.

3-CNF 식은 한 절당 정확히 3개의 리터럴을 가지는 CNF 식이다. 앞의 예는 3-CNF가 아니다. 왜냐하면 첫 번째 절에는 다섯 개의 리터럴, 마지막 절에는 두 개의 리터럴이 있기 때문이다.

3-SAT(충족 가능성) 문제: 3-SAT는 3-CNF 식에 제한된 SAT이다. 주어진 3-CNF 식이 참으로 계산될 수 있도록 변수에 할당된 값이 있는가?

2-SAT(충족 가능성) 문제: 2-SAT는 2-CNF 식에 제한된 SAT이다. 주어진 2-CNF 식이 참으로 계산될 수 있도록 변수에 할당된 값이 있는가?

회로-충족 가능성 문제(Circuit-Satisfiablility Problem): AND, OR, NOT 게이트로 이루어진 논리 조합 회로가 주어졌을 때, 충족 가능한가? 즉 AND, OR, NOT 게이트로 구성되고 전선으로 잘 연결된 주어진 논리 회로에서 회로-SAT 문제는 결과가 참이 되게 하는 입력이 존재하는가를 결정하는 것이다.

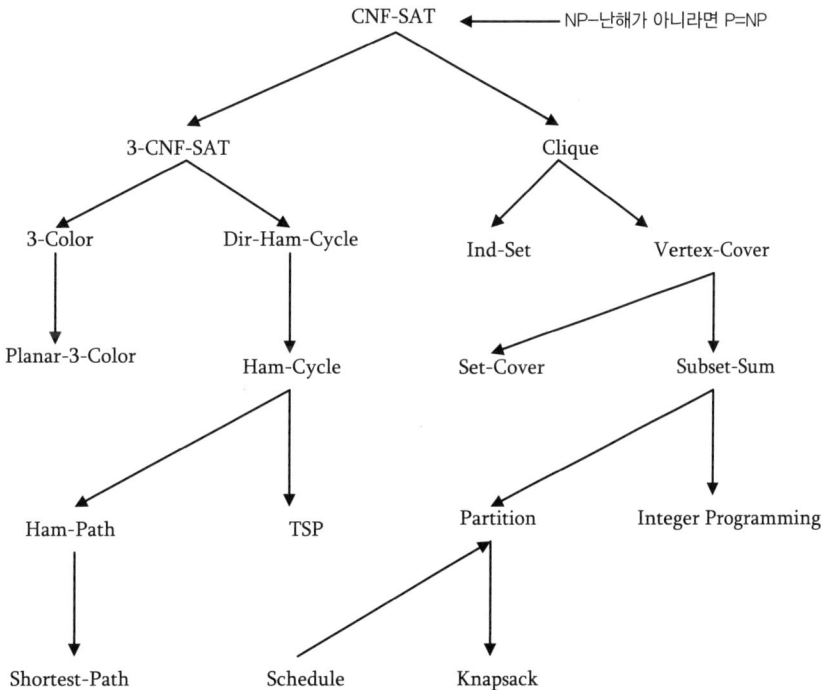

해밀턴 경로 문제(Ham-Path): 주어진 무방향 그래프에서 모든 정점을 정확히 한 번씩 방문하는 경로가 있는가?

해밀턴 사이클 문제(Ham-Cycle): 주어진 무방향 그래프에서 모든 정점을 정확히 한 번씩 방문하는 사이클(시작점과 끝점이 같음)이 있는가?

방향 해밀턴 사이클 문제(Dir-Ham-Cycle): 주어진 방향 그래프에서 모든 정점을 정확히 한 번씩 방문하는 사이클(시작점과 끝점이 같음)이 있는가?

순회 판매원 문제(TSP): 주어진 도시 목록과 각각의 거리를 가지고 모든 도시를 정확히 한 번씩 방문하는 최단 경로 찾는 문제

최단 경로 문제(Shortest-Path): 주어진 방향 그래프와 두 정점 s와 t에 대해, s에서 t까지 최단 단순 경로를 찾는 문제

그래프 색칠하기: 그래프 k-색칠하기 문제는 k 색상 중 하나를 각 정점에 할당해서 모든 간선의 양 끝점의 색깔이 다르게 하는 것이다. 그래프 색칠하기 문제는 사용 가능한 색상 중에서 가능한 최소의 색상 수를 찾는 것이다.

3-색 문제: 주어진 그래프를 세 가지 색깔로 칠해서 모든 간선의 양 끝점의 색깔이 다르게 할 수 있는지 알아보는 문제

크릭(Clique, 또는 완전 그래프): 크릭 문제는 주어진 그래프에서 가장 큰 완전 부속 그래프의 노드의 개수를 계산하는 것이다. 즉 최대 부속 그래프이면서 완전 그래프인 것을 찾아야 한다.

독립적 집합 문제(Ind_Set): G가 임의의 그래프라고 하자. G 안의 독립적인 집합은 그들 사이에 간선이 없는 G의 정점들의 부속집합이다. 최대 독립적 집합 문제는 주어진 그래프 안에서 제일 큰 독립적인 집합의 크기를 구하는 것이다.

정점 덮개 문제(Vertex-Cover): 그래프의 정점 덮개는 그래프의 모든 간선을 터치하는 정점들의 집합이다. 정점 덮개 문제는 주어진 그래프에서 제일 작은 정점 덮개를 찾는 것이다.

부속집합 합 문제(Subset-Sum): 정수로 이루어진 주어진 집합 S와 정수 T에 대해, S의 부속집합 중 그 항목들의 합이 T가 되는 부속집합이 있는지 결정하는 문제이다.

정수 계획법(Interger Programming): 주어진 정수 b_i, a_{ij}에 대해 선형 방정식을 만족하는 0/1 변수 x_i를 찾는 것

$$\sum_{j=1}^{N} a_{ij}x_j = b_i \quad 1 \leq i \leq M$$
$$x_j \in \{0, 1\} \quad 1 \leq j \leq N$$

앞서 나왔던 그림에서 화살표는 환원을 가리킨다. 예를 들어 Ham-Cycle은 CNF-SAT로 환원될 수 있다. 다른 문제들의 쌍들도 마찬가지이다. 일단 각 문제들의 환원 과정은 무시할 수 있다. 쿡의 정리(Cook's Theorem)라는 것이 있는데, 이는 회로 충족 가능성 문제가 NP-난해 문제임을 증명하는 정리이다. 즉 회로 충족 가능성은 알려진 NP-난해 문제이다.

참고

다음 문제들이 NP-완전이므로 이들은 NP이고 또한 동시에 NP-난해이다.

20.8 복잡도 클래스 연습문제

문제-1 빠른 알고리즘은 무엇인가?

해답: 빠른 알고리즘(해답)은 시행착오 해답이 아닌 것을 의미한다. 10억 년이 걸릴 수도 있지만 시행착오를 사용하지만 않는다면 효율적이다. 미래의 컴퓨터는 이 10억 년을 몇 분으로 바꿀지도 모른다.

문제-2 효율적인 알고리즘은 무엇인가?

해답: 다음과 같은 속성을 만족시키는 알고리즘을 효율적인 알고리즘이라고 한다.
- 입력 크기에 따라 크기가 변한다
- 상수에 대해 신경쓰지 않는다
- 점근적 수행 시간: 다항적 시간

문제-3 모든 문제를 다항적 시간에 풀 수 있는가?

해답: 아니다. 우리는 이미 다항적 시간보다 오래 걸리는 문제들을 많이 보아왔다.

문제-4 NP-난해인 문제들이 존재하는가?

해답: NP-난해는 어떤 문제가 해결하기 매우 어렵다는 것을 의미한다. 즉 문제 자체가 어렵다는 것을 증명하고 분별해야 한다. 쿡의 정리는 회로 충족 가능성 문제가 NP-난해임을 증명한다.

문제-5 2-SAT 문제에는 다음 중 무엇이 적용 가능한가?

(a) P (b) NP (c) $CoNP$ (d) NP-난해
(e) $CoNP$-난해 (f) NP-완전 (g) $CoNP$-완전

해답: 2-SAT는 다항적 시간에 풀 수 있다. 그러므로 P, NP이고 $CoNP$이다.

문제-6 3-SAT 문제에 다음 중 무엇이 적용 가능한가?
 (a) P (b) NP (c) CoNP (d) NP-난해
 (e) CoNP-난해 (f) NP-완전 (g) CoNP-완전

해답: 3-SAT는 NP-완전 문제이다. 그러므로 NP, NP-난해이고, NP-완전이다.

문제-7 2-크릭 문제에 다음 중 무엇이 적용 가능한가?
 (a) P (b) NP (c) CoNP (d) NP-난해
 (e) CoNP-난해 (f) NP-완전 (g) CoNP-완전

해답: 2-크릭 문제는 다항적 시간에 풀 수 있다(모든 정점 사이의 간선을 점검하는 것은 $O(n^2)$ 시간). 그러므로 P, NP이고 CoNP이다.

문제-8 3-크릭 문제에 다음 중 무엇이 적용 가능한가?
 (a) P (b) NP (c) CoNP (d) NP-난해
 (e) CoNP-난해 (f) NP-완전 (g) CoNP-완전

해답: 3-크릭 문제는 다항적 시간에 풀 수 있다(모든 세 정점 사이의 삼각형 검사는 $O(n^3)$ 시간). 그러므로 P, NP이고 CoNP이다.

문제-9 주어진 논리 식에 대해 모든 변수의 할당이 그 식을 만족하는지 검사하는 문제를 생각해보자. 다음 중 무엇이 적용 가능한가?
 (a) P (b) NP (c) CoNP (d) NP-난해
 (e) CoNP-난해 (f) NP-완전 (g) CoNP-완전

해답: 동어반복(tautology)은 NP-완전인 충족 가능성 문제의 보완 문제이다. 그러므로 동어반복은 CoNP-완전이다. 즉 CoNP, CoNP-난해이면서 CoNP-완전이다.

문제-10 S가 NP-완전 문제이고 Q와 R이 NP가 아닌 다른 두 문제라고 하자. Q는 다항적 시간을 들여 S로 환원 가능하고, S는 다항적 시간을 들여 R로 환원 가능하다. 다음 중 어떤 명제가 참인가?

(a) R은 NP-완전이다.   (b) R은 NP-난해이다.
(c) Q는 NP-완전이다.   (d) Q는 NP-난해이다.

해답: (b) R은 NP-난해이다.

문제-11 A가 $|V|$가 3으로 나누어질 수 있는 그래프 $G = (V, E)$에서 해밀턴 사이클을 찾는 문제이며, B는 이 그래프에 해밀턴 사이클이 존재하는지 여부를 결정하는 문제라고 하자. 다음 중 무엇이 참인가?

(a) A와 B 모두 NP-난해이다.
(b) A는 NP-난해이지만 B는 아니다.
(c) B는 NP-난해이지만 A는 아니다.
(d) A와 B 둘 다 NP-난해가 아니다.

해답: (a) A와 B 모두 NP-난해이다.

문제-12 A가 NP 클래스에 속하는 문제라고 하자. 그렇다면 다음 중 무엇이 참인가?

(a) A를 위한 다항적 시간 알고리즘은 없다.
(b) A가 결정적인 다항적 시간에 풀릴 수 있다면, $P = NP$이다.
(c) A가 NP-난해라면, NP-완전이다.
(d) A는 결정할 수 없을 수도 있다.

해답: (c) A가 NP-난해라면, NP-완전이다.

문제-13 정점 덮개 문제가 알려진 NP-완전 문제라고 가정하자. 앞의 환원 관계도에 의해 비독립적 집합 문제도 NP-완전이라고 할 수 있는가?

해답: 그렇다. 다음과 같은 두 가지 NP-완전의 필요조건을 충족한다.
- 문제에서 밝혀진 대로 비독립적 집합은 NP이다.
- 알려진 NP-완전 문제로부터 환원이 존재한다.

문제-14 비독립적 집합 문제가 알려진 *NP*-완전 문제라고 가정하자. 앞의 환원 관계도에 의해 정점 덮개 문제도 *NP*-완전이라고 할 수 있는가?

해답: 아니다. 정점 덮개 문제로부터 비독립적 집합 문제로의 환원에서는 비독립적 집합 문제를 푸는 난이도를 알 수 없다. 왜냐하면, 비독립적 집합 문제가 여전히 우리가 아직 증명하지 않은 정점 덮개 문제보다 훨씬 더 어려운 문제일 수 있기 때문이다.

21장

Data Structures and Algorithms Made Easy for JAVA

기타 개념들

21.1 소개

이 장에서는 입사 면접이나 시험에 유용한 주제들을 살펴볼 것이다.

21.2 비트 연산 프로그래밍 공략

먼저 각 비트 연산의 정의를 살펴보고 문제를 푸는 다양한 기법들을 살펴보자. 기본적으로 비트를 다루는 여섯 개의 연산자가 있다.

기호	연산	기호	연산
&	비트 AND	<<	비트 왼쪽으로 시프트
|	비트 OR	>>	비트 오른쪽으로 시프트
^	비트 XOR	~	비트 보수

• 비트 AND

비트 AND는 두 이진수를 검사해서 두 숫자 모두 1인 자리에 대해 1의 값을 리턴하고 두 숫자 모두 1이 아니면 0을 리턴한다.

```
   01001011
&  00010101
   ----------
   00000001
```

• 비트 OR

비트 OR는 두 이진수를 검사해서 둘 중 하나가 1인 자리에 대해 1의 값을 리턴하고 두 숫자 모두 0이면 0을 리턴한다.

```
   01001011
|  00010101
   ----------
   01011111
```

• 비트 XOR

비트 XOR은 두 이진수를 검사해서 두 숫자가 다른 자리에 대해 1의 값을 리턴하고 두 숫자가 같으면 0을 리턴한다.

```
   01001011
^  00010101
   ----------
   01011110
```

• 비트 왼쪽 시프트

비트 왼쪽 시프트는 숫자의 모든 비트를 왼쪽으로 옮기고 남은 비트 자리를 0으로 채운다.

```
        01001011
<< 2
        --------
        00101100
```

- **비트 오른쪽 시프트**

비트 오른쪽 시프트는 숫자의 모든 비트를 오른쪽으로 옮긴다.

```
          01001011
≫ 2
          --------
          ??010010
```

비트를 채우기 위해 ?를 사용하는 것에 주목하라. 왼쪽 시프트는 빈자리를 0으로 채우지만, 오른쪽 시프트는 값이 부호가 없을 때에만 그렇게 한다. 만약 값에 부호가 있다면 오른쪽 시프트는 정의된 구현에 따른 부호 비트나 0으로 채울 것이다. 그러므로 최선의 선택은 부호가 있는 값을 오른쪽 시프트하지 않는 것이다.

- **비트 보수**

비트 보수는 하나의 이진수의 모든 비트를 뒤집는다.

```
          01001011
~
          ---------
          10110100
```

- **K번째 비트가 켜져 있는지 여부 검사하기**

주어진 숫자가 n이라고 하자. 그러면 K번째 비트를 검사하기 위해 다음 수식을 사용할 수 있다. n & $(1 \ll K - 1)$. 이 수식이 참이면 K번째 비트가 켜졌다고(1이라고) 말할 수 있다.

예:

```
  n  =  01001011   and K = 4
    1 ≪ K − 1      00001000
n & (1 ≪ K − 1)    00001000
```

• K번째 비트 켜기

주어진 숫자 n에 대해, K번째 비트를 켜려면 다음 수식을 사용할 수 있다.

$n\ |\ 1 \ll (K - 1)$

예:

```
    n = 01001011   and K = 3
  1 ≪ K - 1        00000100
n |(1 ≪ K - 1)     01001111
```

• K번째 비트 끄기

주어진 숫자 n의 K번째 비트를 끄려면 다음 수식을 사용할 수 있다.

$n\ \&\ \sim(1 \ll K - 1)$

예:

```
      n = 01001011   and K = 4
    1 ≪ K - 1        00001000
   ~(1 ≪ K - 1)      11110111
n & ~( 1 ≪ K - 1     01000011
```

• K번째 비트 뒤집기

주어진 숫자 n의 K번째 비트를 뒤집으려면 다음 수식을 사용할 수 있다.

$n\ \widehat{}\ (1 \ll K - 1)$

예:

```
    n = 01001011   and K = 3
  1 ≪ K - 1        00000100
n ^(1 ≪ K - 1)     01001111
```

• 가장 오른쪽 한 비트 뒤집기

주어진 숫자 n의 가장 오른쪽 한 비트를 뒤집으려면 다음 수식을 사용할 수 있다.

$n \ \& \ n - 1$

예:

```
n       =   01001011
n - 1       01001010
n & n - 1   01001010
```

• 가장 오른쪽 한 비트 잘라내기

주어진 숫자 n의 가장 오른쪽 한 비트를 잘라내려면 다음 수식을 사용할 수 있다.

$n \ \& \ -n$

예:

```
n       =   01001011
-n          10110101
n & -n      00000001
```

> **참고**
> $-n$을 계산하기 위해 2의 보수 표현을 사용했다. 즉 모든 비트를 뒤집고 1을 더한다.

• 가장 오른쪽 0 비트를 잘라내기

주어진 숫자 n의 가장 오른쪽 0비트를 잘라내려면 다음 수식을 사용할 수 있다.

$\sim n \ \& \ n + 1$

예:

```
n       =   01001011
~n          10110100
n + 1       01001100
~n & n + 1  00000100
```

- 다양한 예제로 학습하는

- **숫자가 2의 배수인지 여부 검사하기**

주어진 숫자 n에 대해 이 숫자가 2^n 형태인지 여부를 검사하려면 다음 수식을 사용한다.

if (n & n - 1 == 0)

예:

n =   01001011
$n - 1$ 01001010
n & $n - 1$ 01001010
$if(n \& n - 1 == 0)$ 0

- **숫자를 2의 배수로 곱하기**

주어진 숫자 n에 대해 이 숫자를 2K로 곱하려면 다음 수식을 사용한다.

$n \ll K$

예:

n = 00001011 and K = 2
$n \ll K$ 00101100

- **숫자를 2의 배수로 나누기**

주어진 숫자 n에 대해 이 숫자를 2K로 나누려면 다음 수식을 사용한다.

$n \gg K$

예:

n = 00001011 and K = 2
$n \gg K$ 00010010

- **주어진 숫자의 나머지 값 구하기**

주어진 숫자 n에 대해 %8를 구하려면 다음 수식을 사용한다. n & 0x7. 유사하게 %32를 구하려면 다음 수식을 사용한다.

n & 0x1F

> **참고**
> 유사하게 어떤 나머지 값을 구하는 수식이라도 작성할 수 있다.

• 이진수 좌우로 뒤집기

주어진 숫자 n에 대해 비트들을 좌우로 뒤집으려면(뒤집기) 다음의 코드를 사용할 수 있다.

```
unsigned int n, nReverse = n;
int s = sizeof(n);
for(; n; n >>= 1) {
    nReverse <<= 1;
    nReverse |= n & 1;
    s--;
}
nReverse <<= s;
```

시간 복잡도: 각 비트당 한 번씩 반복해야 하고 반복 횟수는 숫자의 크기에 달려 있다.

• 숫자 안의 1의 개수 세기

주어진 숫자 n에 대해, 이진 표현에서 1의 개수를 세려면 다음 방법 중 하나를 사용하면 된다.

방법 1: 비트 단위로 처리한다.

```
unsigned int n;
unsigned int count=0;
while(n) {
    count += n & 1;
    n >>= 1;
}
```

시간 복잡도: 각 비트당 한 번씩 반복해야 하고 반복 횟수는 시스템에 따라 다르다.

방법 2: 나머지 연산을 사용한다.

```
unsigned int n;
unsigned int count=0;
while(n) {
    if(n%2 == 1) count++;
    n = n/2;
}
```

시간 복잡도: 각 비트당 한 번씩 반복해야 하고 반복 횟수는 시스템에 따라 다르다.

방법 3: 비트 뒤집기 방법을 사용한다. n & $n-1$

```
unsigned int n;
unsigned int count=0;
while(n) {
    count++;
    n &= n - 1;
}
```

시간 복잡도: 반복 횟수는 숫자 안의 1의 개수에 달려 있다.

방법 4: 전처리 방법을 사용한다. 이 방법에서는 비트들을 그룹 단위로 처리한다. 예를 들어 한 번에 4비트씩 처리한다면, 각 가능성마다 1의 개수를 가리키는 테이블을 (다음 표처럼) 만들어 사용한다.

0000→0	0100→1	1000→1	1100→2
0001→1	0101→2	1001→2	1101→3
0010→1	0110→2	1010→2	1110→3
0011→2	0111→3	1011→3	1111→4

다음 코드는 이 방법으로 숫자 안의 1의 개수를 센다.

```
int Table = {0,1,1,2,1,2,2,3,1,2,2,3,2,3,3,4};
int count = 0;
for(; n; n >>= 4)
    count = count + Table[n & 0xF];
return count;
```

시간 복잡도: 이 방법은 4비트당 한 번의 반복을 필요로 하며 반복 횟수는 시스템에 따라 다르다.

- **숫자 가장 뒤의 0들에 대한 마스크 만들기**

숫자 n이 주어졌을 때 가장 뒤의 0을 있는지 없는지를 판단하여 마스크(Mask)를 만들려면 다음 수식을 사용한다.

$(n \& -n) - 1$

예:

$n =$	01001011
$-n$	10110101
$n \& -n$	00000001
$(n \& -n) - 1$	00000000

참고
앞의 경우엔 맨 뒤의 0들이 없으므로 모두 0인 마스크를 얻었다.

- **나누기 없이 평균 구하기**

(이진 검색과 병합 정렬에서 사용되는) $mid = (low + high) / 2$ 연산을 더 빠른 비트 연산으로 대체할 수 있는가?

$mid = (low + hight) \gg 1$을 이용할 수 있다. $(low + hight) / 2$를 중간점 계산에 사용하는 것은 정수 오버플로우가 생길 때 정확하게 동작하지 않는다. 비트 시프팅을 사용하면 오버플로우도 방지할 수 있다. $low + ((high - low) / 2)$의 비트 시프팅 연산은 $low + ((high - low) \gg 1)$이다.

21.3 기타 프로그래밍 연습문제

문제-1 행렬의 항목들을 소용돌이 순서로 출력하는 알고리즘을 알아보자.

해답: 재귀적이지 않은 해법은 오른쪽, 왼쪽, 위, 아래 방향을 가지고 해당하는 인덱스를 다룬다. 첫 번째 행이 출력되고 나면, (오른쪽에서) 아래쪽으로 방향이 바뀌고, 윗줄 한계를 늘리기 때문에 그 행이 버려진다.

마지막 열이 출력되면, 방향이 왼쪽으로 바뀌고, 오른쪽 한계를 줄여서 그 열이 버려진다.

```java
void Spiral(int[][] values, int m, int n) {
    int rowStart = 0, columnStart = 0;
    int rowEnd = m - 1, columnEnd = n - 1;
    while(rowStart <= rowEnd && columnStart <= columnEnd) {
        int i = rowStart, j = columnStart;
        for(j = columnStart; j <= columnEnd; j++)
            System.out.println(values[i]pj] + " ");
        for(i = rowStart + 1, j--; i <= rowEnd; i++)
            System.out.println(values[i]pj] + " ");
        for(j = columnEnd - 1, i--; j >= columnStart; j--)
            System.out.println(values[i]pj] + " ");
        for(i = rowEnd - 1, j++; i >= rowStart+1; i--)
            System.out.println(values[i]pj] + " ");
        rowStart++;
        columnStart++;
        rowEnd--;
        columnEnd--;
    }
}
```

시간 복잡도: $O(n^2)$

공간 복잡도: $O(1)$

문제-2 카드 묶음을 섞는 알고리즘을 알아보자.

해답: 일반적인 카드 묶음과 같은 0부터 51까지 반복이 없는 52장의 카드 배열을 섞으려고 한다고 하자. 먼저 배열을 순서대로 값으로 채운 뒤 배열을 스캔하면서 각 항목을 무작위로 선택된, 자신으로부터 마지막 항목 사이에 있는 다른 항목과 교환한다. 자기 자신과 교환되는 것도 가능하다.

```java
void Shuffle(int[] cards, int n){ // n = 52라고 가정한다
    for(int i=0; i<n; i++)
        cards[i] = i; // 카드 번호로 배열을 작성한다
    for(int i=0; i < n; i++) {
        // random() 메소드가 0.0과 1.0 사이의 숫자를 무작위로 선택한다
        int r = i + (Math.random() * (n - i));
        // 남아 있는 것을 무작위로 선택한다
        int temp = cards[i];
        cards[i] = cards[r];
```

```
            cards[r] = temp;
        }
        System.out.println("Shuffled Cards:");
        for(int i=0; i<n; i++)
            System.out.println(cards[i]);
    }
```

시간 복잡도: $O(n)$

공간 복잡도: $O(1)$

참고 도서

[1] Akash. Programming Interviews. http://tech-queries.blogspot.com.

[2] Alfred V.Aho,J. E. (1983). Data Structures and Algorithms. Addison-Wesley.

[3] Alfred V.Aho, J. E. (1974). The Design and Analysis of Computer Algorithms. Addison-Wesley.

[4] Algorithms.Retrieved from http://www.cs.princeton.edu/algs4/home

[5] Anderson., S. E. Bit Twiddling Hacks. Retrieved 2010, from Bit Twiddling Hacks: http://wwwgraphics.stanford.edu /~seander/ bithacks.html

[6] Bentley, J. AT&T Bell Laboratories. Retrieved from AT&T Bell Laboratories.

[7] Bondalapati, K. Interview Question Bank. Retrieved 2010, from Interview Question Bank: http://halcyon.usc.edu/~kiran/msqs.html

[8] Chen. Algorithms http://www2.hawaii.edu/~chenx.

[9] Database, P.Problem Database. Retrieved 2010, from Problem Database: datastructures.net

[10] Drozdek, A. (1996). Data Structures and Algorithms in C++.

[11] Ellis Horowitz, S. S. Fundamentals of Data Structures.

[12] Gilles Brassard, P. B. (1996). Fundamentals of Algorithmics.

[13] Hunter., J. Introduction to Data Structures and Algorithms. Retrieved 2010, from Introduction to DataStructures and Algorithms.:

[14] James F. Korsh, L. J. Data Structures, Algorithms and Program Style Using C.

[15] John Mongan, N. S. (2002). Programming Interviews Exposed. . Wiley-India. .

[16] Judges. Comments on Problems and solutions. http://www.informatik.uniulm.de/acm/Locals/2003/html/judge.html.

[17] Kalid. P, NP, and NP-Complete. Retrieved from P, NP, and NP-Complete.:http://www.cs.princeton.edu/~kazad

[18] Knuth., D. E. (1973). Fundamental Algorithms, volume 1 of The Art of Computer Programming. Addison-Wesley.

[19] Knuth., D. E. (1981). Seminumerical Algorithms, volume 2 of The Art of Computer Programming. Addison-Wesley.

[20] Knuth., D. E. (1973). Sorting and Searching, volume 3 of The Art of Computer Programming. Addison-Wesley.

[21] Leon., J. S. Computer Algorithms. . Retrieved 2010, from Computer Algorithms. : http://www.math.uic.edu/~leon/cs-mcs401-s08

[22] Leon., J. S. Computer Algorithms. http://www.math.uic.edu/~leon/cs-mcs401-s08.

[23] OCF. Algorithms. Retrieved 2010, from Algorithms: http://www.ocf.berkeley.edu

[24] Parlante., N. Binary Trees. Retrieved 2010, from cslibrary.stanford.edu: cslibrary.stanford.edu

[25] Patil., V. Fundamentals of data structures. Nirali Prakashan.

[26] Poundstone., W. HOW WOULD YOU MOVE MOUNT FUJI? New York Boston.: Little, Brown and Company. .

[27] Pryor, M. Tech Interview. Retrieved 2010, from Tech Interview: http://techinterview.org

[28] Questions, A. C. A Collection of Technical Interview Questions. Retrieved 2010, from A Collection of Technical Interview Questions: www.spellscroll.com

[29] S. Dasgupta, C. P. Algorithms http://www.cs.berkeley.edu/~vazirani.

[30] Sedgewick., R. (1988). Algorithms. Addison-Wesley.

[31] Sells, C. (2010). Interviewing at Microsoft. Retrieved 2010, from Interviewing at Microsoft: http://www.sellsbrothers.com/fun/msiview

[32] Shene, C.-K. Linked Lists Merge Sort implementation. Retrieved 2010, from Linked Lists Merge Sort implementation: http://www.cs.mtu.edu/~shene

[33] Sinha, P. Linux Journal. Retrieved 2010, from http://www.linuxjournal.com/article/6828.

[34] Structures., d. D. www.math-cs.gordon.edu. Retrieved 2010, from www.math-cs.gordon.edu

[35] T. H. Cormen, C. E. (1997). Introduction to Algorithms. Cambridge: The MIT press.

[36] Tsiombikas, J. Pointers Explained. http://nuclear.sdf-eu.org.

[37] Warren., H. S. (2003). Hackers Delight. Addison-Wesley.

[38] Weiss., M. A. (1992). Data Structures and Algorithm Analysis in C.

[39] wikipedia, T. F. The Free wikipedia. Retrieved from The Free wikipedia: en.wikipedia.org

[40] Zhang., C. programheaven. Retrieved 2010, programheaven.blogspot.com

[41] Mohammed Abualrob, Interview Code Snippets, 2010, interviewcodesnippets.com

[42] Technical Questions. www.ihas1337code.com

찾아보기

Data Structures and Algorithms

번호

2차 탐사 496
4항 트리 207

A

Abstract Data Type 4
Adjacency List 320
Adjacency Matrix 320
Adjacency Set 320
ADT 4
Articulation Point 331
Augmented Tree 265
AVL 트리 250

B

BFS 173, 331, 334
Binary Heap 274
Binary Search 428
Binary Search Tree 171
Bipartite Graph 319
Bipartite Matching 379

BST 171, 537
Bubble Sort 389
Bucket Sort 405
BuildTree( ) 195

C

Collision Resolution 494
Complete Graph 319
Co-NP 클래스 670
Counting Sort 405

D

DeleteMax 269
DeleteMin 269
Dense Graph 319
DeQueue 149, 269
DFS 184, 325, 334, 379
DFS 탐색 330
DFS 트리 330
Diminishing Increment Sort 395
Direct Chaining 494
Directed Edge 315

DLR 172
double ended queue 161
DP 557, 607
DRL 172
Dynamic Programming 557

E

Empty Queue Exception 151
EnQueue 149, 269
Equivalence Relation 299
Exhaustive Search 47
Exponential Time 668
External Sort 409

F

FIFO 149
FIND 연산 310
Full Queue Exceptoin 151

H~K

Hashing 428
Hasing 489
Heap Sort 399
Huffman 171
Increment Sequence 395
InorderSuccessor() 218
Insert 269
Insertion Sort 392
Interval Tree 266
KMP 알고리즘 521

L

LCA 171, 197
LDR 172
Level Order Traversal 173

LILO 149
Linear Probing 495
Linear Programming 558
Linear Sorting Algorithm 405
Linked Lists 51
LRD 172

M~N

Max Heap 274
Memorization 557
Merge Sort) 397
Min Heap 274
MST 379
newNode 195
NP-난해 클래스 671
NP-완전 클래스 672
NP 클래스 670
N항 트리 203

O~Q

Ordered Linear Search 428
Order Statistic 467
Path Compression 310
Polynomial Time 668
PQ 171
preIndex 195
PreorderSuccessor() 219
Priority Queue 171, 269
P 클래스 669
Queue 149
Quick Sort 400

R

Radix Sort 405
RDL 172
Red-Black Tree 264

S

Searching 427
Selection Algorithm 467
Selection Sort 391
Self Loop 317
Separate Chaining 494
Shell Sort 395
Spanning Tree 318
Sparse Graph 319
Splay Tree 264
Suffix Tree 428, 538
Symbol Table 428, 485

T~W

Ternary Search 428
Ternary Search Tree 532
Topological Sorting 330
Transform And Conquer 558
Travelling Sales Person 379
Tree 165
Tree Sort 404
TST 532, 537
Undirected Edge 316
Unordered Linear Search 428
Weighted Graph 319

ㄱ

가중치 그래프 319
가중치 그래프의 최단 경로 340
간격 트리 266
감소 기법 558
개방 번지화 495, 498
검색 427, 431
검색, 깊이 우선 325
경로 압축 310
경사 트리 167
계수 정렬 405, 406
계층적 속성 165

균형 이진 검색 트리 249, 272, 488
그래프 315
그래프 색칠하기 385
그래프 알고리즘 315, 353
그래프의 단절점 331
그래프 탐색 324
근사치 알고리즘 379
기수 정렬 405, 407
꽉찬 스택 예외 110
꽉찬 큐 예외 151, 153

ㄴ~ㄷ

내부 정렬 389
너비 우선 검색 331
너비 우선 탐색 173
다항적 시간 668
단일 연결 리스트 55, 57
데이크스트라 알고리즘 341
데이터 구조 3
데이터형 2
동적 계획법 557, 607, 609, 619
동적 배열 53, 55, 112
동적 해싱 499
동치 관계 299
동치 류 299
두 배 확장 113, 115, 117
등비급수 19
등차급수 19
디큐 149
디큐 연산 156

ㄹ

라빈-카프 문자열 매칭 알고리즘 517
레드-블랙 트리 264
레벨 순서 탐색 173, 178
로그 함수 19
리스트 56
리스트 탐색 56

ㅁ

마스터 정리 585
매칭 알고리즘 381, 520
메모리 43
메모리 오버플로우 예외 115
메모하기 557
무방향 간선 316
무방향 그래프 316
무순서 선형 검색 428
무작위 알고리즘 559
무작위 퀵 정렬 403
문자열 543
문자열 검색 알고리즘 431
문자열 매칭 알고리즘 516
문자열 알고리즘 515

ㅂ

반복 비교 44
방향 간선 315
방향 그래프 316
배열 52, 55
배열 구현 117
백트래킹 41, 47, 48, 559
백트래킹 알고리즘 47, 668
버블 정렬 389
버킷 정렬 405, 407
범용 트리 203
범용 트리의 표현 204
벨만-포드 알고리즘 345
변환 정복 558
병합 정렬 397
보이어-무어 알고리즘 526
복잡도 클래스 667, 678
부분집합 ADT 301
분리집합 312
분리집합 ADT 299
분리 체인법 494, 498
분할 정복 20, 557, 586
분할 정복 시각화 582
분할 정복 알고리즘 20, 581

분할 정복 전략 581
브루트-포스 기법 516
비가중치 그래프 338
비선형적 데이터 구조 165
비재귀적 전위 탐색 174
비재귀적 중위 탐색 175
비재귀적 후위 탐색 176
비트 연산 프로그래밍 683
빅-오 시각화 11
빅-오 표기법 10
빈 스택 예외 110
빈 큐 예외 151, 153
빠른 UNION 303, 307

ㅅ

사용자 정의 데이터형 3
삼진 검색 트리 532
삽입 정렬 392
상각 분석 23, 24
상향식 동적 계획법 609
선택 알고리즘 467, 468
선택 정렬 391
선형 계획법 558
선형 선택 알고리즘 468
선형 정렬 알고리즘 405
선형 탐사 495
세타 표기법 14
수식 트리 222
수행 시간 분석 6
순서 선형 검색 428
순서 통계 467
순회 판매원 379
쉘 정렬 395
스레드 이진 트리 213, 215, 221
스택 107, 109, 117
스택 ADT 108, 110
스플레이 트리 264
시스템 정의 데이터형 2
신장 트리 318
심볼 테이블 430, 485, 488

ㅇ

알고리즘 5
알고리즘 디자인 기법 555
알고리즘 정렬 6
엄격한 이진 트리 168
연결 리스트 51, 55, 81, 156
연결 리스트 ADT 52
연결 리스트 구현 117
완전 검색 47
완전 균형 이진 검색 트리 249
완전 그래프 319
완전 이진 트리 168
외부 병합 정렬 409
외부 정렬 389, 409
우선순위 큐 269, 283
우선순위 큐 ADT 270
원시 데이터형 2
원형 연결 리스트 70
위상 정렬 330, 335, 408
유한 오토마타 519
유한 오토마타 문자열 매칭 519
이분 그래프 319
이분 매칭 379
이중 연결 리스트 63, 78
이중 큐 161
이중 해싱 497
이진 검색 429
이진 검색 트리 227, 237, 487, 528
이진 트리 167, 178
이진 트리의 속성 169
이진 트리 탐색 171, 213
이진 힙 272, 274
인접 리스트 320, 322
인접집합 320, 324
인접 행렬 320
인큐 149
인큐 연산 156

ㅈ

자기 루프 317

재귀 41, 45
재귀 알고리즘 45
재귀 함수 42
적재율 493
전위 스레드 이진 트리 215
전위 탐색 173
점근적 분석 16
점근적 표기법 10
점진적 증가 기법 116
접두어 테이블 522
접미어 트리 538
정렬 387, 410, 467
정렬되지 않은 배열 487
정렬되지 않은 연결 리스트 487
정렬된 배열 487
정렬된 연결 리스트 487
정적 해싱 499
제자리 정렬 391
제자리 정렬 알고리즘 399
조밀 그래프 319
조화급수 19
중간값 알고리즘 468
중위 스레드 이진 트리 215
중위 전임 노드 232
중위 탐색 175
증가율 7
증강 트리 265
증분 감소 정렬 395
증분 수열 395
지수적 시간 668

ㅊ

차감 정복 마스터 정리 23
차감 정복 점화식 23
최단 경로 알고리즘 337
최대 높이 207
최대 힙 274
최소 공통 조상 171
최소 높이 207
최소 신장 트리 346

최소 힙 274
최장 공통 부속 순열 615
추상 데이터형 4
충돌 494
충돌 해결 494

ㅋ

컴퓨터 과학 485
퀵 정렬 400
큐 149, 158, 269
큐 ADT 150
큐의 구현 151
크루스칼 알고리즘 348

ㅌ

탐욕 기법 557
탐욕 알고리즘 561, 568
탐욕 전략 561
트라이 528, 537
트리 165
트리 ADT 165
트리 구조 165
트리 정렬 404

ㅍ

평면 그래프 383
포화 이진 트리 168
프림 알고리즘 347
플로이드의 알고리즘 647
피보나치 수열 610

ㅎ

하향식 동적 계획법 609
해밀턴 사이클 377
해시 테이블 492, 500
해시 테이블 ADT 489
해시 함수 492, 517
해싱 430, 489, 499, 500
허프만 코딩 알고리즘 563
헝가리안 알고리즘 381
환원 673
후위 스레드 이진 트리 215
후위 탐색 176
후임 노드 232
희소 그래프 319
힙 273, 283
힙 정렬 399